本书系：

教育部哲学社会科学研究重大课题攻关项目（18JZD033）阶段性成果
国家自然科学基金面上项目（71774142、71773075、71774144）阶段性成果
教育部人文社科项目（17YJAZH022）阶段性成果
浙江省自然科学基金重点项目（LZ20G030002）阶段性成果
浙江省属高校基本科研业务费专项资金资助（GB201901002）科研成果
浙江工业大学2020年度人文社科后期资助项目科研成果

城镇化、城市蔓延
区域经济可持续发展

范建双 邵帅 虞晓芬 赵磊 等著

中国财经出版传媒集团
经济科学出版社
Economic Science Press

图书在版编目（CIP）数据

城镇化、城市蔓延与区域经济可持续发展／范建双等著．—北京：经济科学出版社，2020.11
ISBN 978-7-5218-2142-0

Ⅰ.①城… Ⅱ.①范… Ⅲ.①城市化-关系-区域经济发展-可持续性发展-研究-中国 Ⅳ.①F299.21

中国版本图书馆CIP数据核字（2020）第242633号

责任编辑：杜　鹏　常家凤
责任校对：王肖楠
责任印制：邱　天

城镇化、城市蔓延与区域经济可持续发展

范建双　邵帅　虞晓芬　赵磊　等著

经济科学出版社出版、发行　新华书店经销
社址：北京市海淀区阜成路甲28号　邮编：100142
编辑部电话：010-88191441　发行部电话：010-88191522
网址：www.esp.com.cn
电子邮箱：esp_bj@163.com
天猫网店：经济科学出版社旗舰店
网址：http://jjkxcbs.tmall.com
北京时捷印刷有限公司印装
787×1092　16开　29.5印张　620000字
2020年11月第1版　2020年11月第1次印刷
ISBN 978-7-5218-2142-0　定价：128.00元
（图书出现印装问题，本社负责调换。电话：010-88191510）
（版权所有　侵权必究　打击盗版　举报热线：010-88191661
QQ：2242791300　营销中心电话：010-88191537
电子邮箱：dbts@esp.com.cn）

《城镇化、城市蔓延与区域经济可持续发展》
课题组成员

组　　　长：范建双　邵帅
副 组 长：虞晓芬　赵磊
主要执笔者（以姓氏笔画为序）：

　　　　　陈多长　陈　菲　范建双　高　辉　高　骞　金细簪
　　　　　李　欣　马　淼　潘建新　任天舟　邵　帅　田志华
　　　　　屠　帆　王　崧　虞晓芬　臧奕鹏　湛东升　张娟锋
　　　　　张利花　张燕江　赵国超　赵　磊　周　琳　周音博

前　言

改革开放以来,中国已进入了城镇化快速发展阶段,中国的城镇化率已经由1978年的17.92%增加到2019年的60.60%①。城镇化水平的提高极大地带动了地区经济的发展,释放了地区发展活力,尤其是东部沿海地区。一方面,城镇化促进了大量农村剩余劳动力向城镇的转移,为城镇的建设和产业的发展提供了有力的支撑。但是,另一方面,由于受到户籍制度的限制,很多进城务工人员无法融入城市生活和享受城镇化带来的成果。因此,为了进一步促进城镇化的健康发展,保障进城农民的市民化权益,2014年3月中国政府发布了《国家新型城镇化规划(2014~2020年)》,明确提出走中国特色新型城镇化道路和全面提升城镇化质量,即以人为核心的城镇化,推进农业转移人口的市民化。进入21世纪,中国的人口老龄化现象日益严重,很多城市都出现了用工荒和用工难问题。而大规模的农村青壮年劳动力进城务工又带来了留守儿童和留守老人问题。因此,在中国的城市取得飞速发展的同时,大量乡村在不断衰败、部分小城镇和偏远地区出现了城市收缩现象,城市之间、城乡之间的差距在不断地拉大。因此,如何促进劳动力和人才的流动、城乡融合发展和要素的市场化配置是当期和未来很长一段时间内中国政府需要花大力气解决的重要问题。中国政府先后发布了多项政策措施,例如,2019年4月15日发布了《关于建立健全城乡融合发展体制机制和政策体系的意见》,就如何促进城乡要素合理配置,城乡公共服务普惠共享,城乡基础设施一体化发展,以及农村、农民增收的体制机制做出了整体部署。这些政策措施为城镇化的高质量发展提供了强有力的保障。

城镇化的高质量发展,一方面需要解决劳动力的自由流动和市民化问题,另一方面也需要解决城市建设用地的低效利用和优化配置问题。2015年12月,中央城市会议在北京召开。会议指出,要控制城市开发强度,防止城市"摊大饼"式扩张,坚持集约发展,树立"精明增长""紧凑城市"理念,科学划定城市开发边界,推动城市发展由外延扩张式向内涵提升式转变。会议同时强调,城市发展要善于调动

---

① 1978年和2019年人口城镇化率数据分别源于1979年和2020年的《中国统计年鉴》。

各方面的积极性、主动性、创造性,坚持协调协同,使政府有形之手、市场无形之手、市民勤劳之手同向发力。这无疑释放出一个强烈的信号,中国的城镇化建设要走集约的发展道路,且离不开政府和市场的协同作用。当期快速城镇化导致城市空间形态发生了翻天覆地的变化,城市空间失衡现象也越来越严重。一方面,很多大城市尤其是东南沿海城市建设用地紧缺,但由于大量人口向这些地区的集聚又产生大量的住房需求,从而使得房价高涨,而高房价会对人力资本产生挤出效应,长期不利于城市的可持续发展。另一方面,很多中小城市尤其是中西部城市建设用地指标充裕但是人口吸纳能力不足,甚至出现了人口的净流出。这些地区的地方政府为了招商引资吸引外来人口仍然在大量出让工业用地、商业和住宅用地,建设了很多的新城、开发区,但是仍然面临招商困难和外来人口吸引力不足的问题,导致出现了很多的"鬼城"和空城,大量的土地资源和城市建设资金被低效利用,出现了城市蔓延。

随着时间的推移,城市空间蔓延对城市发展存在诸多困扰。首先,城市空间发展呈现横向扩张,土地利用粗放。我国经历了快速的人口城镇化进程,人口城镇化也被视为中国经济增长的重要推动力。然而,相比人口城镇化的速度,中国的土地城镇化的速度明显更快。2003~2016 年,中国城市人口从 52 376 万人增加到 79 298 万人,年均增长率为 3.01%;城市建成区面积从 28 308 平方千米扩增到 54 331 平方千米,年均增长率为 4.77%;城市人口密度从 847 人/平方千米增长至 2 408 人/平方千米,年均增长率为 7.75%。① 可见人口城镇化滞后于土地城镇化的城市蔓延现象十分明显。当城市发展低密度向外扩张时,便会出现建设用地面积过度扩张、城市活力分散、土地利用粗放等一系列问题。其次,城市空间呈现跳跃式发展,资源分布失衡。城市立体空间的扩张呈现组团式、跳跃式、带状式的碎片化蔓延形态,城市空间分布不均匀,导致市政服务供给和管理的差异化、零碎化和分散化。碎片化的城市蔓延同时增加了城市基础设施建设和交通建设的成本,而且劳动力资源被人为地分割,不利于生产效率的提高,不利于形成市场发展的规模递增效应。未来的城市空间均衡发展面临着巨大的挑战。最后,城市运行低效,环境问题严重。城市蔓延在为城市发展提供空间的同时,不可避免地带来了大量耕地流失导致的土地利用结构变化,新区、新城的郊区化导致了职住分离和通勤距离的增加,加剧了碳排放、空气污染、交通成本和能源消耗增加等环境问题。耕地面积的减少对野生动物的生存造成了极大的威胁,同时,随着大量私家车涌入城市,近年来,全国各地接连出现了酸雨污染和较为严重的雾霾天气,对居民的生活和生命健康造成了极大的威胁。城市蔓延导致的其他负面效应还有很多,长此以往,必将给我们带来多方面的效率损失,不利于经济的可持续发展和包容性增长。

因此,关于中国的城市蔓延问题理应得到社会各界的重视。在更广阔的视野审

---

① 2003 年和 2016 年城市人口、城市建成区面积、城市人口密度数据分别源于 2004 年和 2017 年的《中国统计年鉴》。

视中，还需要看到城市蔓延现象的出现并不是孤立发生的，往往受到土地利用政策和政府的城市发展战略的影响。土地利用与城市蔓延有着直接的关系，城市的建设与发展离不开对土地资源的考量，随着中国社会主义市场经济体制改革目标的确立，我国土地资源的配置也更多地依赖于市场机制。土地市场化改革的目标就是要利用市场机制来配置土地资源，实现土地资源的集约和高效利用。因此，我国于2020年3月30日发布了《关于构建更加完善的要素市场化配置体制机制的意见》，明确了深化要素市场化配置改革，促进要素自主有序流动，提高要素配置效率，进一步激发全社会创造力和市场活力的相关举措。尤其是强调了土地和资本要素的市场化配置以及劳动力要素的自由流动，从要素市场定价和市场运行方面进行了具体的部署和安排。这也对经济新常态下如何实现城镇化的高质量发展和经济的可持续增长提出了更加明确清晰的要求。

本书的研究内容正是基于上述背景，旨在研究城镇化进程中的城市蔓延和区域经济可持续发展问题，通过理论机制探讨、实证检验、政策效果评价和应用对策研究等，为中国城镇化的高质量发展和经济包容性增长提供理论参考。本书从五个方面出发，全面系统地对中国城镇化进程中的要素耦合协调性问题及其驱动机制、城市蔓延的测度与影响因素识别、房价问题、环境问题以及经济可持续发展问题进行了深入剖析，通过综合使用国家宏观层面、省级层面、市级层面和行业层面的数据，以及夜间灯光数据和网络爬取大数据等相关资料，开展了广泛的实证评价和对比研究，通过对不同地区、不同城市、不同行业的对比分析，对促进我国城镇化的高质量发展和新型城镇化建设提供理论指导，同时为政府因地制宜、因城施策开展城市管理工作和制定相关政策提供实践参考。本书的研究目标是揭示城镇化、城市蔓延、房价和经济可持续发展的驱动机制以及城镇化与后三者之间的互动关系，进而通过计量模型实证检验，并检验其影响的大小和方向，识别其中的关键驱动因素，从而提出有效抑制城市蔓延和环境污染，推动城镇化进程和城市发展由外延扩张式向内涵提升式转变的政策措施。

本书的研究具有重要的理论意义与实践价值，具体如下。

（1）理论贡献。理论层面，城镇化作为国家从农业社会向现代社会转型的必由之路，是影响一个国家和地区经济增长的重要驱动力量。城镇化的城市进化理论阐述了在经济和产业发展的不同阶段人口向城市的集聚过程和程度。人口要素和土地要素之间的匹配和融合对提升城镇化的效率和质量起到至关重要的作用，而城镇化质量和效率的高低是土地资源利用效率高低、城市空间形态是否合理以及区域经济能否可持续发展的前提条件。然而，当前中国正处在由传统计划经济向市场经济转轨的阶段，中国城镇化进程中的土地资源配置完全由政府决定，土地资源在短时期内无法通过竞争性市场进行优化配置，导致了土地资源的错配和土地供给结构的失衡，中国的城市空间出现了城市蔓延和城市收缩并存的现象。经济发达地区产业基础好，能够进一步吸引外来人口向当地集聚，城市范围的人口密度不断提高，城市蔓延不明显，但是短期内由于基础设施和公共服务供给无法满足由于人口的爆发式增长带来的需求增加，由此带来了交通拥堵、环境污染等负外部性问题。同时，这些地区的建设用地指标配额较低导致了住宅用地供给不足和房价的高涨，不利于城市的可持续发展。经济欠发达地区产业基础薄弱，在短时期内无法吸引大量的外来人口，但是地方政府为了招商引资和吸引人力资本会加大对基础设施和产业园区等的投入，由此导致了土地资源的供给过剩，普遍出现了城市蔓延现象。这些地区甚至出现了人口的净流出，但是地方政府仍然在城市基础设施和住宅建设上大量投入，导致了"鬼城"和空城的出现，投资效率极低、土地资源浪费严重。因此，本书深入研究中国城镇化进程中的城市蔓延和区域经济可持续发展问题，在理论发展维度为城市进化理论的本土化提供了重要的契机。在研究工具上，本书借助 DMSP/OLS 夜间灯光数据对中国城市蔓延水平进行科学测度，具有一定的应用型意义。本书的相关研究在第 13 届中国高等院校房地产学者联谊会和世界华人不动产学会 2019 年年会做主题报告，获得大会优秀论文奖。本书的主要阶段性研究成果已经公开发表在《经济研究》《中国工业经济》《数量经济技术经济研究》《中国人口科学》《中国土地科学》《中国环境科学》《地理研究》《地理科学》《经济地理》《资源科学》，以及《自然·地球科学》（Nature Geoscience）、《能源经济学》（Energy Economics）、《中国经济评论》（China Economic Review）、《交通地理杂志》（Journal of Transport Geography）、《环境影响评估回顾》（Environmental Impact Assessment Review）、《能源期刊》（Energy Journal）、《土地利用政策》（Land Use Policy）、《清洁生产》（Journal of Cleaner Production）等国内外权威期刊上。上述研究成果不仅为推动中国城镇化的高质量发展提供了理论参考，同时也为深入推进新型城镇化道路和城乡融合发展打下了坚实的理论基础。

（2）实践意义。实践层面，自改革开放以来，中国在经济增长方式、城镇化方式和路径、城市管理模式等方面均呈现出了变化的趋势，现阶段的经济增长方式、城镇化路径和城市管理体制等均处于不断完善和推进的过程中。在城镇土地资源日趋紧张、城市房价不断攀升的背景下，区经济能否实现绿色可持续增长和包容性增长在某种程度上取决于城镇化路径的转变，而在以人为本的新型城镇化道路大力推进的背景下，提出实现城镇化高质量发展这一命题是抑制城市蔓延和促进区域经济持续发展的逻辑必然，实现城镇化高质量发展对中国区域经济的效率提升和实现城乡融合发展具有双重价值。本书将城镇化相关理论和中国的城镇化实践同国家政策紧密结合起来，特别是围绕着国家发布的"新型城镇化建设""土地市场化改革""农村'三权'改革""要素市场化配置""房地产市场平稳健康发展"等政策内容，开展广泛的调研和思考后形成研究报告，为政府政策制定提供参考。相关研究成果分别发表在《经济地理》等学术期刊上，并被人大复印资料等转载引用。本书的部分研究成果以研究报告的形式提交政府部门参考，提出了一系列非常具有参考价值和针对性的对策建议。例如，关于"农村'三权'改革与农民进城意愿"的研究报告得到政府部门有关领导的肯定;关于"农村'三权分置'改革与深化农房抵押贷款试点"的研究报告得到政府部门的肯定;关于"促进浙江住房市场平稳健康发展的建议"的研究报告得到政府部门的肯定;关于"高房价对杭州城市发展的影响分析和相关建议"的研究报告得到浙江省相关领导的肯定;关于"土地市场发展权交易"的研究报告获得政府部门的肯定。课题组多项研究报告被住房和城乡建设部、浙江省人民政府研究室、杭州市人民政府办公厅、杭州市人民政府研究室、杭州市科技局、杭州市房管局、杭州市国土局、杭州市决策咨询委员会等政府职能部门采纳和应用,并刊发于政府内部刊物如《政研参考》《调查研究》和《决策参考》。另外,本书部分研究成果很好地支撑了不同部门的委托课题,包括住房和城乡建设部委托重点项目"我国小城镇的作用与特性调查(南方组)课题"、浙江省人民政府研究室委托重点项目"上圩头村农村居民进城意愿及其影响因素研究"、浙江省自然资源厅的重大招标项目等课题,为我国城镇化的健康有序发展提供了理论支撑。

本书是教育部哲学社会科学研究重大课题攻关项目(18JZD033)、国家自然科学基金项目(71774142、71773075、71774144)、教育部人文社科项目(17YJAZH022)、浙江省自然科学基金重点项目(LZ20G030002)、浙江省属高校基本科研业务费专项资金(GB201901002)和浙江工业大学2020年度人文社科后期资助项目的阶段性成果,为浙江工业大学中国住房和房地产研究院重点资助出版的学术成果,是课题组共同完成的成果。在40多年改革开放和经济新常态的现实背景下,深入厘清中国区域经济可持续发展的内在驱动机制显然是一项非常复杂的系统工程,本书的研究视角难免有"以偏概全"之嫌,但仍然希望本书的研究能够为城市经济理论的发展以及土地市场化改革提供一些有益的借鉴。

本书由范建双、邵帅、虞晓芬、赵磊负责出版策划和统筹撰写工作。具体的分工(按章节为序)如下:范建双(序言),范建双(第1章),范建双、虞晓芬、张利花、屠帆(第2章),范建双、虞晓芬、赵磊、张娟锋(第3章),范建双、高骞、周琳、赵磊(第4章),范建双、虞晓芬、湛东升(第5章),周琳、范建双、虞晓芬、赵磊(第6章),周音博、周琳、范建双、高骞(第7章),范建双、周琳、马淼、臧奕鹏(第8章),邵帅、范建双、田志华(第9章),范建双、周琳、虞晓芬、高辉(第10章),范建双、周琳、虞晓芬、赵国超(第11章),范建双、周琳、张燕江、赵国超、王崧(第12章),范建双、邵帅、周琳、金细簪(第13章),范建双、周琳、陈多长(第14章),范建双、邵帅、田志华、周琳(第15章),范建双、邵帅、周琳、陈菲(第16章),范建双、邵帅、李欣、周琳(第17章),范建双、邵帅、虞晓芬、潘建新(第18章),范建双、虞晓芬、周琳、任天舟(第19章),范建双、邵帅、虞晓芬、周琳(第20章)。周琳、高骞、马淼和潘建新参与了本书的校对工作。

本书在研究和撰写过程中得到了住房和城乡建设部、浙江省人民政府研究室、杭州市人民政府研究室、杭州市房管局、杭州中房信息科技有限公司等政府部门和企业的大力支持，对本书的研究方向、资料收集、数据获取等方面给予了大力的帮助和支持！在此一并表示诚挚的感谢！同时，也要真诚感谢浙江工业大学的虞晓芬教授。虞晓芬教授一直鼓励我积极探索与研究城市和房地产的前沿理论问题以及中国城市与住房市场的重大现实问题，并对本书的完善提供了非常多的宝贵意见。同时，也要真诚感谢华东理工大学邵帅教授、浙江工业大学田志华博士、上海商学院商务经济学院李欣博士等人参与本书的撰写工作并极为慷慨的在本书中贡献了部分研究成果。周琳博士承担了本书中大量的实证分析工作，特别感谢周琳博士的辛苦付出！

最后，还要感谢经济科学出版社编辑及其专业团队的辛勤工作，他们一丝不苟、兢兢业业的工作态度和专业的工作流程保证了本书的顺利出版和辛勤付出！

范建双
2020年10月于浙江工业大学屏峰校区

目 录

第一篇 城镇化要素的互动关系问题研究

第1章 绪 论 3
    1.1 研究背景和意义 3
    1.2 相关概念界定 5
    1.3 研究内容和方法 14

第2章 中国城镇化效率的测度及其驱动机制研究 26
    2.1 研究背景 26
    2.2 研究方法 27
    2.3 区域城镇化效率综合测度 30
    2.4 区域城镇化效率的动力因子分析 36
    2.5 本章小结 39

第3章 城镇化要素的耦合协调性研究 40
    3.1 研究背景 40
    3.2 城镇化相关基础理论问题 42
    3.3 中国城镇化规模、效率与质量的协调性评价 45
    3.4 本章小结 50

第4章 城乡人口老龄化影响城镇化的双边效应研究 52
    4.1 研究背景 52
    4.2 文献综述与理论假设 54
    4.3 模型设定与数据来源 58

4.4 实证结果及分析 ··· 61
4.5 稳健性检验 ··· 66
4.6 本章小结 ·· 71

第二篇 城镇化进程中的土地配置和城市蔓延问题研究

第5章 城镇化背景下的农村"三权"改革和宅基地置换意愿 ········· 75
  5.1 研究背景 ·· 75
  5.2 理论分析与研究假设 ·· 76
  5.3 农村宅基地空间置换意愿的实证检验 ··································· 78
  5.4 本章小结 ·· 85

第6章 城镇化进程中的激励机制与土地市场化 ································ 88
  6.1 引言 ·· 88
  6.2 理论机制与研究假设 ·· 90
  6.3 模型与数据 ·· 92
  6.4 实证结果及分析 ··· 94
  6.5 本章小结 ·· 99

第7章 城镇化进程中的城市蔓延测度研究 ····································· 101
  7.1 研究背景 ·· 101
  7.2 研究方法 ·· 103
  7.3 指标选取与数据来源 ·· 105
  7.4 实证结果分析 ·· 109
  7.5 本章小结 ·· 119

第8章 激励机制对城市蔓延的影响研究 ·· 121
  8.1 研究背景 ·· 121
  8.2 文献综述与研究假设 ·· 123
  8.3 变量选取 ·· 128
  8.4 模型选取与数据说明 ·· 132
  8.5 实证结果分析 ·· 137
  8.6 本章小结 ·· 148

第9章 高铁开通对城市蔓延的影响研究 ········· 151
- 9.1 研究背景 ········· 151
- 9.2 文献综述与研究假设 ········· 152
- 9.3 实证策略与数据说明 ········· 154
- 9.4 城市规模对城市蔓延影响的实证检验 ········· 157
- 9.5 高铁开通对城市蔓延的影响 ········· 160
- 9.6 稳健性检验 ········· 164
- 9.7 本章小结 ········· 168

第三篇　城镇化进程中的房价问题研究

第10章 土地财政和土地市场化对房价的影响研究 ········· 171
- 10.1 研究背景 ········· 171
- 10.2 文献综述 ········· 172
- 10.3 理论模型与研究假设 ········· 174
- 10.4 数据来源与实证分析 ········· 178
- 10.5 实证结果分析 ········· 180
- 10.6 本章小结 ········· 192

第11章 土地配额和土地供给结构对城市房价的影响研究 ········· 194
- 11.1 研究背景 ········· 194
- 11.2 文献综述 ········· 195
- 11.3 中国的土地管理制度 ········· 197
- 11.4 理论模型与研究假设 ········· 202
- 11.5 计量模型与数据来源 ········· 206
- 11.6 实证结果分析与稳健性检验 ········· 208
- 11.7 本章小结 ········· 215

第12章 财政不平衡、保障房用地供给与房价 ········· 217
- 12.1 研究背景 ········· 217
- 12.2 文献综述与研究假设 ········· 218
- 12.3 实证策略与数据说明 ········· 220
- 12.4 实证结果分析 ········· 222
- 12.5 本章小结 ········· 229

第四篇　城镇化进程中的环境问题研究

第 13 章　城镇化进程中碳排放的分省贡献研究 ································ 233
13.1　研究背景 ·· 233
13.2　中国碳排放量的分省因素分解 ·· 234
13.3　碳排放驱动因素的归因分析 ·· 237
13.4　实证测度与结果分析 ··· 239
13.5　本章小结 ·· 250

第 14 章　中国城乡居民生活消费碳排放变化的比较研究 ···················· 253
14.1　研究背景 ·· 253
14.2　模型构建与数据选取 ··· 255
14.3　实证结果分析 ·· 259
14.4　本章小结 ·· 271

第 15 章　城镇化和房地产投资对碳排放的影响研究 ·························· 273
15.1　研究背景 ·· 273
15.2　文献综述 ·· 274
15.3　作用机制分析 ·· 276
15.4　模型构建与数据选取 ··· 278
15.5　模型计算结果分析 ··· 285
15.6　本章小结 ·· 298

第 16 章　城镇化进程中的工业和建筑业碳排放研究 ·························· 301
16.1　研究背景 ·· 301
16.2　理论机制分析 ·· 303
16.3　模型构建与数据来源 ··· 304
16.4　实证结果及分析 ··· 309
16.5　本章小结 ·· 317

第 17 章　交通基础设施、城市蔓延与雾霾污染 ································ 319
17.1　研究背景 ·· 319
17.2　文献综述与研究假设 ··· 320
17.3　实证策略与数据说明 ··· 323

17.4 实证结果与解释 …… 326
17.5 机制检验 …… 340
17.6 本章小结 …… 342

第五篇 城镇化进程中的经济可持续发展问题研究

第 18 章 城镇化进程中的区域和工业绿色经济绩效研究 …… 347
18.1 研究背景 …… 347
18.2 绿色经济绩效的驱动机制分析 …… 348
18.3 计量模型与数据选取 …… 350
18.4 实证结果及分析 …… 359
18.5 本章小结 …… 366

第 19 章 城镇化进程中土地利用绿色经济绩效研究 …… 368
19.1 研究背景 …… 368
19.2 数据来源与相关基础数据测算 …… 369
19.3 实证测度与空间相关性分析 …… 374
19.4 本章小结 …… 381

第 20 章 城镇化、城乡差距与经济包容性增长 …… 383
20.1 研究背景 …… 383
20.2 我国城镇化和城乡差距的历史考察 …… 385
20.3 城镇化、城乡差距对经济包容性增长的影响机理 …… 387
20.4 经济包容性增长的测度 …… 390
20.5 城镇化、城乡差距对包容性增长的影响效应检验 …… 398
20.6 本章小结 …… 406

附 录 …… 409

参考文献 …… 412

第一篇

城镇化要素的互动关系问题研究

城镇化进程是全球所有国家已经经历和正在经历的从传统农业为主的乡村型社会向以工业和服务业为主的现代城市型社会转变的过程。中国的城镇化进程速度之快令世人瞩目。截至2019年底，中国的城镇化率已经达到了60.60%。中国的城镇化进程在取得辉煌成绩的同时，也暴露出许多亟待解决的问题，包括人口的自由流动问题、城市土地资源的无序扩张和蔓延问题、环境污染和碳排放问题等。这些问题的出现不利于城镇化的健康有序发展。党的十九大报告和2020年政府工作报告中均明确提出要促进城镇化质量的提升，走以人为本的新型城镇化道路。本篇的研究内容正是基于以上背景展开，首先，通过对城镇化效率的测度，明确中国各地区的城镇化效率水平的高低，进而识别其驱动因素；其次，从规模、效率和质量三个维度对城镇化要素耦合协调性进行识别；最后，基于人口老龄化的时代背景深入分析城乡人口老龄化对城镇化的双边影响效应，从而解释了中国人口老龄化存在的"城乡倒置"现象的深层次原因。

第1章

绪 论

1.1 研究背景和意义

城镇化是经济增长的重要驱动力量,不仅为经济增长提供了必要的内需条件,而且能够激励分工深化,拓展有效市场规模,并通过产业集聚外部性和规模报酬递增,提升全要素生产率,最终实现经济增长。1998~2018年,中国城镇人口从41 608万人增加到83 137万人,增长率为99.81%,而城市的建成区面积从21 379.56平方千米增加到58 455.66平方千米,增长率达到了173.42%。① 人口城镇化显著滞后于土地城镇化。这种过度依赖土地城镇化的"摊大饼"式城市扩张模式导致城市无序蔓延。城市蔓延为城市经济发展提供了空间,但是随着城市规模的不断扩张,也造成了土地资源的粗放使用和建成区人口密度偏低、居民通勤和产品运输距离增大,以及能源消耗严重,进而导致环境污染加剧和温室气体排放增加,不利于区域经济的可持续发展。这说明城镇化在促进经济增长的同时,也对环境产生了影响(樊杰、李平星,2011;周葵、戴小文,2013)。因此,在分析城镇化对区域可持续发展影响的过程中需要综合考虑经济增长和环境污染问题,尤其是碳排放问题。碳排放作为经济增长的负产出,有学者将其与国内生产总值(GDP)一起作为产出变量纳入全要素生产率的测度模型中,从而将碳排放与经济增长有机结合起来,提出绿色经济绩效的概念,进而认为绿色经济绩效是能源消费、经济发展等多要素共同作用的结果,显示出明显的"全要素"特点,考虑相关要素构造的指标才更为合适(王群伟等,2010)。推进城市土地的市场化配置水平,降低城市蔓延程度,努力提高城市和产业绿色经济绩效,不仅有利于推进城镇化的健康发展,而且有利于城市经济的可持续增长。因此,研究城镇化对城市蔓延和区域经济可持续发展的影响具有重要的理论价值和现实意义。

(1)不同城市土地市场化水平下,城镇化和城市蔓延对经济可持续发展的影响可能存在区域异质性,需要通过系统的理论分析和实证检验加以验证。鉴于现阶段

---

① 数据来自《中国统计年鉴》《中国城市统计年鉴》。

我国土地城镇化过快和土地资源空间错配导致的城市蔓延问题的凸显，应完善和推进城市土地市场化配置的相关政策，将建设用地指标更多地向人口净流入城市倾斜，实现人口要素与土地要素和产业要素之间的匹配，努力提供高城镇化效率，即与城镇化进程中的人口和产业要素相比，土地要素投入的区域间功能匹配性和区域内结构组合合理性的程度。土地市场化水平取决于土地要素与人口、产业要素的区域间功能匹配度和耦合协调度的大小。土地市场化水平的差异可以通过不同的土地利用方式和不同的利用效率对绿色经济绩效产生不同影响。土地市场化水平的提高会通过专业化集聚和多样化集聚效应使得人均能源利用效率大大提高，社会转型、制度创新和技术革新产生高效的节能减排技术和碳排放制度，进而降低碳排放强度（Parker P. and Rowlands I. H. , 2007）。因此，设定不同的土地市场化水平下城镇化对绿色经济绩效影响机制的异质性假设，并通过严密的计量手段进行实证检验，将对现有的城市经济理论提供很好的借鉴和补充。

（2）绿色经济绩效将经济效益与环境效益有机组合起来，客观正确地评估区域和产业绿色经济绩效水平，从而为因地制宜地制定节能减排政策提供理论参考。当前，中国正处于城镇化的快速发展阶段。经济的快速发展和城镇化进程中大量的基础设施建设不可避免地带来了能源的大量消耗和污染物的持续排放。区域的人口结构、产业结构、经济水平、城镇化水平等均存在显著差异。不同行业之间的能源消耗和碳排放水平也存在一定差异。区域之间和产业之间异质性的存在要求对不同城市和不同行业采取不同的碳减排策略。当期中国城镇化进程的显著特征是以大量基础设施建设为特征的建设用地扩张和农地非农化为特征的土地利用结构变化，城市蔓延成为城镇化的主要表现形式。尤其是大城市普遍出现了以低价出让农业用地和工业用地，盲目投资房地产和城市基础设施，大规模兴建新城区和工业园区为主要特征的城市蔓延现象。这为我们研究城市蔓延对环境污染和绿色经济绩效的影响提供了得天独厚的实验环境。因此，分别从省域和产业层面入手，建立严谨的模型对绿色经济绩效进行测度，可以为碳排放与经济增长的双赢绩效提供一个有效测度方法，从而为制定科学有效的减排策略提供理论参考。

（3）城镇化与区域经济包容性增长之间有着内在的关联性，对二者关系进行系统的理论研究与实证研究将有助于丰富城市经济理论。包容性增长理念的提出，赋予了城镇化新的内涵，也使得如何在新型城镇化战略的背景下通过包容性增长促进均衡城镇化发展成为政策要点。包容性增长强调区域和城乡经济发展过程中的公平性、均衡性和可持续性。其中，公平性强调经济增长的质量，包括就业机会的公平、经济发展成果分配的公平、权利的公平等，从而实现利益共享和缩小贫富差距；均衡性指经济增长过程中保持均衡，强调资源投入的均衡性；可持续性指通过转变经济增长方式实现可持续发展，强调环境友好型、资源节约型的绿色、低碳增长。城镇化能够通过人口转移过程中身份转换和各种发展权利的保障，实现城镇化人口数量的增加，这有利于城乡经济发展成果分配的公平性；城镇化能够通过在城乡和区域之间统筹协调分配资源，促进各类生产要素和经济活动在区域、城乡之间合理集聚，不断推行投资、贸易的自由化，有利于城乡、区域之间实现资源投入的均衡性；城镇化能够通过推进经济增长方式转变和产业结构转型升级，实现区域经济的低碳和绿色增长，有利于区域经济增长的可持续性；城镇化能够实现城乡、区域之间的公共服务均等化和基础设施水平提高，这同样有利于资源和利益共享，实现经济包容性增长。反之，非均衡的城镇化发展则会导致城乡和区域之间的经济发展、公共服务等差距越来越大，从而导致非包容性的经济增长。

（4）从空间依赖性和异质性的视角审视城镇化和城市蔓延的环境影响。城市蔓延在为城市发展提供空间的同时，也不可避免地带来了建设用地扩张以及大量耕地流失导致的土地利用结构变化，进而导致碳排放增加。另外，城市蔓延也会强化城市居民出行的汽车依赖，进而导致交通出行和拥堵的碳排放增加和空气污染。因此，城市蔓延对城市发展同时也存在环境负效应，会对绿色经济绩效产生冲击。而由于空间异质性的存在，不同城市规模条件下，城市蔓延对绿色经济绩效影响可能存在差异性，这需要通过系统的理论分析和实证检验加以验证。城市规模的差异可以通过不同的土地利用方式和不同利用效率对绿色经济绩效产生不同影响。同时，由于城市蔓延进程并不是完全独立的，一个城市的空间蔓延会对相邻城市产生影响，具有典型的空间依赖性。因此，在分析城镇化和城市蔓延对环境和绿色经济绩效的总效应时，我们需要考虑其空间溢出效应，否则就有可能高估或低估城市蔓延对环境和绿色经济绩效的作用。

鉴于此，本书旨在提供新的视角、依据新的数据、应用新的分析方式，通过借助多年来中国城镇化发展模式的变迁，采用一系列权威的大样本宏观和微观数据，对城镇化及城市蔓延会产生何种负外部性效应，以及城镇化如何通过这些负外部性效应进一步影响经济包容性增长，进行系统的理论与实证研究。本书将深化对城镇化、城市蔓延对绿色经济绩效影响效应及其空间溢出效应的机制理解，研究如何充分发挥城镇化的正向溢出效应，降低并着力将负向效应转化为正向效应，在厘清城镇化、城市蔓延与区域经济可持续发展理论的基础上，对我国城镇化效率、城市蔓延水平和区域经济可持续发展水平进行评价，拟从空间相关的角度出发，着重分析我国城镇化和城市蔓延对区域经济可持续发展的直接影响和空间溢出效应；探寻在经济可持续发展要求下提高城镇化质量的路径与最佳方式，推进城市空间增长由无序蔓延状态向精明增长状态转变，建立一套有效的、符合中国实际的城市空间增长管理机制，推动城镇化高质量发展和新型城镇化战略实施，既可以为客观评价我国城镇化和区域经济发展政策的有效性提供理论依据，又可以充实和丰富我国的城市经济理论。

1.2 相关概念界定

本书以城镇化和城市蔓延为研究对象，因此，在进行具体的理论分析和实证研究之前，有必要对城镇化和城市蔓延的内涵与外延，以及如何对城镇化和城市蔓延进行有效测度等核心问题进行科学界定。

1.2.1 城镇化和城镇化规模

城镇化的过程是农村人口向城市集聚、农业人口转变为非农业人口、农用地转变为非农用地、建设用地不断扩张、第一产业向二三产业转变、非农产业集中化和城乡一体化程度不断提高的过程。城镇化是一个"人口—土地—经济"三位一体的综合发展过程。人是城镇化的行为主体，土地是城镇化的空间载体，经济是城镇化的内在驱动力，三者之间相互关联、相互影响、相互促进，共同发展。其中，人口城镇化的特征是农村人口不断向城镇集聚，农业人口转变为非农业人口的过程（王伟、吴志强，2007；朱传耿等，2008）。人口城镇化的内容包括人口地域结构、产业结构、生活方式的变化（朱勤、魏涛远，2013）。人口城镇化的实质是人口经济活动和生活方式的非农化过程（俞万源，2011）。学者们普遍认为，人口城镇化是衡量一个国家或者地区社会经济发展水平的重要标志，并基本采用城镇人口占总人口的比重来衡量。土地城镇化是指农用地转变为城镇建设用地的过程，也称为空间城镇化。林拓（2004）提出，土地城镇化不断促进社会空间格局从分散布局到空间体系的构筑、社会空间流动从地域凝固到空间开放的催化、社会空间治理从政区分割到区域联动的形成。在这一过程中，土地的自然属性和社会经济属性均发生变化（包括产权主体变化、产权性质和土地用途和土地价值改变），是一个土地多方位、整体性的改变过程。中国土地城镇化的最重要特征是土地国有化。通常以城镇建设用地与城乡建设用地的比值作为土地城镇化水平的衡量指标（李昕等，2012），经济城镇化是随着社会生产力的发展和人类需求的不断提高推动人类经济活动向城市集中的过程（刘英群，2012），经济城镇化包括产业非农化和非农产业集中化两个客观过程。曹文莉等（2012）主要强调经济总量的提高和经济结构的非农化，其中，工业化是直接推动因素。王亚力等（2013）指出，经济城镇化是经济要素向城镇聚集，区域城市经济的比例逐步增大的过程，并采用区域二三产业和第一产业发展的相对速度和相对水平来衡量。

城镇化规模是指城镇地域空间内聚集的生产要素在数量上占地区总要素的比重的大小，主要从数量上反映城镇化水平，包括城镇人口、经济活动能力、建成区面积三个相互关联的有机组成部分（邓卫，2000）。因此，通常采用城镇人口占总人口的比重、城镇建设用地占土地总面积的比重和二三产业产值占GDP的比重指标来衡量。即城镇化规模包括人口城镇化规模、土地城镇化规模和经济城镇化规模三部分。一定的经济城镇化规模吸引一定的人口城镇化规模，一定的人口城镇化规模需要一定的土地城镇化规模。三者之间相互依赖，又相互制约。

1.2.2 城镇化质量和城镇化效率

(1) 城镇化质量。城镇化规模从"量"的角度反映城镇化水平,而城镇化质量则是从"质"的角度反映城镇化发展优劣程度的一个比较综合的概念,其内涵主要是指在有效投入与合理配置生产要素的前提下,城镇化水平稳步提高,城镇环境和基础设施不断完善,城镇居民生活质量不断提高,城镇的综合实力和对外辐射能力及服务能力不断增强,城乡一体化程度不断提高的过程(李明秋、郎学彬,2010)。从构成要素和城镇化质量的内涵来看,城镇化质量不仅包括人口城镇化质量、土地城镇化质量、经济城镇化质量、社会城镇化质量的城镇化自身发展质量,而且包括城乡之间的一体化发展程度。其中,人口城镇化质量主要衡量城镇化过程中城乡居民的生活和就业的舒适和幸福程度,即能否为已经居住在城镇的居民和将要转移到城镇的居民提供良好的居住条件和环境,是否能够有效地转移农村剩余劳动力并使之成为真正的市民;土地城镇化质量在这里是广义的概念,除了衡量城镇化进程中的土地利用结构是否合理、土地利用是否集约高效以外,还用来衡量生态环境保护、城镇化过程中人与自然的和谐共处、城镇的生态文明与可持续发展的状况;经济城镇化质量主要衡量城镇化过程中的经济结构(产业结构、就业结构和消费结构)是否合理,经济增长效益是否高效;社会城镇化质量主要衡量城镇居民的社会保障情况、科教水平、医疗卫生状况、基础设施状况和交通状况等;城乡一体化主要衡量城镇与乡村之间的协调发展程度,包括城乡间人口的自由流动程度(包括农民的市民化和农村剩余劳动力的转移)、城乡公共服务的均等化程度、城乡居民生活水平差异程度。

(2) 城镇化效率。城镇化规模和质量的提高需要大量资金投入、土地占用和能源消耗。然而城镇化进程不能只是片面追城镇化规模和质量,而是要在稳步提高城镇化规模和质量的同时更加重视资金、土地和能源利用效率的提高,走集约型的城镇化道路。本章认为城镇化效率是指在一定的生产技术条件下,以及人口、经济、土地各系统之间的相互作用下,推进城镇化从低水平向高水平发展过程中的产出与投入的比值。城镇化效率的高低对城镇未来的发展起着重要的作用。城镇化效率较高,才能产生高效益,有了高效益,才能使城镇内部资金的积累过程加速,产业规模迅速扩大;才能扩大城镇的吸引力和辐射力,进而带动整个地区的城乡协调发展。

1.2.3 城市蔓延

(1) 城市蔓延的内涵界定。关于城市蔓延的概念,学术界至今仍未达成共识。不同领域的学者关注的视角也有所区别。目前主要集中在蔓延的区位、土地利用、空间形态和蔓延背后的市场机制四个层面。首先,从蔓延区位的角度,学者们强调城市蔓延发生的区域多集中在城市边缘地带（程玉鸿、卢婧，2016）。城市蔓延被理解为向城镇化周边郊区的低密度和非连续性扩张（Downs，1999；Wu，2006）。有学者直接提出了郊区蔓延的概念，将其定义为"一种不负责任的、规划失败的发展，其毁坏了绿地，使交通堵塞、空气污染加剧、学校拥挤和增加开车税等"（Sierra Club，2001）。斯夸尔斯（Squires，2002）认为，城市蔓延实际上是一种大都市扩展模式，这种模式的主要特征是沿着城市边缘地带的主要交通道路向郊区，以低密度、汽车依赖、无序、功能单一为主要特征的用地扩展模式。其次，从土地利用角度，克劳森（Clawson，1962）、奥滕斯曼（Ottensmann，1977）都指出城市蔓延这一用地方式的功能单一性问题，其难以形成多功能混合用地。佩瑟（Peiser，2001）认为，城市蔓延意味着无节制、单调、"蛙跳式"非连续以及低密度的土地开发利用。王家庭、张俊韬（2010）以及洪世键、张京祥（2013）将城市蔓延界定为城市非农建设用地以高速、低效的形式向周边地区扩张，城市土地消费的增长速度超过人口增长速度的一种过度空间增长模式。再次，从空间形态的角度，张庭伟（1999）认为，过度的不成比例的城市扩张就成为"城市蔓延"。蒋芳等（2007）、王家庭等（2015）认为，城市蔓延是指城市以私家车为导向、非农建设用地以高速、低效、外延式、无序的形式向周边地区进行扩张。李强、杨开忠（2007）认为，城市蔓延是城市空间"摊大饼"式快速扩展。由于区域间蔓延展开的形式多种多样，卡拉法蒂（Calafati，2008）认为，城市蔓延意味着每个城市都有其独一无二的空间组合形式和郊区发展的社会经济轨迹。最后，从城市蔓延背后的市场机制角度，城市蔓延通常是由于开敞空间社会价值所导致的失灵、由于高速公路拥堵产生的社会成本导致的失灵，以及由于新建基础设施的成本投入造成的失灵。由于计划不周，当地公共和财产税收较低，因而未能将环境的外部性内部化。并且由于拥挤和不完全定价，基础设施、商业和工业只能在规划之外的地区发展（Zhang，2001；Brueckner and Kim，2003；Cinyabuguma and McConnell，2013）。洪世键、张京祥（2012）将城市蔓延定义为由于市场或政策失灵导致的城市地域范围无序扩张，是一种无效率的，也就是非帕累托改进式的城市地域范围扩张。作为一个发展中国家，中国的城市蔓延伴随着城镇化水平的提高和城乡人口的增加。张庭伟（Zhang，2000）将中国城市蔓延的主要特征定义为城镇化区域的不均衡发展。此外，一些研究将城市蔓延的形式分为三类：工业形式蔓延、商业和住宅形式蔓延，以及城郊非正式蔓延（Frederic and Huang，2004；Wei and Zhao，2009；Liu et al.，2018a）。

综合上述文献，本书将城市蔓延定义为：在城镇化进程中由于市场或政策失灵导致的人口和土地要素在空间上的失衡错配、城市范围向周边郊区和农村无序扩张，土地利用结构的非农化演进趋势和城市空间的分散化、碎片化发展，使得数量上城市建设用地的扩张速度超过同期城市人口的增长速度，空间上建设用地的分布更为分散化和碎片化，住宅形态上别墅、排屋占比不断增加，交通出行上居民职住距离被拉长和显著的汽车依赖型，并引起一系列经济、环境、社会影响的过度城市空间增长。可见，城市蔓延是一个相对的概念，即超过什么样的界限属于城市蔓延，反之则不属于。同时，城市蔓延也涵盖了静态和动态两个层面：静态层面是指城市蔓延的程度；动态层面是指城市蔓延的过程。

（2）城市蔓延的测度。尽管城市蔓延现象在全球范围内普遍出现，但是表现形式却各有差异。因此，需要设计科学、完整的可以量化的测度指标和评价方法来揭示城市蔓延的发生程度。从现有文献来看，测度方法主要有分形维度测度方法、美学程度度量方法、由可及性来度量和指标评价测度法。其中，指标评价测试法是最为流行的一种方法，大致可以分为两类：单指标评价和多指标评价。单指标评价方面，常用的单指标有城区人口密度、居住密度、就业密度和城镇化用地增量。富尔顿等（Fulton et al., 2001）用人口密度来衡量城市蔓延程度，人口密度越低则蔓延程度较高。洛佩兹和海因斯（Lopez and Hynes, 2003）认为测度城市蔓延的有效方法必须具备客观性、独立性以及可量化和易推广三个特性，并认为"密度"对于测度城市蔓延至关重要，而且居住密度比就业密度更能反映蔓延的特征。董维、蔡之兵（2016）用城镇化用地增量分别考察了美国城镇化地区和中国的城市蔓延情况，并计算了城市人口及人均土地消费量的变化对城市蔓延的贡献度。王家庭、张俊韬（2010）用城市建成区面积的增长率与市区人口增长率的比值来测度城市蔓延。萨尔瓦蒂等（Salvati L. et al., 2013）采用城市建筑的垂直分布状况指标来测度城市蔓延。吕志强等（2014）借助地理信息系统（GIS）构建拓扑关系指数区分建设用地蔓延类型。

单指标方法操作简单，数据获取方便。但是，考虑到城市蔓延现象的复杂性，任何单维度指标在度量城市蔓延时考虑的仅是某个方面的特征，难免评价结果过于片面，容易造成不同的测度指标对于同一个研究区域的测度结果差异很大，同时容易忽视区域内部差异。为了更全面地了解城市蔓延状况，需要进一步采用多维度指标去测度蔓延。

多指标评价方面，学者们多借助遥感（RS）和GIS来对城市蔓延进行多指标测度（Inostroza L. et al., 2013）。例如，哈斯和拉斯洛普（Hasse J. E. and R. G. Lathrop, 2003）、李一曼等（2012）、张琳琳等（2014）、刘和涛等（2015）以及王钊、杨山（2015）利用RS和GIS技术，从蔓延指数、紧凑度、蛙跳指数、分形维度、几何重心、雷达图等方面度量城市蔓延的时空特征。除了RS和GIS技术以外，也有学者采用层次分析法（刘卫东、谭韧骠，2009）、主成分分析法（Hamidi S. and R. Ewing, 2014）、因子分析法（王家庭等，2015）、地理空间指标体系方法（蒋芳等，2007）、结构熵值分析与核密度函数（Jiang G. et al., 2016）和最新发展的加权城市分散度（Weighted Urban Proliferation, WUP; Jaeger J. A. G. and C. Schwick, 2014; Roche Phillips L., 2015; Nazarnia N. et al., 2016）进行多指标的综合评价并求取城市蔓延指数。实证评价中涉及的指标包括人口、经济、土地利用、农业、环境、交通、成本收益、城市生活、城市透过性、城市分散性和利用密度等多方面。

不难发现，多维度指标法能够较全面和系统地衡量城市蔓延，但是仍然存在两方面问题：一方面是指标的选取容易受研究者的主观判断影响，指标的权威性不足；另一方面是指标选取的越多则数据的获取性越困难。

综上所述，单指标评价方法和多指标评价方法各有其优缺点。学者们对城市蔓延的测度逐渐由单指标向多指标发展，并且随着 GIS 和 RS 技术应用的不断深入，对城市蔓延的测度也越多元化。但是城市蔓延程度的测度结果是一个相对值，具体取值多少或者超过某个临界值才算是蔓延，目前仍无定论。本书将借助夜间灯光数据对城市蔓延指数进行科学测度，具体测算过程见第 7 章的内容。

1.2.4 绿色经济绩效

（1）绿色经济绩效的概念内涵。鉴于单要素指标忽视了其他投入要素如劳动力、资本等的替代效应，因此，无法对评价主体的绿色经济绩效进行全面的合理测度。学者们开始关注并适时提出了"全要素"碳排放绩效（又称为绿色经济绩效）的概念，认为应该从整体的角度，将所有相关的变量，如经济活动、能源消耗和二氧化碳排放放在一起构建绩效评价指标（Ramanathan R.，2002）。查建平等（2012）提出，绿色经济绩效是能源结构、要素替代等多因素共同作用的结果，具有明显的"全要素"特性。

（2）绿色经济绩效的测度研究。绿色经济绩效的评价目前主要有两种方法：一种是采用参数方法，如随机边界分析（SFA），主要是建立一定的生产函数对全要素绿色经济绩效进行测算（Wang Q. W. et al.，2013a；Dong F. et al.，2013；刘婕、魏玮，2014；谌莹、张捷，2016）。另一种采用非参数方法，如数据包络分析（DEA）。由于 DEA 方法能方便地拟合含有非期望产出的多产出过程，又可避免 SFA 关于模型设定与随机干扰正态分布的强假设偏误，在绿色经济绩效研究中应用更为广泛。在测度绿色经济绩效的 DEA 研究文献中，目前主要有以下四种处理方式。

一是将碳排放作为投入。这虽然能实现碳排放约束下期望产出最大化目标分析，但是与实际生产过程并不完全吻合。

二是将碳排放视为与期望产出相同的可自由处置性产出，利用 Shephard 距离函数和 Malmquist 指数测算绿色经济绩效（Zofio J. L. and A. M. Prieto，2001；Wu F. et al.，2012）。由于没有考虑碳排放的负外部性，很多文献基本上都运用径向的（radical）、角度的（oriented）方法来计算距离函数，当存在投入过度或产出不足，即存在投入或产出松弛变量时，径向的 DEA 效率测度会高估评价对象的效率；而角度的 DEA 效率测度由于忽视了投入或产出的某一个方面，计算的效率结果并不准确，不能对全要素生产率进行合理评价（陶长琪、齐亚伟，2012）。王群伟等（Wang Q. W. et al.，2013b）、杜克锐等（Du K. R. et al.，2014）、王群伟等（2014）、姚昕等（Yao X. et al.，2015）、范丹（2015）考虑到区域之间二氧化碳排放普遍存在的生产技术异质性，进一步提出了绿色经济绩效测度的共同前沿（metafrontier）和非径向（non-radial）DEA方法，从而更好地识别松弛变量。

三是将碳排放视为弱处置性非期望产出，利用方向性距离函数来分析绿色经济绩效。方向性距离函数是Shephard距离函数的一般化，可以处理投入产出同时变化的情况，并在此基础上构建了可用来处理非期望产出的Malmquist-Luenberger生产率指数。该方法同时兼顾了经济增长与环境约束，为碳排放约束下的全要素生产率增长及其来源提供了科学的分析工具，得到了广泛运用（魏梅等，2010；王群伟等，2010；刘明磊等，2011；Pardo Martínez C. I.，2013；高鸣、宋洪远，2015）。曹珂、屈小娥（2014）以及韩晶等（2015）认为，方向距离函数存在方向选择主观性的缺陷，进一步采用线性数据转换函数法对生产过程中的二氧化碳排放量进行处理。同时，其认为应该注意到由于几何平均形式的Malmquist-Luenberger生产率指数不具有循环累乘性，只能进行相邻期间生产效率的短期变动分析，无法观察生产效率的长期增长趋势，并且面临潜在的线性规划无解的问题。进而有学者构建了考虑非期望产出的全局Malmquist-Luenberger生产率指数（Oh D. H，2010）来测算全局参比效率，即所有时期而不仅是当期作为一个整体作参比计算得到的效率值。全局生产技术集能有效避免线性规划无解的缺陷，同时是可循环累加的，并且这种连续生产前沿面避免了生产前沿向内偏移的可能性，从而避免了生产效率的高估。之后陆续有学者采用该方法对绿色经济绩效进行测算和分解（陶长琪、齐亚伟，2012；郑丽琳、朱启贵，2013；周五七，2014；Fan M. et al.，2015；王兆华、丰超，2015）。雷明等（2014）认为，投资对经济增长的作用具有滞后效应。现有的基于数据包络分析的效率研究未能全面反映资本投入的经济效果，忽视了"固定资产也是将来收入来源"以及资本积累的重要性。进而引入具有跨期作用的动态要素，建立动态Global Malmquist-Luenberger指数。为了实现跨期比较，也有学者采用序列（sequential）DEA与方向性距离函数构造了绿色经济绩效动态指数（田银华等，2011；尤建新等，2012；吴英姿、闻岳春，2013；查建平等，2013）。

四是基于松弛变量的测度模型（SBM）。上述方法较好地解决了含有非期望产出的生产率与效率评价问题，但无法剔除投入产出松弛所造成的非效率成分，当存在投入产出的松弛性问题时会高估效率水平，不能解决模型关于径向或角度的选择所带来的测算偏差（周五七、聂鸣，2012）。托恩（Tone K.，2001）构造了基于松弛变量的测度模型（SBM），并进一步提出了考虑非期望产出的SBM模型，较好地拟合了节能减排的可持续发展要求，有效地测度绿色经济绩效。福山和韦伯（Fukuyama and Weber，2009）、法尔和格罗斯科普夫（Färe and Grosskopf，2010）进一步提出了更一般化的SBM方向性距离函数。目前，该方法是测度包含非期望产出的一种有效方法，诸多学者采用该方法对绿色经济绩效进行了实证测度（Choi Y. et al.，2012；杜慧滨、王洋洋，2013；周五七、聂鸣，2012；马大来等，2015）。陈诗一（2012）将基于方向性距离函数（DDF）的行为分析模型（AAM）和SBM模型结合起来，构建了低碳转型进程的动态评估指数。为了解决无法比较经济效率值等于1的有效单元之间的效率高低和测度效率值无法进行跨期比较的问题，宋马林等（2014）、宫大鹏等（2015）进一步采用超效率SBM的DEA方法对绿色经济绩效进行测度。尽管SBM方法很好地解决了非期望产出的问题，但是非期望产出影响效率评价还产生了非期望产出弱可处置的问题。非期望产出弱可处置指的是期望产出与非期望产出之间存在着某种生产约束关系，也即当减少非期望产出时，期望产出不是不发生变化的，而是有依照某种关系减少的现象（李永立、吴冲，2014）。为了处理非期望产出弱可处置性产生的随机性对效率评价的影响，周鹏等（Zhou P. et al.，2010）采用Bootstrap Malmquist指数方法。该方法通过对样本的反复抽样实现对随机性的分析和刻画。当对随机误差没有先验的估计时，采用非参数的Bootstrap方法，但其效率往往较低，该方法适用于小样本数据。进一步有学者采用基于机会约束（chance constrained）的随机DEA模型加以解决。机会约束方法基于约束条件的概率函数表达实现对随机性的分析和刻画。对于随机误差有一定的估计或假定时，采用机会约束方法更加稳健（Zha Y. et al.，2015）。有学者提出SBM模型方向向量的设定存在主观性，同一决策单元在不同的方向向量设定下计算出的效率存在偏差，进而采用能够避免主观设定模型参数并具有非径向和非角度特点的幅度调整测度（Range Adjusted Measure，RAM）模型对环境效率进行测度（Sueyoshi T. and Goto，2010、2011；李涛，2013；王兵、罗佑军，2015）。李涛等（2013）进一步将RAM模型与序列Malmquist-Luenberger指数结合起来对绿色经济绩效进行测算。为了考虑模型中所有要素按照不同比例进行调整的问题，有学者提出了加权Russell方向性距离函数模型（WRDDM）对全要素绿色经济绩效进行测度（李小胜、张焕明，2016）。

从现有研究来看，对绿色经济绩效的测度则主要从效率的视角入手进行研究，采用的方法主要是DEA的非参数方法。已有测度方法主要采用基于非期望产出的SBM方法和基于方向性距离函数的Malmquist-Luenberger生产率指数方法。但是SBM方法仅能测度技术效率而无法测度全要素生产率，并且无法进行跨期比较；而Malmquist-Luenberger生产率指数方法虽然能够对全要素生产率进行测度和跨期比较，但是只能进行相邻期间生产效率的短期变动分析，无法观察生产效率的长期增长趋势，并且面临潜在的线性规划无解的问题。

本书将采用综合考虑非期望产出的非径向和非角度方向性距离函数的全局Malmquist-Luenberger指数方法对中国工业的绿色经济绩效进行测度。具体测算过程参见第18章的内容。

1.2.5 经济包容性增长

1.2.5.1 经济包容性增长的概念界定

包容性增长作为一个新概念，受到了学术界的广泛关注，但是到目前为止还没有一个统一的定义。通过对文献的梳理,本书发现对其概念的界定主要有四种观点:(1)将包容性增长理解为机会均等的增长(Ali and Zhuang,2007;Zhuang and Ali,2009)。强调要建立具有包容性的制度,提供广泛的机会;强调通过维持长期及包容性的增长,确保增长效益为大众所广泛共享(蔡荣鑫,2009)。并上升到发展理念和理论体系的高度(杜志雄等,2010)。甚至有学者强调机会平等的包容性增长正是当下中国的政治经济学和发展经济学,是区域发展的理论基础和战略指导,认为从经济学发展过程审视政治与经济离合的演变有助于我们深入理解和研究包容性增长(邵宜航、刘雅南,2011;杨玉珍,2012)。(2)基于对贫困和弱势群体的关注,包容性增长是益贫式增长(Ali and Son,2007)。提出包容性增长必须降低不平等,包括收入不平等和非收入不平等(Klasen,2008;Rauniyar and Ravi,2010)。主要是为了使穷人相对于非穷人能得到更多的增长以及更少的不平等对待,使低收入群体从经济增长中分享收益,最好是使其多受益,使他们过上有尊严的生活(Besley et al.,2007)。包容性增长作为一种发展战略,是益贫式增长的扩展,是经济增长与民生发展的有机协同,在经济与政治上更具持续性(Birdsall,2007;龙朝阳,2012)。文雁兵(2014)提出,只有依靠经济增长、社会包容和自生能力才能有效解决贫困问题中突出的制度性贫困。(3)从就业、制度、执政理念的角度界定包容性增长。费利佩(Felipe,2007)把包容性增长与就业联系起来,认为包容性增长应该实现穷人的充分就业,并使工资增长速度高于资本报酬增长速度,从而缩小贫富差距。陆铭等(2012)提出,目前采取的城市人口规模限制措施特别是针对低技能劳动力进行限制,将导致效率与公平兼失的局面,不利于实现包容性增长。杰弗里·麦克马伦(Jeffery S. McMullen,2011)提出了一种发展权理论,该发展权混合了商业权、社交权和制度权,主要是为了促进必要的制度变革,进而使得经济增长更具包容性。(4)从可持续发展的角度界定包容性增长。李刚(2011)认为,包容性增长的内涵除了包括注重通过"共同参与"消除或缓解贫困以外,还包括通过转变增长方式实现可持续发展、重构经济增长价值观等内容。黄秋菊、景维民(2011)从共享式、和谐式和系统式三个角度对包容性增长进行解读。其中,利益共享式增长强调经济增长速度,更强调经济增长质量;和谐式增长强调经济增长的平衡;系统式增长强调增长过程的制度变迁与结构调整。

1.2.5.2 经济包容性增长的测度

目前,对包容性增长的测度主要有两种方法。一种是建立综合评价指标体系,采用一定的评价方法如模糊综合评价、层次分析法等对包容性指数进行测算。例如,阿里和宋(Ali and Son,2007)采用社会机会函数思想对包容性增长进行测度,主要从人均经济机会和经济机会的共享程度两个方面进行度量。西尔伯和宋(Silber and Son,2010)用 Bonfemmi 集中指数来度量不平等程度。麦金利(McKinley,2010),魏婕、任保平(2011),以及于敏、王小林(2012),进一步从多个维度构建了包容性增长的综合评价指标体系，并分别采用了基于隶属度的模糊综合评价法、专家打分法等确定了指标权重，最终测算了包容性增长综合指数。另一种是从效率的角度对包容性增长进行测度。例如，马强文、任保平（2012）采用基于包含坏产出的 Malmquist 指数 DEA 方法对我国经济可持续包容度（即考虑了环境因素的全要素生产率）进行了测算，在此基础上构建动态面板数据，通过系统广义矩估计方法实证分析了可持续包容度的影响因素。陈红蕾、覃伟芳（2014）运用 Malmquist-Luenberger 指数和 Hicks-Moorsteen 指数的 DEA 方法对中国省际的传统全要素生产率和包容性全要素生产率进行了估算、比较和分析，但模型中仅考虑了城乡收入差距的非期望产出变量，忽视了城乡非收入差距因素的影响。为了更加科学合理地测度包容性增长，并同时将城乡收入差距和非收入差距作为非期望产出引入模型，本书将采用基于 Hicks-Moorsteen 指数的 DEA 方法对经济包容性增长进行测度。具体测算过程参见第 20 章的内容。

1.3 研究内容和方法

1.3.1 主要研究内容与研究目标

本书内容共分五篇20章。第一篇是城镇化要素的互动关系研究，主要探讨城镇化的构成要素以及各要素之间的互动关系，共包含4章内容。第1章为绪论。

第 2 章是中国城镇化效率的测度及其驱动机制研究，基于构建的城镇化综合效率的评价指标体系，采用基于 Färe-Primont 指数的 DEA 评价模型，对中国 1999～2018 年 31 个省份的城镇化综合效率进行动态的测算和分解，以克服传统 DEA 模型无法进行趋势分析、无法区分决策单元之间优劣性的缺陷。同时，对影响城镇化效率的动力因子进行理论分析，运用面板数据固定效应模型对影响城镇化效率的主要动力因子进行分析和识别。第 2 章的研究结果表明：（1）全国平均城镇化效率水平达到了 1999 年北京的 1.292 倍，大部分地区属于有效增长型。中国各地区城镇化综合效率总体水平较高的原因是混合效率和残余规模效率的高增长；（2）从发展趋势来看，中国东、中、西部和东北地区的城镇化效率呈现出明显的分化；（3）城镇化效率动力因子分析的结果表明，内源力是最主要的驱动力，后面依次是市场力和外向力，而行政力则起到了相反的作用。

第 3 章是在第 2 章实证结果的基础上，基于城镇化规模、效率和质量的概念与内涵，构建评价指标体系进行测度，在前述测算的 1999～2018 年省级区域城镇化效率的基础上，借鉴物理学上的耦合容量系数模型和耦合协调度函数，对三者之间的耦合协调度及其演变规律进行深入分析。第 3 章的研究结果表明：（1）我国 31 个省份的城镇化"规模—质量—效率"耦合协调度偏低。除了北京和上海以外，大部分省份处于不协调阶段。(2) 1999~2018 年,各地区的耦合协调性基本呈现出上升的发展态势,但趋势不明显,而且耦合协调性值存在明显的区域差异性。

第 4 章基于 1997~2017 年中国省级面板数据和城镇、农村人口老龄化的分组数据,采用双边随机前沿模型检验二者对城镇化的影响,在比较二者影响大小和方向的基础上探讨人口老龄化对城镇化的影响机制。第 4 章的研究结果表明:(1) 农村人口老龄化对城镇化产生负向影响,降低了城镇化水平 10%;(2) 城镇人口老龄化对城镇化产生正向作用,提高了城镇化水平 7.78%;(3) 整体而言,人口老龄化降低了城镇化水平 2.22%,从而解释了中国人口老龄化存在的"城乡倒置"现象,即城镇人口老龄化进一步强化了城镇化对农村劳动力人口向城镇迁移的吸附作用;(4) 时间变化特征表明,城镇和农村人口老龄化相互作用的净效应呈稳步上升趋势,并且从 2012 年开始由负变正;(5) 居民受教育年限的分组回归结果表明,净效应随着人口受教育年限的增加呈递增趋势,并由负变正。

第二篇是城镇化进程中的土地配置和城市蔓延问题研究,主要探讨城镇化进程对土地利用和城市空间形态的影响,共包括 5 章内容。第 5 章通过对浙江省某自然村农户宅基地空间置换意愿的实地调查,采用问卷调查法和排序因变量模型,从新型城镇化和农村"三权"改革的视角研究了农村宅基地空间置换意愿与"三权"政策、"三权"确权情况、承包地流转情况和农民家庭资源禀赋的关系,探寻影响农户宅基地空间置换意愿的主要因素。第 5 章的实证结果表明:(1) 农户宅基地空间置换意愿偏低,仅为 23.33%;(2) 影响农户宅基地空间置换意愿的因素由高至低依次为对宅基地空间置换政策的了解程度、承包地是否流转出租、户主最高学历状况、房屋状况等级和家庭劳动力人口数量,五类指标均对置换意愿有显著正向影响;(4) 为了有序推进农村宅基地的空间置换,应加强对农村宅基地置换政策和农地改革政策的宣传力度,同时开展集中置换点选址的广泛调研,充分调动农户的积极性和参与意识,将宅基地置换与承包地流转、集体资产股份权流转有机结合,建立"三权"改革的联动机制。

第 6 章考察了城镇化进程中的激励机制与土地市场化,基于 2003~2016 年全国 284 个地级市的面板数据,利用双边随机前沿模型测算财政激励和引资激励对土地市场化水平的异质性影响,比较两者对城市土地市场化水平影响的大小,分析激励机制与城市土地市场化水平之间的关系,并进一步依据官员个人特征对样本进行分组研究。第 6 章研究结果表明:(1) 财政激励对土地市场化具有正向效应,提高了土地市场化水平 2.28%;(2) 引资激励对土地市场化具有负向效应,降低了土地市场化水平 6.00%;(3) 整体而言,激励机制降低了土地市场化水平 3.72%;(4) 时间趋势表明,激励机制对土地市场化水平的抑制作用呈现波动上升的状态;(5) 官员个人特征的异质性显著影响了激励机制对土地市场化的双边效应。

第 7 章对城镇化进程中的城市蔓延问题进行了系统研究,包括基于 DMSP/OLS 夜间灯光数据测度了 1994~2013 年全国 259 个地级市的城市蔓延指数,采用空间差异和极化模型对城市蔓延的空间异质性进行了检验,采用空间收敛性模型对城市蔓延的变化趋势进行分析。第 7 章研究结果表明:(1) 1994~2013 年中国城市蔓延程度总体上有所下降,但依然存在明显的空间差异,相比较而言,东部区域城市蔓延程度较低,且城市规模越大,蔓延程度越低;(2) 1994~2013 年中国城市蔓延空间差异呈现上升趋势,组内差异是影响城市蔓延空间差异的主要贡献因素。其中,分区域来看,东部区域贡献率最高,东北部区域贡献率最小;分规模来看,大城市贡献率最高,小城市贡献率最小;(3) 中国城市蔓延在空间互动下存在条件 β 收敛,且空间收敛速度快于不考虑空间影响因素时的速度;分区域看,中部区域的收敛速度最快,东部区域收敛速度最慢;分规模看,中等城市收敛速度最快,大城市收敛速度最慢。

第 8 章在考虑激励机制的情况下,将激励分为三个方面:财政激励、引资激励和环境激励。首先,从直接影响和间接影响两个角度,分析激励对城市蔓延的影响机制,提出了更适合中国国情的理论框架。其次,基于 2003~2013 年中国 284 个地级市的面板数据,利用夜间灯光数据测算中国的城市蔓延指数,分析其空间分布特征。最后,本章采用空间计量经济学模型实证检验了激励对城市蔓延的直接效应和空间溢出效应,并采用中介效应模型实证检验了激励对城市蔓延影响的中间机制。第 8 章研究结果表明:(1) 城市规模越大,城市蔓延程度越低,且城市蔓延在相邻城市之间具有溢出效应;(2) 财政激励、引资激励和激励机制环境激励都对城市蔓延具有显著的正向直接影响,土地市场化水平对城市蔓延具有显著的负向直接影响;(3) 财政激励和土地市场化水平对城市蔓延具有显著的空间溢出效应;(4) 土地市场化水平在激励对城市蔓延的影响中起到了中介作用。其中,财政激励和环境激励的中介效应显著为负,引资激励的中介效应显著为正。

第 9 章考察了城市规模和高铁开通对城市蔓延的影响,利用高铁开通这一准自然实验,从城市人口规模对企业布局的影响入手,基于奥塔维亚诺—田渊—蒂斯模型框架,构建了解释中国城市人口规模对城市蔓延影响的理论模型。并且考虑到高铁开通的外生冲击,人口规模与城市蔓延之间的负相关关系被强化。进而利用 2004~2013 年 282 个地级市的面板数据,采用动态空间面板数据方法,在考虑城市规模空间溢出效应的基础上,从理论上和实证上验证了城市规模对城市蔓延的影响。此外,还借助双重差分模型验证了高铁开通以及高铁开通与城市规模的协同作用对城市蔓延的影响路径和机制,并采用倾向得分匹配—双重差分法(PSM - DID)进行了稳健性检验。第 9 章的研究结果表明:(1) 城市的集聚和分散程度与人口规模关系密切。城市规模对城市蔓延的影响存在显著的"U 型"特征和发展趋势。(2) 高铁开通抑制了城市蔓延,且每增设一个高铁站或一条高铁路线,将分别降低城市蔓延程度 0.8% 和 1.3%。高铁开通与城市规模具有协同作用,高铁开通强化了城市规模对城市蔓延的抑制作用。

第三篇是城镇化进程中的房价问题研究,重点关注城镇化进程中的土地供给政策和土地市场化水平对房价的影响,共包括3章。第10章是从土地财政和土地市场发育两个维度来研究房价的驱动机制,在分析土地财政、土地市场发育以及两者交互作用对城市房价影响机理的基础上,采用2003~2017年282个地级市的面板数据和动态空间杜宾模型,实证检验土地财政、土地市场发育以及两者交互作用对城市房价的影响。另外,还考察了东、中、西部地区的异质性影响。第10章的研究结果表明:(1)城市房价存在显著的空间溢出效应;(2)土地财政和土地市场发育对房价的直接影响和空间溢出效应均显著为正;(3)土地市场发育在土地财政对房价的影响过程中存在调节作用,强化了土地财政对房价的影响;(4)从空间溢出效应来看,土地市场发育程度在空间上存在负向调节作用,抑制了房价上涨,东、中、西部地区土地财政和土地市场发育对房价的影响存在异质性。

第11章探讨了土地配额和土地供给结构对城市房价的影响,构建了包含土地市场和房地产市场的理论机制模型,并基于2001~2016年282个地级市的面板数据,采用双重差分模型检验了土地配额的中西部偏向政策对城市房价的影响。第11章的研究结果表明:(1)土地配额减少城市的房价增长率比土地配额增加城市高出10%左右,而且土地配额减少的城市主要是大城市和沿海城市;(2)土地供应结构对房价也产生了显著影响,商住用地供给比例越低,房价越高;(3)土地配额和土地供应结构会通过影响土地价格进而对住房价格产生影响。

第12章分析了财政不平衡对房价的直接影响和间接影响机制,基于2007~2017年282个地级市的面板数据并借助空间杜宾模型检验了财政不平衡对城市房价的直接影响和溢出效应,同时分析了保障房用地供给规模对财政不平衡影响城市房价的中介机制。第12章的研究结果表明:(1)财政不平衡程度的提高会引起房价的上涨,且其存在显著的空间溢出效应,本地区房价的上涨也会促进相邻城市房价的上涨。(2)中介效应模型分析结果表明,地方政府财政不平衡程度的提高增加了保障房用地供给规模,降低了商品房用地的供给比例,进而促进了房价的上涨。(3)一方面,过度依赖土地财政,导致了住宅用地价格的上涨,通过价格传导机制最终拉高城市房价;另一方面,地方政府的财政不平衡面临着较低的财政自主权,不得不增加保障房供给,进而挤压了商品房用地供给,进一步推动了房价的上涨。

第四篇是探讨城镇化进程中的环境问题,主要关注中国分省碳排放、建筑业和工业碳排放以及雾霾污染问题,共包括5章。第13章主要探讨中国整体和分省碳排放的驱动机制,采用乘积式对数平均迪式指数模型(M-LMDI)和归因分析方法,基于1997~2015年的面板数据从分省的角度进行研究。针对碳排放量作四因子分解,将中国碳排放量分解为单位房地产投资的碳排放强度、城镇人均房地产投资、城镇化率和总人口,进而对碳排放量的影响效应进行归因分析。第13章的研究结果表明:(1)1997~2015年中国30个省份(不包括西藏)碳排放量累计增加了126.70%。对全国碳排放量变动贡献最大的5个省份分别是山东、广东、河北、江苏和河南;(2) 城镇人均房地产投资是碳排放量增长的主要贡献因素,导致碳排放量增加 106.87%,城镇化率和总人口分别导致碳排放量增加 68.70% 和 14.07%,房地产投资碳排放强度对碳排放量的增加具有抑制作用,使碳排放量减少了 62.94%;(3) 从 2015 年归因分析中分省的累计贡献来看,内蒙古、山东、辽宁、江苏和湖北是城镇人均房地产投资对碳排放量影响的主要贡献省份,河北、山东、浙江、河南和江苏是城镇化率对碳排放影响的主要贡献省份,上海、广东、北京是总人口对碳排放影响的主要贡献省份;(4) 在抑制碳排放的房地产投资碳排放强度因素中,主要贡献省份有海南、辽宁、山东、广东和湖北;(5) 鉴于山东、广东、河北、江苏和河南是全国碳减排最需要关注的省份,应该对这些省份的产业结构和能源结构进行调整和优化升级,大力发展清洁低碳能源是推动全国绿色经济发展的最佳途径。

第 14 章从城乡对比的角度分析了家庭碳排放的驱动因素,基于碳排放系数法估算了 1997~2015 年中国城镇、农村和整体(包含城镇和农村)居民生活消费引起的直接碳排放量,进一步采用 Dagum 基尼系数和 Kernel 密度函数估计方法对中国城镇和农村居民生活消费碳排放的地区差距及分布动态进行实证研究。同时,采用乘积式对数平均迪式指数模型(M-LMDI)分析了直接能源消费强度、居民人均消费水平和单位能源碳排放强度三大因素对居民消费碳排放变化的影响,并重点考察了各省份相关变量对生活消费碳排放影响的城乡差异。第 14 章的研究结果表明:(1) 1997~2015 年中国城镇和农村居民人均生活消费碳排放量呈现逐年递增的趋势,在空间上均存在显著非均衡特征。(2) Dagum 基尼系数测算与分解结果显示,中国居民人均生活直接消费碳排放的地区差异总体上呈现波动下降的趋势,从 1997 年的 0.379 下降到 2015 年的 0.244。1997~1999 年城镇和农村居民生活消费碳排放的组间差距是城乡差距的主要来源,其贡献率超过 50%;2000 年后组内差距成为城乡差距的主要来源,其贡献率均大于 40% 并超过了组间差距。(3) Kernel 密度函数估计结果显示,城镇和农村居民生活直接消费碳排放增加,地区差异均在扩大。(4) M-LMDI 因素分解结果显示,对全国居民生活消费碳排放变动贡献最大的省份是内蒙古,累计贡献值达 0.1005。贡献最小的省份是云南,累计贡献值为 0.0125。(5) 农村的能源消费强度和人均消费水平的贡献程度在研究期内均大于城镇,单位能源碳排放强度在两个地区的贡献水平表现出了波动性。

第 15 章以城镇化及房地产投资对碳排放的影响机理为理论基础,基于变形 Kaya 恒等式和 LMDI 分解方法对 1997~2015 年中国 30 个省份(不包括西藏)的碳排放变化进行因素分解,重点考察了城镇化和房地产投资对碳排放的影响,并采用空间面板数据模型从直接影响和空间溢出效应两方面进行实证检验。第 15 章的研究结果表明:(1) 1997~2015 年中国碳排放量一直保持增长趋势,房地产投资碳排放系数是其最主要碳排放促减因素,城镇房地产投资强度、城镇化水平和地区总人口变化对碳排放具有促增作用,且效果逐年增大。(2) 各省碳排放量在空间上存在显著差异,总体上呈现东高西低的分布特征。碳排放量较少的省份空间集聚程度有所增强,地区间差异在不断缩小。(3) 城镇化水平对碳排放的直接影响显著为负,但其空间溢出效应显著为正;城镇房地产投资强度对碳排放的直接影响具有促增效应,其空间溢出效应并不显著;两者的交互作用的直接效应和空间溢出效应显著为负;经济发展水平对本地区碳排放的直接效应和空间溢出效应均显著为正;政府投资对碳排放的直接影响显著为负,但空间溢出效应并不显著;产业结构对本地区的碳排放没有显著影响,但是其空间溢出效应显著为负;对外开放程度对本地区的碳排放具有显著的促减作用,但是对相邻地区的碳排放具有促增效应;随着城镇化水平和经济发展水平的提高,碳排放水平分别呈现出显著的"U"型和倒"U"型曲线关系。

第16章在对中国36个工业部门碳排放量和30个省份(不包括西藏)建筑业碳排放量进行核算的基础上,运用空间自相关和核密度函数方法对其时空特征进行刻画和分析,并进一步采用乘积式对数平均迪式指数分解(M-LMDI-II)方法对中国工业和建筑业碳排放量进行因素分解。第16章的研究结果表明:(1) 中国建筑业碳排放总体上呈现上升趋势,在全国范围内具有空间正相关性,且表现出空间集聚特征,建筑业碳排放集聚中心在研究期内逐渐往中南部地区转移,空间集聚效应越来越显著;(2) 中国30个省份(不包括西藏)建筑业碳排放在空间上存在显著差异,且区域间差距不断扩大,存在两极分化的现象;(3) 1997~2015年中国30个省份建筑业碳排放量增加了115%,其中,建筑业经济发展水平和建筑业从业人口规模是建筑业碳排放增加的主要贡献因素,分别导致建筑业碳排放增加106.52%和85.43%,相反,建筑业能源消费强度对建筑业碳排放具有抑制作用,使碳排放减少了77.33%;(4) 从分省的角度来看,对建筑业碳排放下降贡献最大的两个省份是黑龙江和海南,对建筑业碳排放增加贡献最大的两个省份是山东和浙江。

第17章为了探寻高铁开通能否抑制雾霾污染以及这种抑制作用在不同城市空间形态下是否存在异质性,首先,分析了高铁和城市蔓延对雾霾污染的作用机制,在利用Landscan数据测算2003~2016年中国281个地级市城市蔓延指标的基础上,采用动态空间面板模型检验了城市蔓延与雾霾污染的空间动态关系。其次,借助双重差分(DID)模型验证了高铁开通对雾霾污染的影响,并探究了不同城市蔓延程度、不同城市规模和不同地区间是否存在异质性影响。最后,从拥堵缓解效应和交通替代效应两个维度检验了高铁开通对抑制雾霾污染的作用机制。第17章的研究结果表明:(1) 城市蔓延对雾霾污染的直接影响和空间溢出效应均显著为正相关。(2) 高铁开通显著抑制了雾霾污染,且该抑制作用具有持续性。每增设一个高铁站或一条高铁路线,将分别降低雾霾污染程度0.7%和1.3%。(3) 蔓延水平越高、城市规模越大,高铁对雾霾污染的抑制作用越强。(4) 南方地区的抑制作用显著高于北方。(5) 高铁通过对公共交通和民航交通的替代效应以及拥堵缓解效应抑制雾霾污染。

第五篇是关于城镇化进程中的经济可持续发展问题研究,主要关注城镇化对区域、工业和土地利用绿色经济绩效的影响,以及城镇化对经济包容性增长的影响,共 3 章内容。第 18 章将环境污染排放纳入绩效测算框架,采用超越对数随机边界分析模型对 2000~2014 年我国 30 个省份(不包括西藏)绿色经济绩效进行测度,分析了绿色经济绩效的区域差异变化趋势。进一步从人口集聚、人力资本积累和产业结构三个方面探讨了城镇化影响绿色经济绩效的中介机制。第 18 章的研究结果表明:(1)绿色经济绩效值在研究期内普遍偏低,在时间上有上升的趋势,在空间上有趋同的现象,城镇化本身对绿色经济绩效有促进作用。(2)中介变量方面,人口集聚程度对绿色经济绩效有显著正向作用,源于其对绿色经济绩效产生了净正外部性。(3)人力资本积累对绿色经济绩效的正向作用源于其为资源利用效率提高、技术进步与创新尤其是节能减排技术的创新和推广提供了基础条件。(4)产业结构构成效应对绿色经济绩效的正向作用最为显著,源于第三产业比重的不断上升,产业结构竞争效应对绿色经济绩效影响为负但不显著。(5)三类工业分部门和整体工业部门的绿色经济绩效均呈总体下降趋势,制造业绿色经济绩效的变化趋势最接近整体工业部门,整体工业部门的绿色经济绩效在很大程度上是由制造业决定的。

第 19 章以南京市 11 个区 2005~2014 年的相关数据为样本,先对不同类型土地的碳排放量进行核算;再进一步将其作为非期望产出引入 DEA 模型并采用 Hicks-Moorsteen 指数对南京市各区的土地利用绿色经济绩效进行估算、比较和分析。第 19 章的研究结果表明:(1)碳排放的主要来源是建设用地的间接碳排放,研究期内的土地利用碳排放量呈现出持续增长的发展态势;(2)绿色经济绩效增长及其分解要素均低于传统全要素生产率增长,即不考虑碳排放约束的全要素生产率增长高估了实际的土地利用效率增长水平;(3)绿色经济绩效增长在研究期内表现出了收敛态势和区域之间均衡性的发展特征,源于"低碳和高效"发展理念的深入人心,单位 GDP 能耗不断降低,南京市各区的技术效率值较低,"技术追赶"效应不明显,开始出现了土地利用的规模经济效应,但是范围经济效应不显著;(4)绿色经济绩效增长在南京市范围内具有空间正相关性,且表现出空间集聚特征。

第 20 章着重分析城镇化、城乡差距对经济包容性增长的影响,将城乡非收入差距纳入包容性增长的分析框架,并从直接影响和溢出效应两个维度进行分析。通过采用基于 Hicks-Moorsteen 指数的 DEA 方法测算经济包容性全要素生产率(TFP),建立理论分析框架和路径,并采用空间面板数据模型从直接影响和空间溢出效应两方面进行实证检验。第 20 章的研究结果表明:(1)同时考虑城乡收入差距和非收入差距的包容性 TFP 要低于传统 TFP,即传统 TFP 可能被高估;(2)城镇化本身对包容性增长并无显著影响,但是通过扩大城乡非收入差距而对包容性增长产生显著负面直接影响;(3)城乡收入差距和非收入差距的缩小有利于包容性增长,且城乡非收入差距对包容性增长存在正向溢出效应。

本书的研究目标具体如下。

(1)建立城镇化、城市蔓延和经济可持续发展影响机理的理论分析框架。基于政治经济学、土地资源学、城市经济学和空间经济学等领域的理论研究,第一,从城镇化要素互动关系的视角分析城镇化效率的驱动机制、城镇化要素之间耦合协调性机制和城乡人口老龄化对城镇化的影响机制;第二,从土地要素配置的视角分析城镇化进程中农村宅基地流转意愿、官员激励对土地市场化水平的影响机制、"三维"政府间激励对城市蔓延的影响机制,以及交通基础设施对城市蔓延的影响机制;第三,从住房市场的角度分析土地财政和土地市场化对房价的影响机制、土地配额和土地供给结构对房价的影响机制、财政不平衡和保障房用地供给规模对房价的影响机制;第四,从环境可持续发展的视角研究城镇化和房地产投资对碳排放的影响机制、高铁开通和城市蔓延对雾霾污染的影响机制;第五,分析城镇化对区域绿色经济绩效的影响机制、城镇化和城乡差距对经济包容性增长的影响机制。

(2)探讨城镇化要素、土地要素、城市蔓延、碳排放和经济包容性增长等的现状和变动趋势。第一,通过对城镇化效率的科学测度,分析城镇化规模、城镇化质量和城镇化效率的现状及其变化趋势,按照城镇化效率的高低对地区进行类别划分,同时对三者之间的耦合协调性进行测算和分析。第二,在利用夜间灯光数据对中国地级市城市蔓延水平进行科学测度的基础上,采用泰尔指数等对城市蔓延的空间差异进行分析,利用空间极化指数对其空间极化特征进行描述,利用空间杜宾模型对城市蔓延的空间收敛性进行检验。第三,利用中国土地市场网爬取的大数据对中国的土地配额增加组和土地配额减少组进行对比分析,对土地出让结构的演进趋势进行分析。第四,在对中国分省碳排放进行科学测度的基础上,采用 LMDI 方法对碳排放进行因素分解和归因分析,对中国城镇和乡村居民碳排放差距进行测度和分解、分析二者的动态演进趋势;采用 LMDI 分解方法对中国建筑业碳排放按区域进行因素分解,对中国工业碳排放按部门进行因素分解;采用空间自相关分析和核密度函数方法对建筑业碳排放的空间分布进行描述。第五,采用随机边界分析和数据包络分析方法对中国区域和工业绿色经济绩效进行测算和因素分解,采用基于指数的数据包络分析方法对南京市的土地利用结构绿色经济绩效进行测算和因素分解。在对中国区域经济包容性增长进行科学测度的基础上分析其区域差异和分解要素。

(3)揭示城镇化效率、城市蔓延、碳排放和绿色经济绩效的驱动因素,城镇化对碳排放、绿色经济绩效和包容性增长的影响。第一,从行政力、市场力、外向力、内源力和投资力五个维度分析其对城镇化效率的影响,运用双边随机边界分析模型检验城乡人口老龄化对城镇化的双边影响效应。第二,从农村"三权"改革的视角运用 Logistic 模型分析影响农村居民宅基地流转意愿的重要因素,分析财政激励和引资激励对土地市场化水平的双边影响效应。运用空间计量模型和中介效应模型实证检验了财政激励、引资激励和环境激励对城市蔓延的直接影响和中介效应;运用动态空间面板数据模型和双重差分模型实证检验了高铁开通和城市规模对城市蔓延的影响。第三,运用空间计量模型实证检验了土地财政和土地市场化水平对城市房价的影响,运用准双重差分模型检验了土地配额和土地供给结构对房价的影响。进一步运用空间计量模型实证检验了财政不平衡和保障房用地供给规模对房价的影响。

第四，运用空间计量模型、门槛面板数据模型和中介效应模型实证检验了城镇化和房地产投资对碳排放的直接影响、溢出效应和多重中介效应。采用动态空间面板数据模型和双重差分模型实证检验了高铁开通和城市蔓延对雾霾污染的影响，并从拥堵缓解效应和交通替代效应两个维度检验了高铁开通对雾霾污染的作用机制。第五，采用随机边界分析方法检验了城镇化对区域绿色经济绩效的影响效应，采用空间面板数据模型实证检验了城镇化和城乡差距对经济包容性增长的直接影响和空间溢出效应。

（4）在上述三个研究目标的基础上，提出治理城市蔓延、促进房地产市场平稳健康发展、提升城镇化效率和促进经济包容性增长的具体思路和可行政策选择。结合对相关政策的效果评价，有针对性地提出适合中国国情的政策选择，从而为政府、产业和学术界的相关研究和实践提供全面、准确的资料，为政府决策提供一手素材，为政策制定提供参考。

1.3.2 主要研究方法

（1）文献研究方法。一是系统收集和整理国内外有关城镇化、城市蔓延和绿色经济绩效的研究文献，主要从城市蔓延的影响后果、绿色经济绩效的测度及其影响因素等多方面进行梳理。二是系统综述城镇化、城市蔓延和碳排放治理的国际经验。通过梳理理论脉络，整合各方观点和经验，把握学术研究的演进轨迹和理论动态，清晰界定研究主体的概念内涵，提出相应的测度指标体系，建立概念间的逻辑关系，分析其内在关联机理和相互影响机制，为后续的实证研究提供理论指导和逻辑线索。

（2）规范研究与实证研究相结合的方法。根据资料收集和已有研究文献，在深入分析城镇化、城市蔓延对绿色经济绩效影响机制的基础上，采用理论模型与实证分析进行应然分析，主要包括：在测度工业绿色经济绩效的过程中结合非径向和非角度方向性距离函数 DEA 模型以及 Global Malmquist Luenberger（GML）生产率指数并借助 MaxDEA 软件进行计算，同时采用随机边界分析方法对区域绿色经济绩效进行测度。经济包容性增长则采用基于 Hicks-Moorsteen 指数的 DEA 模型并借组 Dpin3.0 软件进行实现；对碳排放的因素分解采用乘积式 LMDI 指数分解方法；在实证研究中大量运用空间面板数据模型、动态空间面板数据模型、耦合协调度模型、门槛面板数据模型、双边随机边界模型、中介效应模型、双重差分模型等方法，并借助 Stata 软件、Matlab 软件的空间经济学工具箱来实现。考虑到关于城镇化、城市蔓延和绿色经济绩效的相关数据多为基于区域层面的空间数据，本章还将运用 ArcGIS、GWR 软件等进行空间自相关分析、地理空间分布格局分析等空间计量方法分析城市蔓延和绿色经济绩效的时空差异与演化格局。

（3）比较与系统研究方法。在分析城镇化、城市蔓延、绿色经济绩效和经济包容性增长的实证研究过程中,将对城乡差异、区域差异、城市规模差异、南北方差异、污染物差异等进行系统的比较分析,找出存在异质性的原因。在测算绿色经济绩效和经济包容性增长的过程中,为了保障测算结果的准确、合理,将对考虑了非期望产出的绿色经济绩效的测算结果与传统的不考虑非期望产出的全要素生产率测算结果进行比较分析。在理论分析、实地调查、统计建模和比较研究的基础上,结合其他国家和地区的经验,系统地提出城市蔓延、碳排放和环境污染治理的对策建议等。

1.3.3 技术路线

本书构建了一个分析城镇化和城市蔓延对绿色经济绩效影响的理论分析框架,如图 1-1 所示,提出如下决定关系:城镇化战略影响城市蔓延,而城市蔓延又影响绿色经济绩效,此种变量依次决定关系为"城镇化战略选择→城市蔓延→绿色经济绩效(SSP)"。首先,基于 SSP 分析框架,关注到中国城市在不同时期形成了差异化的城镇化战略选择,并由此内生出城市蔓延,本书将对不同时期的城镇化战略选择如何影响城市蔓延进行系统阐述和分析。在 SSP 分析框架下,城镇化战略作为初始变量成为城市蔓延的影响因素。本书认为,制度层面的因素最终是由城镇化战略选择内生决定的。本书大致将城镇化战略的阶段性划分为分散扩张型、集约协调型和低碳生态型,分析不同的城镇化战略选择对城市蔓延的驱动机制。其次,阐述城市蔓延的交通碳排放效应、土地利用碳排放效应和经济效应三类"分效应"和一类"总效应"。三类"分效应"分别阐述城市蔓延如何影响交通出行碳排放、土地利用碳排放,揭示其内在机制。一类"总效应"是在分析三类"分效应"的基础上综合分析城市蔓延如何通过居民出行汽车依赖型产生的碳排放效应而对绿色经济绩效产生影响;分析城市蔓延如何通过建设用地扩张导致土地利用结构变化产生的碳排放效应对绿色经济绩效产生影响;分析城市蔓延如何降低要素集聚度的经济效应对绿色经济绩效产生影响。同时,考虑到城市蔓延空间相关性和依赖性的存在,城市蔓延对绿色经济绩效的影响不仅局限于区域内部,而且还应该包括其他相邻区域。从传导渠道上看,除本地城市蔓延对绿色经济绩效所产生的直接影响效应之外,还存

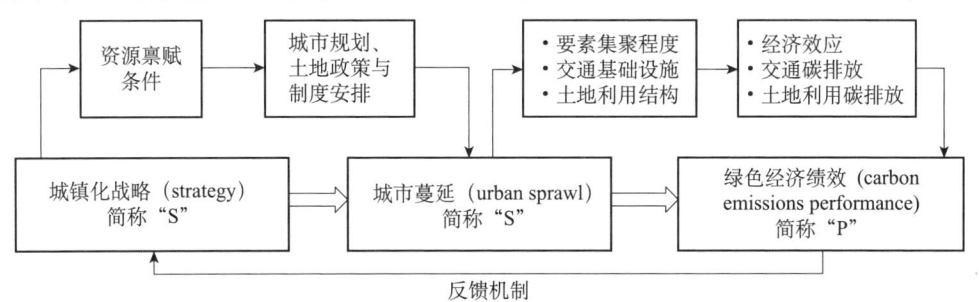

图 1-1 城镇化、城市蔓延对绿色经济绩效影响的 SSP 分析框架

在着相邻地区城市蔓延对本地绿色经济绩效的间接空间溢出效应。最后，绿色经济绩效又会对发展战略的选择形成反馈机制，即城市根据其综合发展绩效来对城镇化发展战略进行调整或者修正，而无论是长期的发展战略调整还是短期的发展战略矫正都会导致城市蔓延程度的变动。

本书研究的技术路线如图1-2所示。主要是根据设定的研究目标完成四大步骤的工作：(1) 研究问题是什么，即本书的五大问题。对应本书的五篇内容，包括城镇化要素的互动关系问题、城镇化进程中的土地配置和城市蔓延问题、城镇化进程中的房价问题、城镇化进程中的环境问题以及城镇化进程中的经济可持续发展问题。本书的内容将围绕这五大问题展开。(2) "做什么"，即本书的研究内容。其中，城镇化要素互动关系问题一篇中主要涉及城镇化效率的测度、城镇化要素耦合协调性评价以及人口老龄化影响城镇化的城乡差异3章内容；城镇化进程中的土地配置和城市蔓延问题一篇中主要包括农村宅基地流转、官员激励对土地市场化的影响、城市蔓延测度、政府间竞争对城市蔓延影响以及高铁开通对城市蔓延影响5章内容；城镇化进程中的房价问题一篇中主要包含土地财政和土地市场化对房价的影响、土地配额和土地供给结构对房价的影响、财政不平和对城市房价的影响3章内容；第四篇城镇化进程中的温室气体排放和环境问题中主要涉及中国碳排放的分省贡献、中国城乡家庭碳排放的对比分析、城镇化和房地产投资对碳排放的影响、城镇化进程中的建筑业和工业碳排放、交通基础设施和城市蔓延对空气污染的影响5章内容；第五篇是城镇化进程中的环境可持续发展问题，主要包括城镇化进程的区域和工业绿色经济绩效测度、城镇化进程中土地利用绿色经济绩效测度、城镇化和城乡差距对经济包容性增长影响3章内容。下面所有的研究手段和研究积累都是围绕着这些研究内容展开的。(3) "用什么做"，即本书的研究手段。包括资料和数据的获取来源、采用什么手段进行研究。其中，资料来源主要依靠两方面渠道：一是二手资料数据收集；二是实地调查，获取一手资料。此外，通过国内外经验借鉴和不同类型区域的比较研究能够为本书研究提供好的思路和见解。(4) "怎么做"，即本书研究的理论基础、数据积累和工具方法。理论基础主要包括城市空间增长理论、新经济地理理论、环境经济学理论、可持续发展理论。数据积累主要是要建立一个数据库，包括省域范围和地级市范围的宏观层面、典型地区微观层面有关经济发展、产业发展、人口发展、土地利用、碳排放、空气污染、能源消耗量等方方面面的数据。工具方法主要是实证分析中用到数学模型方法（如双重差分模型、门槛面板模型、空间面板数据模型等）和相应软件，包括统计建模软件、空间数据分析软件、空间面板数据计量软件（如EViews、ArcGIS、GeoDa、Stata等）。本书中涉及的相关土地出让数据主要利用网络爬虫技术爬取了"中国土地市场网"的土地出让大数据，并对数据进行了清洗和整理。

综上所述，本书按照三大研究目标的提出、对应五大问题的逻辑，对整体内容进行编排。本书的具体逻辑结构如图1-2所示。

研究目标	➤ 建立城镇化、城市蔓延和经济可持续发展影响机理的理论分析框架 ➤ 探讨城镇化要素、土地要素、城市蔓延、碳排放和经济包容性增长等的现状和变动趋势 ➤ 揭示城镇化效率、城市蔓延、碳排放和绿色经济绩效的驱动因素，城镇化对碳排放、绿色经济绩效和包容性增长的影响 ➤ 提出治理城市蔓延、促进房地产市场平稳健康发展、提升城镇化效率和促进经济包容性增长的具体思路和可行政策选择

五大问题：
- 城镇化要素的互动关系问题
- 城镇化进程中的土地配置和城市蔓延问题
- 城镇化进程中的房价问题
- 城镇化进程中的环境问题
- 城镇化进程中的经济可持续发展问题

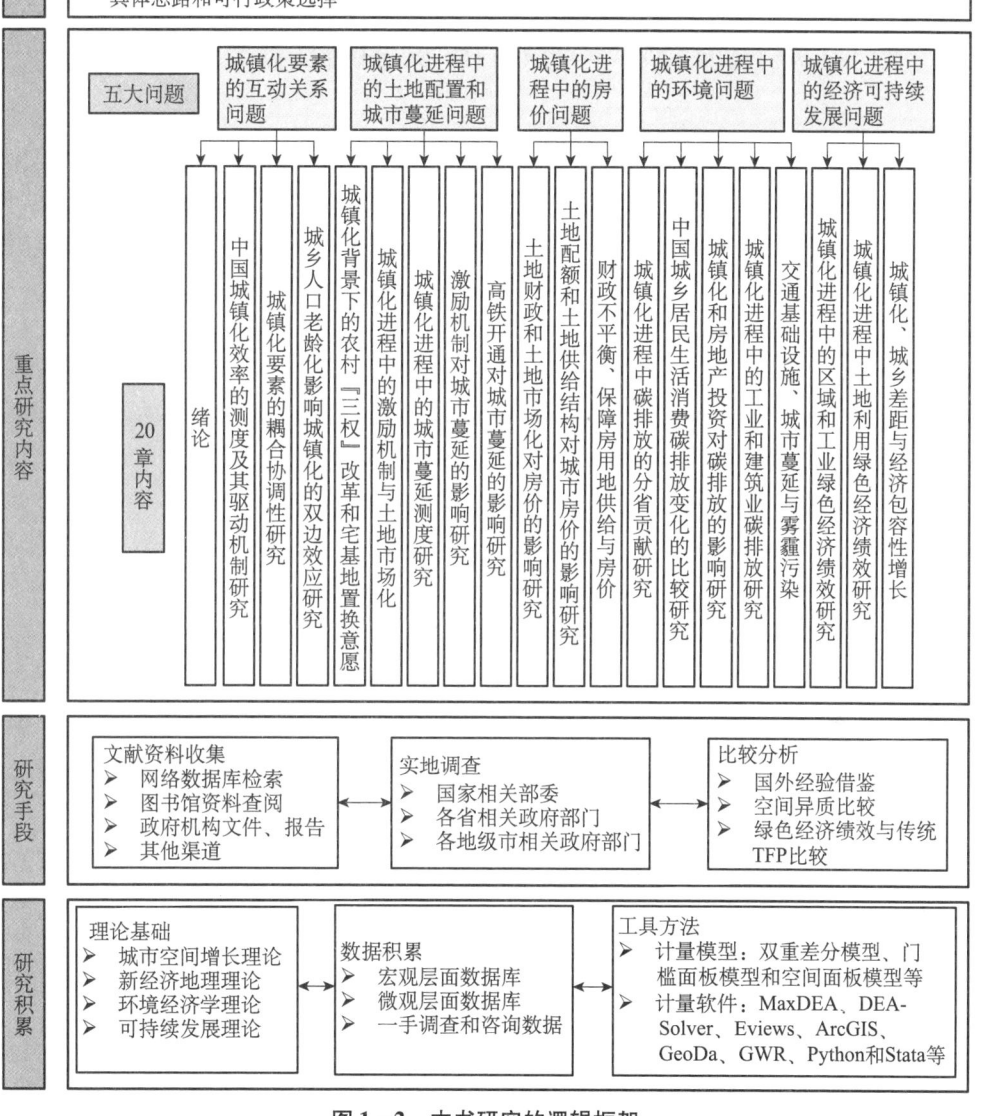

重点研究内容（20章内容）：
- 绪论
- 中国城镇化效率的测度及其驱动机制研究
- 城乡人口老龄化影响城镇化的耦合协调性研究
- 城镇化背景下的农村"三权"改革和宅基地置换意愿
- 城镇化进程中的激励机制与土地市场化
- 激励机制对城市蔓延的影响研究
- 高铁开通对城市化和土地市场化的影响研究
- 土地配额和土地供给结构对城市房价的影响研究
- 财政不平衡、保障房用地供给与房价
- 城镇化进程中碳排放的分省贡献研究
- 中国城乡居民生活消费碳排放变化的比较研究
- 城镇化和房地产投资对碳排放的影响研究
- 交通基础设施、城市蔓延与雾霾污染
- 城镇化进程中的区域和工业绿色经济绩效研究
- 城镇化进程中土地利用绿色经济绩效研究
- 城镇化、城乡差距与经济包容性增长

研究手段	文献资料收集 ➤ 网络数据库检索 ➤ 图书馆资料查阅 ➤ 政府机构文件、报告 ➤ 其他渠道	实地调查 ➤ 国家相关部委 ➤ 各省相关政府部门 ➤ 各地级市相关政府部门	比较分析 ➤ 国外经验借鉴 ➤ 空间异质比较 ➤ 绿色经济绩效与传统TFP比较

研究积累	理论基础 ➤ 城市空间增长理论 ➤ 新经济地理理论 ➤ 环境经济学理论 ➤ 可持续发展理论	数据积累 ➤ 宏观层面数据库 ➤ 微观层面数据库 ➤ 一手调查和咨询数据	工具方法 ➤ 计量模型：双重差分模型、门槛面板模型和空间面板模型等 ➤ 计量软件：MaxDEA、DEA-Solver、Eviews、ArcGIS、GeoDa、GWR、Python和Stata等

图1-2 本书研究的逻辑框架

第 2 章

中国城镇化效率的测度及其驱动机制研究

2.1 研究背景

改革开放以来,城镇化的快速发展为中国经济社会发展做出了巨大贡献。截至2019年底,中国城镇人口已经达到8.48亿,城镇化率达到了60.60%。这表明中国正在从一个传统农业大国向城市型国家转变。理论和实践均表明,城镇化能够提高资源配置效率、促进创新的产生和创造更多就业机会。然而,中国多年的城镇化发展也带来了资源的高消耗和资本的高投入,转移人口的低素质与高流动性,使城镇化的效果大打折扣。而城市的盲目扩张和产业的同质化发展,造成了城市建设投资、运营的低效率和地方政府的高负债;土地城镇化过快、失地农民持续增多,中小城市和小城镇发展迟缓甚至衰退,农村空心化、土地闲置现象十分突出(陆大道,2013;吴敬琏,2013a)。鉴于城镇化进程中出现的一系列负面效应,无论是从提高公共财政支出绩效还是最大限度发挥资源配置效率的角度,都迫切需要系统和科学地评估城镇化效率,并努力探寻提高城镇化效率的措施,从而健康有序地推进城镇化。

城镇化效率问题逐渐受到国内外学者的关注。有学者多次强调中国城镇化的低效率问题,认为当前城市建设资源浪费和运营效率低下导致了城镇竞争力和生活质量降低,提出城镇化效率低下主要源于土地产权制度的缺陷、政府职能的错位、层级制城市结构和认识上的偏差,应该进行相应的改革和改进(吴敬琏,2012、2013b)。实证方面,主要有参数和非参数方法两类。戴永安(2010)、科拉多佐皮和黎思宝(Zoppi C. and Lai S., 2011)采用参数方法对城镇化效率进行评价。参数方法由于需要事先设定具体函数形式和一定的假设条件,其应用存在一定的局限。大多数学者更倾向于非参数评价方法,例如数据包络分析方法(DEA)。DEA方法作为一种面向数据的效率评价方法,其优点在于无须估计生产函数或者成本函数,从而避免了因错误的函数形式而得出错误的结论。例如,亚伯拉罕夏恩斯等(Charnes A. et al., 1989)、王婧等(2014)采用传统DEA方法对城镇化效率进行评价。

为了克服传统 DEA 方法无法对决策单元之间的优劣性进一步分析，有学者分别采用超效率和交叉 DEA 模型进行实证评价（袁晓玲等，2008；许建伟等，2013）。然而传统的、超效率和交叉 DEA 模型都仅能处理横截面数据，无法测度效率的变化趋势。有学者采用基于 Malmquist 指数的 DEA 方法对城镇化效率进行测算（王家庭、赵亮，2009；张明斗等，2012；肖文、王平，2013），这是由于该方法能够有效处理面板数据，并能够将 TFP 变化进一步分解为技术进步和技术效率变化，使人们能够更好地理解城镇化效率增长的内在动力。尽管 Malmquist 指数方法应用广泛，但奥德内尔（O'Donnell C. J.，2011）发现该指数不满足传递性检验而无法进行多期的纵向比较或多边的横向比较，只能比较两组研究对象，而且 Malmquist 指数不具有乘积完备性，无法对 TFP 进行彻底分解（郭萍等，2013）。已有的城镇化效率研究，多侧重于个体差异分析，针对城镇化效率影响因素的研究则相对较少（李郇等，2005；孙威、董冠鹏，2010；张军涛、刘建国，2011）。

鉴于现有评价方法存在的问题和缺陷，亟须构建全面的评价指标体系，采用科学的评价方法对城镇化效率进行评价。城镇化效率作为测度城镇化从低水平向高水平发展过程中产出与投入比值高低的指标，是城乡投入要素的合理有效配置在城镇化实现程度、城乡一体化程度和非农经济发展上的综合体现，其高低和驱动因素需要科学地测度和识别。本章将系统梳理衡量城镇化效率的投入和产出指标，应用基于 Färe-Primont 指数的 DEA 方法对中国 1999~2018 年 31 个省份的城镇化效率进行评价，并采用面板数据固定效应模型对城镇化效率的动力因子进行实证检验。

2.2 研究方法

2.2.1 评价指标的选取

本章在充分借鉴和吸收现有研究成果的基础上，根据对城镇化效率内涵的理解进行指标选取。投入指标包括劳动力、资本和土地。直接参与城镇化的劳动力要素主要指城镇从业人员数量；直接用于城镇化建设的资本要素主要是城镇固定资产投资总额和政府财政支出；城镇化建设直接消耗的土地要素是城市建设用地，用建成区面积来衡量。产出指标包括城镇化实现程度、城乡一体化程度和非农经济发展三个方面。城镇化实现程度分别用人口城镇化率、土地城镇化率和经济城镇化率来衡量。其中，人口城镇化率主要指农村人口转变为城镇人口的程度，用城镇人口占总人口的比重来度量；土地城镇化率主要反映农村和农业用地转化为城镇建设用地的程度，用建成区面积占土地总面积的比重来度量；经济城镇化率主要反映农业非农化程度与结构，分别用第二产业和第三产业产值占总产值的比重来衡量。城乡一体化程度则反映城镇化进程中的城乡均衡发展程度，用城乡居民人均可支配收入之比和城乡居民人均生活消费支出之比来度量。非农经济发展主要反映城镇化进程中第二产业和第三产业的发展状况，用二三产业产值来度量。

2.2.2 基于 Färe – Primont 指数的 DEA 评价方法

（1）DEA 方法。DEA 方法作为一种能够对多输入和多输出的决策单元间相对有效性的一种非参数方法，是测算城镇化效率的有效工具。本章将选取面向产出的 DEA 模型对中国各省份城镇化综合效率（TFP）进行测算，并进一步运用 Färe-Primont 指数对生产率进行分解和比较。

（2）TFP 的测算和分解。假设 $x_{it} = (x_{1it}, \cdots, x_{Kit})'$ 和 $y_{it} = (y_{1it}, \cdots, y_{Jit})'$ 分别表示地区 i 在 t 时期的投入和产出向量，则 TFP 可以表示为：$TFP = Y_{it}/X_{it}$，其中，$Y_{it} = Y(y_{it})$ 表示总产出，$X_{it} = X(x_{it})$ 表示总投入，这里 $Y(\cdot)$ 和 $X(\cdot)$ 为非负的、非递减的线性齐次函数。测度地区 i 在 t 时期相对于地区 h 在 s 时期的相对 TFP 指数可以表示为：

$$TFP_{hs,it} = \frac{TFP_{it}}{TFP_{hs}} = \frac{Y_{it}/X_{it}}{Y_{hs}/X_{hs}} = \frac{Y_{hs,it}}{X_{hs,it}} \tag{2-1}$$

其中，$Y_{hs,it} = Y_{it}/Y_{hs}$ 表示产出量指数，$X_{hs,it} = X_{it}/X_{hs}$ 表示投入量指数。因此，TFP 增长可以表示为产出增长除以投入增长。

（3）Färe-Primont 指数的引入。这里基于 Färe-Primont 指数的投入和产出函数可以表示为：

$$Y(y) = D_O(x_0, y, t_0), X(x) = D_O(x, y_0, t_0) \tag{2-2}$$

其中，x_0 和 y_0 表示投入和产出数量的向量；t_0 表示时间；$D_O(\cdot)$ 和 $D_I(\cdot)$ 为产出和投入的距离函数，即为 Färe-Primont 指数。将式（2-2）代入式（2-1），得到 TFP 指数如下：

$$TFP_{hs,it} = \frac{D_O(x_0, y_{it}, t_0)}{D_O(x_0, y_{hs}, t_0)} \frac{D_I(x_{hs}, y_0, t_0)}{D_I(x_{it}, y_0, t_0)} \tag{2-3}$$

城镇化效率可以定义为 TFP 比率的测算。其中，TFP 效率、面向产出的技术效率、面向产出的规模效率、面向产出的混合效率、面向产出的残余规模效率和残余混合效率可以分别表示为：

$$TFPE_{it} = \frac{TFP_{it}}{TFP_t^*} \leq 1 \tag{2-4}$$

$$OTE_{it} = \frac{Y_{it}/X_{it}}{\overline{Y}_{it}/X_{it}} = \frac{Y_{it}}{\overline{Y}_{it}} = D_O(x_{it}, y_{it}, t) \leq 1 \tag{2-5}$$

$$OSE_{it} = \frac{\overline{Y}_{it}/X_{it}}{\widetilde{Y}_{it}/\overline{X}_{it}} \leq 1 \tag{2-6}$$

$$OME_{it} = \frac{\overline{Y}_{it}/X_{it}}{\hat{Y}_{it}/X_{it}} = \frac{\overline{Y}_{it}}{\hat{Y}_{it}} \leq 1 \tag{2-7}$$

$$ROSE_{it} = \frac{\hat{Y}_{it}/X_{it}}{TFP_t^*} \leq 1 \qquad (2-8)$$

$$RME_{it} = \frac{\tilde{Y}_{it}/\tilde{X}_{it}}{TFP_t^*} \leq 1 \qquad (2-9)$$

式（2-4）~式（2-9）中，TFP_t^* 表示 t 时期技术可能性 TFP 最大值，有 $TFP_t^* = \max_i Y_{it}/X_{it}$；$\bar{Y}_{it} = Y_{it}D_O(x_{it}, y_{it}, t)^{-1}$ 表示投入向量 x_{it} 固定情况下的最大可能产出 y_{it}；$\tilde{Y}_{it}$ 和 $\tilde{X}_{it}$ 分别表示当 TFP 在产出和投入向量分别是 y_{it} 和 x_{it} 被最大化时所获得的总产出和总投入；$\hat{Y}_{it}$ 表示采用投入变量 x_{it} 来生产任意产出时的最大可能性产出。其中，$TFPE_{it}$ 用来衡量总体生产绩效，技术效率（OTE_{it}）用来衡量技术进步状况，而规模效率（OSE_{it}）和残余规模效率（$ROSE_{it}$）用来衡量与规模经济有关的生产绩效。残余混合效率（RME_{it}）是测度具有技术效率的生产单位通过改变产出组合所引起的 TFP 变化，即范围经济绩效。混合效率（OME_{it}）主要用来衡量资源配置效率。

式（2-4）可以进一步变化为 $TFP_{it} = TFPE_{it} \times TFP_t^*$，类似地对于 s 时期的地区 h 也有：$TFP_{hs} = TFPE_{hs} \times TFP_s^*$。则式（2-1）可以被分解为：

$$TFP_{hs,it} = \frac{TFP_{it}}{TFP_{hs}} = \left(\frac{TFPE_{it}}{TFPE_{hs}}\right)\left(\frac{TFP_t^*}{TFP_s^*}\right) \qquad (2-10)$$

其中，右端第一个大括号内项表示总体效率变化；第二个大括号内项表示所有时期 TFP 最大值的变化，用来测算技术进步。通过式（2-5）~式（2-9）可以将 TFP 变化进一步分解为：

$$TFP_{hs,it} = \left(\frac{OTE_{it}}{OTE_{hs}}\right)\left(\frac{OSE_{it}}{OSE_{hs}}\right)\left(\frac{RME_{it}}{RME_{hs}}\right)\left(\frac{TFP_t^*}{TFP_s^*}\right) \qquad (2-11)$$

$$TFP_{hs,it} = \left(\frac{OTE_{it}}{OTE_{hs}}\right)\left(\frac{OME_{it}}{OME_{hs}}\right)\left(\frac{ROSE_{it}}{ROSE_{hs}}\right)\left(\frac{TFP_t^*}{TFP_s^*}\right) \qquad (2-12)$$

Färe-Primont 指数基本能够满足与经济相关的所有指数公理和检验，包括传递性检验，因此，可以利用该指数进行多期或多地区的 TFP 和效率比较，克服传统 DEA 模型无法进行趋势分析、无法区分决策单元之间优劣性的缺陷。

（4）基于 Färe-Primont 指数 DEA 方法的测算过程。DEA 方法应用的前提是假设产出和投入距离函数表示 t 时期的技术可能性如下：

$$D_O(x_{it}, y_{it}, t) = (\alpha y'_{it})/(\gamma + \beta x'_{it}); D_I(x_{it}, y_{it}, t) = (\eta x'_{it})/(\varphi y'_{it} - \delta) \qquad (2-13)$$

由于本章采用面向产出的 DEA 方法，因此，涉及使等式 $OTE_{it} = D_O(x_{it}, y_{it}, t)^{-1}$ 最小化的未知参数的选择问题。其线性规划的结果为：

$$D_O(x_{it}, y_{it}, t)^{-1} = OTE_{it}^{-1} = \min_{\alpha,\beta,\gamma}\{\gamma + \beta x'_{it} : \gamma l + \beta X' \geq \alpha Y'; \alpha y'_{it} = 1; \alpha \geq 0; \beta \geq 0\}$$

$$(2-14)$$

其中，Y 是 $J \times M_t$ 阶产出向量矩阵，X 是 $K \times M_t$ 阶投入向量矩阵，l 是 $M_t \times 1$ 阶单位

向量，M_t 是 t 时期用于估算前沿面的观察变量的个数。则 Färe-Primont 指数中相应变量可通过式（2-15）求解：

$$D_O(x_0, y_0, t_0)^{-1} = \min_{\alpha, \gamma, \beta}\{\gamma + \beta x_0' : \gamma l + \beta X'; y_0'\alpha = 1; \alpha \geq 0; \beta \geq 0\} \quad (2-15)$$

总产出可以求解为：$Y_{it} = (y_{it}'\alpha_0)/(\gamma_0 + x_0'\beta_0)$。其中，$\alpha_0, \gamma_0, \beta_0$ 用于求解式（2-15）。式（2-15）中的技术是基于技术不变假设下获得的，并且允许技术存在规模效益可变（VRS）。进一步面向产出的技术效率可以通过式（2-16）求解：

$$OTE_{it} = D_O(x_{it}, y_{it}, t) = \min_{\lambda, \theta}\{\lambda^{-1} : \lambda y_{it} \leq Y\theta; \theta X \leq x_{it}; \theta'l = 1; \theta \geq 0\} \quad (2-16)$$

其中，θ 是一个 $M_t \times 1$ 阶向量。为了估算在规模效益不变（CRS）条件下的技术效率，则去掉约束条件 $\theta'l = 1$，即：

$$OTE_{it}^{CRS} = D_O(x_{it}, y_{it}, t) = \min_{\lambda, \theta}\{\lambda^{-1} : \lambda y_{it} \leq Y\theta; \theta X \leq x_{it}; \theta \geq 0\} \quad (2-17)$$

进一步，规模效率可以求解为：$OSE_{it} = OTE_{it}^{CRS}/OTE_{it}$。面向产出的混合效率和残余混合效率可以通过式（2-7）和式（2-9）求解。其中，参数 $\hat{Y}_{it}$ 可以通过下列线性规划求解：

$$\hat{Y}_{it} = \max_{\theta, y}\{Y(y) : y \leq Y\theta; \theta X \leq x_{it}; \theta'l = 1; \theta \geq 0\} \quad (2-18)$$

2.2.3 数据来源

本章以 1999~2018 年的 31 个省份共 620 组数据为样本进行实证研究。其中，城镇从业人员数量数据摘自《中国劳动统计年鉴》（2000~2019）和《中国人口和就业统计年鉴》（2017~2019），其余数据全部摘自《中国统计年鉴》（2000~2019）。

2.3 区域城镇化效率综合测度

2.3.1 中国省域城镇化效率及其变化趋势分析

运用 DPIN 软件进行计算，得到 31 个省份的 Färe-Primont TFP 指数变化（以下简称"ΔTFP"）及其分解结果如表 2-1 和图 2-1 所示。这里假设技术的规模报酬为常数，因此，OSE 取值始终为常数 1。Färe-Primont TFP 指数的变化即 ΔTFP 是将 t 时期的所有决策单元与第 1 期的第一个决策单元的 TFP 值进行比较。本章默认北京作为第一个决策单元，所以表 2-1 中的结果表示的是 2018 年 31 个省份的 TFP 值与 1999 年的北京市的比值。从表 2-1 和图 2-1 可以看出，除了吉林、海南、贵州、西藏、甘肃、青海和新疆以外，其他地区的城镇化效率水平均超过了 1999 年的北京。全国平均水平达到了 1999 年北京城镇化效率水平的 1.26 倍。增长幅度最高的是江苏，2018年城镇化效率是1999年北京的1.893倍，增长幅度最低（负增长）的是西藏，2018年的城镇化效率仅为1999年北京的52.33%。从Färe-Primont TFP指数的分解结果来看，混合效率变化、技术效率变化和残余混合效率的取值基本大于1，说明三者对城镇化效率变化均起到了积极的推进作用，三者的高增长是城镇化效率较高的主要原因。由于 ΔTFP^* 值（$\Delta TFP^* = 1.9771$，即 TFP 技术可能性极值始终保持较高的水平（大于1），因此，ΔTFP^* 值也是导致城镇化效率整体水平较高的重要原因。除此之外，由于残余规模效率变化在各地区表现出了较大的差异性，有些地区大于1，有些地区小于1，说明残余规模效率变化的变化对城镇化效率的影响存在显著区域差异性。

表2-1　1999~2018年31个省份Färe-Primont TFP指数及其分解

省份	ΔTFP	ΔTFP^*	技术效率变化（ΔOTE）	规模效率变化（ΔOSE）	混合效率变化（ΔOME）	残余规模效率变化（$\Delta ROSE$）	残余混合效率变化（ΔRME）
北京	1.7125	1.0092	1.2647	1.0000	1.2043	1.1141	1.3417
天津	1.4533	1.0092	1.2647	1.0000	1.2126	0.9389	1.1386
河北	1.1896	1.0092	1.0420	1.0000	1.1984	0.9439	1.1312
山西	1.3595	1.0092	1.1657	1.0000	1.0298	1.1221	1.1555
内蒙古	1.1488	1.0092	0.9762	1.0000	1.1924	0.9779	1.166
辽宁	1.3662	1.0092	1.2258	1.0000	1.1085	0.9962	1.1043
吉林	0.8636	1.0092	0.8087	1.0000	1.0293	1.028	1.0581
黑龙江	0.7487	1.0092	0.7337	1.0000	0.9965	1.0147	1.0111
上海	1.8148	1.0092	1.2647	1.0000	1.2126	1.1725	1.4218
江苏	1.9025	1.0092	1.2647	1.0000	1.2126	1.2292	1.4905
浙江	1.7873	1.0092	1.2445	1.0000	1.1733	1.2128	1.423
安徽	1.3309	1.0092	1.0521	1.0000	1.1530	1.0871	1.2534
福建	1.7609	1.0092	1.2647	1.0000	1.2126	1.1377	1.3796
江西	1.1576	1.0092	0.9950	1.0000	1.1321	1.0183	1.1528
山东	1.5694	1.0092	1.2647	1.0000	1.2126	1.0140	1.2296
河南	1.3810	1.0092	1.0948	1.0000	1.1990	1.0424	1.2499
湖北	1.5018	1.0092	1.2004	1.0000	1.1901	1.0417	1.2397
湖南	1.4217	1.0092	1.2647	1.0000	1.2126	0.9185	1.1138
广东	1.6929	1.0092	1.2647	1.0000	1.2126	1.0937	1.3263
广西	1.0001	1.0092	0.8880	1.0000	1.1035	1.0112	1.1159
海南	0.9898	1.0092	1.2647	1.0000	0.7265	1.0675	0.7755
重庆	1.2525	1.0092	0.9712	1.0000	1.0645	1.2004	1.2778
四川	1.3070	1.0092	1.1521	1.0000	1.1807	0.9520	1.1240
贵州	0.9652	1.0092	1.0002	1.0000	1.1503	0.8311	0.9561
云南	1.0817	1.0092	0.9641	1.0000	1.1654	0.9538	1.1116

续表

省份	ΔTFP	ΔTFP^*	技术效率变化（ΔOTE）	规模效率变化（ΔOSE）	混合效率变化（ΔOME）	残余规模效率变化（$\Delta ROSE$）	残余混合效率变化（ΔRME）
西藏	0.5233	1.0092	1.2647	1.0000	0.6784	0.6044	0.4100
陕西	1.2409	1.0092	1.0824	1.0000	1.1197	1.0145	1.1359
甘肃	0.8202	1.0092	0.8114	1.0000	1.0841	0.9239	1.0015
青海	0.7923	1.0092	1.2647	1.0000	0.8605	0.7213	0.6207
宁夏	1.0434	1.0092	1.2647	1.0000	1.1017	0.742	0.8175
新疆	0.8957	1.0092	0.8162	1.0000	1.1867	0.9162	1.0873
均值	1.2605	1.0092	1.1097	1.0000	1.1134	1.0014	1.1232

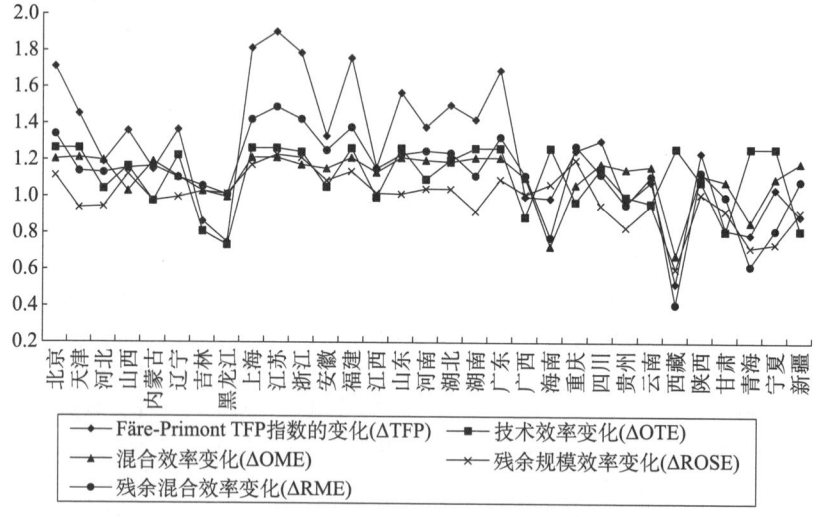

图 2-1　1999~2018 年中国 31 个省份 Färe-Primont TFP 指数及其分解指标

进一步对我国东部、中部、西部和东北地区①城镇化效率均值的发展趋势进行分析，如图 2-2 所示。从横向对比来看，东、中、西部和东北地区的城镇化效率呈现出了明显的分化：东部地区的城镇化效率远高于中、西部、东北地区和全国平均水平；中、西部和东北地区的城镇化效率均低于全国平均水平。从纵向发展趋势来看，东部地区和全国的平均城镇化效率呈现倒"U"型发展轨迹，总体呈现上升的趋势，分别从 1999 年的 0.469 和 0.399 上升到 2018 年的 0.599 和 0.476；中部地区的城镇化效率表现强劲，呈现出稳步提升的发展态势，从 1999 年的 0.325 上升到 2018 年的 0.513，从 2005 年开始超过西部地区，2017 年和 2018 年超过了全国平均水平；西部地区在研究期内表现出一定的波动性，总体呈现轻微下降的趋势，从

---

①　这里东部地区包括北京、天津、河北、上海、江苏、浙江、福建、山东、广东、海南 10 个省份；中部地区包括山西、安徽、江西、河南、湖北和河南 6 个省份；西部地区包括内蒙古、广西、重庆、四川、贵州、云南、西藏、陕西、甘肃、青海、宁夏、新疆 12 个省份；东北地区包括黑龙江、吉林和辽宁 3 个省份。

1999 年的 0.409 下降到 2018 年的 0.380；东北地区的城镇化效率在 2015 年之前始终处于上升状态，尽管东北地区城镇化效率前期较低，但是 2008 年之后超过西部地区，并且差距不断拉大，从 1999 年的 0.271 上升到 2015 年的 0.476，上升幅度明显，但是 2015 年之后东北地区的城镇化效率开始下降，2018 年基本与西部地区持平，仅为 0.375。东北地区城镇化效率的快速提升得益于振兴东北老工业基地的政策红利，2015 年之后出现了大幅下降则是东北地区城镇化进程缺乏动力、产业结构升级缓慢、大量人口向其他省份净流出导致的。

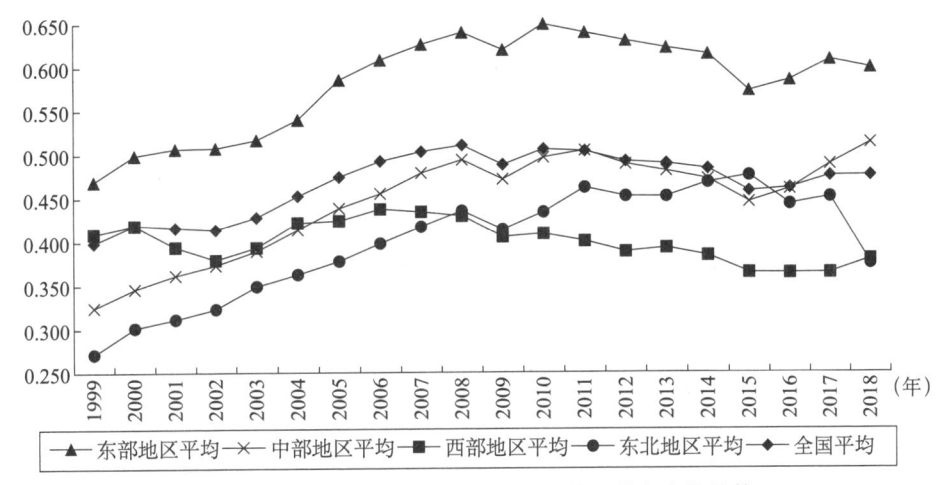

图 2-2　全国 1999~2018 年平均城镇化效率变化趋势

2.3.2　地区城镇化效率的类型划分

根据各地区 2018 年城镇化效率变化（即 ΔTFP）的大小，将决策单元划分为高有效增长型（$\Delta TFP > 1.5$）、低有效增长型（$1 < \Delta TFP \leq 1.5$）、低无效增长型（$0.8 < \Delta TFP \leq 1$）和高无效增长型（$\Delta TFP \leq 0.8$）四种类型，见表 2-2。

表 2-2　中国 31 个省份的城镇化效率类别划分

地区类型划分	高有效增长型 （$\Delta TFP > 1.5$）	低有效增长型 （$1 < \Delta TFP \leq 1.5$）	低无效增长型 （$0.8 < \Delta TFP \leq 1$）	高无效增长型 （$\Delta TFP \leq 0.8$）
决策单元	江苏、上海、浙江、福建、北京、广东、山东、湖北	天津、湖南、河南、辽宁、山西、安徽、四川、重庆、陕西、河北、江西、内蒙古、云南、宁夏、广西	海南、贵州、新疆、吉林、甘肃	青海、黑龙江、西藏

（1）高有效增长型地区。属于高有效增长型的地区数量较多，包括江苏、上海、浙江、福建、北京、广东、山东和湖北共 8 个省份。这些地区的 ΔTFP 值均大于 1，表明在研究期内，这些省份城镇化效率相对于 1999 年的北京在不断提高，并且均有超过 50% 的效率增长。属于高有效增长型 8 个省份的 ΔTFP 分解指数中技术

效率变化、混合效率变化和残余规模效率变化取值均大于1,并且三个分解要素中技术效率值始终高于其他两个要素。这一方面说明这些地区城镇化效率的提高同时依靠技术进步、资源配置效率和规模效益带来的效率提升;另一方面说明这些地区的技术效率的高增长是导致城镇化效率价高的主要驱动因素。这些省份除了湖北以外全部属于东部地区,凭借其雄厚的经济实力和先进的技术水平,可以实现技术进步和规模经济,促使城镇化效率不断提高。

(2) 低有效增长型地区。属于低有效增长型的地区数量最多,以天津、湖南、重庆等为代表,共15个省份,该类型具有一定的代表性。处于低有效增长型的15个省份又分为以下四种类型:第一种是以天津、湖南、辽宁、四川、河北和宁夏为代表的地区,其 ΔTFP 分解指数中混合效率变化值和技术效率变化值均大于1,但是残余规模效率变化小于1,说明这些地区城镇化效率的提高得益于资源优化配置和技术进步,而由于这些地区的产业仍然没有产生规模效益,规模不经济对城镇化效率产生了一定抑制作用。这些省份中大部分属于中西部地区,这些省份尽管在技术投入和资源配置方面不断提高,但是由于产业发展基础相对薄弱,因此,尚未产生规模经济。第二种是以山西、安徽、河南和陕西为代表的地区,其特征与高有效增长型地区类似,ΔTFP 分解指数中技术效率变化、混合效率变化和残余规模效率变化取值均大于1。但是技术效率变化、混合效率变化和残余规模效率变化的取值与高有效增长型相比要小很多,即这些地区尽管在技术进步、规模效率和资源配置效率方面均取得了长足的发展,但是增长率仍然不高,未来仍然有很大的上升空间。第三种是以广西、江西和重庆为代表的地区,其 ΔTFP 分解指数中混合效率变化值和残余规模效率变化值均大于1,但是技术效率变化值小于1,说明三个省份的城镇化效率增长是由规模经济和资源配置效率共同推动的,而技术进步则起到了抑制的作用。广西、江西和重庆均属于中西部地区,经济发展相对较低,经济的低增长会导致科技、研发投入不足,影响技术进步。第四种是以内蒙古和云南为代表的地区,两个省份的 ΔTFP 分解指数中技术效率变化和残余规模效率变化值均小于1,但是混合效率变化值大于1,这说明内蒙古和云南城镇化效率的提高得益于资源配置效率的大幅提升,而技术进步不足和规模不经济则产生了一定的负面作用。导致该现象出现的主要原因是在区域经济发展政策如西部大开发政策的支持下,宁夏的经济发展水平和资源配置效率取得一定的进步,但是由于产业集聚能力和人力资本集聚能力较弱,导致了规模经济和技术进步的低下。

(3) 低无效增长型地区。处于低无效增长型的地区包括海南、贵州、新疆、吉林和甘肃5个省份,其 ΔTFP 值介于 $0.800 \sim 1$ 之间,表明在研究期内这5个地区的城镇化效率相对于1999年的北京有所下降,但幅度小于20%。其中,贵州的 ΔTFP 分解结果与宁夏地区类似,即技术效率变化和混合效率变化值大于1,而残余规模效率变化值小于1。宁夏和贵州的城镇化效率变化值分别为1.043和0.962,而相应的残余规模效率分别为0.742和0.831,相应的技术效率变化值分别为1.265和

1.000。可见，贵州的技术效率变化值过低是导致城镇化效率无效的主要原因。甘肃和新疆的 ΔTFP 值分别为 0.820 和 0.896，两个省份的城镇化效率变动的分解结果与内蒙古和云南地区类似，即技术效率和残余规模效率变动值均小于 1，而混合效率变动值大于 1。造成甘肃和新疆的城镇化效率变动小于 1 而内蒙古和云南大于 1 的原因在于甘肃和新疆的技术效率变动和残余规模效率变动值均显著低于内蒙古和云南地区。可见，技术进步水平低下和规模不经济是导致甘肃和新疆城镇化效率无效增长的主要原因。由于甘肃和新疆的经济发展水平和技术基础较为薄弱，其技术进步非常缓慢，而且缺乏人力资本和产业的吸引力，无法形成规模经济。吉林的 ΔTFP 分解结果与广西、江西和重庆的类似，即混合效率和残余规模效率变动值均大于 1，但是技术效率变化值小于 1。而且吉林的技术效率变动值远低于上述 3 个省份，从而导致了吉林城镇化效率的无效增长。吉林作为东北老工业基地之一，产业结构不合理、产能过剩、产业升级进程缓慢，无法吸引人力资本集聚，反而加速了向外迁移，从而导致了其技术进步乏力。海南的 ΔTFP 分解指数中技术效率变化和残余规模效率变化值大于 1，但是混合效率变化值仅为 0.727，说明海南的城镇化效率低无效是资源配置效率偏低造成的。

（4）高无效增长型地区。属于高无效增长型的地区包括青海、黑龙江和西藏 3 个省份，其 ΔTFP 值在 0.800 以下，表明 3 个省份的城镇化效率在急剧下降，相对于 1999 年的北京，下降幅度超过了 20%。其中，西藏的降幅将近 50%。青海和西藏的 ΔTFP 分解指数中技术效率变化值大于 1，混合效率变化和残余规模效率变化值均明显小于 1，说明青海和西藏城镇化效率高无效的主要原因在于资源配置效率低下和规模不经济。青海的 ΔTFP 值为 0.792，相应的混合效率变化和残余规模效率变化值分别为 0.861 和 0.721；西藏的 ΔTFP 值为 0.523，相应的混合效率变化和残余规模效率变化值分别为 0.678 和 0.604。青海和西藏的技术效率变动值均为 1.265。可见，青海和西藏的范围经济与规模经济出现了双低的状况，并且规模不经济对城镇化效率的影响更为显著。青海和西藏的地理气候条件和环境状况决定了其资源集聚能力有限，很难吸引外地企业入驻，地区内企业数量偏少，无法形成规模效应。黑龙江的 ΔTFP 分解指数中残余规模效率变化值大于 1，混合效率变化和技术效率变化值均小于 1，说明黑龙江城镇化效率高无效的主要原因在于范围不经济和技术进步乏力。

综上可知，各省份的城镇化效率存在明显的区域差异，处于无效增长的地区主要集中在西部和东北地区。西部地区区位相对偏僻，资源缺乏，交通和市政基础设施不完善，对人口、资源的集聚能力有限，城镇化建设的动力不足。尽管国家发布了西部大开发战略来促进西部地区的发展和城镇化建设，加大了城镇化建设的投资力度，但是，由于其基础薄弱，很难形成后发优势，产出水平相对较低。东北地区面临同样的问题，而且东北老工业基地还面临转型升级困难和大量人口流失的问题。东部地区地理条件优越，物质和文化基础深厚，市政和交通基础设施比较完善，对人口和企业有较强的吸引力，企业有动力和意愿到东部地区进行投资和开发建设，企业之间竞争充分,产出水平较高。

2.4 区域城镇化效率的动力因子分析

2.4.1 区域城镇化效率变动的动力机制

城镇化是区域经济与社会发展共同作用的结果,城镇化效率的高低受到区域发展的基础条件、产业状况和体制背景等多方面的影响。国内外学者由于研究角度、研究方法、研究区域的差异,变量选择的侧重点有所不同,本章在借鉴已有的四维分析视角,将驱动因子归纳为行政力、市场力、外向力、内源力和投资力五个方面(欧向军等,2008;陈明星等,2009)。各种动力因子对城镇化效率的动力机制可以通过产业的调整、重组等方式对城镇化效率加以影响。

(1)行政力。行政力是指行政力量推动下的城镇化,其作用主要表现在土地城镇化和人口城镇化。首先,政府在某一地区通过资金投入、产业规划布局、基础设施建设和主体功能区规划等引导城镇化。1999~2018年,全国的财政支出总额从8 991亿元增长到188 196亿元。财政支出的很大一部分被用于基本建设,高强度的基建投入和诸多如高铁、地铁等重大基础设施的建设,极大地增强了城市与外界的通达性和紧密性,改善了投资环境,带动了城市经济发展和城镇化效率的提高。其次,通过行政区划将农村区域转变为城市区域,直接推动城镇化,或者通过户籍制度将农村人口转变为城镇人口间接影响城镇化。1999~2018年,全国各地区部分城市的市区行政区进行了调整,由原来的地级及以上城市240个、县级市427个和县1 510个调整为2018年地级及以上城市293个、县级市375个和县1 335个,通过优化整合、撤乡变县、撤县变市,使城镇人口规模迅速提高,中国城镇人口规模从1999年的4.38亿增加到了2018年的8.31亿,极大地提高了城镇化规模。当城镇人口规模和人口密度达到一定程度以后,人口密集会造成城镇居住空间紧张、公共服务负担过重和城市运营成本高昂,从而降低城镇化的效率。随着人口集聚规模的不断扩大,迫使城镇向外围蔓延,形成新的居住区和城市综合体,并引发新一轮城镇基础设施投资。总的来看,行政力对城镇化效率的影响有正有负,需要根据各地区的实际情况和所处的发展阶段来进行具体分析和判断。

(2)市场力。市场是经济发展的产物,其基本功能是在经济发展中对资源配置起基础性调节作用,对各生产要素和地域分布按照市场规律进行有效配置。市场力对城镇化效率的推动作用,主要表现在生产要素由于比较优势而向城镇和非农产业集聚和转移,从而推动城镇化进程和提高城镇化效率。1999~2018年,中国城镇就业人员数量占全社会从业人员的比重由31.39%增加到53.68%,其中,国有单位和城镇集体单位从业人员占全体从业人员的比重分别从12.01%和2.40%下降到

7.40%和0.44%,而城镇私营个体单位从业人员占全体从业人员的比重则从4.86%增加到31.44%,劳动力市场的日趋完善,尤其是私营个体单位的蓬勃发展,使大规模的劳动力转移和流动成为可能,从而实现全国城镇化的快速发展。

(3)外向力。外向力指外资和外贸对城镇化的影响。通过引进外资及其先进技术,改善资本形成条件,带动区域技术、贸易、产业结构和就业结构的变化,提高技术和管理水平,从而提高城镇化效率。同时,经济全球化过程中的产业和技术转移又为中国经济发展提供了好的契机,进一步推动了城镇化进程。1999~2018年,中国实际外商投资额从526.59亿美元增长到1 349.70亿美元;对外贸易方面,中国货物进出口总额也从1999年的29 896.20亿元增长到2018年的305 008.10亿元。对外贸易的发展在积极提升中国国际化水平和经济增长的同时,也极大地促进了当地的就业,吸收了大量的农村剩余劳动力,而外资企业的产业布局也带动了农地的非农化,因此,外资和外贸是提高城镇化效率的外部动力。

(4)内源力。内源力指一个地区发展的内在动力。有学者认为内源力是源于基层乡村政府或者农民自主推进的乡村城镇化,其实质是乡镇企业的大力发展(陈明星等,2009)。本书认为,乡镇企业只是地区发展的动力之一,还包括城市企业的郊区化迁移、产业园区的郊区化布点等因素。尽管乡镇企业是推动乡村城镇化的重要动力,但是城镇化发展的内在动力最终取决于产业结构的合理性。随着产业转移和转型升级的不断推进,城市中心主要保留金融服务业等第三产业,第二产业则向外围乡镇和郊区迁移,并一定程度上推动了农地的非农化,农地的非农化促使第一产业向集约高效的规模化和产业化经营转型。因此,可以说产业结构决定了地区经济增长方式和分工模式,产业结构合理与否是城镇化效率提高的内在动力。

(5)投资力。投资力指资本投入对城镇化的推动作用。高强度的资金投入将转化为大量的固定资产和公共设施,这将极大地提高城镇化规模。1999~2018年,我国全社会固定资产投资总额从29 855亿元增长到645 675亿元。改革开放以来,中国城镇建设的投资主体已经由传统的国有投资为主向多元化的投资主体转变。1999~2018年,国内贷款和利用外资占全社会固定资产投资的比重分别从20.55%和4.43%减少到10.31%和0.32%,而国家预算内资金和自筹资金占全社会固定资产投资的比重则分别从4.59%和53.65%增加到5.88%和67.81%。城市建设投资主体的多元化使城市建设和产业发展所需资金的来源不断扩大,使市场在城镇化建设中的作用不断加强,进而提高城镇化效率。

2.4.2 区域城镇化效率动力因子的实证检验

(1)模型设定。为客观地实证检验区域城镇化效率动力因子驱动机制,面板数据模型设定为:

$$TFP = \alpha + \gamma LNGOV_{it} + \delta MT_{it} + \zeta LNFDI_{it} + \xi IND_{it} + \lambda PK_{it} + \mu_i + \eta_t + \varepsilon_{it}$$

(2-19)

其中，行政力、市场力、外向力、内源力和投资力分别采用财政支出总额（$LNGOV_{it}$）、城镇其他单位和城镇私营个体单位从业人员占全部城镇从业人员的比重①（MT_{it}）、外商投资总额（$LNFDI_{it}$）、二三产业产值占 GDP 的比重（IND_{it}）和人均全社会固定资产投资（PK_{it}）度量。μ_i、η_t 和 ε_{it} 分别表示地区固定效应、时间固定效应和随机扰动项。

（2）数据来源及处理。为了系统地评价上述五种动力因子对城镇化效率的影响，本章选取 1999~2018 年的全国 31 个省份的面板数据进行实证检验。相关指标数据全部源于《中国统计年鉴》（2000~2019）。涉及价格调整的全社会固定资产投资和外商投资总额采用各地区固定资产投资价格指数进行调整；由于财政支出总额主要涉及经济建设支出、社会文教支出、国防支出、行政管理支出与其他支出，大部分属于投资性支出，这里近似采用固定资产投资价格指数进行调整。

（3）实证结果分析。本章基于 Stata 软件对上述面板计量模型进行估计，由于面板静态回归存在固定效应与随机效应两种，为了甄别模型估计方法，采用面板 Hausman 检验加以判断。模型基准回归结果见表 2-3。首先，Hausman 检验显著拒绝模型为随机效应的原假设，故本章实证模型采用面板固定效应模型估计。从回归结果可以看出，Wald χ^2 值为 429.382，在 1% 水平显著，说明模型具有联合显著性。同时，从各变量的 z 值显著性概率来看，除了投资力以外，均在 1% 水平显著，说明行政力、市场力、外向力和内源力对城镇化效率均有显著影响。其中，行政力的回归系数为 -0.057 且显著，表明现阶段行政力对城镇化效率产生了负影响，即政府通过行政手段虽然能够极大地推进城镇化进程，但是现阶段各地区摊大饼式的发展模式在扩大了城市规模的同时，也降低了城市的投资效率、运行效率和土地利用效率，出现了交通拥堵和环境恶化等负面效应，一定程度上抵消了行政力的积极效果，出现行政力与城镇化效率之间的负相关也就不难理解；市场力的回归系数为 0.278 且显著，说明市场力对城镇化效率产生了显著正影响，即市场力指标每提高 1 个单位，就会促进城镇化效率提高 0.278 个单位，这与理论分析相吻合，表明民间资本和社会力量的持续活跃是城镇化效率提高不可替代的重要驱动因子；外向力的回归系数为 0.030 且显著，说明外商投资的增长促进了城镇化效率的提高，即外商投资对城镇化效率的提升起到了积极的推动作用，也是其重要驱动因子；内源力的回归系数为 0.528 且显著，说明内源力对城镇化效率产生了显著的正向影响，即产业结构的优化升级是城镇化效率提高的重要驱动因子；投资力的估计系数为正，但是统计学不显著，说明投资力对城镇化效率的提高没有显著影响，即目前的城镇化建设在很长一段时间内仍然是以投资拉动为主，这种以投资拉动为主的城镇化建设虽然能够提高城镇化规模，但是无法有效提高城镇化效率。从总体来看，市场力、外向力和内源力共同作用，推动了城镇化效率的提升。其中，内源力是首要驱动因

---

① 这里的从业人员分类构成主要参考《中国农业统计年鉴》中的相应分类，即将城镇就业人员划分为城镇单位、集体单位、其他单位和私营个体单位四大类。

子，其次依次是市场力和外向力。

表 2-3　　城镇化效率驱动因子面板数据回归结果

变量	回归系数	标准差	z 值	显著性概率
行政力	-0.057	0.007	-7.88	0.000
市场力	0.278	0.053	5.21	0.000
外向力	0.030	0.005	6.36	0.000
内源力	0.528	0.076	6.91	0.000
投资力	0.011	0.009	1.25	0.211
常数项	0.594	0.104	5.74	0.000
Hausman 值	26.501			
Prob > χ^2	0.000			
Wald χ^2	429.382			
Prob > χ^2	0.000			

2.5　本章小结

（1）中国的城镇化特征包括人口城镇化、土地城镇化和经济城镇化等多方面内容，区域综合城镇化效率能够全面、完整地反映出区域城镇化发展水平阶段和质量特征。因此，需要将人口、土地和产业等要素纳入同一个框架下进行顶层设计和系统考量。运用基于 Färe-Primont 指数的 DEA 方法测度了全国 31 个省份的城镇化综合效率状况，发现在 1999～2018 年，除了吉林、海南、贵州、西藏、甘肃、青海和新疆以外，其他省份的城镇化效率水平均超过了 1999 年的北京。全国平均水平达到了 1999 年北京城镇化效率水平的 1.26 倍。对中国城镇化效率的类型划分结果表明，中国各省份城镇化效率的总体水平较高，大部分省份属于有效增长型。

（2）中国各省份城镇化效率的动力因子呈现出不断变化且日趋多元化的特征。通过面板数据回归模型的实证检验表明，影响 1999～2018 年中国各省份城镇化效率的主要动力因子由大至小的顺序依次是内源力、市场力和外向力，投资力的影响不显著，而行政力则对城镇化效率产生了负向影响。

本书只分析了全国各省份城镇化效率水平变化及其动力因子，没有对城镇化各子系统（人口城镇化、土地城镇化和经济城镇化）之间的相互作用强度及其协调性进行研究。城镇化效率的提高需要推进"人口—土地—经济"城镇化的协调发展。同时，也应该注意到城镇化水平的高低与城镇化效率的高低之间并不是简单的正向相关，城镇化水平高的省份城镇化效率不一定高，因此，对二者关系的深入研究将有助于城镇化的健康发展。以上这些问题，将在今后的研究中继续深化。

第 3 章

城镇化要素的耦合协调性研究

3.1 研究背景

改革开放以来,我国的城镇化发展迅速。城镇化的快速推进,一方面吸纳了大量农村劳动力的转移就业,提高了城乡生产要素的优化配置;另一方面也推动了经济的快速发展,促进城乡居民生活水平的提高,取得了显著的成就。与此同时,也存在一些突出的问题和矛盾,如农民市民化问题、土地低效利用问题、城市管理水平不高导致的交通拥堵、垃圾处理、环境污染的"城市病"问题。我国的城镇化已经进入深入发展的关键时期,中央适时地提出以《新型城镇化发展规划(2014~2020)》为纲领的城镇化发展战略,全面提高城镇化质量。在新的发展阶段,中国的城镇化如何健康有序的发展问题已经成为国内外学者研究的焦点。

从国际研究来看,埃班克斯爱德华和程超泽(Ebanks G. Edward and Cheng C., 1990)、张凯文(Zhang K. H., 2002)、张吉辛和约瑟夫布拉达(Chang G. H. and J. C. Brada, 2006)认为,中国的城镇化进程处于低度城镇化(under-urbanization),即城镇化发展水平低于经济发展水平,并认为造成这种差距的原因是没有及时地消除人口城乡迁移的限制。约翰弗里德曼(Friedmann J., 2006)认为,近年来中国的城镇化以惊人的速度增长,认为中国的城镇化水平接近甚至超过了经济发展水平。当然出现这种分歧的原因与研究者选取的研究期间有一定的关系,这也说明我国的城镇化水平已经发生了很大的变化。陈明星等(Chen M. et al., 2013)通过对中国1960~2010年城镇化的实证研究发现,中国的城镇化进程经历了三个阶段:快速下降阶段(1950~1978年)、稳步上升阶段(1979~1995年)和快速提升阶段(1996~2010年),认为从总体上看中国的城镇化与经济增长基本保持协调发展,但是从2004年开始城镇化水平超过了经济增长水平,并认为在新的城镇化发展阶段政府应该更多地重视城镇化质量而不是城镇化规模。罗杰陈和姚士谋(Roger C. K. Chan and Yao Shimou, 1999)、曹士雄等(Cao Shixiong et al., 2013)不断关注中国城镇化的可持续发展问题,认为中国的城镇化虽然取得了飞速发展,但是导致了社会经济发展的不平衡，包括城乡收入差距、资源浪费和环境退化等，进而提出了包括耕地保护、城市与乡村的协调发展和社会经济可持续发展的对策建议。

从国内研究来看，已经将关注重心从对城镇化规模的研究转向城镇化质量和城镇化效率的研究。尤其是近年来，针对不同地域、不同地理特征的城镇化质量和效率的研究成果不断涌现。叶裕民（2001）最早对城镇化质量进行定量研究，提出城镇化质量应该包括城镇现代化和城乡一体化两个方面。有学者认为，城镇化质量具有全面综合、系统动态的特点，注重以人为本和从发展的角度分析问题，提出城镇内部的劳动力市场的状况是评价城镇化质量高低的重要方面（韩增林、刘天宝，2009；赖德胜、夏小溪，2012）。从城镇化质量包含的内容看，有学者认为，城镇化质量包括城镇和农村自身的发展质量、城镇化推进的效率和实现城乡一体化的程度（李明秋、郎学彬，2010；王富喜等，2013）；也有学者从经济发展、居民生活、城乡协调和可持续发展的角度对城镇化质量进行解读（张春梅等，2012）。从城镇化质量评价的角度，有学者首次建立了城镇化质量预警的评价指标体系，增强了城镇化质量评价的预警功能和实践指导功能（朱洪祥等，2011）；何文举（2013）运用解释结构模型深入分析了城镇化质量各影响因素之间的内在关系。城镇化效率方面，研究者更多关注研究方法；有学者采用随机前沿生产函数的参数方法（戴永安，2010）；也有学者采用传统的DEA方法或者是基于Malmquist指数的DEA方法等非参数方法（张明斗等，2012）。

国内外相关研究得出的有益结论对于中国城镇化的健康发展起到了一定的借鉴作用，近年来越来越多的学者开始关注城镇化规模与质量之间的关系。有学者采用协调度模型对城镇化规模与质量之间的协调度进行实证研究（王德利等，2010；梁振民等，2013）；有学者采用象限识别图方法对城镇化规模和质量之间协调性进行实证研究（方创琳、王德利，2011；宋宇宁、韩增林，2013；张春梅等，2013）。但是现有研究没有将城镇化规模、质量和效率纳入同一个框架下进行系统研究。而本书认为，城镇化是一个综合的概念，是一个基于"规模—质量—效率"城镇化三位一体的过程，健康和有序的城镇化应该是三者的耦合协调发展。中国的城镇化进程是资源环境严重约束下的城镇化，因此，要在稳步提升城镇化规模的同时，更加注重城镇化质量和效率的提升，降低社会成本、资源消耗和环境污染，实现健康、有序的城镇化。据此，书中从城镇化规模、质量和效率①的基础理论问题入手，在界定城镇化规模、质量和效率的基础上，构建三者协调性的评价指标体系，并以1999~2018年中国31个省份的面板数据为研究单元，对三者之间的耦合协调性进行实证评价，以期为政府制定城镇化政策提供决策依据。

本章的结构安排如下：首先，对城镇化规模、质量和效率的基本理论问题进行论述，包括相关概念内涵、三者协调性的评价指标体系和评价方法；其次，对省际

---

① 有学者将城镇化效率作为城镇化质量的评价指标之一。本书认为二者之间是有区别的，因此，本章中所指城镇化规模、质量和效率为并列关系，而非包含关系。

城镇化效率进行测算，并分析城镇化效率的区域差异；再次，建立耦合协调模型，对三者的耦合关系进行实证检验和结果分析。最后是结论。

3.2 城镇化相关基础理论问题

3.2.1 评价指标体系的构建

城镇化规模、城镇化效率和城镇化质量是衡量城镇化水平的三个主要方面，三者之间既相互依赖又相互制约，厘清三者之间的关系对城镇化的健康有序发展具有重要意义。基于前述对城镇化规模、质量和效率内涵的界定，本章在遵循科学性、全面性和可操作性原则的基础上，充分借鉴已有研究的成果，科学地构建三者的评价指标体系（见表3-1）。其中，城镇化规模包括人口城镇化规模、土地城镇化规模和经济城镇化规模，分别采用城镇人口占总人口的比重、城镇建设用地占土地总面积的比重和二三产业产值占GDP的比重指标来衡量。城镇化效率方面，本章将采用基于Färe-Primont指数的全要素生产率的分解指标来衡量，具体包括技术效率、混合效率、残余规模效率和技术可能性 TFP 最大值。城镇化质量方面，主要从人口城镇化质量、土地城镇化质量、经济城镇化质量、社会城镇化质量和城乡一体化程度五个方面来衡量。

表3-1　　　　城镇化规模、质量与效率的评价指标体系

目标层	准则层	指标层
城镇化规模	人口城镇化规模	城镇人口占总人口的比重（0.05986）
	土地城镇化规模	建成区面积占土地总面积的比重（0.93644）
	经济城镇化规模	二三产业产值占GDP的比重（0.00370）
城镇化效率	全要素生产率	技术效率（0.49144）
		混合效率（0.20046）
		残余规模效率（0.28261）
		技术可能性 TFP 最大值（0.02549）
城镇化质量	人口城镇化质量	城镇居民人均可支配收入（0.03701）
		城镇居民家庭人均文教娱乐支出占消费支出的比重（0.00487）
		恩格尔系数（0.00391）
		城镇登记失业率（0.01384）
		大学生在校人数占总人口的比重（0.05463）
		城镇人均住宅用地面积（0.02529）
	土地城镇化质量	人均建成区面积（0.02436）
		人均公共绿地面积（0.02126）
	经济城镇化质量	人均二三产业生产总值（0.05198）
		人均地方财政收入（0.19885）
		经济密度（0.31661）

续表

目标层	准则层	指标层
城镇化质量	社会城镇化质量	每千人医疗机构床位数（0.01787）
		人均道路面积（0.01975）
		失业保险覆盖率（0.09068）
		养老保险覆盖率（0.08617）
	城乡一体化程度	城乡居民人均可支配收入之比（0.00541）
		城乡居民人均生活消费支出之比（0.01145）
		城乡居民恩格尔系数之比（0.01608）

注：括号内为各指标的权重。

3.2.2 测度方法

本章采用熵值法来对综合指标进行评价。该方法在一定程度上能够避免如专家打分法等主观因素带来的偏差，相对于层次分析法和主成分分析法更加客观和全面，也无须像 BP 神经网络方法一样对先验结果进行训练来确定权重，能够克服人为确定权重的主观性及多指标变量间信息的重叠。某项指标的指标值变异程度越大，信息熵越小，该指标提供的信息量越大，该指标的权重也越大；反之则相反。熵值法计算的步骤如下。

第一，构建原始指标数据矩阵。设有 h 个年份，m 个地区，n 项评价指标，形成原始指标数据矩阵为 $X = \{x_{\lambda ij}\}_{h \times m \times n} (1 \leq \lambda \leq h, 1 \leq i \leq m, 1 \leq j \leq n)$，$x_{\lambda ij}$ 是第 λ 个年份第 i 个地区第 j 项指标的取值。

第二，对原始指标数据进行标准化处理。由于各指标的量纲、数量级及指标的效益（正向指标）、成本（逆向指标）属性均有所不同，因此，应先对原始数据进行标准化处理：对于正向指标 $x'_{\lambda ij} = x_{\lambda ij}/x_{j\max}$，对于逆向指标 $x'_{\lambda ij} = x_{j\min}/x_{\lambda ij}$。这里 $x_{j\min}$、$x_{j\max}$ 分别表示 1999~2018 年第 j 项指标的最小值和最大值，$x'_{\lambda ij}$ 表示标准化处理后的数据。

第三，计算第 j 项指标下第 i 个地区指标值的比重：$f_{\lambda ij} = x'_{\lambda ij} / \sum_{\lambda=1}^{h} \sum_{i=1}^{m} x'_{\lambda ij}$。

第四，计算第 j 项指标的熵值：$e_j = -k \sum_{\lambda=1}^{h} \sum_{i=1}^{m} f_{\lambda ij} \ln f_{\lambda ij}$，其中，$k = 1/\ln(h \times m)$。

第五，计算第 j 项评价指标熵值的冗余度：$d_j = 1 - e_j$。

第六，计算评价指标 j 的权重：$w_j = d_j / \sum_{j=1}^{n} d_j$。

第七，计算每年各地区城镇化规模、效率和质量的评价值：$C_{\lambda i} = \sum_{j=1}^{n} w_j \times x'_{\lambda ij}$。

3.2.3 耦合协调度的评价方法

(1) 耦合度函数。耦合这个概念来自物理学领域，是指两个及两个以上系统通过某种途径或方式而相互作用、相互影响的现象。耦合度就是衡量这种影响的程度，它决定了系统在达到临界点时的未来走向。借鉴物理学耦合的概念，城镇化规模、质量与效率之间的耦合关系可以解释为三者相互作用、相互影响的非线性关系的总和。城镇化"规模—效率—质量"耦合协调性是指城镇化进程中应强调三者之间的协调共进与可持续发展，即在城镇化进程中城镇规模的扩张应该与经济发展水平相适应，与城镇基础设施的建设相匹配，与城镇就业岗位的提供相协调，与城镇居民生活水平等相适应。三者的耦合度即是指城镇化规模、城镇化质量和城镇化效率之间通过各自的耦合元素而相互作用、相互影响的程度，其大小反映了三者之间的协调发展程度。设变量 $u_i(i=1, 2, \cdots, m)$ 是"城镇化规模—城镇化质量—城镇化效率"系统序参量，借鉴物理学中的容量耦合概念及容量耦合系数模型，可以建立如下的耦合度函数：

$$C_n = \{[U_A(u_1) \times U_A(u_2) \times \cdots \times U_A(u_m)] / \prod [U_A(u_i) + U_A(u_j)]\}^{1/n}$$
$$(m = 1,2,3; i,j = 1,2,3, i \neq j) \qquad (3-1)$$

其中，n 取 2。C_n 表示耦合度值，其取值范围为 $C \in [0, 1]$。$U_A(u_i)$ 表示城镇化规模、质量和效率三个子系统对总系统有序度的贡献，即城镇化规模综合序参量、城镇化质量综合序参量和城镇化效率综合序参量。并有：

$$U_A(u_i) = \left(\prod u_i\right)^{\frac{1}{n}} = \sum \lambda_i u_i \quad \lambda_i \geq 0, \quad \sum \lambda_i = 1 \qquad (3-2)$$

其中，λ_i 为各个序参量的权重；A 为系统稳定区域。考虑到耦合度的两个极限值，这里根据二者耦合度取值的不同，将其划分为四个等级：低水平耦合（$0 < C \leq 0.3$）、颉颃（$0.3 < C \leq 0.5$）、磨合（$0.5 < C \leq 0.8$）和高水平耦合（$0.8 < C \leq 1$）。

(2) 耦合协调度模型。单纯依靠耦合度指标在有些情况下会导致判断结果产生误导，因为每个地区城镇化规模、效率与质量都有其交错、动态和不平衡性。比如城镇化规模、效率和质量大小相近，但是都处于低水平阶段，也可能出现较高的协调度。耦合协调度模型可以更好地评判城镇化规模、效率与质量之间交互耦合的协调程度，其计算公式为：

$$\begin{cases} D = (C \times T)^\varepsilon \\ T = aU_1 + bU_2 + cU_3 \end{cases} \qquad (3-3)$$

其中，D 表示耦合协调度；C 表示耦合度；T 表示城镇化规模、质量和效率三者的综合调和指数，它反映了三者的整体协调效应或贡献；U_1、U_2 和 U_3 分别表示城镇化规模子系统、城镇化效率子系统与城镇化质量子系统的综合序参量；ε、a、b、c 为待定参数，ε 在实际应用中一般取 0.5，a、b、c 的值取决于三者的相对重要程度，但始终有 $a+b+c=1$。当计算两者之间的耦合协调度时，令 $c=0$，$a=b=0.5$；

当计算三者之间的协调度时,本章认为城镇化质量、规模和效率三者同等重要,即 $a=b=c=1/3$。耦合协调度的取值范围为 $D\in[0,1]$。具体的评价标准见表 3-2。

表 3-2　　　　　　　　　　耦合协调度评价标准

序号	耦合协调度	协调等级	序号	耦合协调度	协调等级
1	0~0.09	极度失调	6	0.50~0.59	勉强协调
2	0.10~0.19	严重失调	7	0.60~0.69	初级协调
3	0.20~0.29	中度失调	8	0.70~0.79	中级协调
4	0.30~0.39	轻度失调	9	0.80~0.89	良好协调
5	0.40~0.49	濒临失调	10	0.90~1.00	优质协调

3.2.4　数据来源及处理

本章选取 1999~2018 年全国 31 个省份的面板数据进行实证研究。城镇从业人员数量数据摘自《中国劳动统计年鉴》,其余数据全部摘自《中国统计年鉴》。数据使用前先对其中部分数据进行指数平减法处理以消除通货膨胀的影响,进而对指标进行标准化处理。

3.3　中国城镇化规模、效率与质量的协调性评价

3.3.1　城镇化规模、效率和质量的综合测度与分析

先运用熵值法确定各指标的权重见表 3-1,进而得到 1999~2018 年中国的城镇化规模、效率、质量评价值。具体评价结果具有如下特征。

(1) 城镇化规模。从表 3-1 中评价指标的权重可以看出,城镇化规模中起主导作用的是土地城镇化规模,其余依次是人口城镇化规模和经济城镇化规模,表明 1999~2018 年我国的城镇化进程中土地城镇化明显地超过了人口城镇化和经济城镇化,城镇向农村扩张,城镇建设用地不断占用农用地,但是,由于户籍制度和城市较高的生活成本却阻碍了人口的城镇化进程,农民无法实现真正的城市就业和生活,进而影响了非农经济的发展。从发展趋势来看,全国总体城镇化规模,东、中、西部和东北地区的城镇化规模均处于上升趋势,其中,东部地区的城镇化规模较高并且上升趋势明显,其他依次是全国平均、中部、东北地区和西部地区,如图 3-1 所示。[①]

[①] 这里东、中、西部和东部地区的划分标准为:东部地区指北京、天津、河北、上海、江苏、浙江、福建、山东、广东和海南;中部地区指山西、安徽、江西、河南、湖北、湖南;西部地区指内蒙古、广西、重庆、四川、贵州、云南、西藏、陕西、甘肃、青海、宁夏和新疆;东北地区指辽宁、吉林和黑龙江。

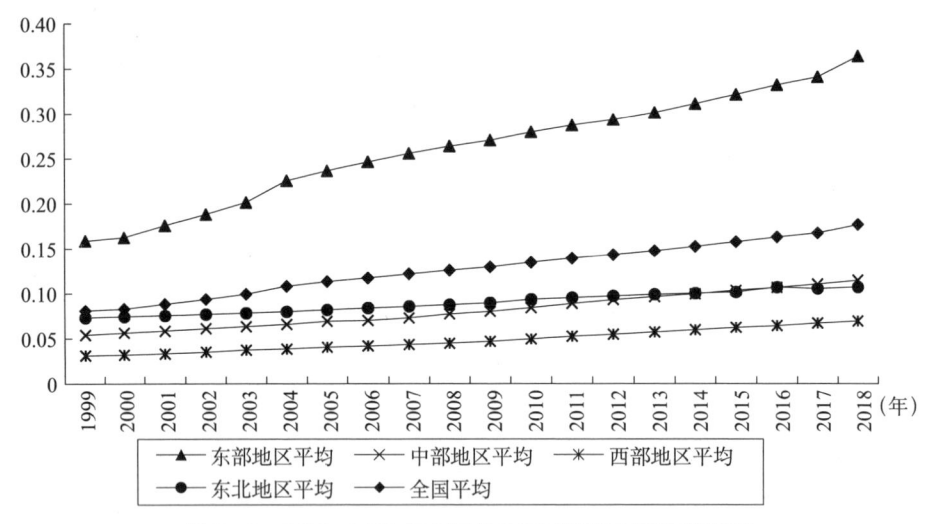

图 3-1　1999~2018 年全国各地区城镇化规模变化趋势

（2）城镇化效率。从表 3-1 中城镇化效率的评价指标来看，城镇化效率中技术效率所占的比重最高，其次是残余规模效率、技术可能性 TFP 最大值和混合效率。这说明城镇化效率的高低主要受到技术进步的影响，其次是规模经济和范围经济状况，说明我国的城镇化进程已经从规模扩张向高效集约发展的方向转变。从发展趋势来看，我国各地区的城镇化效率趋于平稳发展状态，但是东部地区与其他地区之间的差异呈现出了一定的扩大趋势。其中，东部地区的城镇化效率始终处于第一的位置，中、西部和东北地区的城镇化效率较为接近，三者之间的差距始终很小，总体上低于全国平均水平，如图 3-2 所示。

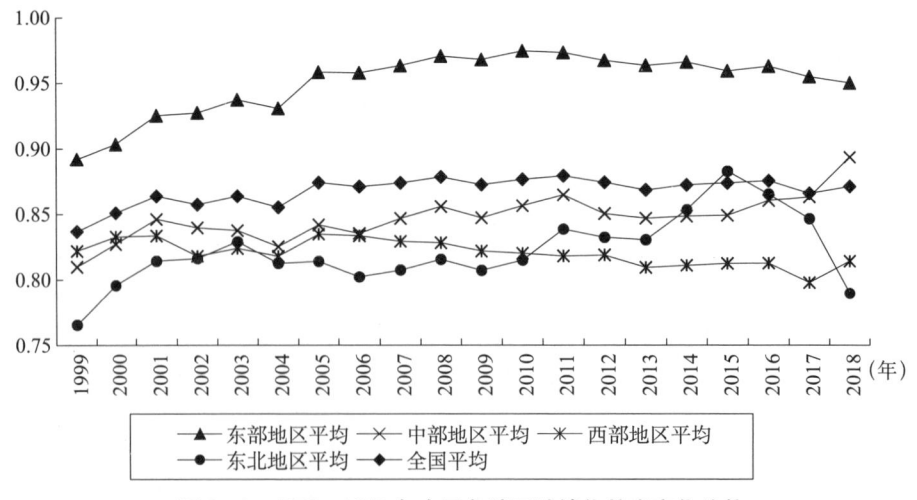

图 3-2　1999~2018 年全国各地区城镇化效率变化趋势

（3）城镇化质量。城镇化质量各指标的权重中，衡量经济城镇化质量的经济密度和人均地方财政收入指标的权重值较高，其他指标的权重值均较低。这说明影响城镇化质量的主要因素是经济城镇化质量，而人口城镇化质量、土地城镇化质量和城乡一体化程度对城镇化效率的影响相对较弱。这进一步说明了产业要素对城镇化质量的提高起着重要推动作用，如图 3-3 所示。当然，这里重视城镇化规模、质量和效率并不等于只是重视影响三个要素的最主要影响因素，而是要统筹兼顾才能使城镇化健康协调发展。

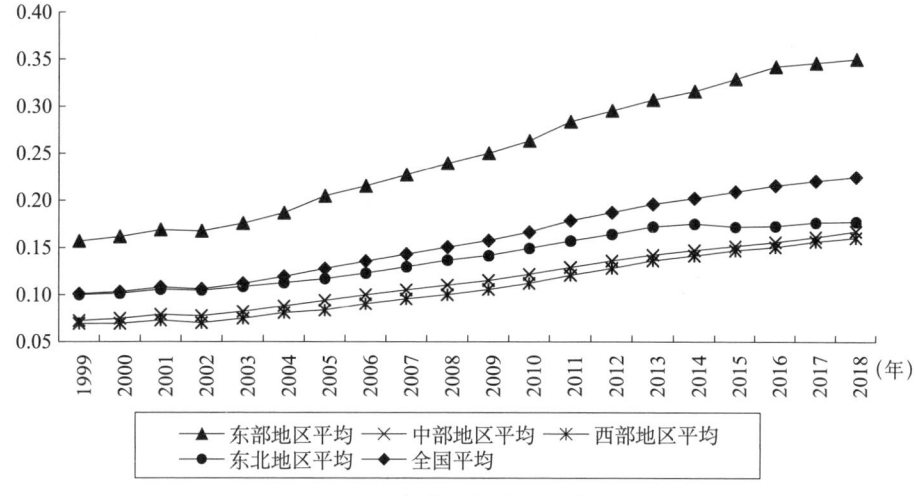

图 3-3　1999~2018 年全国各地区城镇化质量变化趋势

3.3.2　城镇化"规模—质量—效率"协调度分析

（1）城镇化"规模—质量—效率"协调度的发展趋势与空间差异。运用通过熵值法确定的城镇化规模、质量、效率评价值，同时结合式（3-1）~式（3-3），得到 1999~2018 年全国 31 个省份城镇化规模、效率和质量三者之间的耦合协调度（见表 3-3）。对照表 3-2 中的耦合协调度标准，我们可以发现，在研究期间，我国各地区的城镇化规模、效率和质量协调发展的地区较少，不协调的占绝大多数。在 620 个样本中只有 16 个是勉强协调发展关系，其余均为不协调，而且 16 个勉强协调的样本中仅分布在北京和上海地区。

表 3-3　各省份城镇化"规模—质量—效率"耦合协调水平

省份	1999 年	2001 年	2003 年	2005 年	2007 年	2009 年	2011 年	2013 年	2015 年	2017 年	2018 年
北京	0.357	0.381	0.413	0.438	0.454	0.469	0.475	0.487	0.498	0.506	0.514
天津	0.358	0.367	0.375	0.391	0.401	0.416	0.431	0.442	0.458	0.470	0.451
河北	0.242	0.252	0.261	0.270	0.277	0.281	0.290	0.293	0.296	0.302	0.300
山西	0.235	0.240	0.243	0.256	0.261	0.265	0.277	0.281	0.284	0.295	0.295
内蒙古	0.218	0.223	0.223	0.233	0.240	0.250	0.257	0.259	0.264	0.261	0.262
辽宁	0.281	0.287	0.288	0.292	0.299	0.307	0.320	0.326	0.334	0.335	0.335

续表

省份	1999年	2001年	2003年	2005年	2007年	2009年	2011年	2013年	2015年	2017年	2018年
吉林	0.243	0.248	0.252	0.256	0.265	0.271	0.278	0.284	0.288	0.289	0.284
黑龙江	0.244	0.251	0.255	0.258	0.257	0.259	0.265	0.267	0.269	0.268	0.264
上海	0.456	0.463	0.457	0.496	0.508	0.513	0.531	0.533	0.540	0.548	0.573
江苏	0.293	0.307	0.319	0.332	0.346	0.358	0.372	0.379	0.389	0.395	0.399
浙江	0.281	0.296	0.308	0.322	0.331	0.340	0.352	0.360	0.366	0.373	0.378
安徽	0.240	0.247	0.250	0.260	0.264	0.273	0.285	0.292	0.299	0.304	0.312
福建	0.251	0.259	0.268	0.275	0.283	0.292	0.303	0.311	0.318	0.323	0.328
江西	0.226	0.230	0.236	0.245	0.253	0.259	0.269	0.275	0.282	0.287	0.293
山东	0.272	0.283	0.293	0.308	0.323	0.332	0.342	0.351	0.359	0.365	0.363
河南	0.240	0.251	0.258	0.268	0.277	0.283	0.290	0.297	0.303	0.309	0.315
湖北	0.251	0.260	0.262	0.264	0.269	0.278	0.289	0.297	0.303	0.308	0.317
湖南	0.230	0.240	0.244	0.250	0.257	0.265	0.272	0.278	0.284	0.291	0.296
广东	0.280	0.295	0.304	0.327	0.338	0.350	0.363	0.370	0.378	0.383	0.385
广西	0.217	0.223	0.225	0.233	0.239	0.245	0.253	0.260	0.266	0.268	0.272
海南	0.261	0.251	0.254	0.263	0.267	0.273	0.283	0.294	0.302	0.301	0.307
重庆	0.231	0.239	0.250	0.259	0.267	0.281	0.297	0.305	0.317	0.322	0.327
四川	0.210	0.216	0.226	0.231	0.235	0.240	0.252	0.259	0.265	0.275	0.282
贵州	0.202	0.204	0.209	0.215	0.219	0.224	0.232	0.245	0.254	0.264	0.270
云南	0.203	0.206	0.210	0.214	0.221	0.225	0.233	0.239	0.246	0.250	0.257
西藏	0.202	0.202	0.199	0.201	0.203	0.202	0.202	0.206	0.213	0.217	0.216
陕西	0.219	0.225	0.230	0.239	0.248	0.255	0.265	0.272	0.278	0.285	0.288
甘肃	0.201	0.206	0.211	0.218	0.221	0.224	0.230	0.235	0.239	0.245	0.246
青海	0.222	0.224	0.226	0.227	0.228	0.230	0.233	0.237	0.240	0.243	0.244
宁夏	0.235	0.239	0.247	0.255	0.265	0.273	0.282	0.291	0.297	0.301	0.302
新疆	0.207	0.212	0.214	0.219	0.223	0.224	0.231	0.234	0.238	0.241	0.246
东部平均	0.305	0.315	0.325	0.342	0.353	0.362	0.374	0.382	0.390	0.397	0.400
中部平均	0.237	0.245	0.249	0.257	0.263	0.270	0.280	0.287	0.293	0.299	0.305
东北平均	0.256	0.262	0.265	0.269	0.274	0.279	0.288	0.292	0.297	0.297	0.294
西部平均	0.214	0.218	0.222	0.229	0.234	0.239	0.247	0.254	0.260	0.264	0.268
全国平均	0.252	0.259	0.265	0.275	0.282	0.289	0.298	0.305	0.312	0.317	0.320

从全国来看，城镇化"规模—质量—效率"耦合协调性从1999年的0.252增加到2018年的0.320，说明三者之间的耦合协调性处于不断完善的过程当中。31个省份中有28个省份的城镇化"规模—效率—质量"耦合协调性呈现出不同程度的上升趋势。仅有西藏、青海和黑龙江地区的协调性取值上升趋势不明显，基本维持相对平稳的状态。从全国分地区的对比分析来看，2018年东部地区的协调性最高，其次依次是中部地区、东北部地区和西部地区。其中，中部地区的协调性取值与全国平均水平较为接近，而东北和西部地区的协调性值则远低于全国平均水平，如

图 3-4 所示。进一步，东、中、西部地区和东北地区协调性的发展趋势都呈现出了上升的趋势，但是趋势不明显。从前述的分析可以看出，城镇化规模、城镇化效率和城镇化质量的评价值中，城镇化规模和质量的评价值均呈现出了上升趋势，而且趋势明显，而城镇化效率评价值的变化趋势不明显，这是导致三者之间的耦合协调性上升趋势不显著的主要原因。

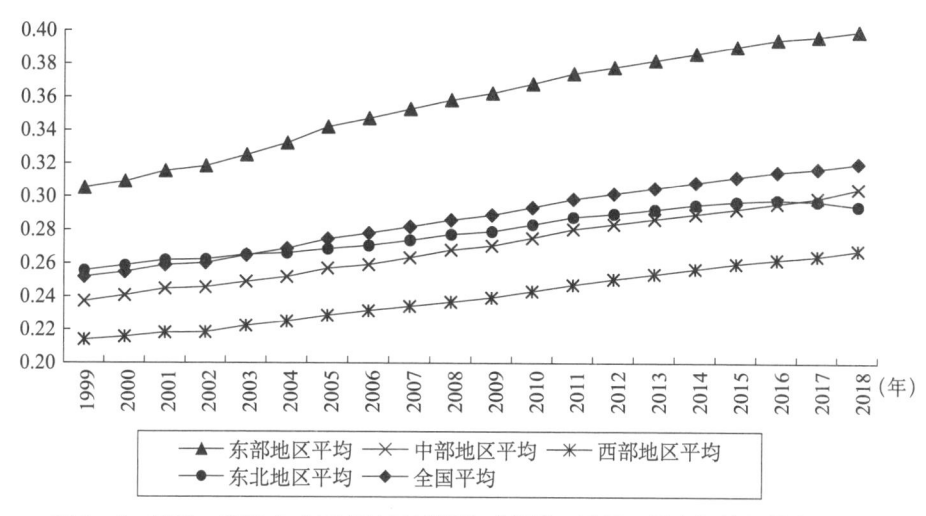

图 3-4　1999~2018 年全国各地区城镇化"规模—质量—效率"协调性变化趋势

（2）城镇化"规模—质量—效率"协调度的类型划分。进一步根据表 3-2 中的耦合协调度评价标准和我国 2018 年全国各省份的城镇化"规模—效率—质量"协调度值对其进行类型划分。由于 2018 年各省份的协调度取值区间分布在 0.2~0.6，因此，这里仅列出该区间内的分类结果，见表 3-4。从数量上看，全国处于中度失调的省份有 15 个，处于轻度失调的省份有 13 个，濒临失调的省份仅有 1 个，勉强协调的仅有北京和上海。

表 3-4　中国各地区 2018 年城镇化"规模—效率—质量"协调度分类

类型	中度失调 (0.20~0.29)	轻度失调 (0.30~0.39)	濒临失调 (0.40~0.49)	勉强协调 (0.50~0.59)
省份	山西、内蒙古、吉林、黑龙江、江西、广西、湖南、四川、贵州、云南、西藏、陕西、甘肃、青海、新疆	河北、辽宁、江苏、浙江、安徽、福建、山东、河南、湖北、广东、海南、重庆、宁夏	天津	北京、上海

从空间分布上来看，处于中度失调的地区主要集中在中、西部地区，也包括东北地区的黑龙江和吉林，这说明中西部地区区位优势不足，尽管在西部大开发等利好政策的推动下城镇化规模取得了一定的发展，但是由于缺乏技术、人才和管理等软实力，城镇化的质量和效率无法满足快速扩张的城镇规模，进而导致三者的协调

度较低；处于轻度失调的地区主要集中在中部和东部地区，也包括西部地区的重庆、宁夏和东北地区的辽宁，这说明尽管中部地区和东部地区具有一定的区位优势，城镇化规模取得了快速的发展，但是与快速扩张的城镇规模相比，相应的配套基础设施建设、社会保障体系等反映城镇化质量的指标与规模不同步，而且城镇快速的规模扩张也带来了一系列的负面影响，包括交通拥堵、环境污染、贫富差距加大、城乡发展不均衡等问题较为突出，严重影响了城镇化的效率，从而导致城镇化"规模—质量—效率"协调性不高；处于濒临失调的是东部的直辖市天津、处于勉强协调的是东部地区的直辖市北京和上海，说明北京、天津和上海作为国家重点打造的国际大都市，其城镇化发展过程除了有规模扩张，更重视发展城市的基础设施、社会保障、城乡一体化、城乡公共服务均等化等提高城镇化质量的要素，也投入大量的精力用于治理环境污染、交通拥堵等影响城镇化效率的问题，从而促进了这三个地区的城镇化"规模—质量—效率"协调性不断改善。

3.4 本章小结

以城镇化规模、质量和效率之间的协调性为视角对全国31个省份进行研究，得到以下结论：（1）城镇化效率的测算结果表明，1999~2018年，除了吉林、黑龙江、广西、贵州、西藏、甘肃和新疆以外，其他省份的城镇化效率水平均超过了1999年的北京。全国平均水平达到了1999年北京城镇化效率水平的1.03倍。（2）地区的各项评价指标中，土地规模对城镇化规模的贡献最大，技术效率对城镇化效率的贡献最大，经济指标对城镇化质量的贡献最大。（3）对三者耦合协调性评价的结果表明，我国31个省份的城镇化"规模—质量—效率"耦合协调度偏低，除了北京和上海以外，大部分地区处于不协调阶段。（4）1999~2018年，各地区的耦合协调性基本呈现出上升的发展态势但趋势不明显。从空间分布来看，处于中度失调的地区主要集中在中、西部地区，处于轻度失调的地区主要集中在中部和东部地区，处于濒临失调和勉强协调的分别是东部的天津和北京、上海。

本章对全国31个省份的城镇化"规模—质量—效率"协调性检验发现，三者的耦合协调性的整体偏低，并且存在明显的空间异质性。协调性偏低说明了城镇化的发展不能再以简单的城市扩张为核心，而应注重质量和效率，因为城镇化是一个综合的概念，既包含城镇规模的扩张过程，也包括城镇基础设施不断完善、产业布局更加合理、居民生活更加幸福、城乡发展更加协调，城镇化进程更加高效的过程，是一个基于"规模—质量—效率"城镇化三位一体的过程，三者之间相互作用、相互影响，不能片面强调某一方面。一是应该确定合理的城镇规模和布局，即充分发挥城镇的集聚效应——通过人才、技术和资本的集聚而产生较高的经济效益，并避免因为规模过大而导致的交通拥堵、环境污染等导致运营成本增加的负面影响；二是应该注重城镇化发展的质量,即着力发展城乡基础设施,完善社会保障体系和户籍制度,建立城乡协调互动发展的促进机制,实现城乡公共服务均等化,缩短城乡差距;三是应该合理配置城镇化进程中的各类生产要素,包括对资金、土地等生产要素的高效利用,实现集约高效发展。空间差异性的存在要求我们在制定城镇化发展政策时要因地制宜,分类指导。

第4章

城乡人口老龄化影响城镇化的双边效应研究*

4.1 研究背景

改革开放以来,中国经济发展迅速,城镇化水平不断提高。城镇化的过程既伴随着农村人口向城镇的转移和集聚,同时也改变了人的生活和行为方式。中国的城镇人口已经从1970年的1.44亿增加到2017年的8.14亿,并且从2011年开始超过农村人口,2017年城镇人口占总人口的比重达到了58.52%,中国城镇和农村人口比重变化情况如图4-1所示。从图4-1不难看出,除了人口自然增长率以外,城镇化水平提高的主要来源是农村的转移人口,而且中国农村向城镇转移的人口中以劳动年龄人口为主[①]。梁在(Liang Z., 2001)和童玉芬等(2014)发现,中国城镇化速度的加快和城镇基础设施、公共服务的不断完善会进一步强化农村人口向城镇转移的趋势。与此同时,城镇化加速推进的中国正面临人口老龄化的挑战。根据联合国确定的老龄化标准,当60岁及以上人口占总人口的比重超过10%,或者65岁及以上人口的比重超过7%,这个国家或者地区就被划为"老龄化社会"(于涛方,2013)。按照联合国的标准,中国已经进入了老龄化社会,而且老龄化程度在不断加剧,如图4-2所示。中国老龄化率已经从1997年的7.04%增长到2017年11.39%,其中,农村人口老龄化率从6.75%增加到13.22%,而同期的城镇人口老龄化率从7.67%上升到10.09%;农村人口老龄化率从2013年开始超过城镇。中国老龄化程度不断加深,老龄化在城镇和乡村之间的差异不断凸显(朱勤,2014)。

国外发达国家早在20世纪就经历了先城镇化后老龄化的发展阶段,而中国目前正在经历和面临城镇化和老龄化的叠加期,人口老龄化及其城乡结构会对城镇化产

---

* 本章大部分内容来自范建双等发表在《中国人口科学》的成果(范建双,高骞,周琳.城乡人口老龄化影响城镇化的双边效应研究[J].中国人口科学,2020 (2):16-29)。

① 根据《2010年全国第六次人口普查资料》的统计,2010年我国城镇常住流动人口中15~44岁人口占到了78.6%。

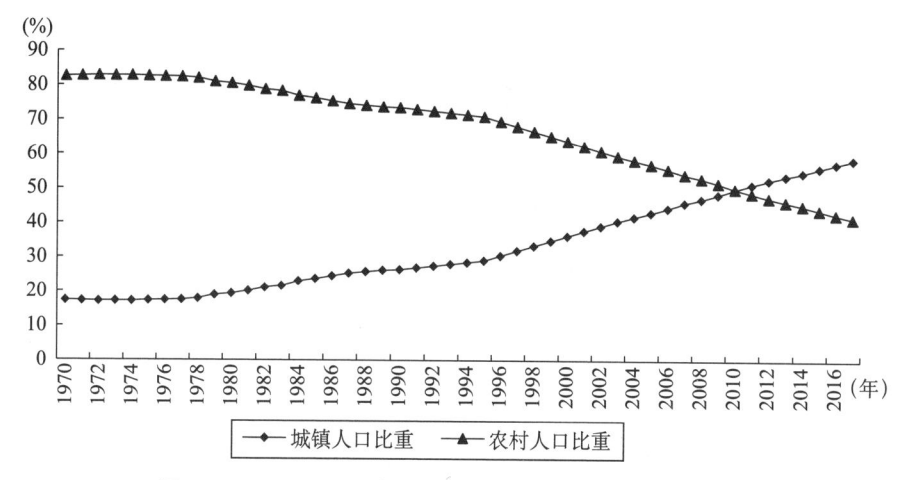

图 4-1　1970~2016 年中国城镇和农村人口比重变化情况

资料来源：《中国人口和就业统计年鉴》(2018)。

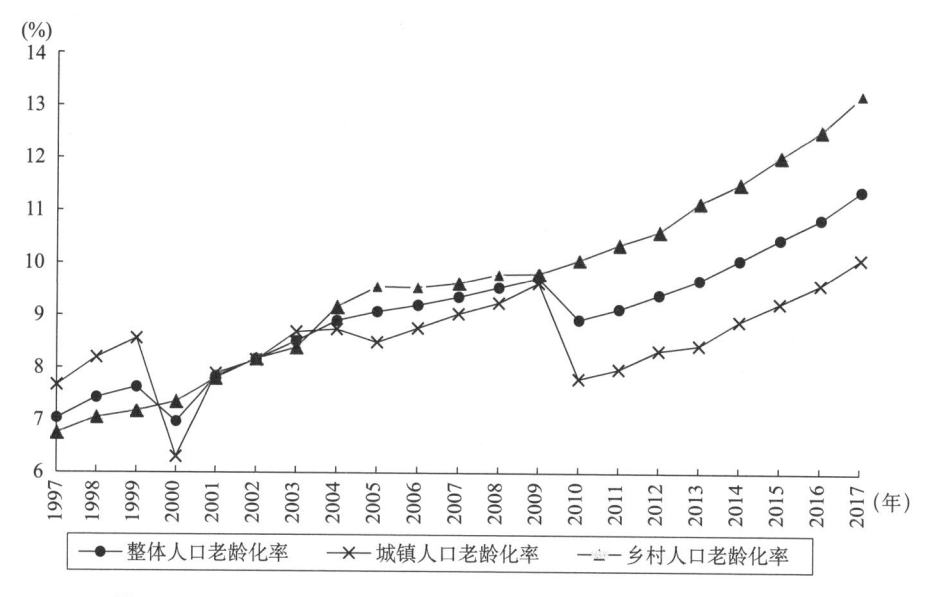

图 4-2　1997~2017 年中国整体、城镇和农村人口年龄结构变化情况

注：老龄化率是指 65 岁及以上人口占总人口的比重。

资料来源：历年《中国人口和就业统计年鉴》。

生一系列的重要影响。已有文献多集中于研究城镇化与老龄化之间的单向影响。其中，一类研究关注城镇化对老龄化的影响，学者们主要关注其特点、原因和趋势等方面。城镇化通过影响城乡转移人口的年龄结构对城乡人口老龄化产生重要影响（朱勤，2014）。尽管城镇化进程中的城乡迁移会缓解甚至改善城镇人口老龄化状况，但以农村青壮年人口迁徙为主导的城镇化会加剧农村人口老龄化（童玉芬等，2014；郭志刚，2014）。现阶段的城镇化模式加剧了人口老龄化的"城乡倒置"现象（杨菊华等，2019），主要表现为农村人口老龄化程度高于城镇、速度快于城镇、地区差异大于城镇、老年人口多于城镇等特点（杜鹏、王武林，2010；林宝，2018）。另一类研究侧重关注老龄化对城镇化的影响。例如，康传坤（2012）发现，老龄化通过心理成本和农村家庭养老模式两种机制对城镇化产生抑制作用。游士兵等（2016）提出，中国主要依靠劳动力人口城乡迁移的城镇化模式使老龄化对城镇化的抑制作用不断凸显。孟向京、姜凯迪（2018）提出，随着农村人口老龄化的加剧，这种人口城乡迁移将会放缓。文先明等（2015）提出，老龄化对城镇化的影响渠道包括人口迁移效应、产业结构效应、劳动力供给效应和消费效应。

从现有研究来看，国内学者目前主要集中于研究老龄化与城镇化的互动关系及老龄化抑制城镇化的作用机制，并一致认为农村劳动年龄人口向城镇的转移是导致人口老龄化"城乡倒置"的根源。然而，目前还缺乏针对"人口老龄化的'城乡倒置'会对城镇化产生何种异质性影响"这一主题的相关研究。由于以往的研究忽视了城镇和农村人口老龄化对城镇化可能存在的差异性影响，使老龄化出现"城乡倒置"的前因后果不明朗。因此，本章将研究城镇和农村人口老龄化对城镇化的异质性影响。在探索其内在影响机制的基础上建立双边随机边界模型，运用面板数据实证检验农村和城镇人口老龄化对城镇化是否存在双边效应。通过测度城镇和农村人口老龄化对城镇化的影响，识别二者相互作用的净效应，以判断人口老龄化是促进还是抑制了城镇化。

本章对已有研究的边际贡献在于：（1）采用双边随机边界模型进行测度，不仅能够在同一个框架下分别测度城镇和农村人口老龄化影响城镇化的程度和方向，还能够测算二者对城镇化的综合效应；（2）从城镇和农村的双重视角来研究人口老龄化对城镇化的影响，研究视角与已有文献不同。

4.2 文献综述与理论假设

4.2.1 文献综述

（1）人口老龄化的相关研究。随着中国人口老龄化问题的日益突出，学者们普遍将研究视角聚焦于人口老龄化的测度和人口老龄化对社会经济的影响方面。第一，对人口老龄化进行科学测度。现有的衡量指标主要有老年人口比重、老年人口密度和老少比（老年人口占少年儿童人口百分比）、老年抚养比（老年人口占工作人口比重）等（赵儒煜等，2012；单良、丁莉，2013；刘华军等，2014）。郭震威、齐险峰（2013）认为，单纯的老年人口比重指标不能反映人口期望寿命提高等因素的影响，进而提出了期望余寿15岁以下人口比例的评价指标。第二，从理论机制和实证检验两个层面分析人口老龄化对社会经济的影响。理论和实证测度的主要目的是检验中国是否存在"城乡倒置""未富先老""人口红利"消失阻碍经济发展以及区域差异化演变等问题（王志宝等，2013）。基于以上认识，学者们分别从以下五个方面分析了人口老龄化对经济社会的影响：一是加深了劳动力供给下降趋势（王立军、马文秀，2012；郭瑜，2013；童玉芬，2014）；二是加剧了收入的不平等（曲兆鹏、赵忠，2008；蓝嘉俊等，2014；郭继强等，2014）；三是降低居民未来的消费需求（王金营、付秀彬，2006；万克德等，2013）和储蓄率水平（陈彦斌等，2014；胡翠、许召元，2014），而采用老年抚养比指标来衡量人口老龄化时，有学者发现人口老龄化本身不会降低居民消费需求（王宇鹏，2011），对储蓄率也没有明显的负效应（汪伟、艾春荣，2015）；四是阻碍了产业结构演进和升级，特别是第三产业发展（沈坤荣、余红艳，2013；陈卫民、施美程，2014），也有学者得出了相反的结论，认为老龄化非但不会阻碍产业结构升级，反而可以促进产业结构向更高级的方向转变（汪伟等，2015）；五是阻碍了经济增长（Lindh T. and Bo M.，1999；陈锡文等，2011；胡鞍钢等，2012；郑伟等，2014），尤其是通过现收现付制的养老保险制度（汪伟，2012）和技术进步抑制经济的可持续增长（郭熙保等，2013）。因此，鉴于人口老龄化会对社会经济等各方面产生长期而深远的渐进影响，必须引起重视（Vanessa Burholt and Christine Dobbs，2012）。

（2）人口老龄化与城镇化关系的研究。首先，城镇化对人口老龄化的影响研究。翟振武（1996）提出，农村劳动力人口的城市转移是解决城市人口老龄化问题的战略选择，进而提出了"城乡一体化发展，削峰填谷，以空间换时间"的新思路。陈沁、宋铮（2013）则从中国城乡人口流动到养老基金平衡的视角分析了城镇化与人口老龄化之间的关系，进一步验证城镇化对城镇的老龄化程度与城镇养老基金收支状况有显著的改善作用。不可否认，城镇化是影响城乡人口老龄化的重要因素，其影响力的大小与城乡转移人口的年龄选择模式密切相关（朱勤，2014）。虽然城镇化进程中的城乡迁移规模会缓解甚至改善城镇人口老龄化状况，但是以农村青壮年人口迁徙为主导的城镇化却会加剧农村人口的老龄化程度（童玉芬等，2014；郭志刚，2014），即现阶段的人口城镇化进程加剧了人口老龄化的"城乡倒置"现象，主要表现为农村人口老龄化程度高于城镇、速度快于城镇、地区差异大于城镇、老年人口多于城镇等特点（杜鹏、王武林，2010；林宝，2018）。但是缺少对人口老龄化"城乡倒置"原因的进一步解析。

其次，人口老龄化对城镇化的影响研究。康传坤（2012）在人口迁徙理论的基础上分析了人口老龄化对城镇化进程的影响机制，发现人口老龄化通过心理成本和农村家庭养老模式两种机制对城镇化产生明显了的抑制作用。游士兵等（2016）提出，目前中国主要依靠青壮年劳动力人口城乡迁移的城镇化模式会使人口老龄化对城镇化的抑制作用不断凸显，并将这种人口城乡迁移年龄结构的青壮年化的原因归结为制度因素和路径依赖。当然这种人口迁移的年龄选择性特征在其他国家同样存在（Paul Demeny，2012）。孟向京、姜凯迪（2018）提出，随着农村人口老龄化的加剧，这种城乡人口的迁移过程将会放缓。文先明等（2015）提出，人口老龄化对城镇化的影响渠道包括人口迁移效应、产业结构效应、劳动力供给效应和消费效应四个方面。从相互影响的角度，刘华军、刘传明（2016）研究发现，城镇化显著加剧了农村人口老龄化程度，农村人口老龄化显著抑制了城镇化的发展。朱健等（2018）研究发现，城乡人口老龄化对人口城镇化的影响效应高于人口城镇化对城乡人口老龄化的影响。

综上可知，国内学者目前主要集中于研究人口老龄化与城镇化的互动关系以及人口老龄化抑制城镇化的作用机制，但是缺乏基于对这一主题的研究来解释中国人口老龄化存在"城乡倒置"的现象。我们认为，正是由于以往关于人口老龄化与人口城镇化关系的研究忽视了城镇人口老龄化和农村人口老龄化影响机制的差异性，从而使得人口老龄化出现"城乡倒置"的前因后果不明朗。同时，这种城镇和乡村影响的差异性为解释人口老龄化"城乡倒置"的现象提供了突破口。

因此，本章将系统研究城镇和农村人口老龄化对人口城镇化的异质性影响。在探索其内在影响机制的基础上，进一步运用省际面板数据和双边随机边界分析方法进行实证检验。通过测度城镇人口老龄化（正效应）与农村人口老龄化（负效应）对人口城镇化的影响效应，识别两者相互作用的净效应，以判断人口老龄化是促进还是抑制了人口城镇化。由于分别度量了城镇人口老龄化和农村人口老龄化的具体效应，本章为人口老龄化和城镇化关系的研究提供了有益的补充。

4.2.2 研究假设

本章将人口老龄化分为城镇和农村两个维度，城镇人口老龄化和农村人口老龄化均通过人口的城乡迁移效应分别对城镇化产生了正向和负向影响。影响机制如图4-3所示。

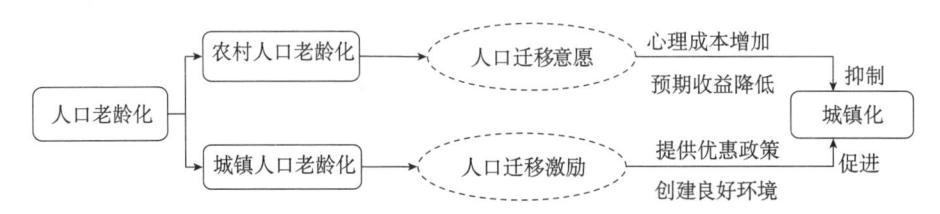

图4-3 城镇人口老龄化与农村人口老龄化对城镇化的影响机制和方向

农村人口老龄化对城镇化的影响主要通过人口城乡迁移来实现，并主要表现为以下两个方面。（1）降低了农村居民向城镇迁移的意愿。城乡迁移规模主要受到心理成本和预期净收益的影响。心理成本主要指因为离开原来的工作和生活环境在心理上所付出的代价（顾明远，1998）。通常年龄越大对农村环境的依赖性越强，向城镇迁移的心理成本越高。随着年龄的增长，人们对熟悉的环境、亲人和社交网络更加依赖。农村老年群体预期自己在城市滞留时间短，迁移后难以获得工作，收入水平越低，但是迁移成本和城镇生活成本却越不低，很难达到预期净收益，因此，其缺少向城镇迁移的动力。即农村人口年龄越大,心理成本越高,其向城镇迁移的意愿越低(文先明等,2015)。而农村青年群体迁移的机会成本较低,鉴于城镇更多的就业机会和更高的收入,其迁移意愿较高。但是由于现行的户籍制度使外来务工人员及其子女在社会保障、教育权利等方面都无法享受与城市市民同等的权益,增加了迁移者在新环境生活的成本。(2)增加了已经进城劳动力的返乡意愿。农村老年人口的增加会导致部分已经转移到城镇的青壮年人口转移回农村。现阶段中国农村老年人仍以居家养老模式为主(康传坤,2012),代际家庭转移是大多数农村老人的主要收入来源。农村劳动年龄人口在向城镇迁移的过程中必须考虑家庭养老和自身养老问题,部分进城务工人员为了照料农村的父母而返回农村。农村家庭老年人口越多,农村劳动力向城镇转移的意愿越低,同时,已经进城务工劳动力的返乡意愿越强。因此,在现阶段城镇化进程主要依靠劳动人口城乡迁移的背景下,农村人口老龄化会导致城乡迁移规模不可避免的减缓,进而抑制城镇化(游士兵等,2016)。据此,本章提出如下研究假设。

假设4-1 农村人口老龄化会导致农村劳动年龄人口和老年人口向城镇迁移的意愿同时降低,从而通过抑制人口的城乡迁移规模而对城镇化产生抑制作用。

城镇人口老龄化对城镇化的影响主要表现在以下四个方面。(1)通过提高待遇吸引农村人口。城镇人口老龄化会降低劳动参与率,加剧城镇企业的劳动力短缺。企业为了吸引外来务工人员通常会提供更好的工资待遇和工作环境,从而促进农村剩余劳动力向城镇的转移。(2)通过优惠政策提高农民进城意愿。城镇劳动力的短缺不仅会影响企业发展,而且会降低城市的竞争力。地方政府为了吸引人口向城镇的转移和就业,通过降低落户门槛、提供住房保障和增加工资待遇等优惠政策来吸引农村人口向城镇迁移,既包括新毕业大学生,也包括农民工、技术工人和服务业从业人员等。(3)通过增加就业岗位提高农村居民进城意愿。城镇人口老龄化的加剧产生的消费需求和消费结构的转变会促进养老产业的发展,医疗、护理和生活照料等都属于劳动密集型岗位,需要大量青壮年劳动人口。因此,养老产业的迅速发展为城镇提供了大量的就业岗位,增加了城市的人口容纳水平,从而促进城镇化水平的提高。(4)通过改善城镇基础设施条件提高农村居民进城意愿。城镇劳动力人口的短缺和工人工资的上涨会倒逼企业进行转型升级,从传统的劳动密集型向资本和技术密集型企业转变,促使企业增加研发投入,提高科技创新水平。企业的创新一方面推动了城市产业结构的转型升级,另一方面提高了城市的竞争力和吸引力,地方政府也会加强城市基础设施的建设,使城市的整体工作和生活环境更加舒适和便捷,从而进一步吸引农村劳动年龄人口向城镇的集聚。据此,本章提出如下研究假设。

假设4-2 城镇人口老龄化通过提高农村居民的城乡迁移意愿而对城镇化产生促进作用。

综上所述,农村人口老龄化通过抑制农村居民的进城意愿对城镇化产生负向作用，城镇人口老龄化通过提高农村居民的进城意愿而对城镇化产生正向作用。本章将人口老龄化对城镇化同时存在的一正一负作用定义为"双边效应"。

4.3 模型设定与数据来源

4.3.1 模型设定

为了检验城镇和农村人口老龄化对人口城镇化可能存在的异质性影响，本章借鉴苏博昆巴卡和克里斯托弗帕默特（Kumbhakar and Christopher，2009）的研究思路，构建了如下双边效应模型：

$$UR_{it} = i(x_{it}) + uap_{it} - rap_{it} + \varepsilon_{it} = i(x_{it}) + \xi_{it} = x'_{it}\delta + \xi_{it} \qquad (4-1)$$

其中，UR_{it} 为人口城镇化水平；x_{it} 为影响人口城镇化水平的一些控制变量，包括固定资产投资总额、消费水平、城乡收入比、产业结构和劳动力供给变量；δ 为待估参数向量；$i(x_{it})$ 为前沿人口城镇化水平，即在影响人口城镇化水平的变量既定时的人口城镇化水平；ξ_{it} 为复合残差项，并有 $\xi_{it} = uap_{it} - rap_{it} + \varepsilon_{it}$，$uap_{it}$、$rap_{it}$ 和 ε_{it} 均为残差项，uap_{it} 为正向效应，表示城镇人口老龄化使得城镇化水平向上偏离前沿城镇化水平的残差项，且 $uap_{it} \geq 0$；rap_{it} 为负向效应，表示农村人口老龄化使得城镇化水平向下偏离前沿城镇化水平的残差项，且 $rap_{it} \geq 0$；ε_{it} 为随机残差。当 $uap_{it} = 0$ 或 $rap_{it} = 0$ 时，表示仅受城镇人口老龄化或仅受农村人口老龄化影响，模型为单边随机前沿模型；当 uap_{it} 和 rap_{it} 同时等于 0 时，模型为普通 OLS 模型，由于 ε_{it} 不为 0，所以普通 OLS 模型是有偏估计。由式（4-1）可知，实际人口城镇化水平是城镇人口老龄化和农村人口老龄化双边作用的结果，城镇人口老龄化的正向效应使其高于前沿人口城镇化水平，而农村人口老龄化的负向效应使其低于前沿人口城镇化水平，两者的净效应就是实际人口城镇化水平的偏离程度。

为了同时估计参数 δ 和残差项 uap_{it}、rap_{it}，在 OLS 有偏的情况下，我们采用最大似然估计方法（MLE）来估计式（4-1）。由前述分析和式（4-1）的设定可知，残差项 uap_{it}、rap_{it} 都具有单边分布特征，因此，我们假设 uap_{it} 和 rap_{it} 均服从指数分布，即 $uap_{it} \sim i.i.d.\, exp(\sigma_{uap}, \sigma_{uap}^2)$，$rap_{it} \sim i.i.d.\, exp(\sigma_{rap}, \sigma_{rap}^2)$。对于随机误差项 ε_{it}，我们假设其服从正态分布，即 $\varepsilon_{it} \sim i.i.d.\, N(0, \sigma_\varepsilon^2)$。同时，我们假设 uap_{it}、rap_{it} 和 ε_{it} 之间彼此独立，且独立于 x_{it}。基于上述残差项的分布假设，可以进一步推导出含残差项 ξ_{it} 的概率密度函数如下：

$$\begin{aligned} f(\xi_{it}) &= \frac{e^{w_{it}}}{\sigma_{uap} + \sigma_{rap}} \Phi(\eta_{it}) + \frac{e^{u_{it}}}{\sigma_{uap} + \sigma_{rap}} \int_{-\gamma_{it}}^{\infty} \phi(x)\,dx \\ &= \frac{e^{w_{it}}}{\sigma_{uap} + \sigma_{rap}} \Phi(\eta_{it}) + \frac{e^{u_{it}}}{\sigma_{uap} + \sigma_{rap}} \phi(\gamma_{it}) \end{aligned} \qquad (4-2)$$

式 (4-2) 中，$\Phi(\cdot)$ 为标准正态分布的累计分布函数；$\phi(\cdot)$ 为标准正态分布的概率密度函数。其他参数设定如下：

$$w_{it} = \frac{\sigma_v^2}{2\sigma_{uap}} + \frac{\xi_i}{\sigma_{uap}}; u_{it} = \frac{\sigma_v^2}{2\sigma_{rap}^2} - \frac{\xi_i}{\sigma_{rap}}; \eta_{it} = -\frac{\xi_{it}}{\sigma_v} - \frac{\sigma_v}{\sigma_{rap}}; \gamma_{it} = \frac{\xi_{it}}{\sigma_v} - \frac{\sigma_v}{\sigma_{uap}} \quad (4-3)$$

基于上述参数估计，对于包含 n 个观测值的样本，最大似然估计函数可表示为：

$$\ln L(X;\pi) = -n\ln(\sigma_{uap} + \sigma_{rap}) + \sum_{i=1}^{n} \ln[e^{w_{it}}\Phi(\eta_{it}) + e^{u_{it}}\phi(\gamma_{it})] \quad (4-4)$$

式 (4-4) 中，$\pi = [\beta, \sigma_v, \sigma_{uap}, \sigma_{rap}]$。进一步通过似然函数最大化可得到所有参数的估计值。本章重点关注的是城镇人口老龄化和农村人口老龄化对城镇化的双边效应，因此，需要进一步估计出 uap_{it} 和 rap_{it}，本章进一步推导出两者的条件密度函数如下：

$$f(uap_{it} | \xi_{it}) = \frac{(1/\sigma_{rap} + 1/\sigma_{uap})\exp[-(1/\sigma_{rap} + 1/\sigma_{rap})uap_{it}]\Phi(uap_{it}/\sigma_v + \gamma_{it})}{\exp(u_{it} - w_{it})[\Phi(\gamma_{it}) + \exp(w_{it} - u_{it})\Phi(\eta_{it})]}$$

$$(4-5)$$

$$f(rap_{it} | \xi_{it}) = \frac{(1/\sigma_{rap} + 1/\sigma_{uap})\exp[-(1/\sigma_{rap} + 1/\sigma_{uap})uap_{it}]\Phi(rap_{it}/\sigma_v + \gamma_{it})}{\Phi(\gamma_{it}) + \exp(\alpha_{it} - \beta_{it})\Phi(\eta_{it})}$$

$$(4-6)$$

基于上述 uap_{it} 和 rap_{it} 条件密度函数，可以估计出二者的条件期望如下：

$$E(uap_{it} | \xi_{it}) = \frac{1}{(1/\sigma_{rap} + 1/\sigma_{uap})} + \frac{\sigma_v[\Phi(-\gamma_{it}) + \gamma_{it}\Phi(\gamma_{it})]}{\exp(u_{it} - w_{it})[\Phi(\gamma_{it}) + \exp(w_{it} - u_{it})\Phi(\eta_{it})]}$$

$$(4-7)$$

$$E(rap_{it} | \xi_{it}) = \frac{1}{1/\sigma_{rap} + 1/\sigma_{uap}} + \frac{\exp(w_{it} - u_{it})\sigma_v[\Phi(-\eta_{it}) + \gamma_{it}\Phi(\eta_{it})]}{\Phi(\eta_{it}) + \exp(w_{it} - u_{it})\Phi(\eta_{it})} \quad (4-8)$$

根据式 (4-7) 和式 (4-8)，我们可以估计城镇人口老龄化和农村人口老龄化对实际人口城镇化水平偏离前沿水平的绝对程度。为了便于比较，我们将城镇人口老龄化和农村人口老龄化的绝对程度值转换成其正向效应高于前沿水平的百分比和负向效应低于前沿水平的百分比，转换后的估计值如下：

$$E(1 - e^{-uap_{it}} | \xi_{it}) = 1 - \frac{(1/\sigma_{rap} + 1/\sigma_{uap})[\Phi(\eta_{it}) + e^{(u_{it}-w_{it})}e^{(\sigma_v^2/2 - \sigma_v\gamma_{it})}\Phi(\gamma_{it} - \sigma_v)]}{[1 + (1/\sigma_{rap} + 1/\sigma_{uap})]e^{(u_{it}-w_{it})}[\Phi(\gamma_{it}) + e^{(w_{it}-u_{it})}\Phi(\eta_{it})]}$$

$$(4-9)$$

$$E(1 - e^{-rap_{it}} | \xi_{it}) = 1 - \frac{(1/\sigma_{rap} + 1/\sigma_{uap})[\Phi(\gamma_{it}) + e^{(w_{it}-u_{it})}e^{(\sigma_v^2/2 - \sigma_v\eta_{it})}\Phi(\eta_{it} - \sigma_v)]}{[1 + (1/\sigma_{rap} + 1/\sigma_{uap})][\Phi(\gamma_{it}) + e^{(w_{it}-u_{it})}\Phi(\eta_{it})]}$$

$$(4-10)$$

进一步，可以将城镇人口老龄化和农村人口老龄化对人口城镇化水平影响的净效应 NE 表示为：

$$NE = E(1 - e^{-uap_{it}} | \xi_{it}) - E(1 - e^{-rap_{it}} | \xi_{it}) = E(e^{-rap_{it}} - e^{-uap_{it}} | \xi_{it}) \quad (4-11)$$

4.3.2 变量选取与数据来源

基于以上实证策略和计量模型，本章选取 1997～2017 年中国 30 个省份（港澳台地区及西藏数据严重缺失，故予以剔除）的面板数据为研究样本，变量选取和数据来源情况如下。(1) 人口城镇化水平。采用人口城镇化率来衡量，即城镇人口占总人口的比重。(2) 城镇人口老龄化。采用城镇 65 岁以上人口占总人口比重来衡量。(3) 农村人口老龄化。采用农村 65 岁以上人口占总人口比重来衡量。(4) 固定资产投资。采用全社会固定资产投资来衡量，并利用各省份的固定资产投资价格指数进行平减，最终得到以 1997 年为基期的实际固定资产投资总额。(5) 居民消费水平。采用全国居民消费水平来衡量，并利用各省份的 CPI 指数进行平减，最终得到以 1997 年为基期的实际消费水平。(6) 城乡收入比。采用城镇居民人均可支配收入和农村居民人均可支配收入的比值来衡量。(7) 产业结构。采用第三产业生产总值占比和第二产业生产总值占比来衡量。(8) 劳动力供给。采用 15～64 岁人口占总人口比重来衡量。以上相关数据均源于《中国统计年鉴》（1998～2018）和《中国人口和就业统计年鉴》（1998～2018），个别缺失数据通过查找相应省份的统计年鉴补齐。各变量的描述性统计见表 4-1。

表 4-1　　　　　　　　变量的描述性统计（$N = 630$）

变量	指标	均值	标准差	最小值	最大值
城镇化水平	$\ln UR$	0.472	0.163	0.168	0.887
城镇 65 岁以上人口占比	UAP	0.085	0.019	0.049	0.139
农村 65 岁以上人口占比	RAP	0.092	0.029	0.043	0.182
固定资产投资（亿元）	$\ln FAI$	5 841.886	6 903.992	148.081	32 139.620
居民消费水平（元）	$\ln CL$	3 357.316	1 597.061	1 525.482	9 171.806
城乡收入比	IR	2.435	0.414	1.713	3.646
第三产业产值占比	TI	0.412	0.083	0.256	0.757
第二产业产值占比	SI	0.453	0.082	0.201	0.595
劳动力供给	$\ln PR$	0.722	0.039	0.641	0.815
人均受教育年限（年）	$\ln UR$	8.333	1.130	4.693	12.503
城镇老年抚养比	UOD	0.113	0.024	0.064	0.180
农村老年抚养比	ROD	0.132	0.042	0.066	0.270
财政支出占 GDP 比重	FE	0.186	0.090	0.064	0.579
财政收入占 GDP 比重	FI	0.088	0.031	0.044	0.194

4.4 实证结果及分析

4.4.1 模型基本估计结果分析

表4-2给出了式(4-1)的估计结果。其中，模型1为最小二乘估计(OLS)，模型2到模型7均为双边随机前沿下的最大似然估计(MLE)。通过比较表4-2中各模型的对数似然函数值和极大似然比值，发现模型7的结果最为稳健，因此，本章后续的方差分解和效应估计均基于模型7进行。模型7的估计结果表明，固定资产投资、居民消费水平、第三产业产值占比、第二产业产值占比和劳动力供给均对城镇化产生了显著的正向影响。但是城乡收入比对城镇化产生了显著抑制作用。城乡收入差距的扩大也意味着城乡财富差距的扩大，尤其是近年来城镇不断攀升的房价使个人财富在城镇和乡村之间的分配愈发不均。城镇居民享受房价上涨带来的财富增值效应，而农村居民面对居高不下的房价只能望而却步。因此，城乡收入比的扩大在一定程度上会抑制城镇化。

表4-2　双边随机前沿模型基本估计结果（$N=630$）

变量	模型1	模型2	模型3	模型4	模型5	模型6	模型7
$\ln FAI$	0.037*** (5.849)	0.085*** (9.693)	0.024*** (4.109)	0.024*** (4.381)	0.032*** (6.161)	0.016*** (2.566)	0.017*** (3.321)
$\ln CL$	0.269*** (10.188)	—	0.561*** (26.474)	0.539*** (25.635)	0.416*** (18.749)	0.317*** (13.241)	0.242*** (11.915)
IR	-0.056*** (-3.246)	—	—	-0.083*** (-5.284)	-0.108*** (-7.197)	-0.102*** (-7.554)	-0.039*** (-3.019)
TI	1.754*** (11.826)	—	—	—	0.683*** (9.258)	1.723*** (13.133)	1.609*** (11.185)
SI	1.063*** (8.062)	—	—	—	—	1.146*** (9.525)	1.194*** (9.636)
LPR	2.753*** (11.603)	—	—	—	—	—	2.481*** (13.614)
$Constant$	-1.727*** (-8.822)	3.170*** (40.043)	-0.764*** (-4.415)	-0.405** (-2.279)	0.305* (1.754)	0.275 (1.490)	-1.158*** (-7.095)
$Sigma\_rap$	—	-19.917*** (-6.121)	-11.278*** (-4.554)	-11.186*** (-4.812)	-11.865*** (-5.436)	-18.369*** (-4.974)	-19.510*** (-5.609)
$Sigma\_uap$	—	25.026*** (5.041)	23.617*** (2.966)	22.490*** (3.785)	19.519*** (3.588)	29.617 (1.235)	-3.453 (-1.108)
R^2	0.802						

续表

变量	模型1	模型2	模型3	模型4	模型5	模型6	模型7
Log Likelihood	—	-78.679	172.688	186.206	226.231	269.851	347.163
LR (chi2)	—	—	502.733	529.770	609.820	697.060	851.683
P-value	—	—	0	0	0	0	0
N	630	630	630	630	630	630	630

注：括号内为 t 值；***、**、* 分别表示在1%、5%、10%的水平显著。

4.4.2 城乡人口老龄化效应的解释

基于表4-2中模型7的回归结果，本章利用方差分解测算出城镇人口老龄化的正效应和农村人口老龄化的负效应（见表4-3）。城镇人口老龄化的正效应估计结果为0.084，即城镇人口老龄化提升了城镇化水平；农村人口老龄化的负效应估计结果为0.115，即农村人口老龄化降低了城镇化水平。二者均与假设4-1和假设4-2保持一致，即人口老龄化对城镇化的影响存在城镇和农村一正一负的双边效应。城镇和农村人口老龄化共同作用产生的净效应为负，即 $E(uap\text{-}rap) = \sigma_{uap} - \sigma_{rap} = -0.031$。从影响比重上来看，前沿城镇化水平未能解释的随机项总方差（$\sigma_v^2 + \sigma_{uap}^2 + \sigma_{rap}^2$）为2.3%，而人口老龄化的总效应解释了城镇化水平总方差的90%，说明人口老龄化对城镇化有重要影响。其中，城镇人口老龄化的正效应占比35%，农村人口老龄化的负效应占比65%。这意味着城镇人口老龄化的正效应小于农村人口老龄化的负效应。即在人口老龄化对城镇化影响效应中，由于农村人口老龄化负效应起主导作用，使城镇化负向偏离其前沿水平。即人口老龄化总体上抑制了城镇化。长期以来，中国农村家庭以中青年劳动力进城务工为主，因为中青年劳动力更容易获得工作机会，老人和儿童则留在农村（游士兵等，2016）。农村人口老龄化使得农村可以向城镇转移的劳动年龄人口绝对数量下降，加之中国农村的养老模式以居家养老为主，这进一步限制农村劳动年龄人口向城镇的转移，即对城镇化产生抑制作用（康传坤，2012）。而城镇人口老龄化尽管没有降低城镇人口的绝对数量，但是由于城镇劳动年龄人口占比的降低，使得城镇有足够的动机通过各种政策和优惠措施来吸引农村剩余劳动力向城镇转移，以弥补城镇劳动力的短缺。因此，城镇人口老龄化对城镇化产生促进作用。然而农村劳动年龄人口绝对数量的减少使得城镇人口老龄化对农村劳动力的吸附作用有限，最终使得人口老龄化在总体上抑制了城镇化。随着中国人口老龄化的不断加剧，城镇化进程必然受到抑制。未来中国的城镇化进程不能一味地追求人口规模的增长，而更应该注重城镇化的内涵式和高质量发展，使得城镇化发展中的产业升级、社会保障、就业政策与现阶段的人口年龄结构相适应，促进城镇化和社会经济的健康和可持续发展。

表 4-3　　　　　　　城乡人口老龄化对城镇化效应的方差分解

	变量	符号	测度系数
城镇化效应	随机误差项	σ_v	0.047
	城镇老龄化正效应	σ_{uap}	0.084
	农村老龄化负效应	σ_{rap}	0.115
方差分解	随机项总方差	$\sigma_v^2 + \sigma_{uap}^2 + \sigma_{rap}^2$	0.023
	总方差中老龄化影响比重	$(\sigma_{uap}^2 + \sigma_{rap}^2)/(\sigma_v^2 + \sigma_{uap}^2 + \sigma_{rapv}^2)$	0.900
	城镇老龄化正效应影响比重	$\sigma_{uap}^2/(\sigma_{uap}^2 + \sigma_{rap}^2)$	0.350
	农村老龄化负效应影响比重	$\sigma_{rap}^2/(\sigma_{uap}^2 + \sigma_{rap}^2)$	0.650

4.4.3 城乡人口老龄化对城镇化的影响程度

本章根据式（4-9）～式（4-11）分别计算城镇人口老龄化正效应、农村人口老龄化负效应和两者相互作用的净效应（见表4-4）。城镇人口老龄化的正效应使城镇化水平提高7.78%，农村人口老龄化负效应使城镇化水平降低10.00%，净效应使实际城镇化水平低于前沿水平2.22%。即假定前沿水平为100%，则最终获得的实际水平为97.78%。表4-4中的后三列（$Q_1 \sim Q_3$）进一步详细地报告了正、负效应及净效应的分布特征，结果表明，城镇和农村人口老龄化对城镇化水平的影响有显著差异，并且农村老龄化的负效应始终占据主导地位。根据第一四分位（Q_1）的估计结果，有1/4省份的人口老龄化使城镇化水平下降了6.47%。这些省份一般属于欠发达地区，当这些地区面临城镇人口老龄化，即使政府采取措施吸引农村劳动力向城镇迁移，但考虑到城镇的整体就业环境和岗位有限，当地农村人口更愿意去就业机会更多的其他发达省份，使得城镇人口老龄化对城镇化的促进作用有限，最终人口老龄化会抑制城镇化。这些省份除了要面对本省的人口自然老龄化以外，同时还面临人口的向外流失。东北地区人口出现了负增长就是很好的例证。第二四分位（Q_2）的净效应估计值为-0.64%，说明这1/4省份的农村的负效应相比城镇的正效应略高，正负效应基本抵消。这些省份的城镇化进程基本处于自给自足的状态。处于自给自足状态的省份产业集聚能力一般、比较优势不明显，产业基础较好但是产业结构不尽合理。尽管也能够提供一定数量的就业岗位，但是这些就业岗位和就业机会的吸引力有限。这些省份城镇人口老龄化会吸引该省份农村劳动力向本省份城镇迁移，但是外省份向该省份转移的农村劳动力较少，而农村人口老龄化使得可以向城镇转移劳动年龄人口的绝对数量下降。两者之间相互作用的效应大小相当。第三四分位（Q_3）的净效应估计值为3.70%，说明这1/4省份的农村的负效应低于城镇的正效应，使净效应为正。这些省份属于经济发达地区。经济发达地区产业集聚能力强、比较优势明显，能够为外来人口提供大量的就业岗位和机会。当这些地区城镇面临人口老龄化，政府通过制定优惠的落户政策不仅能吸引本省份农村劳动力的转移，而且会吸引其他省份外来人口的跨省迁移，从而使得该省份的人口老龄化提高了城镇化水平。

表 4-4　　　　　　　　城乡老龄化对城镇化的效应估计　　　　　　　　单位:%

变量	均值	标准差	Q_1	Q_2	Q_3
城镇老龄化正效应	7.78	5.74	4.91	5.72	8.54
农村老龄化负效应	10.00	9.43	4.55	6.40	11.41
净效应	-2.22	12.20	-6.47	-0.64	3.70

注：Q_1、Q_2、Q_3 分别表示第一、第二和第三四分位，即第二十五、第五十和第七十五百分位。

图 4-4 是城镇人口老龄化正效应、农村人口老龄化负效应以及两者净效应的频数分布图，更为直观地呈现了三类效应的分布特征。由图 4-4 可知，无论是城镇人口老龄化的正效应还是农村人口老龄化的负效应，其分布均呈现右拖尾的分布特征，意味着只有少数城镇人口老龄化正效应或者农村人口老龄化负效应处于绝对主导地位。比较图 4-4 中城镇和农村人口老龄化的拖尾特征，城镇人口老龄化对城镇化水平的影响在 35% 左右的位置就消失了，而农村人口老龄化对人口城镇化水平的影响在 50% 左右的位置仍存在拖尾现象，这说明农村人口老龄化的负效应对人口城镇化水平的影响更大。城镇人口老龄化正效应和农村人口老龄化负效应相互作用的净效应呈现左托尾的分布特征。实际上，也并非所有省份的农村人口老龄化在影响人口城镇化水平过程中均占主导地位，大约有 35% 的省份其城镇人口老龄化正效应和农村人口老龄化负效应相互作用的净效应大于 0，这也意味着大约 65% 的省份人口老龄化使实际人口城镇化水平低于前沿水平。整体而言，人口老龄化降低了人口城镇化水平。图 4-4 表明，农村人口老龄化对人口城镇化具有较强的负向影响。

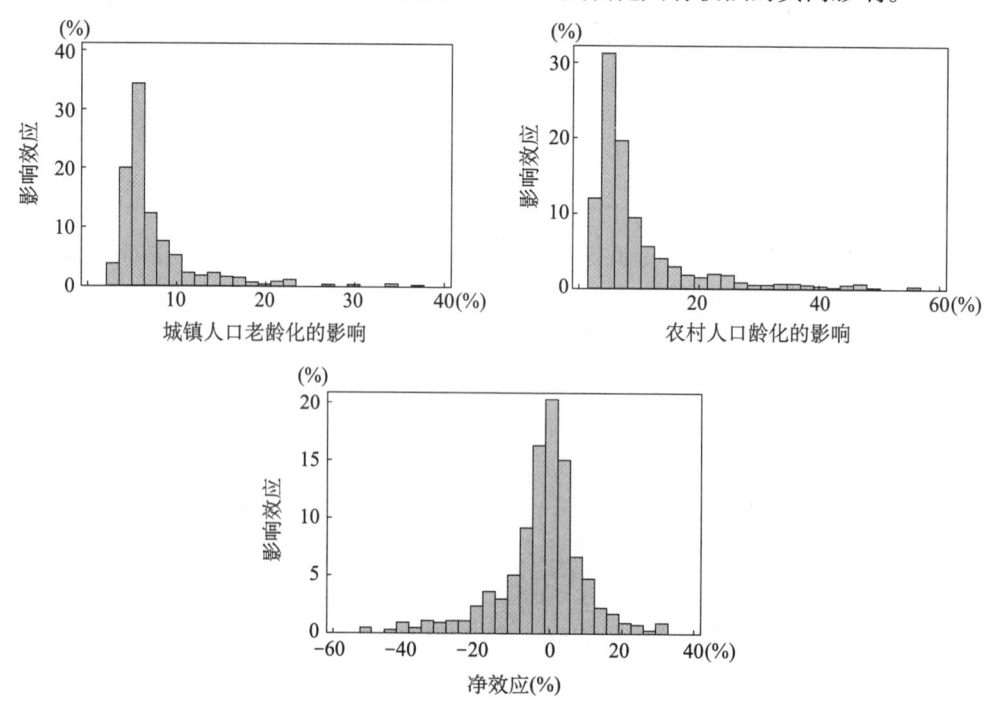

图 4-4　城镇老龄化正效应、农村老龄化负效应和二者净效应分布

4.4.4 人口老龄化净效应的时间特征分析

表 4-5 估计了分年度净效应的时间变化特征。人口老龄化的净效应在研究期内呈现上升趋势，并且从 2012 年开始由负转正，即人口老龄化对城镇化的影响由抑制作用逐渐变为促进作用。这说明农村的负效应在不断变弱，而城镇的正效应在不断增强，从而使净效应由负变正。中国的城镇化进程与城乡分割的制度体系关系密切（游士兵等，2016）。改革开放以来，中国城乡分割的局面在一定程度上被打破，大量农村剩余劳动力转移到城镇就业和生活，这是由于中国城镇和乡村之间存在较大的收入差距，城镇有更好的生活条件和更高的工资收入。虽然因为户籍制度的限制大量进城务工人员无法落户和享受城镇的社会保障，但是城镇广阔的就业市场和配套的公共服务仍然吸引大量农村劳动力向城镇集聚，而且这种人口城乡迁移的规模在不断增加。农村劳动力向城镇的大量集聚不仅增加了城镇人口规模，还进一步改变了城镇人口年龄结构，能够有效缓解城镇人口老龄化（翟振武，1996）。虽然农村人口老龄化会在一定程度上抑制城镇化进程，但城镇人口老龄化迫使政府更加重视劳动力尤其是高端人才的引进，并采取优惠措施来吸引外地人口，如解决外来务工人员子女的上学问题等。企业也通过更高的薪酬待遇来吸引劳动力。这使得城镇人口老龄化的正向效应不断增强并超过了农村人口老龄化的负效应，从而使得近年来人口老龄化不但没有抑制城镇化，反而一定程度促进了城镇化。但从长期来看，农村人口的过度老龄化会带来一系列负面影响，如农村空心化和农村留守儿童问题，应该引起政策制定者的高度重视，从城乡一体化发展的高度来制定相应的政策措施，有序推进城乡人口的流动和迁移。

表 4-5　1997~2017 年老龄化对城镇化影响净效应的年度分布特征　单位:%

年份	平均值	标准差	Q_1	Q_2	Q_3
1997	-14.14	18.9	-28.13	-14.81	1.89
1998	-15.39	18.46	-30.53	-15.4	0.19
1999	-16.48	17.77	-31.93	-14.79	-0.16
2000	-4.3	11.68	-11.12	-2.56	2.64
2001	-2.46	13.82	-7.18	-2.76	2.81
2002	-1.79	11.51	-8.5	-3.28	2.39
2003	-2.03	11.75	-8.83	-2.34	2.85
2004	-2.3	10.61	-8.69	-2.75	2.04
2005	-0.38	9.31	-6.79	0.39	4.21
2006	-1.12	8.56	-5.73	-1.15	2.81
2007	-1.23	8.23	-6.28	-1.68	2.86
2008	-1.08	8.26	-4.36	-2.4	1.85

续表

年份	平均值	标准差	Q₁	Q₂	Q₃
2009	-1.88	8.4	-3.87	-2.63	1.06
2010	-2.36	7.29	-5.24	-2.66	0.31
2011	-1.05	7.28	-4.38	-0.9	1.53
2012	0.51	7.1	-4.36	1.02	3.63
2013	2.33	6.64	-1.82	2.5	5.19
2014	2.22	5.59	-0.61	2.87	4.53
2015	3.99	6.05	-0.46	2.64	6.89
2016	5.37	6.27	0.72	4.88	8.86
2017	7.01	6.49	1.52	6.43	11.18

注：Q_1、Q_2、Q_3 分别表示第一、第二和第三四分位，即第二十五、第五十和第七十五百分位。

4.5 稳健性检验

为了进一步分析城镇和农村人口老龄化对人口城镇化的影响是否存在区域异质性，本章按照东、中、西部的区域划分方式进行了分组检验①。检验结果见表4-6。从分区域来看，净效应大小呈现东、中、西递增的趋势。其中，经济较发达的东部地区的净效应最小，经济欠发达的西部地区的净效应最大。这与前述的结论一致。东部地区经济较发达，城镇化水平也高，产业集聚程度也高，可以提供非常多的就业机会。当东部地区出现人口老龄化，东部城镇可以通过降低户籍门槛、提供优惠政策等方式来吸引农村人口和中西部地区的人口向东部城镇迁移，从而促进东部地区的人口城镇化，缓解人口老龄化对城镇化的负面作用。因此，相比较而言，东部地区的人口老龄化对人口城镇化的抑制作用最小。中部和西部地区经济欠发达、城镇化水平和产业发展水平都不高，能够提供的就业岗位有限。因此，当中部和西部和部地区出现人口老龄化，尽管中部和西部地区也会采取措施来吸引人才到该地区城镇就业和落户，但是这些政策的吸引力有限，很多中部和西部地区的人口会被东部地区的城镇所吸纳。因此，中部和西部地区的城镇人口老龄化对人口城镇化的促进作用有限。中部和西部地区人口老龄化对人口城镇化的抑制作用较高也就不难理解。

---

① 东、中、西部的划分标准参考《中国统计年鉴》。其中，东部地区包括北京、天津、河北、辽宁、上海、江苏、浙江、福建、山东、广东和海南11个省份；中部地区包括山西、吉林、黑龙江、安徽、江西、河南、湖北和湖南8个省份；西部地区包括内蒙古、广西、重庆、四川、贵州、云南、陕西、甘肃、宁夏和新疆11个省份。

表 4-6　　　　　　　　　　按地区分组的效应估计　　　　　　　　单位:%

变量	平均值	标准差	Q_1	Q_2	Q_3
地区：东部	—	—	—	—	—
城镇老龄化正效应	8.49	7.37	4.39	5.51	9.09
农村老龄化负效应	8.70	10.45	4.13	4.94	7.70
净效应	-0.20	13.98	-3.63	0.79	4.84
地区：中部	—	—	—	—	—
城镇老龄化正效应	6.67	3.11	5.02	5.63	7.25
农村老龄化负效应	9.98	7.79	4.90	6.85	12.55
净效应	-3.22	9.35	-7.75	-1.62	2.47
地区：西部	—	—	—	—	—
城镇老龄化正效应	7.81	4.40	5.04	6.00	9.00
农村老龄化负效应	11.31	9.30	5.36	7.82	13.93
净效应	-3.50	11.90	-8.82	-1.79	3.47

注：Q_1、Q_2、Q_3 分别表示第一、第二和第三四分位，即第二十五、第五十和第七十五百分位。

本章按照人均受教育年限进行分组讨论，以检验估计结果的稳健性。人均受教育年限的计算公式为：人均受教育年限 =（小学学历人数×6+初中学历人数×9+高中学历人数×12+大专以上学历人数×16）/6 岁及以上人口总数。相关数据均来自各年的《中国人口和就业统计年鉴》。净效应的大小随受教育年限的增加呈上升趋势，并且净效应在受教育年限大于 9 年的情况下实现了由负变正（见表 4-7）。受教育水平的提高不仅可以弱化农村人口老龄化对城镇化的负效应，还可以强化城镇人口老龄化对城镇化的正效应。人口老龄化会造成城镇劳动力供给短缺和工资上涨，倒逼企业进行技术创新和转型升级。这有赖于高学历和高技能人才的培养。个人受教育年限往往决定了其知识技能方面的能力，一个地区人口受教育水平越高，某企业转型成功的概率越高。当一个地区的产业以技术密集型为主，则该地区对占转移人口绝大多数的低技能劳动者的依赖性会大大降低，从而抵消了农村人口老龄化的负效应。同时，高技术产业越集中的地区，对高技术和高学历人才的需求越旺盛，城镇人口老龄化会强化这种需求。农村向城镇迁移的劳动力中高学历人口占比越高，其在城镇的就业越稳定，越能融入城镇生活，并能够享受落户和社会保障等公共服务（中国大多数城市都为高学历和高技能转移人口提供落户政策），从而强化了城镇人口老龄化对城镇化的正效应。这一结论的政策含义在于，通过加大教育投入来提高居民的受教育程度，是解决当前人口老龄化对社会经济的一系列负面影响的关键。

表 4-7　　　　　　　按人均受教育水平分组的效应估计　　　　　　　单位:%

变量	平均值	标准差	Q_1	Q_2	Q_3
人均受教育年限：≤6	—	—	—	—	—
城镇老龄化正效应	8.13	3.67	5.53	5.97	11.05

续表

变量	平均值	标准差	Q_1	Q_2	Q_3
农村老龄化负效应	27.51	18.64	6.42	31.01	46.05
净效应	-19.38	22.00	-40.63	-25.04	4.69
人均受教育年限：(6~9]	—	—	—	—	—
城镇老龄化正效应	7.79	5.71	4.93	5.64	8.23
农村老龄化负效应	11.36	9.92	5.08	7.37	13.68
净效应	-3.57	12.95	-8.65	-2.24	2.86
人均受教育年限：>9	—	—	—	—	—
城镇老龄化正效应	7.72	4.82	4.56	5.93	9.36
农村老龄化负效应	5.15	2.51	3.44	4.55	6.41
净效应	2.57	6.13	-1.30	1.61	6.01

注：Q_1、Q_2、Q_3 分别表示第一、第二和第三四分位，即第二十五、第五十和第七十五百分位。

本章进一步采用老年抚养比来衡量人口老龄化，以便考察实证结果的稳健性，结果见表4-8~表4-11。表4-8是双边随机前沿模型基本估计结果，观察模型7，固定资产投资、居民消费水平、第三产业产值占比、第二产业产值占比和劳动力供给均对城镇化产生了显著的正向影响，而城乡收入比对城镇化产生了显著抑制作用，与前述估计结果一致。表4-9是基于表4-8中模型7的方差分解，结果显示，城镇老年抚养比的正效应为0.087，农村老年抚养比的负效应为0.117，这与前述的估计结果一致，即存在双边效应。从净效应来看，农村老年抚养比的负效应大于城镇的正效应，老年抚养比总体上抑制了城镇化。从影响比重上来看，老年抚养比的总效应解释了城镇化水平总方差的91.8%，说明老年抚养比对城镇化水平确实有重要影响。其中，城镇的正效应占比35.3%，农村的负效应占比64.7%。这说明在老年抚养比对城镇化影响效应中，由于农村的负效应起主导作用，使城镇化负向偏离其前沿水平。表4-10是城镇老年抚养比的正效应、农村老年抚养比的负效应和两者相互作用的净效应。城镇老年抚养比的正效应使城镇化水平提高7.95%，农村的负效应使城镇化水平降低10.21%，净效应使实际城镇化水平低于前沿水平2.25%，与前述结果一致。

表4-8　　替换自变量的模型基本估计结果（$N=630$）

变量	模型1	模型2	模型3	模型4	模型5	模型6	模型7
$\ln FAI$	0.037 *** (5.849)	0.104 *** (10.796)	0.029 *** (4.931)	0.029 *** (4.894)	0.037 *** (6.596)	0.029 *** (4.884)	0.019 *** (3.638)
$\ln CL$	0.269 *** (10.188)	—	0.595 *** (27.706)	0.573 *** (26.738)	0.445 *** (18.876)	0.349 *** (13.506)	0.246 *** (11.260)
IR	-0.056 *** (-3.246)	—	—	-0.083 *** (-5.156)	-0.110 *** (-7.091)	-0.105 *** (-6.861)	-0.041 *** (-3.168)

续表

变量	模型1	模型2	模型3	模型4	模型5	模型6	模型7
TI	1.754*** (11.826)	—	—	—	0.704*** (8.897)	2.017*** (12.530)	1.601*** (11.055)
SI	1.063*** (8.062)	—	—	—	—	1.492*** (8.664)	1.189*** (8.683)
LPR	2.753*** (11.603)	—	—	—	—	—	2.607*** (13.477)
Constant	-1.727*** (-8.822)	3.001*** (34.289)	-1.079*** (-6.216)	-0.709** (-3.922)	0.030 (0.162)	-0.434*** (-2.074)	-1.284*** (-8.119)
Sigma_rap	—	-8.978*** (-4.351)	-3.937*** (-2.723)	-4.249*** (-2.991)	-4.730*** (-3.430)	-4.727*** (-2.833)	-10.942*** (-4.714)
Sigma_uap	—	12.742*** (4.523)	15.623*** (2.078)	14.892*** (2.971)	12.844*** (2.989)	-1.887 (-0.598)	-1.005 (-0.434)
R^2	0.802	—	—	—	—	—	—
Log Likelihood	—	-107.93	160.649	173.590	212.669	257.921	340.228
LR (chi2)	—	—	537.152	563.034	641.191	731.695	896.310
P-value	—	—	0.000	0.000	0.000	0.000	0.000
N	630	630	630	630	630	630	630

注：括号内为 t 值；***、**、* 分别表示在1%、5%、10%的水平显著。

表4-9　　　　　老年人口抚养比的城镇化效应方差分解

	变量	符号	测度系数
城镇化效应	随机误差项	σ_v	0.044
	城镇正效应	σ_{uap}	0.087
	农村负效应	σ_{rap}	0.117
方差分解	随机项总方差	$\sigma_v^2 + \sigma_{uap}^2 + \sigma_{rap}^2$	0.023
	总方差中老年人口抚养比影响比重	$(\sigma_{uap}^2 + \sigma_{rap}^2)/(\sigma_v^2 + \sigma_{uap}^2 + \sigma_{rap}^2)$	0.918
	城镇老年人口抚养比正效应影响比重	$\sigma_{uap}^2/(\sigma_{uap}^2 + \sigma_{rap}^2)$	0.353
	农村老年人口抚养比负效应影响比重	$\sigma_{rap}^2/(\sigma_{uap}^2 + \sigma_{rap}^2)$	0.647

表4-10　　　　　城乡老年人口抚养比对城镇化的效应估计　　　　　单位：%

变量	均值	标准差	Q_1	Q_2	Q_3
城镇正效应	7.95	5.64	4.93	5.70	8.59
农村负效应	10.21	9.19	4.85	6.47	11.84
净效应	-2.25	12.25	-7.04	-0.90	3.72

注：Q_1、Q_2、Q_3 分别表示第一、第二和第三四分位，即第二十五、第五十和第七十五百分位。

对于可能存在的遗漏变量问题，本章进一步控制了其他可能影响城镇化的控制变量。为控制政府能力因素对城镇化的影响，本章在模型中引入财政支出能力和财政收入能力两个变量，并分别用政府财政支出占GDP比重和政府财政收入占GDP比重来衡量。政府财政支出、政府财政收入和GDP数据均来自《中国统计年鉴》。

表 4-11 ~ 表 4-13 是增加控制变量后的回归结果。表 4-11 是双边随机前沿模型基本估计结果。结果发现模型 4 的估计结果最为理想，因此，本章进一步基于模型 4 的结果进行分析。表 4-12 是基于表 4-10 中模型 4 的方差分解。结果显示，城镇人口老龄化的正效应为 0.087，农村人口老龄化的负效应为 0.110，这与前述的估计结果基本一致。从影响比重上来看，人口老龄化的总效应解释了城镇化水平总方差的 90.9%，说明人口老龄化对城镇化水平确实有重要影响。其中，城镇人口老龄化的正效应占比 38.7%，农村人口老龄化的负效应占比 61.3%。这说明在人口老龄化对城镇化水平影响效应中，由于农村人口老龄化负效应起主导作用，使城镇化负向偏离其前沿水平。表 4-13 是控制政府能力后城镇人口老龄化正效应、农村人口老龄化负效应和两者相互作用的净效应。城镇人口老龄化的正效应使城镇化水平提高 8.01%，农村人口老龄化负效应使城镇化水平降低 9.55%，净效应使实际城镇化水平低于前沿水平 1.54%，与前述结果也一致。综上所述，控制政府能力指标后，实证结果仍然是稳健的。

表 4-11　　增加控制变量的模型基本估计结果（$N=630$）

变量	模型 1	模型 2	模型 3	模型 4
$\ln FAI$	0.033*** (5.098)	0.017*** (3.321)	0.015*** (2.865)	0.017*** (3.393)
$\ln CL$	0.285*** (10.030)	0.242*** (11.915)	0.251*** (11.399)	0.260*** (12.503)
IR	-0.092*** (-5.157)	-0.039*** (-3.019)	-0.069*** (-4.836)	-0.068*** (-4.774)
TI	1.507*** (9.497)	1.609*** (11.185)	1.403*** (8.278)	1.490*** (10.219)
SI	1.024*** (7.967)	1.194*** (8.636)	1.098*** (7.738)	1.133*** (8.389)
LPR	2.581*** (11.058)	2.481*** (13.614)	2.383*** (13.371)	2.410*** (13.740)
PE	0.381*** (4.038)	—	0.281*** (3.641)	0.328*** (5.036)
PR	0.556 (1.396)	—	0.346 (1.071)	
$Constant$	-1.607*** (-7.441)	-1.158*** (-7.095)	-1.284*** (-8.119)	-3.115*** (-17.850)
$Sigma\_rap$	—	-19.510*** (-5.609)	-21.603*** (-6.247)	-20.947*** (-5.980)
$Sigma\_uap$		-3.453 (-1.108)	-1.296 (-0.426)	-1.727 (-0.583)
R^2	0.812	—		

续表

变量	模型 1	模型 2	模型 3	模型 4
Log Likelihood	—	347.163	361.989	361.404
LR (chi2)	—	—	29.653	28.482
P-value	—	—	0.000	0.000
N	630	630	630	630

注：括号内为 t 值；***、**、* 分别表示在1%、5%、10%的水平显著。

表 4-12　增加控制变量后城乡老龄化的城镇化效应方差分解

	变量	符号	测度系数
城镇化效应	随机误差项	σ_v	0.044
	城镇正效应	σ_{uap}	0.087
	农村负效应	σ_{rap}	0.110
方差分解	随机项总方差	$\sigma_v^2 + \sigma_{uap}^2 + \sigma_{rap}^2$	0.022
	总方差中人口老龄化影响比重	$(\sigma_{uap}^2 + \sigma_{rap}^2)/(\sigma_v^2 + \sigma_{uap}^2 + \sigma_{rap}^2)$	0.909
	城镇人口老龄化正效应影响比重	$\sigma_{uap}^2/(\sigma_{uap}^2 + \sigma_{rap}^2)$	0.387
	农村人口老龄化负效应影响比重	$\sigma_{rap}^2/(\sigma_{uap}^2 + \sigma_{rap}^2)$	0.613

表 4-13　增加控制变量后老龄化对城镇化的效应估计　　　　　单位：%

变量	均值	标准差	Q_1	Q_2	Q_3
城镇正效应	8.01	5.69	4.93	5.80	8.85
农村负效应	9.55	9.11	4.30	6.01	11.27
净效应	-1.54	12.09	-6.11	-0.35	4.47

注：Q_1、Q_2、Q_3 分别表示第一、第二和第三四分位，即第二十五、第五十和第七十五百分位。

4.6　本章小结

本章按照城镇和农村将人口老龄化划分为两类，提出了二者对城镇化的影响机制和研究假设。基于1997～2017年面板数据，利用双边随机边界模型测度了城镇人口老龄化对城镇化的正效应、农村人口老龄化的负效应及二者相互作用的净效应大小。实证结果表明：（1）农村人口老龄化对城镇化产生负向作用，降低了城镇化水平10%；城镇人口老龄化对城镇化产生正向作用，提高了城镇化水平7.78%。整体而言，人口老龄化降低了城镇化水平2.22%，从而解释了中国人口老龄化存在"城乡倒置"现象的原因，即城镇人口老龄化进一步强化了城镇化过程中对农村劳动力向城镇迁移的吸附作用。（2）城镇人口老龄化和农村人口老龄化相互作用的净效应呈现出稳步上升的发展趋势，并且从2012年开始由负变正。（3）人口老龄化对城镇化的净效应随受教育年限的增加呈递增的趋势，并由负变正。（4）在替换了核心解释变量和增加控制变量后结果仍然是稳健的。

基于上述结论，本章认为，人口老龄化对城镇化的抑制作用是农村和城镇共同作用的结果，尽管城镇人口老龄化对城镇化有促进作用。但这种促进作用反而强化了农村人口老龄化的抑制作用，出现了人口老龄化的"城乡倒置"。因此，本章提出以下建议。（1）以新型城镇化建设为契机，促进城乡融合发展。新型城镇化建设强调以人为本，促进农村转移人口市民化的质量。一方面，以新型城镇化建设为契机，深化户籍制度改革和基本公共服务均等化，进一步扩大城镇公共服务和社会保障的覆盖范围，让进城农民尤其是非户籍人口能够享有市民同等的待遇和公共服务，并为进城务工人员提供基本技能培训，促进农村转移人口向城镇的自由流动和人力资本优化配置；另一方面，也要为人才下乡提供政策优惠和激励机制，促进人才向乡村流动。同时建立城乡一体化的建设用地市场，推动土地要素的市场化配置。通过城乡间人口和土地等生产要素的良性互动最终实现城乡融合发展。（2）完善养老保障体系，加快推进全国和城乡统筹。要推进养老保障体系改革，建立城乡统筹和全国统筹的养老保障制度，实现城镇和农村养老保险之间的转移和接续，实现跨省异地医疗保险的统筹结算，使进城的农村劳动力和异地人员能够同等享受城镇化发展的成果，使其能够老有所依、老有所养。（3）加大教育基础设施尤其是农村义务教育的投入力度。政府应该增加农村教育资源的投入，不仅能够为进城务工人员解决留守子女上学问题，而且能够提高农村居民的受教育水平和劳动技能，从而能够在城市获得更好的就业岗位和更多的就业机会。由于人口老龄化和劳动力短缺，人工智能和自动化技术受到政府和企业的广泛重视，但相关专业人才较为匮乏，因此，应该进一步增加高等教育投入，鼓励高校开设人工智能、大数据等前沿专业，为国家培养相关专业人才的同时，满足社会和企业需求，缓解人口老龄化带来的负面冲击。（4）推动健康和养老产业的融合发展，加速互联网、大数据和人工智能在健康养老产业的推广应用。随着人民生活水平的日益提高和居民健康意识的不断增强，居民尤其是老年人对健康养老服务的需求不断增加。人口老龄化为健康养老产业的发展提供了重要契机。政府应积极引导健康养老产业的发展，借助信息技术尤其是大数据和人工智能实现健康养老产业的智慧化，建立智慧健康养老产业的示范基地，鼓励医疗机构、养老机构和互联网企业合作，搭建互联网健康养老信息平台，打造互联网与居家养老相结合、线上线下相结合的智慧健康养老社区。

第二篇

城镇化进程中的土地配置和城市蔓延问题研究

中国的城镇化进程取得了令世人瞩目的成绩,一座座城市拔地而起,一个个世界级超级工程让世人惊叹,城市基础设施不断完善,充分展现了中国人民的勤劳、智慧与勇敢,见证了中国的大国情怀和工匠精神。然而,伴随着中国快速的城镇化进程和大城市的不断扩张,一系列负外部性问题不断凸显,如交通拥堵、城市蔓延、耕地不断减少、土地低效利用等。这些问题的出现需要我们反思现有的城镇化发展模式和路径。因此,本篇重点关注城镇化进程中的农村宅基地流转问题、城镇土地市场化问题和城市蔓延问题。具体包括以下五部分内容:(1)农村"三权"制度改革背景下农村居民的宅基地流转意愿和影响因素;(2)财政激励和引资激励对城市土地市场化水平的双边影响效应;(3)中国城市蔓延的时空演进特征和收敛性检验;(4)政府间激励对城市蔓延的影响;(5)交通基础设施对城市蔓延的影响。

第 5 章

城镇化背景下的农村"三权"改革和宅基地置换意愿[*]

5.1 研究背景

中国的农村土地制度改革涵盖了农用地和建设用地。农用地改革主要涉及农民承包地经营权的改革;建设用地改革主要指农村集体经营性建设用地股份权改革和农村宅基地使用权的改革,即所谓"三块地"的"三权"改革。自党的十八届三中全会以来,国家制定和发布了一系列农村土地制度改革的政策和措施,如《关于引导农村土地经营权有序流转发展农业适度规模经营的意见》和《关于农村土地征收、集体经营性建设用地入市、宅基地制度改革试点工作的意见》等文件。农村土地制度改革的核心问题聚焦农村"三块地"及其相关权益的分配问题。这个问题处理得合理与否将直接影响到城乡利益的分配格局和城乡一体化发展能否实现。

长期以来,在新型城镇化政策的推动下,浙江省在农村土地制度改革方面做了诸多有益的探索,取得了良好的效果。尤其是近年来,农村宅基地流转的相关制度和政策受到了政府和学者的高度重视和关注。目前,浙江省的农村宅基地流转以政府主导的形式为主,置换方式主要包括宅基地换房、宅基地换资金、宅基地换社保、宅基地作股经营等。推进农村宅基地的空间置换,一是改善农户的居住环境,包括住宅、基础设施、公共服务;二是推进城镇化,为愿意进城的农户创造制度条件;三是促进农业适度规模经营,部分愿意进城的农户退出宅基地后,有些也会将原有的承包地等进行流转出租,有利于促进土地的适度规模经营和综合开发利用,提高农业生产效益。因此,了解农户对宅基地的空间置换意愿和利益诉求,厘清影响农户宅基地空间置换意愿的主要因素,对合理、有序、公正地推进农户宅基地流转具

---

[*] 本章大部分内容来自范建双等发表在《经济地理》上的成果(范建双,虞晓芬. 浙江农村"三权"改革背景下农户宅基地空间置换意愿的影响因素 [J]. 经济地理, 2016, 36 (1): 135-142)。

有重要的现实意义。

现阶段对农村宅基地制度的研究中,学术界主要围绕在流转方式和流转机制设计的理论分析、流转过程中存在的现实问题和宅基地置换意愿问题展开讨论。流转模式方面,有学者从宏观层面将宅基地置换模式划分为政府主导模式、集体推动模式与农民自发模式三类(陈利根、成程,2012;刘卫柏、贺海波,2012)。也有学者对某一地区农村的典型模式进行了深入的案例研究(张讳娴,2010;张红星、桑铁柱,2010;章合运等,2010;刘亭等,2009)。流转中存在的问题方面,有学者分别对宅基地流转中的利益冲突、利益分配和政府行为偏差问题进行了研究(袁丰等,2009;关江华、黄朝禧,2013;吴远来、梅雨,2014)。有学者认为我国农村宅基地流转存在管理制度缺陷、村庄规划滞后、基层监管欠缺、收益分配不公等问题,源于对宅基地产权实现形式探索不力、农村土地产权制度顶层设计存在缺陷及相关配套制度的不健全;认为流转制度的缺失制约了农村劳动力的转移和阻碍了农村经济的健康发展;提出建立激励机制和约束机制为核心的宅基地退出机制,制定农地分区法和进行农村集体经济组织创新是解决存在问题的有效途径和现实选择(欧阳安蛟等,2009;袁铖,2010;徐汉明,2012)。从微观实证的角度,诸多学者对农村宅基地的流转意愿进行研究,主要关注农民宅基地流转前的意愿和流转后的满意度问题。流转前意愿研究主要关注流转农民的利益诉求、补偿意愿和流转态度等方面(魏凤、于丽卫,2013;关江华等,2013);流转后的满意度研究主要关注农民对宅基地置换后住房条件和相关配套设施等的满意程度和置换后农民的福利变化(胡小芳等,2014;关江华等,2014)。从影响因素的角度,诸多学者从不同角度分析了关键影响因素对农民宅基地置换意愿的影响方式和路径。关注的焦点集中在户籍制度和宅基地确权情况等(许恒周等,2013;朱新华,2014)。但是作为农村"三块地"之一,农村宅基地的流转不是孤立的,而是与承包地和集体经营性建设用地有着密切关系的。因此,"三块地"的确权情况以及承包地的流转和抵押状况将会对宅基地的流转意愿产生重要影响。从"三权"改革的视角对农村宅基地空间置换意愿的研究尚不多见。本章尝试从"三权"改革的视角,通过构建农村宅基地空间置换意愿评价模型,以浙江省某自然村的实地调研为例,实证检验影响农户宅基地空间置换意愿的主要因素,为国家制定农村宅基地流转政策和提高土地利用效率提供决策参考。

5.2 理论分析与研究假设

我国土地制度的城乡二元结构自中华人民共和国成立以来逐渐形成并固化。现存农村土地制度由于固化于集体所有权性质不变和平均分配原则,不可避免地产生了土地分散经营、土地产权主体和客体模糊不清的制度缺陷。农村劳动力非农化转移的同时,农村土地的规模化经营并未同步发展,这种传统的细碎、分散经营不利于农业产业化和现代化的实现。如何加速推进农地流转，是当前农村发展面临的现实问题。因此，探索以土地产权制度改革为重点的农村土地制度改革势在必行。农村"三权"改革就是要实现"三权到人（户）、权跟人（户）走"，即通过确权、登记、颁证等工作将权利量化到人（户），并在此基础上探索"权跟人走""带权进城"的具体办法，把农民不完整的产权转化为能流转、能抵押、能担保乃至可继承、可有偿退出、可转让的完整产权，为愿意进城的农民解决后顾之忧，为愿意留在农村的农民提供制度保障。对于农户而言，农村宅基地的空间置换意愿除了受到宅基地本身政策利好的影响之外，同时也受到该农户经营的承包地和集体经营性建设用地政策改革的影响。因此，本章根据已有研究，结合浙江省农村土地改革的实际，选择农户对"三权"改革政策和宅基地空间置换政策的了解程度，农户宅基地、承包地和集体资产的确权情况以及承包地流转情况指标来衡量农村"三权"改革情况，并充分考虑农户家庭的资源禀赋。从而提出如下研究假设。

第一，农户对"三权"改革和宅基地空间置换政策的了解程度对农户的宅基地置换意愿有影响。好的政策能否被有效贯彻和执行的前提是要让农户充分了解。为此，我们在问卷调查中设计了"您是否知道进城后宅基地使用权、土地承包经营权、集体资产股份权全部保留？"和"您是否了解农民可以用现有住房换购城里或其他住宅小区的住房政策？"这样的问题，从而掌握农户对政策的了解程度。一旦农民了解了"三权"改革和宅基地空间置换政策就会使其意识到自身的资产和权利有明确的保护依据，增加了土地流转的话语权。因此，本章认为，农户对"三权"改革和宅基地空间置换政策越了解，则其置换意愿会越高。

第二，农村土地确权情况对农户宅基地置换意愿有影响。新一轮农村土地制度改革的重点是探索完善土地权益保障和取得方式（陈小贲，2015）。其中，通过对农村宅基地、承包地和集体经营性建设用地进行确权，使得"三块地"产权的归属明晰、责权明确，农民合理的土地权益得到有力保障，使得农民对"三块地"的使用权、产权和收益权得到统一，这是宅基地流转、置换的前提和基础。"三块地"确权以后，农民就可以通过流转增加财富。因此，本章认为，农村"三块地"确权能够在一定程度上提高农户宅基地的置换意愿。

第三，农村承包地流转情况会对宅基地置换意愿产生影响。农户承包地的流转与否往往反映农户家庭的生产方式。没有流转的农户一般家庭成员中仍然有从事农业生产的劳动力，其对承包地的依赖性较强，家庭的经济来源可能主要依靠农业生产经营收入，这类农户宅基地置换的意愿通常不强；而已经流转的农户家庭成员中外出务工人员居多，主要是从事第二产业或者第三产业，承包地流转后的租金较低，这类家庭的经济来源主要靠外出打工的工资性收入，因此，其对承包地的依赖性较低，这类农户宅基地流转的意愿通常较高。

第四，农户家庭禀赋对宅基地置换意愿的影响。除了农村"三权"改革情况对宅基地置换意愿的影响之外，还有诸多其他因素。本章主要考察了农户家庭禀赋状况。与传统理论不同，新经济迁移理论认为，家庭才是人口迁移决策的基本单元。家庭层面主要关注人口数量（尤其是劳动人口）、耕地面积、受教育程度、人均居住面积、房屋状况等级、家庭人均可支配收入等。丹尼斯黑尔（Hare D.，1999）同样发现较多的家庭劳动力数量和较少的耕地面积会提高农户的迁移意愿。源于较低的土地依赖和拥有一定非农技能的农户宅基地置换后在城镇更容易找到工作；受教育程度高的农户通常接受新鲜事物的能力较强，对宅基地置换的态度比较积极；家庭住房面积的大小将直接影响农户的生活质量，人均居住面积越大，农户利用宅基地的机会就越多，其对宅基地的置换意愿则越低；房屋状况等级反映了农户居住条件的好坏，农户房屋状况等级越低，农户改善住房条件的愿望越强烈，空间置换的可能性越大；家庭人均可支配收入越高的农户，其搬迁到城镇落户的积极性越高，置换意愿也较高。

5.3 农村宅基地空间置换意愿的实证检验

5.3.1 数据来源

课题组于2015年4月赴浙江省某自然村进行实地调研，对该自然村的村民进行入户调研。调查问卷主要包括两个部分：一份是关于农村居民收入情况的调查问卷；另一份是关于农民进城意愿的调查问卷。被调研对象以家庭为单位，涵盖了不同年龄、性别、教育程度以及身份属性（务农、村干部、外出务工人员等）的农户。被调查农户需要对两份问卷分别进行回答。课题组对该自然村的400户村民（全部为农村宅基地未进行过置换的村民，其中，剔除了家庭收入超过50万元的农户6户和家庭收入为负的4户农户，实际分析的农户数为390户）进行了调查，共回有效问卷各390份（两类问卷加总780份）。

5.3.2 计量模型选择

鉴于本章中对宅基地置换意愿的调查分为愿意、无所谓和不愿意三类，即模型的因变量为典型的离散变量，不能采用一般的多元回归分析进行研究，同时，宅基地空间置换意愿反映了决策者对该问题的偏好程度，属于排序选择问题，因此，本章采用多元选择（multiple choice model）模型中的排序因变量模型（ordered dependent model）进行回归分析。在排序因变量模型中，作为因变量的观察值 y 表示排序结果或者分类结果，其取值为整数，如 1，2，3，…。自变量 x_i 是可能影响被自变量排序的各种因素，可以是多个自变量的集合，即向量。由此构建"三权"改革对农户宅基地空间置换意愿影响的排序因变量模型如下：

$$y_i^* = \beta_i x_i' + \varepsilon \quad y_i = 1, 2, 3 \tag{5-1}$$

其中，y_i^* 表示与 x 有关的指标变量，为潜变量，是不可观测的；x_i' 是自变量集合；β_i 表示相应自变量的回归系数；ε 是随机扰动项。在估算排序因变量模型时，只需要输入 y 的观察值和各自变量 x_i' 的观察值。潜变量 y_i^* 由自变量 x_i' 作线性解释后，依据 y_i^* 所对应的规则对 y_i 进行排序分类，相应排序因变量模型中因变量、潜变量和概率值见表 5-1。在依据 y_i^* 来定义 y_i 时，要取多个临界点。表 5-1 中 F 表示残差项的分布，这里选择 logistic 类型。由于临界点 γ_1 和 γ_2 事先无法确定，所以同样作为参数和回归系数一起被估计。在上述定义的基础上，用极大似然法来估计上述模型的参数。

表 5-1　排序因变量模型中因变量、潜变量和概率值

y_i 取值	相应的 y^* 取值范围	概率 P（y_i 取该值的概率）
1	$y^* \leq \gamma_1$	$F(\gamma_1 - \beta_i x_i')$
2	$\gamma_1 < y^* \leq \gamma_2$	$F(\gamma_2 - \beta_i x_i') - F(\gamma_1 - \beta_i x_i')$
3	$y^* > \gamma_2$	$1 - F(\gamma_2 - \beta_i x_i')$

5.3.3　变量定义与说明

因变量方面，这里即农户宅基地空间置换意愿，设置为"愿意、无所谓和不愿意"三个选项，相应赋值为"1""2""3"。自变量方面，指标设计如下：（1）"三权"改革情况，包括对"三权"改革政策的了解程度、承包地是否确权、承包地是否流转出租、宅基地是否确权、村集体资产是否已量化到人、发放股权证书、对宅基地空间置换政策的了解程度；（2）农户家庭禀赋，包括家庭劳动力人口数量、家庭劳动力人口占比、户主最高学历状况、人均住房建筑面积、房屋状况等级（指与用料结构、新旧程度、内外装修配置等相关的房屋价值等级判断）、家庭人均可支配收入。问卷的统计分析结果见表 5-2。

表 5-2　变量定义及说明

指标类别	变量名	变量定义及赋值说明	预期作用方向
农户宅基地空间置换意愿	Y	愿意 =1；无所谓 =2；不愿意 =3	—
"三权"改革情况	X1	是否了解进城后"三权"全部保留：是 =1，否 =2	正向
	X2	承包地是否确权：是 =1，否 =2	正向
	X3	承包地是否流转出租：是 =1，否 =2	正向
	X4	宅基地是否确权：是 =1，否 =2	正向
	X5	村集体资产是否已量化到人、发放股权证书（哑变量）：是 =1，否 =2	正向
	X6	对宅基地空间置换政策的了解程度：非常了解 =1，了解 =2，不太了解 =3，没听说过 =4	正向

续表

指标类别	变量名	变量定义及赋值说明	预期作用方向
农户家庭禀赋	$X7$	家庭劳动力人口数量（人）：取调查实际数据	负向
	$X8$	家庭劳动力人口比重（%）：劳动力人口/家庭所有成员数量	负向
	$X9$	家庭人均承包土地（亩）：包括耕地、林地、水面养殖和其他	正向
	$X10$	户主最高学历状况：小学及以下=1；初中=2；高中=3；大专=4；本科及以上=5	负向
	$X11$	人均住房建筑面积（平方米/人）：取调查实际数据	正向
	$X12$	房屋状况等级：从高到低分为A、B、C、D、E五个等级，分别赋值1、2、3、4、5	负向
	$X13$	家庭人均可支配收入（元/人）：取调查实际数据	负向

注：表中因变量 Y 和自变量 $X1$、$X2$、$X3$、$X4$、$X5$、$X6$、$X9$ 和 $X11$ 均为反向指标，即取值越小越好；其余自变量均为正向指标，即取值越大越好。因此，如果自变量为反向指标，实证结果中相关系数为正，则该自变量与 Y 为正相关，反之为负相关；如果自变量为正向指标，实证结果中相关系数为负，则该自变量与 Y 为正相关，反之为负相关。

除了人均承包地面积、人均住房建筑面积和人均可支配收入以外，模型中其他变量都是相对值，为了消除量纲的影响，本章采用区间标准化的方法对人均承包地面积、人均住房建筑面积和人均可支配收入变量进行了标准化处理：

$$Z_{ij} = \frac{x_{ij} - \min(x_{ij})}{\max(x_{ij}) - \min(x_{ij})} \tag{5-2}$$

5.3.4 实证结果与讨论

（1）样本描述性统计。被调查农户中户主年龄主要集中在40~70岁之间，户主平均年龄为56.38岁，其中，年龄在30~69岁的人数为322人，占82.56%；40~69岁的人数为286人，占73.33%；50~69岁的人数为199人，占51.03%；60~69岁的人数为105人，占26.92%。被调查户主学历普遍较低，其中，小学及以下学历的人数为215人，占55.13%；初中学历的人数为130人，占33.33%，高中及以上学历的人数为45人，仅占11.54%。由于被调查户主的年龄结构偏高，所以在就业结构的调查中，有154人没有从事任何工作，占39.49%，农村养老问题需要引起重视；在私营企业务工的户主占23.33%，从事传统农业种植和养殖的占18.72%，从事个体户经营的占15.13%，有12人是机关事业单位国企雇员还有1人创办企业。从整体来看，选择不愿意置换的有268户（68.72%）；有91户选择愿意置换，占23.33%；其余31户（7.95%）选择无所谓。这说明农村大部分居民的进城意愿不高。

（2）计量模型结果分析。以农户宅基地空间置换意愿为因变量，其他13个变量为自变量，运用统计分析软件 EView8.0 对模型进行 logistic 回归分析，对各变量进行显著性检验，实证结果见表5-3。

第5章 城镇化背景下的农村"三权"改革和宅基地置换意愿

表 5-3　　　　　　　　　首次排序因变量模型估计结果

变量	系数	标准误差	Z 统计	概率
$X1$	-0.2816	0.2986	-0.9431	0.3457
$X2$	-0.5813	0.6235	-0.9324	0.3511
$X3$	0.4315	0.2604	1.6573	0.0975
$X4$	0.8219	0.7806	1.0528	0.2924
$X5$	-0.6234	1.1875	-0.5249	0.5996
$X6$	1.2542	0.2180	5.7534	0.0000
$X7$	-0.2292	0.2052	-1.1168	0.2641
$X8$	-0.0813	0.6044	-0.1345	0.8930
$X9$	-0.3457	1.2894	-0.2681	0.7886
$X10$	-0.4421	0.1581	-2.7967	0.0052
$X11$	-0.2114	1.0362	-0.2040	0.8384
$X12$	-0.2598	0.1316	-1.9744	0.0483
$X13$	-0.8011	0.9767	-0.8202	0.4121
临界点（Limit Points）				
LIMIT_2: C (15)	0.3428	2.7701	0.1238	0.9015
LIMIT_3: C (16)	0.8300	2.7704	0.2996	0.7645
伪 R^2（Pseudo R-squared）	0.1178	赤池信息准则（Akaike info criterion）		1.4860
施瓦兹准则（Schwarz criterion）	1.6386	对数似然函数值（Log likelihood）		-274.7728
汉南-奎因准则（Hannan-Quinn criter）	1.5465	受限对数似然函数值（Restr. log likelihood）		-311.4709
似然比统计量（LR statistic）	73.3962	平均对数似然函数值（Avg. log likelihood）		-0.7045
似然比统计量的概率 Prob	0			

由表 5-3 可知，除了承包地是否流转出租（$X3$）、对宅基地空间置换政策的了解程度（$X6$）、户主最高学历状况（$X10$）和房屋状况等级（$X12$）以外，其余自变量的显著性概率均较大，对置换意愿（Y）的解释效果不显著。同时，排序因变量模型的估计结果（见表 5-3）给出了各自变量的系数。系数的正负反映了该自变量对排序概率的影响方向，系数为正表明概率随着自变量的增加而增加，反之则相反。系数的大小表明了该自变量对置换意愿概率变化的影响程度，例如，对宅基地空间置换政策的了解程度（$X6$）的系数为 1.2542，这一方面，说明农户对宅基地空间置换政策的了解程度越高，其宅基地置换意愿越高；另一方面，与户主最高学历状况（$X10$）的系数 -0.4421 相比，对宅基地空间置换政策的了解程度（$X6$）系数的绝

对值大,意味着其对宅基地空间置换意愿的影响程度比户主最高学历状况($X10$)要大。

基于13个自变量,同时对模型进行了预测,与原置换意愿相比,预测的评估结果见表5-4。

表5-4　　　　　　　　　　首次预测评估结果

置换意愿	观察值数量	预测一致数量	预测不一致数量	一致率(%)	差异率(%)
1	91	28	63	30.769	69.231
2	31	0	31	0.000	100.000
3	268	254	14	94.776	5.224
合计	390	282	108	72.308	27.692

注:预测一致,即模型预测结果与原评级结果(观测值)完全相同;预测差异,即模型预测结果与原评级结果不相同。

进一步对表5-2中宅基地空间置换意愿影响不显著的9个自变量进行逐一剔除,最后发现从模型中剔除家庭劳动力人口比重($X8$)、家庭人均承包土地($X9$)和人均住房建筑面积($X11$)三个自变量,保留其余自变量重新进行模型估计,模型拟合效果最佳(见表5-5)。

表5-5　　　　　　　第二次排序因变量模型估计结果

变量	系数	标准误差	Z统计	概率
$X1$	-0.2687	0.2963	-0.9067	0.3646
$X2$	-0.5883	0.6195	-0.9496	0.3423
$X3$	0.4440	0.2580	1.7208	0.0853
$X4$	0.8633	0.7705	1.1204	0.2626
$X5$	-0.6306	1.1859	-0.5318	0.5949
$X6$	1.2465	0.2164	5.7596	0.0000
$X7$	-0.2410	0.1255	-1.9195	0.0549
$X10$	-0.4294	0.1549	-2.7727	0.0056
$X12$	-0.2512	0.1255	-2.0016	0.0453
$X13$	-0.8445	0.9442	-0.8944	0.3711
临界点(Limit Points)				
LIMIT_2:C(10)	0.5179	2.7280	0.1899	0.8494
LIMIT_3:C(11)	1.0049	2.7283	0.3683	0.7126
伪R^2(Pseudo R-squared)	0.1175	赤池信息准则(Akaike info criterion)		1.4711
施瓦兹准则(Schwarz criterion)	1.5931	对数似然函数值(Log likelihood)		-274.8615
汉南-奎因准则(Hannan-Quinn criter)	1.5195	受限对数似然函数值(Restr. log likelihood)		-311.4709

续表

变量	系数	标准误差	Z统计	概率
似然比统计量（LR statistic）	73.2188	平均对数似然函数值（Avg. log likelihood）		-0.7048
似然比统计量的概率（Prob）	0			

剔除3个自变量后，进一步对模型进行了预测，得到预测评估结果见表5-6。比较两次预测结果，不难发现剔除3个自变量后，第二次预测结果的预测值与观测值一致的样本增加了一个，预测一致率有所改善。

表5-6　　　　　　　　　　第二次预测评估结果

置换意愿	观察值数量	预测一致数量	预测不一致数量	一致率（%）	差异率（%）
1	91	28	63	30.769	69.231
2	31	0	31	0	100
3	268	255	13	95.149	4.851
合计	390	283	107	72.564	27.436

从表5-6不难看出，对因变量起到显著性影响的变量有5个，按其影响程度由大到小依次为：对宅基地空间置换政策的了解程度（$X6$）、承包地是否流转出租（$X3$）、户主最高学历状况（$X10$）、房屋状况等级（$X12$）和家庭劳动力人口数量（$X7$）。对此，具体分析如下。

第一，农户对"三权"改革和宅基地空间置换政策的了解程度。政策了解方面，农民进城后"三权"全部保留（$X1$）与置换意愿并没有统计上的相关关系，并且在模型优化过程中被剔除，可能是由于在城乡收入差距不断扩大的刺激下，无论农户是否了解进城后"三权"全部保留的政策，都容易在示范效应下做出较为一致的选择，而且农户很难将"三权"改革政策与宅基地空间置换政策联系起来，这也凸显了现阶段对农民的政策宣传力度还远远不够；宅基地空间置换政策的了解程度（$X6$）对置换意愿影响有正向作用（相关系数为1.2465），这与理论假设一致。这说明农民对宅基地空间置换政策是不排斥的，他们有足够的认知能力和信息渠道去正确理解和分析宅基地置换政策的利弊，而现阶段地方政府在宅基地空间置换政策上的诸多奖励和优惠政策，这无疑对农户有一定的吸引力。因此，对置换政策了解程度越高则置换意愿越强烈。

第二，农村土地确权情况。考察农村土地确权的三项指标包括承包地是否确权（$X2$）、宅基地是否确权（$X4$）和村集体资产是否已量化到人、发放股权证书（$X5$）。三项指标评估结果显示其与宅基地空间置换意愿之间并无相关关系。从调查的实际情况来看，被调查农户的承包地和宅基地基本都已确权，被调查的390户中承包地没有确权的仅有19户，宅基地没有确权的仅有12户，而且这12户没有确权的原因主要是宅基地申请时间较短,相关权证还在办理当中。从宅基地确权指标的评价系数符号为正来看,应该说农村宅基地确权使农民工切实感受到其宅基地使用权受到法律保护,增强了农民工宅基地使用权稳定性的信心,从而在一定程度上增强了农民工对宅基地利用的积极性,如出租、流转等。鉴于全部土地确权的农户对宅基地空间置换的意愿表现出的不同态度,因此,可以认为农户的土地确权与置换意愿之间没有相关关系。同时,由于该自然村并无村集体资产,所有被调查对象中对村集体资产是否已量化到人、发放股权证书指标选项的回答基本都是否。因此,可以认为该指标与置换意愿无相关关系。

第三,农村承包地流转出租情况。承包地是否流转($X3$)对农民宅基地空间置换意愿影响有显著的正向作用,与理论假设一致。这说明对于农村居民家庭而言,土地仍然是影响以种地为主业的农民向城镇迁移的重要因素,一旦农民家庭选择将其承包地出租流转,其对土地的依赖性就会降低,农户放弃农业经营的可能性提高,这类农户家庭更倾向于去城镇寻找就业机会,其宅基地空间置换的意愿相对较高。

第四,农户家庭的资源禀赋。农户资源禀赋中家庭劳动力人口比重($X8$)从相对的角度衡量农户家庭的劳动力状况,用于判断农户家庭的收入来源。同时通过家庭劳动力人口数量($X7$)从绝对数的角度衡量农户家庭的劳动力状况。从实证结果来看,前者对农户宅基地空间置换意愿的影响甚微,在模型优化过程中被剔除;后者对置换意愿产生了积极的影响,与理论假设一致。这说明劳动力充裕的家庭,经济来源比较稳定,随着家庭生活条件的不断改善和收入的不断积累,其宅基地置换的意愿相对较高。家庭人均承包土地($X9$)和人均住房建筑面积($X11$)两项指标与空间置换意愿在统计上均无相关关系,并且这两项指标在模型优化过程中被剔除。本章认为,承包地和人均住房面积的客观因素对宅基地空间置换的影响较为复杂。人均住房面积小、人均承包地少的农户有改善居住条件的愿望,这类农户中较多人愿意选择就地翻新或者重新申请农村宅基地而不愿意置换到城镇;有些住房面积大、人均承包地多的农户对现有居住条件比较满意,承包地基本能够实现自给自足,因而不愿意置换;也有些农户尽管居住条件很好,但是更喜欢城镇较为完善的教育、医疗等基础设施配套,宁可将自己的承包地出租而愿意置换。因此,将这两类指标放入农民宅基地置换意愿模型中并不显著。户主最高学历状况($X10$)与置换意愿之间存在显著的负相关关系,说明户主学历越高,其宅基地置换的可能性越高,这与理论假设相一致。受教育程度高的户主见识阅历丰富,能够更好地理解和把握宅基地的置换政策,并且有较强的适应新环境的能力,在非农技能方面有优势,可以相对更容易地在城镇找到工作和适应城镇生活方式。房屋状况等级($X12$)与置换意愿的相关系数显著为负,说明农户房屋状况与置换意愿为正相关关系,即房屋状况越差的家庭,其置换意愿越强烈,这与理论假设一致。实际上,作者在进行实地调研的过程中也发现,许多不愿意置换的家庭不是不喜欢城镇的生活，而是农村的房屋面积大、环境好，而且房子都比较新；而房屋等级和条件差的农户则有改善居住条件的愿望。家庭人均可支配收入（$X13$）与宅基地置换意愿无统计上的相关关系。可能的原因有两方面：一是统计偏差，即农户出于自我保护而故意报低收入。二是收入高低对置换意愿影响的方向不一，低收入者可能有着摆脱贫困的强烈愿望而希望通过宅基地置换的方式改变命运，但是也可能会安于现状，更深层次的原因是没有置换的支付能力而被迫选择不愿意置换。一方面，高收入农户有宅基地置换的支付能力和改善生活条件的动机，另一方面，农村较为充裕的居住空间和较好自然环境使得许多高收入居民愿意留在农村而不愿意进行置换。

5.4 本章小结

本章从农村土地"三权"改革的视角，利用浙江省某自然村的实际调查数据，运用排序因变量模型进行 Logistic 回归分析，研究了农村宅基地空间置换意愿的主要影响因素。结果表明：目前农民宅基地空间置换的意愿较低，仅占 23.33%；宅基地置换过程中的政策优惠和激励措施对农民有一定的吸引力；农村土地确权情况对置换意愿影响不显著，说明宅基地的空间置换需要强有力的收入支撑和非农就业岗位的提供；农村承包地的流转实际体现了农户的非农就业倾向，其空间的乡城转换意愿相对较高；农户家庭资源禀赋中劳动力数量、户主最高学历状况和房屋状况等级三项指标对宅基地空间置换意愿影响显著。据此，提出以下政策建议。

（1）加强对农村宅基地置换政策和农地改革政策的宣传力度。农村居民文化程度普遍较低，调研中自然村小学及以下学历的人数为占 55.13%，初中学历的人数占 33.33%。较低的文化程度严重制约了农民对相关政策的理解和接受程度，例如，我们在调研过程中发现，70.77% 的农民对进城后"三权"全部保留的政策完全不了解。在这种情况下，农民就很难表达自己的真实想法和意愿。因此，一方面，要让农户充分认识到其可以享受的相关权益，包括宅基地使用权、土地承包经营权和集体资产股份权，并要让农户清楚地知道即使其将宅基地置换到了城镇，其在农村原有的"三权"全部保留，这样就可以消除农民进城后的后顾之忧；另一方面，要让农村宅基地置换政策深入人心，并将对于积极置换和率先置换的农户可以给予的优惠政策和奖励措施对农民给予认真耐心的讲解，使农民充分理解政策的细节，从而能够权衡利弊，根据自己的实际情况做出理性的判断和选择。

（2）开展集中置换点选址的广泛调研，充分调动农户的积极性和参与意识。在城镇置换安置点的选址上应该广泛征求农户的意见，充分调动农户的积极性，这样，让农户有参与感的同时，也为安置点的规划和选址提供了依据。同时，在规划和选址的过程中充分尊重民意，更要考虑农民宅基地置换后的就业和生活问题，即新的安置点周边是否有适合置换农民的工作机会和就业岗位。另外，随着城市安置点成本以及物价水平与农村相比有较大的上升，地方政府要充分考虑到这些问题给农民养老增加的成本，各地要逐渐建立完善的公共养老体制，以解除农民的后顾之忧。

（3）将宅基地置换与承包地流转、集体资产股份权流转有机结合，建立"三权"改革的联动机制。从调查中发现，随着城镇化和工业化进程的加速，外出务工的距离已经不只局限于本镇和县城，有些农户在其他城市甚至在其他省份务工，这些外出务工人员对土地的依赖性不断减弱，大多选择将其耕地转租出去，耕地大规模流转的时机已经成熟。特别是对于已经进行了宅基地空间置换的农户，由于时间和空间成本的增加，发生耕地弃耕的可能性更大。对于拥有一定村集体资产股份权的农户，发生空间置换后对于该部分股份权的管理成本也随之增加，所以发生集体资产股份权转让的概率也在增加。因此，大力推进建立宅基地空间置换与耕地流转、集体资产股份权转让的联动机制，有利于增加农民收入、提高耕地适度规模经营和集体资产的盘活与增值。

（4）为了提高农民的进城意愿，建议加快城市基础教育等社会事业发展。由于我国县级政府的基础教育资源长期以来是按城镇户籍人口配置的，并没有充分考虑城镇化带来的新增需求，造成农村一些学校校舍利用率低，而城镇学校"一桌难求"。因此，应该做好城市基础教育专项规划，围绕"增加基础教育容量，优化教育资源质量"这一核心，强化城市基础教育资源配置。抓紧落实相关资金与场地，做到高标准建设、高效率运作。积极推进城市优质教育资源均衡化、公平化，充分满足进城农民子女读好书的要求。

（5）着力降低农民城镇化的经济门槛。城镇化不仅要放开政策门槛，更要降低经济门槛。城镇房价过高是制约农民进城落户的首要原因。因此，一是应该鼓励以宅基地换当地商品住房，对于自愿退出宅基地的农民，进城购买商品住房的，当地政府可按其退出合法宅基地的面积，给予一次性货币补偿，或等价置换商品房。二是建立农民购房按揭资助体系，通过建立政府性存款与支持农民购房按揭挂钩、建立农民购房按揭政策性贷款担保机构等措施，鼓励农民购房。三是扩大住房公积金制度覆盖面，尤其是在农村综合改革试验、户籍制度改革试点地区，要让灵活就业的农民也能享受公积金贷款政策。四是对首次在本行政区范围内购买商品房的农民进行一定的财政补贴，引导、鼓励、支持农民进城购房。

（6）结合农村宅基地"三权分置"改革，进一步深化农房抵押贷款试点。在不改变宅基地所有权性质和不改变集体经济组织成员资格的前提下，允许一定年限的农村宅基地使用权在集体经济组织内部流转或跨集体经济组织流转。不动产登记部门受理农房使用权流转登记，农户可利用农房使用权流转权益向各金融机构抵押融资。债务人不履行债务或无法偿还债务时，抵押权人有权依法处分抵押的农房流转的使用权。同时，建立农房使用权流转交易平台，引入登记、评估等市场化要素，在坚持宅基地所有权不变的前提下，适度扩大抵押农房处置的受让范围，规范需处置的抵押农房流转行为。建立农房抵押贷款风险缓释机制，设立政府农房抵押贷款风险补偿基金，提高银行开展农房抵押贷款业务积极性。建立抵押农房处置收储机制，政府可牵头成立农村资产管理公司或联合村集体成立基金，对难以司法处置的农房进行回购收储。积极探索建立宅基地使用权有偿物权、债权转让机制以及有偿转让利益合理分配机制。建立农村住房保障制度，对于抵押农房市场化处置后失房又无其他住所的农民，可安排廉租房或提供租房补贴进行安置。

（7）着力提高农民就业能力和收入水平。一是发展壮大县域经济，积极促进农民就地就近就业。二是加强技能培训，着力提高农民就业能力，加快推动农民向"产业工人、农业业主、三产经营者"转变。三是建立健全支持农民创业的政策扶持、创业服务工作机制，促进农民以创业带动就业。四是加快农业经营体制改造，促进农民将承包地向更高效率的农业龙头企业、农民专业合作社、家庭农场流转，实现从农业生产者向财产受益者的转变。

第 6 章

城镇化进程中的激励机制与土地市场化*

6.1 引言

土地是经济发展的空间载体,土地的市场化配置是实现土地资源高效和集约利用的重要手段。中国的土地市场化改革从无偿使用到有偿使用,从以行政划拨为主转变为市场出让为主,取得了显著的成效。从"招拍挂"出让土地来看,"招拍挂"出让土地宗数占比从 2003 年的 15.77% 增加到 2016 年的 44.18%,"招拍挂"出让土地面积占比从 2003 年的 18.91% 增加到 2016 年的 36.70%,同时,"招拍挂"出让土地价格从 2003 年的 566.99 万元/公顷增加到了 2016 年的 1 801.07 万元/公顷,市场机制在土地资源配置中占据越来越重要的地位。尽管如此,协议出让和行政划拨的非市场化方式仍然在土地供应中占有很高的比重。这说明中国的土地市场化水平还有很大的提升空间。同时,中国城市土地的国家所有权性质决定了地方政府在土地供应一级市场上的绝对控制权,地方政府的土地供应行为决定了土地市场化水平的高低。因此,可以从地方政府土地供应行为背后的动机出发,寻找影响土地市场化的关键因素和路径。

地方政府的土地供应行为与激励机制密不可分,往往会既采用"招拍挂"的方式高价竞争出让商业和住宅用地,又采用协议等方式低价出让工业用地的策略组合(张莉等,2011)。当然,两种不同策略下的土地市场化水平存在显著差异。一方面,在"财政激励"下,地方政府倾向于通过"招拍挂"的方式来高价出让商业和住宅用地获取高额的预算外收入,从而提高土地市场化水平。财政分权的经济增长激励被认为是基础。巴里温格斯特(Weingast,1995)和周黎安(2007)提出,财

---

* 本章大部分内容来自范建双等(通讯作者)发表在《中国土地科学》上的成果(周琳,范建双,虞晓芬. 政府间竞争影响城市土地化水平的双边效应研究:基于财政竞争和引资竞争的不同作用 [J]. 中国土地科学,2019,33(5):60 - 68)。

政分权是考虑了地方官员自利的动机,在激励机制下,地方政府具有提升地方经济实力的动力。"财政包干"政策极大地激发了地方政府进行土地出让市场改革、创新提升经济实力的积极性(Qian Y. and Gerard R.,1998)。因此,在"土地出让收入"激励下,地方政府的土地出让行为会通过增加"招拍挂"出让比重而显著提高土地市场化水平。另一方面,地方政府在"引资激励"下会选择低价供应工业用地进行招商引资,从而阻碍土地市场化水平的提高。1990年5月15日,国务院颁布的《中华人民共和国城镇国有土地使用权出让和转让暂行条例》和《外商投资开发经营成片土地暂行管理办法》赋予了地方政府土地规划、审批、土地出让金收取等权力。在"以地引资"的激励下,地方政府增加协议出让工业用地的行为会显著抑制土地市场化水平。

目前,学术界的相关研究主要集中在不同的激励因素对地方政府土地出让行为的影响方面,并倾向于从中国财政分权体制和晋升锦标赛的制度背景为地方政府的土地出让行为寻求合理的解释,且形成了两类观点。一类观点认为,地方政府土地出让行为的主要动机是财政激励。中国城镇土地资源由地方政府主导,而土地出让金属于基金预算收入,不需要与中央政府共享,通过出让土地使用权获得土地出让金收入已成为大多数城市的普遍做法(Liu Y.,2018)。王青等提出,为了缓解财政压力和地方债务,地方政府有动机推进土地市场化发展以获得更高的土地出让收入(王青等,2007)。牟燕和钱忠好研究发现,地方政府对土地出让收入的依赖会提高一级土地市场化水平(牟燕、钱忠好,2018)。另一类观点认为,地方政府土地出让行为的主要动机是引资激励。有学者通过实证检验发现,地方政府的土地出让行为更多地源于"土地引资"而非"土地出让收"(张莉等,2011)。赵文哲和杨继东(2015)将地方政府的引资激励解释为"引资生税",地方政府热衷于低价协议出让工业用地,吸引能够产生较高税基的产业和企业以获得高额的税收收入。陶然等(2007)也发现,在区域间引资激励与地方政府缺乏监督的情况下,地方政府会更倾向于采用非市场化的出让方式。杨继东、杨其静(2016)发现,地方官员积极地出让工业用地是基于经济增长的引资激励。进一步,有学者试图将财政激励和引资激励纳入同一个框架下进行研究。颜燕等(2013)将激励划分为以高价出让商用用地的财政激励和低价出让工业用地的引资激励。雷潇雨、龚六堂(2014)进一步在理论和实证上证明了地方政府最优的土地出让策略是低价出让工业用地、高价出让商业用地,以此来降低企业成本并增加财政收入和公共支出,进而达到吸引企业、促进GDP增长并推动城镇化的目的。李永乐等(2018)将政府间激励划分为中央政府与地方政府之间的财政激励、同级地方政府之间的引资激励和前后不同届政府之间环境激励三个维度,并进一步将三个维度的激励分别与土地出让规模、出让结构和出让布局相关联。

中国土地市场化的建设从本质上来说是地方政府主导强制性制度变迁的结果,地方政府有足够的动机和能力对土地出让市场进行自身效用最大化的土地资源配置

（盖凯程、李俊丽，2009）。从地方政府的实际操作来看，地方政府官员为了谋求晋升激励和获得最大化收益，往往既会采用"招拍挂"的方式高价竞争出让商业和住宅用地，又采用协议等方式低价出让工业用地的策略组合（王梅婷、张清勇，2017）。当然两种不同策略下的土地市场化程度是存在显著差异的。一方面，在"土地出让收入"激励下，地方政府倾向于通过"招拍挂"方式来高价出让商业和住宅用地，从而提高土地市场化水平；另一方面，在"土地引资"激励下，地方政府会选择低价供应工业工地，从而阻碍了土地市场化。因此，本章首先将激励机制划分为"财政激励"和"引资激励"两个维度，进而从这两个维度识别出激励机制对土地市场化影响的两种不同路径，并采用双边随机前沿模型实证检验了激励机制与土地市场化影响的净效应和双边分效应。通过测算"财政激励"与"引资激励"对土地市场化影响效应的大小和方向，识别出二者对土地市场化影响的净效应的大小和方向，以回答激励机制最终是促进了还是抑制了土地市场化的基本命题。此外，本书还考察了官员个人特征对激励机制影响土地市场化的效应估计的影响，以检验官员个人特征的异质性是否对本章的双边效应产生影响。本章对已有研究的贡献包括：（1）将"财政激励"和"引资激励"纳入同一个框架下，借助双边随机前沿模型系统研究二者对土地市场化影响的双边分效应和综合净效应；（2）从官员个人特征角度进一步分析激励机制对土地市场化的双边效应，从更微观的角度细化了激励机制对土地市场化的影响效应；（3）现有关于土地市场化的研究大都集中于全国和省级层面，缺乏地级市层面的研究，本章采用284个地级市的样本数据，作为对现有研究的有益补充。

6.2 理论机制与研究假设

地方政府作为城市发展战略的制定者以及国有土地的所有者、供给者和垄断者，在GDP为核心的政治考核制度下，地方政府无论是迫于政绩压力，还是投资冲动使然，激励机制都影响了城市土地出让和地区经济格局，进而影响城市的空间结构。周黎安（2017）研究发现，地方官员的城市发展战略选择会决定城市扩张的空间特征，且具有高激励的官员更倾向于向外发展。

在中国，没有其他预算外收入能够与土地出让收入相提并论，2016年土地收入占地方政府财政总收入的比重达到了41.80%①。而"招拍挂"的市场化土地出让方式能够获得更高的土地出让收入，因此，地方政府有动机和动力通过市场化方式出让建设用地，尤其是1998年中国停止福利分房以后，政府鼓励居民到房地产市场上

---

① 该数据由作者间接测算得出，土地收入数据来自2017年《中国国土资源统计年鉴》，地方政府财政总收入数据来自2017年《中国统计年鉴》。

购买商品住房，使得房地产市场快速发展和繁荣。房地产市场的繁荣带动了周边房价和地价的上涨，使得地方政府通过高价出让商业用地和住宅用地的动机愈发强烈（Chen Z. et al.，2017）。土地出让收入已经成为中国地方政府财政收入的主要来源（Ding C. et al.，2014）。与此同时，城市的发展与新城的建设需要加强基础设施建设，因而需要大量的资金投入，这进一步加剧了地方政府出让土地的动机（Zhang T.，2000）。因此，在财政激励下，地方政府的土地出让行为会通过增加高价出让的商住用地比重而显著提高城市土地市场化水平。据此，提出如下研究假设。

假设6-1 财政激励对提升城市土地市场化水平具有促进作用。

由于地方政府垄断土地一级市场的供给，选择性和策略性配置土地资源成为政府实现特定经济目标的手段（张莉等，2017）。中国地方官员考核制度是以GDP为导向的，激励机制往往与该城市的经济表现有密切关系。因此，地方政府之间的GDP增长激励过程自然演变为引资激励，即通过招商引资等手段来拉动经济增长，开展政治锦标赛。地方政府竞相建设基础设施，以吸引投资，而基础设施用地多以行政划拨为主，属于非市场化行为。同时，地方政府竞相向中央政府申请开发区建设，导致开发区热，进一步增加了工业用地出让面积（Han S.S.，2010）。土地出让权限的地方自主让地方政府为了实现招商引资而采用低价甚至零地价的协议方式出让工业用地，土地交易价格的扭曲，极大地降低了城市土地市场化水平（范建双、任逸蓉，2018）。尽管2006年国家发布了《关于落实工业用地招标拍卖挂牌出让制度有关问题的通知》的政策文件，要求工业用地必须采用"招拍挂"的出让方式，但是实际的工业用地出让价格仍然很低，远没有达到市场价格。因此，在"引资激励"下，地方政府的土地出让行为会通过增加低价出让的工业用地占比和行政划拨建设用地占比而显著抑制城市土地市场化水平。据此，提出如下研究假设。

假设6-2 引资激励对提升城市土地市场化水平具有抑制作用。

但是，从长期来看，工业用地不仅具备招商引资的作用，同时还具有集聚人口、拉动就业的功能（李永乐等，2018）。开发区依靠企业集聚人口，大学城依靠教育集聚人口，人口的集聚带动了地区对商业地区和居住用地的需求，进一步促进了地方政府出让商业地区和住宅用地的意愿，有利于提升土地市场化水平。同时，土地和资本之间具有替代效应，土地资源是有限的，随着工业用地出让面积的增加，土地要素的稀缺性提升，企业之间对土地要素的竞争程度增加，从而降低了地方政府低价出让工业用地策略的主动性，促进了工业用地市场化的提升。激励机制对土地市场化水平的影响路径如图6-1所示。据此，提出如下研究假设。

假设6-3 从长期发展来看，引资激励对提升城市土地市场化水平的抑制作用会减弱。

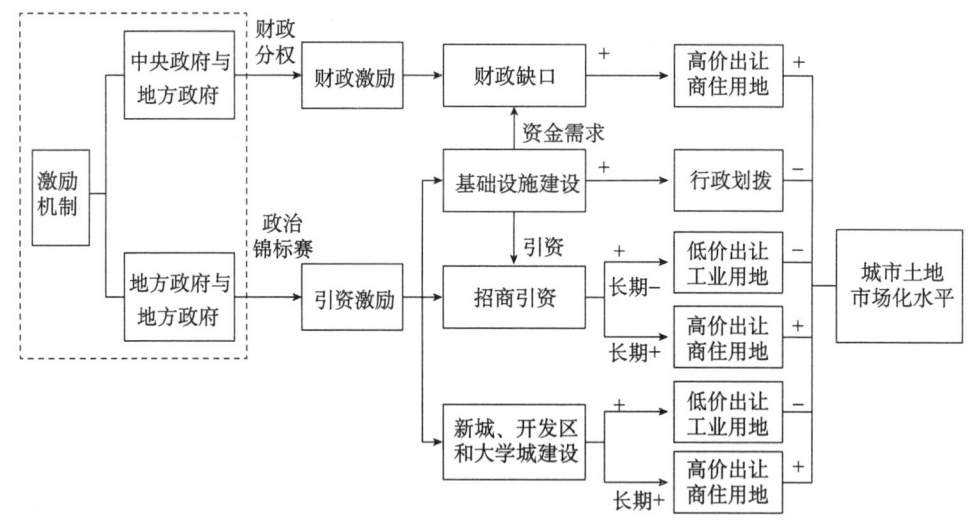

图 6-1 激励机制对土地市场化水平的影响路径

6.3 模型与数据

6.3.1 模型设定

为了检验激励机制影响城市土地市场化水平的双边效应，本章构建了如下分解模型：

$$LM_{it} = i(x_{it}) + w_{it} - u_{it} + \varepsilon_{it} = i(x_{it}) + \xi_{it} = x'_{it}\delta + \xi_{it} \tag{6-1}$$

其中，LM_{it}为城市土地市场化水平；x_{it}为影响城市土地市场化水平的变量，包括城市经济特征变量和官员个人特征变量；δ为待估计参数向量；$i(x_{it})$为前沿城市土地市场化水平，即在影响城市土地市场化水平的变量既定时的城市土地市场化水平；ξ_{it}为复合残差项，其值等于$w_{it} - u_{it} + \varepsilon_{it}$，$\varepsilon_{it}$为随机误差项，$w_{it}$为财政激励对城市土地市场化的正向效应，且$w_{it} \geq 0$，$u_{it}$为引资激励对城市土地市场化的负向效应，由于$\varepsilon_{it}$不为0，所以普通OLS模型是有偏估计。具体双边随机边界模型的推导过程参见第4章的内容。

6.3.2 变量选取及数据来源

6.3.2.1 激励机制数据

如何定义和测度激励机制是本章研究的一个重要问题。激励机制作为本章的核心解释变量，将其划分为财政激励和引资激励。（1）财政激励，用土地出让金收入来衡量，该值越高，意味着财政激励作用越强。现有研究普遍认为，财政激励是地方政府高价出让土地的动力之一（范小敏、徐盈之，2018；张绍阳等，2017）。（2）引资激励，用固定资产投资/GDP 的比值来衡量，该指标反映了经济增长对投资驱动的依赖程度，现有研究认为，地方政府的引资行为主要着眼于近期所能获取的固定资产投资增加（张莉等，2018；杨其静等，2014）。该比值越大，意味着引资激励作用越强。由于数据的可获得性，本章采用 2003~2016 年 284 个地级市的面板数据作为研究样本，以上相关数据均来自历年的《中国城市统计年鉴》。

6.3.2.2 城市土地市场化水平数据

城市土地市场可分为一级土地市场和二级土地市场，由于二级土地市场通常被认为是一个相对完善的市场，因此，本章在测度城市土地市场化水平时只考虑一级市场。现有文献通常将"招拍挂"方式视作土地出让的市场化行为，而将协议方式视作土地出让的非市场化行为（钱忠好、牟燕，2010）。但是，2006 年 8 月发布的《国务院关于加强土地调控有关问题的通知》规定了工业用地必须通过"招拍挂"方式出让，2007 年以后工业用地的协议出让面积占比急速下降，尽管如此，2007 年以后工业用地出让也多以挂牌为主，其出让价格仍明显低于商住用地价格，远没有达到市场价格，若仍采用"招拍挂"出让面积占总供应面积之比来计算，会导致高估土地出让市场化水平。因此，本章采用"招拍挂"出让土地面积占土地供应总面积比例来衡量 2003~2006 年城市土地出让市场化水平，另外，利用从中国土地市场网获取的土地数据，采用商服用地和住宅用地（除去经济适用住房用地、廉租住房用地和公共租赁住房用地）面积占土地供应总面积比例来衡量 2007~2016 年城市土地出让市场化水平。以上土地供应相关数据均来自历年的《中国国土资源年鉴》《中国国土资源统计年鉴》以及中国土地市场网。

6.3.2.3 城市经济特征数据

借鉴前期关于土地市场化的研究，本章同时引入以下变量来控制其对土地市场化水平的影响。（1）经济发展水平。用实际人均 GDP 来衡量（以 2003 年为基期）。地区经济的发展会刺激土地市场的需求，进而提升土地市场化水平。（2）土地资源禀赋。用人均建设用地面积衡量。土地资源禀赋贫乏的地区，更有动力提升土地资源利用效率，充分发挥市场的价格机制，推进土地市场化水平（钱忠好、牟燕，2012）。（3）非农产业产值占比。用二三产业产值占 GDP 比值来衡量。该指标反映了地区产业结构，二三产业的发展一方面影响了市场的土地利用规模，另一方面影响了土地利用效率，进而影响土地市场化水平（王良健等，2011）。（4）房地产开发投资额。用实际房地产开发投资额来衡量（以 2003 年为基期）。房地产开发投资额越高，经营性建设用地市场越活跃，提升了"招拍挂"出让土地的比例，进而提高土地市场化水平（谭丹等，2008）。（5）对外开放水平。用实际利用外商直接投资额来衡量，对外开放政策的实施，有利于引进国外先进的土地管理理念，会对土地市场化产生积极的影响（王良健等，2011）。以上相关数据均来自历年《中国城市统计年鉴》。

6.4 实证结果及分析

6.4.1 模型基本估计结果分析

基于激励机制对土地市场化双向影响的理论假设和机制分析，本书采用双边随机前沿方法对其双边效应进行测度。表6-1给出了式（6-1）的估计结果。其中，模型（1）为最小二乘估计（OLS），模型（2）~模型（5）均为双边随机前沿下的最大似然估计（MLE），模型（2）包括了城市经济变量，官员个体特征变量逐步引入模型（3）~模型（6）中，回归结果表明模型基本稳健，本章后续研究基于模型（6）进行方差分解和效应估计。

表6-1　　　　　双边随机前沿模型基本估计结果

变量	模型（1）	模型（2）	模型（3）	模型（4）	模型（5）	模型（6）
经济发展水平	-0.004 (-0.59)	-0.013 (-1.64)	-0.012 (-1.50)	-0.011 (-1.42)	-0.011 (-1.38)	-0.011 (-1.43)
土地资源禀赋	-0.006 (-0.96)	-0.005 (-0.74)	-0.006 (-0.91)	-0.007 (-1.07)	-0.006 (-1.03)	-0.006 (-1.03)
非农产业产值占比	-0.212*** (-4.28)	-0.188*** (-3.78)	-0.188*** (-3.79)	-0.187*** (-3.77)	-0.187*** (-3.78)	-0.185*** (-3.75)
房地产开发投资额	0.007** (2.05)	0.005 (1.20)	0.007* (1.83)	0.007* (1.90)	0.007* (1.87)	0.007* (1.84)
对外开放水平	0.013*** (6.99)	0.012*** (6.32)	0.012*** (6.36)	0.012*** (6.33)	0.011*** (6.25)	0.011*** (6.27)
常数项	0.513*** (10.27)	0.639*** (11.26)	1.241*** (8.16)	1.359*** (8.51)	1.358*** (8.16)	1.403*** (8.52)
w（财政）	—	0.189*** (2.68)	0.193*** (2.65)	0.194*** (2.63)	0.194*** (2.64)	0.192*** (2.63)
u（引资）	—	0.519*** (2.80)	0.496*** (2.79)	0.504*** (2.78)	0.497*** (2.78)	0.502*** (2.80)
$adj-R^2$	0.161	—	—	—	—	—
Log Likelihood	—	1 062.75	1 071.83	1 074.76	1 075.21	1 075.83
LR（chi2）	—	—	18.151	24.009	24.914	26.166
P-value	—	—	0.000	0.000	0.000	0.000
N	3 976	3 976	3 976	3 976	3 976	3 976

注：括号内为 t 值；***、**、*分别表示在1%、5%、10%的水平显著。

模型（6）的估计结果表明：非农产业产值占比对土地市场化的影响显著为负，这与王良健等（2011）的研究结果相一致，非农产业的发展增加了市场对工业用地的需求，根据《国土资源统计年鉴》的数据显示，2003~2016年工矿仓储出让用地面积占比均超过50%，而中国工业用地的出让多采用协议方式，虽然我国2007年实施了工业用地"招拍挂"出让政策，但目前的出让价格仍远低于市场价格，市场失灵现象普遍存在，土地利用效率低下，因而降低了土地市场化水平。房地产开发投资额对土地市场化的影响显著为正，这与谭丹等（2008）研究结果相一致，房地产业的快速发展，催生了市场对商住用地的需求，这类土地多为经营性用地，采用"招拍挂"等市场化方式获取，有效实现了土地市场价值。因此，房地产业的发展激发了土地市场活力，提升了土地市场化水平。对外开放水平对土地市场化的影响也显著为正，中国的土地市场发育明显晚于西方国家，对外开放政策的实施为中国学习西方先进的土地资源配置方法和管理理念提供了快速通道。外资的引进，对传统的土地利用方式和交易方式造成冲击，推进了中国土地市场化改革的进程。对外开放水平越高，学习效应和技术溢出效应越强，促进了土地交易的多元化发展，有利于提升土地市场化水平。本章的研究结果表明，经济发展水平、土地资源禀赋和官员的本地化程度、任期对土地市场化的影响均不显著。

6.4.2 激励机制对土地市场化影响效应的解释

基于模型（6）的回归结果，本书进一步测算出财政激励对土地市场化的正效应和引资激励对土地市场化的负效应，分解结果见表6-2。财政激励对土地市场化的正效应估计结果为0.023，即财政激励有利于土地市场化水平的提高，这与理论假设6-1保持一致。牟燕、钱忠好（2018）的研究结果表明，二者存在倒"U"型关系。可能的原因有两个：一是研究采用的数据样本差异，本章采用地级市面板数据，而对方采用的是省级面板数据；二是指标选取的差异，本章采用的土地出让金来测度财政激励，而对方采用土地收入依赖度指标。引资激励对土地市场化的负效应估计结果为0.064，即引资激励抑制了土地市场化水平的提高，这与理论假设6-2相吻合。二者的叠加作用导致激励机制对土地市场化影响的净效应为负，$E(w-u)=\sigma_w-\sigma_u=-0.039$。同时，从影响比重上来看，土地市场化影响的随机项总方差（$\sigma_v^2+\sigma_w^2+\sigma_u^2$）为0.034，其中，财政激励和引资激励的贡献为13.6%，说明激励机制对土地市场化确实存在一定的影响，其中，财政激励的正效应占比为11.9%，引资激励的负效应占比为88.2%。这意味着财政激励的正效应远小于引资激励的负效应，引资激励占主导地位，导致土地市场化水平负向偏离前沿土地市场化水平。因此，我们可以得出：激励机制总体上抑制了土地市场化水平的提高，即现阶段的考核机制不利于土地市场的发展。

表 6-2　　　　　　　　　激励机制对土地市场化效应的方差分解

变量		符号	测度系数
激励机制的土地市场化效应	随机误差项	σ_v	0.172
	财政激励正效应	σ_w	0.023
	引资激励负效应	σ_u	0.064
方差分解	随机项总方差	$\sigma_v^2 + \sigma_w^2 + \sigma_u^2$	0.034
	总方差中激励机制影响比重	$(\sigma_w^2 + \sigma_u^2)/(\sigma_v^2 + \sigma_w^2 + \sigma_u^2)$	0.136
	财政激励正效应影响比重	$\sigma_w^2/(\sigma_w^2 + \sigma_u^2)$	0.119
	引资激励负效应影响比重	$\sigma_u^2/(\sigma_w^2 + \sigma_u^2)$	0.881

6.4.3 激励机制对土地市场化的影响程度

本章根据式（4-9）～式（4-11）进一步对财政激励和引资激励做了单边效应估计，分别计算财政激励正效应和引资激励负效应使得实际土地市场化偏离前沿土地市场化的程度，并进一步计算两者的净效应。从表6-3的估计结果来看，平均而言，财政激励的正效应使得土地市场化水平提高了2.28%，而引资激励使得土地市场化程度降低了6%，两者的共同作用最终使得实际土地市场化水平低于前沿土地市场化水平3.72%。

表 6-3　　　　　　财政激励和引资激励对土地市场化的效应估计　　　　　　单位:%

变量	均值	标准差	Q1	Q2	Q3
财政激励正效应	2.28	0.76	1.73	2.17	2.69
引资激励负效应	6.00	2.35	4.48	5.34	6.77
净效应	-3.72	2.68	-4.74	-3.18	-2.05

注：Q1、Q2、Q3分别表示第一、二、三四分位，即第二十五、五十、七十五百分位，下同。

表6-3的后三列（Q1~Q3）进一步详细地报告了财政激励正效应、引资激励负效应以及两者净效应的分布特征，结果表明，财政激励和引资激励对土地市场化的影响具有显著的差异性，但在土地市场化过程中引资激励几乎在所有城市都占据了主导地位。具体而言，根据第一四分位（Q1）的估计结果，有1/4的城市在激励机制下土地市场化水平下降了4.74%，这些城市一般属于要素禀赋和资本存量较高的地区，经济发展水平较高，产业基础较好，地方官员更易于通过"低价出售"工业用地和改善基础设施建设来吸引投资，抑制了土地市场化的发展。第二四分位（Q2）和第三四分位（Q3）的净效应估计值分别为-3.18%和-2.05%，相比于第一四分位的城市，这些城市要素禀赋和资本存量较低，招商引资能力相对较弱，地方官员会更多地选择以"招拍挂"的方式出让土地，以弥补财政缺口。因此，激励机制的负向净效应会因为财政激励的正效应增加的同时引资激励的负效应减少而不断减弱。

图6-2～图6-4的频数分布图更为直观地呈现了财政激励正效应、引资激励

负效应以及两者净效应的分布特征。由图 6-2 和图 6-3 可知，无论是财政激励的正效应还是引资激励的负效应，其分布均呈现右拖尾的分布特征，意味着只有少数城市财政激励正效应或者引资激励负效应处于绝对主导地位。比较图 6-2 和图 6-3 的拖尾特征，图 6-2 中财政激励对土地市场化水平的影响在 5.5% 左右的位置就消失了，而图 6-3 中引资激励对土地市场化水平的影响在 19% 左右的位置仍存在拖尾现象，这说明引资激励的负效应对土地市场化的影响更大。由图 6-4 可知，财政激励正效应和引资激励负效应相互作用的净效应显著小于 0。实际上，并非所有城市引资激励在土地市场化过程中占主导地位。据统计，大约有不超过 5%

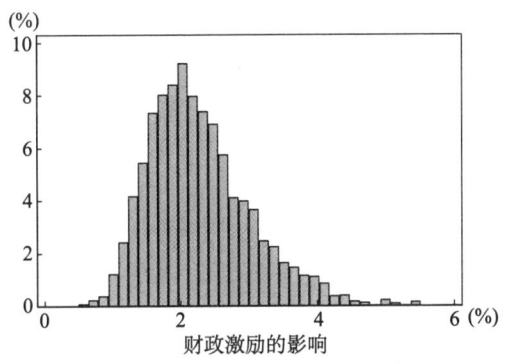

图 6-2　财政激励正效应分布

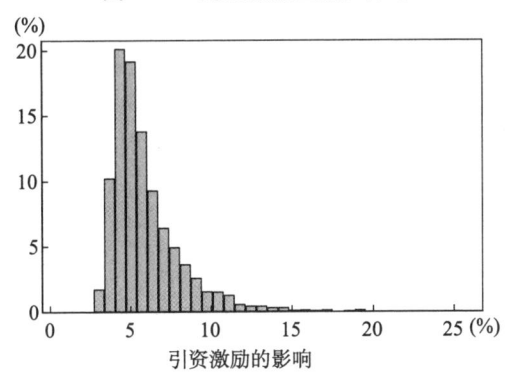

图 6-3　引资激励负效应分布

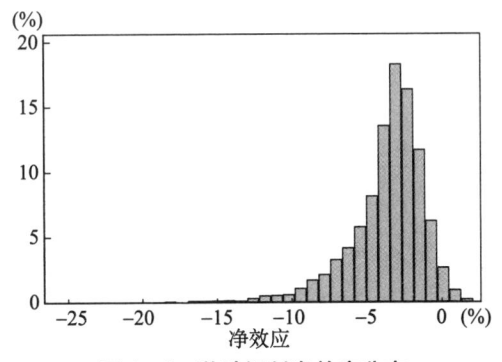

图 6-4　激励机制净效应分布

的城市财政激励正效应和引资激励负效应相互作用的净效应大于 0，这同时也意味着大于 95% 的城市在激励机制下实际土地市场化水平低于前沿土地市场化水平。整体而言，激励机制降低了土地市场化水平。

6.4.4 激励机制净效应的时间特征分析

为了进一步考察模型估计结果的稳健性，本章分年度估计了财政激励和引资激励对土地市场化的净效应。表 6-4 为财政激励正效应和引资激励负效应相互作用的净效应的时间分布趋势特征，结果显示，财政激励正效应和引资激励负效应相互作用的净效应在样本年份内均为负，也就是说，在样本期间，引资激励的负效应超过了财政激励的正效应，激励机制对土地市场化产生了持续的抑制作用。总体平均而言，引资激励的负效应超过了财政激励的正效应，使得实际土地市场化水平低于前沿土地市场化的水平 3.72%。从两者净效应的时间趋势来看，负的净效应呈现波动上升的趋势，对土地市场化水平的抑制作用在不断地增强。对于这两个结论：一是受国家经济发展战略的影响。消费、投资和进出口是拉动中国经济的"三驾马车"，中国统计年鉴数据显示，2017 年中国社会消费品零售总额为 36.62 万亿元，固定资产投资总额为 64.12 万亿元，进出口总额为 27.81 万亿元，可见投资是"三驾马车"中的领头马，是推动中国经济增长最大的动力源泉。在以 GDP 增长为核心的激励机制下，地方政府为了获得更多的经济增长而进行引资竞争，同时，作为地方土地出让供给的垄断者，利用土地进行引资成为其必然选择。二是受国家政策影响。2008 年，为了应对经济危机，国务院颁布了"四万亿刺激计划"，涵盖民生工程、基础设施、生态环境建设和灾后重建等多个方面，尤其是对重大基础设施建设的投资。国家发展和改革委员会的数据显示，四万亿投资中 25% 左右的资金被用于建设铁路、公路、机场、城乡电网和产业园区，这极大地拉动了各地区的投资行为和招商引资热情，有效刺激了地方经济增长，从表 6-4 也可看出，2008 年以后财政激励和引资激励的负向净效应明显高于 2008 年之前年份，且在之后保持持续波动增长，说明该政策对地方政府官员的引资冲动产生了持续的强化效应。

表 6-4 2003~2016 年财政激励和引资激励对土地市场化影响净效应的年度分布特征

单位:%

年份	平均值	标准差	Q1	Q2	Q3
2003	-3.47	1.55	-4.15	-3.18	-2.54
2004	-3.47	1.49	-4.11	-3.24	-2.54
2005	-3.56	1.73	-4.32	-3.26	-2.47
2006	-3.45	1.70	-4.19	-3.14	-2.50
2007	-3.48	2.05	-4.14	-3.06	-2.22
2008	-3.94	3.26	-4.60	-2.97	-2.11
2009	-4.02	3.09	-5.00	-3.28	-1.97

续表

年份	平均值	标准差	Q1	Q2	Q3
2010	-3.75	2.95	-4.95	-2.92	-1.79
2011	-3.58	3.15	-4.82	-2.83	-1.46
2012	-3.77	3.30	-5.34	-3.09	-1.34
2013	-3.58	3.03	-4.79	-2.98	-1.52
2014	-3.90	3.07	-5.55	-3.49	-1.61
2015	-4.11	3.12	-5.79	-3.55	-1.91
2016	-3.99	2.75	-5.77	-3.73	-1.97

6.5 本章小结

本章将激励机制分解为财政激励和引资激励，在深入分析财政激励和引资激励对土地市场化作用机理的基础上，采用2003~2016年全国284个地级市的面板数据，利用双边随机前沿模型测算财政激励和引资激励对土地市场化的影响，比较两者影响效应的大小，分析激励机制对土地市场化影响净效应的大小和方向。本章研究结果表明：（1）财政激励对土地市场化存在显著正向影响效应，提高了2.28%的土地市场化水平；引资激励对土地市场化存在显著负向影响效应，降低了6%的土地市场化水平；整体而言，激励机制对土地市场化存在显著净负效应，降低了3.72%的土地市场化水平。（2）从时间趋势来看，财政激励正效应和引资激励负效应相互作用的净效应在研究期内均显著为负，说明引资激励对土地市场化的抑制作用一直处于主导地位。总体上来看，激励机制对土地市场化水平的抑制作用呈现波动上升的状态。

基于上述结论，本章提出以下政策建议：（1）调整官员考核机制，弱化GDP增速指标，注重提升经济增长质量的考核，避免地方政府盲目吸引投资，粗放消耗土地资源的行为。引导地方政府进行区域间合作，实现良性竞争。（2）进一步完善和深化中央与地方政府之间的财税分配制度改革，在总体税率保持稳定的前提下，提高地方政府税收收入份额和财政自由支配权力，激发社会活力，党的十九大报告中也明确提出要加快建立现代财政制度，使得地方政府财权与事权相互匹配，财政收支结构更加合理化，区域之间的财政分配更加均衡。（3）完善土地市场监管机制，严格管控工业用地出让方式和出让价格，严格管控各地区在土地出让过程中的税收优惠政策和财政补贴政策，避免地方政府以低价出售工业用地吸引投资的行为。（4）从源头上改革和完善现阶段的征地制度，改变地方政府滥用征地权的现状，建立城乡统一的土地市场（钱忠好、牟燕，2012）；进一步推进土地市场化改革，充分发挥市场机制作用，加快政府职能转变，削弱地方政府对土地市场的干预权力，强化地方政府在土地市场化过程中的监督职能。近年来一些从事商业房地产和工业园项目运营的专业开发商不断涌现，如果条件成熟，地方政府应逐步引入第三方公司经营土地市场，推进这些以市场为导向的运作模式。(5) 以发展权交易的市场化改革为突破口，构建全国范围内土地发展权的交易机制与多元利益共享机制，建设产业发展权的交易平台，形成土地发展权能够在不同地区各产业平台之间、企业之间有偿流动，充分挖掘各地区的比较优势，促进土地要素从低效率平台配置到高效率平台，做大经济总量、均衡区域发展，让经济欠发达地区与经济发达地区共享改革发展成果。

第 7 章

城镇化进程中的城市蔓延测度研究

7.1 研究背景

城市蔓延是一种低质量的城市扩张,是城镇化进程中由于市场或政策失灵导致的人口和土地要素在空间上的失衡错配、城市范围向周边郊区和农村无序扩张,土地利用结构的非农化演进趋势和城市空间的分散化、碎片化发展的过程。城市蔓延不仅出现在北京、广州、深圳等大城市,而且已经延伸到许多中小城市,因此,城市蔓延逐渐成为当前研究的热点问题(蒋芳等,2007;Sun C. et al., 2013;Chen J. F. et al., 2014;Gao B. et al., 2016;Liu Z. et al., 2018)。

目前,关于城市蔓延的研究主要涉及三个方面:一是城市蔓延的测度研究。高波等(Gao B. et al., 2016)采用城市土地增长率和人口增长率的差值来衡量城市蔓延;刘和涛等(2015)采用城市建成区面积增长速度与人口增长速度的比值来衡量城市蔓延;也有学者从多维度定量测度城市蔓延,包括人口密度、土地利用混合度、交通可达性等(Galster G. et al., 2001)。二是城市蔓延的驱动因素识别,主要集中在内在驱动因素和制度驱动因素对城市蔓延的研究。内在驱动方面,白忠菊等(2013)研究发现,产业结构的优化尤其是工业企业的布局调整有利于控制城市的无序扩张,且适当调低 GDP 增速也有利于控制城市蔓延;刘修岩等(2016)研究发现,市场的不确定性会提高城市周边的开发密度,进而加剧城市蔓延;王家庭等(2018)研究发现,私人交通对城市蔓延具有促进作用,而公共交通建设对城市蔓延具有抑制作用。制度驱动方面,李一曼等(2011)基于长春市的研究发现,政府主导大型项目建设和城市规划失控是导致城市蔓延的主要原因;贾雁岭等(2016)研究发现,房地产税促进了东部和西部地区的城市扩张,但是对中部地区无显著影响;刘瑞超等(2018)发现,分税制改革后,土地财政显著促进了城市蔓延。三是城市蔓延的效用分析,主要集中在城市蔓延的经济和环境后果的研究。经济影响方面,李效顺等(2012)认为,中国城市蔓延与经济发展基本符合 Logistic 曲线趋势,即经济发展对城市蔓延扩展的需求程度是由强变弱的;秦蒙、刘修岩(2015)研究了的城市蔓延的经济影响，发现城市蔓延抑制了生产效率的提高，但是随着城镇化进程的推进，这种抑制作用在逐渐减弱；而魏守华等（2016）认为，城市蔓延对城市生产率的影响并不显著，城市的多中心集聚有利于提高生产率。环境影响方面，秦蒙等（2016）基于中国地级市的研究发现，城市蔓延加剧了雾霾污染；李强、高楠（2016）研究发现，城市蔓延有利于能源利用效率，进而对环境污染具有负向效应；宋彦等（2014）从交通的角度对城市蔓延的环境效应进行了研究，认为土地规划紧凑集约的城市有利于降低汽车尾气的排放。在更广阔的视野中审视，还需要看到城市蔓延进程并不是完全独立的，一个城市的空间蔓延会对相邻城市产生影响，具有典型的空间依赖性，而且不同经济发展水平和不同规模的城市具有不同的城市蔓延形态。在分析城市蔓延问题时，大多数学者都将研究样本设置为相互独立的个体，采用传统的非空间面板模型研究城市蔓延的影响因素和效应，忽略了空间因素对城市蔓延的影响。事实上，城市的发展总是存在集聚效应或扩散效应，城市之间人口的流动和产业的联系必然使得城市蔓延存在空间关联。王钊、杨山（2015）在研究苏锡常地区城市蔓延时发现，城市蔓延在空间格局上存在显著的空间相关性。

四是城市蔓延的治理措施。张晓青（2006）指出，鉴于我国以土地低密度开发为特征的城市蔓延随处可见，借鉴西方成功的研究思路、研究方法及理性增长研究，将有效地避免蔓延所产生的严重后果；张景奇、孙蕊（2013）指出，美国应对城市蔓延的策略分为蔓延控制、明智规划、增长管理和蔓延治理四个阶段，蔓延控制的单纯限制、明智规划施令式的管制以及增长管理引致的区域发展不公平，使得城市蔓延的管理成效受到了限制，最终使得蔓延治理成为美国现今应对城市蔓延的主导战略；张景奇等（2015）进一步指出，从蔓延控制到蔓延治理，不仅是由早期的控制手段到现如今治理方法上的过渡，同时还是规划协作性、综合性的升级，究其转变的原因，西方公共行政环境的变化、治理的内在优势、对城市蔓延内涵认识的加深以及主导理论和研究方法的变化是促进其转变的重要因素。

对城市蔓延的治理，目前主要有两类手段：一类是由政府实施的具有行政命令色彩的疏导型控制手段；另一类是以市场导向为基础的引导型调控手段（孙萍等，2011）。疏导型控制手段包括绿化带和城市增长边界、分区和生态开敞空间。例如，李强、戴俭（2006）总结了西方国家控制城市蔓延的思路，经历了从区域制度安排、城市投资项目管理，深入社区的规划设计层面，并基本实现了几种手段的融合，精明增长成了统一各种治理城市蔓延手段的口号；库奇和卡累查（Couch C. and J. Karecha，2006）认为，控制城市蔓延的关键是城市规划控制目标与住房需求的变化相衔接；根纳里奥（Gennaio M. P. et al.，2009）提出，绿色地带和城市增长边界是控制城市蔓延的两个重要的城市限制战略，并进一步对通过土地利用规划进行的城市边界设定的政策执行效果进行了评价，发现该政策显著提高了建筑地带的密度，有效地控制了蔓延；李效顺等（2011）提出，对于城市蔓延的治理，要强调空间管理，即通过扩展边界划定和关键资源保护来调控城市蔓延态势；李一曼等（2013）

从加快经济增长方式转变、提高土地集约利用、减缓机动化趋势、发展立体公共交通系统、划定城市增长边界、保护生态环境、加强边缘区房地产控制、提倡土地混合利用、提高城市规划科学性、强化规划落实等方面提出长春城市蔓延的针对性治理措施。

引导型调控手段包括发展影响费、各种税收政策和分级税率。伊诺斯特罗扎等（Inostroza L. et al., 2013）提出，土地税收能够提高住房资本占土地的比重进而提高住宅的建设密度，从而有效控制城市蔓延；费尔南德斯和克罗伊齐格（Fernandez Milan B. and F. Creutzig, 2016）通过对西班牙的实证研究也发现，区位价值税能够有效地控制蔓延和地方负债；哈勒克斯（Halleux J. M. et al., 2014）提出土地利用政策一定程度上能够有效抑制城市蔓延尤其是居住区蔓延；范建红、蔡克光（2014）认为，美国城市蔓延是土地市场化作用的结果，土地制度缺陷是其根源之一，因而美国制定了不同的土地调控政策，包括城市边界控制、混合用地措施、农地保护计划及土地税收政策等，以期对城市蔓延予以合理的引导；邓羽、司月芳（2015）认为，重视与发挥综合交通动态可达性指标对城市扩展的引导作用，是有效破解城市蔓延式扩张、优化城市扩展的重要手段。

从现有文献来看，各国政府部门均针对城市蔓延发布了不同的政策，并主要集中在土地政策和税收政策。西方国家在控制城市蔓延的实践中，普遍采用了城市增长管理策略。然而由于我国制度环境、社会经济发展水平和城镇化发展阶段均与西方国家存在差异，增长管理策略能否在我国顺利实施还需要结合我国的具体国情。同时，单一的蔓延抑制手段有一定的局限性，需要将多种抑制手段相结合，用以提高蔓延控制的效率与效果。

上述研究对城市蔓延进行了系统测算、驱动因素识别，并研究了城市蔓延带来的后果和治理策略，并得出了有价值的结论。但仍存在以下两点不足：一是对城市蔓延的研究以单个城市、城市群，或基于全国省市层面上进行整体分析为主，缺乏基于全国城市层面的区域差异和规模差异的比较研究；二是在城市蔓延分析过程中，鲜有考虑空间因素的影响。因此，本章基于 DMSP/OLS 夜间灯光数据测度了 1994~2013 年全国 259 个地级市的城市蔓延指数，分析其空间差异，并借助空间杜宾模型分析了全国以及分区域城市蔓延的空间收敛性，本章的研究是对现有城市蔓延研究的有益补充。

7.2 研究方法

7.2.1 空间差异测度方法

为了考察中国城市蔓延的区域差异和规模差异，并更为深入地探讨差异的来源，本章借助泰尔指数对城市蔓延的区域差异和规模差异进行测量和分解，具体计算及分解方法如下。

$$T = T_w + T_b \tag{7-1}$$

$$T_{wj} = \sum_i \frac{US_{ji}}{US_j} \ln\left(\frac{US_{ji}/US_j}{1/n_j}\right) \tag{7-2}$$

$$T_w = \sum_j \frac{US_j}{US} T_{wj} \tag{7-3}$$

$$T_b = \sum_j \frac{US_j}{US} \ln\left(\frac{US_j/US}{n_j/n}\right) \tag{7-4}$$

其中，i 表示城市，j 表示第 j 个样本，n_j 表示第 j 个样本所包含的城市 i 的数量，n 表示全国城市 i 的数量；T、T_w、T_b、T_{wj} 分别表示全国总体、全国样本内、样本间和 j 样本内的城市蔓延泰尔指数；US、US_j、US_{ji} 分别表示全国、j 样本、j 样本 i 城市的城市蔓延指数。

为了进一步反映样本内差异、样本间差异和子样本内差异对总体差异的影响程度，本书分别计算了样本内差异贡献率 $R_w = T_w/T$、样本间差异贡献率 $R_b = T_b/T$ 和各子样本内差异贡献率 $R_{wj} = (S_j/US) * (T_{wi}/T)$。

7.2.2 空间极化测度方法

城市蔓延的空间极化是指区域整体的城市蔓延指数在空间上划分为多个群组，同一群组中的城市间具有高度的同质性，不同群组之间的城市间具有高度的异质性。空间极化的测度方法主要有两类：一类是 W 型指数，一般用来测度两极分化（洪兴建、李金昌，2007；Wolfson M. C.，1994），本章采用 Wolfson 指数进行分析；另一类是 ER 型指数，一般用来测度多极分化（Esteban J. and Ray D.，1994；Esteban J. et al.，2007；Lasso De La and Vega M. C.，2006），本章采用 ER 指数、EGR 指数和 LU 指数进行分析。四类空间极化指数的计算方法如下：

$$\text{Wolfson} = \frac{2(2D - G)}{m/u} \tag{7-5}$$

其中，m 和 u 分别表示全国样本城市蔓延指数的中位数和算术平均数；D 表示低水平城市蔓延的城市数量份额与其城市蔓延份额的差，本章将城市蔓延低于算术平均数的组分为低水平组；G 表示基尼系数。Wolfson 指数取值为 0 - 1，其值越接近于 1，说明城市蔓延的两极分化程度越高。

$$ER = K \sum_{k=1}^n \sum_{h=1}^n p_k^{1+\alpha} p_h |uk - uh| \tag{7-6}$$

其中，n 为分组数；p_k 和 p_h 分别为第 k 组和第 h 组样本的比重；uk 和 uh 分别为第 k 组和第 h 组样本城市蔓延指数的均值；α 为 0~1.6 之间的任意数，是反映极化敏感性的参数；$K > 0$，为起标准化作用的常数，使 ER 值数的取值介于 0~1，ER 值数值越大，说明城市蔓延的极化程度越高。

$$EGR = K\sum_{k=1}^{n}\sum_{h=1}^{n}p_k^{1+\alpha}p_h|uk - uh| - \beta(G - G_b) \quad (7-7)$$

其中,等号右边第一项为 ER,其参数含义同式(7-6);等号右边第二项反映组内城市蔓延的不平等程度,其值越大,组内差异越大,聚合度越低,其中,G 表示城市蔓延的基尼系数,G_b 表示城市蔓延的组间基尼系数;$\beta > 0$,是衡量组内城市蔓延聚合程度的敏感参数,在实际中,可以调整其值,使 EGR 指数取值介于 0~1,EGR 值数值越大,说明城市蔓延的极化程度越高。

$$LU = K\sum_{k=1}^{n}\sum_{h=1}^{n}p_k^{1+\alpha}p_h(1-Gk)^{\beta}|uk - uh| \quad (7-8)$$

其中,Gk 表示第 k 组样本的城市蔓延的基尼系数,其余参数含义同 EGR 指数。LU 指数取值为 0~1,其值越接近于 1,说明城市蔓延的极化程度越高。

7.2.3 空间收敛性测度方法

为了检验地区间是否在城市蔓延方面存在空间收敛,本章以各城市为单位,采用 β 收敛进行空间收敛性检验。β 收敛一般分为绝对 β 收敛和条件 β 收敛,其中,绝对 β 收敛反映的是各地区能否达到完全相同的稳态水平,条件 β 收敛反映的是各地区城市能否达到自身的稳态水平(范建双、虞晓芬,2015)。相比较而言,条件 β 收敛更贴近经济现实,因而本章重点研究条件 β 收敛。同时,由于空间杜宾模型与空间误差模型和空间滞后模型相比更具普适性,因此,本章构建了条件 β 敛的空间杜宾模型:

$$\frac{1}{T}\ln\frac{US_{i,t+T}}{US_{i,t}} = \rho W\ln\left(\frac{US_{i,t+T}}{US_{i,t}}\right) + \beta\ln US_{i,t} + \gamma X_{i,t} + \eta W\ln US_{i,t}$$
$$+ \varphi WX_{it} + u_i + v_t + \varepsilon_{i,t} \quad (7-9)$$

其中,$US_{i,t}$ 表示 i 城市第 t 年的城市蔓延指数,$US_{i,t+T}$ 表示 i 城市第 $t+T$ 年的城市蔓延指数,T 为时间跨度;ρ、β、γ、η 和 φ 为系数项,且 $\beta = -(1-e^{\theta T})$,$\theta$ 表示收敛速度,这里 $T=1$,若 β 显著为负,则表明城市蔓延指数存在条件收敛;ρ 表示空间自回归系数;u_i 表示地区效应,v_t 表示时间效应;$\varepsilon_{i,t}$ 表示残差项;W 为空间权重矩阵,$W = 1/d^2$,d 表示两个城市之间的距离,实证过程中将所得的矩阵进行标准化处理;$X_{i,t}$ 表示控制变量,以检验条件 β 收敛效应。

7.3 指标选取与数据来源

7.3.1 指标选取与说明

7.3.1.1 城市蔓延指数

本章借鉴法拉等(Fallah et al.,2011)研究城市蔓延与生产效率关系时构造的城市蔓延指数,该指数方法克服了简单使用平均密度的单指标法固有的缺陷,同时避免了城市局部区域密度异常低(或异常高)对总体密度的扰动,采用当期全国城市平均人口密度值判断街区高低密度,避免了人为设定的主观性,在测度城市蔓延的同时还能体现城市不同时期的经济发展水平,具有较大的参考价值。测算公式如下:

$$US = \frac{(L\% - H\%) + 1}{2} \quad (7-10)$$

其中,US 代表城市蔓延指数,取值范围为 0~1。该值越接近 1,说明城市蔓延程度越高,反之则越低;L% 代表一个城市内低于全国平均人口密度的街区的常住人口占市区总人口比重;H% 代表城市内人口密度高于全国平均值的街区的常住人口占市区总人口比重。由于中国尚无法拉等(Fallah et al.,2011)采用的 Geolytics 街组数据,缺乏城市内部细分尺度的人口数据,因此,本章借鉴秦蒙和刘修岩(2015)的研究方法,采用 DMSP/OLS 夜间灯光数据代替 Geolytics 街组数据,利用城市内部夜间灯光亮度值低于或者高于全国平均水平的栅格面积来反映城市人口低密度或者高密度的空间比重。即式(7-10)中,L% = 城市内部灯光亮度值低于全国平均水平的栅格面积/城市总栅格面积,H% = 城市内部灯光亮度值高于全国平均水平的栅格面积/城市总栅格面积。

DMSP/OLS 传感器可以在夜间探测到城市灯光,甚至可以探测到小规模的居民地和车流等发出的低强度灯光,使得明亮的城市与黑暗的乡村背景形成鲜明的对比,因此,DMSP/OLS 夜间灯光数据可以很好地表征人类活动(Henderson J. V. et al.,2012)。目前,DMSP/OLS 夜间灯光数据主要用于社会经济因子估算、城市扩张、能源、环境、灾害等领域(Lu D. et al.,2008;Elvidge C. D. et al.,2001;Chalkias C. et al.,2006;Tuttle B.,2007)。虽然夜间灯光数据已证实可以在某种程度上替代经济增长和城市发展等变量,但是仍然存在一些固有的缺点,例如,大城市的晕染效应,城市中心区的饱和效应,板载相互校准缺乏。因此,为了保证数据的科学性和可靠性,本章将对数据进行校正。

(1)影像重投影、重采样与裁剪。将 2003~2013 年全球夜间灯光数据进行重投影,转换成 Lambert Conformal Conic 投影,重新采样为 1km×1km 的栅格地图,然后用中国行政边界数据进行裁剪,得到 2003~2013 年空间分辨率为 1km 的 DMSP/OLS 非辐射定标的中国夜间灯光强度数据。

(2)卫星影像时间序列校正。目前美国国家海洋和大气管理局(NOAA)官网仅提供 F10、F12、F14、F15、F16、F18 六代探测到的 1992~2013 年的 DMSP/OLS 夜间灯光数据。由于随着卫星使用寿命的增加,其探测功能会出现衰退,因而很多年份的灯光数据存在由两个卫星同时收集的情况。对于存在两个卫星同时探测的灯光数据,本章借鉴王晓惠(2013)的研究,选择数据突变较少的卫星,因此,本章 2003~2013 样本年间所选择的卫星年份为:F152003、F152004、F152005、

F152006、F152007、F162008、F162009、F182010、F182011、F182012、F182013，结果见表7-1灰色填充标注。

表7-1　1992~2013年DMSP/OLS夜间灯光数据卫星年份参照

年份	F10	F12	F14	F15	F16	F18
1992	F101992	—	—	—	—	—
1993	F101993	—	—	—	—	—
1994	F101994	F121994	—	—	—	—
1995	—	F121995	—	—	—	—
1996	—	F121996	—	—	—	—
1997	—	F121997	F141997	—	—	—
1998	—	F121998	F141998	—	—	—
1999	—	F121999	F141999	—	—	—
2000	—	—	F142000	F152000	—	—
2001	—	—	F142001	F152001	—	—
2002	—	—	F142002	F152002	—	—
2003	—	—	F142003	F152003	—	—
2004	—	—	—	F152004	F162004	—
2005	—	—	—	F152005	F162005	—
2006	—	—	—	F152006	F162006	—
2007	—	—	—	F152007	F162007	—
2008	—	—	—	—	F162008	—
2009	—	—	—	—	F162009	—
2010	—	—	—	—	—	F182010
2011	—	—	—	—	—	F182011
2012	—	—	—	—	—	F182012
2013	—	—	—	—	—	F182013

由于OLS传感器未进行星上定标，导致由多个卫星获取的长时间序列数据缺乏可比性，刘志峰等（Liu et al.，2012）研究发现，不同卫星探测的灯光数据存在明显的差异。为了提高2003~2013年夜间灯光数据的可比性，本章借鉴刘志峰等（Liu et al.，2012）和艾尔维格等（Elvidg et al.，2009）提出的全球夜间灯光数据相互校正方法，对中国2003~2013年的夜间灯光数据进行相互校正，以降低不同卫星灯光数据值之间的差异。具体校正方法如下。首先，确定参考区。参考区的选取遵循夜间灯光数据DN值年际变化最小原则，即该区域内发展相对较弱。DN值是指每个栅格数据的灯光灰度值，DN值在0~63之间广泛分布，本章借鉴刘志峰等（Liu et al.，2012）的研究将黑龙江省鸡西市作为参考区。其次，选择参考数据集。参考数据集选取累计夜间灯光数据DN值最高的数据集，本章同样借鉴刘志峰等（Liu et al.，2012）研究将F162007的数据作为参考数据集。再次，建立一元二次回

归模型。回归模型以选取的 F16 卫星 2007 年黑龙江省鸡西市的夜间灯光数据 DN 值为标准,将其他年份影像数据与其进行对比,获得经验参数,回归模型如下:

$$DN_a = a \times DN^2 + b \times DN + c \qquad (7-11)$$

其中,DN 为校正前的夜间灯光数据 DN 值;DN_a 为校正后的夜间灯光数据 DN 值;a、b、c 为参数。回归结果详见表 7-2。最后,基于 ArcGIS10.4 空间分析功能的栅格计算器,运用上述一元二次回归模型及其参数,对 2003~2013 年各期像元影像构造地理代数表达式进行相互校正。

表 7-2 2003~2013 年夜间灯光数据一元二次回归模型参数

卫星	年份	a	b	c	R^2
F15	2003	-0.0072	1.4586	0.5899	0.7615
	2004	0.0033	0.8651	0.2231	0.7568
	2005	0.0021	1.0567	0.3264	0.8436
	2006	0.0013	1.0341	0.5025	0.8558
F16	2007	0	1	0	1
	2008	0.0045	0.7713	0.2971	0.8755
	2009	0.0057	0.5588	0.2931	0.8406
F18	2010	0.0080	0.3600	0.0875	0.7945
	2011	0.0030	0.6232	0.3977	0.7925
	2012	0.0038	0.5284	0.5493	0.8263
	2013	0.0049	0.4111	0.4440	0.8186

(3) 地级市行政区域矢量图。本章研究的城市蔓延指数测度是基于地级市尺度,因此,需要城市尺度上的夜间灯光栅格数据。且本章研究的样本采用 2003~2013 年的数据,这期间中国部分城市的行政区划调整幅度较大,使得调整后的城市面积与经济活动指标的统计范围不一致,缺乏统一性。为了消除不一致的影响,本章采用固定年份 2000 年的行政区划数据,利用 ArcGIS10.4 提取各城市相应年份的灯光数据值。

(4) 确定阈值。借鉴伊坤鹏等(Yi K. P. et al., 2014)的方法,将灯光值 10 作为提取的城市空间格局的阈值,即灯光值 $DN > 10$ 的栅格面积定义为城市区域面积。利用 ArcGIS10.4 提取了各城市相应年份的灯光数据值,并对数据进行了修正。

7.3.1.2 控制变量

本章引入以下变量来控制其对城市蔓延的影响:(1) 经济发展水平。用实际人均 GDP 来衡量(以 1994 年为基期)。(2) 产业结构。用第二产业和第三产业占总产值比重来衡量。(3) 人口规模。用年末总人数来衡量。(4) 城市基础设施。用固定资产投资来衡量(以 1994 年为基期)。(5) 公共交通条件。用客运总量来衡量。(6) 居民收入水平。用职工平均工资来衡量。

7.3.2 样本与数据来源

由于数据的可获得性,本章选取 1994~2013 年全国 259 个地级市的面板数据作为研究样本。为了研究中国城市蔓延的空间差异和特征,本章根据国家经济区域划分办法将全国样本划分为东部、西部、中部和东北部 4 个子样本①。同时,为了研究不同规模城市的城市蔓延差异,本章进一步根据城市规模等级将全国样本划分为大城市、中等城市和小城市三个子样本②。DMSP/OLS 夜间灯光数据隶属于美国国防气象卫星计划的 DMSP/OLS 传感器(Defense Meteorological Satellite Program's Operational Linescan System)观测所得。数据下载于美国国家宇航局网站(NOAA)③。NOAA 发布的灯光数据产品有 4 种,目前使用较多的是稳定灯光数据(Stable Lights),它剔除了由火灾、爆炸等造成的短暂亮光,只包含了相对稳定的灯光,且均为无云数据。本章使用稳定灯光影像作为数据来源。该数据报告了地球上每个 30s×30s 的栅格单元(30 秒经纬网格)上 0~63 取值范围的灯光强度,采集方法科学严谨,具有相当高的客观性和可信度。地级市行政区划数据来自国家基础地理信息中心提供的 1:400 万矢量地形图。各控制变量的相关数据均取自历年的《中国城市统计年鉴》。模型中选取的经济变量 GDP、固定资产投资分别通过以 1994 年为基期的 GDP 平减指数和固定资产平减指数进行平减,由于市级的 GDP 指数和固定资产指数数据难以获得,本章采用省级 GDP 指数和固定资产指数进行平减。GDP 指数和固定资产指数取自历年的《中国统计年鉴》。本章对各变量进行了取对数处理。

7.4 实证结果分析

7.4.1 中国城市蔓延的区域差异和规模差异分析

7.4.1.1 中国城市蔓延的时空演变特征

1994 年重度蔓延的城市主要集聚在中南部和中西部区域,中度蔓延城市居多,

---

① 东部地区包括北京、天津、河北、上海、江苏、浙江、福建、山东、广东、海南 10 个省份 87 个地级市;中部地区包括山西、安徽、江西、河南、湖北、湖南 6 个省份 75 个地级市;西部地区包括内蒙古、广西、重庆、四川、贵州、云南、陕西、甘肃、青海、宁夏、新疆 11 个省份 63 个地级市(由于西藏数据缺失严重,故予以剔除);东北部地区包括辽宁、吉林、黑龙江 3 个省份 34 个地级市。

② 本章中的城市规模等级的划分依据是 2014 年国务院发布的《国务院关于调整城市规划划分标准的通知》。其中,大城市常住人口规模为大于 100 万;中等城市常住人口规模为 50 万~100 万;中小城市常住人口规模为小于 50 万。

③ NOAA 网站网址:http://ngdc.noaa.gov/eog/dmsp/downloadV4composites.html。

轻度蔓延和适度蔓延城市较少，且较为分散。1994年城市蔓延程度最低的是广东省东莞市，蔓延程度为0.163；蔓延程度最高的是四川省宜宾市和湖南省张家界市，蔓延程度为0.980，可见，城市蔓延的空间差距较大。相比于1994年，2013年城市蔓延程度有所下降，重度蔓延的城市主要分布在中北部和中西部区域，轻度蔓延和适度蔓延城市主要集聚在东部上海、江苏、浙江、广东和福建区域。2013年城市蔓延程度最低的仍然是广东省东莞市，蔓延程度为0.032；蔓延程度最高的是吉林省的四平市，蔓延程度为0.808。

进一步，本书讨论了不同城市规模的城市蔓延趋势，表7-3给出了1994年、2003年和2013年不同城市规模的城市蔓延趋势，总体来看，1994~2013年城市蔓延程度呈现下降趋势，其中，轻度蔓延、适度蔓延和中度蔓延城市分别从1994年的2个、10个和160个增加到2013年的7个、24个和210个，重度蔓延城市数量明显下降，从1994年的87个下降到2013年的18个。另外，还可以看出，轻度蔓延城市中均为大城市，适度蔓延城市中也是大城市居多，且大城市数量呈现上升趋势，中度蔓延和重度蔓延城市中的中小城市比例较高，因此，我们可以认为，城市规模越大，城市蔓延程度越低，这一结论与刘勇等（Liu et al., 2018）的研究结论保持一致。

表7-3　　　　1994年、2003年和2013年不同城市规模的城市蔓延趋势

城市规模	轻度蔓延 (0~0.25)			适度蔓延 (0.25~0.5)			中度蔓延 (0.5~0.75)			重度蔓延 (0.75~1)		
	1994年	2003年	2013年	1994年	2003年	2013年	1994年	2003年	2013年	1994年	2003年	2013年
大城市	2	2	7	8	16	19	87	87	94	28	20	5
中等城市	0	0	0	1	0	3	58	58	83	37	38	10
小城市	0	0	0	1	1	2	15	20	33	22	17	3
合计	2	2	7	10	17	24	160	165	210	87	75	18

综合上述分析，可以看出，1994~2013年中国城市蔓延程度总体上有所下降，但依然存在明显的空间差异，相比较而言，东部区域城市蔓延程度较低，且城市规模越大，蔓延程度越低。究其原因，由于中国城市土地的国家所有权性质决定了中央政府和地方政府在土地供应一级市场的绝对控制权，中央和地方政府的土地供应行为很大程度上影响了城市蔓延。纵观近年来中国土地资源配置可以发现，土地资源配置总体上存在"支持中西部，限制大城市"的趋势（韩立彬、陆铭，2018）。而东部区域和大城市是吸纳人口的主要区域，这些区域在人口不断涌入的背景下，土地供应限制却越来越紧，从而限制了城市蔓延；中西部区域和小城市却恰恰相反，这些区域人口吸纳能力较弱，而土地供给却越来越放松，从而促进了城市蔓延。从地方政府的实际操作来看，往往会既采用"招拍挂"的方式高价竞争出让商业和住宅用地，又采用协议等方式低价出让工业用地的策略组合，这种高价限制性出让商业、住宅用地和低价大规模出让工业用地的行为造成了城市内部土地资源配置的扭

曲，不利于土地的集约利用，容易造成城市蔓延（Wu Q. et al., 2015）。东部区域和大城市由于经济发展较为稳定，土地财政依赖较弱，同时土地资源有限，城市内部资源配置较为和谐，因此，城市蔓延程度相对较低。而中西部区域和小城市，经济发展较为落后，地方政府需要依靠吸引投资来拉动经济增长，因而具有较强的投资冲动，同时由于其土地资源较为丰富，更进一步诱发了地方政府大规模低价出让工业用地的行为，城市内部土地资源扭曲较为严重，因而加剧了城市蔓延。

7.4.1.2 中国城市蔓延的区域差异

图7-1和图7-2展示了1994~2013年城市蔓延区域差异的泰尔指数以及各差异对总体差异的贡献率。从全国层面来看，城市蔓延差异总体呈现上升趋势；组内差异变动趋势与总体差异类似，总体上也呈现上升趋势；组间差异呈现微弱的上升趋势，且上升幅度明显低于总体差异和组内差异。分区域来看，东部区域城市蔓延差异最大，且变动幅度也最大，呈现明显的上升趋势；中部区域、西部区域和东北部区域的城市蔓延差异明显小于东部区域，其中，中部区域差异变动并不明显，西部区域差异呈现明显的下降趋势，东北部区域差异呈现出微弱的下降趋势。从各差异对总体差异的贡献率来看，1994~2013年组内差异的平均贡献率为90.15%，组内差异是影响城市蔓延空间差异的主要贡献因素，远大于组间差异的贡献率。就4个区域的内部差异贡献率而言，首先是东部区域城市蔓延差异的贡献率最高，1994~2013年平均贡献率为50.88%，且呈现逐渐上升的趋势；其次是西部区域，平均贡献率为16.17%，呈现逐渐下降的趋势；再次是中部区域，平均贡献率为12.68%，总体上也呈现逐渐下降的趋势；最后是东北部区域贡献率最低，平均贡献率为5.43%，变化幅度较小，总体上较为稳定。

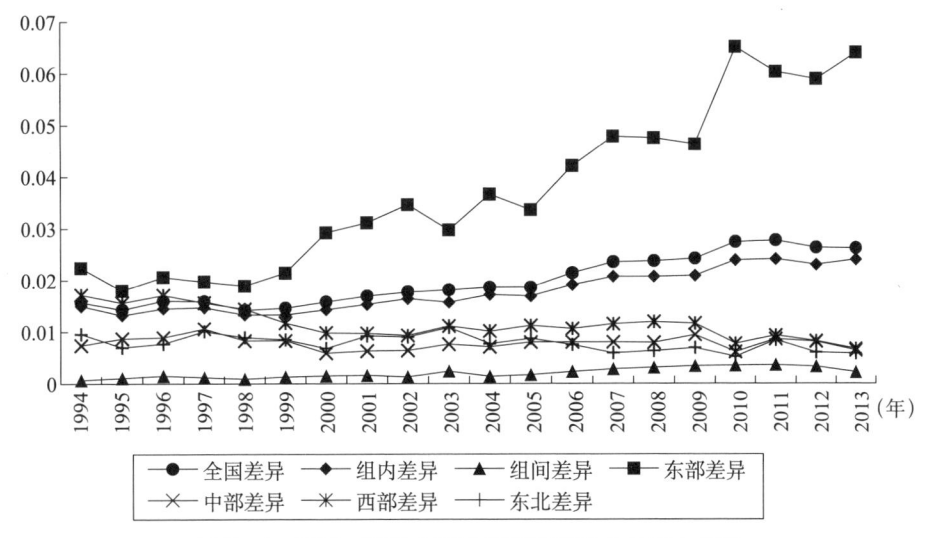

图7-1　1994~2013年城市蔓延区域差异的泰尔指数

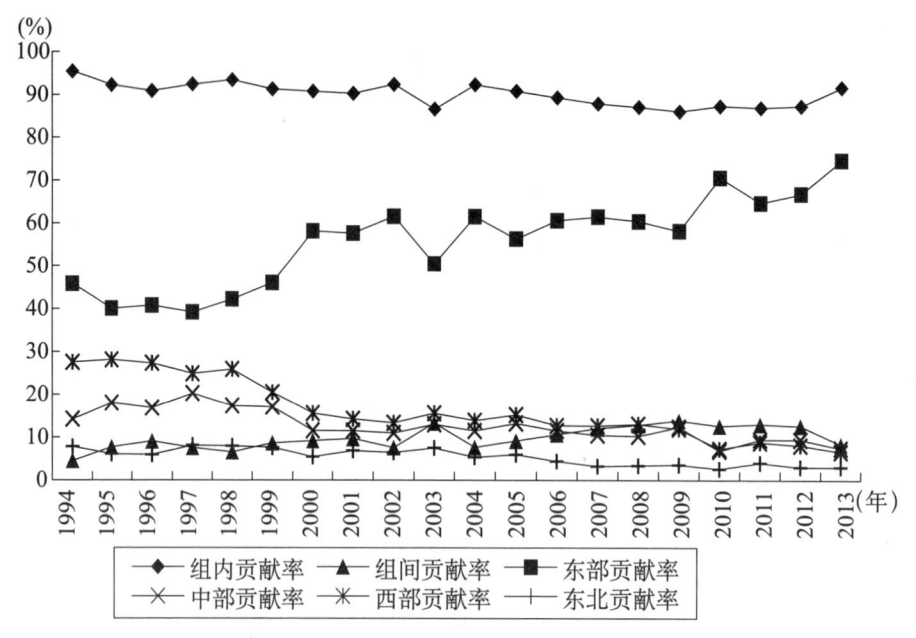

图 7-2 1994~2013 年城市蔓延区域差异贡献率

7.4.1.3 中国城市蔓延的规模差异

图 7-3 和图 7-4 展示了 1994~2013 年城市蔓延规模差异的泰尔指数以及各差异对总体差异的贡献率。从全国层面来看，城市蔓延差异总体上呈现上升趋势；组内差异和组间差异也呈现上升趋势；但组内差异的上升幅度明显高于组间差异。分规模来看，大城市的城市蔓延差异最大，且变动幅度也最大，呈现明显的上升趋势；中等城市和小城市的城市蔓延差异明显小于大城市，其中，中等城市的城市蔓延差异变动并不明显，小城市的城市蔓延差异呈现微弱的下降趋势。从各差异对总体差异的贡献率来看，1994~2013 年组内差异的平均贡献率为 89.41%，是影响城市蔓延空间差异的主要贡献因素，虽然样本期间呈现微弱的下降趋势，但依然远大于组间差异的贡献率。就 3 个规模城市的内部差异贡献率而言，大城市的城市蔓延差异的贡献率最高，1994~2013 年平均贡献率为 70.16%，且呈现逐渐上升的趋势；其次是中等城市，平均贡献率为 12.70%，呈现逐渐下降的趋势；贡献率最低的是小城市，平均贡献率为 6.54%，变化幅度较小，也呈现下降的趋势。

7.4.2 中国城市蔓延的空间极化趋势分析

为了揭示我国城市蔓延的空间极化格局，本章测算了 1994~2013 年中国城市蔓延的 Wolfson 指数，同时还从多级分化的视角测算了 1994~2013 年中国城市蔓延分

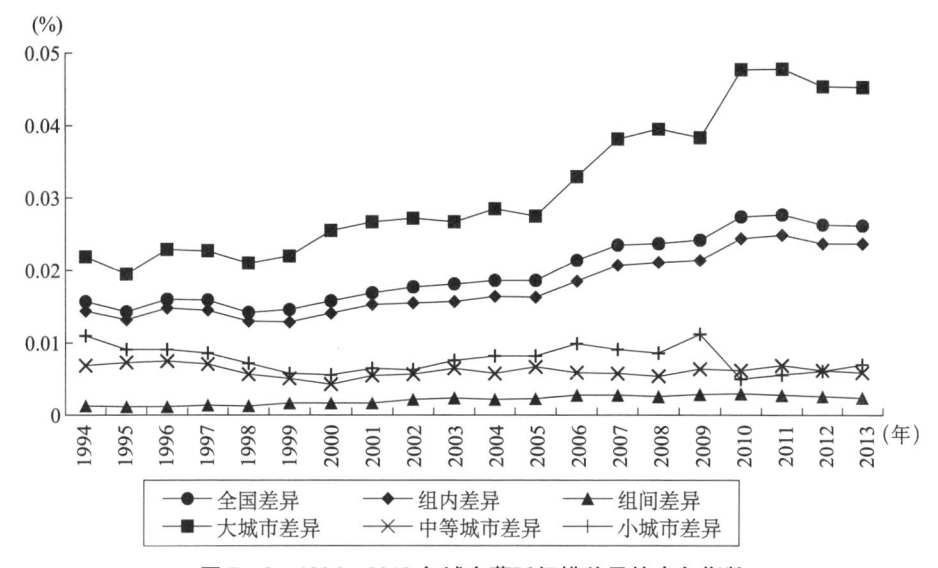

图 7-3　1994~2013 年城市蔓延规模差异的泰尔指数

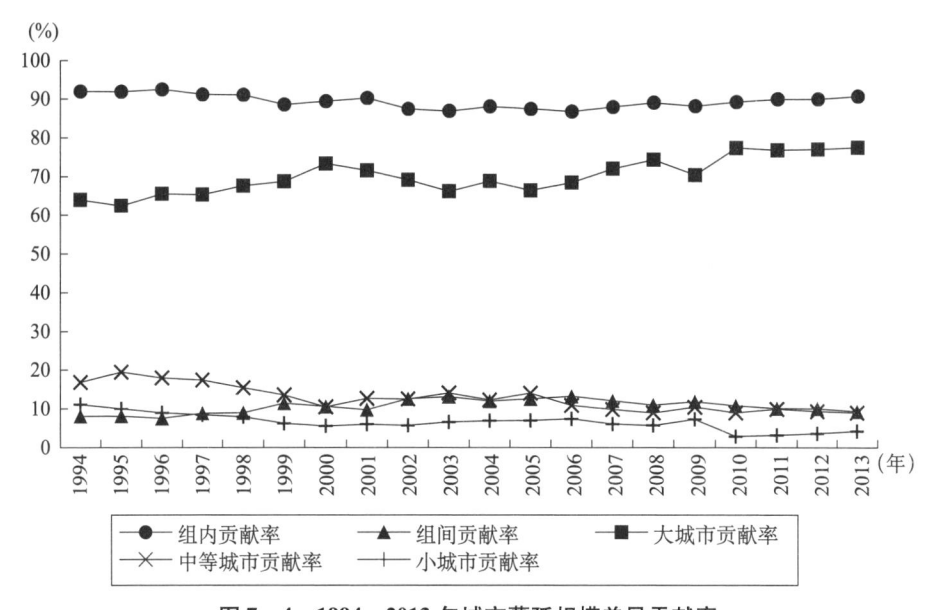

图 7-4　1994~2013 年城市蔓延规模差异贡献率

布极化的 ER 指数、EGR 指数和 LU 指数。图 7-5 给出了 1994~2013 年中国城市蔓延的 Wolfson 指数的演变趋势，反映了城市蔓延的两极分化程度。总体来看，1994~2013 年城市蔓延两极分化程度呈现波动上升趋势，1994 年城市蔓延的 Wolfson 指数为 0.065，2013 年城市蔓延的 Wolfson 指数为 0.077，年均增长了 0.88%。分阶段来看，1994~2000 年，城市蔓延的 Wolfson 指数有所下降，年均下降了 1.01%，2000 年到达了最低点；2000 年以后 Wolfson 指数呈明显上升趋势，年均增长 1.54%，表明近年来城市蔓延的两极分化程度在不断上升。

图 7-5　1994~2013 年城市蔓延 Wolfson 指数演变趋势

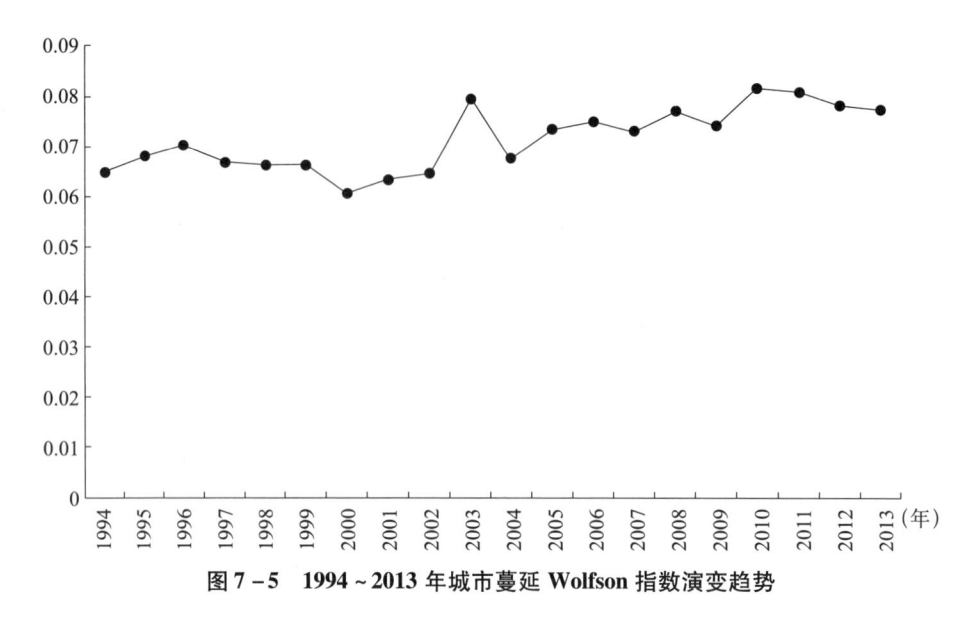

图 7-6 展示了 1994~2013 年中国城市蔓延的 ER 指数、EGR 指数和 LU 指数的演变趋势，反映了城市蔓延的多级分化程度。由测度结果可知，1994~2013 年城市蔓延的 3 种空间极化指数的演变趋势几乎完全相同，且均呈现波动上升的趋势，ER 指数、EGR 指数和 LU 指数的年均增长率分别为 2.08%、2.78% 和 1.94%，说明在样本期间，中国城市蔓延的空间极化程度在逐渐加强。相比较而言，城市蔓延的 LU 指数最大，EGR 指数最小，但是其增长幅度最大。分阶段来看，1994~2003 年和 2004~2009 年是城市蔓延空间极化程度的加强阶段。其中，2004~2009 年阶段的空间极化指数增长速度最快；2009 年以后 3 种空间极化指数均呈现下降趋势，表明近年来城市蔓延的空间极化程度有所减弱。

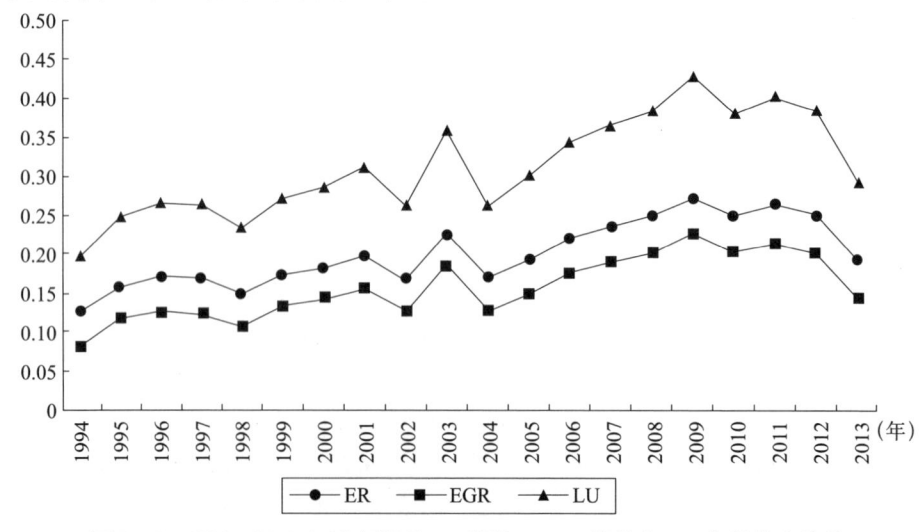

图 7-6　1994~2013 年城市蔓延 ER 指数、EGR 指数和 LU 指数演变趋势

7.4.3 中国城市蔓延的空间收敛性检验

本章首先采用非空间面板数据进行估计（见表 7-4）。从表 7-4 可知，全国、东部、中部、西部和东北部以及大城市、中等城市和小城市 8 个样本的空间固定效应和时间固定效应的 LR 检验结果均在 1% 显著性水平显著。说明模型中既包含时间固定效应又包含空间固定效应。因此，接受空间和时间固定效应模型。在该模型中，全国样本的 β 值显著为负（$\beta = -0.221$），说明在不考虑空间效应时，我国城市蔓延存在条件收敛，且收敛速度为 0.250。

表 7-4　非空间面板模型的系数估计和残差检验（空间和时间固定效应）

变量名称	全国	按区域划分				按城市规模划分		
		东部	中部	西部	东北	大城市	中等城市	小城市
$\ln US_{i,t}$	-0.221*** (-23.861)	-0.153*** (-10.886)	-0.503*** (-21.943)	-0.390*** (-17.252)	-0.409*** (-12.611)	-0.168*** (-13.903)	-0.464*** (-23.215)	-0.426*** (-14.031)
$\ln PGDP$	-0.064*** (-3.082)	0.023 (0.347)	-0.011 (-0.158)	-0.024 (-1.033)	0.179** (2.426)	-0.039 (-1.180)	-0.059** (-2.047)	-0.093 (-1.617)
$\ln IS$	0.041** (2.418)	0.169*** (4.111)	-0.081*** (-3.028)	-0.019** (-2.482)	0.023 (0.788)	0.054* (1.769)	0.037* (1.659)	-0.030 (-0.930)
$\ln PS$	-0.061*** (-2.859)	0.036 (0.519)	-0.028 (-0.398)	-0.021 (-0.878)	0.221*** (2.886)	-0.037 (-1.082)	-0.058* (-1.952)	-0.094* (-1.648)
$\ln UI$	-0.114*** (-5.949)	-0.124*** (-4.557)	-0.277*** (-3.512)	-0.016 (-0.348)	0.112 (0.793)	-0.153*** (-5.419)	-0.041 (-1.391)	-0.031 (-0.721)
$\ln TT$	-0.002 (-0.720)	-0.003 (-0.475)	-0.002 (-0.478)	0.003 (1.081)	-0.010* (-1.710)	-0.002 (-0.319)	-0.01 (-0.072)	-0.001 (-0.314)
$\ln PI$	0.007 (1.378)	0.003 (0.299)	-0.012 (-1.095)	-0.007 (-1.094)	0.004 (0.228)	0.010 (1.181)	0.001 (0.068)	-0.004 (-0.264)
Ad-R^2	0.106	0.077	0.257	0.200	0.199	0.080	0.227	0.213
LogL	6340.3	1796.2	2224.0	1845.8	1098.4	2760.6	2724.7	1112.3
LM spatial lag	768.561***	275.419***	104.899***	26.549***	1.352*	375.238***	133.837***	31.632***
LM spatial error	845.688***	277.298***	114.380***	35.833***	4.363**	395.393***	111.791***	38.482***
R-LM spatial lag	0.328	3.563***	1.367***	1.121	6.583***	15.406*	22.088***	5.041*
R-LM spatial error	77.455***	5.441***	10.848***	10.406***	9.594***	20.562***	20.041*	6.891***
Spatial fixed effect LR test	669.118***	187.130***	338.860***	181.727***	95.868***	279.738***	313.985***	104.071***
Time fixed effect LR test	345.293***	165.955***	329.388***	128.551***	179.116***	182.504***	133.007***	73.737***

注：括号内为 t 值；***、**、* 分别表示在 1%、5%、10% 的水平显著。

分区域来看，东部、中部、西部和东北部样本的 β 值显著为负，其值分别为 -0.153、-0.503、-0.390 和 -0.409，说明 4 个区域的城市蔓延均存在条件收敛，收敛速度分别为 0.166、0.699、0.494 和 0.526。其中，中部区域的收敛速度最快、东部区域收敛速度最慢。

分规模来看，大城市、中等城市和小城市样本的 β 值也显著为负，其值分别为 -0.168、-0.464 和 -0.426，说明不同规模城市的城市蔓延也均存在条件收敛，收敛速度分别为 0.184、0.624 和 0.555，其中，中等城市的收敛速度最快、大城市收敛速度最慢。

非空间面板无法刻画地区间的互动效应，因而还需要建立空间面板模型进行进一步的分析。由空间和时间固定效应模型计算的 LM 统计结果可知，8 个样本的空间和时间固定效应模型的 LM spatial lag 和 LM spatial error 均通过检验。进一步比较 R-LM spatial lag 和 R-LM spatial error，结果显示也大都通过检验，这说明 SAR 和 SEM 模型都成立，那么就需要进一步估计 SDM 模型。表 7-4 是时间和空间固定效应下 SDM 模型的估计结果，由于参数估计中可能会产生偏误，本章针对 SDM 模型进行了误差修正。从 Wald 检验结果可知，空间滞后项和空间误差项均通过了 1% 的显著性检验，说明 SDM 模型比 SAR 和 SEM 模型更加适用。最后 Hausman 检验结果显示 8 个样本均拒绝了存在随机效应的原假设，因而采用空间和时间固定效应下的 SDM 模型更有效。表 7-5 报告了误差修正后的空间和时间效应下的 SDM 模型估计结果。在该模型中，全国样本的 β 值为显著为负（β = -0.228）。这说明在考虑了空间效应后，我国城市蔓延依然存在条件收敛，收敛速度为 0.259，与不考虑空间效应时相比，城市蔓延增长速度略有提升，相邻地区的溢出效应强化了城市蔓延的收敛趋势。控制变量中，产业结构对城市蔓延趋同的直接效应显著为正，我国正处于快速工业化时期，随着二三产业的发展，城市用地需求增加，且由于城市地租呈现空间负梯度，因而厂商在选址时往往会偏向于郊区，加快了城市蔓延的趋同。城市基础设施建设对城市蔓延趋同的溢出效应显著为负，这说明一个地区城市基础设施建设水平的提升会抑制周边地区的城市蔓延速度。

表 7-5　　　　空间和时间效应下的 SDM 模型估计结果（误差修正）

变量名称	全国	按区域划分				按城市规模划分		
		东部	中部	西部	东北	大城市	中等城市	小城市
ρ	0.511 *** (24.809)	0.467 *** (15.262)	0.451 *** (11.822)	0.272 *** (6.843)	0.248 *** (4.096)	0.450 *** (17.613)	0.420 *** (11.619)	0.342 *** (7.727)
$\ln US_{i,t}$	-0.228 *** (-23.497)	-0.153 *** (-10.614)	-0.522 *** (-22.175)	-0.400 *** (-17.092)	-0.431 *** (-12.836)	-0.182 *** (-14.145)	-0.442 *** (-22.030)	-0.438 *** (-13.926)
$\ln PGDP$	-0.022 (-0.845)	-0.001 (-0.006)	-0.074 (-0.459)	-0.009 (-0.278)	0.001 (0.003)	0.009 (0.215)	-0.084 ** (-2.415)	0.003 (0.041)
$\ln IS$	0.042 ** (2.549)	0.153 *** (3.887)	-0.061 *** (-2.345)	-0.021 (-0.752)	0.032 (1.031)	0.029 (0.998)	0.020 (0.884)	-0.038 (-1.106)
$\ln PS$	-0.020 (-0.771)	0.011 (0.126)	-0.093 (-0.583)	-0.009 (-0.274)	0.051 (0.299)	0.007 (0.175)	-0.083 ** (-2.349)	0.003 (0.037)

续表

变量名称	全国	按区域划分				按城市规模划分		
		东部	中部	西部	东北	大城市	中等城市	小城市
$\ln UI$	-0.001 (-0.005)	-0.039 (-0.374)	0.329* (1.688)	0.220** (2.222)	0.325 (0.968)	0.097 (1.258)	0.011 (0.330)	-0.146** (-2.455)
$\ln TT$	-0.001 (-0.419)	-0.011* (-1.903)	0.006 (1.446)	0.004 (1.517)	-0.013** (-1.966)	-0.004 (-1.021)	0.002 (0.565)	-0.001 (-0.177)
$\ln PI$	0.003 (0.551)	0.001 (0.006)	-0.009 (-0.757)	-0.004 (-0.647)	0.011 (0.545)	0.001 (0.133)	0.002 (0.317)	0.008 (0.466)
$W \times \ln US_{i,t}$	0.103*** (5.578)	0.043*** (1.701)	0.192*** (3.271)	0.143*** (3.075)	0.320*** (3.390)	0.069*** (3.267)	-0.017 (-0.310)	0.179*** (3.180)
$W \times \ln PGDP$	-0.071 (-1.349)	-0.023 (-0.134)	0.165 (0.681)	0.012 (0.181)	0.103*** (3.194)	-0.127 (-1.494)	0.057 (0.671)	-0.019 (-0.113)
$W \times \ln IS$	0.014 (0.303)	0.187* (1.798)	-0.060 (-0.832)	0.004* (0.064)	0.117* (1.927)	0.081 (1.221)	0.126* (1.886)	-0.109 (-1.400)
$W \times \ln PS$	-0.058 (-1.077)	-0.007 (-0.041)	0.186 (0.766)	0.019 (0.289)	0.034 (1.598)	-0.095 (-1.061)	0.080 (0.925)	-0.022 (-0.131)
$W \times \ln UI$	-0.087* (-1.783)	0.004 (0.031)	-0.863*** (-2.880)	-0.302** (-2.164)	-0.087*** (-4.060)	-0.190** (-2.021)	-0.174** (-2.290)	0.381** (2.488)
$W \times \ln TT$	-0.008 (-1.378)	0.022* (1.944)	-0.049*** (-4.515)	-0.013** (-2.057)	0.0101 (0.821)	0.014 (1.552)	-0.025** (-2.487)	-0.013* (-1.859)
$W \times \ln PI$	0.009 (0.552)	0.021 (0.670)	0.023 (0.827)	-0.026 (-1.565)	0.023 (0.512)	0.028 (1.010)	-0.002 (-0.088)	-0.063* (-1.776)
Ad-R^2	0.315	0.330	0.504	0.347	0.443	0.316	0.366	0.383
Log$L$	6638.983	1902.698	2291.632	1870.619	1106.812	2918.367	2789.019	1138.797
Wald spatial lag	54.569***	14.603*	49.302***	27.323***	17.591***	38.852***	14.186***	25.649***
Wald spatial error	16.906**	12.948*	30.812***	15.595**	10.617*	23.676***	28.878***	16.903**
Hausman	583.170***	137.463***	100.061***	98.727***	69.280***	234.274***	136.816***	76.373***

注：括号内为 t 值；***、**、*分别表示在1%、5%、10%的水平显著。

分区域来看，东部、中部、西部和东北部样本的 β 值为显著为负，其值分别为 -0.153、-0.522、-0.400 和 -0.431，说明4个区域的城市蔓延在空间效应下也均存在条件收敛，收敛速度分别为 0.166、0.738、0.511 和 0.563。其中，中部区域的收敛速度最快、东部区域收敛速度最慢，与不考虑空间效应时相比，除东部区域外，其他3个区域与全国样本相似，城市蔓延增长速度均有所提升，相邻地区的溢出效应强化了城市蔓延的收敛趋势。控制变量中，东部区域产业结构对城市蔓延增长的直接影响显著为正，这与全国样本类似，二三产业的发展对城市蔓延增长具有促进作用；同时，东部区域产业结构对城市蔓延增长的溢出效应也显著为正，这可能是因为东部地区在产业升级过程中会向相邻区域转移一部分产业，从而影响了相邻区域的城市蔓延速度。公共交通条件对城市蔓延增长的直接影响显著为负，溢出效应显著为正，说明东部区域公共交通的发展提升了城市交通的质量和容量，有利于城市土地节约集约利用，进而抑制了本区域城市蔓延的增长；同时，交通成本的降低加快了人口的流动，东部区域由于其良好的经济基础，对人口的吸引能力较强，因而降低了相邻区域的人口密度，进而促进了相邻区域城市蔓延增速。

中部区域产业结构对城市蔓延增长的直接影响显著为负，这与全国样本和东部区域样本相反。这是因为中部区域相比于东部区域土地资源相对充足，产业结构的优化升级有利于缓解城市蔓延增长速度；其空间溢出效应为负，但并不显著。城市基础设施建设对城市蔓延增长的直接影响显著为正，溢出效应显著为负。这是因为城市基础设施建设在空间互动下存在虹吸效应，区域内城市基础设施水平的提升会吸引相邻地区的投资，因而强化了本地区城市建设，加快了城市蔓延速度，从而弱化了相邻地区的城市蔓延趋势。公共交通条件对城市蔓延增长的溢出效应也显著为负，公共交通条件的改善有利于抑制周边地区的城市蔓延速度。

西部区域产业结构对城市蔓延增长的直接影响为负，但并不显著。而空间溢出效应显著为正。这是因为西部区域城市布局相对松散，二三产业的发展对本区域城市蔓延的影响并不显著；同时，西部地区对承接产业的消化能力较弱，产业的转移加快了土地的无序扩张和蔓延，进而加快相邻区域的城市蔓延速度。城市基础设施建设对城市蔓延增长的直接影响显著为正，空间溢出效应显著为负，这与中部地区类似。西部地区城市基础设施建设会促进本区域的城市蔓延，但是其抑制了相邻区域的城市蔓延速度。公共交通条件对城市蔓延增长的溢出效应也显著为负，交通的可达性推动了地区间的人口流动，抑制了相邻地区的城市蔓延速度。

东北地区公共交通条件对城市蔓延增长的直接影响显著为负，这与东部区域样本一致，公共交通的发展抑制了本区域的城市蔓延增长。经济发展水平和产业结构对城市蔓延增长的溢出效应显著为正，这说明东北部地区经济发展水平的提升和二三产业的发展增加了土地需求的增加，然而，东北部区域的人口集聚效应并不明显，因而促使了城市的扩张。城市基础设施建设对城市蔓延增长的溢出效应显著为负，说明东北部区域城市基础设施建设有利于抑制相邻区域的城市蔓延速度。

分规模来看，大城市、中等城市和小城市样本的 β 值显著为负，其值分别为 -0.182、-0.442 和 -0.438，说明 3 个不同规模城市的城市蔓延在空间效应下也均存在条件收敛，收敛速度分别为 0.201、0.583 和 0.576，其中，中等城市的收敛速度最快、大城市收敛速度最慢，与不考虑空间效应时相比，大城市和小城市的城市蔓延增长速度均有所提升，相邻地区的溢出效应强化了城市蔓延的收敛趋势；而中等城市的城市蔓延增长速度有所下降，相邻地区的溢出效应弱化了城市蔓延的收敛趋势。控制变量中，大城市的基础设施建设对城市蔓延增长的溢出效应显著为负，大城市的基础设施的改善有利于吸引周边地区的投资，减缓了周边地区土地扩张速度。

中等城市经济发展水平和人口规模对城市蔓延增长的直接影响显著为负，这说明经济增长对城市扩张的依赖性逐渐减弱,且人口的集聚有利于抑制城市蔓延。城市的经济增长吸引了大量的人口,当土地扩张速度低于人口增长时,就会出现城市聚集而非蔓延。同时,经济增长在一定程度上缓解了地方财政压力,减缓了土地流转的规模和速度,从而减缓了城市扩张速度。产业结构对城市蔓延增长的溢出效应显著为正,随着产业结构的优化升级和城市土地使用成本的上升,许多企业会选择转移到用地成本更低的邻近城市,这些迁移将导致邻近城市的蔓延。城市基础设施建设和公共交通水平对城市蔓延增长的溢出效应均显著为负,这与大城市类似,中等城市城市基础设施和公共交通条件的改善也有利于吸引周边地区的投资,减缓周边地区土地扩张速度。

小城市城市基础设施建设对城市蔓延增长的直接影响显著为负,这说明小城市的城市空间相对充足,城市基础设施的改善,有利于促进多层次和多样化的城市功能组合,从而抑制蔓延;但是其溢出效应显著为正,这与大城市和中等城市相反,可能是因为小城市靠基础设施吸引投资能力较弱,而城市经济增长竞争的过程中,除了为企业提供低成本的工业用地以外,还必须不断完善基础设施和公共服务,因此,当城市的基础设施建设持续加强,将迫使相邻城市盲目的扩大城市建设规模,从而产生正向溢出效应。公共交通条件对城市蔓延增长的溢出效应显著为负,这与中等城市类似,有利于减缓相邻城市的城市蔓延速度。居民收入水平对城市蔓延增长的溢出效应也显著为负,这说明,一个地区居民收入水平的提升会抑制周边地区的城市蔓延速度。

7.5 本章小结

本章基于DMSP/OLS夜间灯光数据测度了1994～2013年全国259个地级市的城市蔓延指数,利用泰尔指数分析了中国城市蔓延的区域差异和规模差异,并进一步对中国城市蔓延的变化趋势进行了空间收敛性分析。研究结果表明:(1)1994～2013年中国城市蔓延程度总体上有所下降,但依然存在明显的空间差异,相比较而言,东部区域城市蔓延程度较低,且城市规模越大,蔓延程度越低。(2)泰尔指数显示,1994～2013年中国城市蔓延空间差异呈现上升趋势,且组内差异和组间差异也均呈上升趋势。组内差异是影响城市蔓延空间差异的主要贡献因素,分区域来看,东部区域贡献率最高,东北部区域最小;分规模来看,大城市贡献率最高,小城市最小。(3)空间收敛性分析表明,中国城市蔓延在空间互动下存在条件β收敛,收敛速度为0.259,且空间收敛速度快于不考虑空间影响因素时的速度。分区域看,东部、中部、西部和东北部区域均在空间互动下存在条件β收敛,且与全国样本一致,空间收敛速度快于不考虑空间影响因素时的速度,其中,中部区域的收敛速度最快,为0.783,东部区域收敛速度最慢,为0.166;分规模来看,大城市、中等城市和小城市在空间互动下也均存在条件 β 收敛，其中，中等城市的收敛速度最快，为 0.583，大城市收敛速度最慢，为 0.210。(4) 从全国样本来看，产业结构对城市蔓延增速具有正向直接影响，城市基础设施建设对城市蔓延增速具有负向溢出效应；分区域样本之间以及分规模样本之间的城市蔓延增长的影响因素各不相同。

  基于上述研究，本章提出以下几点建议：(1) 城市蔓延的空间差异主要来自组内差异，缩小各区域内差异是缩小城市蔓延空间差异的关键，同时也要兼顾个别城市的均衡发展，根据实际情况，因地制宜实施差别化的用地政策引导。(2) 城市规模越大，城市蔓延程度越低，因此，需要进一步优化土地资源配置，土地的供给应该与人口流动方向相一致，实现土地要素在空间上的供需平衡。(3) 除中部区域外，全国和东部区域产业结构对城市蔓延增长的直接影响以及西部区域和东北部区域产业结构对城市蔓延增长的溢出效应均显著为正，因此，需要合理地保障工业用地需求，在保障城市经济发展的基础上，根据城市发展规划和企业用地特征合理控制用地规模，同时提高工业用地的集约利用水平，进行集中规划，减少零星布局。(4) 应充分加强城市基础设施建设、人力资本和产业规划之间的协调度，提高经济质量，地方政府在土地引资的过程中，更要注重加强产业的人口集聚效应，促进土地城镇化和人口城镇化的协调发展。(5) 建立系统的公共交通系统，提升城市交通的质量和容量，提高城市土地集约利用水平，同时，需契合城市自身发展阶段进行城市交通规划，避免盲目扩张，使城市空间布局更加合理。同时规范土地招拍挂出让的操作程序，建立土地出让过程的监督管理体系，避免为招商引资而低价或零地价供地的情况发生，减少土地违法行为。

第 8 章

激励机制对城市蔓延的影响研究

8.1 研究背景

城市蔓延是世界上大多数国家在城镇化过程中都会遇到的普遍现象。但是关于城市蔓延的定义、成因和后果,到目前为止仍然存在争议。而且现有文献主要关注美国、加拿大、希腊、意大利和西班牙等发达国家(Calafati,2008;Salvati et al.,2013;Inostroza et al.,2013;Hamidi and Ewing,2014;Gómez-Antonio et al.,2016)。随着城镇化的高速发展,近年来中国的城市蔓延问题日益突出。诸多文献已经证实中国的很多城市确实存在城市蔓延问题,例如北京、广州、重庆、南京和上海(Zhang,2000;Wei and Zhao,2009;Wei,2015;Jiang et al.,2016;Liu et al.,2018a)。已有研究主要对中国城市蔓延的影响因素进行了探讨,但鲜有研究关注不同规模下城市蔓延的异质性问题,且较少关注激励机制对城市蔓延影响以及是否存在空间异质性。因此,本章将基于中国地级数据并利用空间计量经济模型来实证检验激励机制对城市蔓延的直接影响和空间溢出效应。同时,利用中介效应模型检验地方政府土地出让行为对激励机制影响城市蔓延的中间作用机制。

中国城市土地的国家所有权性质决定了中国的城市蔓延问题需要从政府和土地市场两个角度来解释。中国地方政府对城市土地市场拥有绝对控制权,因而政府间激励是理解地方政府土地出让行为的关键。中国的城市发展为研究城市蔓延问题提供了很好的样本。

首先,改革开放以来中国城市发展的活力得到了充分释放,特别是东南沿海地区的城市发展迅速,取得了举世瞩目的成绩。城市规模继续扩大,中国的城镇化水平从 1978 年的 17.92% 大幅提高到 2016 年的 57.35%,2016 年中国城镇人口达到 7.93 亿。但是随着城镇化的快速推进,一系列问题也随之显现,如城市尤其是大城市中大量农用地和郊区土地以较低的价格被转化为建设用地,这些建设用地大部分被用于基础设施建设、新城和开发区建设,从而导致城市空间的无序扩张。过度依赖土地扩张的城镇化模式加剧了城市蔓延。

其次,1994 年之后中国地方政府的预算收入大幅减少,同时并没有减少预算支出,也没有减轻中央政府要求地方政府对于基础设施投资、招商引资以及其他促进经济增长措施的考核压力(Lichtenberg and ding, 2009),地方政府出现了财政失衡现象,如图8-1所示。可以看出,1994年地方政府财政收入的比重急剧下降,但同期财政支出的比重没有明显变化。面临财政困境,地方政府需要通过预算外收入和非正式税收收入来填补财政缺口并促进地方经济增长,因为这类收入不需要上交中央政府(Liu, 2018)。城市土地由地方政府控制,因而土地出让金成为地方政府最重要的预算外收入(Lichtenberg and Ding, 2009; Ding et al., 2014)。地方政府有强烈的动机通过土地出让获得土地出让金,其中大部分土地出让收入来自房地产开发用地。1998年7月,《国务院关于进一步深化城镇住房制度改革加快住房建设的通知》正式下发,该通知明确了停止福利性住房分配的政策。此后,中国房地产市场发展迅速,房价持续上涨,房地产开发用地价格大幅上涨。房地产市场的繁荣进一步推动了地方政府以"招标、拍卖、挂牌"的方式进行土地出让的行为,从而获得了更多的土地出让收入。2016年地方政府的土地出让收入占财政总收入的41.80%。上述地方政府土地出让行为加剧了城市蔓延。

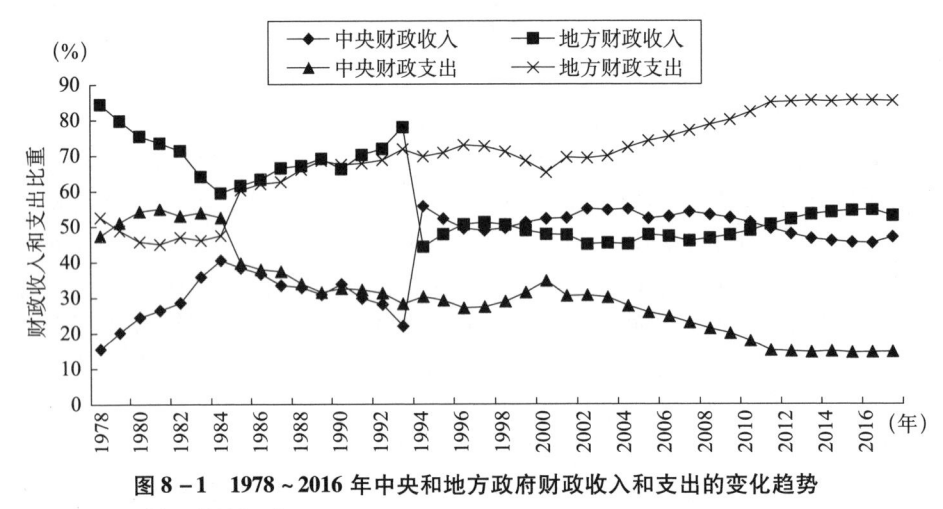

图8-1 1978~2016年中央和地方政府财政收入和支出的变化趋势

资料来源:《中国统计年鉴》。

最后,土地出让收入在地方财政中的重要性与土地利用制度的改革密切相关。众所周知,中国的城市土地为国家所有,而农村土地归村集体所有。1988年《土地管理法》将土地所有权与使用权分离之后,该法律进一步规定可以对土地使用权进行出让。地方政府在土地出让市场上占据绝对的主导地位,并成为土地一级市场的唯一供给者。在当前的土地使用权制度下,对土地资源进行选择性和策略性出让已经成为地方政府实现特定经济目标的重要手段。地方政府在很大程度上依靠土地出让金来保障地方公共服务和基础设施建设,从而促进经济增长。土地分配权的进一步下放使得地方政府有动机和动力出让更多土地以获得土地出让收入。因此,地方政府的土地出让行为决定了土地供应的结构、数量和节奏,并决定了城市是否出现蔓延。

本章系统研究了激励机制对城市蔓延的影响，并试图从以下几个方面对已有文献做出分析研究。首先，根据人口规模将所有地级市分为大城市和中小城市两类来检验不同规模的影响；其次，采用财政激励、引资激励和环境激励三项指标来衡量激励机制；再次，利用空间面板数据模型对2003~2013年激励机制影响城市蔓延的直接影响和空间溢出效应进行实证检验；最后，将土地出让行为作为中介变量构建中介效应模型，实证检验地方政府土地出让行为在激励机制与城市蔓延之间关系的中间影响路径。

8.2 文献综述与研究假设

8.2.1 文献综述

8.2.1.1 城市蔓延的驱动机制研究

随着城市蔓延研究的不断深入，城市蔓延内在机理的研究逐渐成为研究热点。学者们主要分析哪些因素影响了城市蔓延。有学者从区域内和区域间的角度进行归纳（Zhang T.，2001）。机理分析中的关注点主要集中在地理区位、产业空间结构、生活设施便利性、经济激励、土地需求和供给、人口增加、行政职能、发展规划、大型项目的建设、城市机动化与快速交通的发展、外围地区房地产的发展、邻里活力与基本公共服务空间不均等方面（孙平军等，2012；刘和涛等，2015；Osman T. et al，2016）。本章将城市蔓延影响机制的研究文献归结为交通、文化、市场和政策四个方面。

首先，交通技术的飞速发展尤其是私家车保有量的不断增加，极大地改变了人们的生活和出行方式，使得城市蔓延式发展成为可能。同时，随着生活水平的提高，人们更加愿意选择机动车出行和郊区独栋住宅居住。陈建华（2009）提出，市场主导的房地产开发以及大型项目填充了交通道路之间的剩余空间，导致了城市蔓延。交通成本的下降尤其是私家汽车的普及使得职住分离和远距离通勤成为可能，这进一步加剧了城市蔓延。

其次，文化。包括人们对美好环境的向往、对郊区田园生活和独立式住宅的偏爱等。人们对城市环境的恶化产生厌恶，于是产生寻求环境较好的城市边缘区定居的倾向。如吴俊杰（Wu J. J.，2006）通过实证研究发现，城市蔓延的模式和特点受到景观宜人性的影响。魏峰群和席岳婷（2014）提出，文化是现代城市蔓延的主要动力之一。

再次，城市蔓延是市场机制作用下的自然结果。市场机制包括城市人口的增长、城市居民收入水平的提高、开发企业对利润最大化的追求和交通成本的下降等方面。

城市人口的增长包括自然增长和农村人口向城市的转移，这些都会导致城市空间扩张；由于新区享有更好的环境、布局和相关配套设施，城市居民收入水平的提高会促进居民对新区住房的需求。如刘修岩等（2016）研究发现，居民对住房需求的不确定性是导致城市蔓延的关键诱因；房地产开发企业在高利润和高房价的利益驱动下会选择到城市周边进行大规模房地产开发。奥图诺·帕迪拉和费尔南德斯·阿拉西尔（Ortuño-Padilla A. and P. Fernández-Aracil，2013）发现，化石燃料价格的上升能够在一定程度上降低独栋住房的开工率，从而抑制城市蔓延。

最后，相关政策的制定和执行，包括税收政策、土地政策等。政府发布的各项政策对城市蔓延具有导向作用，但政策对城市蔓延的作用存在正负差异。有些政策加剧了城市蔓延，如土地再整理政策（Sorensen A.，2000）、城乡土地利用管制政策（Wei and Zhao，2009）、开发区为载体的周期政策（谭少华等，2014）；有些政策抑制了城市蔓延，如财产税（Song and Zenou，2006）、土地利用政策（Halleux J. M. et al.，2014）。当然这些政策的执行效果还取决于政府部门的执行力和动机，如恩戈兰和薛熊志（Ngoran and Xue，2015）研究发现，低效的政策执行力度、过时的管理计划、信息不充分、不同区域间资源分配不均和传统管理暴露出的差距导致了城市蔓延。秦蒙等（2016）通过实证研究发现，区域间和区域内部政府激励是导致城市蔓延的重要驱动因素。

8.2.1.2 土地出让行为与城市蔓延

中国城市的土地市场和地方政府土地出让动机是造成城市蔓延的主要原因（Zhang，2000）。因此，需要从土地市场和地方政府土地出让行为两方面来解释中国的城市蔓延，并且后者更为重要。在完整的市场经济环境中，开发商通常会忽略环境的外部性，政府监管的目的是防止市场失灵。但是美国郊区的土地使用法则鼓励低密度发展，这导致了土地的粗放利用（Ewing，1994）。中国的地方政府除了要应对市场失灵外，还必须注重促进经济增长，进而获得政治优势激励。林·乔治（Lin George，2007）认为，中国的城市蔓延是快速城镇化的必然结果。从国家主导和自下而上的城镇化角度，李甜等（Li Tian et al.，2017）发现，国家主导的增长对城市蔓延的影响比自下而上的发展更为重要。以开发区为载体的单一分配路径导致了城市建设用地的增长和城市蔓延（谭少华等，2014）。弗雷德里克和黄（Frederic and Huang，2004）、魏叶华（Wei Y. D.，2015）发现，开发区、半城镇化郊区和大量热点房地产开发项目由于行政改革的滞后以及土地改革的不均衡使土地资源浪费和城市蔓延现象严重。开发区、郊区的房地产开发项目也是城镇化的一部分。中国的城镇化进程由地方政府主导，因而地方政府的土地出让行为一定程度上决定了城镇化的模式，包括在开发区内低价出让工业用地、高价出让商业和住宅用地以及通过行政划拨方式供应基础设施和公共服务用地（Liu et al.，2018a）。魏亚萍和赵敏（Wei and Zhao，2009）研究发现，广州市混乱的城乡土地管制已经严重制约了城市发展。将农村土地转化为建设用地的过程中，不同用地政策之间的冲突已经导致了开发商之间的恶性竞争。这不仅增加了农村土地转化为城市建设用地的成本，而且导致城市空间发展的扭曲。为了实现政治优势，地方政府有足够的动机出让更多土地以吸引投资、增加财政收入和促进经济增长。所有这些土地出让行为都是以短期的经济增长为核心，很少考虑其行为的长期后果（Zhang，2000）。同时，这些土地出让行为往往发生在郊区，其原因在于，市中心土地使用成本较高，发展强度并不高（Anglin et al.，2014）。因此，中国的城市空间应更多地向郊区蔓延。

8.2.1.3 激励机制与城市蔓延

关于激励机制对城市蔓延的影响，主要有三种观点：中央政府与地方政府之间的财政激励，地方政府之间的激励以及地方官员自身的特征。从财政激励的角度，埃利希等（Ehrlich et al.，2018）发现，权力下放和财政分权对城市蔓延具有显著积极影响。因为在财政分权的国家中，地方政府为了获得财政收入会竞相允许房地产开发企业在郊区进行住宅开发。土地融资为城市土地扩张提供了资源和财政支持，地方政府倾向于通过将农用地转变为城市建设用地来获得土地出让收入（Lichtenberg and Ding，2009）。针对土地融资的土地出让行为的"路径依赖"将加剧城市蔓延（赵可等，2015；叶林等，2016；杜坤、田莉，2017）。

从同级政府之间的视角，秦蒙等（2016）将地方政府土地出让行为动机解释为财政缺口和地方政府之间的激励。发现区域间和区域内部地方政府之间的激励是城市蔓延的主要驱动力，财政缺口的影响并不显著。梁辉等（2017）使用人均道路面积来衡量地方政府之间的引资激励，得出了类似的结论。对于该结论的解释，韩孙生（Han，2010）认为，地方官员为了实现短期经济增长和政治优势，他们倾向于利用城市土地扩张来提高自身优势。为了吸引投资以获得政治优势，美国地方政府对基础设施（尤其是高速公路建设）的投资吸引了大量商业开发和郊区居民沿高速公路向外扩散，加剧了城市蔓延（Zhang，2001；Brueckner and Kim，2003）。戈麦斯·安东尼奥等（Gómez-Antonio et al.，2016）发现邻近城市之间的蔓延水平存在空间相互作用，原因是地方官员在建立新的郊区居民区方面相互激励，这反过来又加剧了城市蔓延。李永乐等（2018）指出，由于地方政府之间的引资激励和现行的考核机制，地方官员有足够的动机来获得更多的土地收入和寻求经济增长，从而导致城市空间的蔓延和城市土地的低效利用。考虑到地方官员本身的特征，傅利平和李永辉（2015）发现，与非本地的官员相比，本地的官员有更强的动机推动城市蔓延。陈志刚等（Chen et al.，2017）发现，地方官员的来源及其任期显著影响了城市建设用地扩张和土地利用效率。现有文献很少关注官员成长环境的影响。

综上所述，现有文献从不同角度分析了激励机制的动机和驱动机制，并取得了丰硕成果。激励机制的土地出让行为主要表现在开发区热、房地产项目热和基础设施热。此外，财政激励、地方政府之间的引资激励以及地方官员本身的特征构成了影响城市蔓延的激励机制的三个重要维度。但是到目前为止还鲜有文献从"三维"激励机制的视角系统分析其对城市蔓延的影响。考虑地方政府土地出让行为的相关研究数量则更少。

因此，本章将财政激励、引资激励和环境激励放到同一个研究框架下进行系统研究，并将三者作为激励机制的代理变量。同时，将使用空间面板数据模型从直接影响和溢出效应两个方面检验激励机制对城市蔓延的影响，进一步在模型中引入了土地出让行为变量，利用中介效应模型检验其在激励机制影响城市蔓延中的中介效应，并比较了大城市与中小城市之间的差异。

8.2.2 分析框架和研究假设

8.2.2.1 分析框架

图 8-2 是城市蔓延影响机制的理论分析框架。激励机制对城市蔓延的影响包括直接影响和间接影响。直接影响路径包括财政激励、引资激励和环境激励三个方面。

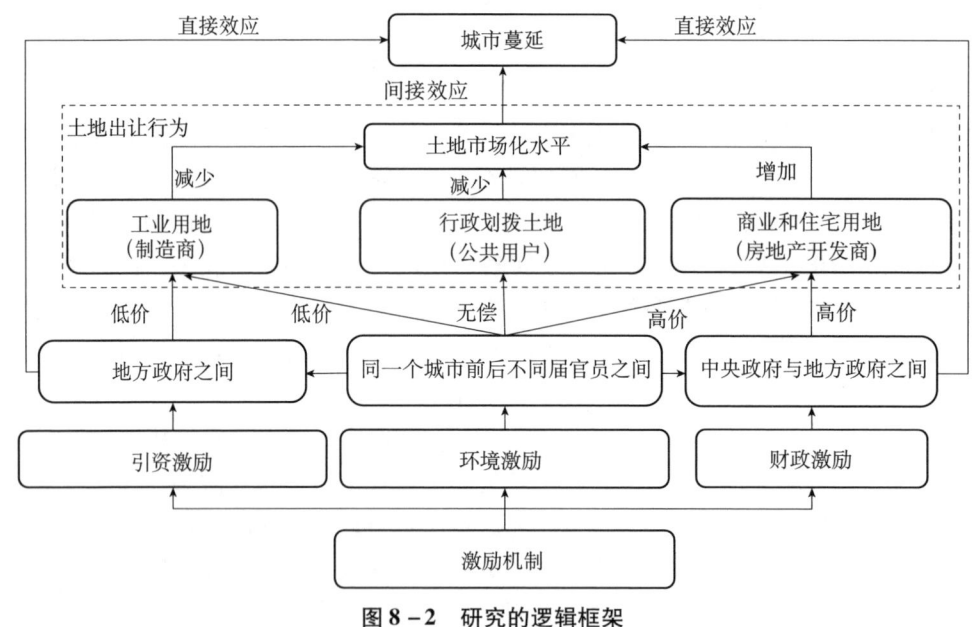

图 8-2 研究的逻辑框架

首先，地方政府预算收入减少的同时其公共财政支出责任并未减少。因此，地方政府面临巨大的财政压力。我们把地方政府面临的财政压力称为财政激励。为了缓解财政压力，地方政府倾向于通过"招标、拍卖和挂牌"的市场化方式出让商业和住宅用地，获得高额的土地出让收入。随着人口大规模涌入城市，大量的住房需求进一步推动地方政府出让更多的住宅用地用于房地产开发。在城市建设用地紧张的情况下，地方政府需要将农村土地转为城市建设用地用于房地产开发。同时，新建住宅小区需要配套相关基础设施，这些基础设施需要地方政府大量的财政投入（Zhang，2000）。这进一步加剧了地方政府对土地出让金的依赖。财政激励通过将农用地转变为城市建设用地加剧了城市蔓延。

其次，城市蔓延可以理解为地方政府通过建设工业园区和基础设施来吸引投资，或者只是为了容纳从市中心搬迁的工业企业而做出的规划应对（Frederic and Huang，2004；Han，2010）。目前中国大部分工业用地都集中在国家主导的工业园区和开发区。当前中国地方经济的发展主要依靠投资，吸引投资是促进经济增长的重要方式（Chen et al.，2017）。我们把这种由地方政府之间为了实现地方经济发展而进行的招商引资行为称为引资激励。在引资激励下，地方政府竞相进行基础设施和工业园区建设以吸引更多的投资，甚至以低于成本的价格向企业出让工业用地。地方政府竞相向中央政府申请开发区建设，导致开发区热（Han，2010；Wei，2015）。吸引投资一方面创造了税收收入，另一方面也推动了产业发展。尽管这会造成部分土地出让收入的损失，地方政府试图在两者之间找到平衡（Chen et al.，2017；Liu et al.，2018a），并希望通过产业发展以及增加就业岗位来获得更多的晋升机会。地方政府通常以较低的价格出让工业用地，由于郊区和农村土地征收成本较低，使得工业用地基本分布在郊区和农村的开发区内，这不可避免地造成了城市蔓延。

最后，地方官员所在城市的发展环境也会影响城市蔓延。中国地方官员的发展主要与其执政期间的表现有关，包括促进经济增长、吸引投资和提高公共服务水平。同时，地方官员的决策和土地出让行为受到所在城市环境的影响（Chen et al.，2017）。因此，由地方官员的土地出让行为引起的城市蔓延可以理解为官员在不同环境中的不同反应。我们把在同一城市不同届官员之间激励过度的土地出让行为称为环境激励。为了获得差异化的政绩，同一城市中不同届官员之间城市发展战略的差异将导致土地出让行为的改变。不同届官员对发展领域的偏好差异会导致土地出让区位的变化，并且当届地方官员有过度出让土地的动机（李永乐等，2018）。当竞争环境更加激烈时，地方官员将出让更多的土地以突出其政绩，从而加剧了城市蔓延。

激励机制对城市蔓延的间接影响是通过地方政府的土地出让行为来实现的。"三维"激励机制导致了地方政府的不同土地出让行为。地方官员的不同土地出让行为将促进或抑制土地市场化水平，并进一步抑制或促进城市蔓延。其中，财政激励使地方政府的土地出让行为倾向于高价出让商住用地。由于商住用地基本通过"招标、拍卖和挂牌"方式进行出让，商住用地出让的比例越高，土地市场化水平越高。这意味着开发商获得土地使用权的成本也越高，这将促使开发商不断提高土地利用效率并抑制城市蔓延；引资激励使地方政府的土地出让行为倾向于低价出让工业用地。由于工业用地通常采用"协议"的非市场化出让方式，因而企业通常以较低的成本获得土地使用权。企业之间的低竞争性和低成本会导致其缺乏节约土地的意识，因而土地低效利用和土地闲置问题较为突出，城市蔓延问题亦突出；晋升环境激励使得地方政府的土地出让行为倾向于同时出让商住用地、工业用地和基础设施用地。基础设施用地用于为城市居民提供公共服务。由于基础设施用地是通过行政划拨方式获得的，因而可以无偿获得土地使用权，这会导致土地市场化程度降低。土地使用者缺乏土地集约利用的意识，不可避免地造成了城市蔓延。

8.2.2.2 研究假设

基于以上分析，本章提出如下研究假设。

假设8-1 财政激励对城市蔓延的影响主要是由地方政府的财政激励造成的。财政激励本身对城市蔓延具有正向的直接影响。同时，财政激励还将通过土地市场化对城市蔓延产生间接影响。财政激励越激烈，地方政府的土地出让行为越倾向于增加商住用地出让比例，土地市场化水平越高。土地市场化水平的提高可以从一定程度上抑制城市蔓延。

假设8-2 引资激励对城市蔓延的影响是由于地方政府之间的竞争所引起的开发区热和基础设施热。引资激励本身对城市蔓延具有正向的直接影响。同时，引资激励还将通过土地市场化对城市蔓延产生间接影响。地方政府为了吸引投资会出让更多的工业用地，导致土地市场化水平降低。土地市场化水平的下降一定程度上会加剧城市蔓延。

假设8-3 环境激励对城市蔓延的影响主要是在同一城市不同届政府官员之间的竞争，进而引起了土地投放节奏和布局变化。环境激励本身对城市蔓延具有正向的直接影响。同时，环境激励还通过土地市场化对城市蔓延产生间接影响。面对激烈的环境激励，地方官员的土地出让行为将表现出同时大量出让商住用地、工业用地和基础设施用地。环境的激励程度越高，三类用地的出让数量越多。因此，环境激励的程度从三个方面间接影响城市蔓延：(1) 通过增加商业和居住用地的供给来提高土地市场化水平，从而对城市蔓延产生一定的抑制作用；(2) 通过增加基础设施用地的供给降低土地市场化水平，从而促进城市蔓延；(3) 通过增加工业用地的供给降低土地市场化水平，从而促进城市蔓延。

8.3 变量选取

8.3.1 样本研究单元的选取

鉴于城市蔓延在地级市层面上更为突出，因而本章选择地级市作为研究样本。由于部分城市没有公布财政收支数据，最终样本并未涵盖所有地级市（334个城市中的284个观测值）。首先，本章根据人口规模将284个城市分为小城市、中等城市、大城市、特大城市和超大城市（见表8-1）。特大城市和超大城市的数量都非常少，分别只有8个和3个。考虑到特大城市和超大城市的样本规模太小，本章在之后的实证分析中将其合并到大城市类别中。本章还将中等城市和小城市的组合并为中小城市。最终的实证研究共包括三组数据，分别是中小城市、大城市以及所有284个城市。其次，本章根据城市蔓延指数值的大小将284个城市分为四类：轻度蔓延（$0 < US \leq 0.25$）、中度蔓延（$0.25 < US \leq 0.5$）、高度蔓延（$0.5 < US \leq 0.75$）和重度蔓延（$0.75 < US \leq 1$）。2013年属于轻度蔓延的城市7个、中度蔓延24个、高度蔓延230个、重度蔓延23个。城市蔓延指数最低的城市是东莞，指数值为0.032。城市蔓延指数最高的是四川省雅安市，指数值为0.850。2013年的50个小城市中有43个高度蔓延、5个重度蔓延；109个中等城市中有95个高度蔓延、11个重度蔓延；119个大城市中有90个高度蔓延、7个重度蔓延，但仍然有7个属于轻度蔓延、10个属于中度蔓延。值得一提的是，8个特大城市和3个超大城市中均没有出现重度蔓延状态，大多数是中度蔓延状态、少数是高度蔓延状态。我们可以得出结论：规模越大的城市蔓延水平相对越低。该结果与已有文献（Liu et al., 2018b）的研究结论是一致的。

表8-1 2013年中国城市、人口和城市蔓延程度分布情况

城市规模	规模划分标准（万人）	城市数量（个）	城市数量占比（%）	人口（万人）	人口占比（%）	城市蔓延程度（城市数量）			
						轻度蔓延	中度蔓延	强度蔓延	重度蔓延
小城市	<50	50	17.61	1 891.2	4.76	0	2	43	5
中型城市	50~100	109	38.38	7 985	20.09	0	3	95	11
大城市	100~500	114	40.14	20 807.4	52.35	7	10	90	7
特大城市	500~1 000	8	2.82	4 720.2	11.87	0	7	1	0
超大城市	≥1 000	3	1.06	4 346.2	10.93	0	2	1	0
总计		284	100	39 750	100	7	24	230	23

注：城市规模分类标准主要参照《国务院关于调整城市规模划分标准的通知（2014）》。规模划分标准的下限包括本数，上限不包括本数。

8.3.2 变量的选取

8.3.2.1 因变量

本章选取城市蔓延指数作为因变量。尽管城市蔓延现象在全球范围内很普遍，但形式却彼此不同。因此，有必要设计科学、可量化的测量指标和评价方法以揭示城市蔓延的真实水平。具体城市蔓延指数的测度模型和方法参见第7章的内容。

8.3.2.2 自变量

本章选取财政激励，引资激励和环境激励作为核心的自变量来反映政府间激励程度。

(1) 财政激励。财政激励主要表现为财政缺口激励。地方政府面临的财政缺口越大,财政激励程度越高。本章借鉴王家庭等(2018)的方法,采用财政赤字率来衡量财政激励,即财政赤字率 =(一般预算内财政收入 - 一般预算内财政支出)/GDP。财政赤字率越高,财政激励程度越高。

(2) 引资激励。引资竞争主要表现为招商引资的激励程度。为了刺激经济增长,地方政府大量低价出让工业用地以吸引投资。本章借鉴林江等(2011)和李勇刚等(2013)的方法,采用外商直接投资(FDI)占 GDP 的比值来衡量引资激励。FDI 在 GDP 中所占的比重越大,引资激励越激烈。

(3) 环境激励。环境激励主要表现为同一城市中不同届官员城市发展战略变化引起的土地供应和布局的变化。官员更换的频率越高,土地供给布局的变化就越明显,政府过度使用土地资源的动机越强烈。本章采用政府官员的更替比率来衡量。当中央政府决定更换更多官员时,地方官员被替换的可能性将会增加,面临职业发展的不确定将增强(徐现祥、王贤彬,2010;傅利平、李永辉,2015)。地方官员将在任期内努力创造政绩来获取发展的机会。本章采用下式来测度环境激励:

$$PEC = \frac{\sum_{i=1}^{m} n_{it} - n_{it}}{m} \qquad (8-1)$$

其中,PEC 表示第 t 年的晋升环境激励;n_{it} 表示第 i 市第 t 年官员更替人数;m 表示对应省份地级市个数。官员离职率越高,地方官员的晋升环境激励越激烈。

8.3.2.3 中介变量

本书选取土地出让行为作为中介变量。地方政府的土地出让行为是指为了实现财政收入增长目标和经济发展目标而进行的一系列土地出让行为,最终导致土地出让规模和土地出让结构的差异。本章采用土地市场化水平来衡量土地出让行为。土地市场化的过程实际上是使土地价格反映其市场价值的过程。因此,一个城市的土地市场化水平越高,该地区的土地价格就越接近真实的市场价格,土地利用效率就越高。

中国城市的土地市场可分为一级市场和二级市场。城市土地一级市场是指地方政府与土地使用者进行土地使用权交易的市场,是土地使用权的出让市场,交易方式主要有协议、招标、拍卖、挂牌、划拨和租赁;城市土地二级市场是指土地使用者之间进行的第二次及以上土地使用权交易市场,交易方式主要有转让、出租、抵押等。学界普遍认为中国的城市二级土地市场是一个相对完善的市场,交易双方自由协商达成交易,因此,本章在测度土地市场化过程中只考虑城市一级土地市场。关于土地出让市场化的测度,目前比较常用的有比例法和权重法:比例法的计算采用"招拍挂"方式出让的土地宗数或面积占全部出让的土地宗数或面积的比重来测度;权重法的计算采用土地出让方式和价格的加权平均来测度,同样也分为宗数指标和面积指标。权重法不仅考虑了土地出让方式与市场化标准的偏离，还进一步考虑了土地出让价格与市场化标准的偏离，因此，本章采用权重法计算土地出让市场化程度。同时，已有文献多数采用面积指标，因此，本章将采用面积指标进行稳健性检验。权重法测算公式如下：

$$LM = \frac{\sum_{i=1}^{n} Z_i f_i}{\sum_{i=1}^{n} Z_i} \tag{8-2}$$

其中，LM 为土地出让市场化水平；Z_i 为城市一级土地市场各种交易方式出让的土地宗数；f_i 为对应交易方式的价格权重。在价格权重方面，本章借鉴徐升艳等（2018）的做法，采用"招拍挂"方式出让土地的平均价格作为基准，时间维度处理上采用变化价格权重，即用每年各城市各种交易方式出让土地的平均价格分别计算价格权重。

8.3.2.4 其他控制变量

为了防止伪回归本章还引入了如下控制变量。

（1）人均 GDP（GP）。根据单中心理论，提高经济发展水平将提高城市的消费能力。整个城市可以支付更高的运输成本和基础设施成本，城市居民的住房负担能力将继续提高。一个城市的经济增长意味着需要更多空间来满足企业和个人的生产和生活需求。因此，预计城市蔓延与经济增长之间的关系为正（刘修岩等，2016；秦蒙等，2016；梁辉等，2017）。本章引入人均 GDP 来控制经济增长对城市蔓延的影响。

（2）人口规模（PS）。用城市的常住人口数量来衡量。人口增加意味着需要更多空间来提供居民的生活。一个城市的土地有限，为了获得发展空间而扩展到周围的郊区和村庄是其必然选择。同时，土地需求的增加也将导致土地价格的上涨。土地价格上涨进一步刺激了地方政府出让更多土地。因此，人口增长将促进城市蔓延（Zhang，2000；秦蒙等，2016；Ehrlich et al.，2018）。

（3）公共交通条件（PT）。用每万人中的公共交通数量来衡量。城市公共交通条件的提升改善了交通可达性和出行效率，并促进了人口流动。交通可达性的改善降低了城市居民转向郊区居住的成本，从而促进城市蔓延（秦蒙等，2016；梁辉等，2017）。

（4）产业结构（IS）。用第二产业和第三产业的产值占 GDP 的比重来衡量。随着第二产业和第三产业的发展，城市土地使用需求的增加导致中心城市地区土地使用成本的增加，即城市地租呈现空间负梯度。因此，厂商在选址时往往会偏向于郊区，导致郊区对土地的需求增加，加速了城市蔓延（Karolien D B and Jan V H，2013；梁辉等，2017）。同时，产业集聚在城市内达到饱和后，产业会从集聚转向分散，这时会挤出部分产业向外迁移，在郊区地带产生新的集聚，促使城市不断向外扩张(王宏伟等,2003)。另外,中国的一些大城市实施工业外迁战略,进一步加剧了城郊地区的土地需求,加剧了城市蔓延。相关变量的描述见表8-2。

表8-2 变量描述

	变量	含义	变量描述
因变量	US	城市蔓延	详细信息参见第7.3.1节
自变量	FC	财政激励	(财政支出-财政收入)/GDP
	IAC	引资激励	实际外国直接投资/GDP
	PEC	环境激励	有关详细信息,请参见第8.3.2.2节
	LLM	土地市场化水平	有关详细信息,请参见第8.3.2.2节
控制变量	lnGP	人均国内生产总值	Ln(GDP/总人口)
	lnPS	人口规模	Ln(常住人口)
	lnPT	公共交通条件	Ln(每万人拥有的公交车)
	lnIS	产业结构	Ln(第二产业和第三产业产值/GDP)

8.4 模型选取与数据说明

8.4.1 空间面板数据模型

空间面板数据模型一般分为含有空间滞后项和含有空间自相关误差项的面板数据模型。前者是内生交互项,被称为空间滞后模型(SLM);后者是误差项之间交互作用,被称为空间误差模型(SEM)。之后又有学者对空间误差模型进行了拓展,提出了空间杜宾模型(SDM),该模型既包含了解释变量的空间滞后项,还包括了被解释变量的空间滞后项。三类模型的基本形式如下:

$$y_{it} = \rho \sum_{j=1}^{N} w_{ij} y_{jt} + \beta x'_{it} + \mu_i + \lambda_i + \varepsilon_{it} \quad (8-3)$$

$$y_{it} = \beta x'_{it} + \mu_i + \lambda_i + \phi_i; \phi_i = \rho \sum_{j=1}^{N} w_{ij} \phi_{jt} + \varepsilon_{it} \quad (8-4)$$

$$y_{it} = \rho \sum_{j=1}^{N} w_{ij} y_{jt} + \beta x'_{it} + \theta \sum_{j=1}^{N} w_{ij} x'_{jt} + \mu_i + \lambda_i + \varepsilon_{it} \quad (8-5)$$

式(8-3)~式(8-5)分别为SLM、SEM和SDM模型的基础形式。其中,y_{it}表示横截单元i在t时期的内生被解释变量($i=1,2,\cdots,N;t=1,2,\cdots,T$)。$x_{it}$表示$1 \times k$维的外生解释变量,$\beta$和$\theta$均为变量$x_{it}$的$k \times 1$维系数向量;$\sum w_{ij} y_{jt}$表示相邻单位内生变量的交互影响,$w_{ij}$是空间权重矩阵,$\rho$是用来衡量变量在相邻两个单元互相影响程度的未知参数;ε_{it}和ϕ_{it}表示随机误差项;μ_i表示个体固定效应,λ_i表示时间固定效应。

为了进一步检验空间溢出效应的大小,需要采用一定的方法将直接影响与空间溢出效应剥离，而不是直接运用空间面板数据模型进行简单的回归分析。现有研究多采用詹姆斯和佩斯（James and Pace，2009）的分解公式：

$$[I-\rho w]^{-1} = I + \rho w + \rho w^2 + \rho w^3 + \cdots \tag{8-6}$$

通过预先设定式（8-6）右侧 w 和 ρ 的次数，能够避免矩阵 $[I-\rho w]^{-1}$ 复杂的求逆矩阵的过程，而且能够很好地求取每次抽样的直接影响和溢出效应取值。

8.4.2 相关性检验与模型选择

在进行相关空间计量分析之前，要先对城市蔓延指数（被解释变量）进行空间自相关分析，本章用 Moran's I 来计算城市蔓延的空间相关性，其计算公式为：

$$Moran's\ I = \frac{\sum_{i=1}^{n}\sum_{j=1}^{n}w_{ij}(US_i - \overline{US})(US_j - \overline{US})}{S^2\sum_{i=1}^{n}\sum_{j=1}^{n}w_{ij}} \tag{8-7}$$

其中，$S^2 = \frac{1}{n}\sum_{i=1}^{n}(US_i - \overline{US})^2$，$\overline{US} = \frac{1}{n}\sum_{i=1}^{n}US_i$；$US_i$ 表示第 i 城市的城市蔓延指数；n 代表城市总数；w_{ij} 代表空间权重矩阵，并有 $w_{ij} = 1/d_{ij}^2$，d_{ij} 表示地区 i 与地区 j 之间的距离，实证过程中将所得的矩阵进行标准化处理。进一步，需要判断三类模型的适用性。本章构建了不包含空间交互作用的面板数据模型：

$$US_{it} = \alpha + \beta_1 FC_{it} + \beta_2 IAC_{it} + \beta_3 PEC_{it} + \beta_4 LLM_{it} + \gamma X_{it} + \mu_t + \lambda_i + \varepsilon_{it} \tag{8-8}$$

其中，US_{it} 表示第 i 城市 t 年的城市蔓延指数；FC_{it} 表示第 i 城市 t 年的财政激励；IAC_{it} 表示第 i 城市 t 年的引资激励；PEC_{it} 表示第 i 城市 t 年的环境激励；LLM_{it} 表示第 i 城市 t 年的土地市场化水平；X_{it} 表示控制变量，包括人均 GDP（PG）、人口规模（PS）、公共交通条件（PT）和产业结构（IS）；μ_t 和 λ_i 分别表示空间效应和时间效应；ε_{it} 表示随机扰动项。

我们通常采用 LR 检验来选择空间固定效应和时间固定效应，并在 LR 检验的基础上采用拉格朗日乘数（LM）检验来判断 SLM 和 SEM 模型是否成立，若 SLM 和 SEM 模型均成立，那么就需要进一步估计 SDM 模型，根据式（8-8），本章建立的 SDM 模型为：

$$\begin{aligned}US_{it} = {} & \alpha + \gamma X_{it} + \mu_t + \lambda_i + \rho\sum_{j=1}^{N}w_{ij}US_{jt} + \beta_1 FC_{it} + \beta_2 IAC_{it} \\ & + \beta_3 PEC_{it} + \beta_4 LLM_{it} + \theta_1\sum_{j=1}^{N}w_{ij}FC_{it} + \theta_2\sum_{j=1}^{N}w_{ij}IAC_{it} \\ & + \theta_3\sum_{j=1}^{N}w_{ij}PEC_{it} + \theta_4\sum_{j=1}^{N}w_{ij}LLM_{it} + \theta_5\sum_{j=1}^{N}w_{ij}X_{it} + \varepsilon_{it}\end{aligned} \tag{8-9}$$

其中参数含义与式（8-8）相同，w_{ij} 代表空间权重矩阵。我们通常采用 Wald 统计检验来判断 SDM 模型是否可被分解为 SLM 和 SEM 模型，若 Wald 统计检验结果显著,则说明 SDM 模型可被分解为 SLM 和 SEM 模型,是三类模型中的最佳模型。最后,我们采用 Hausman 检验来选择模型的固定效应和随机效应,若 Hausman 检验显著,则采用固定效应模型;反之,则选择随机效应模型。

8.4.3 中介效应模型

中介变量有助于理解解释变量对被解释变量的影响路径和作用机理,本章借助中介效应模型,将利用土地市场化水平作为中介变量来检验激励机制对城市蔓延的影响路径,若激励机制通过土地市场化对城市蔓延具有一定的影响,则土地市场化为激励机制影响城市蔓延的中介变量,即土地市场化在政府间激励和城市蔓延之间起中介作用。中介效应模型如下:

$$US = cIC + e_1 \tag{8-10}$$

$$LLM = aIC + e_2 \tag{8-11}$$

$$US = c'IC + bLLM + e_3 \tag{8-12}$$

其中,式(8-10)、式(8-11)和式(8-12)中 US 和 LLM 的含义与式(8-9)中的含义相同。IC 表示激励机制,分别由 FC、IAC 和 PEC 衡量;c 表示 IC 对 US 的总效应;a 表示 IC 对中介变量 LLM 的效应;b 表示控制了 IC 的影响后,中介变量 LLM 对 US 的效应;c' 表示在控制了中介变量 LLM 的影响后,IC 对 US 的直接效应;e_1、e_2、e_3 是回归残差项。中介效应模型示意图如图 8-3 所示。

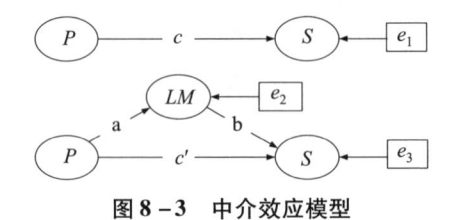

图 8-3 中介效应模型

基于上述模型,我们可以得到激励机制对城市蔓延影响的中介效应,即间接效应,等于系数 a 与系数 b 的乘积。在中介效应模型中,直接效应(c')、间接效应(ab)和总效应(c)存在如下关系:

$$c = c' + ab \tag{8-13}$$

本章利用巴伦和肯尼(Baron and Kenny,1986)提出的逐步检验方法来估计中介效应模型,该方法通过逐步估计式(8-10)~式(8-12),判断回归系数以检验是否存在中介效应。

8.4.4 数据来源与相关检验

(1)数据来源。本章使用2003~2013年中国284个地级市的面板数据进行实证检验。地方财政一般预算收入、地方财政一般预算支出、实际利用外商直接投资、常住人口规模、国内生产总值、每万人拥有的公共汽车、第二产业产值以及第三产业产值数据均取自《中国城市统计年鉴》(2002~2014)。土地出让数据取自《中国国土资源统计年鉴》(2005~2014)和《中国国土资源年鉴》(2002~2004)。GDP采用GDP价格指数进行平减,最终得到以2003年为基期的实际GDP。由于难以获得地级市层面的GDP价格指数,因而本章使用省级GDP价格指数来对地级市的GDP数据进行了平减。价格指数数据摘自《中国统计年鉴》(2002~2014)。实际利用外商直接投资数据按当年的人民币汇率将美元转换为人民币,并同样采用GDP价格指数进行平减,得到以2003年为基期的实际值。此外,本章还对一些变量进行对数处理。表8-3是变量的描述性统计。

表8-3　　　　　　　　变量性描述统计

变量	变量数	平均值	标准差	最小值	最大值
US	3 124	0.665	0.129	0.027	0.994
FC	3 124	-0.033	0.036	-0.390	0.125
IAC	3 124	4.614	1.578	0.979	10.479
PEC	3 124	0.639	0.210	0	0.857
LLM	3 124	0.548	0.296	0.002	1
lnGP	3 124	9.667	0.781	7.545	12.545
lnPS	3 124	4.128	0.925	1.386	7.481
lnPT	3 124	1.646	0.783	-1.427	4.745
lnIS	3 124	7.267	0.640	4.938	11.474

(2)数据检验。面板数据的单位根检验主要包括LLC检验,IPS检验,Fisher-ADF检验和Fisher-PP检验,检验结果见表8-4。检验后,除了FC的IPS检验结果和LLM的Fisher-ADF检验结果不显著外,其他所有变量在四种检验方法中均在1%显著性水平显著,即所有变量均通过了单位根检验,并且均为零阶单整,说明样本数据是稳定的。

表8-4　　　　　　　　指标的面板单位根检验

指标	LLC	IPS	Fisher-ADF	Fisher-PP
US	-20.49*** (0.000)	-9.50*** (0.000)	942.88*** (0.000)	1107.70*** (0.000)
FC	-22.38*** (0.000)	-3.63 (0.999)	754.30*** (0.000)	931.56*** (0.000)
IAC	-23.54*** (0.000)	-10.09*** (0.000)	974.94*** (0.000)	1073.25*** (0.000)
PEC	-29.76*** (0.000)	-19.50*** (0.000)	1344.73*** (0.000)	1651.53*** (0.000)
LLM	-14.37*** (0.000)	-1.47*** (0.070)	608.13 (0.118)	683.84*** (0.000)
lnPG	-48.33*** (0.000)	-13.47*** (0.000)	1332.86*** (0.000)	2127.18*** (0.000)
lnPS	-473.08*** (0.000)	-45.07*** (0.000)	775.33*** (0.000)	888.75*** (0.000)

续表

指标	LLC		IPS		Fisher-ADF		Fisher-PP	
lnPT	−17.60***	(0.000)	−3.129**	(0.016)	767.33***	(0.000)	850.99***	(0.000)
lnIS	−33.07***	(0.000)	−4.21***	(0.000)	969.14***	(0.000)	1494.26***	(0.000)

注：括号内为 p 值；***、** 分别表示在1%、5%的水平显著。

此外，我们将 US 与 FC、IAC、PEC、LLM、lnPG、lnPS、lnPT 和 lnIS 进行了协整检验，以分析城市蔓延与激励机制，土地市场化水平以及其他控制变量之间是否存在长期均衡关系。本章采用 KAO 统计方法进行协整检验，检验结果列于表8–5。US 变量和其他变量均在1%或5%水平显著。因此，可以判断出城市蔓延与所有变量之间存在长期稳定的协整关系。

表8–5　　　　　　　　　Kao 残差协整检验

指标	KAO 检验	P 值
US & FC	5.33***	0.000
US & IAC	4.68***	0.000
US & PEC	6.26***	0.000
US &LLM	2.11**	0.017
US & lnPG	2.42***	0.008
US & lnPS	−3.91***	0.000
US & lnPT	1.71**	0.043
US & lnIS	2.56***	0.005

注：***、** 分别表示在1%、5%的水平显著。

表8–6显示了变量之间的相关系数。大多数变量的相关系数较低。US 与 lnGP、lnPS 和 lnIS 有较强的相关性，而与 lnPT、IAC、FC、PEC 和 LLM 的相关性很弱。此外，我们借助方差膨胀因子（VIF）来检验多重共线性，发现 VIF 值均小于10，这表明变量之间不存在多重共线性。

表8–6　　　　　　　　　相关系数矩阵和 VIF 检验

变量	VIF	US	FC	IAC	PEC	LLM	lnGP	lnPS	lnPT	lnIS
US	—	1.000	—	—	—	—	—	—	—	—
FC	1.19	−0.115***	1.000	—	—	—	—	—	—	—
IAC	1.34	0.335***	−0.124***	1.000	—	—	—	—	—	—
PEC	1.02	0.097***	0.013	0.046***	1.000	—	—	—	—	—
LLM	1.19	−0.056***	0.095***	−0.044**	−0.020	1.000	—	—	—	—
lnGP	3.32	−0.676***	0.173***	−0.388***	−0.110***	0.199***	1.000	—	—	—
lnPS	1.84	−0.539***	0.046***	−0.367***	−0.148***	0.100***	0.599***	1.000	—	—
lnPT	1.75	−0.471***	0.176***	−0.339***	−0.086***	0.086***	0.641***	0.445***	1.000	—
lnIS	2.93	0.521***	0.024	0.283***	0.102***	−0.361***	−0.747***	−0.605***	−0.462***	1.000

注：***、** 分别表示在1%、5%的水平显著。

8.5 实证结果分析

8.5.1 空间面板数据模型的实证结果分析

根据式（8-7）的计算，表8-7显示了2003~2013年中国城市蔓延的全局 *Moran'I* 指数。2003年以来，中国城市蔓延的 *Moran'I* 指数总体上显著为正，表明在此期间中国城市蔓延存在显著的空间相关性，因此，需要将空间因素纳入模型中。

表8-7　2003~2013年中国城市蔓延 *Moran's I* 指数

年份	Moran's I	年份	Moran's I
2003	0.156*** （19.264）	2009	0.150*** （18.556）
2004	0.1282*** （15.912）	2010	0.182*** （22.388）
2005	0.1263*** （15.648）	2011	0.193*** （23.718）
2006	0.1428*** （17.661）	2012	0.184*** （22.699）
2007	0.1718*** （21.166）	2013	0.175*** （21.581）

注：括号内为 p 值；*** 表示在1%的水平显著。

表8-8~表8-10显示了所有城市、中小城市和大城市三组样本的空间面板数据模型的实证结果。为了选择最适合的空间计量模型，本章首先使用非空间面板数据进行估计和残差检验（见表8-8）。空间固定效应和时间固定效应的LR检验均在1%的水平显著，表明该模型同时包含时间固定效应和空间固定效应。因此，应该基于时空固定效应模型来计算LM统计量。可以看出，时空固定效应模型的LM统计量检验均在1%显著性水平显著，同时R-LM统计量也均显著为正，则说明SLM和SEM模型都成立，需要进一步评估SDM模型。

表8-9显示了三组样本空间和时间固定的SDM模型结果。由于参数可能存在偏差，因而对SDM模型进行修正。从Wald检验结果可以看出，三组样本的空间滞后项和空间误差项均通过了1%的显著性检验，表明SDM模型比SLM和SEM更适用。所有样本的Hausman检验均拒绝了随机效应模型的原假设。因此，具有时空固定效应的SDM模型更有效。根据相应SDM模型的系数估计结果，可以发现大多数变量空间滞后项在10%显著性水平显著。这意味着这些变量的空间影响因子也需要包含在模型中。通过表8-9不难发现，三组样本 ρ 的估计系数均显著为正，表明因变量US在相邻城市之间存在显著的空间溢出效应。城市蔓延水平受到邻近城市蔓延水平的正向影响。当邻近城市的经济发展水平和产业结构更接近当地时，它们将竞相出让土地、建设新区和开发区，并相互模仿以吸引新的居民和投资者来此居住（秦蒙等，2016；Gómez-Antonio et al.，2016）。随着城市为经济增长而相互竞争，没有一个城市会停止扩张，新居民可以轻松地在其他城市找到居住空间，企业也可以轻松地与其他城市展开合作（Zhang，2000）。

表 8-8　非空间面板模型的系数估计和残差检验

变量	所有城市				中小城市				大城市			
	混合效应模型	空间固定效应模型	时间固定效应模型	空间时间固定效应模型	混合效应模型	空间固定效应模型	时间固定效应模型	空间时间固定效应模型	混合效应模型	空间固定效应模型	时间固定效应模型	空间时间固定效应模型
LM spatial lag	406.692 *** (0.000)	778.769 *** (0.000)	310.413 *** (0.000)	553.090 *** (0.000)	70.713 *** (0.000)	201.466 *** (0.000)	56.931 *** (0.000)	96.259 *** (0.000)	148.545 *** (0.000)	435.488 *** (0.000)	86.819 *** (0.000)	352.901 *** (0.000)
LM spatial error	745.112 *** (0.000)	748.184 *** (0.000)	353.134 *** (0.000)	524.303 *** (0.000)	130.339 *** (0.000)	193.452 *** (0.000)	58.733 *** (0.000)	87.666 *** (0.000)	188.675 *** (0.000)	384.322 *** (0.000)	84.591 *** (0.000)	297.479 *** (0.000)
R-LM spatial lag	1.261 (0.262)	31.551 *** (0.000)	40.686 *** (0.000)	37.782 *** (0.000)	8.895 *** (0.003)	8.037 *** (0.005)	3.953 ** (0.047)	12.064 *** (0.003)	5.280 ** (0.022)	57.102 *** (0.000)	15.259 *** (0.000)	71.806 *** (0.000)
R-LM spatial error	339.681 *** (0.002)	0.966 (0.326)	83.407 *** (0.000)	8.996 *** (0.003)	68.522 *** (0.000)	0.023 (0.879)	5.755 ** (0.016)	3.472 * (0.062)	45.409 ** (0.000)	5.936 ** (0.015)	13.031 *** (0.000)	16.384 *** (0.000)
Spatial fixed effect LR test		4 554.809 *** (0.0000)				2 057.178 *** (0.0000)				2 259.008 *** (0.0000)		
Time fixed effect LR test		166.939 *** (0.0000)				117.709 *** (0.0000)				79.288 *** (0.0000)		

注：括号内为 p 值；***、**、* 分别表示在 1%、5%、10% 的水平显著。

表8-9 空间和时间效应的 SDM 模型的估计结果

变量	所有城市 空间和时间效应固定模型	所有城市 空间和时间效应固定模型(修正)	所有城市 空间和时间随机效应模型	中小城市 空间和时间效应固定模型	中小城市 空间和时间效应固定模型(修正)	中小城市 空间和时间随机效应模型	大城市 空间和时间效应固定模型	大城市 空间和时间效应固定模型(纠错)	大城市 空间和时间随机效应模型
ρ	0.388*** (13.920)	0.388*** (13.917)	0.535*** (21.247)	0.231*** (5.345)	0.231*** (5.344)	0.313*** (7.590)	0.246*** (6.017)	0.246*** (6.016)	0.527*** (16.504)
FC	0.341*** (7.152)	0.341*** (7.139)	0.059 (1.577)	0.284*** (6.216)	0.284*** (6.197)	0.074* (1.769)	-0.578*** (-4.682)	-0.578*** (-4.663)	-0.008 (-0.093)
IAC	0.173*** (3.983)	0.173*** (3.976)	0.004 (0.016)	0.176*** (4.296)	0.176*** (4.282)	0.030 (1.065)	-0.139 (-1.402)	0.139 (1.396)	0.239*** (3.362)
PEC	0.003* (1.776)	0.003* (1.718)	0.005 (1.327)	0.010 (1.206)	0.010 (1.202)	0.004 (0.769)	0.014* (1.847)	0.014* (1.829)	0.005 (0.907)
LLM	-0.028*** (-4.441)	-0.028*** (-4.433)	-0.006 (-1.317)	-0.032*** (-4.621)	-0.032*** (-4.607)	-0.002 (-0.295)	-0.038*** (-3.356)	-0.038*** (-3.343)	-0.008 (-1.214)
lnGP	-0.086*** (-23.854)	-0.086*** (-23.812)	-0.079*** (-10.855)	-0.064** (-16.567)	-0.064*** (-16.515)	-0.066*** (-7.558)	-0.103*** (-14.100)	-0.103*** (-14.044)	-0.035*** (-2.885)
lnPS	-0.025*** (-11.065)	-0.025*** (-11.046)	-0.011*** (-4.859)	-0.020*** (-5.607)	-0.020*** (-5.589)	-0.011*** (-3.207)	-0.014*** (-3.343)	-0.014*** (-3.330)	-0.011*** (-3.163)
lnPT	-0.004 (-1.545)	-0.004 (-1.543)	-0.013*** (-5.615)	-0.014*** (-4.673)	-0.014*** (-4.658)	-0.012*** (-4.111)	0.006 (1.314)	0.006 (1.309)	-0.019*** (-4.881)
lnJS	0.052*** (9.518)	0.052*** (9.501)	0.003 (0.864)	0.015** (2.464)	0.015** (2.456)	-0.001 (-0.166)	0.066*** (7.292)	0.066*** (7.262)	0.009 (1.489)
$W \times FC$	0.381*** (3.517)	0.381*** (3.511)	0.151 (1.636)	0.471*** (4.673)	0.471*** (4.659)	0.303*** (3.051)	0.028 (0.107)	0.028 (0.106)	0.111 (0.595)
$W \times IAC$	0.019 (0.174)	0.019 (0.173)	0.124 (1.557)	0.048 (0.506)	0.048 (0.504)	0.019 (0.278)	0.588*** (2.807)	0.588*** (2.796)	0.468*** (2.957)

续表

变量	所有城市			中小城市			大城市		
	空间和时间固定效应模型	空间和时间固定效应模型（修正）	空间和时间随机效应模型	空间和时间固定效应模型	空间和时间固定效应模型（修正）	空间和时间随机效应模型	空间和时间固定效应模型	空间和时间固定效应模型（纠错）	空间和时间随机效应模型
$W \times PEC$	-0.024 (-1.416)	-0.024 (-1.413)	0.006 (0.636)	0.017 (0.790)	0.017 (0.787)	-0.008 (-0.638)	-0.008 (-0.309)	-0.008 (-0.308)	0.011 (0.944)
$W \times LLM$	-0.021 (-1.518)	-0.021 (-1.515)	-0.023*** (-2.632)	0.025 (1.537)	0.025 (1.532)	-0.019* (-1.675)	-0.027 (-1.242)	-0.027 (-1.237)	-0.046*** (-3.706)
$W \times \ln GP$	0.013 (1.460)	0.013 (1.457)	0.036** (2.451)	-0.012 (-1.302)	-0.012 (-1.299)	0.007 (0.361)	-0.014 (-0.948)	-0.014 (-0.945)	-0.002 (-0.211)
$W \times \ln PS$	-0.006 (-1.091)	-0.006 (-1.089)	0.001 (0.016)	0.014* (1.724)	0.014* (1.719)	-0.012 (-1.426)	0.012 (1.293)	0.012 (1.287)	0.001 (0.211)
$W \times \ln PT$	0.032*** (5.151)	0.032*** (5.141)	0.004 (0.669)	0.031*** (3.327)	0.031*** (3.317)	0.029*** (3.304)	0.041*** (3.806)	0.041*** (3.791)	0.001 (0.056)
$W \times \ln JS$	0.007 (0.599)	0.007 (0.597)	0.014 (1.508)	0.001 (0.011)	0.001 (0.011)	0.012 (0.947)	0.041** (2.093)	0.041** (2.085)	0.021 (1.574)
R^2	0.635	0.635	0.909	0.413	0.413	0.792	0.671	0.670	0.940
$Corr^2$	0.595	0.595	0.547	0.370	0.370	0.332	0.657	0.657	0.568
LogL	3494.579	3494.580	2819.107	2251.038	2251.021	948.184	1372.078	1372.057	1019.533
Wald spatial lag	91.7678***	91.476***	22.779***	57.661***	57.300***	27.209***	33.616***	33.354***	28.536***
Wald spatial error	79.9273***	79.651***	25.254**	53.348***	53.020***	28.748***	38.563***	38.261***	52.254***
Hausman	57.7961***			487.735***			133.575***		

注：括号内为 p 值；***、**、* 分别表示在1%、5%、10%的水平显著。

表8-10 各种变量对城市蔓延的直接影响和空间溢出效应（空间和时间固定效应模型）

变量	所有城市			中小城市			大城市		
	直接效应	空间溢出效应	总效应	直接效应	空间溢出效应	总效应	直接效应	空间溢出效应	总效应
FC	0.368*** (7.662)	0.806*** (5.001)	1.175*** (7.199)	0.300*** (6.773)	0.689*** (5.702)	0.989*** (8.244)	-0.582*** (-4.985)	-0.118 (-0.357)	-0.701** (-1.997)
IAC	0.178*** (4.061)	0.134 (0.799)	0.311* (1.800)	0.180*** (4.328)	0.114 (0.940)	0.295** (2.358)	-0.113 (-1.163)	0.695*** (2.654)	0.582** (2.071)
PEC	0.001* (1.762)	-0.034 (-1.285)	-0.033 (-1.120)	0.011 (1.248)	0.025 (0.941)	0.036 (1.235)	0.014* (1.824)	-0.004 (-0.143)	0.009 (0.265)
LLM	-0.030*** (-4.824)	-0.050** (-2.443)	-0.081*** (-3.831)	-0.032*** (-4.622)	0.022 (1.052)	-0.010 (-0.489)	-0.039*** (-3.396)	-0.047* (-1.747)	-0.086*** (-3.076)
lnGP	-0.087*** (-23.806)	-0.032*** (-2.632)	-0.120*** (-9.182)	-0.065*** (-16.946)	-0.035*** (-3.043)	-0.099*** (-8.666)	-0.105*** (-14.445)	-0.050*** (-2.878)	-0.156*** (-8.199)
lnPS	-0.025*** (-11.638)	-0.023*** (-2.964)	-0.049*** (-6.030)	-0.020*** (-5.799)	0.012 (1.206)	-0.007 (-0.710)	-0.014*** (-3.185)	0.010 (0.882)	-0.004 (-0.267)
lnPT	-0.002 (-0.852)	0.047*** (4.921)	0.045*** (4.250)	-0.012*** (-4.305)	0.034*** (2.921)	0.022* (1.793)	0.008* (1.765)	0.054*** (3.864)	0.062*** (3.997)
lnIS	0.052*** (9.809)	0.021 (1.283)	0.073*** (4.528)	0.016* (2.603)	0.004 (0.262)	0.020 (1.325)	0.068*** (7.863)	0.073*** (2.915)	0.141*** (5.677)

注：括号内为 p 值；***、**、* 分别表示在1%、5%、10%的水平显著。

(1) 财政激励的影响。由于式 (8-5) 采用点估计方法，回归结果可能会存在偏差。因而本章进一步使用式 (8-6) 将自变量对因变量的影响分解为直接效应和空间溢出效应（见表 8-10）。从所有城市样本的估计结果来看，财政激励的回归系数显著为正。地方政府面临的财政激励每增加 1%，城市蔓延水平就会增加 0.368%。地方政府的财政缺口越大，对土地的依赖越强，地方政府越有动机出让商住用地以获得土地出让收入。同时，基础设施不断扩展到农村地区进一步打开了城市向郊区发展的通道。地方政府以较低的价格将周围农村土地转化为城市建设用地，然后根据自己的节奏将土地使用权分批出让给房地产开发商。市中心的高房价将迫使一些居民向周围郊区转移和购买住房，从而推动郊区房价和地价的上涨。农村官员希望农村土地被收储甚至将其并入中心城市，使农村居民可以享受城市居民待遇、良好的教育资源、医疗服务以及土地增值收益（Zhang, 2000; Liu et al., 2018a）。因此，地方政府将获得更多的土地出让金收入。这些收入大部分用于基础设施建设、维护以及其他公共服务项目，从而导致低密度的城市发展和城市蔓延（Zhang, 2000）。结果验证了假设 8-1，并且该结果与赵可等（2015）和刘修岩等（2016）的发现一致。同时，财政激励对城市蔓延也有显著的正向空间溢出效应。邻近城市财政压力的增加将加剧本地城市蔓延水平的提高。邻近城市地方政府面临的财政激励压力每增加 1%，本地的城市蔓延水平就会增加 0.806%（见表 8-10）。

值得注意的是，财政激励对城市蔓延的影响在大城市和中小城市之间存在显著差异。其中，财政激励在中小城市对城市蔓延的直接影响和空间溢出效应显著为正。大城市的财政激励对城市蔓延的直接影响显著为负，而空间溢出效应则不显著。本书认为，尽管大城市和中小城市都具有出让商住用地以获得高额土地出让金来缓解财政压力的动机，但是大城市特别是东部沿海地区的大城市可用于出让的新增建设用地有限，因此，开发商需要通过激烈的竞争获得土地使用权，从而推高土地价格。高昂的土地使用成本将促使开发商和政府更多地关注土地利用效率和建筑容积率，从而抑制城市蔓延。同时，地方政府面临的财政压力也有所不同。由于大城市拥有良好的工业基础，地方财政收入的很大一部分仍然来自税收，因而对土地财政的依赖性不强。大城市之间的竞争不再是财政激励，商住用地的土地出让行为不会受到相邻大城市的影响。因此，大城市的财政激励对城市蔓延影响的空间溢出效应不显著也就不难理解。中小城市可供出让的新增建设用地相对充足，地方政府和开发商没有动力来优化土地分配和提高土地利用效率，而中小城市的人口集聚能力有限。当土地被过度投资和广泛使用而人口却没有同步集聚时，将会加剧城市蔓延。同时，中小城市的工业基础薄弱，税收在地方财政收入中的比重很小，更多的是依靠土地出让收入。因此，地方政府过度的土地出让行为将导致邻近城市采用相同的策略，因而空间溢出效应增加了邻近地区的城市蔓延。

(2) 引资激励的影响。引资激励对城市蔓延的直接影响显著为正。这与假设 8-2 和秦蒙等（2016）的结论是一致的。当前城市之间存在 GDP 竞争，地方官员有动机出让工业用地和基础设施用地以吸引投资。考虑到城市郊区和农村土地价格较低而中心城区的土地价格较高，地方官员更愿意将这些土地用于开发区建设、基础设施建设和交通网络的建设（Anglin et al.，2014）。这种由政府主导的城市发展将加剧城市蔓延。通过比较研究发现，大城市的引资激励对城市蔓延的直接影响不显著但存在显著的正向空间溢出效应。中小城市存在显著的正向直接影响但不存在空间溢出效应。尽管大城市也存在出让工业用地和进行基础设施建设的动机，但由于大城市有良好的产业基础，招商引资的过程更多是"腾笼换鸟"。其核心是转移高能耗、高污染企业，引进高新技术企业，进一步改善基础设施和公共服务水平。地方政府的土地出让行为更多的是对现有的存量用地进行再开发和再利用，而这些存量用地大多集中在市中心。这不仅会抑制城市蔓延，而且将进一步提高土地利用效率。同时，大城市对土地融资的依赖程度不高。大城市政府间激励更多是为了吸引投资（秦蒙等，2016；梁辉等，2017），以实现经济增长并最终获得政治上的晋升。因此，大城市地方政府之间有足够的动机来竞相出让工业用地并改善基础设施来吸引投资，从而产生空间溢出效应。中小城市的工业基础相对薄弱，地方政府通常缺乏对进入企业的严格筛选，准入门槛和土地使用价格都很低。由于土地购置成本低，用地企业通常不重视土地的集约利用。为了降低土地储备成本，地方政府通常选择郊区或农村地区建设工业园区，并将这些地区的土地出让给用地企业，导致土地利用效率低下和城市蔓延。同时，中小城市高度依赖出让收入，这些地方政府的竞争仍然是财政激励。因此，引资竞争对城市蔓延的空间溢出效应在中小城市并不显著。

(3) 环境激励的影响。环境激励对城市蔓延的直接影响显著为正，但回归系数值很小。环境激励水平每增加1%，城市蔓延增加0.001%。官员所处的环境会影响他们的决策和土地出让行为（Chen et al.，2017）。地方官员在激励机制下会改变城市土地开发的布局，并追求差异化的政绩（李永乐等，2018）。晋升环境激励程度越高，土地开发布局变更的频率和范围就越大，从而导致土地的过度开发、粗放利用和蔓延式发展。这与假设3保持一致。环境激励的空间溢出效应并不显著。这种激励仅限于城市内部的不同官员之间，自然不会受到邻近城市的影响。环境激励对大城市蔓延的直接影响显著为正，而中小城市的直接影响不显著。由于大城市的高速发展，地方政府的土地出让行为表现为两种形式：存量土地的再开发和新增建设用地向郊区、乡村的扩张。由于可用于二次开发的土地有限且二次开发成本高昂，地方官员的土地分配布局更加趋向城市郊区，因此，环境激励加剧了城市蔓延（李永乐等，2018）。中小城市的发展空间相对充足，地方政府的土地出让行为表现为城市内部多次小面积土地流转和城市周边地区大规模土地流转。由于中小城市财政激励和引资激励的表现更为强劲，环境激励造成的城市蔓延显得微不足道。

(4) 土地市场化和其他控制变量的影响。土地市场化对城市蔓延的直接影响和空间溢出效应均显著为负,表明本地和邻近地区的土地市场化有利于遏制城市蔓延。以市场为导向的土地出让行为增加了土地市场信息的透明度,从而限制了政府以低价出售土地的行为,减少了"黑箱操作"和城市无序扩张的可能性。同时,土地市场化的改进为开发商和其他土地使用者提供了公平的竞争环境。通过竞争获得土地使用权需要更高的土地使用成本。因此,土地使用者有充分的动机来提高土地利用效率和土地利用强度,从而有利于遏制城市蔓延。同时,城市土地市场化的改善将对邻近城市产生示范效应,从而推动土地市场化的改善并限制邻近城市的空间蔓延。大城市和中小城市的土地市场化均对城市蔓延产生负向直接影响。同时,大城市土地市场化对城市蔓延产生显著的负向溢出效应,但中小城市的空间溢出效应不显著。由于大城市土地出让的相关制度比较成熟,地方政府的土地出让行为比较规范,城市之间可以形成示范效应和模仿效应。本地大城市土地市场化的进步将影响相邻大城市。由于中小城市土地市场规模小,地方政府的土地出让行为的规范性和透明度仍需改进。土地市场化水平的提高与中央政府的政策和地方官员的执政能力息息相关,不受邻近城市土地市场化的影响。

人均 GDP 对城市蔓延的直接影响和空间溢出效应在三类样本中均显著为负。这表明经济增长对城市蔓延的依赖性正在逐渐减弱。城市的经济增长吸引了大量移民,同时通过土地扩张占据了大量的城市空间。当土地扩张速度低于人口增长速度时,将出现城市集聚而不是扩张。随着经济的增长和居民生活水平的提高,居民对宽敞舒适住房(尤其是高档别墅和低密度房屋)的支付能力不断提高。居民对改善性住房需求的不断增加会导致城市蔓延(刘修岩等,2016;梁辉等,2017),但是城市蔓延的速度落后于人口的增长速度。因此,经济发展水平越高,人口集聚能力越强,对城市蔓延的抑制作用越强。经济增长在一定程度上缓解了地方政府的财政压力并减缓了土地流转的规模和速度,从而抑制城市蔓延。邻近城市之间的竞争主要是经济增长的竞争。当一个城市的经济发展水平持续提高时,相邻城市将争相追赶,从而形成溢出效应。大城市的回归系数明显高于中小城市。这说明城市的经济发展规模越大,人口集聚能力越强,因此,人均 GDP 对大城市无序蔓延的抑制作用远高于中小城市。

在所有城市样本中,人口规模对城市蔓延的直接影响和空间溢出效应均显著为负。当城市人口规模增长到一定程度时,将产生空间集聚效应。城市人口的持续增长不会带来城市蔓延,反而会促进人口与城市空间的融合,人口将集中在市中心。人口的集中可以通过对旧城区的改造来更有效地利用公共服务资源,提高土地利用效率,并抑制城市蔓延(Guastella et al.,2017)。由于人口的流动性,当城市人口规模增加到一定程度时,住房价格、食品价格和生活成本的上升将对部分居民产生挤出效应。这些居民将以相对较低的生活成本转移到邻近城市,这将导致邻近城市的人口规模增加,从而产生空间溢出效应。大城市和中小城市的直接影响均显著为负,且中小城市的直接效应系数高于大城市,但空间溢出效应均不显著。这表明中小城市的城市发展空间相对充裕,住房价格和生活成本相对较低,人口聚集的潜力更大,尤其是在大城市周围的二、三线城市。

所有城市样本中,公共交通条件对城市蔓延的直接影响并不显著。公共交通条件对城市蔓延的直接影响在大城市中显著为正,而在中小城市中则显著为负。大城市人口聚集能力强,城市中心的人口过多聚集会导致高房价、高物价和居住空间的拥挤,迫使一些居民迁移到郊区。大城市的公共交通条件越发达,居民迁往郊区的成本越低,从而加剧了城市蔓延(秦蒙等,2016;梁辉等,2017)。中小城市的城市发展空间相对充裕,公共交通条件改善尤其是快速公交(BRT)的快速发展将促进沿交通线的城市发展轴心的形成,促进多层次的城市发展和城市功能组合的多样性,从而抑制了城市蔓延(Burchfiel et al.,2006)。在三类样本中,公共交通条件对城市蔓延均具有显著的正向溢出效应,在城市间经济增长竞争的过程中,除了为企业提供低成本的工业用地之外,还必须不断改善基础设施和公共服务。因此,当一个城市的公共交通条件持续提高时,将迫使邻近城市更加关注公共交通条件的改进,从而产生溢出效应。

在三类样本中,产业结构对城市蔓延的直接影响均显著为正。这表明产业的发展将导致城市蔓延,这与梁辉等(2017)的研究发现是一致的。无论是大城市还是中小城市,根据竞争性租金理论,具有较强竞争力的高科技企业愿意支付较高的租金来占据核心地段,而位于城市中心的工业用地则被服务业用地所取代,并且为了降低生产成本,工业企业将选择搬到城市郊区。城市最终将形成第三产业集中在城市中心而第二产业分散在城市郊区的空间格局,这显然会导致城市蔓延。受位置影响较小的信息和物流等行业正在逐渐兴起,其工业用地的分布更加分散。大城市产业结构对城市蔓延存在显著的空间溢出效应,而中小城市则不存在。随着产业结构的优化升级和大城市土地使用成本的上涨,一些落后的产业已经不能满足大城市的发展需求。许多企业选择转移到邻近城市发展。这些迁移将导致邻近城市的空间扩张。中小城市的土地成本较低,尽管其第二产业也面临着空间转移的问题,但基本上是从城市中心向郊区转移,不会影响邻近城市。

8.5.2 中介效应模型的实证结果分析

(1)财政激励对城市蔓延的中介效应。表8-11的实证结果表明,土地市场化水平在所有城市样本中的中介效应均显著为负,表明财政激励将通过刺激地方官员增加"招标、拍卖和挂牌"的土地出让规模来增加地方财政收入,从而促进土地市场化水平的提高,进而抑制了城市蔓延。这与假设8-1中的间接影响机制是一致的。由于财政激励本身对城市蔓延具有显著的正向直接影响,而这种正向直接影响远远超过了土地市场化的负向中介效应,从而导致总效应的影响显著为正。

表 8-11　　　　　　　　财政激励对城市蔓延影响的中介效应

效应	系数	系数值		
		全部城市	中小城市	大城市
直接效应	—	—	—	—
$FC \rightarrow LLM$	a	0.774*** (5.348)	1.268*** (3.984)	0.490*** (3.069)
$LLM \rightarrow US$	b	-0.029*** (-3.764)	-0.051*** (-3.988)	-0.041*** (-5.568)
$FC \rightarrow US$	c'	0.430*** (6.784)	1.799*** (11.761)	-0.204*** (-4.184)
间接效应	—	—	—	—
$FC \rightarrow LLM \rightarrow US$	ab	-0.023*** (-3.078)	-0.065*** (-2.819)	-0.020*** (-2.697)
总效应	—	—	—	—
$FC \rightarrow US$	c	0.407*** (6.441)	1.734*** (11.339)	-0.224** (-4.570)
间接效应/总效应	—	—	—	—
—	ab/c	-0.056	-0.038	0.090
—	ab/c'	-0.053	-0.036	0.099
—	c/c'	0.947	0.964	1.099

注：括号内为 p 值；***、** 分别在 1%、5% 的水平显著。

对于中小城市和大城市，土地市场化的中介效应均显著为负，并且中小城市的间接效应（-0.065）远远高于大城市（-0.020）。由于工业基础薄弱，中小城市依靠税收来满足地方财政支出。与大城市相比，中小城市面临更大的财政压力。因此，中小城市的地方政府更有动力通过高价"招拍挂"方式出让商住用地，进而获得更多的土地出让收入来支持地方财政。尽管大城市具有相同的土地出让动机，但大城市的工业基础要好得多，地方政府对土地融资的依赖程度要比中小城市低。以中国广东深圳为例，该城市可出让的商住用地非常少，深圳的地方财政主要来源于企业的税收收入。当然，这是一个极端的例子。但至少说明了中国的大城市，特别是那些具有强大工业集聚能力的大城市，正在逐渐摆脱对土地收入的依赖，进入企业与地方政府之间互利互惠的良性循环阶段。由于中小城市财政激励对城市蔓延的直接影响系数显著为正，而大城市的直接影响系数显著为负，导致了财政激励对城市蔓延的最终总影响在中小城市和大城市分别产生了显著的正效应（1.734）和显著的负效应（-0.224）。

（2）引资激励对城市蔓延的中介效应。土地市场化水平的回归系数在所有城市样本和中小城市样本中的中介效应均显著为正（见表 8-12）。引资激励促使地方官员以较低的价格出让工业用地并建设大量基础设施以实现招商引资。其中，工业用地主要以协议出让方式为主，基础设施用地主要通过行政划拨方式。协议出让和行政划拨的土地比重越高，"招拍挂"出让方式的土地比重则越低。这在降低了土地市场化水平的同时加剧了城市蔓延，这与假设 8-2 的间接影响机制一致。

表 8-12　　　　　　　　引资激励对城市蔓延影响的中介效应

效应	系数	系数值		
		全部城市	中小城市	大城市
直接效应	—	—	—	—
IAC→LLM	a	-0.349** (-2.483)	-0.608*** (-3.736)	-0.118 (0.448)
LLM→US	b	-0.018** (-2.418)	-0.039*** (-5.391)	-0.032*** (-2.761)
IAC→US	c'	1.144*** (19.740)	0.342*** (6.926)	2.423*** (21.221)
间接效应	—	—	—	—
IAC→LLM→US	ab	0.006* (1.732)	0.024*** (3.071)	0.004 (0.442)
总效应	—	—	—	—
IAC→US	c	1.151*** (19.851)	0.366*** (7.377)	2.427*** (21.205)
间接效应/总效应	—	—	—	—
—	ab/c	0.005	0.065	0.002
—	ab/c'	0.005	0.069	0.002
—	c/c'	1.005	1.069	1.002

注：括号内为 p 值；***、**、* 分别表示在 1%、5%、10% 的水平显著。

引资激励对城市蔓延的直接影响显著为正，其系数值远大于土地市场化的中介（间接）效应。一方面，这使得引资激励对城市蔓延的总效应存在双重正向影响；另一方面，也表明引资激励本身对城市蔓延的影响远远超过了土地市场化的间接影响。即由地方官员的土地出让行为引起城市蔓延的主要原因是郊区和农村地区的区位选择而不是土地出让方式。

土地市场化在中小城市的中介效应回归系数高于大城市，但其直接效应系数却远小于大城市，使得引资激励对大城市蔓延的总效应远高于中小城市。这表明大城市比中小城市更加重视工业发展和招商引资。其原因是大城市具有良好的工业基础和较高的 GDP 排名，大城市官员通过吸引投资和提高 GDP 排名来获得政治晋升的方式更具可行性。与中小城市相比，大城市的地方官员更倾向于通过以较低的价格出让工业用地并改善基础设施来吸引投资。

（3）环境激励对城市蔓延的中介效应。三组样本中环境激励对城市蔓延的直接效应和总效应均不显著（见表 8-13）。即使同一城市的地方官员频繁更换，促使现任执政官员有动机出让更多土地并改变土地出让的布局和节奏，但这并不一定会导致城市蔓延。导致城市是否出现蔓延的关键在于城市人口与土地出让规模之间的匹配程度。这是理解城市蔓延的关键，也是为什么实证结果告诉我们大城市更少出现蔓延现象的原因。大城市与中小城市相比具有良好的工业基础和城市基础设施，因而更容易吸引人口聚集。尽管大城市的土地出让规模很大，但是如果与城市人口规模相匹配，同样不会出现蔓延现象。

表 8-13　　　　　　　　　　环境激励对城市蔓延影响的中介效应

效应	系数	系数值		
		全部城市	中小城市	大城市
直接效应	—	—	—	—
PEC→LLM	a	0.083*** (3.111)	0.070** (2.086)	0.096** (2.243)
LLM→US	b	-0.024*** (-3.100)	-0.044*** (-5.958)	-0.035*** (-2.583)
PEC→US	c'	-0.001 (-0.093)	0.003 (0.302)	-0.011 (-0.506)
间接效应	—	—	—	—
PEC→LLM→US	ab	-0.002** (-2.196)	-0.003* (1.969)	-0.003* (-1.693)
总效应	—	—	—	—
PEC→US	c	-0.003 (-0.265)	0.00004 (0.005)	-0.014 (-0.662)
间接效应/总效应	—	—	—	—
—	ab/c	0.651	-62.97	0.236
—	ab/c'	1.862	-0.984	0.309
—	c/c'	2.862	0.016	1.308

注：括号内为 p 值；***、**、*分别表示在1%、5%、10%的水平显著。

从中介效应的角度来看，环境激励通过土地市场化对城市蔓延产生了显著负向影响。这表明地方官员在发展压力下更倾向于通过"招拍挂"方式出让商住用地，从而有效提高土地市场化水平并抑制城市蔓延。这与假设 8-3 的间接影响机制是一致的。从中小城市和大城市的比较来看，两者的中介效应系数相等。这表明地方政府在环境激励压力下的土地出让行为不受城市规模的影响。因此，通过提高土地市场化水平来遏制城市蔓延是一个很好的政策选择。当然，中国政府已经制定了这方面的政策。例如，中国于 2007 年发布了《关于实施工业用地招标、拍卖、挂牌制度有关问题的通知》，要求工业用地以"招拍挂"方式出让，不再使用"协议"出让方式。结果与往年相比，2008 年后的土地市场化水平有了很大的提高，进一步抑制了城市蔓延。

8.6　本章小结

本章采用空间计量模型和中介效应模型系统地检验了激励机制对城市蔓延的影响，并考虑了激励机制的三个指标：财政激励、引资激励和环境激励。首先，本章实证检验了激励机制对城市蔓延的直接影响和空间溢出效应。其次，将土地市场化水平作为中介变量并采用中介效应模型来识别激励机制对城市蔓延的影响路径。实证结果结果表明：财政激励、引资激励和环境激励对城市蔓延都具有显著的正向影响，并且从高到低的顺序依次是财政激励、引资激励和晋升环境激励；土地市场化水平、人均 GDP、人口规模和公共交通条件对城市蔓延具有显著的负向影响，而产业结构则产生了显著的正向影响。此外，激励机制对城市蔓延的影响存在中介效应。其中，财政激励通过土地市场化对城市蔓延产生间接的负向影响；引资激励通过土地市场化对城市蔓延产生间接的正向影响；环境激励通过土地市场化对城市蔓延产生间接的负向影响。并且财政激励的间接作用效果最大。本章还对大城市和中小城市之间的回归结果进行了比较分析，发现两组结果呈现出显著差异，并且城市规模越大，城市蔓延程度越低。因此，有必要通过改变现有的竞争环境来调整地方政府的土地出让行为，进而控制城市蔓延，即通过改变土地利用行为来实现人口与土地的协同和匹配。本章进一步提出了以下五点政策建议。

第一，由于城市蔓延是人口与土地利用之间错配的结果，因而需要对土地市场进行供给侧改革。目前中国的土地配额由中央政府确定，省级政府负责土地配额管理（Zhang，2000）。中央政府在确定土地配额时不应一刀切，而是应该根据城市人口与土地之间的关系合理分配土地配额。人口多、土地少、人口集聚能力强的城市应增加土地配额；人口少、土地多的城市，尤其是工业支持薄弱、人口集聚能力弱的城市，应减少土地配额。人口净流出的城市应收回部分建设用地作为农用地。应进一步建立跨地区新增建设用地指标交易市场，并建立全国新建建设用地指标交易中心，以实现跨区域用地指标交易（李永乐等，2018）。这样做既可以缓解建设用地需求大的城市的压力，又可以为土地需求较少的城市创造新的财政收入来源。

第二，应该打破现有地方政府对土地收入的严重依赖，并为地方政府提供新的税收来源以取代土地出让收入。在满足地方政府财政收支平衡的同时，中央政府和地方政府的财政权利和义务也应该匹配。近年来中央政府相继发布了一系列政策措施，如"营业税改为增值税"等。这些政策措施已成为改革中央与地方政府之间财税分配制度的前提和基础。一旦地方政府摆脱了对土地收入的依赖，他们的土地出让行为将变得更加理性和高效。

第三，需要改革地方官员的考核制度，打破以 GDP 为导向的晋升锦标赛，防止地方政府为了获得更多的发展机会而盲目地进行招商投资。同时，要对工业用地的出让方式和出让价格进行严格的监管，避免出现地方政府低价出售工业用地以吸引投资的现象。例如，2009 年发布的《国土资源部关于调整工业用地最低价格标准实施政策的通知》对工业用地的出让价格做出了严格规定。一旦地方政府的招商引资行为更加理性，工业用地出让行为将更加市场化和透明化，城市蔓延将得到抑制。

第四，地方政府的土地出让行为必须考虑土地的可持续集约利用。从长远来看，同一城市不同届官员都应考虑这一点，并且不允许随意调整城市规划，以避免"一届政府一个规划"的短视行为。地方政府制定的城市规划必须具有全局性、前瞻性和连续性，可以在官员考核评估中增加城市规划实施的连续性指标，并鼓励同一城市不同届官员按照同一规划制定城市发展战略。2018 年，中国自然资源部提出将土地利用规划、城乡发展规划等合并起来，统一纳入国土空间规划。区域空间规划可以实现"多规合一"，为地方政府规划实施的连续性指明了方向。当同一城市不同届官员采用并执行相同的国土空间规划时，可以避免土地使用布局的变化以及土地资源的低效利用和闲置，从而抑制城市蔓延。

第五，进一步推进土地市场化改革，加强地方政府在土地市场化转型过程中的监督职能。地方政府应逐步取消其一级土地市场中土地供应者的地位，并引入第三方公司来经营土地市场。近年来不断涌现专门从事工业地产和工业园区项目的开发商参与土地一级市场的运营和管理。如果条件成熟的话，这些以市场为导向的经营方式应该鼓励地方政府逐步推广。

第 9 章

高铁开通对城市蔓延的影响研究

9.1 研究背景

城市蔓延是城镇化进程中建设用地的无序扩张导致的人口在城市空间的分散化和细碎化分布特征。城市蔓延往往伴随着城市规模和人口的变化。高铁的开通对城市人口分布具有巨大的塑造力,进而在城市空间发展中扮演着重要角色。近年来,中国高速铁路发展迅猛。截至2019年底,中国高速铁路运营里程达3.5万千米,占全球的2/3以上。高铁开通影响着城市发展的方方面面,高速铁路的发展必然会引起土地市场规模和价值的变化,同时也影响着城市经济资源、生产要素和人口的分布,改变了城市空间经济结构。

首先,高铁开通对土地市场的影响。龙奋杰等(Long et al.,2018)研究了高铁与城市扩张的影响,发现高铁开通对城市建设用地的扩张具有积极影响,且其对中西部地区的影响效应约为东部地区的两倍。周玉龙等(2018)研究发现,高铁开通提高了商住用地价格,降低了工业用地价格,显著提高了地方政府出让土地规模。耿彬等(Geng et al.,2015)基于北京市的研究发现,高铁建设吸引了投资,扩大了基础设施建设,因而提高了地区房价。但是由于高铁建设带来噪声和交通拥堵等对房价产生了负面影响。高铁建设影响了城市住房价格的空间变化,进而影响了城市空间格局变化。

其次,高铁开通对人口流动的影响。金(Kim,2000)研究了高铁开通对空间结构的影响,高铁开通促进了人口规模空间集聚,但就业的空间结构呈现分散化趋势。李祥妹等(2014)以沪宁城际高速铁路为例定量分析了城际高速铁路开通对区域人口流动空间的影响,高铁开通促进了人口的集聚,加强了地区间人口流动联系强度。马伟等(2012)、王赟赟、陈宪(2019)认为,高铁建设降低了通勤成本,增加了城市常住人口规模。王锋等(Wang et al.,2019)研究发现,高铁建设改善了城市的可达性,在短期内促进了人口流动,但不利于长期的人口迁移,对人口城镇化具有负向影响。

最后，高铁建设对城市空间经济结构的影响。董艳梅、朱英明（2016）认为，高铁建设对城市就业水平、工资水平和经济增长水平具有显著的正向效应，促进了地区的经济空间重塑。王雨飞、倪鹏飞（2016）研究发现，高铁建设对经济具有增长效应和空间结构效应。陈振华和金斯利·海恩斯（Chen Z. H. and Haynes K. E, 2017）研究发现，高铁建设能够缩小区域间经济发展水平，促进了地区经济融合。刁弥（Diao, 2018）则将城市规模因素引入高铁的经济影响中，认为高铁效应因城市规模而异，对于人口规模较大的二线城市，高铁的发展对城市经济增长具有促进作用，而对于特大城市和小规模城市而言，高铁开通抑制了城市经济增长。贾善铭等（Jia et al., 2017）也认为高铁建设应与城市资源禀赋相匹配，否则不利于城市经济建设，将导致城市边缘化发展。

目前还鲜有文献关注高铁对城市空间形态的影响。高速铁路的发展对城市发展影响深远，从人口分布层面来讲，高速铁路极大地改善了人们的出行便利程度，影响着城市人口变动与迁移，从而改变城市人口空间布局并影响城市蔓延。例如，有学者认为，高铁建设吸引人口集聚导致住房需求增加，提高了地区房价，导致人口往郊区移动，促进了城市蔓延（邓涛涛、王丹丹，2018）。

已有研究对城市蔓延驱动因素的研究做出了重要贡献，但仍然存在以下不足：（1）已有文献大多关注城市规模、高铁建设对城市空间结构的影响，还鲜有文献将研究视角聚焦于二者对城市蔓延的影响；（2）尽管学者们开始关注城市规模和高铁开通对城市蔓延的影响，但都只是基于城市规模或者高铁开通单一的角度，还鲜有文献将城市规模和高铁开通同时纳入城市蔓延的研究体系中，且忽视了高铁开通与城市规模相互作用对城市蔓延的影响。鉴于此，本章主要基于 DMSP/OLS 夜间灯光数据测度了 2003~2013 年全国 282 个地级市的城市蔓延指数，借助动态空间面板模型和双重差分模型，试图从人口规模和高铁开通的双重视角探讨中国城市蔓延的驱动因素，并深入剖析城市规模与城市蔓延的非线性关系，进一步检验高铁开通和城市规模协同作用对城市蔓延的影响，旨在为推动城市蔓延治理和促进城市产业健康发展提供决策参考。

9.2 文献综述与研究假设

9.2.1 城市规模与城市蔓延

关于城市规模与城市蔓延水平的关系，有学者认为，相比于特大城市和大城市，中小城市的城市蔓延水平更高（Liu et al., 2018）。王家庭、蔡思远（2018）认为，城市人口规模的增加有利于抑制城市蔓延，但当城市拥挤效应大于集聚效应时，城市人口规模的增加会促进城市蔓延。范建双、周琳（Fan and Zhou, 2019）研究发现,城市规模越小,政府间激励对城市蔓延的促进作用越强。城市人口规模的增加,一方面,其会产生市场集聚规模效应,有利于城市集聚发展,抑制了城市蔓延;另一方面,人口的大量集聚导致了生活成本的上升,尤其是住房成本的上升。居民为了节约生活成本会转移到生活成本较低的城市郊区和远离市中心的区域,从而加剧了城市蔓延。随着我国城市规模的不断扩大,市场规模效应的正效应高于生活成本的负效应,从而使得城市蔓延得到抑制;随着城市规模的扩大,市场规模的正效应会低于生活成本负效应时,总效应为负,从而使得城市蔓延被强化。因此,本章提出如下假设。

假设9-1 城市规模与城市蔓延之间为"U"型关系。

9.2.2 高铁开通对城市蔓延的影响

高铁开通会加速人口在区域间和城市之间流转,并且是从市场规模较低的中小城市向市场规模较大的大中城市迁移。高铁开通缩短了不同城市之间的时空距离,使居民在不同城市工作和生活成为可能。时间成本的节约加速了生产要素如劳动力、资本和技术等在城市之间的流动性。为了降低运营成本,许多制造企业从其核心城市迁移到附近的中小型城市。高铁服务还可以促进生产资源向核心城市的聚集。这是因为中小型城市的资源外流变得更加便利,特别是人口更倾向于向核心城市聚集。

一方面,高铁开通可以提高城市的可达性,从而促使生产资源在高铁沿线和非高铁沿线的城市之间重新分配;另一方面,高铁开通会促使高铁沿线城市之间的生产资源重新分配(Givoni,2006)。中国的城镇化进程目前正处于加速阶段。快速的城镇化进程导致了一些城市病的出现,尤其是大城市,如环境污染、交通拥堵和高房价等。城市病降低了在大城市生活居民的生活质量,但大城市在就业、收入、教育、医疗等方面具有不可替代的优势。人口从农村和中小城市向大城市的转移会进一步增加大城市的人口规模和人口密度。在一个城市的行政区划相对固定的情况下,人口集聚程度越高,该城市的人口密度越高,城市蔓延程度越低。

高铁开通可缩短大城市与位于高铁沿线的小城市之间的时空距离,从而增强这些小城市的区位优势。这就产生了"离心力效应",导致人口和生产资源从核心城市向周边小城市扩散(Garmendia et al., 2008)。郑思齐和卡恩(Zheng and Kahn, 2013)认为,高铁服务使居民能够居住在邻近的小城市并在核心区城市工作。很多企业选择将总部设在核心城市,而将其他部门迁往周边城市,以降低运营成本。因此,高铁网络促进了一部分生产资源从大城市向周边小城市的转移,这增强了这些小城市的人口和工业集聚。然而,一些研究表明,高铁的空间效应可能产生"向心力效应",这会导致资源分配在特定区域变得更加两极化。这是因为便捷的交通连接使得位于高铁沿线的中小城市的生产资源能够源源不断地流向核心城市（Givoni，2006；Faber，2014）。资源向大城市的集聚会产生集聚效应，并在一定程度上抑制城市蔓延。

高铁服务对不同类型企业的选址有不同的影响。服务业和知识密集型产业更依赖于人员和信息的流动，它们对高铁的敏感性更高（Murakami and Cervero，2012）。弗里曼（Freeman，2007）发现，许多创意产业集中在伦敦高铁沿线的城市。由于这些行业依赖于信息、知识和人员的流动，因而它们在高铁沿线的聚集促进了信息和员工的交流。这种知识溢出效应有助于提高这些产业的生产率。另一项关注加利福尼亚州高铁网络的研究认为，与其他行业相比，知识密集型、时间敏感型行业和旅游业受高铁的影响更大。这些产业的企业更多地聚集在高铁站城市，以获得更便捷的服务，从而产生集聚效应（Murakami and Cervero，2012）。综上所述，考虑到中国目前的城镇化进程仍处于加速阶段，人口向大中城市的集聚过程仍将持续推进，目前城市发展仍然以集中式发展为主，因此，高铁的开通将会加速这一过程，即开通高铁的城市与未开通高铁的城市相比具有更强的人口集聚能力，相应的城市蔓延程度也相对越低。

据此，本章进一步提出如下研究假设。

假设 9-2 高铁开通会显著提高城市交通技术水平，节约居民通勤时间，城市随着运输成本的降低呈现集中式的发展模式。因此，高铁建设会一定程度上抑制城市蔓延。

9.3 实证策略与数据说明

9.3.1 基础回归模型

根据前述理论假设，本章的重点是检验城市规模与城市蔓延之间的关系。首先建立基础回归模型如下：

$$US_{it} = \alpha_0 + \alpha_1 \ln Pop_{it} + \lambda_j \sum_{j=1}^{n} Z_{jit} + \varepsilon_{it} \tag{9-1}$$

其中，i 和 j 表示地区；t 表示时间；US 表示城市蔓延水平；$\ln Pop$ 表示城市规模；Z 表示其他对城市蔓延有影响的控制变量集合，包括城市经济发展水平、房地产投资规模、政府财政支出、基础设施建设、工业化发展水平、服务业发展水平、居民生活费用和居民工资水平；ε_{it} 表示随机干扰项。

9.3.2 动态空间面板数据模型

进一步，考虑到城市蔓延在区域间可能存在空间相关性，在时间上具有延续性

第9章 高铁开通对城市蔓延的影响研究

和滞后性,因此,本章接下来将空间因素纳入回归模型,以检验城市规模对周边地区城市蔓延程度的影响,并考虑采用动态空间面板数据模型进行实证分析,构建如下动态空间自相关模型①:

$$US_{it} = \rho \sum_{j=1}^{n} w_{ij} US_{jt} + \sigma US_{j,t-1} + \tau \sum_{j=1}^{n} w_{ij} US_{j,t-1} + \alpha_1 \ln Pop_{it}$$
$$+ \lambda_j \sum_{j=1}^{n} Z_{jit} \beta_1 w_{ij} \ln Pop_{it} + \gamma_j w_{ij} \sum_{j=1}^{n} Z_{jit} + \varepsilon_{it} \tag{9-2}$$

其中,$US_{j,t-1}$ 表示城市蔓延水平的时间滞后项;w_{ij} 表示空间权重矩阵,本章采用三种空间权重矩阵,即地理距离矩阵、邻接矩阵和经济地理距离矩阵。其中,地理距离权重矩阵表示为 $w_{ij} = 1/d_{ij}^2$,d_{ij} 表示两个城市之间的距离;邻接矩阵表示为 $w_{ij} = r$,若两个城市在空间上相邻则 $r=1$,不相邻则 $r=0$;经济地理距离矩阵表示为 $w_{ij} = (1/d_{ij}) \, diag \, (\bar{x}_1/\bar{x}, \bar{x}_2/\bar{x}, \cdots, \bar{x}_n/\bar{x})$,$diag$ 表示对角矩阵,$\bar{x}_i$ 表示 i 城市在样本期间的平均实际人均GDP,$\bar{x}$ 表示所有样本城市在样本期间的平均实际人均GDP,实证过程中将所得三种矩阵均进行标准化处理。

9.3.3 双重差分模型

为了比较高铁开通对城市蔓延程度的异质性影响,本节利用高铁开通城市作为高铁未开通城市的准实验,利用双重差分(DID)检验高铁开通城市的城市蔓延水平是高于还是低于未开通高铁城市的城市蔓延水平,以此验证本章的理论假设9-2。本章选取开通了高铁的城市作为实验组,未开通高铁的城市作为对照组。同时,考虑到每个城市开通高铁的时间点不同,本章借鉴安格里斯特和皮施克(Angrist and Pischke, 2009)的实证研究方法,建立连续时间DID模型如下:

$$US_{it} = \alpha_0 + \alpha_1 Hsr_{it} \times Time_{it} + \gamma_j \sum_{j=1}^{n} Z_{jit} + v_i + u_t + \varepsilon_{it} \tag{9-3}$$

其中,Hsr_{it} 是虚拟变量,表示城市 i 是否属于实验组,若城市 i 在2003~2013年内开通了高铁则取1,否则取0。$Time$ 表示高铁开通前后,如果城市 i 在 t 年开通高铁,则从 t 年到2013年均为1,否则为0。由于每个城市开通高铁的时间有先有后,无法定义相同的事件发生的时间,因此,在式(9-3)中,不再控制 Hsr_{it} 和 $Time_{it}$ 的虚拟变量。同时本章还收集了各城市各年开通的高铁站数量(Station)和高铁线路数量(Route),考察多修建一个高铁站和多修建一条高铁线路对城市蔓延的边际

---

① 动态空间面板数据模型包括空间自相关模型(SAR)和空间杜宾模型(SDM)等。动态空间面板数据模型的选择通过综合拟合优度检验、自然对数函数值、似然比和赤池信息准则等指标来进行综合判断,本章最终选择空间杜宾模型为最终分析模型。

影响。高速铁路指标的相关数据来源于中国研究数据服务平台①。Z_{jit}表示一系列控制变量集合。ε_{it}表示误差项。

9.3.4 数据选取与说明

被解释变量为城市蔓延水平。具体城市蔓延水平的测算过程参见第7章的内容。本章的核心解释变量为城市规模。城市规模指标采用城市常住人口来衡量，相关数据源于历年的《中国区域经济统计年鉴》（2004～2014年）。结合城市蔓延的相关文献，本章加入以下变量作为控制变量。（1）经济发展水平。用实际人均GDP来衡量，并采用城市所在省份的GDP指数进行平减，最终得到以2003年为基期的实际人均GDP。（2）房地产投资规模。用房地产投资额与固定资产投资额的比值来衡量。（3）政府财政支出。采用地方政府财政支出占GDP比重来衡量。（4）基础设施建设。采用人均道路铺装面积来衡量。（5）工业化发展水平。采用第二产业产值占GDP比重来衡量。（6）服务业发展水平。采用第三产业产值占GDP比重来衡量。（7）居民生活费用。采用居民人均消费支出来衡量，同样采用城市所在省份的CPI指数进行平减，最终得到以2003年为基期的实际居民消费水平。（8）居民工资水平。采用职工平均工资来衡量，并采用城市所在省份的CPI指数进行平减，最终得到以2003年为基期的实际职工平均工资。以上相关数据均来自历年的《中国城市统计年鉴》（2004～2014年）和CEIC数据库②。GDP价格指数和CPI指数来均来源于《中国统计年鉴》（2004～2014年）。各变量的描述性统计见表9-1。

表9-1　城市蔓延相关变量的描述性统计

变量名称	变量缩写	观测值	均值	标准差	最小值	最大值
城市蔓延	US	3 102	0.665	0.126	0.152	0.903
城市规模	$lnPop$	3 102	4.218	0.905	2.251	6.723
经济发展水平	$lnPgdp$	3 102	10.130	0.770	8.275	11.874
房地产投资规模	$Real$	3 102	0.142	0.084	0.183	0.429
政府财政支出	Gov	3 102	0.058	0.035	0.009	0.187
基础设施建设	$lnProad$	3 102	2.075	0.605	0.358	3.482
工业化发展水平	$Inst$	3 102	0.492	0.111	0.216	0.807
服务业发展水平	$Serv$	3 102	0.356	0.081	0.152	0.622
居民生活费用	$lnConsum$	3 102	9.166	0.411	8.342	10.112
居民工资水平	$lnAwage$	3 102	10.125	0.483	9.112	11.089

---

① 中国研究数据服务平台网址：https://www.cnrds.com/。
② CEIC数据库网址：https://www.ceicdata.com/zh-hans。

9.4 城市规模对城市蔓延影响的实证检验

9.4.1 城市规模与城市蔓延的关系检验

根据式（9-3）进行回归分析，得到面板数据的基础回归结果见表9-2。其中，模型（1）~模型（3）为OLS估计结果，模型（4）~模型（6）为GMM模型估计结果。模型（1）和模型（2）的OLS回归结果显示，无论是否加入控制变量，城市规模的增加对城市蔓延起着明显的抑制作用。进一步，考虑到城市蔓延具有时间滞后性，为了解决城市蔓延内生性的问题，本书在模型（4）和模型（5）中控制了城市蔓延的滞后项（lag_ US），并采用GMM方法进行估计，结果显示，城市规模的回归系数也显著为负，因此，本书认为，城市规模的增加有效缓解了城市蔓延，即城市规模越小，城市蔓延现象越明显。

表9-2　城市规模与城市蔓延的基础回归结果

变量	模型（1）OLS	模型（2）OLS	模型（3）OLS	模型（4）GMM	模型（5）GMM	模型（6）GMM
lag_ US	—	—	—	0.146*** (8.07)	0.051*** (2.79)	0.094*** (5.40)
lnPop	-0.009*** (-3.34)	-0.009*** (-3.23)	-0.068*** (-6.03)	-0.031*** (15.40)	-0.008*** (-3.14)	-0.083*** (-5.24)
(lnPop)^2	—	—	0.007*** (5.41)	—	—	0.011*** (5.22)
ln$Pgdp$	—	-0.004 (-0.25)	-0.021 (-1.25)	—	-0.029** (-2.11)	-0.048*** (-3.91)
$Real$	—	-0.062*** (-3.18)	-0.056*** (-2.89)	—	-0.107*** (-5.89)	-0.075*** (-4.41)
Gov	—	-0.251*** (-4.34)	-0.243*** (-4.22)	—	-0.146*** (-2.76)	-0.198*** (-3.73)
ln$Proad$	—	-0.003 (-0.96)	-0.003 (-0.96)	—	-0.004 (-1.19)	0.001 (0.26)
$Inst$	—	0.033 (0.89)	0.067* (1.81)	—	-0.058 (-1.31)	-0.049 (-1.14)
$Serv$	—	-0.016 (-0.37)	-0.002 (-0.04)	—	0.152*** (3.07)	0.159*** (3.36)
ln$Consum$	—	0.017* (1.72)	0.020** (2.01)	—	0.025** (2.02)	0.023* (1.96)
ln$Awage$	—	0.009 (1.17)	0.009 (1.13)	—	-0.011 (-1.18)	-0.003 (-0.32)

续表

变量	模型（1）OLS	模型（2）OLS	模型（3）OLS	模型（4）GMM	模型（5）GMM	模型（6）GMM
Constant	0.715*** (70.25)	0.537*** (3.21)	0.766*** (4.46)	0.695*** (42.27)	0.836*** (21.42)	1.044*** (18.38)
R^2	0.151	0.164	0.173	—	—	—
样本数	3 102	3 102	3 102	2 538	2 538	2 538

注：模型（1）~模型（3）括号内为 t 值，模型（4）~模型（6）括号内为 z 值；***、**、* 分别表示在1%、5%、10%的水平显著。

考虑到城市规模与城市蔓延之间可能存在非线性关系，本章在模型（3）和模型（6）的基础上，分别加入了城市规模变量的平方项，以检验城市规模与城市蔓延之间的非线性关系。模型（3）和模型（6）的回归结果显示，无论基于OLS还是基于GMM模型，城市规模的一次项系数均显著为负，二次项系数均显著为正，这说明城市规模对城市蔓延的影响呈现"U"型特征，城市规模较小时，城市人口的集聚有利于抑制城市蔓延，随着城市人口的不断涌入，城市规模对城市蔓延的抑制作用在逐渐减弱，当城市规模超过一定水平时，其对城市蔓延的影响由抑制转为促进。究其原因，当城市城市规模未到达拐点时，城市规模的增加会通过集聚效应抑制城市蔓延；当城市城市规模超过拐点时，城市规模的增加会通过拥挤效应促进城市蔓延。起初，城市规模的增加、人口的流入，促进了各类经济资源和生产要素向城市空间集聚，提高了企业资源和要素的配置效率，有利于企业降低生产成本，进行规模化生产，同时，也提高了劳动生产率，提高了工人的工资水平。然而，城市内部的土地资源、公共资源和工作岗位等在短期内是相对稀缺的，当城市人口规模持续增加，便会导致城市空间地价与房价的上涨，增加了企业的生产成本和工人的生活成本，且城市规模的增加促进了地区的竞争效应，降低了企业的利润和工人的工资水平。因此，企业为了降低固定成本便会迁移到地租相对便宜的城市边缘，工人为了降低生活成本、提高工资水平，也会迁移到远离城市中心的低房价区域，进而促进了城市蔓延。

9.4.2 城市规模对城市蔓延影响的空间溢出效应检验

本章将时间滞后因素和空间因素纳入城市规模对城市蔓延的影响中，并加入城市规模的二次项，以检验城市规模与城市蔓延的空间动态关系以及城市规模对城市蔓延的非线性关系，结果见表9-3。模型（1）~模型（3）分别报告了地理距离矩阵、邻接矩阵和经济地理距离矩阵下的城市规模对城市蔓延的空间动态关系，且三种模型下的回归结果基本一致。城市蔓延的空间自相关系数（$W \times \ln US$）为正，且均在1%显著性水平显著，充分说明城市蔓延存在正向的空间相关效应，相邻城市蔓延程度加剧会带动本地区城市的蔓延程度。城市蔓延的时间滞后项系数（$lag\_$

lnUS）也均显著为正，说明各城市的蔓延在时间上都具有延续性，呈现出明显的路径依赖特征，上一期的城市蔓延水平也会影响到下一期的城市蔓延。城市蔓延的时空滞后项系数（$W \times lag\_lnUS$）显著为负，表明相邻城市的蔓延程度的上升也会抑制本地区城市未来一期的城市蔓延水平。这可能归因于相邻城市的城市蔓延对本地区城市具有"警示效应"，即当相邻城市的蔓延程度加剧时，本地区政府趋于政绩考核和舆论压力，会在下一期制定更加严格的城市发展策略以遏制城市的无序扩张。在城市蔓延存在空间溢出效应的情形下，城市规模的一次项回归系数仍然显著为负，且二次项回归系数仍然显著为正，进一步验证了城市规模对城市蔓延的影响呈现"U"型特征的实证结果。

表9－3　城市规模对城市蔓延影响的动态空间面板模型回归结果

变量	模型（1） 地理距离矩阵	模型（2） 邻接矩阵	模型（3） 经济地理距离矩阵
$W \times US$	0.666*** (21.92)	0.605*** (26.92)	2.410*** (215.53)
lag_US	0.618*** (25.34)	0.622*** (23.07)	0.459*** (18.27)
$W \times lag\_US$	－0.484*** (－13.74)	－0.415*** (－13.54)	－0.383*** (－4.61)
$lnPop$	－0.024** (－2.27)	－0.027** (－2.53)	－0.048*** (－4.09)
$lnPop^2$	0.003** (2.26)	0.003** (2.48)	0.006*** (4.16)
$lnPgdp$	0.026 (1.26)	－0.003 (－0.19)	0.021 (1.01)
$Real$	0.002 (0.13)	－0.134*** (－2.53)	0.003 (0.14)
Gov	－0.122** (－2.10)	－0.243*** (－4.22)	－0.158*** (－2.62)
$lnProad$	－0.004 (－1.38)	－0.003 (－1.05)	－0.005 (－1.62)
$Inst$	－0.074 (－1.71)	－0.058 (－1.44)	－0.050 (－1.08)
$Serv$	－0.061 (－1.24)	－0.040 (－0.87)	－0.022 (－0.42)
$lnConsum$	0.017* (1.67)	0.145 (1.46)	0.008 (0.73)
$lnAwage$	0.005 (0.72)	0.007 (1.00)	0.002 (0.29)

续表

变量	模型（1） 地理距离矩阵	模型（2） 邻接矩阵	模型（3） 经济地理距离矩阵
$W \times \ln Pop$	-0.009 (-0.25)	0.009 (0.36)	-0.117 (-0.72)
$W \times \ln Pop^2$	0.001 (0.18)	-0.001 (-0.34)	0.010 (0.53)
$W \times \ln Pgdp$	-0.086** (-2.51)	-0.033 (-1.35)	0.525*** (5.90)
$W \times Real$	-0.074* (-1.85)	-0.027 (-1.03)	0.572*** (5.24)
$W \times Gov$	-0.091 (-0.56)	-0.037 (-0.37)	2.043*** (3.80)
$W \times \ln Proad$	0.001 (0.11)	0.004 (0.70)	-0.124** (-2.23)
$W \times Inst$	0.121 (1.45)	0.079 (1.50)	-0.125*** (-3.76)
$W \times Serv$	0.165 (1.58)	0.088 (1.41)	-2.048*** (-5.75)
$W \times \ln Consum$	0.040* (1.73)	0.011 (0.66)	-0.128 (-1.54)
$W \times \ln Awage$	0.003 (0.15)	-0.001 (-0.10)	0.262*** (-4.53)
R^2	0.310	0.298	0.032
$LogL$	5 782.397	5 899.019	5 792.074
样本数	2 820	2 820	2 820

注：模型（1）和模型（2）括号内为 t 值，模型（3）和模型（4）括号内为 z 值；***、**、* 分别表示在1%、5%、10%的水平显著。

9.5 高铁开通对城市蔓延的影响

9.5.1 双重差分方法实证结果分析

表9-4报告了高铁开通对城市蔓延的影响。从模型（1）和模型（2）的回归结果可知，无论是否加入控制变量，$Hsr \times Time$ 的回归系数均为负，且在1%显著性水平显著。这说明就现阶段全国平均水平而言，高铁开通显著抑制了城市蔓延。这与邓涛涛、王丹丹（2018）的研究结论相反。这是由于城市蔓延指标测度方法的不同，城市蔓延不应该简单地考虑土地与人口的关系，更应该从城市空间经济发展的角度出发，综合考虑土地、人口与经济的协调发展。一方面，高铁开通提高了城市

的可达性，降低了城市间的运输成本，推动了经济资源和生产要素的自由流动，提高了企业生产效率，有利于企业降低经营成本、扩大生产规模、产生集聚经济，进而促进城市空间的集聚。另一方面，高铁开通明显推动了地区经济增长，有利于拉动地区的投资与就业，促进城市空间的集聚发展（王雨飞、倪鹏飞，2016）。

表 9-4　　　　　　　　高铁开通和城市规模对城市蔓延的影响

变量	模型（1）	模型（2）	模型（3）	模型（4）
$Hsr \times Time$	-0.014*** (-4.41)	-0.014*** (-4.14)	—	—
$\ln Pop$	—	-0.009*** (-3.45)	-0.009*** (-3.63)	-0.009*** (-3.27)
$Hsr \times Time \times \ln Pop$	—	—	-0.008*** (-3.45)	-0.007*** (-2.68)
$\ln Pgdp$	—	-0.002 (-0.12)	—	-0.001 (-0.07)
$Real$	—	-0.060*** (-3.10)	—	-0.062*** (-3.21)
Gov	—	-0.252*** (-4.37)	—	-0.250*** (-4.33)
$\ln Proad$	—	-0.005 (-1.55)	—	-0.005 (-1.62)
$Inst$	—	0.018 (0.48)	—	0.015 (0.41)
$Serv$	—	-0.014 (-0.33)	—	-0.020 (-0.46)
$\ln Consum$	—	0.016 (1.58)	—	0.015 (1.55)
$\ln Awage$	—	0.007 (0.93)	—	0.007 (0.92)
Constant	0.682*** (272.13)	0.556*** (3.33)	0.718*** (70.43)	0.552*** (3.30)
城市固定	YES	YES	YES	YES
年份固定	YES	YES	YES	YES
R^2	0.035	0.234	0.152	0.229
样本数	3 102	3 102	3 102	3 102

注：括号内为 t 值；***、**、*分别表示在1%、5%、10%的水平显著。

由于高铁存在"引流"作用，高铁的开通往往也影响着城市规模的改变，因此，本章在模型（3）和模型（4）中加入了高铁开通与城市规模的交互项，以考察高铁与城市规模对城市蔓延的协同影响。模型（3）和模型（4）的回归结果显示，$\ln Pop$ 和 $Hsr \times Time \times \ln Pop$ 的回归系数均显著为负，这说明高铁开通促进了城市规模对城市蔓延的抑制作用。一方面，高铁的开通提高了企业的生产效率和规模，增加了企业对劳动力的需求，城市规模的增加满足了地区经济发展的需求，进一步促进了集聚经济。另一方面，高铁开通提高了居民生活的便利性，城市之间的通勤距离和经济距离也在不断地缩小，人口的流动扩大了城市劳动供给的范围，提高了劳动力市场要素的匹配性，有利于促进地区的有效劳动供给，产生规模经济和集聚经济，进一步促进了地区经济融合，抑制了城市空间的无序蔓延。

另外，本章将是否开通高铁变量替换成高铁车站数量和线路数量，以检验高铁建设对城市蔓延的边际影响，结果见表9-5。由模型（1）和模型（3）可知，城市每多建设一个高铁站，将降低城市蔓延程度约0.8%，且与城市规模的协同增加了约0.2%。由模型（2）和模型（4）可知，城市每新增一条高铁线路，降低城市蔓延程度约1.3%，与城市规模的协同增加了约0.4%。这一结果进一步验证了高铁开通对城市蔓延的抑制作用。

表9-5　　　　　　　　高铁开通对城市蔓延的边际影响

变量	模型（1）	模型（2）	模型（3）	模型（4）
$Station \times Time$	-0.008*** (-8.33)	—	—	—
$Route \times Time$	—	-0.013*** (-5.51)	—	—
$\ln Pop$	-0.010*** (-3.67)	-0.010*** (-3.59)	-0.009*** (-3.41)	-0.009*** (-3.33)
$Station \times Time \times \ln Pop$	—	—	-0.002*** (-4.34)	—
$Route \times Time \times \ln Pop$	—	—	—	-0.004*** (-3.12)
$\ln Pgdp$	0.001 (0.04)	-0.001 (-0.04)	0.001 (0.01)	-0.002 (-0.10)
$Real$	-0.060*** (-3.12)	-0.061*** (-3.14)	-0.063*** (-3.22)	-0.063*** (-3.24)
Gov	-0.261*** (-4.57)	-0.254*** (-4.41)	-0.254*** (-4.41)	-0.253*** (-4.38)
$\ln Proad$	-0.005 (-1.53)	-0.005 (-1.60)	-0.006* (-1.69)	-0.006 (-1.64)
$Inst$	0.001 (0.04)	0.007 (0.19)	0.012 (0.34)	0.014 (0.38)
$Serv$	-0.012 (-0.27)	-0.020 (-0.44)	-0.017 (-0.39)	-0.022 (-0.50)
$\ln Consum$	0.013 (1.27)	0.016 (1.62)	0.014 (1.45)	0.016 (1.62)

续表

变量	模型（1）	模型（2）	模型（3）	模型（4）
ln*Awage*	0.005 (0.60)	0.005 (0.68)	0.007 (0.81)	0.007 (0.83)
Constant	0.592*** (3.58)	0.567*** (3.40)	0.559*** (3.35)	0.561*** (3.35)
城市固定	YES	YES	YES	YES
年份固定	YES	YES	YES	YES
R^2	0.269	0.250	0.235	0.240
样本数	3 102	3 102	3 102	3 102

注：括号内为 t 值；***、**、* 分别表示在1%、5%、10%的水平显著。

9.5.2 平行趋势检验

针对以上关于高铁开通对城市蔓延的双重差分估计结果，为了保证回归结果的无偏性，本章对高铁开通城市和未开通城市的城市蔓延程度进行了平行趋势检验。如果实验组和对照组在事件发生前存在时间趋势上的差异，则会质疑城市蔓延变化不是由高铁开通与否引起的，而是由于事前二者的系统性差异引起的。从图9-1可知，在高铁开通之前，实验组和对照组的雾霾污染水平大致保持相同的变动趋势；高铁开通之后实验组城市蔓延程度下降速度明显快于对照组。可见，在高铁开通以后，实验组和对照组的城市蔓延程度出现了不同的变动趋势。因此，可以认为，2008年前后，实验组和对照组城市蔓延变化趋势的不同是由高铁引起的，即本章使用的双重差分模型符合平行趋势前提假设。

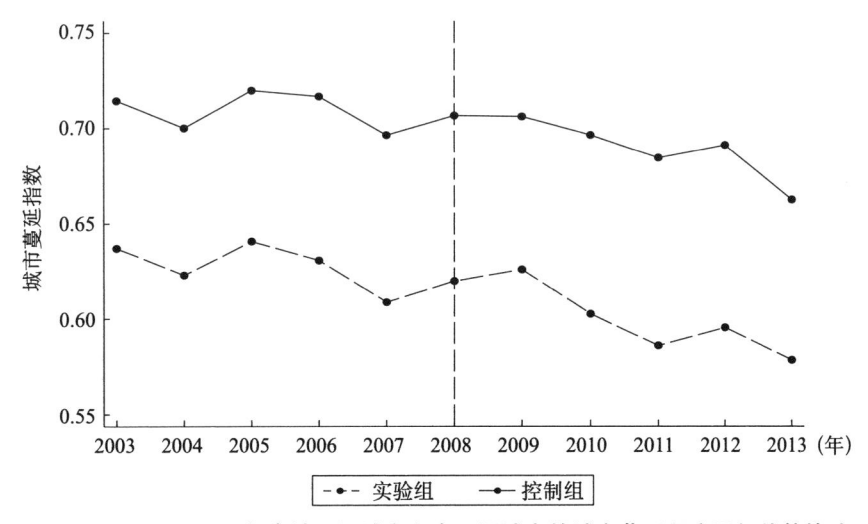

图9-1 2003～2013年高铁开通城市和未开通城市的城市蔓延程度平行趋势检验

9.6 稳健性检验

由于城市之间经济发展水平等因素存在差异,很难具备完全一致的时间效应,本章进一步要解决的问题是:在城市经济发展、产业结构等因素保持一致的情况下,若一个城市开通了高铁,那么其城市蔓延状态会发生怎样的变化?倘若能同时观测到每个城市开通高铁和未开通高铁状态下的城市蔓延情况,那么是否开通高铁的因果处置效应就是两者之间的差异。然而,在现实城市发展过程中,只能观测到城市开通高铁或未开通高铁某一实际状态下的城市蔓延情况,这时就需要通过反事实结果来识别高铁开通对城市蔓延的因果处置效应。因此,本章采用倾向得分匹配—双重差分法(PSM-DID)选择城市发展特征与实验组尽可能相似的"非高铁城市"控制组,以消除样本的选择性偏差,对高铁建设的城市蔓延影响进行稳健性检验。

9.6.1 倾向得分匹配处理

由于2008~2009年高铁建设尚处于起步阶段,开通高铁的城市(实验组)较少,2010年及以后许多城市都相继开通了高铁,高铁建设发展速度加快,因此,本章将2010年作为政策执行的时间节点,进行PSM匹配的处理组为2010年开通高铁的50个城市,控制组为2008~2013年始终未开通高铁的城市,共计168个。本章借鉴何靖(2016)的研究方法采用Probit模型来估计倾向得分,同时采用核匹配法(Kernel Matching)确定权重。

为了确保匹配后样本的可比性,PSM匹配需要满足共同支撑条件,即要求匹配后样本的实验组和控制组在政策实施前不存在显著差异,因而需进行平衡性检验。平衡性检验结果见表9-6。从T检验结果可知,匹配后样本所有匹配变量的组间均值差异均不显著,且匹配后各变量的标准化差异均表现出较大幅度的下降。从Pseudo R^2 值来看,匹配后 R^2 值很小,这些均说明匹配变量对于城市是否建设高铁的解释力度很弱,即城市是否建设高铁对匹配后样本而言是条件随机的。

表9-6 平衡性检验结果

变量	样本	均值差异检验			标准化差异检验	
		实验组均值	对照组均值	T检验(p值)	标准化差异	降幅(%)
lnPop	匹配前	4.966	4.031	8.37(0.000)	118.5	87.3
	匹配后	4.559	4.440	0.71(0.483)	15.1	—
ln$Pgdp$	匹配前	10.739	10.21	5.62(0.00)	94.1	99.0
	匹配后	10.545	10.55	-0.04(0.967)	-1.0	—
$Real$	匹配前	0.208	0.121	8.16(0.00)	108.2	95.2
	匹配后	0.166	0.162	0.24(0.814)	5.2	—

续表

变量	样本	均值差异检验			标准化差异检验	
		实验组均值	对照组均值	T检验（p值）	标准化差异	降幅（%）
Gov	匹配前	0.065	0.058	1.43（0.154）	21.6	30.2
	匹配后	0.058	0.052	0.70（0.485）	15.1	—
$\ln Proad$	匹配前	2.356	2.016	4.00（0.000）	69.5	79.4
	匹配后	2.247	2.317	-0.60（0.553）	-14.3	—
$Inst$	匹配前	3.882	3.858	0.62（0.534）	10.7	73.2
	匹配后	3.900	3.893	0.13（0.893）	2.9	—
$Serv$	匹配前	3.704	3.511	5.49（0.00）	91.0	95.0
	匹配后	3.619	3.610	0.21（0.836）	4.6	—
$\ln Consum$	匹配前	9.247	8.973	8.57（0.00）	123.3	97.1
	匹配后	9.114	9.122	-0.16（0.872）	-3.6	—
$\ln Awage$	匹配前	10.365	10.175	5.71（0.00）	86.4	97.1
	匹配后	10.260	10.241	0.40（0.687）	8.7	—
Pseudo R^2	匹配前	0.361	—	—	—	—
	匹配后	0.016	—	—	—	—

9.6.2 双重差分检验

（1）平均处理效应。在倾向得分匹配（PSM）处理的基础上，本章进一步对高铁建设与城市蔓延的影响进行双重差分（DID）处理。表9-7列出了平均处理效应归回结果，其中，模型（1）是未加入控制变量的回归结果，模型（2）是在模型（1）的基础上加入了控制变量，模型（3）和模型（4）将是否开通高铁变量分别替换成高铁车站数量和线路数量。由模型（1）和模型（2）可以看出，无论是否加入控制变量，$Treated \times Time$ 的回归系数均为负，且在1%显著性水平显著，说明高铁开通确实显著抑制了城市蔓延，与前述DID的回归结果一致。模型（3）和模型（4）可知，城市每多建设一个高铁站，将降低城市蔓延程度约1.9%，且城市每新增一条高铁线路，将降低城市蔓延程度约6%，这一结果也与前述DID的回归结果一致。

表9-7　　　　　　　高铁建设对城市蔓延影响的平均处理效应

变量	模型（1） Hsr	模型（2） Hsr	模型（3） $Station$	模型（4） $Route$
$Treated \times Time$	-0.075*** （-5.11）	-0.080*** （-5.37）	-0.019*** （-3.34）	-0.060*** （-4.04）
$Time$	-0.023*** (2.87)	0.062 (0.84)	0.035 (0.49)	0.050 (0.67)
$Treated$	—	—	-0.041*** （-3.33）	0.018 (0.72)

续表

变量	模型（1） Hsr	模型（2） Hsr	模型（3） Station	模型（4） Route
ln*Pop*	—	0.018 (0.62)	0.024 (0.90)	0.027 (0.95)
ln*Pgdp*	—	-0.275 (-1.20)	-0.196 (-0.88)	-0.241 (-1.05)
Real	—	-0.004 (-0.06)	-0.005 (-0.08)	-0.005 (-0.09)
Gov	—	0.061 (0.21)	-0.061 (-0.22)	0.011 (0.04)
ln*Proad*	—	0.011 (0.61)	0.005 (0.28)	0.009 (0.51)
Inst	—	-0.587 (-1.48)	-0.732 (-1.90)	-0.655* (-1.65)
Serv	—	-0.339 (-0.71)	-0.530 (-1.15)	-0.420 (-0.88)
ln*Consum*	—	0.012 (0.23)	0.030 (0.58)	0.019 (0.34)
ln*Awage*	—	-0.004 (-0.11)	0.001 (0.03)	-0.001 (-0.01)
Constant	0.684*** (4.88)	3.770 (1.55)	0.288 (1.22)	3.349 (1.38)
城市固定	YES	YES	YES	YES
年份固定	YES	YES	YES	YES
R^2	0.247	0.004	0.036	0.001
样本数	632	632	632	632

注：括号内为 t 值；***、**、*分别表示在1%、5%、10%的水平显著。模型（1）和模型（2）中由于是否开通高铁这一政策虚拟变量 Treated 不随时间变动，在采用固定效应时会被自动剔除，这并不会影响实验结果。

（2）动态边际影响效应。本章在平均处理效应的基础上引入时间虚拟变量，进一步检验高铁开通对城市蔓延的动态边际影响，结果见表9-8。模型（1）是未加入控制变量的回归结果，模型（2）是在模型（1）的基础上加入了控制变量，模型（3）和模型（4）将是否开通高铁变量分别替换成高铁车站数量和线路数量。由模型（1）和模型（2）可知，2010年城市开通高铁后城市蔓延在2011年、2012年和2013年均为负，说明高铁开通对城市蔓延的抑制作用具有持续性。其中2012年 Treated * t 2012 回归系数不显著。但比较2011年 Treated × t 2011 的回归系数和2013年 Treated * t 2013 的回归系数，可以看出，高铁开通对城市蔓延的抑制作用在逐年增加。模型（3）和模型（4）的回归结果与模型（2）类似，高铁站数量和高铁线路的边际动态边际效应也为负，模型（4）中 Treated × t 2012 回归系数为负，且在5%显著性水平显著，这说明，每新增一条高铁线路的边际效应对城市蔓延的抑制作用呈现"U"型特征，即其对城市蔓延的抑制作用呈现先减弱后增强的趋势。

表9-8 高铁建设对城市蔓延的动态边际影响效应

变量	模型(1) Hsr	模型(2) Hsr	模型(3) Station	模型(4) Route
Treated×t2011	-0.059*** (-3.53)	-0.062*** (-3.67)	-0.021*** (-3.28)	-0.060*** (-3.73)
Treated×t2012	-0.011 (0.67)	-0.017 (-0.99)	-0.005 (-0.78)	-0.039** (-2.40)
Treated×t2013	-0.155*** (-9.25)	-0.161*** (-9.54)	-0.036*** (-5.44)	-0.100*** (-5.85)
t2011	-0.003 (-0.34)	0.033 (1.26)	0.021 (0.80)	0.027 (1.01)
t2012	-0.001 (-0.05)	0.064 (1.31)	0.046 (0.93)	0.057 (1.13)
t2013	-0.006 (-0.80)	0.082 (1.18)	0.048 (0.69)	0.059 (0.82)
Treated	—	—	-0.022* (-1.68)	0.051 (1.89)
lnPop	—	0.032 (1.22)	0.029 (1.11)	0.045 (1.61)
lnPgdp	—	-0.267 (-1.25)	-0.208 (-0.96)	-0.236 (-1.06)
Real	—	0.017 (0.31)	0.009 (0.16)	-0.06 (0.11)
Gov	—	0.021 (0.08)	-0.077 (-0.29)	-0.062 (-0.22)
lnProad	—	0.007 (0.46)	0.003 (0.19)	0.010 (0.61)
Inst	—	-0.602 (-1.63)	-0.695* (-1.87)	-0.661* (-1.72)
Serv	—	-0.406 (-0.92)	-0.520 (-1.17)	-0.453 (-0.98)
lnConsum	—	0.005 (0.11)	0.193 (0.38)	0.008 (0.14)
lnAwage	—	-0.012 (-0.31)	0.004 (0.11)	0.007 (0.13)
Constant	0.684*** (142)	3.816* (1.69)	3.023 (1.32)	3.316 (1.41)
城市固定	YES	YES	YES	YES
年份固定	YES	YES	YES	YES
R^2	0.160	0.004	0.017	0.001
样本数	632	632	632	632

注:括号内为 t 值;***、**、*分别表示在1%、5%、10%的水平显著。模型(1)和模型(2)中由于是否开通高铁这一政策虚拟变量 Treated 不随时间变动,在采用固定效应时会被自动剔除,这并不会影响实验结果。

9.7 本章小结

本章基于 DMSP/OLS 夜间灯光数据测度了 2003~2013 年全国 282 个地级市的城市蔓延指数,从理论上和实证上验证了城市规模、高铁建设对城市蔓延的影响,并利用动态空间面板模型验证了城市规模与城市蔓延的空间动态关系,以及其非线性关系,此外,还借助 DID 模型验证了高铁建设,以及城市规模与高铁建设的协同作用对城市蔓延的影响路径和机制。研究结果表明:(1)城市规模对城市蔓延的影响存在显著的"U"型特征和发展趋势,城市规模较小时,城市人口的集聚有利于抑制城市蔓延,随着城市人口的不断涌入,城市规模对城市蔓延的抑制作用在逐渐减弱,当城市规模超过一定水平时,其对城市蔓延的影响由抑制转为促进。(2)高铁建设抑制了城市蔓延,且每增设一个高铁站或一条高铁路线,将分别降低城市蔓延程度约 0.8% 和 1.3%。(3)高铁建设与城市规模具有协同作用,高铁建设促进了城市规模对城市蔓延的抑制作用,且每增设一个高铁站或一条高铁路线,城市蔓延程度分别增加约 0.2% 和 0.4%。

基于上述研究结论,本章提出以下几点建议:(1)城市规模与城市蔓延具有先降后增的发展特征,因此,应合理扩大城市规模,避免产生拥挤效应。(2)高铁建设有利于集聚人口,促进经济资源和生产要素的流动,重塑城市经济空间布局,在一定程度上抑制了城市蔓延。因此,应注重高铁站点城市和高铁沿线区域的空间发展,整合城市周边资源和人口分布,合理规划高铁新城的发展,形成以高铁为核心的城市群,从而实现城市经济增长、产业结构升级,促进城市空间集聚发展。(3)高铁具有"引流"机制,城市发展应抓住这一契机,引导劳动力的合理流动,促进产业专业化发展,提高劳动力市场要素的匹配性,促进地区的有效劳动供给,进而抑制城市无序扩张。(4)发展现代服务业,特别是先进的生产者服务业是优化经济结构、提高经济发展效率的重要途径。一方面,生产服务业集聚可以发挥规模效应的优势;另一方面,生产性服务业集聚可以通过加强知识溢出和提高生产效率来促进城市经济发展。政府制定区域经济一体化政策时,应注意这两种影响。为了优化经济结构,加快经济发展方式的转变,地方政府应不断完善相关政策措施,促进服务业特别是生产性服务业的发展。

第三篇

城镇化进程中的房价问题研究

中国的城镇化进程伴随着大量农村人口向城镇迁移。一方面,大量人口向城镇的集聚为城市的产业提供了大量的劳动力,促进了产业的快速发展,形成了规模经济和范围经济。但是另一方面,这些迁移到城市的人口又会产生大量的住房需求。在城市建设用地规模有限的情况下,城市土地资源的稀缺性和土地供给结构的产业用地偏向使得城市新建商品住宅的供给一定程度上受到限制,高房价给城市居民和外来人员带来了巨大的压力,长期来看将对城市的竞争力和可持续发展带来不利影响。因此,本篇主要聚集于研究城市房价的驱动因素。具体包括以下三个方面:(1)土地财政和土地市场发育对房价的影响;(2)土地配额和土地供给结构对房价的影响;(3)财政不平衡、保障房用地供给规模对房价的影响。

第 10 章

土地财政和土地市场化对房价的影响研究

10.1 研究背景

在党的十九大会议明确提出"房子是用来住的、不是用来炒的"的背景下，高房价不可持续，弱化其投资属性并使其回归居住属性已经成为政府和学界的普遍共识。为此，中央和地方先后发布了各类限购、限贷和限价等政策措施来保持房地产市场的健康发展。但遗憾的是中国部分城市的房价依然高涨。根据上海易居房地产研究院发表的《2019 年上半年全国 50 城房价收入比研究报告》显示，排名第一的深圳市房价收入比为 36.1，其次是北京和上海，分别达到了 25 和 24。高房价已经远超过居民的承受能力。因此，如何有效抑制房价过快上涨已经成为中国经济转向高质量发展过程中亟须解决的民生问题之一。

已有研究表明，地方政府的土地财政规模对房价上涨有积极促进作用（宫汝凯，2012、2015；唐云锋、马春华，2017；李一花、化兵，2018）。原因在于房价上涨能够提高政府效用，地方政府有推高房价的内在激励，会通过各种政策来支持高房价（周彬、杜两省，2010；王学龙、杨文，2012）。郭珂（2013）、唐云锋和吴琦琦（2018）进一步发现，房地产企业行为对土地财政导致的房价上涨具有放大效应。雷根强和钱日帆（2014）却发现土地财政依赖对房价的影响不显著。[1] 随着地方政府对土地财政的依赖不断增加，所产生的高房价负面效应被进一步强化。但是地方政府的土地财政依赖同样深刻影响着土地市场。可以说地方政府土地出让行为直接决定了土地一级市场上各类土地的出让方式和规模，即决定了土地市场化水平的高低。由于地方政府垄断土地一级市场供给，选择性和策略性配置土地资源成为政府实现特定经济目标的手段（张莉等，2017）。当然，地方政府对城市土地一级市场的垄断也被认为是催生房地产泡沫的动力之一（邵新建等，2012）。因此，有

---

[1] 结论不同的原因可能是由于采用的指标不同，该论文中采用的是土地出让金依赖度指标，而不是土地财政规模。

效的土地市场化改革不但能够促进土地资源优化配置,而且能够对房地产供需、结构和价格水平等产生影响,应该充分发挥土地市场供给在房地产市场调控中的积极作用(张辽、杨成林,2015)。尤其是土地市场化可以通过价格机制调节土地的供给和需求,使土地价格回归理性,从而对房价产生影响(谭术魁、李雅楠,2013)。已有研究较为深入,但仍有改进的空间:一是尚未将土地财政和土地市场发育纳入同一个框架下分析二者对房价的影响,缺乏作用机制的识别,且现有研究多采用省级面板数据,基于地级市层面的研究还很少;二是忽略了城市房价存在的时间连续性和空间溢出效应,模型估计结果可能存在偏差。

为此,本章深入探讨土地财政和土地市场发育对城市房价的影响效应及机制。本章的贡献在于:(1)在理论层面探讨了土地市场发育对土地财政影响城市房价的调节效应,深入剖析了二者交互作用对城市房价的影响机制;(2)在技术层面采用动态空间面板数据模型从时间和空间两个维度考察了土地财政和土地市场发育对城市房价的影响效果,随后对调节效应进行检验,尝试厘清土地市场发育对土地财政推高城市房价的促进作用,进一步考虑了不同区域土地财政和土地市场发育对城市房价影响的异质性,以期为因地制宜制定房地产市场调控政策提供科学依据。

10.2 文献综述

10.2.1 土地财政对房价的影响

首先,土地财政为城市建设提供了资金保证。城市基础设施建设和公共产品供给所需资金大多来自土地财政,而城市功能的不断完善会吸引农村和外地居民向城市集聚,从而激发大量的居住需求,促进房价上涨(宫汝凯,2015;周飞舟,2006)。地方政府有充足的动机为了招商引资不断完善城市基础设施和公共服务。城市基础设施的完善在实现招商引资的同时也改善了城市的生活便利性和宜居性,进而吸引大量人口向城市集聚,通过催生住房需求而推高房价。其次,房地产开发商的"拿地"决策。当开发商预期未来房地产市场前景很好时,其更愿意通过支付高额出让金来获得土地使用权,同时增加了土地财政(雷根强、钱日帆,2016;严金海,2006)。当开发商预期未来房价会跌时,其高价"拿地"意愿会降低,同时减少了土地财政。即地方政府土地财政收入的增加意味着开发商对房价上涨预期的积极态度增强,从而推高房价。再次,在出让土地有限的情况下,地方政府为了实现土地财政收入的最大化,其土地出让行为偏向于豪宅而不是普通的小户型商品房和保障性住房,同时缺乏激励去执行中央政府的房地产调控政策(周彬、杜两省,2010)。开发商对土地的需求和地方政府对土地一级市场的垄断供给共同决定了土地的均衡价格（李一花、化兵，2018）。由于豪宅高额的土地出让金会推高地价，导致房地产开发中土地成本的提高，开发商会将这部分成本转移给购房者，从而推高房价（唐云锋、马春华，2017）。最后，购房者对房价上涨的乐观预期。高房价和高地价会给地方政府带来更多的土地出让收入和房地产税收收入。地方政府为了最大化土地财政会通过提供各类优惠政策来强化购房者的购买意愿，需求的增加会进一步保持房价的上涨趋势（王学龙、杨文，2017）。

10.2.2 土地市场化对房价的影响

土地市场化水平的提高影响了房地产市场结构，减少了地方政府与开发商之间合谋的可能性，降低了房地产市场的垄断性，同时也降低了市场准入门槛，增加了房地产市场的参与者，通过引入竞争机制使得土地资源的利用效率得以提升，并显化土地的真实价格。这对于房地产开发商来说，增加了土地的获取成本，因而提升了房价（严金海，2006；谭术魁、李雅楠，2013）。

10.2.3 土地财政和土地市场化的交互作用对房价的影响

目前中国土地市场存在明显的"双轨制"，即高价限制性出让商住用地的同时低价大量出让工业用地，使商住用地与工业用地出让价格之间的差距不断加大（白彦锋、刘畅，2013）。一方面，为了最大化土地财政，土地出让权限的地方自主让地方政府有动力通过"招拍挂"的市场化方式高价出让商住用地以获得更多土地财政，即"以地生财"。另一方面，为了招商引资，"以地引资"是地方政府的普遍做法。即采用协议出让方式低价出让工业用地，在实现招商引资的同时带动当地就业和经济增长，并增加税收收入（牟燕、钱忠好，2018）。鉴于协议出让方式不利于土地资源的优化配置，国家发布了政策要求工业用地出让必须采用"招拍挂"的市场化出让方式，但是政策效果并不理想。地方政府总能在土地"招拍挂"的市场化方式下想方设法进行非市场化操作（陶然等，2007），地方政府同时存在"以地引资"和"以地生财"的动机（张莉等，2011）。地方政府在财政压力下会结合自身的实际情况在"以地引资"和"以地生财"之间权衡。如果地方政府偏重前者，则该地区的土地市场发育程度会较低；如果地方政府偏重后者，则土地市场发育程度会较高。地方政府在追求土地财政的过程中，土地财政规模越大，一级土地市场发育程度越高（赵文哲、杨继东，2015）。土地市场化水平越高，土地交易价格越高，并进一步提升了土地财政规模。二者的交互作用会进一步强化土地财政对房价上涨的影响程度。

10.3 理论模型与研究假设

10.3.1 土地市场

借鉴郑思齐等（2014）的思路构建地方政府土地财政的两期均衡模型。在第一期，我们假设地方政府通过土地税收、土地使用权出让和土地融资三种方式获得土地财政。为了简化分析，可以将土地税收表示为 $LT = f(P, Q) = \alpha PQ$；在第二期，我们假设地方政府出让剩余的土地获得土地税收和土地出让收入，同时偿还第一期中土地融资的抵押贷款。由此，可以得到两期的土地财政收入为：

$$LR = (P_1 Q_1 + \alpha P_1 Q_1 + \beta P_1 Q_2) + \left(\frac{P_2 Q_2}{1+r} + \frac{\alpha P_2 Q_2}{1+r} - \frac{(1+i)\beta P_1 Q_2}{1+r}\right) \quad (10-1)$$

其中，LR 表示地方政府土地财政收入；P_1 和 P_2 分别表示第一期和第二期的土地价格；Q_1 和 Q_2 分别表示第一期和第二期的土地出让面积；α 表示土地税收的"综合税率"；β 表示土地融资率，即 $\beta =$（土地融资收益 – 融资成本）/土地融资收益；r 表示折现率；i 表示土地抵押贷款利率。

进一步，我们构造地方政府土地出让的约束条件，假设地方政府在两期内的土地计划供应总量为 Q，可以得到：

$$Q_1 + Q_2 \leq Q \quad (10-2)$$

当 $Q_1 + Q_2 = Q$ 时，我们可以得到地方政府通过控制第一期土地出让面积获得最大化的土地财政收入金额。假设地方政府第一期的土地财政收入部分用于城市建设支出，提高了城市的资源禀赋，而城市资源禀赋的提升将部分资本化到土地，提高土地价格。因此，可以得到 P_1 与 P_2 之间的关系为：

$$P_2 = P_1 + \mu \frac{P_1 Q_1 + \alpha P_1 Q_1 + \beta P_1 Q_2}{Q} \quad (10-3)$$

其中，μ 表示城市资源禀赋在土地价格中的资本化率，即城市资源禀赋对土地价格的影响水平。将式（10-3）代入式（10-1），在土地出让约束条件下可以求解地方政府土地财政收入的局部最优解如下：

$$LR = [P_1 Q_1 + \alpha P_1 Q_1 + \beta P_1 (Q - Q_1)] + \left(\frac{\left(P_1 + \mu \frac{P_1 Q_1 + \alpha P_1 Q_1 + \beta P_1 (Q - Q_1)}{Q}\right)(Q - Q_1)}{1+r}\right.$$

$$\left. + \frac{\alpha \left(P_1 + \mu \frac{P_1 Q_1 + \alpha P_1 Q_1 + \beta P_1 (Q - Q_1)}{Q}\right)(Q - Q_1)}{1+r} - \frac{(1+i)\beta P_1 (Q - Q_1)}{1+r}\right)$$

$$(10-4)$$

最大化一阶条件为：

$$\frac{\partial LR}{\partial Q_1} = \frac{P_1(1+\alpha)}{1+r}\Big(-\frac{2(1+\alpha-\beta)\mu Q_1}{Q} + (i-r)\beta - 2\mu\beta + \mu\alpha + \mu + r\Big)$$
(10-5)

因此，可以得到最优解：

$$Q_1^* = \frac{(i-r)\beta - 2\mu\beta + \mu\alpha + \mu + r}{2(1+\alpha-\beta)\mu}Q$$
(10-6)

进一步，对式（10-6）进行数值模拟，假设土地税收的"综合税率"α、折现率 r 和土地抵押贷款利率 i 是外生给定的，且 $\alpha=0.08$，$r=1.75\%$（银行年存款利率），$i=6\%$（银行年贷款利率）。假定土地融资率 β 在 0~0.5 之间变化，城市资源禀赋在土地价格中的资本化率 μ 取 0.10、0.15、0.20 和 0.25。图 10-1 给出了该理论模型的数值模拟结果。从图 10-1 可以看出，在土地融资率 β 给定的情况下，城市资源禀赋在土地价格中的资本化率 μ 越高，地方政府在第一期出让的土地越少，这意味着地方政府倾向于在第一期通过土地融资收入来支撑财政支出，进行城市建设，以提高城市资源禀赋，这样在提升第二期土地出让价格的同时，地方政府还拥有更多的土地可以在第二期进行出让，以最大化两期的土地财政收入。当一个城市的土地出让价格不断提高，地方政府的土地出让行为将更趋向于市场化的出让方式以通过市场竞争来获得最大化的土地出让收入，从而缺乏没有收益的保障房用地的供给。因此，地方政府对土地财政的依赖同样会促进土地市场化水平的提高。

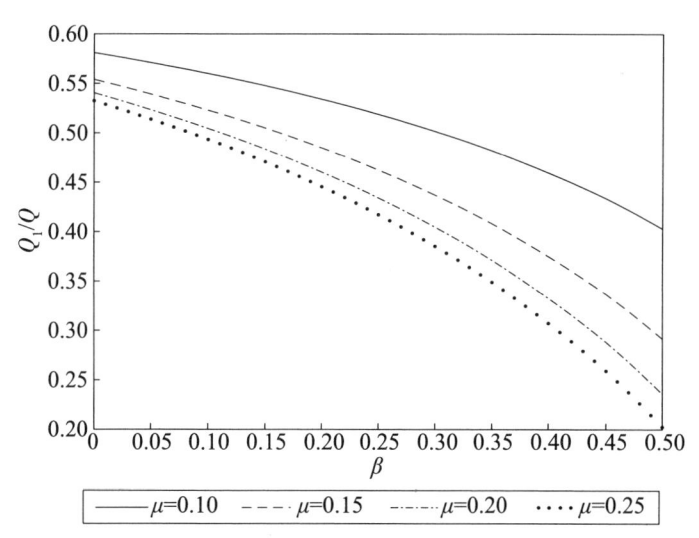

图 10-1 土地融资率、资源禀赋资本化率与第一期土地出让模拟

综合以上分析，本书提出如下研究假设。

假设 10-1 财政不平衡使得地方政府有通过囤积土地、提高土地价格，进而获得最优土地财政收入的动机，并带动土地市场化水平的提高。

10.3.2 房地产市场

中国的房地产市场是一个不完全竞争市场,沈悦和刘洪玉(2004)对 14 个城市的住房市场的实证研究表明,中国的住房市场并不符合有效市场假设。况伟大(2004)通过构建勒纳指数证明中国房地产市场的空间竞争是不完全竞争。因此,本章在研究房地产市场时将其定义为垄断竞争市场。在垄断竞争市场中,我们假设市场的需求曲线为:

$$P_h = -aQ_h + b \tag{10-7}$$

假定边际成本曲线为:

$$MC = cQ_h + d \tag{10-8}$$

开发商的总收入可表示为:

$$TR = P_h Q_h = (-aQ_h + b)Q_h = -aQ_h^2 + bQ_h \tag{10-9}$$

进一步得到边际收入为:

$$MR = -2aQ_h + b \tag{10-10}$$

在垄断竞争市场中,当边际收入等于边际成本时,可以得到市场的均衡价格和均衡需求(供给):

$$P_{h0} = \frac{ad + ab + bc}{2a + c}, Q_{h0} = \frac{b - d}{2a + c} \tag{10-11}$$

在 10.3.1 节土地市场中,已证明财政不平衡会提高地价,进一步,我们利用成本转移视角分析垄断竞争市场中房价的变化,房价的成本转嫁原理类似于"税负转嫁"原理,当考虑地价上升的成本 T 后,边际成本曲线变为:

$$MC_1 = cQ_h + d + T \tag{10-12}$$

此时的均衡价格和均衡需求(供给)则变为:

$$P_{h1} = \frac{a(d + T) + ab + bc}{2a + c}, Q_{h1} = \frac{b - d - T}{2a + c} \tag{10-13}$$

此时,地价上升的成本中消费者和开发商承担的价格增量分别为:

$$\Delta P_1 = \frac{aT}{2a + c}, \Delta P_2 = T - \frac{aT}{2a + c} \tag{10-14}$$

在完全竞争的条件下,边际成本为常数,即 $c = 0$。供给具有完全弹性,地价上升的成本使得 $\Delta P_1 = \Delta P_2 = T/2$,即消费者和开发商各承担 50% 的成本。在垄断条件下,若供给曲线斜率和需求曲线斜率的绝对值相等,即 $a = c$,地价上升的成本使得 $\Delta P_1 = T/3$,$\Delta P_2 = 2T/3$,即消费者承担成本的 1/3,开发商承担成本的 2/3。这说明在垄断竞争条件下,成本的转移受到供求弹性的影响,垄断市场的开发商比竞争市场的开发商更加难以转移成本,当地价上升的成本大部分转移到地产商头上,利润空间的挤压会导致开发商提高房价。

进一步,我们对式(10-13)的供给弹性与成本转嫁进行数值模拟,以便更形

第10章 土地财政和土地市场化对房价的影响研究

象地表述理论模型的实际意义。令 c 从 $0\sim10$ 变化，a 分别取 0.5、1、1.5 和 2。a 值越大，表示需求弹性越低；c 值越大，表示供给弹性越低。图 10-2 和图 10-3 分别给出了消费者和开发商的数值模拟结果。从图中可以看出，在垄断竞争市场上，开发商会通过提高价格的方法将所承担的土地成本向前转嫁给消费者。在供给弹性（需求弹性）给定的情况下，市场的垄断程度越高，需求弹性（供给弹性）越小，成本越容易转嫁，且向前转嫁给消费者的越多。因此，开发商提高房价的动机越强。而土地市场化水平的提高促进了土地市场的买方竞争，从而降低了房地产增量市场的垄断性，提高了市场的供给弹性，使得地产商的利润增加，降低了地价对房价的影响。

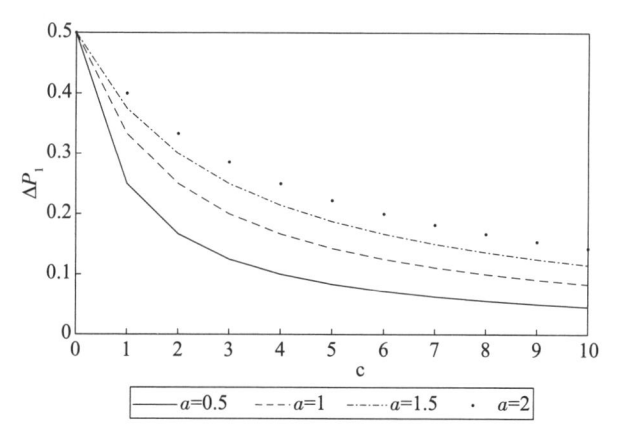

图 10-2 供求弹性与成本转嫁模拟（消费者）

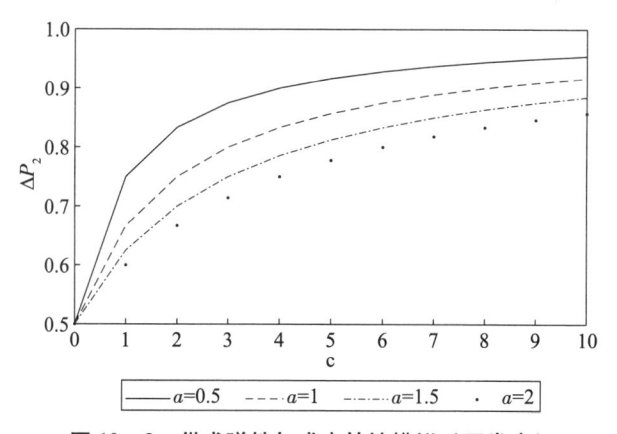

图 10-3 供求弹性与成本转嫁模拟（开发商）

综合以上分析，本章提出如下研究假设。

假设 10-2 根据垄断市场的成本加成定理，地价的上涨会提升房价。

假设 10-3 土地市场化水平的提高降低了地价对房价的影响，使房价回归理性价格水平。

10.4 数据来源与实证分析

10.4.1 模型设定

考虑到房价在空间上具有蔓延特征，在时间上具有滞后性特征（余泳泽、张少辉，2017）。同时，相邻地方政府之间存在"财政激励"和"引资激励"，一个城市地方政府土地出让行为可能会受到相邻城市政府的土地出让策略的影响（陈建军、周维正，2016），因此，本章在实证模型中同时引入了时间维度和空间维度，即引入房价的滞后项和空间权重矩阵，采用动态空间面板数据模型来测度土地财政和土地市场发育对房价的影响，以检验本章的假设 10-1 和假设 10-2。与静态空间面板模型相比，动态空间面板模型既考虑了房价的空间溢出效应和空间动态效应，又可以有效避免内生性问题，使得模型的回归结果更可靠（Elhorst J. P.，2014）。空间面板数据模型包括空间误差模型（SEM）、空间自相关模型（SAR）和空间杜宾模型（SDM）等。模型的选择通过综合拟合优度检验、自然对数函数值、LM 检验和 Wald 检验等指标来进行综合判断（Anselin L. et al.，2004）。本章最终选择空间杜宾模型为分析模型。[①] 且通过 Hausman 检验，结果显示拒绝存在随机效应的原假设。因此，本章选择如下固定效应模型：

$$\ln HP_{it} = \rho \sum_{j=1}^{n} w_{ij} \ln HP_{jt} + \sigma \ln HP_{i,t-1} + \tau \sum_{j=1}^{n} w_{ij} \ln HP_{j,t-1} + \alpha_1 \ln L_{it} + \lambda \sum Z_{it}$$
$$+ \beta_1 \sum_{i=1}^{n} w_{ij} \ln L_{jt} + \gamma \sum_{i=1}^{n} w_{ij} Z_{jt} + v_i + u_t + \varepsilon_{it} \quad (10-15)$$

其中，i 和 j 表示地区；t 表示时间；HP 是因变量，即房价；L 是核心解释变量，即土地财政规模（LF）和土地市场化水平（LM）；Z 表示其他对房价有影响的控制变量集合，包括经济发展水平、房地产投资规模、人口规模、基础设施建设、工业化发展水平、服务业发展水平和失业率；v 表示个体固定效应；u 表示时间固定效应；ε_{it} 表示随机干扰项；w_{ij} 表示空间权重矩阵，$w_{ij} = 1/d_{ij}^2$，d_{ij} 表示两个城市之间的经纬度距离，实证过程中将所得的矩阵进行标准化处理。

在此基础上，为了验证土地市场化水平对土地财政影响房价的调节效应，本书将土地财政与土地市场化水平的交互项加入模型中，设定模型如下：

$$\ln HP_{it} = \rho \sum_{j=1}^{n} w_{ij} \ln HP_{jt} + \sigma \ln HP_{i,t-1} + \tau \sum_{j=1}^{n} w_{ij} \ln HP_{j,t-1} + \alpha_1 \ln LF_{it} + \alpha_2 LM_{it}$$
$$+ \alpha_3 \ln LF_{it} \times LM_{it} + \lambda \sum Z_{it} + \beta_1 \sum_{i=1}^{n} w_{ij} \ln LF_{jt} + \beta_2 \sum_{i=1}^{n} w_{ij} LM_{jt} \quad (10-16)$$

[①] LM 检验和 Wald 检验结果表明应选择 SDM 模型，限于篇幅，书中未列出模型选择过程。

$$+ \beta_3 \sum_{i=1}^{n} w_{ij}\ln LF_{ji} \times LM_{jt} + \gamma \sum_{i=1}^{n} w_{ij}Z_{jt} + v_i + u_t + \varepsilon_{it}$$

将式（10–16）对 $\ln HP$ 求偏导，得 $\partial \ln HP / \partial \ln LF = \alpha_1 + \alpha_3 LM$，若 α_1 系数显著为正，且 α_3 系数显著为正，则说明土地市场化水平的提升强化了土地财政对房价的正向影响。

10.4.2 数据说明与变量描述性统计

基于以上实证策略，本章选取 2003~2017 年中国 282 个地级市的面板数据为研究样本，变量选取如下。(1) 房价。利用商品房销售额与商品房销售面积的数据来计算每平方米的名义住房价格，并采用经过城市所在省份的 CPI 指数平减后的实际住房价格来衡量。其中，2003~2013 年商品房销售额与商品房销售面积数据源于《中国区域经济统计年鉴》，2014~2017 年商品房销售额与商品房销售面积数据源于 CEIC 数据库[①]。CPI 指数均源于《中国统计年鉴》。(2) 土地财政。即土地财政规模，本章用土地出让收入总额来衡量。土地出让收入数据来自《中国国土资源统计年鉴》。(3) 土地市场发育程度。土地市场发育涉及土地出让规模、结构和价格的变化，其主要表现是土地出让方式逐渐由协议出让向"招拍挂"的市场化方式的转变（黄贤金，2017）。因此，本章借鉴钱忠好、牟燕（2012）、徐升艳等（2018）的思路，采用权重法计算土地市场发育程度。计算公式为：$\sum Z_i f_i / \sum Z_i$。其中，Z_i 为城市一级土地市场各种方式出让的土地面积，包括招标、拍卖、挂牌、协议、划拨和租赁；f_i 为对应出让方式的价格权重。本章将 2003~2017 年"拍卖"方式出让土地的全国平均价格作为基准，设其权重为 1，招标、挂牌和协议出让方式的权重以其实际交易均价与"拍卖"均价的比值来确定；划拨是一种典型的行政配置方式，一般用于非经营性建设用地，基本是无偿获取，设其权重为 0。由于 2008 年后《中国国土资源年鉴》和《中国国土资源统计年鉴》只公布了"招拍挂"综合数据，分项数据无法获得。得益于 2006 年 8 月 1 日开始实施的《招标拍卖挂牌出让国有土地使用权规范（试行）》明确要求市县级政府土地主管部门必须在中国土地市场网上事先公布每宗国有土地使用权的出让计划，并公布每宗土地的出让结果，我们有机会借助网络爬虫获取了 2007 年 1 月 1 日至 2017 年 12 月 31 日期间每一笔土地出让结果的详细信息。因此，本章土地出让相关数据中 2003~2008 年来自历年的《中国国土资源统计年鉴》，2009~2017 年来自中国土地市场网[②]。(4) 经济发展水平。用实际 GDP 来衡量。(5) 房地产投资规模。用房地产投资额与 GDP 的比值来衡量。(6) 人口规模。采用各地区年末总人口来衡量。(7) 基础设施建设。采用人

[①] CEIC 数据库网址：https://www.ceicdata.com/zh-hans。
[②] 中国土地市场网网址：http://www.landchina.com/。

均道路铺装面积来衡量。(8) 工业化发展水平。采用第二产业产值占 GDP 比重来衡量。(9) 服务业发展水平。采用第三产业产值占 GDP 比重来衡量。(10) 失业率。采用年末城镇登记失业人数/（年末城镇登记失业人数 + 年末单位从业人数）计算衡量。以上变量 (4)~变量 (10) 为控制变量，相关数据均来自历年的《中国城市统计年鉴》。各变量的描述性统计见表 10-1。

表 10-1 变量的描述性统计

变量	变量缩写	观测值	均值	标准差	最小值	最大值
房价	HP	4 230	2 989.382	2 372.847	32.083	35 761.130
土地财政	LF	4 230	803 763.500	1 823 667.000	111.680	27 182 413.240
土地市场化水平	LM	4 230	0.528	0.203	0.006	1.000
经济发展水平	GDP	4 230	1 534.801	2 447.957	31.773	30 632.990
房地产投资规模	Real	4 230	1 832 834.000	3 908 848.000	111.000	27 182 413.240
人口规模	Pop	4 230	123.545	178.381	5.040	2 979.210
基础设施建设	Proad	4 230	10.684	7.824	0.020	108.370
工业化发展水平	Inst	4 230	48.451	11.058	9.000	90.970
服务业发展水平	Serv	4 230	37.659	9.498	8.580	85.340
失业率	Unem	4 230	0.058	0.040	0.001	0.561

10.5 实证结果分析

10.5.1 空间相关性检验

在进行空间面板模型估计前，本章先对房价进行了空间自相关检验。图 10-4 是 2003~2017 年房价的空间自相关的全局 Moran's I 指数。2003 年以来中国房价全局 Moran's I 指数均显著为正，表明该时期内中国房价存在显著的正向空间关联特征。但是房价的这种空间关联性呈现波动向下的趋势。这是因为随着人地矛盾的突出，房价上涨越来越快。地方政府为了保持住房市场的稳定，对住房市场进行干预，发布了一系列限购、限价政策。地方政府对住房市场的宏观调控在一定程度上降低了房价的空间关联性。

10.5.2 空间计量模型的实证检验结果

表 10-2 报告了动态空间杜宾模型下的估计结果。其中，模型 (1) 为土地财政规模的回归结果。模型 (2) 是土地市场发育程度的回归结果。从模型 (1) 和模型 (2) 的回归结果来看，房价滞后项的回归系数（$W \times \ln HP$）均显著为正。

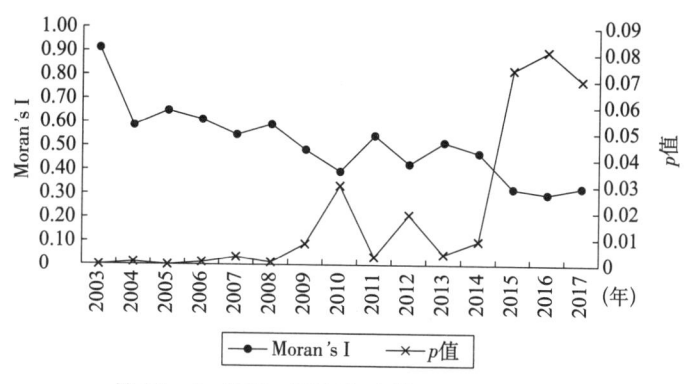

图 10-4　2003~2017 年房价 *Moran's I* 指数

说明房价存在正向溢出效应，相邻城市房价的上涨会促进本地房价的上涨。这与已有文献的研究结论一致（方晓萍、丁四保，2012）。房价的时间滞后项系数（lag_lnHP）也均显著为正，说明各城市房价都受上期房价的影响，房价的"预期效应"对房价上涨具有促进作用。房价的时空滞后项系数（$W \times$ lag_lnHP）显著为负，说明相邻城市上期房价的上涨对本地区本期房价具有抑制作用。这归因于相邻城市的房价上涨对本地区城市具有"警示效应"。即当相邻城市房价上涨时，本地区城市政府迫于政绩考核和舆论压力，会在下一期实施更加严格的住房调控政策以遏制房价过快上涨。土地财政（lnLF）的回归系数显著为正，表明土地财政显著促进房价上涨。这与理论假设 10-1 吻合，也验证了唐云锋、马春华（2017）等已有文献的发现。一方面，土地财政规模的增加使得地方政府有能力支持城市的基础设施建设，吸引外来人口，刺激住房需求，从而促进房价上涨；另一方面，地方政府对土地财政的依赖存在高价出让土地的动机，地价的上涨自然带动房价上涨。土地市场发育程度（LM）的系数同样显著为正，说明城市土地市场发育程度的提升会显著提高城市房价。假设 10-2 得到了验证，影响方向与已有研究（张辽、杨成林，2015）的结论一致。土地市场发育程度的提高降低了地方政府与企业之间合谋的可能性，增强了土地市场的竞争机制，有助于显化土地价值，从而提高房价。土地财政的空间滞后项系数（$W \times$ lnLF）和土地市场发育程度的空间滞后项系数（$W \times LM$）均显著为正，说明相邻城市土地财政规模的增加和土地市场发育程度的提升会促进本地房价的上涨。地方政府之间存在显著的"空间竞争"特征。地方政府为招商引资会竞相不断完善城市基础设施和公共服务。基础设施的建设需要消耗大量的财政支出，而土地财政是增加地方政府财政收入的主要来源。地方政府间的竞争逐渐演变为土地财政的竞争，相邻城市的快速发展会刺激当地增加土地财政规模以支持城市发展，进而提高了本地房价。城市间土地市场发育程度也存在显著的"空间竞争"特征，土地市场发育在城市间存在模仿效应，相邻城市土地市场发育程度的提高会促进本地区土地市场发育程度，进而提高本地的房价。

本章进一步在模型中同时加入土地财政（lnLF）、土地市场发育（LM）以及土地财政与土地市场发育的交互项（$\ln LF \times LM$）以检验假设 10-3 是否成立，实证结果见表 10-2 中模型（3）。二者的交互项（$\ln LF \times LM$）系数为 0.018 且在 1% 水平显著，说明土地市场发育程度提高了土地市场发育程度，通过影响土地交易价格提高了地方政府土地财政规模，对土地财政与房价之间的关系具有调节作用。随着土地市场发育程度的提升，土地财政对城市房价的影响作用在加强，这与理论假设 10-3 吻合。对于这一结论的解释是：土地市场发育程度较高的城市通过引入竞争机制更能显化土地的真实价值，地方政府会从土地增值中受益，通过增加地方财政收入而进一步强化土地财政对房价上涨的促进作用。中国东南沿海城市的土地市场发育程度较高，土地价格也普遍较高，"地王"出现的频率较高也就不难理解。土地财政与土地市场发育交互项的空间滞后项系数（$W \times \ln LF \times LM$）显著为负，说明相邻城市土地市场发育对土地财政与房价之间的调节作用对本地房价起到了抑制作用。从边际效应的角度解释，土地市场发育程度的提高有利于显化土地价格，增加土地财政收入，并在一定程度上弱化了地方政府间的土地财政竞争。

表 10-2　　　　　　　　动态空间面板模型的实证结果

变量	模型（1）	模型（2）	模型（3）
$W \times \ln HP$	7.973*** (6.53)	10.070*** (7.91)	7.508*** (6.26)
$lag\_\ln HP$	0.235*** (6.38)	0.253*** (6.74)	0.235*** (6.48)
$W \times lag\_\ln HP$	-38.633*** (-6.24)	-35.269*** (-5.24)	-42.244*** (-7.10)
$\ln LF$	0.045*** (6.98)	—	0.045*** (7.13)
LM	—	0.059*** (2.80)	0.041** (2.03)
$\ln LF \times LM$	—	—	0.018*** (4.91)
$\ln GDP$	0.470*** (13.20)	0.537*** (14.04)	0.474*** (13.32)
$Real$	0.001 (1.19)	0.001 (1.14)	0.001** (2.11)
$\ln Pop$	0.071*** (5.18)	0.081*** (5.92)	0.068*** (5.03)
$\ln Proad$	-0.038*** (-2.67)	-0.039** (2.56)	-0.036** (2.51)
$Inst$	0.279* (1.92)	0.388** (2.55)	0.286* (1.92)
$Serv$	-0.057 (-0.42)	-0.041 (-0.28)	-0.046 (-0.34)

续表

变量	模型（1）	模型（2）	模型（3）
$Unem$	0.056 (0.42)	0.036 (0.27)	0.062 (0.47)
$W \times \ln LF$	14.622*** (10.22)	—	15.550*** (10.02)
$W \times LM$	—	11.689** (2.46)	14.939*** (3.30)
$W \times \ln LF \times LM$	—	—	-1.552** (-2.04)
$W \times \ln GDP$	-17.580* (-1.82)	13.018 (1.56)	-17.596* (-1.91)
$W \times Real$	-0.001*** (-3.16)	-0.001 (-1.51)	-0.001** (2.49)
$W \times \ln Pop$	-31.989*** (-7.04)	-32.534*** (-7.19)	-33.249*** (-8.34)
$W \times \ln Proad$	33.238*** (12.09)	25.827*** (6.90)	31.583*** (10.05)
$W \times Inst$	-559.118*** (-31.81)	-532.878*** (-28.40)	-559.430*** (-30.92)
$W \times Serv$	-354.199*** (-18.75)	-396.011*** (-21.14)	-344.629*** (-17.78)
$W \times Unem$	-905.737*** (-36.49)	-808.407*** (-25.31)	-948.823*** (-39.89)
R^2	0.586	0.539	0.590
$LogL$	-0.7151	-2.779	1.589
样本数	3 948	3 948	3 948

注：括号内为 z 值；***、**、* 分别表示在1%、5%、10%的水平显著。

10.5.3 区域异质性分析

本章进一步根据国家经济区域划分办法将全国样本城市按其所属省份划分为东部、中部和西部3个子样本①，以检验不同区域间的实证结果是否存在异质性，结果见表10-3。东部地区房价滞后项的回归系数（$W \times \ln HP$）显著为正，说明房价存在正向溢出效应；时间滞后项系数（$lag\_\ln HP$）显著为正，说明房价的"预期效应"对房价上涨有促进作用；时空滞后项系数（$W \times lag\_\ln HP$）显著为负，说明

---

① 东部地区包括河北、辽宁、上海、江苏、浙江、福建、山东、广东、海南；中部地区包括山西、吉林、黑龙江、安徽、江西、河南、湖北、湖南；西部地区包括广西、四川、重庆、内蒙古、贵州、云南、陕西、甘肃、青海、宁夏、新疆。

东部地区的房价存在"警示效应",这与全国样本的回归结果类似。东部地区土地财政($\ln LF$)与土地市场发育程度(LM)的回归系数均显著为正,表明二者的提高会显著促进本地房价上涨。同时,土地财政的空间滞后项系数($W \times \ln LF$)显著为正,即相邻城市土地财政规模的增加会促进本地城市的房价水平,这也与全国样本类似。不同的是,东部地区土地市场发育程度的空间滞后项系数($W \times \ln LM$)显著为负,即相邻城市土地市场发育程度的提升会抑制本地区城市的房价上涨。对于这一结论的解释是,东部地区土地经济密度较高(匡兵等,2017)。相邻城市土地市场发育程度的提高带动了地区经济发展,吸引周边地区人口,因而会导致本地区城市人口的流出,从而减低了本地区城市的住房需求,抑制房价上涨。东部地区二者的交互项($\ln LF \times LM$ 和 $W \times \ln LF \times LM$)系数均不显著。

表10-3 分地区的回归结果

变量	东部			中部			西部		
	模型(1)	模型(2)	模型(3)	模型(4)	模型(5)	模型(6)	模型(7)	模型(8)	模型(9)
$W \times \ln HP$	30.470*** (6.01)	38.993*** (8.85)	30.375*** (5.88)	6.831*** (7.37)	6.734*** (6.34)	6.965*** (7.54)	16.671*** (3.67)	19.170*** (4.45)	19.518*** (3.50)
$lag\_\ln HP$	0.645*** (15.03)	0.700*** (16.98)	0.643*** (14.85)	0.066*** (2.23)	0.076*** (2.71)	0.070** (2.48)	0.255*** (2.91)	0.264*** (2.97)	0.253*** (2.89)
$W \times lag\_\ln HP$	-24.204*** (-2.77)	1.857 (0.21)	-24.737*** (-3.01)	-6.335 (-1.58)	-7.254 (-1.41)	-5.099 (-1.16)	53.179** (2.36)	57.620** (2.41)	47.704** (2.15)
$\ln LF$	0.044*** (7.30)	—	0.043*** (7.21)	0.035*** (2.64)	—	0.030** (2.21)	0.032*** (2.99)	—	0.038*** (3.35)
LM	—	0.035* (1.94)	0.018 (1.03)	—	0.089* (1.75)	0.069 (1.32)	—	-0.040 (-1.24)	-0.048 (-1.54)
$\ln LF \times LM$	—	—	-0.001 (-0.43)	—	—	0.007 (0.81)	—	—	0.016*** (2.82)
$W \times \ln LF$	4.371** (2.30)	—	4.417*** (2.45)	-0.318 (-0.29)	—	-1.350* (-1.75)	6.668 (0.94)	—	5.433 (0.81)
$W \times LM$	—	-7.460* (-1.95)	-3.867 (-0.90)	—	-4.509* (-1.83)	-3.286* (-1.78)	—	18.142 (1.56)	12.481 (1.30)
$W \times \ln LF \times LM$	—	—	0.867 (-0.56)	—	—	1.729* (1.97)	—	—	-1.237 (-0.89)
控制变量	Y	Y	Y	Y	Y	Y	Y	Y	Y
R^2	0.910	0.899	0.910	0.606	0.605	0.607	0.703	0.699	0.706
$LogL$	1236.463	1174.465	1238.521	-121.969	-123.642	-120.416	194.811	188.551	200.554
样本数	1414	1414	1414	1400	1400	1400	1134	1134	1134

注:括号内为 z 值;***、**、* 分别表示在1%、5%、10%的水平显著。限于篇幅,此处仅列出了核心解释变量的回归系数和 z 值。

中部地区房价滞后项的回归系数($W \times \ln HP$)和时间滞后项系数($lag\_\ln HP$)均显著为正,即房价存在空间溢出效应和"预期效应"。但是,中部地区房价时空滞后项系数（$W \times lag\_ \ln HP$）不显著，说明中部地区的房价不存在"警示效应"。这是因为中部地区土地出让规模较大，城市房价的整体平均水平较低，房价涨幅较小，且去库存压力较大。因此，相邻城市房价上涨并不会影响本地的房价水平。中部地区土地财政（$\ln LF$）回归系数显著为正，即土地财政规模的扩大显著促进本地房价的上涨。但其空间滞后项系数（$W \times \ln LF$）并不显著，本地区房价不会受到相邻城市土地财政规模的影响。这是由于地方政府通过控制土地和税收等控制城市的资本循环（殷冠文，2019）。而中部地区经济发展水平相比于东部地区较低，但是土地供给规模远大于东部地区。因此，地方政府之间更多的是引资激励，对于财政激励相对较弱。中部地区土地市场发育程度（LM）的回归系数显著为正，其空间滞后项系数（$W \times \ln LM$）显著为负，这与东部地区的回归结果类似。中部地区土地财政与土地市场发育程度的交互项（$\ln LF \times LM$）不显著，但是其空间滞后项（$W \times \ln LF \times LM$）显著为正。从边际效应的角度解释，由于土地财政空间滞后项（$W \times \ln LF$）系数显著为负，土地市场发育程度的提高有利于增加土地财政，弱化了城市间的引资竞争，进而有利于房价上涨。

西部地区房价滞后项的回归系数（$W \times \ln HP$）和时间滞后项系数（$lag\_ \ln HP$）也均显著为正，但是其时空滞后项系数（$W \times lag\_ \ln HP$）显著为正，这不同于东、中部地区。这是因为西部地区整体经济发展水平较低，房价水平也明显低于东、中部地区。地方政府致力于提升地方经济、吸引人口、提升房价水平。因此，相邻城市房价的上涨不仅不存在"警示效应"，反而存在"模仿效应"。西部地区只有土地财政（$\ln LF$）回归系数均显著为正，其余变量均不显著，说明西部地区土地财政规模的增加会促进房价上涨，而土地市场发育并不会影响城市内部房价上涨。这是因为西部地区土地市场发育得还不太成熟，其城市房价普遍较低，尚处于起步阶段（韩娟等，2017），加之住房市场和投资市场发展缓慢，因此，无法有效发挥土地市场发育对房价的影响。土地财政与土地市场发育的交互项（$\ln LF \times LM$）回归系数显著为正，这说明西部地区土地市场发育对城市房价虽然没有显著的直接影响，但是会对土地财政影响房价的过程产生正向调节作用。

10.5.4 中间机制检验

为了定量考察土地财政、土地市场化水平对房价的影响，以及土地财政对房价影响的中介效应，参考理论分析、借鉴大量文献中常用的方法（Baron and Kenny，1986；余泳泽、张少辉，2017），设定验证步骤如下：（1）土地财政分别与地价和土地市场发育程度进行回归，如果回归系数显著，说明土地财政对地价和土地市场发育产生了影响；（2）地价、土地市场化水平与房价进行回归，如果回归系数显著，说明地价、土地市场化水平对房价产生了影响；（3）若上述步骤的结果均成立，我们进一步将土地财政、地价和土地市场化水平与房价同时进行回归，如果土地财政、地价和土地市场化水平的回归系数有所下降或变得不显著,则说明土地财政对房价的影响部分或全部来自地价和土地市场发育程度的影响。

按照以上检验步骤,本章设立了以下实证模型。

第一步,验证土地财政是否影响了土地市场化水平和地价。

$$LM_{it} = \alpha_0 + \alpha_1 FI_{it} + \lambda_j \sum_{j=1}^{n} Z_{jit} + \varepsilon_{it} \qquad (10-17)$$

$$\ln LP_{it} = \alpha_0 + \alpha_1 FI_{it} + \lambda_j \sum_{j=1}^{n} Z_{jit} + \varepsilon_{it} \qquad (10-18)$$

第二步,验证土地市场化水平和地价是否影响了房价。

$$\ln HP_{it} = \alpha_0 + \alpha_1 \ln LP_{it} + \alpha_2 LM_{it} + \lambda_j \sum_{j=1}^{n} Z_{jit} + \varepsilon_{it} \qquad (10-19)$$

第三步,将土地财政、土地市场化水平、地价和房价同时放入模型中。

$$\ln HP_{it} = \alpha_0 + \alpha_1 FI_{it} + \alpha_2 LM + \alpha_3 \ln LP_{it} + \lambda_j \sum_{j=1}^{n} Z_{jit} + \varepsilon_{it} \qquad (10-20)$$

其中,LP 表示地价,其余变量解释同式(10-15)。

表 10-4 报告了基于 GMM 模型的中介效应检验的结果,模型(1)和模型(2)是第一步的回归结果,土地财政对土地市场化水平的影响为负,但并不显著,这说明土地财政并不会通过土地市场化水平影响房价。这拒绝假设 10-1 中土地财政同样会促进土地市场化水平的理论。而财政不平衡对地价的影响显著为正,地方政府土地财政每上升 1 个百分点,就会引起地价上涨 0.85 个百分点。进一步,模型(3)是第二步的回归结果,土地市场化水平的提升与地价的上涨均会引起房价的上涨,土地市场发育程度每提升 1 个百分点,就会引起房价上涨 0.38 个百分点,且地价每上涨 1 个百分点,就会引起房价上涨 0.09 个百分点,由此可见,土地市场化水平对房价的影响要大于地价对房价的影响。模型(4)是第三步回归结果,在同时加入土地财政、土地市场化水平和地价变量后,土地财政对房价的影响系数有所下降(与表 10-2 的模型(4)和表 10-4 的模型(5)相比),说明土地财政会通过提升地价影响房价的上涨,这为假设 10-1 和假设 10-2 提供了支持。土地财政使得地方政府有提高土地价格的动机,地价的上涨进一步引起了房价上涨。

表 10-4　　　　　　土地财政对房价影响的中介机制检验

变量	模型(1)	模型(2)	模型(3)	模型(4)	模型(5)
	LM	$\ln LP$	$\ln HP$	$\ln HP$	$\ln HP$
$lag\_\ln LM$	0.199*** (4.83)	—	—	—	—
$lag\_\ln LP$	—	0.158*** (4.08)	—	—	—
$lag\_\ln HP$	—	—	0.504*** (9.43)	0.406*** (6.61)	0.415*** (5.36)

续表

变量	模型（1）LM	模型（2）lnLP	模型（3）lnHP	模型（4）lnHP	模型（5）lnHP
LF	-0.043 (-1.52)	0.850*** (4.61)	—	0.436*** (4.22)	0.513*** (4.32)
LM	—	—	0.384*** (3.52)	0.397*** (3.38)	—
lnLP	—	—	0.092*** (6.71)	0.080*** (6.58)	—
$Real$	-0.094 (-1.40)	0.659 (1.20)	0.516* (1.91)	0.523** (2.06)	0.658* (1.94)
lnPop	-0.023** (-2.34)	0.498*** (8.02)	0.225*** (6.72)	0.280*** (6.85)	0.311*** (7.69)
ln$Proad$	-0.010 (-0.92)	0.334*** (2.60)	0.128** (2.50)	0.106** (2.41)	0.123** (2.53)
ln$Inst$	0.204*** (3.90)	1.232** (2.51)	0.511*** (3.06)	0.613*** (3.77)	0.882*** (4.46)
ln$Serv$	0.001 (0.01)	1.141*** (3.12)	0.045** (2.92)	0.315*** (2.60)	0.469*** (3.34)
ln$Unem$	0.075 (1.56)	-1.357 (-1.54)	-0.106 (-0.51)	-0.126 (-0.65)	-0.114 (-0.55)
常数项	-0.418 (-1.18)	-6.466** (-2.22)	-1.453 (-1.56)	-0.979 (-1.13)	-0.223** (-2.13)
样本数	3 384	3 384	3 384	3 384	3 384

注：括号内为 z 值；***、**、*分别表示在1%、5%、10%的水平显著。

10.5.5 土地出让政策变化对房价的影响

2006年8月发布的《国务院关于加强土地调控有关问题的通知》（以下简称《通知》）规定了工业用地必须采用"招拍挂"方式出让的要求。考虑到土地出让政策可能会影响房价，因此，本章参考范小敏、徐盈之（2018）的研究方法，引入年份虚拟变量 year2007 考察土地出让政策变化的影响，其值在2007年及以后取值为1，2007年以前则取值为0。同时，本章还引入 lnLP×LM 和 FI×LM 与 year2007 的交互项，以考察土地出让政策变化是否影响了土地市场发育程度对房价的调节作用。

表10-5报告了基于 GMM 模型的土地出让政策变化对房价和房价调节机制的影响。模型（1）和模型（2）的归回结果显示，year2007 的回归系数显著为正，说明2007年以后土地出让政策变化提高了房价水平。究其原因，《通知》要求工业用地必须通过"招拍挂"方式出让会显著提升土地市场发育程度，土地市场发育程度的提升显化了住房价格。模型（3）和模型（4）中加入了 lnLP×LM 与 year2007 的交互项，回归结果显示，lnLP×LM 的回归系数显著为负，而 lnLP×LM×year2007 的回归系数显著为正，这说明2007年以后，土地出让政策变化弱化了土地市场发育

程度对地价影响房价的负向调节作用。模型（5）和模型（6）中加入了 $FI \times LM$ 与 $year2007$ 的交互项，回归结果显示，$FI \times LM$ 的回归系数显著为负，而 $FI \times LM \times year2007$ 的回归系数显著为正，这说明 2007 年以后，土地出让政策变化同样也弱化了土地市场发育程度对财政不平衡影响房价的负向调节作用。原因在于，尽管国家发布了强制要求工业用地实施"招拍挂"方式出让的规定，但是地方政府为了招商引资和实现地方经济增长，在工业用地出让过程中仍然以非常低的价格出让给用地企业以实现"以地引资"，并且通过限制投资强度和容积率等条件，以及对竞买人实施严格的资格审查等方式排斥了部分竞买人。其结果是工业用地出让市场仍然是不完全竞争市场。即工业用地的市场化改革仍停留在出让方式转变阶段，尚未形成反映工业用地价格的市场机制。城市土地市场上的土地供给结构中仍然是工业用地占主导，而且低廉的工业用地价格导致企业不重视土地集约利用，闲置和浪费现象依然突出，这进一步挤占了住宅用地的供给空间，对住宅用地的供给产生了挤出效应。住宅用地供给的减少会推高地价和房价。同时，工业用地的低价出让减少了地方政府的土地财政收入，为了实现财政的收支平衡，地方政府有通过进一步推高住房用地价格而弥补工业用地出让收入损失的动机。

表 10-5　　　　　土地出让政策变化对房价及其调节机制影响检验

变量	模型（1）	模型（2）	模型（3）	模型（4）	模型（5）	模型（6）
lag_lnHP	0.729*** (24.16)	0.495*** (8.79)	0.544*** (12.85)	0.412*** (8.09)	0.761*** (21.96)	0.388*** (5.89)
$year2007$	0.185*** (7.32)	0.116*** (6.12)	—	—	—	—
LF	—	—	—	—	0.579*** (3.15)	0.953*** (4.50)
LM	—	—	3.749*** (3.53)	2.244** (2.56)	0.578*** (3.19)	0.399* (1.87)
$lnLP$	—	—	0.356*** (6.52)	0.229*** (5.33)	—	—
$FI \times LM$	—	—	—	—	-3.422*** (-5.07)	-2.630*** (-4.26)
$FI \times LM \times year2007$	—	—	—	—	2.013*** (5.53)	1.049*** (4.34)
$lnLP \times LM$	—	—	-0.675*** (-4.18)	-0.420*** (-3.22)	—	—
$lnLP \times LM \times year2007$	—	—	0.108*** (8.30)	0.079*** (7.63)	—	—
$Real$	—	0.519* (1.69)	—	0.505** (2.05)	—	0.675** (1.97)

续表

变量	模型（1）	模型（2）	模型（3）	模型（4）	模型（5）	模型（6）
lnPop	—	0.239 *** (6.88)	—	0.212 *** (6.78)	—	0.295 *** (7.33)
ln$Proad$	—	0.138 ** (2.49)	—	0.096 ** (2.46)	—	0.118 ** (2.55)
ln$Inst$	—	0.523 *** (3.12)	—	0.248 (1.38)	—	0.871 *** (4.49)
ln$Serv$	—	0.514 *** (3.30)	—	0.284 * (1.86)	—	0.510 *** (3.65)
ln$Unem$	—	-0.164 (-0.57)	—	-0.091 (-0.42)	—	-0.132 (-0.56)
常数项	2.105 *** (9.57)	-1.269 (-1.25)	1.419 *** (3.83)	0.104 (0.10)	1.799 *** (7.02)	-2.140 ** (-2.08)
样本数	3 384	3 384	3 384	3 384	3 384	3 384

注：括号内为 z 值；*** 、** 、* 分别表示在1%、5%和10%的水平显著。

比较 ln$LP \times LM$（$FI \times LM$）与 ln$LP \times LM \times year$ 2007（$FI \times LM \times year$ 2007）系数绝对值的大小，ln$LP \times LM$（$FI \times LM$）系数绝对值大于 ln$LP \times LM \times year$ 2007（$FI \times LM \times year$ 2007）系数绝对值，由于 $LM < 1$，因此，虽然土地出让政策变化弱化了土地市场化水平对房价的负向调节作用，但不会改变其调节作用的方向，即土地市场化水平的提升依然降低了地价和土地财政对房价的影响，促使房价回归理性价格水平。

10.5.6 稳健性检验

（1）子样本回归。由于前述的实证模型中可能存在一些不可观测的城市特征因素，为了进一步缓解城市特征因素对回归分析的影响，我们按城市规模大小在全国样本中提取了大中城市子样本（城市常住人口规模大于50万）① 进行稳健性检验，结果见表10-6和表10-7。表10-6子样本中介效应的回归结果显示，土地财政对土地市场化水平的影响不显著，但对地价的影响显著为正。且土地财政和地价对房价的影响均显著为正。加入地价因素后，土地财政的回归系数明显变小，说明地价是土地财政对房价影响的中介机制，即土地财政会通过提升地价影响房价的上涨，这与全国样本所得出的结论相一致。

---

① 本章中的城市规模等级的划分依据是2014年国务院发布的《国务院关于调整城市规模划分标准的通知》。其中，大城市常住人口规模为大于100万；中等城市常住人口规模为50万~100万；中小城市常住人口规模为小于50万。

表 10-6　　　　　大中城市土地财政对房价影响的中间机制检验

变量	模型 (1)	模型 (2)	模型 (3)	模型 (4)	模型 (5)
被解释变量	LM	$\ln LP$	$\ln HP$	$\ln HP$	$\ln HP$
$lag\_\ln LM$	0.220 *** (4.81)	—	—	—	—
$lag\_\ln LP$	—	0.160 *** (4.15)	—	—	—
$lag\_\ln HP$	—	—	0.495 *** (9.02)	0.400 *** (6.56)	0.418 *** (6.35)
LF	-0.045 (-1.47)	0.996 *** (5.45)	—	0.446 *** (4.79)	0.527 *** (4.76)
LM	—	—	0.437 *** (3.92)	0.454 *** (3.92)	—
$\ln LP$	—	—	0.087 *** (6.68)	0.079 *** (6.73)	—
$Real$	-0.060 (-0.92)	0.864 * (1.69)	0.433 (1.59)	0.533 * (1.80)	0.574 * (1.72)
$\ln Pop$	-0.021 ** (-1.99)	0.519 *** (8.67)	0.218 *** (6.29)	0.270 *** (6.84)	0.294 *** (7.18)
$\ln Proad$	-0.016 (-1.05)	0.356 *** (3.33)	0.148 *** (2.94)	0.119 ** (2.32)	0.163 *** (2.99)
$\ln Inst$	0.204 *** (2.99)	1.125 ** (2.47)	0.578 *** (3.08)	0.682 *** (3.98)	0.931 *** (4.44)
$\ln Serv$	0.003 (0.04)	1.148 *** (3.02)	0.530 *** (3.61)	0.472 *** (3.57)	0.532 *** (3.53)
常数项	-0.418 (-0.90)	-6.363 ** (-2.29)	-2.106 ** (-2.03)	-1.788 * (-1.86)	-2.696 ** (-2.37)
样本数	2 904	2 904	2 904	2 904	2 904

注：括号内为 z 值；***、**、* 分别表示在 1%、5%、10% 的水平显著。

表 10-7 是子样本调节效应的回归结果。不难看出，$\ln LP \times LM$ 和 $FI \times LM$ 两个交互项的系数依然显著为负，说明土地市场化水平对地价影响房价以及土地财政影响房价具有调节作用，土地市场化水平的提升降低了地价和土地财政对房价的影响，这与全国样本所得出的结论也完全一致。

表 10-7　　　　大中城市土地市场化水平对房价影响的调节机制检验

变量	模型 (1)	模型 (2)	模型 (3)	模型 (4)
$lag\_\ln HP$	0.691 *** (18.71)	0.484 *** (9.05)	0.835 *** (32.54)	0.423 *** (6.47)
FI	—	—	0.510 *** (2.82)	0.789 *** (3.77)
LM	3.776 *** (3.06)	1.420 * (1.76)	0.718 *** (3.64)	0.371 * (1.71)

续表

变量	模型（1）	模型（2）	模型（3）	模型（4）
lnLP	0.328 *** (4.93)	0.154 *** (3.66)	—	—
$FI \times LM$	—	—	-1.344 *** (-2.65)	-1.211 * (-2.07)
ln$LP \times LM$	-0.544 *** (-2.97)	-0.200 * (-1.66)	—	—
$Real$	—	0.370 (1.52)	—	0.621 * (1.89)
lnPop	—	0.218 *** (6.35)	—	0.293 *** (7.15)
ln$Proad$	—	0.142 *** (2.84)	—	0.153 *** (2.83)
ln$Inst$	—	0.666 *** (3.40)	—	0.969 *** (4.35)
ln$Serv$	—	0.523 *** (3.31)	—	0.644 *** (4.11)
常数项	0.338 (0.91)	-2.646 ** (-2.44)	1.174 *** (6.32)	-3.35 *** (-2.78)
样本数	2 904	2 904	2 904	2 904

注：括号内为 z 值；***、**、* 分别表示在1%、5%、10%的水平显著。

（2）控制土地供给特征。考虑到前述实证分析中可能存在遗漏变量问题，本章进一步在实证模型中控制其他可能影响房价的变量。张莉等（2011）认为，土地供给规模与房价上涨存在密切关系，本章在实证模型中引入供地规模（ln$Landsca$）变量，并采用土地出让总面积衡量。表10-8是控制了土地供给规模后的回归结果。不难看出，房价的空间自相关系数（$W \times$ lnHP）和时间滞后项系数（$lag\_$ lnHP）显著为正，时空滞后项系数（$W \times lag\_$ lnHP）显著为负，这前述的实证结果相一致。同时，土地财政（lnLF）、土地财政空间滞后项（$W \times$ lnLF）、土地市场发育程度（LM）、土地市场发育程度空间滞后项（$W \times LM$）以及两者的交互项（ln$LF \times LM$）的回归系数均显著为正，两者的交互项的空间滞后项（$W \times$ ln$LF \times LM$）的回归系数均显著为负，这也和前述所得出的结论相一致，说明该实证结果是稳健的。

表10-8　控制了土地供给规模和供给结构后的实证结果

变量	模型（1）	模型（2）	模型（3）
$W \times$ lnHP	8.073 *** (6.87)	8.136 *** (6.92)	7.500 *** (6.56)
$lag\_$ lnHP	0.235 *** (6.38)	0.253 *** (6.79)	0.235 *** (6.50)

续表

变量	模型（1）	模型（2）	模型（3）
$W \times lag\_\ln HP$	-39.442*** (-6.32)	-47.368*** (-7.67)	-44.334*** (-7.46)
$\ln LF$	0.060*** (6.49)	—	0.061*** (6.68)
LM	—	0.054*** (2.60)	0.045** (2.23)
$\ln LF \times LM$	—	—	0.018*** (4.97)
$W \times \ln LF$	12.209*** (8.78)	—	12.119*** (8.83)
$W \times LM$	—	19.572*** (4.01)	15.937*** (3.38)
$W \times \ln LF \times LM$	—	—	-1.749** (-2.17)
控制变量	Y	Y	Y
R^2	0.585	0.572	0.591
$\log L$	8.053	-23.984	10.615
样本数	3 948	3 948	3 948

注：括号内为 z 值；***、**、* 分别表示在1%、5%、10%的水平显著。限于篇幅，此处仅列出了核心解释变量的回归系数和 z 值。

10.6 本章小结

本章基于土地财政、土地市场发育程度以及两者交互作用对城市房价的影响机制分析，提出了3个研究假设，并利用2003～2017年282个地级市的面板数据和动态空间杜宾模型进行了实证检验。同时，还考察了东、中、西部地区二者对城市房价影响的异质性。实证结果表明：（1）城市房价在空间上存在相关性，当地房价的上涨会带动相邻城市房价上涨；上一期的房价对本地区下一期房价存在"预期效应"，促进了房价进一步上涨，但其对相邻地区下一期房价存在"警示效应"，抑制了房价过快上涨。（2）土地财政和土地市场发育程度对房价的直接影响均显著为正，促进了房价上涨，且其空间溢出效应均显著为正，相邻城市土地财政规模和土地市场发育程度的增加均会促进本地区城市的房价水平。（3）土地市场发育程度在土地财政对房价的影响过程中存在调节作用，土地市场发育程度的提高强化了土地财政对城市房价的影响，显化了住房真实价格。土地市场发育程度在空间上存在负向调节作用，抑制了相邻城市房价的上涨。（4）东部地区和中部地区土地财政和土地市场发育程度对城市房价的直接影响均显著为正，西部地区土地市场发育对城市房价的直接影响不显著。从空间溢出效应来看，东部地区土地财政对城市房价存在正向的溢出效应；土地市场发育程度对城市房价存在负向溢出效应；中部地区土地市场发育程度对城市房价存在负向溢出效应；西部地区土地财政和土地市场发育对城市房价的空间溢出效应均不显著。

基于上述研究，本章提出以下建议。(1) 房地产市场的改革需要地方财政体制改革等措施的互相配合，需要进一步完善和深化中央与地方政府之间的财税分配制度改革，缓解地方政府财政压力，致力于加快住房供给侧改革，有效落实"房住不炒"的政策定位。在总体税率保持稳定的前提下，提高地方政府税收收入份额和财政自由支配权力，激发社会活力，党的十九大报告中也明确提出要加快建立现代财政制度，促进地方政府财权与事权相互匹配，财政收支结构更加合理化，区域之间的财政分配更加均衡。(2) 土地市场发育程度的提高在显化住房价格的同时，通过调节作用使得住房价格趋向于合理化。因此，需持续推进土地市场化改革，充分发挥市场机制作用。加快政府职能转变，削弱地方政府对土地市场的干预，强化地方政府在土地市场化过程中的监督职能。近年来一些从事商业房地产和工业园项目运营的专业开发商不断涌现。如果条件成熟，地方政府应逐步引入第三方公司经营土地市场，推进以市场为导向的运作模式。同时，考虑到东部、中部和西部城市之间的异质性，应该因地制宜开展土地市场化改革，在提高土地市场化水平的同时注重优化土地资源配置，促进土地市场的健康发展。(3) 加强对地方政府土地出让收入监管的同时，赋予地方政府更大的用地自主权。尽管中国已经将土地出让收入划入政府性基金收入，但由于仍然游离在预算之外，土地出让收入使用的透明度不高。因此，应该进一步加强对土地出让收入的监督和管理，并纳入预算内管理（唐云锋、吴琦琦，2018）。同时，在严格保护耕地的前提下逐步将农转非、土地征收等审批权限下放到地方，地方政府可以结合自身的土地资源状况因地制宜开展用地审批工作，切实提高土地利用效率，缓解因用地紧张导致的房价上涨。目前国务院已经批准部分地区开展相关试点[①]，将会在一定程度上缓解这些地区用地紧张的局面，有效抑制由于住房市场供给不足导致的房价上涨。

---

① 具体参见《国务院关于授权和委托用地审批权的决定》。

第 11 章

土地配额和土地供给结构对城市房价的影响研究

11.1 研究背景

2003~2019 年中国的房价上涨了 295%，这很大程度上可以归因于土地供给在空间和结构上的错配。具体来说，我国的中央政府和地方政府决定了城市的土地供给。中央政府利用土地配额来增加中部、西部地区的土地供给并减少东部地区的土地供给。同时，地方政府控制了城市的土地供给结构。地方政府的土地出让行为偏向于工业用地，即土地供给结构中工业用地所占比重高于商住用地。土地供给弹性一直被认为是影响房价的重要因素（Huang and Tang，2012；Liang et al.，2016）。现有文献主要集中在土地用途管制和地理限制的影响上（Huang and Tang，2012；Paciorek，2013）。中国土地产权的特殊性和房地产市场实践为本书研究土地供给弹性与房价之间的关系提供了很好的契机。中央政府每年向地方政府分配土地配额指标。在获得土地配额后，地方政府通过"招标、拍卖和挂牌"的方式将住宅土地使用权出租给开发商。开发商在获得土地使用权和施工许可后建造住宅，并将其与土地使用权一起出售给个人购买者。

1978 年以前中国的城市没有私有住房，城镇居民全部居住在地方政府或单位划拨的公有住房中。[①] 城市住房主要归单位或地方政府所有（Hiroshi，2006；Zhang et al.，2012）。住房建设的费用 90% 由地方政府承担，少量由单位承担。住房先分配给工作单位，然后单位将其作为支付低租金的福利分配给员工（Du et al.，2011）。这种公有住房制度给地方政府和单位带来了巨大的经济负担。政府鼓励居民向房地产开发商购买新的商品住房，房地产市场得到迅速发展。中国城市特别是大城市的住房价格经历了快速增长（Zhang et al.，2012），平均新建商品房价格从 1998 年的 2 063 元/平方米增加到 2017 年的 7 892 元/平方米。[②] 因此，中央政府加强了对房地

---

① 单位是指职工所在的公司或政府部门。
② 房价是扣除消费者物价指数（CPI）后的实际价格。

产市场特别是房价的监管。

在中国城市的房价呈现总体上涨趋势的同时，东部、中部和西部城市之间开始出现了明显分化，大城市和中小城市也是如此。自 2003 年以来，中央政府的建设用地配额一直偏向中西部地区，其中大部分是人口净流出地。尽管大多数东部沿海城市是人口净流入地，但土地配额却在减少（韩立彬、陆铭，2018）。与此同时，地方政府为了吸引更多的投资往往会增加工业用地供给、减少住宅用地供给，导致了住宅用地价格上涨和房价上涨。中部、西部城市的土地配额充足，地方政府可以同时低价出让工业用地和住宅用地，因而住房价格相对较低（Yan，2018）。政府调控引起的土地配额空间错配和土地供给结构失衡是造成房价上涨和城市间异质性的重要原因。

房价的过快上涨将会对经济增长产生负面影响，并对非房地产行业的投资产生挤出效应（Chen et al.，2015；Han and Lu，2017）。高房价还通过挤出研发成本对企业的技术创新产生负面影响（Shi et al.，2016）。中央政府已经发布了许多政策来遏制房价的过快上涨。这些政策主要集中在住房市场的需求侧，如住房购买限制和贷款限制。由于这些政策仅考虑需求侧而忽略了供给侧，特别是土地供给，因而未取得预期的效果。为了抑制房价过度上涨，有必要确定房价上涨受到土地供给的影响程度。因此，本章将考察土地配额和土地供给结构对房价的影响。与已有文献不同，本章的主要贡献如下：(1) 将中央政府的土地配额和地方政府的土地供给结构纳入同一个框架进行系统分析；(2) 进一步将中国城市划分为土地配额增加组和土地配额减少组，并将其作为准自然实验来检验土地配额对房价的影响。

11.2 文献综述

在市场经济条件下，住房价格应由住房市场的供求关系决定。其中，人口年龄结构、移民和收入被认为是影响房价的重要需求因素（韩立彬、陆铭，2018）。当需求固定时，较低的住房供给弹性将导致高房价（Arthur Grimes and Andrew Aitken，2010）。土地供给弹性是影响住房供给弹性的最重要因素之一。考虑到住房建设的长期性，土地供给弹性对住房供给弹性的影响存在一定的时滞（Gu et al.，2015）。土地供给弹性和土地价格是影响住房供给的最重要因素（Shen et al.，2018）。

(1) 土地供给弹性与房价之间的关系研究。决定土地供给弹性的主要因素有两个：一个是土地利用政策，如土地用途管制、分区和土地利用规划。另一个是自然地理条件，如地形和坡度（韩立彬、陆铭，2018）。其中，土地用途管制是为了控制城市发展节奏，通过土地利用规划等政策明确土地使用条件的规则和要求。土地用途管制通过增加施工许可过程的滞后时间，减少可用于新房建设和分区变更的土地数量，增加了新房的建设成本并降低了新建住房的供给弹性，最终导致房价上涨（Monkkonen，2013；Paciorek，2013；Kok et al.，2014；Yan et al.，2014）。由于严格的土地用途管制对城市人口增长具有较强的抑制作用，因而房价保持较高水平（Glaeser et al.，2006）。尼尔斯·科克等（Kok et al.，2014）发现，土地用途管制导致房价上涨的部分原因在于管制无处不在。一个更直观的解释是，土地用途管制，尤其是对于住宅容积率的管制限制了住房供给（Tan et al.，2020）。劳里森等（Lauridsen et al.，2013）发现，哥本哈根地区的市级和国家层面都存在土地使用法规导致房价上涨的压力。许志满（Hui，2004）研究发现，住宅用地的供给对房价上涨的积极抑制作用并未立即显现，会产生一定的滞后性，其原因在于市场需要一定的时间进行调整。限制性土地用途管制已被进一步证明可以增加新房的面积（Ihlanfeldt，2007）。自然地理条件（如水体、坡度等）将限制可用建设用地的数量以及新增住宅建设用地面积的比例（Paciorek，2013）。当住房供给总量不能满足市场需求时，住房价格就会上涨。卡恩等（Kahn et al.，2010）、阿尔布和埃利希（Albouy and Ehrlich，2018）对美国的研究发现，严格的管制和地理限制加剧了房价相对于土地和建筑成本的上涨。土地用途管制对房价的影响在不同经济情况下表现出了明显的异质性：土地用途管制和地理限制在经济繁荣时期会推高房价，但在经济萧条期间会导致房价下跌（Huang and Tang，2012）。

上述研究得出了一致的结论，即土地供给限制导致新建住房供给的减少与住宅用地供给弹性降低、新建住房户型面积增加、住房成本增加和新房建设量减少有密切关系（Schuetz，2009；Huang and Tang，2012；Yan et al.，2014）。

（2）土地价格与房价之间的关系研究。除了土地供给弹性外，住房成本还包括土地成本和建筑成本，而土地成本的上涨从长远来看将推高住房价格（Bostic et al.，2007）。随着土地价格的上涨，住房供给弹性的增加对住房价格的抑制作用开始不断降低（Arthur Grime and Andrew Aitken，2010；Luis Baer and Mark Kauw，2016）。因此，享乐回归模型被广泛用于估计房价的因子分解结果（Kuminoff and Pope，2013；Bourassa et al.，2011；Costello，2014；Diewert et al.，2015）。此外，土地价格在房价中占很大比例（Kok et al.，2014），而房屋的建造成本在房价中所占的比重很小（Meikle，2001），尽管这两个组成部分的权重随着时间和空间的变化而变化（Bourassa et al.，2011；Costello，2014）。索恩斯（Thorsnes，1997）发现，土地价值的替代弹性与住房建设中的弹性没有显著差异。随着土地价格的上涨，住房供给的反应时间将减少，住房价格将上涨（Grimes and Aitken，2010）。在完全竞争住房市场中，住房价格与土地价格和建筑成本之间存在协整关系（Christopher Tsoukis and Ahmed Alyousha，1999）。杜虹燕等（Du et al.，2011）发现，中国城市土地和住房市场之间存在长期均衡，而土地价格的上涨是短期内房价上涨的主要原因。从相反的角度看，房价的不确定性将延迟开发时间并提高土地价格（Cunningham，2006；Ding and Niu，2016）。

除了土地使用法规和土地价格外,土地供给渠道也是影响住房供给的重要因素。许志满等(Hui et al.,2014)发现,土地交换对香港住房供给的长期影响远大于土地出售。从土地产权的角度来看,戈蒂埃和武伦(Gautier and Vuuren,2019)发现,阿姆斯特丹私有土地上的房价高于租赁土地上的房价,其原因是房主需要为租赁土地支付租金,而私人土地则不需要支付租金。

根据已有研究,土地供给弹性、土地利用分区、土地用途管制、地形限制、土地价格、户型面积的增加和土地所有权(私有或公有)被认为是影响住宅用地供给的主要因素(Glaeser and Ward,2006;Saks,2008;Paciorek,2013;Irumba,2015;Barry and Roux,2016;Liang et al.,2016)。从这些研究中,我们可以得出一个基本结论,即住宅土地供给通过直接影响住房供给弹性和间接影响土地成本来决定房价(Saiz,2008;Monkkonen,2013;Zhang et al.,2017;Rubin and Felsenstein,2017)。现有文献主要集中在限制容积率、建筑许可证审批、自然地理条件对房价的影响上,而忽略了土地配额限制和土地供给结构对房价的影响。

11.3　中国的土地管理制度

11.3.1　土地收储制度

土地收储制度是地方政府授权的机构通过回购、收购、交换或其他方式从分散的土地使用者手中收回土地使用权,并根据年度土地使用计划将土地集中供应到土地市场的制度(Du et al.,2011)。自 2001 年建立土地储备制度以来,中国的土地供给已从多来源供给变为单一来源供给。地方政府是土地一级市场的垄断者,地方政府的土地供给行为决定了土地市场的规模、结构和节奏。2007 年,中国颁布了《土地储备管理办法》,标志着中国土地储备制度的全面建立。

11.3.2　土地配额制度

中国的土地包括三类:农用地、建设用地和未利用地。[①] 考虑到城市土地归国家所有,农村土地归村集体所有,农用地转为建设用地意味着将农村土地转化为城市用地(Lichtenberg and Ding,2009)。在快速的城镇化进程中,中国的城市空间不断向郊区和农村地区扩张和蔓延。城镇化是农村人口不断向城镇集聚的过程,但是由于受到户籍制度的约束,农村人口向城镇的集聚过程受到了限制。同时,地方政

---

① 对这三种土地利用的概念的解释可以参考梁等(2016)。

府有足够的动机通过增加城市建设用地规模来获得土地出让收入和吸引投资，这导致人口城镇化滞后于土地城镇化。过度的土地城镇化尽管会促进经济发展，但是由于通勤距离的增加、交通拥挤以及城市无序扩张所造成的空气污染也会对环境产生负面影响（Feng et al.，2019）。

中央政府意识到保护耕地的重要性，并发布了严格的耕地保护政策，包括严格禁止农地的非农化，通过土地开发、复垦等方式保证耕地的占补平衡（Lichtenberg and Ding，2008、2009）。2004 年以来，中央政府严格限制了农村土地向城市建设用地的转化（Yan et al.，2014）。但是，这些政策的效果并不令人满意，每年仍然有大量耕地被转化为建设用地。问题的根源在于土地产权的不明确使得农民的权益无法得到有效保护（Zhou et al.，2020）。

中央政府和地方政府根据土地利用规划，即土地配额制度来决定将多少农业用地转化为建设用地（Liang et al.，2016）。中央政府每年通过土地利用规划分配建设用地配额指标，并规定不能突破该配额，进而将建设用地配额分配给各个省份，之后省级政府进一步将土地配额分配给地方政府。自 2003 年以来，为了促进我国区域间的均衡发展，中央政府将土地配额向中部、西部地区倾斜。不同城市之间的土地配额分配不均导致土地配额增加城市和土地配额减少城市的出现（Liang et al.，2016）。借鉴韩立彬和陆铭（Han and Lu，2017、2018）的做法，本章利用式（11-1）和式（11-2）将城市划分为土地配额增加组和土地配额减少组。

$$\Delta land\_dec_i = \frac{\sum_{2001}^{2003} landlease_{it}}{\sum_{2001}^{2003} landlease_t} - \frac{\sum_{2004}^{2016} landlease_{it}}{\sum_{2004}^{2016} landlease_t} \quad (11-1)$$

$$Land\_dec_i = \begin{cases} = 1, if \Delta land\_dec_i > 0 \\ = 0, if \Delta land\_dec_i < 0 \end{cases} \quad (11-2)$$

中央分配给地方的土地配额数据很难获得，但是地方政府能够供给的土地总量主要是基于中央政府的土地配额。地方政府的土地供给与中央政府的土地配额之间有很强的正相关关系。因此，本章使用地方政府的土地供给总量来衡量中央政府的土地配额。$landlease_{it}$ 表示第 t 年城市 i 的土地供给面积；$landlease_t$ 代表第 t 年的全国土地供给总面积。如果 2003 年之后城市 i 占全国总土地供给面积比重小于 2003 年之前的比重，则 $Land\_dec_i$ 取值为 1，城市 i 将被划分为土地配额减少组；如果 2003 年之后城市 i 占全国总土地供给面积的比重大于 2003 年之前的比重，则 $Land\_dec_i$ 取值 0，城市 i 将被划分为土地配额增加组。分组结果见表 11-1。属于土地配额减少组的城市主要分布在东部沿海地区，尤其是长江三角洲地区。从表 11-1 可以看出，土地配额增加组中有 14.81% 属于沿海城市。土地配额减少组中有 31.82% 属于沿海城市。

第 11 章　土地配额和土地供给结构对城市房价的影响研究

表 11-1　　　　　　　　　土地配额减少或增加的城市数量

分组	城市数量 (1)	沿海城市的数量 (2)	内陆城市的数量 (3)	沿海城市比例 (2)/(1)
土地配额增加组	216	32	184	14.81%
土地配额减少组	66	21	45	31.82%

资料来源：作者计算。

从两组的变化趋势来看，在 2003 年之前土地配额减少组明显大于土地配额增加组。但是在 2003 年之后土地配额减少组迅速下降，土地配额增加组则表现出了显著的上升趋势，并且在 2005 年之后超过了土地配额减少组。2016 年底土地配额增加组比土地配额减少组高 43%，如图 11-1 所示。当然，本章的分组方法可能存在自选择效应。也就是说，城市会调整未来几年的土地供给节奏。为了消除内生性问题的影响，本章采用平均值代替年度指标，在一定程度上消除了由土地供给节奏引起的土地供给趋势变化。

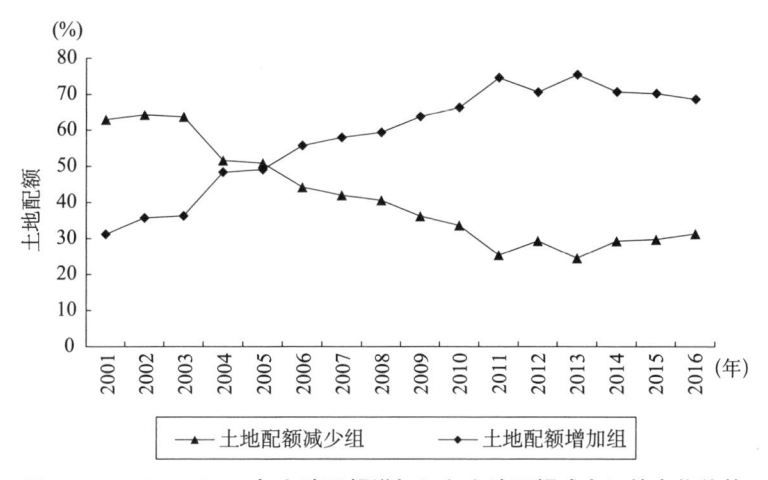

图 11-1　2001~2016 年土地配额增加组和土地配额减少组的变化趋势

11.3.3　土地供给制度

自 1987 年以来，中国深圳首次试行土地使用权长期租赁制度，土地使用权和土地所有权分离。土地使用权交易要求土地使用者向当地政府支付土地出让金。土地供给方式已经从传统的协议出让方式逐渐转变为通过市场竞争的招标、挂牌和拍卖出让方式①（Ding，2007）。这意味着土地供给逐渐由非市场化方式向市场化方式转变。2002 年 5 月实施的《国有土地使用权招标拍卖挂牌出让条例》标志着土地市场化改革的开始。该条例明确提出必须通过招标、拍卖、挂牌方式出让各类商业用地

---

① 有关招标、拍卖和挂牌的含义的解释，请参见 Du et al.（2011）。

(Liang et al., 2016)。2004 年 3 月, 政府进一步取消了土地使用者向开发商出让土地的权利, 所有城市商业和住宅用地的供给都必须由地方政府实施 (Yan et al., 2014)。2006 年, 政府也要求工业用地执行"招拍挂"政策。由此, 我们可以发现, 2007 年之前的"招拍挂"出让土地的比例大大低于协议出让的比例。以 2007 年为转折点,"招拍挂"所占比例开始超过协议出让比例, 成为土地供给的主要方式, 如图 11-2 所示。通过招"招拍挂"土地出让面积比例从 2003 年的 27.98% 增加到 2016 年的 92.03%, 通过协议方式出让的土地面积比例从 2003 年的 72.02% 下降到 2016 年的 7.97%。

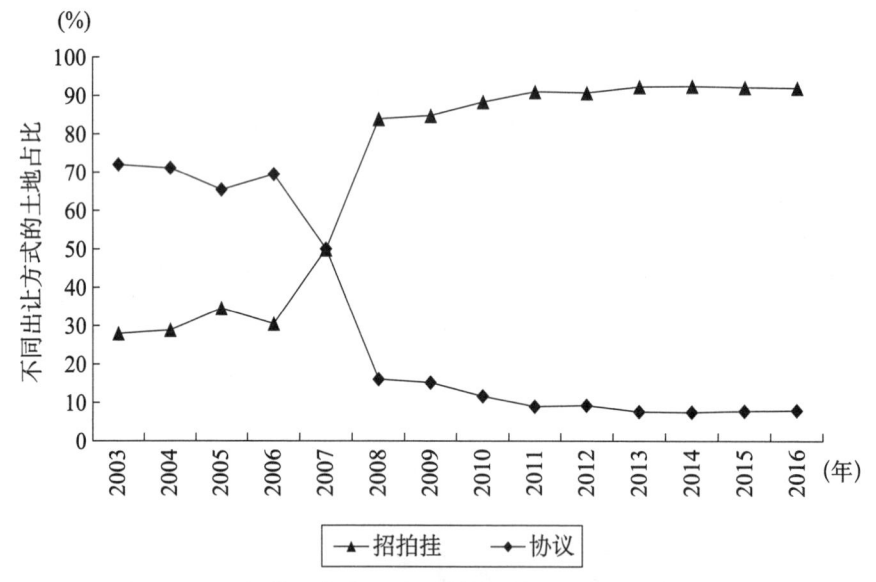

图 11-2　中国协议出让和"招拍挂"出让土地占比的变化趋势

尽管中国的工业用地供给方式已越来越趋向市场化, 甚至规定了工业用地出让价格的最低标准, 但地方政府的工业用地偏向政策导致工业用地价格严重低于市场价格, 更明显低于住宅用地价格见表 11-2①。

表 11-2　　　　　　2003~2016 年中国三种类型土地供给的单价变化

单位: 万元/公顷

年份	住宅用地单价	商业用地单价	工业用地单价
2003	438.38	264.51	110.19
2004	549.60	417.38	112.38

---

①　在中国城市只能租赁建设用地、农业用地和未使用的土地在转换为建设用地之前是不允许的。建设用地可进一步分为居住用地、行政管理和公共服务用地、商业经营设施用地、工业用地、物流和仓库用地、道路和运输用地、市政公用事业用地以及绿地和广场用地。分类标准来自《城市土地分类及规划建设用地标准 (GB50137-2011)》。

续表

年份	住宅用地单价	商业用地单价	工业用地单价
2005	540.01	504.68	116.49
2006	696.41	523.59	112.07
2007	941.46	407.87	149.37
2008	961.11	943.86	189.20
2009	849.04	416.75	227.62
2010	1 487.30	1 485.30	227.57
2011	1 462.86	1 765.43	186.62
2012	1 360.84	1 448.75	179.41
2013	1 824.53	1 870.05	191.01
2014	1 837.00	2 010.22	225.93
2015	2 225.95	2 030.98	234.70
2016	3 153.39	2 228.67	233.72

资料来源：《中国国土资源统计年鉴（2004~2009）》和"中国土地市场"网站（http://www.landchina.com/）。这三种类型土地的单价是CPI指数平减指数后的真实数据。

从表11-2中我们可以看到，住宅用地和商业用地的价格呈现出显著的上升趋势，分别从2003~2016年的438.38万元/公顷和264.51万元/公顷上升到3 153.39万元/公顷和2 228.67万元/公顷；2009年其急剧下降是2008年全球金融危机的结果。房地产市场在金融危机中的不断萧条迅速蔓延至土地市场，并导致土地价格下跌。中央政府为应对金融危机制订了4万亿投资计划，但在2010年后出现了大幅反弹。尽管研究期间工业用地的单价始终保持在较低水平，但在2003~2016年期间仍有所增加，从110.19万元/公顷增加到233.72万元/公顷。简言之，我们发现，地方政府倾向于以高价出让商业和住宅用地，而以低价出让工业用地。土地资源的选择性和战略性分配是地方政府实现发展目标的措施之一。

由于土地配额有限，地方政府需要选择不同类型土地的供给比重（张莉等，2017）。图11-3是2004~2016年工业用地、商业和住宅用地占建设用地总供给量的比重。除工业、商业用地和住宅用地外，土地出让还包括行政和公共服务用地、物流仓库用地、道路和运输用地、市政公用事业用地以及绿地和广场用地。在图11-3中，我们用"其他"代表这些土地类型。除2014年外，工业用地的供给比例均高于商业和住宅用地。此外，2013年以前工业用地的供给比例高于国家标准，住宅用地的比例呈现出快速下降的趋势，2011年以来一直低于国家标准[①]。也就是说，地方政府已经形成了对工业用地具有内生偏好的土地供给结构。

---

① 根据国家标准（GBJ137-1990），工业用地租赁的比例通常不超过25%，住宅用地的比例通常不超过32%。

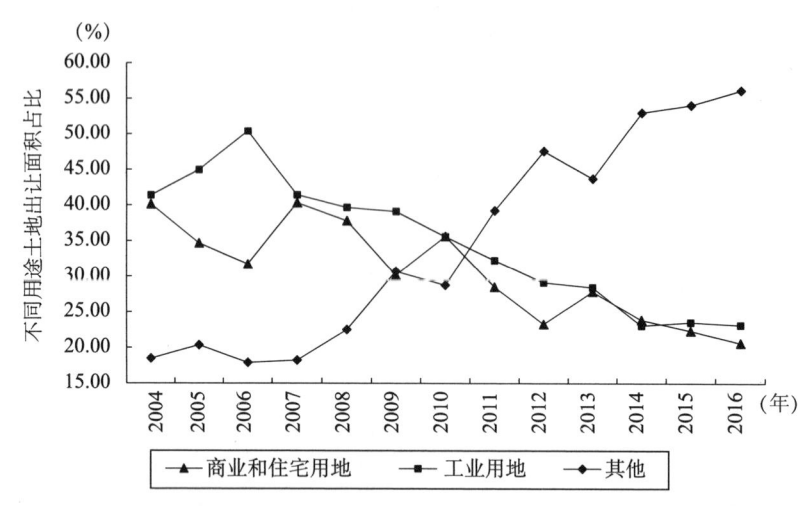

图 11-3 工业用地、商业和住宅用地占总土地出让面积比重的变化趋势

11.4 理论模型与研究假设

11.4.1 理论模型

借鉴张莉等（2017）和韩立彬、陆铭（2018）的思路，本章构建了一个理论模型来检验土地配额和土地供给结构对房价的影响。

11.4.1.1 工业用地市场模型

假设工业部门的生产函数如下：

$$Y = f(K,L,E) = AK^{\alpha}L^{\beta}E^{\gamma} \tag{11-3}$$

其中，Y 表示工业部门的产出；K 表示资本投入；L 表示土地投入；E 表示劳动力投入。$\alpha>0$，$\beta>0$，$\gamma>0$。考虑到还存在其他投入要素，我们假设 $\alpha+\beta+\gamma<1$。

假设工业部门面临的预算限制如下：

$$I = K + pL + wE \tag{11-4}$$

其中，I 表示预算约束。我们将资本 K 的价格统一假设为 1，土地 L 的价格是 p，劳动力 E 的工资是 w。根据预算约束，针对生产函数方程式（11-3）求解最优解，得到工业部门的资本、土地和劳动力的需求函数如下：

$$K = \frac{\alpha}{\alpha+\beta+\gamma}I \tag{11-5}$$

$$L = \frac{\beta}{\alpha+\beta+\gamma}\frac{I}{p} \tag{11-6}$$

$$E = \frac{\gamma}{\alpha+\beta+\gamma}\frac{I}{w} \tag{11-7}$$

中国工业部门的一个特点是缺乏地区固定性。大多数制造业企业不仅为本地消费者生产产品，而且还为其他地区甚至外国生产可交易的商品。在吸引不同地区和国家的制造业投资的激烈竞争下，制造企业对生产成本非常敏感，这些企业更容易调整地点（张莉等，2017）。我们假设工业部门的资金是自由流动的，不同地区的资金边际产出是相等的，并且工业部门获得了平衡的投资回报，则有：

$$r = \frac{\partial Y(K,L,E)}{\partial K} - 1 \tag{11-8}$$

综合以上分析，工业部门的最优预算投入、资本需求、土地需求和劳动力需求如下：

$$I = (\alpha + \beta + \gamma) \frac{1+r}{A\alpha^\alpha \beta^\beta \gamma^\gamma}^{\frac{1}{\alpha+\beta+\gamma-1}} p^{\frac{\beta}{\alpha+\beta+\gamma-1}} w^{\frac{\gamma}{\alpha+\beta+\gamma-1}} \tag{11-9}$$

$$K = \alpha \frac{1+r}{A\alpha^\alpha \beta^\beta \gamma^\gamma}^{\frac{1}{\alpha+\beta+\gamma-1}} p^{\frac{\beta}{\alpha+\beta+\gamma-1}} w^{\frac{\gamma}{\alpha+\beta+\gamma-1}} \tag{11-10}$$

$$L = \beta \frac{1+r}{A\alpha^\alpha \beta^\beta \gamma^\gamma}^{\frac{1}{\alpha+\beta+\gamma-1}} p^{\frac{1-\alpha-\gamma}{\alpha+\beta+\gamma-1}} w^{\frac{\gamma}{\alpha+\beta+\gamma-1}} \tag{11-11}$$

$$E = \gamma \frac{1+r}{A\alpha^\alpha \beta^\beta \gamma^\gamma}^{\frac{1}{\alpha+\beta+\gamma-1}} p^{\frac{\beta}{\alpha+\beta+\gamma-1}} w^{\frac{1-\alpha-\beta}{\alpha+\beta+\gamma-1}} \tag{11-12}$$

然后得到：

$$\frac{\partial K}{\partial p} < 0, \frac{\partial K}{\partial w} < 0, \frac{\partial L}{\partial p} < 0, \frac{\partial E}{\partial w} < 0 \tag{11-13}$$

式（11-13）的经济学含义是工业用地价格和劳动工资越高，工业部门的资本需求、土地需求和劳动力需求越少。

结合式（11-5）和式（11-9）~式（11-12），我们可以得出以下结论：

$$\frac{\partial Y}{\partial p} < 0 \tag{11-14}$$

此外，我们可以计算出地方政府的工业用地出让收入如下：

$$C = \beta \frac{1+r}{A\alpha^\alpha \beta^\beta \gamma^\gamma}^{\frac{1}{\alpha+\beta+\gamma-1}} p^{\frac{\beta}{\alpha+\beta+\gamma-1}} w^{\frac{\gamma}{\alpha+\beta+\gamma-1}} \tag{11-15}$$

然后得到：

$$\frac{\partial C}{\partial p} < 0 \tag{11-16}$$

式（11-14）和式（11-16）的经济学含义是工业用地的价格越低，工业部门的产出越高，地方的GDP越高，地方政府的工业用地出让收入就越高。这是因为工业部门的资金流动性强并且对价格更敏感。一旦地方政府提高了工业用地的价格，工业企业将转移到用地成本更低的地区，这将减少地方政府的工业用地出让收入。因此，地方政府为了吸引投资而有充足的动力降低工业用地的价格并增加工业用地的出让面积。

综上所述，工业用地市场模型证明，地方政府有增加工业用地出让规模的动力。在中央政府严格控制地方政府的土地出让总量的背景下，商业和住宅用地的出让规模势必减少。

11.4.1.2 住房市场模型

中国的商业和住宅用地短缺，因此可以通过下式计算出开发商可出售的商品房面积如下：

$$D = \varphi\theta L_t \tag{11-17}$$

其中，D 表示商品房的供给面积；φ 表示商业和住宅用地的容积率；θ 表示城市的商业和住宅用地供给面积占城市建设用地总供给面积的比重；L_t 表示受到中央政府限制的地方建设用地供给面积的总量。

商品住房市场的需求函数可以进一步构建如下：

$$P = a - bQ_H \tag{11-18}$$

其中，P 代表商品房的单价；Q_H 代表市场上商品房的需求量；a 和 b 是常数。当供求平衡时，可以根据式（11-17）和式（11-18）获得商品房市场的均衡价格如下：

$$P^* = a - b\varphi\theta L_t \tag{11-19}$$

当 L_t 固定时，我们得到：

$$\frac{\partial P^*}{\partial \theta} < 0 \tag{11-20}$$

也就是说，当一个城市的建设用地总供给面积固定时，商业和住宅用地的供给比例越高，房价就越低。

当 θ 固定时，我们得到：

$$\frac{\partial P^*}{\partial L} < 0 \tag{11-21}$$

也就是说，当一个城市的商业和住宅用地供给面积的比重固定时，该城市的土地供给总量越高，房价就越低。

综上所述，本章从理论上证明了地方政府有强烈的动机通过增加工业用地供给的同时减少商业和住宅用地的供给，从而推高房价。中国的城市土地归国家所有，政府可以通过土地行政划拨和土地使用权出让来控制土地供给，从而有效干预房地产市场（Fan and Zhou, 2019）。中国所有省级政府的建设用地配额由中央政府决定。地方政府确定建设用地的供给结构，主要包括工业用地、商业和住宅用地以及基础设施用地。土地供给对中国城市住房价格的影响包括直接影响和间接影响两个维度，中央政府和地方政府的土地供给行为对房价的影响机制如图 11-4 所示。

首先，尽管土地一级市场由地方政府垄断，但土地配额由中央政府决定。为了实现区域之间的均衡发展和大、中、小城市之间的协调发展，中央政府实施了有利于中西部地区和中小城市的土地配额政策（Yan，2018；韩立彬、陆铭，2018）。中央政府从 2003 年开始增加了对中西部地区的土地配额，并减少了对东部地区的土地配额，形成了土地配额增加城市和土地配额减少城市两类。结果是东部地区的房价上涨速度快于中部和西部地区（Liang et al.，2016；Han and Lu，2017；韩立彬、陆铭，2018）。简言之，中央政府不同的土地配额将导致住房供给弹性的差异。土地配额的增加将极大地提高住房的供给弹性，对房价上涨产生抑制作用。

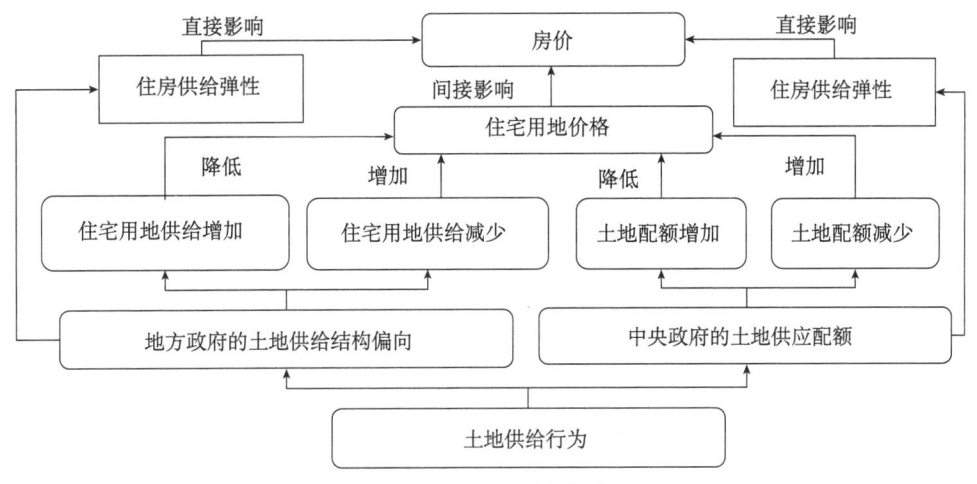

图 11-4 理论分析框架

其次，地方政府的土地供给行为受到中央政府土地配额的影响。对于土地配额增加的城市，地方政府倾向于扩大住宅用地的供给，以增加财政收入。住宅土地供给的增加和新房建设限制的减少将增加住房的供给弹性并降低房价（Saks，2008）。相反，对于土地配额减少的城市，地方政府更倾向于减少居民用地供给并增加工业用地供给，以吸引投资并保持 GDP 增长。工业用地供给主要集中在开发区，地方政府可以充分利用开发区的集聚效应和辐射效应。就业人员向开发区的大量聚集将增加住房需求，这将导致开发区附近的房价上涨（张莉等，2017）。同时，住宅土地供给的减少和对新住房建设的严格限制将降低新住房的生产力，从而降低住房供给的弹性并促进房价上涨（Liang et al.，2016；Han and Lu，2017；张莉等，2017）。因此，中国未来住房价格的趋势在很大程度上取决于政府的土地供给决策和行为（Glaeser et al.，2017）。

同时，中央政府和地方政府的土地供给行为也将通过影响城市土地价格而间接影响房价。政府土地供给行为的差异导致土地配额和土地供给结构的不同。在住宅需求保持不变的情况下，对于土地配额增加的城市，地方政府将有足够的土地用于住宅供给。住宅用地供给数量的增加将降低其供给价格；对于土地配额减少的城市，地方政府没有足够的土地用于住宅开发，他们将减少住宅用地的供给，这将使得居住用地的价格上涨。鉴于土地价格占住房价格的绝大部分，地价的上涨将不可避免地推动房价的上涨。

11.4.2 研究假设

在上述理论分析的基础上,本章提出如下研究假设。

假设 11-1 土地配额和土地供给结构对房价产生负面影响。与土地配额增加的城市相比,土地配额减少的城市房价将上涨得更快。住宅用地供给比例的提高通过增加住房供给弹性来抑制房价上涨。

假设 11-2 土地配额减少的城市将减少住宅用地的供给量,从而弱化住宅用地供给增加对房价的负面影响。

假设 11-3 除了直接影响外,土地配额和土地供给结构还将通过影响土地价格而对房价产生间接影响。土地配额和土地供给结构的增加将抑制土地价格并间接抑制房价。

11.5 计量模型与数据来源

11.5.1 实证策略

为了检验土地配额和土地供给结构对房价的影响,本章采用的回归模型如下:

$$\ln HP_{it} = \alpha_0 + \alpha_1 LQ_{it} + \alpha_2 LS_{it} + \sum \alpha_j X_{it} + \delta_i + \eta_t + \varepsilon_{it} \quad (11-22)$$

其中,i 表示城市;t 表示时间;HP_{it} 表示房价;LQ_{it} 表示土地配额,用城市 i 土地供给面积占全国土地供给总面积的比重衡量;LS_{it} 表示土地供给结构,用商住用地出让面积占城市 i 土地总出让面积的比重来衡量;α_1 和 α_2 的值预计将显著为负,这意味着城市 i 的土地配额(LQ)和土地供给结构(LS)越高,房价就越低;X_{it} 表示一系列控制变量,包括人均 GDP、产业结构、投资、人口密度、人口规模和财务压力。除土地配额、土地供给结构和产业结构变量外,其他变量均经过取对数处理。δ_i 是控制城市之间不会随时间变化的因素的个体效应;η_t 是年份固定效应;ε_{it} 是随机误差。

为了进一步分析 2003 年以后土地配额对房价的影响是否存在区域异质性,本章选择土地配额减少的城市作为处理组,选择土地配额增加的城市作为对照组,以分析 2003 年前后的房价差异。选择的回归模型如下:

$$\ln HP_{it} = \alpha_0 + \alpha_1 Treat_i \times Period + \alpha_2 LS_{it} + \sum \alpha_j X_{it} + \delta_i + \eta_t + \varepsilon_{it} \quad (11-23)$$

其中,$Treat_i$ 和 $Period$ 均是取值为 0 或 1 的变量。如果 2003 年以后城市的土地配额减少,即城市 i 属于处理组,则 $Treat_i$ 等于 1,否则等于 0。在 2003 年之前,$Period$ 等于 0;在 2003 年之后,$Period$ 等于 1。其中,$Treat_i \times Period$ 表示 $Treat_i$ 和 $Period$ 的交互项,并且 α_1 的值预期为显著正。其他变量的含义与式(11-22)相同。式(11-23)的模型与双重差分(DID)方法相似,但仍有不同,它们之间的区别在于本章的模型中没有严格的处理组和对照组。两组均受土地配额的影响，不同之处在于两组受影响的方向相反。因此，式（11-23）的模型可用于确定土地配额变化对房价的影响。

为了进一步研究不同土地配额下土地供给结构对房价的影响，我们引入 LS_{it} 和 $Treat_i \times Period$ 之间的交互项：

$$\ln HP_{it} = \alpha_0 + \alpha_1 LS_{it} + \alpha_2 Treat_i \times Period \times LS_{it} + \sum \alpha_j X_{it} + \delta_i + \eta_t + \varepsilon_{it}$$

(11-24)

其中，变量的定义与式（11-23）中的定义相同。

11.5.2 数据描述

本章使用2001~2016年282个地级市的面板数据，数据均为市辖区范围。变量的详细说明和来源如下。（1）房价（HP）。我们使用"商品房销售额"和"商品房销售面积"的数据来计算每平方米的名义房价，并采用城市所在省的CPI指数进行平减，得到以2001年为基期的实际房价。其中，2001~2013年的数据来自《中国区域经济统计年鉴》（2002~2014）。2014~2016年的数据来自CEIC数据库[1]。CPI指数来自《中国统计年鉴》（2002~2017）。（2）土地配额（LQ）。由于土地配额与房价之间可能存在内生性，我们使用城市土地供给面积占土地总供给面积的比例来计算土地配额，然后使用公式（11-1）将整个样本分为土地配额减少组和土地配额增加组。土地供给面积来自《中国国土资源统计年鉴》（2002~2017）。（3）土地出让结构（LS）。由于2007年之前《中国国土资源统计年鉴》未公布商业和住宅用地出让面积数据，因此，我们使用招标、拍卖和挂牌的土地出让面积占土地出让总面积之比来计算2001~2006年的土地出让结构，相关数据源于《中国国土资源统计年鉴》（2002~2007），并使用"中国土地市场网"（2007~2016）中的商业和住宅用地出让面积与总土地出让面积之比来衡量2007~2016年的土地出让结构[2]。（4）人均GDP（$\ln pergdp$）。采用GDP价格指数对名义人均GDP进行平减，得到以2001年为基期的实际人均GDP。（5）产业结构（IS），以第三产业产值与第二产业产值之比来衡量。（6）固定资产投资（$\ln inv$）。采用固定资产投资价格指数对名义固定资产投资额进行平减，得到以2001年为基期的实际固定资产投资额。（7）人口密度（$\ln popdensity$）。用年末总人口除以市辖区面积来计算。（8）人口规模（$\ln pop$）。用市辖区的常住人口规模来衡量。（9）财政压力（$\ln finance$）。用财政支出与财政收入之比来衡量。人均GDP、产业结构、固定资产投资、人口密度、人口规模和财政压力的数据来自《中国城市统计年鉴》（2002~2017）。表11-3是变量的描述

---

[1] CEIC数据库的统一资源定位符是：https://www.ceicdata.com/。
[2] 通过抓取网站信息，我们汇总了2007~2016年的土地租赁数据（http://www.landchina.com/）。

统计。

表 11-3　　变量的描述性统计

变量名称	变量缩写	观测值	均值	标准差	最小值	最大值
房价	lnHP	4 512	7.868	0.679	3.849	10.718
土地配额	LQ	4 512	0.004	0.006	4.94e-06	0.183
土地出让结构	LS	4 512	0.279	0.173	8.65e-06	0.988
人均GDP	ln$pergdp$	4 512	10.195	0.891	6.939	13.514
产业结构	IS	4 512	0.970	0.573	0.088	6.073
固定资产投资	lninv	4 512	12.811	1.135	9.416	16.995
人口密度	ln$popdensity$	4 512	5.764	0.918	1.548	9.356
人口规模	lnpop	4 512	4.244	0.932	1.581	7.999
财政压力	ln$finance$	4 512	0.631	0.504	-0.980	3.825

11.5.3 变量相关性与多重共线性

表 11-4 给出了变量之间的相关系数。所有变量的相关系数均小于 0.8。此外，我们应用方差膨胀因子（VIF）来检验多重共线性。由于 VIF 值均小于 10，表明变量之间不存在多重共线性。

表 11-4　　相关系数矩阵和 VIF 检验

变量	VIF	lnHP	LQ	LS	ln$pergdp$	IS	lninv	ln$popdensity$	lnpop	ln$finance$
lnHP	—	1.00	—	—	—	—	—	—	—	—
LQ	1.01	0.218***	1.00	—	—	—	—	—	—	—
LS	1.24	0.115***	-0.009	1.00	—	—	—	—	—	—
ln$pergdp$	2.09	0.742***	0.249***	0.054***	1.00	—	—	—	—	—
IS	1.07	0.100***	-0.009	0.047***	-0.134***	1.00	—	—	—	—
lninv	3.44	0.508***	0.436***	0.008	0.649***	-0.245*	1.00	—	—	—
ln$popdensity$	1.45	0.282***	0.230***	0.051***	0.278***	-0.107***	0.458***	1.00	—	—
lnpop	2.65	0.617***	0.367***	0.063***	0.582***	-0.006	0.738***	0.489***	1.00	—
ln$finance$	1.92	-0.289***	-0.281***	0.030**	-0.533***	0.172***	-0.585***	-0.346***	-0.340***	1.00

注：***、**、* 分别表示在 1%、5%、10% 的水平显著。

11.6　实证结果分析与稳健性检验

11.6.1 基准回归结果

根据式（11-22），基本估计结果见表 11-5。表 11-5 中给出了六个模型。模型（1）~模型（3）使用普通最小二乘法进行估计。为了解决遗漏变量问题，模型中增加了一系列控制变量，并同时控制了城市固定效应和时间固定效应。实证结果表明，土地配额和土地供给结构对房价的影响在5%的水平均显著为负。土地配额的增加以及商住用地供给比例的提高对房价产生了显著抑制作用。这与假设11-1保持一致，也验证了张莉等（2017）和韩立彬、陆铭（2018）的结论。比较这两个变量的回归系数值，发现土地配额的取值远大于土地供给结构，表明土地配额对抑制房价的影响远大于土地供给结构。也就是说，城市的土地配额是抑制房价的关键因素。土地配额越高，对房价的抑制作用越强。人口规模、人均GDP和固定资产投资的回归系数均显著为正。其中，人均GDP反映了居民购买住房的能力，收入水平的快速提高会推动房价上涨（Zhang et al.，2012）。人口规模反映了住房需求，人口规模的增加意味着住房需求的增加。在住房供给保持不变的情况下，需求的增加将不可避免地导致房价上涨（张莉等，2017）。中国固定资产投资的很大一部分用于城市基础设施建设。基础设施的不断完善将进一步吸引人口向城市集聚，从而推动住房需求的增加和房价商住。产业结构和财政压力的回归系数几乎均为零且不显著。工业和服务业均可提供大量就业机会，吸引人口向城市集聚。在财政压力下，地方政府有足够的动机通过出让住宅用地来获得土地出让收益。住宅用地供给的增加将在一定程度上抑制房价。当然，为了保持较高的土地价格并获得预算外的财政收入，地方政府有保持高房价的内在动机。

表 11-5　　　　　　　　　　　　基本估计和工具变量回归结果

变量	模型（1）	模型（2）	模型（3）	模型（4）	模型（5）	模型（6）
LQ	-1.608** (-2.65)	—	-1.647** (-2.70)	-12.467** (-1.96)	—	-10.888* (-1.67)
LS	—	-0.061** (-2.34)	-0.062** (-2.38)	—	-0.319*** (-2.60)	-0.306** (-2.41)
lnpergdp	0.024 (0.21)	0.010 (0.09)	0.023 (0.19)	0.097 (1.03)	0.011 (0.14)	0.086 (0.90)
IS	-0.024 (-1.57)	-0.023 (-1.48)	-0.023 (-1.53)	-0.032** (-2.44)	-0.018 (-1.41)	-0.025* (-1.85)
lninv	0.916*** (3.44)	0.887*** (3.31)	0.909*** (3.41)	0.992*** (5.32)	0.803*** (4.42)	0.892*** (4.60)
lnpopdensity	0.006 (0.26)	0.003 (0.14)	0.004 (0.16)	0.009 (0.49)	-0.007 (-0.39)	-0.004 (0.19)
lnpop	0.046*** (3.00)	0.042*** (2.75)	0.042*** (2.78)	0.048*** (4.19)	0.036*** (3.00)	0.040*** (3.18)
lnfinance	-0.039 (-1.25)	-0.037 (-1.21)	-0.037 (-1.19)	-0.032** (-2.03)	-0.040** (-2.56)	-0.034** (-2.10)
City fixed	YES	YES	YES	YES	YES	YES
Time fixed	YES	YES	YES	YES	YES	YES

续表

变量	模型 (1)	模型 (2)	模型 (3)	模型 (4)	模型 (5)	模型 (6)
Instrumental variables	—	—	—	Tenure, L1. LQ	Tenure, L1. LS	Tenure, L1. LQ, L1. LS
Under identification test	—	—	—	58.877***	140.063***	54.383***
Weak identification test	—	—	—	29.718 > 11.59	72.203 > 11.59	18.274 > 8.18
Sargan statistic	—	—	—	0.992	0.004	0.485
R^2	0.849	0.849	0.850	0.840	0.843	0.838

注：模型（1）~模型（3）的括号内是 t 值，且模型（4）~模型（6）的括号内包含 z 值；***、**、* 分别表示在1%、5%、10%的水平显著。

实证结果可能受到模型内生性的影响，导致估计结果产生偏差。解释变量和因变量之间可能存在双向因果关系，因为地方政府可以根据房价的变化来调整土地供给。为了克服内生性问题，我们使用以下三个工具变量进行两阶段最小二乘估计。第一个工具变量是市长的任期（Tenure）。第二个工具变量和第三个工具变量分别是土地配额和土地供给结构变量的滞后一期。内生解释变量与其滞后变量有关。由于滞后变量已经发生，因而它是"预定的"，与当前干扰项无关。当前的房价不会受到过去土地配额和土地供给结构的影响。表11-5中的模型（4）~模型（6）给出了工具变量的估计结果。工具变量的使用要求对内生性解释变量的存在性进行验证。实证结果表明，工具变量与解释变量有关，这表明解释变量是内生的。因此，使用工具变量的回归结果更加准确。弱工具变量识别的检验结果表明，"名义显著水平"为5%的Wald检验接受"真实显著性水平"不超过15%。因此，我们可以得出不存在弱工具变量的结论。过度识别检验的Sargan检验值不显著，表明工具变量并没有过度识别问题。这些测试结果表明，我们选择的工具变量是合适的。引入工具变量后，土地配额和土地供给结构的系数同样显著为负，并且回归系数值大于基本回归结果。内生性的问题将导致估计结果被低估，而使用工具变量则大大改善了估计结果。

11.6.2 准双重差分检验结果

表11-6给出了式（11-23）的回归结果。模型（1）~模型（2）的结果表明，$Treat \times Period$ 系数显著为正。这意味着土地配额减少的城市的房价增长比土地配额增加的城市快。2003年以后土地配额减少城市的房价增长相对于土地配额增加的城市提高了10%。这也与假设11-1和韩立彬、陆铭（2018）的研究结论一致。我们在模型（2）中加入了控制变量，并比较了解释变量和控制变量的系数值。发现固定资产投资（lninv）的系数是 $Treat \times Period$ 系数的10倍，而 $Treat \times Period$ 的系数是人口规模（lnpop）系数的2倍。除固定资产投资外，土地配额是导致房价上涨的主要因素。作为重要的供给侧因素，2003年以后土地配额的变化已经超过了如人口

规模等需求侧因素对住房价格的影响。此外,我们在模型(3)中添加土地供给结构(LS)和工具变量。结果表明,$Treat \times Period$ 的系数仍显著为正,而土地供给结构(LS)的系数也显著为负。这也与假设 11-1 一致。

表 11-6　　　　　　　　　　土地配额调整对房价的影响

变量	模型(1)	模型(2)	模型(3)	模型(4)
$Treat \times Period$	0.099** (2.36)	0.103** (2.52)	0.097*** (3.05)	—
LS	—	—	-0.318** (-2.59)	-0.415*** (-2.86)
$Treat \times Period \times LS$	—	—	—	0.462*** (3.90)
lnpergdp	—	0.023 (0.19)	0.011 (0.13)	0.073 (0.86)
IS	—	-0.027 (-1.63)	-0.019 (-1.51)	-0.018 (-1.48)
lninv	—	1.031*** (3.43)	0.818*** (4.51)	0.819*** (4.51)
lnpopdensity	—	0.007 (0.33)	-0.006 (-0.33)	-0.006 (-0.34)
lnpop	—	0.052*** (3.22)	0.035*** (2.96)	0.032*** (2.63)
lnfinance	—	-0.032 (-0.94)	-0.038** (-2.45)	-0.035** (-2.82)
City fixed	YES	YES	YES	YES
Time fixed	YES	YES	YES	YES
Instrumental variables	—	—	Tenure, L1.LS	Tenure, L1.LS
Under identification test	—	—	140.007***	116.136***
Weak identification test	—	—	72.154 > 11.59	59.479 > 11.59
Sargan statistic	—	—	0.001	0.004
R^2	0.852	0.855	0.843	0.842

注:在模型(1)和模型(2)中,由于 $Treat \times Period$ 是外生的,因而不会添加任何工具变量。模型(1)和模型(2)的括号里是 t 值,且模型(3)和模型(4)括号内是 z 值;***、**、* 分别表示在1%、5%、10%的水平显著。

我们进一步根据式(11-5)将土地供给结构(LS)和 $Treat \times Period$ 的交互项加入模型(4)中。从模型(4)的结果不难看出,$Treat \times Period \times LS$ 的系数显著为正。这意味着与土地配额增加的城市相比,土地配额减少城市的土地供给结构对房价的抑制作用更弱。这与假设 11-2 一致。其原因在于土地配额减少的城市多为大城市和沿海城市,这些城市人口的大量集聚推动了住房需求的增长。随着土地配额的减少,即使商业和住宅用地的供给比例增加,实际可用的商业和住宅用地面积也会受到限制，无法满足不断增长的新增住房需求。在总土地配额有限的情况下，其中一些城市甚至减少了住宅用地的供给比例，以保护基础设施用地和工业用地。土地配额的减少将导致住宅用地供给面积的进一步减少，从而产生房价上涨的叠加效应。

11.6.3 稳健性检验

（1）平行趋势检验。为了确保式（11-23）和式（11-24）的回归结果的无偏性，我们对处理组和对照组所在城市的房价进行了平行趋势检验。如果处理组和对照组的时间趋势在2003年之前存在差异，那么就会质疑房价的变化不是由土地配额引起的，而是由两者之间的系统性差异引起的。因此，有必要检验处理组和对照组城市的房价在2003年之前是否存在平行趋势。图11-5表明，两组之间的房价在2003年之前保持了大致相同的增长趋势，两组的趋势在2003年以后开始分化，并且这种分化随着时间的推移而不断扩大。也就是说，与土地配额增加组相比，土地配额减少组城市的房价上涨得更快。因此，我们认为处理组和对照组之间的房价变化差异是由土地配额引起的。本章采用的准双重差分模型符合平行趋势假设。

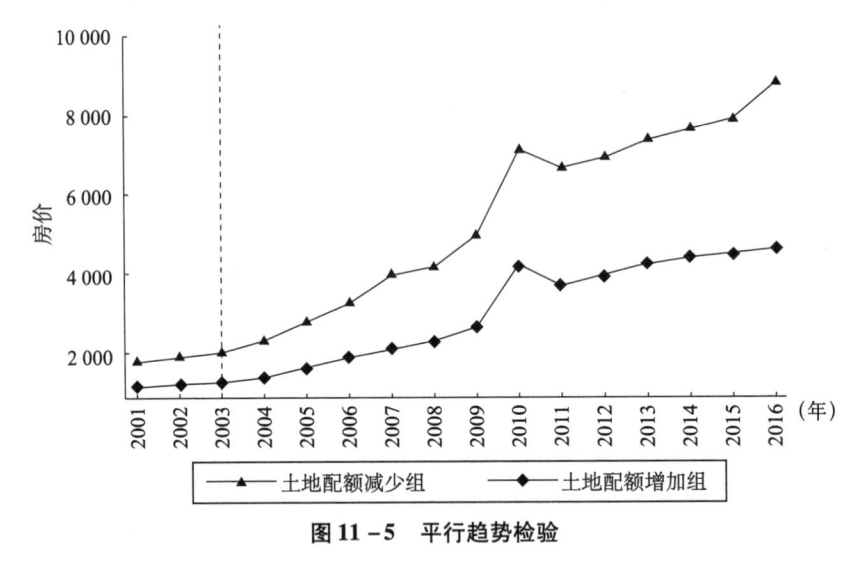

图11-5 平行趋势检验

（2）子样本回归。我们进一步按照城市规模从全国样本中提取了大城市子样本①，这可以减弱随时间变化不可观测变量的影响。表11-7报告了子样本的回归结果。结果表明，子样本中土地配额（LQ）和土地供给结构（LS）的回归系数仍然显著为负。$Treat \times Period$ 和 $Treat \times Period \times LS$ 的系数也与表11-5和表11-6的结果一致，说明实证结果是稳健的。

---

① 本章将常住人口超过100万人的城市定义为大城市。

表 11-7　　　　　　　　　　　　子样本回归

子样本	大城市		
变量	模型（1）	模型（2）	模型（3）
LQ	-13.707 ** (-2.06)	—	—
LS	-0.507 *** (-2.76)	-0.528 *** (-3.00)	-0.648 *** (-3.22)
$Treat \times Period$	—	0.072 ** (2.09)	—
$Treat \times Period \times LS$	—	—	0.602 *** (3.78)
lnpergdp	0.218 (1.53)	0.080 (0.69)	0.161 (1.43)
IS	-0.053 ** (-2.14)	-0.030 (-1.49)	-0.038 * (-1.90)
lninv	1.127 *** (4.74)	1.056 *** (4.82)	1.063 *** (4.86)
lnpopdensity	-0.038 (-1.41)	-0.044 * (-1.73)	-0.040 (-1.60)
lnpop	0.035 ** (2.38)	0.029 ** (2.15)	0.028 ** (2.14)
lnfinance	-0.032 (-1.27)	-0.044 * (-1.96)	-0.040 * (-1.81)
City fixed	YES	YES	YES
Time fixed	YES	YES	YES
Instrumental variables	Tenure, L1.LQ, L1.LS	Tenure, L1.LS	Tenure, L1.LS
Under identification test	25.735 ***	56.933 ***	53.397
Weak identification test	8.59 > 8.18	28.927 > 11.59	27.085 > 11.59
Sargan statistic	0.787	4.129	3.92
R^2	0.858	0.875	0.874

注：括号内是 p 值；***、**、* 分别表示在 1%、5%、10% 的水平显著。

11.6.4　中介机制分析

本章前面的模型检验了土地配额和土地供给结构对房价的直接影响。我们假设土地配额和土地供给结构将通过土地价格影响房价，检验该中介作用是否存在。我们选择商住用地的价格作为中介变量。检验步骤如下：（1）将商住用地价格（LP）作为因变量、LS（或 $Treat \times Period$）作为自变量进行回归分析。如果回归系数显著，则表明 LS（或 $Treat \times Period$）对商住用地价格有影响。（2）以 HP 为因变量，以 LP 为自变量来进行回归分析。如果回归系数显著，则表明商住用地价格影响房价。

（3）如果上述结果均成立，则以 HP 为因变量，以 Treat × Period、LS 和 LP 为自变量同时加入模型中进行回归分析。如果的回归系数变小或不显著，则表明这两个变量对房价的影响部分或全部来自中介变量。

按照上述检验步骤，建立以下实证模型。第一步是验证 LS（或 Treat × Period）是否影响商住用地价格。

$$\ln LP_{it} = \alpha_0 + \alpha_1 LS_{it}(Treat_i \times Period) + \sum \alpha_j X_{it} + \delta_i + \eta_i + \varepsilon_{it} \quad (11-25)$$

其中，LP_{it} 表示商住用地价格。其他变量的含义与式（11-23）相同。

第二步是验证商住用地价格是否会影响房价：

$$\ln HP_{it} = \alpha_0 + \alpha_1 LP_{it} + \sum \alpha_j X_{it} + \delta_i + \eta_i + \varepsilon_{it} \quad (11-26)$$

第三步，将 Treat × Period、LS 和 LP 同时放入模型中：

$$\ln HP_{it} = \alpha_0 + \alpha_1 LS_{it} + \alpha_2 Treat \times Period + \alpha_3 LP_{it} + \sum \alpha_j X_{it} + \delta_i + \eta_i + \varepsilon_{it} \quad (11-27)$$

表 11-8 是中介效应检验模型的回归结果。第一步的结果表明，模型（1）中 Treat × Period 的回归系数显著为正，表明 2003 年之后土地配额减少城市的商住用地价格高于土地配额增加的城市。模型（2）中土地供给结构的系数显著为负，表明商住用地的供给比例越高，其价格越低。模型（3）在同时包含 Treat × Period 和 LS 变量的情况下，检验结果与模型（1）和模型（2）类似。模型（4）中商住用地价格的回归结果为 0.023，并且在 1% 的水平显著。这意味着商住用地价格的上涨对房价产生了积极影响。将 LS、Treat × Period 和 LP 三个变量同时添加到模型（5）中，发现 LS 的回归系数不再显著，而 Treat × Period 的系数显著为正。与模型（3）的结果相比，Treat × Period 的系数从 0.555 降低至 0.095。这说明，商住用地价格的中介效应确实存在，即土地供给结构和土地配额减少通过提高商住用地价格加剧了房价上涨，这与假设 11-3 保持一致。

表 11-8　中介效应测试的结果

因变量	模型（1）	模型（2）	模型（3）	模型（4）	模型（5）
	LP	LP	LP	lnHP	lnHP
Treat × Period	0.562*** (8.87)	—	0.555*** (8.81)	—	0.095*** (4.00)
LS	—	-0.449*** (-7.30)	-0.440*** (-7.23)	—	-0.024 (-1.04)
LP	—	—	—	0.023*** (4.11)	0.020*** (3.40)
lnpergdp	1.159*** (5.56)	1.187*** (5.67)	1.160*** (5.60)	0.019 (0.24)	0.019 (0.24)
IS	0.009 (0.29)	0.031 (1.02)	0.018 (0.61)	-0.027** (-2.36)	-0.028** (-2.50)

续表

因变量	模型（1） LP	模型（2） LP	模型（3） LP	模型（4） lnHP	模型（5） lnHP
lninv	-1.686*** (-3.77)	-1.919*** (4.28)	-1.767*** (3.97)	0.946*** (5.68)	0.960*** (5.77)
lnpopdensity	-0.014 (-0.29)	-0.033 (-0.71)	-0.029 (-0.63)	0.007 (0.38)	0.006 (0.37)
lnpop	0.014 (0.48)	0.011 (0.36)	0.003 (0.09)	0.056*** (5.70)	0.054*** (4.89)
lnfinance	-0.076* (-1.96)	-0.089** (-2.29)	-0.076* (-1.97)	-0.020 (-1.36)	-0.018 (-1.23)
cons	14.897*** (2.67)	17.716*** (3.17)	16.071*** (2.90)	-5.349** (2.58)	-5.502*** (-2.66)
City fixed	YES	YES	YES	YES	YES
Time fixed	YES	YES	YES	YES	YES
R^2	0.469	0.660	0.666	0.857	0.857

注：括号内是 p 值；***、**、* 分别表示在1%、5%、10%的水平显著。

11.7 本章小结

本章利用282个地级市的面板数据和"中国土地市场网"发布的200多万条商住用地和工业用地的出让结果信息，检验了土地配额和土地供给结构对房价的影响。同时，我们采用类似DID的方法来研究土地配额变化对房价的外生影响。研究结果表明，土地配额减少的城市大多是大城市和沿海城市，并且这些城市的房价增长率要显著高于土地配额增加的城市。土地供给结构是地方政府战略选择的结果，不同城市的地方政府相互竞争以吸引投资。因此，这些城市竞相增加工业用地的供给。在土地配额的限制下，地方政府从战略上选择减少商住用地的供给比例，从而导致房价上涨。土地配额减少城市的房价受土地供给结构的影响较小。土地配额减少城市的商住用地比例的增加并没有降低房价反而进一步提高了房价。土地配额和土地供给结构会通过影响商住用地价格而间接影响房价。

本章的研究结果为理解中国房价的快速上涨提供了新的视角，并具有明确的政策含义。（1）为了解决人口与土地不匹配的问题，中央政府应改变土地配额偏向中西部城市的政策，应该更倾向于人口净流入的城市，尤其是东部沿海城市。同时，由于东部地区的建设用地分配效率高于中西部地区，因此，中、西部地区的城市应通过学习东部城市的经验来提高土地利用效率（Liu et al., 2018）。地方政府应根据当地情况制定差异化的土地供给政策（Shen et al., 2018），并在人口较多的城市增加居住用地的供给。（2）中央政府应进一步推进土地市场化改革，建立商住用地多主体市场供给机制，如探索农村集体建设用地挂牌交易等。地方政府应逐步从土地管理者转变成为企业和居民提供公共服务的提供者。地方政府可以通过减少对土地供给的控制和对土地出让金的依赖来改变建设用地的供给结构。例如，可以引入第三方公司参与建设用地特别是工业用地的管理和运营，并进一步引入灵活的工业用地出让制度，以打破现有制度中关于 40 年使用权期限的限制。政府还应尝试探索允许工业土地转为商住用途的政策，以提高土地的利用效率。（3）由于城镇化进程可以促进农村地区的发展，因此，应该进一步有序推进城镇化（Feng et al.，2019）。城镇化可以缓解城市用地的紧张状况和房价的过快上涨，还可以促进周边农村地区的发展，实现城乡一体化发展。同时，将农村土地制度改革和户籍制度改革有机结合，通过分离农村土地"所有权、承包权和经营权"，保护农民权益，促进农村人口向城镇转移（Zhou et al.，2020）。（4）为缓解房价的快速上涨，除新建住房市场外，还应进一步完善现有的二手房和租赁房市场。地方政府应增加保障性住房的供给，为低收入群体提供廉租住房，促使房价回归到合理水平。

第 12 章

财政不平衡、保障房用地供给与房价

12.1 研究背景

中国城市的地价、房价与土地市场的供给有着密切的关系。土地市场的发育直接影响了土地的供给结构、供给弹性和供应价格，进而对房价产生影响（谭术魁、李雅楠，2013）。而中国城市的土地供给又与土地有偿使用制度的改革密切相关。自 1987 年中国推行土地有偿使用以来，中国的土地市场取得了飞速发展。1990 年国务院颁布的《中华人民共和国城镇国有土地使用权出让和转让暂行条例》和《外商投资开发经营成片土地暂行管理办法》赋予了地方政府土地规划、审批、土地出让金收取等权力。在现阶段的土地制度下，由于地方政府垄断土地一级市场的供给，选择性和策略性配置土地资源成为政府实现特定经济目标的手段（张莉等，2017）。

土地出让权限的地方自主使地方政府有动力通过"招拍挂"的市场化方式高价出让商业和住宅用地以获得更多的土地出让收入，即地方政府的财政不平衡在一定程度上决定了地方政府的土地出让行为。地方政府的土地出让行为通过决定商业和住宅用地的出让规模、出让结构和出让价格而对商品房价格产生影响。与此同时，在高房价的压力下地方政府还需要为中低收入家庭提供基本的住房保障。因此，每年的商住用地出让中会配置一部分保障房用地。保障房用地规模的增加一定程度上挤占了商品房用地的空间，使得商品房市场的供给规模受到抑制，从而对城市房价产生影响。为此，本章从保障房用地供给规模的视角，探讨财政不平衡对保障房用地供给规模和房价上涨的影响，以期为促进城市土地高效、合理利用，制定有效的房地产市场调控政策提供科学依据。

现有研究仍然存在以下不足：（1）研究内容的局限。现有研究大多从土地市场供给的视角分析其对城市房价的影响，但是受制于数据获取的限制，目前还鲜有文献将研究视角聚焦到保障房用地供给，而保障房用地供给会对商品房用地供给和商品房价格产生重要影响。(2)研究样本的局限。现有对房价的研究大多是以全国层面或省级层面数据为研究样本,目前还缺乏基于地级市层面的研究。(3)研究方法的限制。已有研究侧重于解决财政不平衡或土地市场供给与城市房价之间的内生关系,忽略了限购政策对于土地市场供给和城市房价的外生冲击。有鉴于此,本章采用2007~2017年中国281个地级市的数据及中国土地市场网抓取的200多万条土地出让数据,将研究视角聚焦于财政不平衡对保障房用地供给规模和城市房价的影响,试图从保障房用地供给规模的角度阐述中国城市房价的差异,为推动土地资源的优化配置,促进城市房地产调控的有效性和科学性提供决策参考。

与已有研究相比,本章的可能贡献在于以下三方面:第一,研究数据上以网络爬虫获取的土地交易大数据为基础,从商住用地供给规模、商住用地出让价格和保障房用地供给规模三个维度对地方政府土地出让行为进行刻画,为从市域层面深入探究财政不平衡对保障房用地供给规模和城市房价上涨的影响提供了微观数据支撑,扩宽了现有实证研究的空间;第二,研究视角上从保障房用地供给规模的视角探讨财政不平衡对房价上涨影响的可能中介机制;第三,研究内容上考虑到城市房价上涨的空间相关性,采用动态空间面板数据模型探讨了财政不平衡对房价上涨的影响机制及其空间效应。

12.2 文献综述与研究假设

财政不平衡是地方政府面临的现实困境。地方政府为了缓解财政压力,不得不寻求预算外资金来增加财政收入。土地出让收入无疑是地方政府的重要生财之道(唐云锋、马春华,2017)。为了能够最大化土地出让收入,地方政府有充足的动机高价出让商住用地。与此同时,地方政府面临保民生的政治压力。地方政府的商住用地中必须配置一定数量的保障房用地用于建设保障性住房。因此,当地方政府面临的财政压力增大时,在住宅用地中配置的保障房供地数量会受到影响。保障房的供给会对商品住房市场产生挤出效应。本章认为,地方政府财政不平衡对房价的影响包括直接影响和间接影响。

12.2.1 财政不平衡对城市房价的直接影响

土地出让收入作为地方政府财政收入的主要来源,房价的上涨能够带动周边地价的上涨,使得地方政府能够以更高的价格出让土地而获得高额的土地出让收入。因此,地方政府有充足的动机采取各种措施来维持房地产市场的繁荣,在房价调控中缺乏积极性和主动性(宫汝凯,2012a)。这同时降低了房地产投机的风险,间接刺激了投机性需求，推高了房价（王学龙、杨文，2012）。建设城市基础设施和促进地方经济增长是地方政府关心的两大核心要素。城市基础设施建设需要大量的资金保障，因此，地方政府有充足的动机维持房地产市场的繁荣，通过土地抵押等方式进行融资以获取城市建设所需资金。同时，城市基础设施的不断完善又会改善投资环境，有利于招商引资和促进 GDP 增长，而城市环境的改善和地方经济的增长又会带动住房消费，导致房价上涨（宫汝凯，2012b）。财政不平衡的空间溢出对城市房价产生了正向影响。城市房价除了受到当地政府财政压力的影响之外，还受到相邻城市地方政府财政状况的影响。余泳泽、张少辉（2017）验证了城市房价确实存在空间蔓延效应。同时，财政不平衡会迫使地方政府有动机高价出让住宅用地，高地价导致高房价，并且相邻城市之间存在"攀比效应"（吴士炜、汪小勤，2017），即房价上涨不仅受到本地区财政不平衡的影响，而且受到相邻城市财政不平衡的影响。因此，由于财政不平衡具有空间上的"攀比效应"，一个城市的房价会受到来自相邻城市财政不平衡的影响。这种影响包括两方面：一方面，当地政府面临财政不平衡所采取的土地出让行为会使得周边城市竞相效仿，从而加剧周边城市房价的上涨；另一方面，由于房价具有明显的"溢出"效应，本地区的财政不平衡加剧了这种"溢出"效应，从而间接对周边地区的房价上涨产生促进作用。基于以上分析本章提出如下研究假设。

假设 12-1 财政不平衡会对城市房价上涨产生直接正向影响，并且财政不平衡的"攀比效应"会加剧本地房价上涨对周边城市的溢出效应。

12.2.2 财政不平衡对房价的间接影响机制

本章进一步从保障房用地供给规模的视角探讨财政不平衡对房价上涨的间接影响。保障房作为民生项目没有土地出让收入和税收收入，且资金投入成本很高。因此，其资金来源不仅依靠地方政府财政收入和地方融资收入，还需要中央政府财政转移支付的支持。而土地出让人收入是地方政府财政收入的重要来源。保障房项目作为一种非生产性的公共服务，地方政府的财政支出动机不足。保障房建设的资金来源主要以地方政府投入财政资金为主，中央政府以转移支付的方式满足部分资金需求。因此，地方政府财政资金是否充裕将直接影响保障房的建设规模。当地方政府财政不平衡程度较低时，意味着其财政自主权较高，对中央政府的财政依赖程度较低（Hua and Qian, 2017），对土地出让收入的依赖程度也较低，因此有充足的资金用于保障房建设。相反，当地方政府财政不平衡程度较高时，意味着其财政自主权较低，财政自由度较低的城市更依赖于中央政府的转移支付和土地出让收入。地方政府财政资金短缺一方面会对土地出让收入过度依赖，另一方面会降低其建设保障性住房的主动性。在住宅用地供给规模有限的情况下，保障房用地供给规模的增加势必会降低商品房供给的比例,商品房供给的减少将导致房价上涨。因此,本章提出如下研究假设。

假设12-2 财政不平衡强化了地方政府的土地出让收入依赖,降低了地方政府建设保障性住房的主动性,因此,财政不平衡程度越高的地区,保障房建设规模越低。

假设12-3 保障房用地出让规模的增加对商品房用地供给具有挤出效应,商品房供给的减少促进了房价的上涨。

12.3 实证策略与数据说明

12.3.1 基本回归模型

根据以上研究所提出的假设,本章先检验财政不平衡对房价是否存在直接影响。因此,本章设定如下基本计量回归模型:

$$\ln HP_{it} = \alpha_0 + \alpha_1 FI_{it} + \lambda_j \sum_{j=1}^{n} Z_{jit} + v_i + u_t + \varepsilon_{it} \tag{12-1}$$

其中,i 和 j 表示地区;t 表示时间;HP 表示房价;FI 表示财政不均衡;Z 表示其他对房价有影响的控制变量集合,包括房地产投资规模、人口规模、基础设施建设、工业化发展水平、服务业发展水平和失业率;v_i 表示个体固定效应,u_t 表示时间固定效应,ε_{it} 表示随机干扰项。

12.3.2 空间杜宾模型

为了进一步考察财政不平衡对房价的影响是否存在空间上的关联性,需要在模型中同时引入空间维度,因此,考虑采用空间面板数据模型来分析财政不平衡对房价的影响。空间面板数据模型包括空间误差模型(SEM)、空间自相关模型(SAR)和空间杜宾模型(SDM)等。空间面板数据模型的选择借鉴安瑟琳等(Anselin et al, 2004)的判断标准,综合拟合优度检验、自然对数函数值、似然比率和赤池信息准则等指标来进行综合判断,本章最终选择空间杜宾模型为最终分析模型。设定模型如下:

$$\ln HP_{it} = \rho \sum_{j=1}^{n} w_{ij} \ln HP_{jt} + \alpha_1 FI_{it} + \lambda_j \sum_{j=1}^{n} Z_{jit} + \beta_1 \sum_{j=1}^{n} w_{ij} FI_{jit}$$
$$+ \gamma_j \sum_{j=1}^{n} w_{ij} Z_{jit} + v_i + u_t + \varepsilon_{it} \tag{12-2}$$

其中,w_{ij} 表示空间权重矩阵,本章采用三种空间权重矩阵:邻接矩阵、地理距离矩阵和经济地理距离矩阵。其中,邻接矩阵表示为 $w_{ij} = r$,若两个城市在空间上相邻

则 $r=1$，不相邻则 $r=0$；地理距离权重矩阵表示为 $w_{ij}=1/d_{ij}^2$，d_{ij} 表示两个城市之间的距离；经济地理距离矩阵表示为 $w_{ij}=(1/d_{ij}) \times diag(\bar{x}_1/\bar{x}, \bar{x}_2/\bar{x}, \cdots, \bar{x}_n/\bar{x})$，$diag$ 表示对角矩阵，$\bar{x}_i$ 表示 i 城市样本期间的平均实际人均 GDP，$\bar{x}$ 表示所有样本城市在样本期间的平均实际人均 GDP，实证过程中将所得三种矩阵均进行标准化处理。其余变量解释同式（12-1）。

12.3.3 变量选取与数据来源

基于以上实证策略和计量模型，本章选取 2007～2017 年中国 282 个地级市的面板数据为研究样本。具体变量使用情况如下。（1）房价。房价作为因变量，本章利用商品住宅销售额与商品住宅销售面积的数据来计算每平方米的名义住房价格，并采用城市所在省份的 CPI 指数进行平减，最终得到以 2007 年为基期的实际住房价格。商品住宅销售额与商品住宅销售面积数据源于 CEIC 数据库①。（2）财政不平衡。财政不平衡作为自变量，本章采用人均财政收支缺口来衡量，即（地方本级预算内财政支出－地方本级预算内财政收入）/地区年末总人口，财政收支缺口率越大，则说明地方财政不平衡现象越严重（宫汝凯，2015）。以上相关数据均来自历年的《中国城市统计年鉴》（2008～2018）。（3）保障房用地供给规模。本章用保障房（包括经济适用房、廉租房和公共租赁房）用地出让面积来衡量。《中国国土资源年鉴》和《中国国土资源统计年鉴》并没有披露 2007 年和 2008 年相关数据。得益于 2006 年 8 月 1 日开始实施的《招标拍卖挂牌出让国有土地使用权规范（试行）》明确要求市县级政府土地主管部门必须在中国土地市场网上事先公布每宗国有土地使用权的出让计划，并且在事后公布每宗土地的出让结果，我们有机会借助网络爬虫获取了 2007 年 1 月 1 日至 2017 年 12 月 31 日期间的每一笔土地出让结果的详细信息。因此，保障房用地供给规模相关数据来自中国土地市场网②。同时，为了保障获取数据的准确性和权威性，进一步将 2009～2017 年中国土地市场网抓取的数据与《中国国土资源统计年鉴》（2010～2018）的数据进行了比对，发现两者基本吻合，说明抓取数据可用。（4）房地产投资规模。这里用房地产投资额与 GDP 的比值来衡量。（5）人口规模。采用各城市户籍人口来衡量。（6）基础设施建设。采用人均道路铺装面积来衡量。（7）工业化发展水平。采用第二产业产值占 GDP 比重来衡量。（8）服务业发展水平。采用地产产业产值占 GDP 比重来衡量。（9）失业率。采用年末城镇登记失业人数/（年末城镇登记失业人数＋年末单位从业人数）计算衡量。以上变量（4）～变量（9）为控制变量，相关数据均来自历年的《中国城市统计年鉴》（2008～2018）。CPI 指数来均源于《中国统计年鉴》（2008～

---

① CEIC 数据库网址：https://www.ceicdata.com/zh-hans。
② 中国土地市场网网址：http://www.landchina.com/。

2018)。各变量的描述性统计见表 12-1。

表 12-1　　　　　　　　　　变量的描述性统计

变量名称	变量缩写	观测值	均值	标准差	最小值	最大值
房价	$\ln HP$	3 102	8.042	0.477	7.112	9.553
财政不平衡	FI	3 102	0.281	0.196	-0.163	0.927
保障房用地供给规模	$\ln AH$	3 102	2.256	3.065	-6.908	6.267
房地产投资规模	$\ln Real$	3 102	6.761	0.642	4.995	8.232
人口规模	$\ln Pop$	3 102	4.520	0.828	2.635	6.957
基础设施建设	$\ln Proad$	3 102	2.289	0.570	0.712	3.633
工业化发展水平	$\ln Inst$	3 102	3.868	0.235	3.043	4.328
服务业发展水平	$\ln Serv$	3 102	3.615	0.249	2.899	4.236
失业率	$\ln Unem$	3 102	-3.098	0.633	-4.985	-1.684

12.4　实证结果分析

12.4.1　基准回归结果

本章先根据式（12-1）分析了财政不平衡与城市房价的关系，结果见表 12-2。模型（1）只考虑核心解释变量 FI，即财政不平衡。模型（2）在模型（1）的基础上加入了一系列控制变量，模型（1）和模型（2）均采用 OLS 方法进行估计。模型（1）结果表明财政不平衡对房价的影响显著为正。模型（2）中加入控制变量后，财政不平衡对房价的影响仍然显著为正。进一步，考虑到房价具有时间滞后性，为了解决房价内生性的问题，我们在模型（3）和模型（4）中控制了房价的滞后项（$lag\_\ln HP$），并采用 GMM 方法进行估计，其中模型（3）只考虑核心解释变量 FI。模型（4）在模型（3）的基础上加入了一系列控制变量。结果显示，模型（3）中财政不平衡对房价的回归系数并不显著，但在模型（4）中加入控制变量后财政不平衡和对房价的影响显著为正。因此，我们认为地方财政不平衡的加剧对城市房价的上涨起到了重要推动作用。宫汝凯（2015）将这种推动作用解释为是地方政府追求土地财政的结果，认为土地财政是地方政府财政不平衡推动房价上涨的中介机制。本书基于模型（4）对控制变量进行分析，房地产投资规模、人口规模、工业化发展水平的回归系数均显著为正。增加房地产投资对房价起到促进作用，这与谭术魁和李雅楠（2013）的研究结论保持一致；城市人口规模越大，对住房的需求也越大，进而也会对房价起到促进作用；工业化发展促进了城镇化水平的提升，促进了人口的集聚，进而提升了房价。基础设施建设、服务业发展水平和失业率的回归系数均不显著。

表 12-2　　　　　　　　　财政不平衡与城市房价的关系

变量	模型（1）OLS	模型（2）OLS	模型（3）GMM	模型（4）GMM
$lag\_\ln HP$	—	—	0.842 *** (74.53)	0.658 *** (22.87)
FI	0.521 *** (16.88)	0.308 *** (14.69)	−0.026 (−0.98)	0.187 *** (2.75)
$Real$	—	0.105 *** (13.13)	—	0.043 *** (2.86)
$\ln Pop$	—	0.327 *** (36.92)	—	0.146 *** (8.11)
$\ln Proad$	—	0.202 *** (18.38)	—	0.012 (0.54)
$\ln Inst$	—	0.196 *** (4.87)	—	0.171 *** (2.66)
$\ln Serv$	—	0.259 *** (7.65)	—	0.051 (1.11)
$\ln Unem$	—	−0.048 *** (−7.05)	—	0.004 (0.34)
常数项	7.896 *** (817.65)	3.464 *** (14.28)	1.333 *** (15.17)	0.923 ** (2.50)
R^2	0.092	0.654	—	—
样本数	3 102	3 102	2 538	2 538

注：模型（1）和模型（2）括号内为 t 值，模型（3）和模型（4）括号内为 z 值；***、** 分别表示在 1%、5% 的水平显著。

12.4.2　空间关系检验

本章接下来将空间因素纳入财政不平衡对房价的影响模型中，检验财政不平衡对周边地区房价上涨的影响。表 12-3 报告了基于 3 种空间权重下的空间杜宾模型的估计结果，其中，模型（1）为邻接矩阵下的估计结果，模型（2）为地理距离矩阵下的估计结果，模型（3）为经济地理距离矩阵下的估计结果。观察 3 类空间权重下的空间杜宾模型回归结果，除邻接矩阵下财政不平衡对房价的直接影响不显著以外，其余主要变量的回归结果基本一致，说明该数据下的回归结果是较为稳健的。进一步比较模型的 R^2 和 Log-likelihood 值，可知模型（3）的回归结果要优于模型（1）和模型（2），因此，我们基于模型（3）的结果进行分析。房价的空间自相关系数（$W \times \ln HP$）为 1.31，且在 1% 显著性水平显著，充分说明房价存在正向的空间相关效应，某一城市房价的上涨会带动相邻城市房价的上涨。财政不平衡（LP）的回归系数显著为正，表明本地区财政不平衡对本地区房价具有正向直接影响，城市内部财政不平衡程度加剧会促进城市内部房价的上涨。从空间滞后项系数来看，财政不平衡的空间滞后项系数（$W \times FI$）也显著为正，说明本地财政不平衡对相邻城市的房价也会产生影响，本地区财政不平衡程度的加剧会促进相邻城市房价的上涨。这可能是因为，现阶段城市发展存在土地财政依赖，财政不平衡驱动地方政府官员高价出让住宅用地以弥补财政缺口，进而提升了城市内部房价。另外，地方政府之间存在财政竞争，相邻城市之间会竞相通过高价出让住宅用地弥补财政缺口，因而也提升了周边城市的房价。从控制变量来看，就直接效应而言，房地产投资规模、人口规模、基础设施建设、工业化发展水平和服务业发展水平的回归系数均显著为正，说明其对房价均具有正向直接影响，对房价上涨具有促进作用；失业率的回归系数显著为负，说明其对房价具有负向直接影响，城市失业率的提升降低了居民的消费水平和住房需求，进而抑制了房价的上涨。就空间溢出效应而言，房地产投资规模和基础设施建设的空间滞后项系数均显著为正，本地区房地产投资的增加以及基础设施建设水平的提升也会促进相邻城市房价的上涨。这可能是因为，住房建设和基础设施的完善又有利于促进地区的招商引资，因此，地方政府间的引资激励推动了房地产投资竞争和基础设施建设的竞争，进而推动了相邻地区房价的上涨。工业化发展水平和服务业发展水平的空间滞后项系数均显著为负，本地区产业发展水平提升对相邻城市房价具有抑制作用，这可能是因为，产业的发展对城市人口具有虹吸效应，使得周边城市的人口向城市内部迁移，降低了周边城市住房的需求，进而抑制了周边城市房价的上涨。失业率的空间滞后项系数显著为正，城市内部失业率的提高对相邻城市房价具有促进作用，这可能是因为城市失业率的提高，导致了人口的流失，人口逐渐向周边城市流动，增加了周边城市的住房需求，进而提升了周边城市的房价。

表12-3　　　　　　　　　　财政不平衡与房价的空间关系

变量	模型（1） 邻接矩阵	模型（2） 地理距离矩阵	模型（3） 经济地理距离矩阵
$W \times \ln HP$	0.510*** (22.55)	9.063*** (6.78)	1.314*** (8.59)
FI	0.019 (0.79)	0.273*** (8.38)	0.078*** (3.00)
$Real$	0.047*** (5.02)	0.102*** (8.52)	0.050*** (4.52)
$\ln Pop$	0.095*** (6.15)	0.296*** (19.82)	0.127*** (7.98)
$\ln Proad$	0.054*** (3.46)	0.192*** (8.53)	0.069*** (3.60)
$\ln Inst$	0.175*** (3.36)	0.229*** (4.27)	0.191*** (3.89)
$\ln Serv$	0.188*** (3.48)	0.286*** (6.23)	0.259*** (5.19)

续表

变量	模型（1）邻接矩阵	模型（2）地理距离矩阵	模型（3）经济地理距离矩阵
$\ln Unem$	-0.017** (-2.42)	-0.050*** (-5.16)	-0.017** (-2.30)
$W \times FI$	0.216*** (5.41)	20.593** (2.16)	0.476* (1.79)
$W \times Real$	0.026* (1.84)	5.637 (0.98)	0.205* (1.88)
$W \times \ln Pop$	0.086*** (4.67)	15.187** (2.10)	-0.054 (-0.63)
$W \times \ln Proad$	0.127*** (5.07)	5.197 (1.06)	1.456*** (4.79)
$W \times \ln Inst$	-0.263** (-2.52)	-28.476** (-3.92)	-1.679*** (-9.51)
$W \times \ln Serv$	-0.298*** (-3.18)	-19.823* (-1.98)	-2.003*** (-15.00)
$W \times \ln Unem$	-0.004 (-0.34)	3.233 (1.15)	0.428*** (3.40)
R^2	0.769	0.657	0.774
$\log L$	1 870.540	1 115.515	1 748.937
样本数	3 102	3 102	3 102

注：括号内为 z 值；***、**、*分别表示在1%、5%、10%的水平显著。

12.4.3 财政不平衡对城市房价影响的中介效应检验

上述实证检验了财政不平衡对房价上涨的促进作用和空间溢出效应，在本章的假设12-2和假设12-3的理论分析中，财政不平衡程度较高的城市会减少保障房用地供给规模，进而增加商品房用地供给，抑制了房价上涨。接下来本章将检验该中间机制是否存在。

本章选取城市保障房用地供给规模（$\ln AH$）作为中介变量。根据文献中常用的方法（Baron and Kenny, 1986；余泳泽、张少辉, 2017），设定验证步骤如下：首先，将财政不平衡与保障房用地供给规模进行回归，如果回归系数显著，说明财政不平衡对保障房用地供给规模产生了影响；其次，将保障房用地供给规模与房价进行回归，如果回归系数显著，说明保障房用地供给规模对房价产生了影响；最后，若上述步骤的结果均成立，我们进一步将财政不平衡、保障房用地供给规模与房价同时进行回归，如果财政不平衡变量的回归系数有所下降或显著性降低，说明财政不平衡对房价的影响部分或全部来自保障房用地供给规模的影响。进而本章设立如下实证检验模型。

第一步,验证财政不平衡是否影响了保障房用地的供给规模:

$$\ln AH_{it} = \alpha_0 + \alpha_1 FI_{it} + \lambda_j \sum_{j=1}^{n} Z_{jit} + v_i + u_t + \varepsilon_{it} \qquad (12-3)$$

第二步,验证保障房用地供给规模是否影响了城市房价:

$$\ln HP_{it} = \alpha_0 + \alpha_1 \ln AH_{it} + \lambda_j \sum_{j=1}^{n} Z_{jit} + v_i + u_t + \varepsilon_{it} \qquad (12-4)$$

第三步,将保障房用地供给规模与财政不平衡同时放入模型中:

$$\ln HP_{it} = \alpha_0 + \alpha_1 FI_{it} + \alpha_2 \ln AH + \lambda_j \sum_{j=1}^{n} Z_{jit} + v_i + u_t + \varepsilon_{it} \qquad (12-5)$$

表12-4报告了基于经济地理距离矩阵下空间杜宾模型的中介效应检验结果,模型(1)是第一步的回归结果,财政不平衡对保障房用地供给规模的影响显著为正,地方政府财政不平衡程度每上升1个百分点,就会引起保障房用地供给规模增加1.097个百分点。进一步,模型(2)是第二步的回归结果,保障房用地供给规模的增加会导致房价的上涨,保障房用地供给规模每提升1个百分点,就会引起房价上涨0.004个百分点。模型(3)是第三步的回归结果,在同时加入财政不平衡和保障房用地供给规模变量后,与模型(4)相比,财政不平衡对房价的影响系数有所下降,说明财政不平衡会通过提高保障房用地供给规模,从而影响房价的上涨,这为假设12-3和提供了支持。

表12-4 财政不平衡对房价影响的中介机制检验

变量	模型(1)	模型(2)	模型(3)	模型(4)
	$\ln AH$	$\ln HP$	$\ln HP$	$\ln HP$
$W \times \ln HP$	1.091 *** (5.41)	1.502 *** (11.46)	1.352 *** (9.46)	1.314 *** (8.59)
FI	1.097 *** (2.60)	—	0.073 *** (2.86)	0.078 *** (3.00)
$\ln AH$	—	0.004 *** (3.27)	0.004 *** (3.04)	—
$Real$	0.538 *** (3.51)	0.048 *** (4.30)	0.047 *** (4.40)	0.050 *** (4.52)
$\ln Pop$	0.663 *** (4.18)	0.112 *** (7.46)	0.121 *** (7.70)	0.127 *** (7.98)
$\ln Proad$	0.307 * (1.69)	0.068 *** (3.55)	0.068 *** (3.58)	0.069 *** (3.60)
$\ln Inst$	0.473 (0.82)	0.193 *** (3.88)	0.189 *** (3.90)	0.191 *** (3.89)
$\ln Serv$	-0.313 (-0.49)	0.269 *** (5.34)	0.271 *** (5.44)	0.259 *** (5.19)

续表

变量	模型（1） lnAH	模型（2） lnHP	模型（3） lnHP	模型（4） lnHP
ln$Unem$	0.021 (0.21)	-0.018** (-2.42)	-0.018** (-2.41)	-0.017** (-2.30)
$W \times FI$	1.684 (0.43)	—	0.561** (2.07)	0.476* (1.79)
$W \times \ln AH$	—	-0.069*** (-2.95)	-0.072*** (-3.06)	—
$W \times Real$	-0.186 (-0.11)	0.265** (2.44)	0.287*** (2.60)	0.205* (1.88)
$W \times \ln Pop$	2.771** (2.06)	0.144 (1.20)	0.198 (1.56)	-0.054 (-0.63)
$W \times \ln Proad$	5.321* (1.78)	1.585*** (4.70)	1.531*** (4.54)	1.456*** (4.79)
$W \times \ln Inst$	5.038** (2.87)	-1.960*** (-12.34)	-1.586*** (-8.52)	-1.679*** (-9.51)
$W \times \ln Serv$	-13.459*** (-5.62)	-2.525*** (-8.89)	-2.686*** (-8.94)	-2.003*** (-15.00)
$W \times \ln Unem$	0.064 (0.05)	0.436*** (3.42)	0.428*** (3.45)	0.428*** (3.40)
R^2	0.217	0.776	0.781	0.774
log$L$	-7 105.500	1 753.747	1 770.047	1 748.937
样本数	3 102	3 102	3 102	3 102

注：括号内为 z 值；***、**、* 分别表示在1%、5%、10%的水平显著。

12.4.4 稳健性检验

由于前述的实证模型中可能存在一些不可观测的城市特征因素，为了进一步缓解城市特征因素对回归分析的影响，我们按城市规模大小在全国样本中提取了大中城市子样本（城市常住人口规模大于 50 万）①进行稳健性检验，结果见表 12-5。表 12-5 显示了大中城市子样本下财政不平衡对房价影响的回归结果，模型（1）的结果显示房价的空间自相关系数（$W \times \ln HP$）显著为正，说明房价存在正向的空间相关效应，某一城市房价的上涨会带动相邻城市房价的上涨。财政不平衡对房价直接影响的回归系数（FI）显著为正，说明大中城市财政不平衡会促进本地区房价的上涨，财政不平衡的空间滞后项系数（$W \times \ln FI$）为正但并不显著，但是观察模

---

① 本章中的城市规模等级的划分依据是 2014 年国务院发布的《国务院关于调整城市规模划分标准的通知》。其中，大城市常住人口规模为大于 100 万；中等城市常住人口规模为 50 万～100 万；中小城市常住人口规模为小于 50 万。

型（4）加入保障房用地供给规模变量后，$W\times\ln FI$ 系数显著为正，这也一定程度上说明财政不平衡对房价的影响存在空间溢出效应，本地区财政不平衡程度的增加也会促进相邻城市的房价上涨。这与前述所得出的结论相一致。模型（2）~模型（4）验证了大中城市样本下财政不平衡和保障房用地供给规模对房价影响的中介机制。模型（2）中财政不平衡对保障房用地供给规模影响显著为正，说明财政不平衡增加了保障房用地供给。模型（3）中保障房用地供给规模对房价的影响显著为正，说明保障房用地供给规模的增加提高了房价水平。模型（4）中将财政不平衡和保障房用地供给规模变量同时放入后，与模型（1）相比，财政不平衡的回归系数明显变小，说明保障房用地供给规模在财政不平衡影响房价的过程中存在中介作用。这同样与前述所得出的结论相一致。

表12-5　大中城市样本财政不平衡对房价影响的中介机制检验

变量	模型（1） $\ln HP$	模型（2） $\ln AH$	模型（3） $\ln HP$	模型（4） $\ln HP$
$W\times\ln HP$	1.321*** (7.66)	1.195*** (5.44)	1.538*** (10.62)	1.356*** (8.53)
FI	0.099*** (3.14)	1.515*** (3.19)	—	0.088*** (2.89)
$\ln AH$	—	—	0.004*** (3.13)	0.004*** (2.88)
$Real$	0.043*** (3.30)	0.473*** (2.67)	0.044*** (3.36)	0.042*** (3.31)
$\ln Pop$	0.129*** (7.13)	0.677*** (4.05)	0.110*** (6.50)	0.119*** (6.67)
$\ln Proad$	0.077*** (3.54)	0.254 (1.23)	0.074*** (3.42)	0.074*** (3.45)
$\ln Inst$	0.173*** (3.01)	1.015 (1.51)	0.176*** (2.99)	0.173*** (3.04)
$\ln Serv$	0.272*** (4.42)	0.323 (0.50)	0.287*** (4.63)	0.290*** (4.69)
$\ln Unem$	-0.016* (-1.95)	0.007 (0.06)	-0.018** (-2.12)	-0.017** (-2.09)
$W\times FI$	0.488 (1.59)	-1.677 (-0.35)	—	0.679** (2.05)
$W\times\ln AH$	—	—	-0.090*** (-4.83)	-0.094*** (-4.74)
$W\times Real$	0.326** (2.29)	0.520 (0.23)	0.379*** (2.71)	0.373*** (2.68)
$W\times\ln Pop$	-0.077 (-0.76)	2.313 (1.51)	0.200* (1.75)	0.282** (2.17)
$W\times\ln Proad$	1.692*** (4.83)	5.492 (1.61)	1.859*** (5.34)	1.864*** (5.32)

续表

变量	模型（1） ln*HP*	模型（2） ln*AH*	模型（3） ln*HP*	模型（4） ln*HP*
$W \times \ln Inst$	-1.784*** (-8.52)	4.723** (2.24)	-2.037*** (-11.13)	-1.578*** (-7.16)
$W \times \ln Serv$	-2.195*** (-13.28)	-14.596*** (-5.20)	-2.941*** (-11.29)	-3.152*** (-10.35)
$W \times \ln Unem$	0.526*** (4.93)	-0.663 (-0.37)	0.518*** (5.10)	0.504*** (5.16)
R^2	0.774	0.214	0.779	0.786
log*L*	1 532.649	-6 220.777	1 541.520	1 559.535
样本数	2 717	2 717	2 717	2 717

注：括号内为 z 值；***、** 分别表示在 1%、5% 的水平显著。

12.5 本章小结

在已有文献研究的基础上，本章分析了财政不平衡和保障房用地供给规模对城市房价的影响机制，并提出了 3 个研究假设。进一步，利用 2007~2017 年 282 个地级市的面板数据，实证验证了 3 个研究假设。利用 OLS、GMM 和空间杜宾模型检验财政不平衡对房价的直接影响和空间溢出效应，并利用中介效应模型验证了财政不平衡和保障房用地供给规模对房价影响的路径和机制。实证结果表明：（1）借助 OLS 模型和 GMM 模型分析，地方政府财政不平衡程度的上升会引起房价的上涨；（2）空间杜宾模型回归结果显示，城市房价存在显著的空间溢出效应，本地区房价的上涨会带动相邻城市房价的上涨，同时财政不平衡对房价的直接影响显著为正，促进了本地房价的上涨，其空间溢出效应也显著为正，本地区房价的上涨也会促进相邻城市房价的上涨；（3）中介效应模型分析结果表明，财政不平衡提高了保障房用地供给规模，降低了商品房用地的供给比例，进而促进了房价的上涨。

基于上述结论，本章提出以下政策建议：（1）地方政府财政不平衡对房价具有显著的影响，房地产市场的改革需要地方财政体制改革等措施的互相配合，因此，需要进一步完善和深化中央与地方政府之间的财税分配制度改革，在总体税率保持稳定的前提下，提高地方政府税收收入份额和财政自由支配权力，激发社会活力，党的十九大报告中也明确提出要加快建立现代财政制度，促进地方政府财权与事权相互匹配，财政收支结构更加合理化，区域之间的财政分配更加均衡；（2）财政不平衡会通过影响保障房用地供给影响房价，因此，需要建立完善的多主体供给、多渠道保障的保障房供给制度，稳定房价，保障民生。

第四篇

城镇化进程中的环境问题研究

城镇化是一把"双刃剑"。一方面,城镇化极大地改善了居民的生活和工作条件以及配套的基础设施和公共服务水平;另一方面,城镇化也带来了一些负面影响,包括交通拥堵、温室气体排放、空气污染、饮用水安全等问题,严重影响居民的生命健康。尤其是二氧化碳排放导致的全球气候变暖和北极冰川融化,由此引发的一系列自然灾害给全球人民带来了巨大的经济损失和生命健康风险。而城市空间的蔓延所带来的交通拥堵和私家车广泛使用则带来了空气污染问题,尤其是2012年以来中国爆发了大规模的雾霾污染,严重威胁人们的健康。因此,我们必须重新审视和评估中国的城镇化进程所产生的碳排放和空气污染的程度如何,分析哪些因素是导致碳排放和空气污染增加的关键驱动因素,从而为节能减排降霾提供思路借鉴和参考。本篇重点关注以下内容:(1)中国碳排放的分省贡献和归因分析;(2)中国城镇和农村居民碳排放的测度和比较分析;(3)城镇化和房地产投资对碳排放的影响研究;(4)城镇化进程中的工业和建筑业碳排放测算与因素分解;(5)交通基础设施和城市蔓延对雾霾污染的影响。

第 13 章

城镇化进程中碳排放的分省贡献研究*

13.1 研究背景

中国是世界上碳排放量较高的国家之一，2019 年的排放量占全球总量近 30%[①]。因此，减少中国的二氧化碳排放量将会对缓解全球气候变暖做出重要贡献。2014 年中美双方共同发表了《中美气候变化联合声明》，中方承诺 2030 年碳排放达到峰值且将努力早日达峰。很显然中国已经履行了承诺。学者对中国碳排放量的估算表明，中国年度碳排放量呈现出逐年下降的趋势。然而，值得思考和探究的问题是：哪些原因导致了中国碳排放的减少？这些因素的相对重要性如何？以及这些因素导致的碳排放下降是否可以持续甚至加速下降？特别是，如果中国的碳排放减少主要是由于经济活动放缓而引起的，那么新的经济增长可能会导致碳排放的增加并抵消之前的碳排放减少，从而进一步导致总体碳排放量的增加。因此，我们非常有必要对中国碳排放的驱动因素进行因素分解。

城镇化一直被认为是影响碳排放的重要驱动因素。总体而言，城镇化通过影响人口集聚、居民消费升级、产业结构转换进而影响碳排放（Zha D. L. et al., 2010）。学者们做了大量的理论分析与实证检验工作。在实证检验方面，目前主要有三种方法。第一种是回归分析方法。学者们普遍采用传统的 STIRPAT 模型或者其扩展模型实证检验了城镇化对碳排放的影响（杨骞、刘华军，2012；孙昌龙等，2013；李卫东、余晶晶，2017；韩峰、谢锐，2017）。王泳璇、王宪恩（2016）将城镇化率作为门限变量，构建多个不同视角的门限 STIRPAT 扩展模型，深入分析城镇化水平处于不同阶段时，居民生活能源消费碳排放所受影响的差异性。林美顺（2016）则采用联立方程模型系统研究了城镇化、碳排放与经济增长之间的相互影响机制，评估

---

* 本章内容部分来自范建双等发表在 *Journal of Cleaner Production* 上的成果（Jianshuang Fan, Lin Zhou. Impact of urbanization and real estate investment on carbon emissions: evidence from China's provincial regions [J]. Journal of Cleaner Production, 2019 (209): 309-323）。

① 数据来自 Our world in Data 网站。

了不同时段的减排收益与成本。第二种方法是建立因果分析模型，通过统计协整检验或者格兰杰因果检验来检验两者之间的互动关系（林伯强、刘希颖，2010；关海玲等，2013；周葵、戴小文，2013）。第三种是因素分解方法。目前主要以 Divisia 指数分解法为主，如赵冬琳、李天宏（2013）采用对数平均 Divisia 指数（LMDI）分解法对中国和分省的碳排放量进行了因素分解，分析了城镇化过程中碳排放的地区差异及影响因素；涂正革、谌仁俊（2013）采用 LMDI "两层完全分解法"分析了分省和分部门的城镇化和工业化对中国碳排放的影响；朱勤、魏涛远（2013），张乐勤（2015）采用 Kaya 恒等式和 LMDI 分解方法分析了城镇化对全国和安徽省碳排放的贡献。王芳、周兴（2012）则结合 Kaya 恒等式和计量模型，实证检验了人口结构和城镇化对碳排放的影响。

上述三种方法中，回归分析法应用广泛，但是需要事先设定函数形式。因果分析法主要考察两者之间的互动机制。但是回归分析法和因果分析法均无法检验各省的城镇化对中国整体碳排放的影响。而因素分解法既能够分析城镇化等变量对碳排放的影响，又能够分析各省和各部门的相关变量对全国整体碳排放的影响。在我国现有的制度安排下，全国的碳减排目标都是分解到各行政区的，通过各行政区的产业升级等来实现。因此，系统考察全国碳排放量变化中的分地区贡献，可以为更好地实现全国总体减排目标提供有价值的参考。同时，已有采用因素分解法研究城镇化对碳排放影响的文献中均没有考虑房地产投资的影响。理论上来讲，房地产投资本身会对碳排放变化产生影响，需要将其纳入研究框架。因此，本章把分省碳排放指标与全国碳排放指标纳入同一个模型框架中，利用 1997~2015 年的省级面板数据，系统检验各省份不同因素变化对全国碳减排的贡献。

13.2　中国碳排放量的分省因素分解

关于碳排放的因素分解，从研究对象的角度主要有三个层面：碳排放量、碳排放强度和全要素碳排放绩效。对于全要素碳排放绩效的因素分解，主要采用生产分解法（PDA），即针对全要素生产率进行因素分解；碳排放量和碳排放强度的因素分解为单要素因素分解。对于单要素的因素分解，目前主要有结构分解法（SDA）和指数分解法（IDA）。SDA 是以投入产出模型为基础的一种比较静态分析法，需要利用投入产出表中的数据，难以进行连续的时间序列比较分析，只能进行加法分解，分解结果偏差大（张晓梅、庄贵阳，2015）。目前的单因素分解更多地采用 IDA 方法。而 IDA 方法中最受学者青睐的是对数平均 Divisia 指数分解法（LMDI），是由于该方法理论基础成熟，对数据能进行有效和简洁的技术处理。采用 LMDI 方法的相关文献大多集中在按行业进行因素分解，近些年按照区域进行分解的文献不断涌现。根据研究视角的不同，目前采用 LMDI 方法按区域进行因素分解主要有两种思路：

一种是仅针对某一区域的碳排放指标分解为该区域的相关变量驱动因素，或者尽管分析的多个区域的碳排放分解因素，也是在单个区域分析的基础上汇总后分析一些共性规律和差异性（Zhang et al.，2011；Liu et al.，2012；邓吉祥等，2014）；另一种是将区域（如省域）和整体（如全国）两个层次统一在同一个模型框架下，第一个层次是把整体的碳排放指标分解为区域层面的影响，第二个层次是进一步将区域层面的影响分解为各区域相关变量对整体碳排放指标的影响（Tan et al.，2011；王锋等，2013；林伯强、杜克锐，2014）。本章将沿用第二种分解思路，不同于已有研究，本章重点从城镇化和房地产投资的双重视角来分析各省份相关变量对全国碳排放的影响机制。LMDI 因素分解方法目前可按照以下三个维度展开。第一个维度是按照所采用分解因素权重函数的不同进行分类，分为 LMDI-I 和 LMDI-II 两种方法。其中，LMDI-I 方法中权重采用的是 Montgomery-Vartia 指数，而 LMDI-II 方法中权重采用的是 Sato-Vartia 指数；第二个维度是按照分解方式不同分为加法分解和乘法分解；第三个维度是按照被分解对象分为数量指标分解（如碳排放量）和强度指标分解（如碳排放强度）。本章将采用乘积式对数平均迪式指数模型（M-LMDI）对碳排放量指标进行因素分解，并将中国的碳排放分为 30 个省份①的 4 个变量乘积之和的形式：

$$C(t) = \sum_{i=1}^{30} C_i(t) = \sum_{i=1}^{30} \frac{C_i(t)}{R_i(t)} \cdot \frac{R_i(t)}{U_i(t)} \cdot \frac{U_i(t)}{P_i(t)} \cdot P_i(t) \qquad (13-1)$$

式（13-1）可以进一步简化为：

$$C(t) = \sum_{i=1}^{30} CR_i(t) \cdot RU_i(t) \cdot UP_i(t) \cdot P_i(t) \qquad (13-2)$$

式（13-1）和式（13-2）中各变量的含义见表 13-1。其中，$i = 1, 2, \cdots, 30$ 分别表示 30 个省份，t 表示时间。

表 13-1　　　　　　　　　模型中各变量的含义

变量	含义	变量	含义
$C(t)$	t 时期全国碳排放量	$CR_i(t)$	t 时期 i 省份单位房地产投资的碳排放强度
$C_i(t)$	t 时期 i 省份碳排放量	$RU_i(t)$	t 时期 i 省份的城镇人均房地产投资
$R_i(t)$	t 时期 i 省份房地产开发投资额	$UP_i(t)$	t 时期 i 省份的城镇化率
$U_i(t)$	t 时期 i 省份城镇人口数量	M-LMDI-I	乘积式对数平均迪式指数分解方法 I
$P_i(t)$	t 时期 i 省份总人口	M-LMDI-II	乘积式对数平均迪式指数分解方法 II

13.2.1　单时段因素分解

通过 M-LMDI 因素分解，相邻两个单时段 $[t-1, t]$ 的碳排放量变化的分解公式可以表达为：

---

① 由于西藏数据缺失严重，故予以剔除。

$$\frac{C(t)}{C(t-1)} = \sum_{i=1}^{30} \frac{CR_i(t)}{CR_i(t-1)} \cdot \frac{RU_i(t)}{RU_i(t-1)} \cdot \frac{UP_i(t)}{UP_i(t-1)} \cdot \frac{P_i(t)}{P_i(t-1)} \quad (13-3)$$

其中，$CR_i(t)/CR_i(t-1)$ 表示 i 省份的单位房地产投资碳排放强度指数；$RU_i(t)/RU_i(t-1)$ 表示 i 省份的城镇人均房地产投资指数；$UP_i(t)/UP_i(t-1)$ 表示 i 省份的城镇化率指数；$P_i(t)/P_i(t-1)$ 表示 i 省份的总人口指数。式（13-3）右端可以通过分省数据和适合的权重函数来求取。进一步按照王锋等（2013）的模型推导程序，可以得到包含每个省份碳排放量的四因素分解模型：

$$\ln \frac{C(t)}{C(t-1)} = \sum_{i=1}^{30} W_i(t_t^*) \left[\ln \frac{CR_i(t)}{CR_i(t-1)} + \ln \frac{RU_i(t)}{RU_i(t-1)} \right.$$
$$\left. + \ln \frac{UP_i(t)}{UP_i(t-1)} + \ln \frac{P_i(t)}{P_i(t-1)} \right] \quad (13-4)$$

其中，$W_i(t_t^*)$ 是权重函数 $W_i(t) = C_i(t)/C(t)$ 在时刻 $t_t^* \in (t-1, t)$ 的函数值。式（13-4）表示中国的碳排放量在 t 时期相对于 $t-1$ 时期的变动情况，并且可以分解为30个省份的4种因素变动的加权平均值之和。$W_i(t_t^*)$ 可以运用下列的对数平均函数求取：

$$L(x,y) = \begin{cases} (x-y)/(\ln x - \ln y), x \neq y \\ x, x = y \\ 0, x = y = 0 \end{cases} \quad (13-5)$$

根据上述对数平均函数，对应 M-LMDI-Ⅰ 方法中权重确定所采用的 Montgomery-Vartia 指数（$W_i^{M-V}(t_t^*)$）和 M-LMDI-Ⅱ 方法采用的 Sato-Vartia 指数（$W_i^{S-V}(t_t^*)$）可以分别表示为：

$$W_i^{M-V}(t_t^*) \cong L[C_i(t), C_i(t-1)]/L[C(t), C(t-1)] \quad (13-6)$$

$$W_i^{S-V}(t_t^*) \cong \frac{L[C_i(t)/C(t), C_i(t-1)/C(t-1)]}{\sum_{i=1}^{29} L[C_i(t)/C(t), C_i(t-1)/C(t-1)]} \quad (13-7)$$

13.2.2 多时段因素分解

通过对单时段因素分解进行扩展，多时段的碳排放因素分解可以定义为：

$$\frac{C(t)}{C(0)} = \prod_{k=1}^{t} \frac{C(k)}{C(k-1)} = \prod_{k=1}^{t} \left[\frac{CR(k)}{CR(k-1)} \cdot \frac{RU(k)}{RU(k-1)} \cdot \frac{UP(k)}{UP(k-1)} \cdot \frac{P(k)}{P(k-1)} \right]$$
$$= \prod_{k=1}^{t} \frac{CR(k)}{CR(k-1)} \cdot \prod_{k=1}^{t} \frac{RU(k)}{RU(k-1)} \cdot \prod_{k=1}^{t} \frac{UP(k)}{UP(k-1)} \cdot \prod_{k=1}^{t} \frac{P(k)}{P(k-1)}$$
$$= \frac{CR(t)}{CR(0)} \cdot \frac{RU(t)}{RU(0)} \cdot \frac{UP(t)}{UP(0)} \cdot \frac{P(t)}{P(0)} \quad (13-8)$$

根据式（13-4）依次递推可以得到 t 时刻与基期 0 时刻相比的分解模型：

$$\ln \frac{C(t)}{C(0)} = \sum_{k=1}^{t} \sum_{i=1}^{30} W_i(t_k^*) \left[\ln \frac{CR_i(k)}{CR_i(k-1)} + \ln \frac{RU_i(k)}{RU_i(k-1)} \right.$$

$$+ \ln\frac{UP_i(k)}{UP_i(k-1)} + \ln\frac{P_i(k)}{P_i(k-1)}\Big] \tag{13-9}$$

式（13-9）表示中国的碳排放量在 t 时刻相对于基期的变化可以分解为 t 个时期内的 30 个省份的 4 类因素变动的加权平均值之和。类似地，权重函数 $W_i(t_k^*)$ 在 M-LMDI-Ⅰ方法和 M-LMDI-Ⅱ方法中可以分别表达为：

$$W_i^{M-V}(t_k^*) \cong L[C_i(k), C_i(k-1)]/L[C(k), C(k-1)] \tag{13-10}$$

$$W_i^{S-V}(t_k^*) \cong \frac{L[C_i(k)/C(k), C_i(k-1)/C(k-1)]}{\sum_{i=1}^{29} L[C_i(k)/C(k), C_i(k-1)/C(k-1)]} \tag{13-11}$$

13.3 碳排放驱动因素的归因分析

以 M-LMDI 分解结果为基础，本章进一步对我国碳排放量进行归因分析，从而计算各省份对各因素影响效应的贡献大小。

13.3.1 单时段归因分析

根据崔基宏和洪铭（Ki-Hong Choi and B. W. Ang，2012）提出的归因分析方法，以城镇化为例，可以得到相邻两个单时段 $[t-1, t]$ 各省份对城镇化率（UP）指数的贡献值如下：

$$\frac{UP(t)}{UP(t-1)} - 1 = \sum_{i=1}^{30} r_i \left(\frac{UP_i(t)}{UP_i(t-1)} - 1 \right) \tag{13-12}$$

其中，r_i 表示各省份的权重，其计算公式如下：

$$r_i = \frac{\dfrac{W_i}{L\Big[UP_i(t), UP_i(t-1)\dfrac{UP(t)}{UP(t-1)}\Big]}UP_i(t-1)}{\sum_{n=1}^{30}\dfrac{W_n}{L\Big[UP_n(t), UP_n(t-1)\dfrac{UP(t)}{UP(t-1)}\Big]}UP_n(t-1)} \tag{13-13}$$

同理，各省份对城镇人均房地产投资（RU）指数、单位房地产投资碳排放强度（CR）指数和总人口（P）指数的贡献值可以分别表示为：

$$\frac{RU(t)}{RU(t-1)} - 1 = \sum_{i=1}^{30} \frac{\dfrac{W_i}{L\Big[RU_i(t), RU_i(t-1)\dfrac{RU(t)}{RU(t-1)}\Big]}RU_i(t-1)}{\sum_{n=1}^{30}\dfrac{W_n}{L\Big[RU_n(t), RU_n(t-1)\dfrac{RU(t)}{RU(t-1)}\Big]}RU_n(t-1)} \left[\frac{RU_i(t)}{RU_i(t-1)} - 1\right]$$

$$\tag{13-14}$$

$$\frac{CR(t)}{CR(t-1)}-1=\sum_{i=1}^{30}\frac{\dfrac{W_i}{L\left[CR_i(t),CR_i(t-1)\dfrac{CR(t)}{CR(t-1)}\right]}CR_i(t-1)}{\sum_{n=1}^{30}\dfrac{W_n}{L\left[CR_n(t),CR_n(t-1)\dfrac{CR(t)}{CR(t-1)}\right]}CR_n(t-1)}\left[\frac{CR_i(t)}{CR_i(t-1)}-1\right]$$

(13-15)

$$\frac{P(t)}{P(t-1)}-1=\sum_{i=1}^{30}\frac{\dfrac{W_i}{L\left[P_i(t),P_i(t-1)\dfrac{P(t)}{P(t-1)}\right]}P_i(t-1)}{\sum_{n=1}^{30}\dfrac{W_n}{L\left[P_n(t),P_n(t-1)\dfrac{P(t)}{P(t-1)}\right]}P_n(t-1)}\left[\frac{P_i(t)}{P_i(t-1)}-1\right]$$

(13-16)

M-LMDI-Ⅰ方法中的权重 Montgomery-Vartia 指数不是真正的几何平均指数，因为权重加总求和并不等于总量，尽管大多数情况下会比较接近，而 M-LMDI-Ⅱ方法中的权重 Sato-Vartia 指数不存在该问题（Ki-Hong Choi and B. W. Ang，2012），因此，归因分析中的权重函数 W_i 和 W_n 均采用 Sato-Vartia 指数。

13.3.2 多时段归因分析

根据式（13-8）的链式累计乘积式算法，$[0,t]$ 时段各省份对城镇化率指数的贡献值如下：

$$\frac{UP(t)}{UP(0)}-1=\frac{UP(t)}{UP(0)}-\frac{UP(0)}{UP(0)}=\sum_{k=1}^{t}\frac{UP(k-1)}{UP(0)}\left[\frac{UP(k)}{UP(k-1)}-1\right] \quad (13-17)$$

将式（13-12）代入式（13-17），可以得到 t 时期相对于基期的各省份对城镇化率指数变化的贡献：

$$\frac{UP(t)}{UP(0)}-1=\sum_{k=1}^{t}\frac{UP(k-1)}{UP(0)}\left[\frac{UP(k)}{UP(k-1)}-1\right]$$

$$=\sum_{i=1}^{30}\sum_{k=1}^{t}\frac{UP(k-1)}{UP(0)}r_i\left[\frac{UP_i(k)}{UP_i(k-1)}-1\right] \quad (13-18)$$

其中，$UP(k-1)/UP(0)\times r_i\times[UP_i(k)/UP_i(k-1)-1]$ 的取值是省份 i 以 $t=0$ 为基期在时间段 $[t-1,t]$ 对城镇化率指数影响效应的贡献值。同理，可计算得到各省对城镇人均房地产投资指数、单位房地产投资碳排放强度指数和总人口指数影响效应的贡献值如下：

$$\frac{RU(t)}{RU(0)}-1=\sum_{k=1}^{t}\frac{RU(k-1)}{RU(0)}\left[\frac{RU(k)}{RU(k-1)}-1\right]$$

$$=\sum_{i=1}^{30}\sum_{k=1}^{t}\frac{RU(k-1)}{RU(0)}r_i\left[\frac{RU_i(k)}{RU_i(k-1)}-1\right] \quad (13-19)$$

$$\frac{CR(t)}{CR(0)} - 1 = \sum_{k=1}^{t} \frac{CR(k-1)}{CR(0)}\left[\frac{CR(k)}{CR(k-1)} - 1\right]$$

$$= \sum_{i=1}^{30} \sum_{k=1}^{t} \frac{CR_i(k-1)}{CR(0)} r_i \left[\frac{CR_i(k)}{CR_i(k-1)} - 1\right] \quad (13-20)$$

$$\frac{P(t)}{P(0)} - 1 = \sum_{k=1}^{t} \frac{P(k-1)}{P(0)}\left[\frac{P(k)}{P(k-1)} - 1\right]$$

$$= \sum_{i=1}^{30} \sum_{k=1}^{t} \frac{P_i(k-1)}{P(0)} r_i \left[\frac{P_i(k)}{P_i(k-1)} - 1\right] \quad (13-21)$$

13.4 实证测度与结果分析

本章进一步采用中国 30 个省份（西藏地区数据严重缺失予以剔除）1997～2015 年的面板数据对碳排放量进行实证检验。原始数据均来自官方统计数据。

13.4.1 数据来源与处理

（1）各省份碳排放量的估算。中国的碳排放主要来自能源消耗和工业生产。但是目前并没有官方的统计数据披露。工业生产过程的碳排放量较难估算，目前大多数学者仅是对能源消耗产生的碳排放量进行间接估算。因此，本章同样仅根据《中国能源统计年鉴》地区平衡表中提供的 20 类能源的终端消费实物量来对碳排放进行估算。由于 20 类能源既包括原煤、天然气、石油等 18 类化石燃料，又包括电力和热力的二次能源。因此，本章将采用如下公式对中国能源消费碳排放进行测算。

$$C^k = \sum_{j=1}^{18} C_j^k + C_e^k + C_h^k = \sum_{j=1}^{18} (E_j^k \times O_j^k \times LCV_j^k \times CF_j^k) + E_e^k \times \delta_e^k + E_h^k \times \delta_h^k \quad (13-22)$$

其中，C^k 表示第 k 省份的能源消费碳排放总量；C_j^k 表示第 k 省份第 j 种化石能源消费碳排放量；$j=1, 2, \cdots, 18$，指 18 类化石能源类型；C_e^k 和 C_h^k 分别表示第 k 省份电力和热力的二次能源消费产生的碳排放量；E_j^k 表示第 k 省份第 j 类化石能源终端消耗量；O_j^k 表示第 j 类化石能源的碳氧化率；CF_j^k 表示第 j 类化石能源的碳排放因子；LCV_j^k 表示第 j 类化石能源的平均低位热值；E_e^k 表示第 k 省份的电力消费量；E_h^k 表示热力消费量；δ_e^k 表示第 k 省份电力消费的碳排放系数；δ_h^k 表示第 k 省份热力消费的碳排放系数。借助公式（13-22）可以估算出 30 个省份 1997～2015 年的能源消耗碳排放量。各类能源的碳排放因子（假设各类化石燃料的碳排放因子固定不变，不会因为地区和时期而改变）和碳排放系数参见附录中附表 1、附表 2 和附表 3。

(2) 其他数据的来源与处理。除了碳排放量以外，本书中还将用到城镇化率和房地产投资的数据。其中，城镇化率用城镇人口占总人口数量的比重来衡量，数据源于《中国统计年鉴》；房地产开发投资额数据摘自《中国统计年鉴》。考虑到数据的可比性，房地产开发投资数据采用 GDP 价格指数以 1990 年为基期进行了价格调整。

13.4.2 碳排放量的乘积式 LMDI 因素分解

使用 M-LMDI 乘法分解模型，将 30 个省份 1997~2015 年的碳排放量分解为房地产投资碳排放强度、城镇人均房地产投资、城镇化率、总人口四个影响因子，分别以单时段（上一年为基期）和多时段（1997 年为基期），给出全国碳排放量及其分解因素影响效应变化结果，见表 13-2、图 13-1 和图 13-2。表 13-2 中同时展示了单时段和多时段的因素分解结果。在两类分解模型中，碳排放量（C）变动可以有效分解为单位房地产投资的碳排放强度（CR）变动、城镇人均房地产投资（RU）变动、城镇化率（UP）变动和总人口（P）变动。

表 13-2　1998~2015 年中国整体碳排放量变化的 M-LMDI 乘法因素分解

年份	单时段分析（上一年为基期）					多时段分析（1997 年为基期）				
	C 变动	CR 变动	RU 变动	UP 变动	P 变动	C 变动	CR 变动	RU 变动	UP 变动	P 变动
1998	0.0370	-0.0541	0.0664	0.0169	0.0078	0.0370	-0.0541	0.0664	0.0169	0.0078
1999	-0.0048	-0.0892	0.0478	0.0287	0.0079	0.0321	-0.1433	0.1142	0.0455	0.0157
2000	0.0630	-0.0284	-0.1347	0.2105	0.0155	0.0951	-0.1717	-0.0205	0.2561	0.0312
2001	0.0672	-0.0239	0.0562	0.0293	0.0057	0.1623	-0.1956	0.0357	0.2853	0.0369
2002	0.0679	-0.0339	0.0597	0.0358	0.0063	0.2302	-0.2295	0.0954	0.3211	0.0432
2003	0.1118	-0.0025	0.0790	0.0291	0.0062	0.3420	-0.2320	0.1744	0.3502	0.0494
2004	0.1228	-0.0052	0.0753	0.0373	0.0154	0.4649	-0.2372	0.2497	0.3876	0.0648
2005	0.1739	0.0502	0.0789	0.0443	0.0006	0.6388	-0.1871	0.3286	0.4319	0.0654
2006	0.1102	-0.0158	0.0906	0.0263	0.0091	0.7490	-0.2029	0.4192	0.4582	0.0744
2007	0.1042	-0.0322	0.1044	0.0232	0.0087	0.8532	-0.2350	0.5237	0.4814	0.0832
2008	0.0695	-0.0446	0.0804	0.0244	0.0093	0.9227	-0.2796	0.6041	0.5058	0.0925
2009	0.0623	-0.0483	0.0819	0.0200	0.0087	0.9850	-0.3279	0.6860	0.5258	0.1012
2010	0.0544	-0.0702	0.0665	0.0469	0.0112	1.0394	-0.3981	0.7525	0.5726	0.1124
2011	0.1160	0.0016	0.0845	0.0243	0.0055	1.1554	-0.3965	0.8370	0.5970	0.1180
2012	0.0500	-0.0505	0.0691	0.0256	0.0057	1.2054	-0.4470	0.9061	0.6226	0.1237
2013	-0.0018	-0.0930	0.0645	0.0212	0.0055	1.2036	-0.5400	0.9705	0.6438	0.1292
2014	0.0474	-0.0315	0.0533	0.0200	0.0055	1.2510	-0.5714	1.0238	0.6639	0.1347
2015	0.0160	-0.0579	0.0448	0.0231	0.0060	1.2670	-0.6294	1.0687	0.6870	0.1407

从单时段分解结果可以看出，1997~2005 年中国碳排放量变动呈现逐年上升的趋势，在 2005 年达到最高点以后，2006~2015 年呈现波动的下降趋势（如图 13-1

所示）。这与 2005 年后颁布的环境政策有关。特别是自"十二五"以来，各地方政府相继颁布了一系列政策和法律，指导全国范围内的节能减排工作。1997～2015 年 30 个省份每年总人口变动（年均变化率 0.78%）引起的碳排放变化不大，CR 变动（年均变化率 -3.50%）、RU 变动（年均变化率 5.94%）和城镇化率变动（年均变化率 3.82%）是引起碳排放量变化的主要原因，其中 CR 的下降有利于碳排放的减少，而 RU 的增加和城镇化率的提升会导致碳排放的增加（见表 13-2）。从各年的 CR 来看，虽有小幅的下降，但是始终处于波动状态。除 2003 年和 2005 年以外，CR 变化值均为负。这意味着在研究期间，单位房地产投资的碳强度对碳排放具有促减作用，这是因为中国政府在促进绿色住房方面取得了丰硕的成果。房地产行业绿色建材的推广和应用以及节能减排技术的发展，使得单位房地产投资产生的碳排放量不断减少。除 2000 年外，其余年份的 RU 变动值均为正，在研究期内 UP 变动和 P 变动均为正，这意味着 RU 变动、UP 变动和 P 变动是碳排放增长的主要贡献。结果证实，城镇化将增加碳排放，这与吴宇哲等（Wu et al., 2016）的结果一致。一种可能的解释是，随着城镇化进程中人口不断向城镇集聚，中国城市尤其是大城市的发展呈现出无序扩张和蔓延。这将不可避免地导致交通拥堵和汽车使用的增加，从而加剧碳排放。从分解因子的贡献来看，P 变动（0.75%）的贡献小于 RU 变动（5.94%）和 UP 变动（3.84%），而 CR 变动（-5.29%）阻碍了碳排放的增长，如图 13-1 所示。

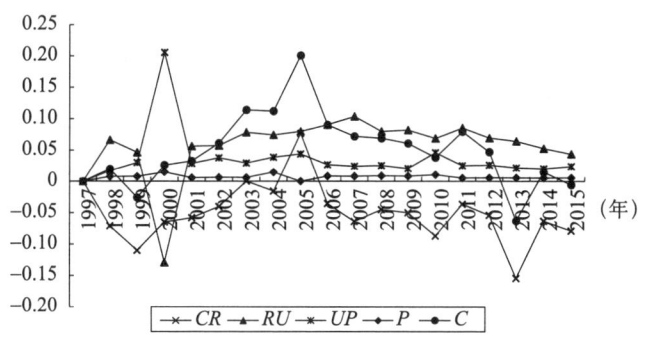

图 13-1　1997～2015 中国碳排放量 M-LMDI 乘法分解结果（上一年为基期）

多时段分解结果表明，1997～2015 年国内 30 个省份（不包括西藏）碳排放量增加了 126.70%，呈现逐年上升的趋势，其中城镇人均房地产投资变动是碳排放量增长的主要贡献因素，导致碳排放量增加 106.87%，2007 年以后其对碳排放的影响超过了城镇化率变动，房地产投资作为经济增长的外生要素，不仅带动了住宅和商业地产的开发建设，同时也带动了上下游产业的发展，如建筑业、建材家装业、钢铁、水泥等产业，而这些产业的生产活动均会产生大量的碳排放。其次是城镇化率，导致碳排量增加 68.70%，城镇化进程通过改变土地利用结构、产业结构、人口迁移、城镇地域空间拓展与基础设施建设增加而影响居民的出行方式、产业集聚方式和交通运输方式，进而对碳排放产生影响。城镇化进程中大规模的城市建设和基础设施建设会引起人口和产业的大规模集聚，催生出大量的需求，包括生产、生活和交通等基础设施和住房等的需求，导致能源消费增加，产生大量的碳排放。人口规模变动对碳排放增加的影响较小，累计使碳排放增加了14.07%。一方面，人口的集聚会带来能源消耗需求的增加；但另一方面，人口的集聚也是人力资本集聚的过程，人力资本的集聚通过学习效应、模仿效应和知识溢出效应促进了技术创新水平的提高，技术创新的产生意味着生产效率的提高和能源使用效率的提高，从而降低碳排放，进而在一定程度上抵消了能源消耗增加所引起的碳排放增加。房地产投资碳排放强度有助于减少碳排放，使碳排放量减少了62.94%，这说明房地产碳排放强度的下降有利于减少碳排放，房地产投资中绿色建筑材料和绿色技术的投资逐渐增加，绿色建筑的发展在节能减排方面具有很大的潜力。

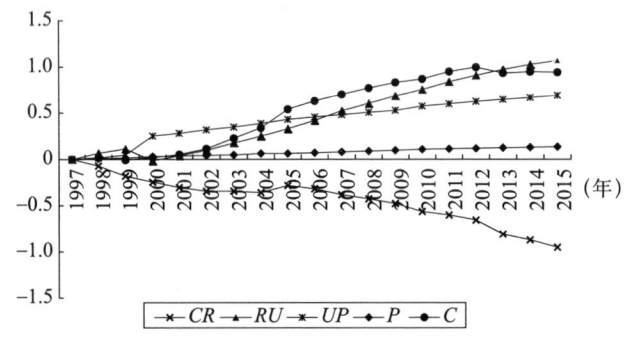

13-2 1997~2015年中国多时段碳排放量 M-LMDI 乘法分解结果（1997年为基期）

从各省份对全国整体碳排放量变动贡献的角度，本章对各省份进行了比较分析（见表13-3）。根据表13-3中最后一列四因素综合影响由低到高进行排序，从排序结果不难发现，对全国碳排放量变动贡献最大的5个省份分别是山东、广东、河北、江苏和河南，其累计影响依次是13.42%、10.06%、9.65%、9.13%和7.40%。对全国碳排放量贡献最小的5个省份依次是海南、宁夏、北京、吉林和天津，其累计贡献率依次是0.6%、1.15%、1.34%、1.71%和1.81%。从四因素的分解结果来看，除了新疆以外，各省的单位房地产投资的碳排放强度（*CR*）变动均为负值，即各省份的 *CR* 变动是全国碳排放量变动的促减因素。其中，*CR* 变动对全国碳排放量变动抑制作用最大的5个省份依次是辽宁、湖北、江苏、广东和山东，其贡献率分别是 -4.72%、-3.81%、-3.62%、-3.60% 和 -3.31%；各省份的城镇人均房地产投资（*RU*）变动取值均为正，即各省份 *RU* 变动均是全国碳排放量变动的促增因素。其中，*RU* 变动对全国碳排放量变动促进作用最大的5个省份依次是山东、辽宁、江苏、内蒙古和广东，其贡献率分别是9.70%、7.29%、7.12%、6.25%和5.88%；各省份的城镇化率（*UP*）变动取值均为正，即各省份 *UP* 变动均是全国碳排放量变动的促增因素。其中，*UP* 变动对全国碳排放量变动促进作用最大的5个省份依次是河北、山东、广东、江苏和浙江，其贡献率分别是7.29%、6.07%、5.43%、4.94%和4.93%；除了云南、贵州和湖北以外，各省份的总人口

（P）变动取值均为正，即大部分省份 P 变动均是全国碳排放量变动的促增因素。其中，P 变动对全国碳排放量变动促进作用最大的5个省份依次是广东、上海、北京、浙江和山东，其贡献率分别是2.35%、1.95%、1.17%、1.0%和0.96%。云南、贵州和湖北的 P 变动对全国碳排放量变动起到了微弱的抑制作用，其贡献率分别是 -0.03%、-0.03%和 -0.01%。

表13-3　2015年各省份四类因素对全国碳排放量的贡献（1997年为基期）　　　单位:%

省份	1997~2015年房地产投资额增速	四因素分解				
		CR变动	RU变动	UP变动	P变动	综合影响
全国	29.08	—	—	—	—	126.70
海南	26.60	-0.01	0.32	0.22	0.07	0.60
宁夏	28.43	-0.03	0.85	0.23	0.10	1.15
北京	25.56	-2.48	2.36	0.28	1.17	1.34
吉林	29.95	-2.99	4.27	0.29	0.15	1.71
天津	45.64	-2.17	2.37	0.69	0.93	1.81
黑龙江	23.50	-2.67	4.42	0.15	0.06	1.96
青海	31.21	-1.35	2.13	1.11	0.08	1.97
重庆	35.76	-1.54	2.29	1.32	0.07	2.13
四川	30.62	-1.54	2.29	1.32	0.07	2.13
新疆	24.10	0.04	1.04	0.79	0.26	2.14
江西	29.49	-0.86	1.90	1.23	0.17	2.43
上海	24.91	-2.83	2.80	0.66	1.95	2.59
云南	24.57	-1.93	1.93	2.78	-0.03	2.74
甘肃	27.00	-1.67	2.40	1.92	0.13	2.79
广西	29.64	-1.02	2.13	1.63	0.08	2.82
陕西	36.17	-1.00	1.24	2.36	0.32	2.92
安徽	29.59	-2.35	2.86	2.50	0.04	3.06
福建	31.40	-0.93	1.69	2.56	0.37	3.69
湖南	29.27	-2.66	4.00	2.38	0.16	3.89
湖北	29.15	-3.81	5.41	2.74	-0.01	4.33
贵州	30.05	-2.96	4.73	2.62	-0.03	4.35
山西	25.85	-3.21	4.65	2.55	0.66	4.66
辽宁	26.52	-4.72	7.29	2.11	0.40	5.08
内蒙古	50.35	-1.67	6.25	1.46	0.26	6.30
浙江	28.54	-1.45	2.42	4.93	1.00	6.90
河南	28.42	-3.12	5.53	4.88	0.12	7.40
江苏	33.67	-3.62	7.12	4.94	0.69	9.13
河北	25.60	-3.16	4.59	7.29	0.94	9.65
广东	30.52	-3.60	5.88	5.43	2.35	10.06
山东	32.69	-3.31	9.70	6.07	0.96	13.42

13.4.3 碳排放量的归因分析

基于 1997～2015 年中国碳排放量的分省 M-LMDI 乘法分解结果，根据式（13-18）～式（13-21）对各分解因素的分省影响效应变化进行归因分析，分解结果以 1997 年为基期，得到 1997～2015 年中国 30 个省份（不包括西藏）对单位房地产投资碳强度（CR）、城镇人均房地产投资（RU）、城镇化率（UP）和总人口（P）四类分解因素变动的累计贡献值，四类因素的归因分析结果见表 13-4～表 13-7。

表 13-4　中国 1997～2015 年房地产投资碳强度的归因分析（1997 年为基期）

省份	1998 年	2000 年	2002 年	2004 年	2006 年	2008 年	2010 年	2012 年	2015 年
北京	-0.0019	-0.0056	-0.0091	-0.0108	-0.0117	-0.0133	-0.0144	-0.0189	-0.0182
天津	-0.0011	-0.0018	-0.0038	-0.0054	-0.0067	-0.0081	-0.0106	-0.0105	-0.0131
河北	-0.0051	-0.0102	-0.0110	-0.0086	-0.0025	-0.0070	-0.0113	-0.0148	-0.0258
山西	-0.0046	-0.0091	-0.0039	-0.0100	-0.0142	-0.0156	-0.0186	-0.0202	-0.0238
内蒙古	-0.0049	-0.0059	-0.0068	-0.0019	-0.0056	-0.0073	-0.0214	-0.0133	-0.0193
辽宁	-0.0076	-0.0080	-0.0176	-0.0204	-0.0214	-0.0243	-0.0263	-0.0292	-0.0333
吉林	-0.0062	-0.0092	-0.0107	-0.0113	-0.0105	-0.0135	-0.0151	-0.0159	-0.0191
黑龙江	-0.0050	-0.0087	-0.0132	-0.0149	-0.0160	-0.0176	-0.0239	-0.0214	-0.0249
上海	-0.0020	-0.0046	-0.0080	-0.0096	-0.0096	-0.0123	-0.0150	-0.0167	-0.0190
江苏	-0.0053	-0.0120	-0.0165	-0.0122	-0.0090	-0.0133	-0.0171	-0.0206	-0.0277
浙江	-0.0006	-0.0023	-0.0011	0.0004	0.0022	-0.0013	-0.0050	-0.0072	-0.0123
安徽	-0.0008	-0.0037	-0.0059	-0.0090	-0.0103	-0.0122	-0.0140	-0.0148	-0.0166
福建	-0.0015	-0.0019	-0.0013	-0.0013	0.0021	0.0003	-0.0016	-0.0041	-0.0082
江西	-0.0015	-0.0037	-0.0040	-0.0036	-0.0037	-0.0048	-0.0053	-0.0059	-0.0069
山东	-0.0001	-0.0085	-0.0119	-0.0113	0.0022	-0.0037	-0.0143	-0.0194	-0.0321
河南	-0.0036	-0.0087	-0.0103	-0.0060	-0.0021	-0.0063	-0.0103	-0.0127	-0.0246
湖北	-0.0038	-0.0071	-0.0115	-0.0125	-0.0126	-0.0149	-0.0167	-0.0184	-0.0264
湖南	-0.0019	-0.0125	-0.0113	-0.0102	-0.0060	-0.0086	-0.0130	-0.0153	-0.0204
广东	-0.0026	-0.0056	-0.0083	-0.0082	-0.0068	-0.0113	-0.0175	-0.0219	-0.0281
广西	-0.0016	-0.0023	-0.0043	-0.0034	-0.0028	-0.0036	-0.0060	-0.0071	-0.0083
海南	0.0167	-0.1348	-0.1348	-0.1339	-0.1350	-0.1348	-0.1349	-0.1349	-0.1347
重庆	0.0048	0.0031	-0.0041	-0.0087	-0.0083	-0.0081	-0.0093	-0.0140	-0.0139
四川	-0.0040	-0.0112	-0.0120	-0.0092	-0.0134	-0.0127	-0.0152	-0.0163	-0.0139
贵州	-0.0006	-0.0036	-0.0032	-0.0020	-0.0040	-0.0082	-0.0102	-0.0105	-0.0217
云南	-0.0022	-0.0042	-0.0032	-0.0086	-0.0026	-0.0037	-0.0053	-0.0068	-0.0137
陕西	-0.0030	-0.0080	-0.0076	-0.0080	-0.0077	-0.0092	-0.0093	-0.0098	-0.0120
甘肃	-0.0018	-0.0030	-0.0060	-0.0054	-0.0060	-0.0066	-0.0078	-0.0081	-0.0122
青海	-0.0003	-0.0004	-0.0012	-0.0008	-0.0005	-0.0004	-0.0003	-0.0003	-0.0099
宁夏	-0.0002	0.0051	0.0025	-0.0049	-0.0029	-0.0036	0.0013	-0.0070	-0.0052

续表

省份	1998年	2000年	2002年	2004年	2006年	2008年	2010年	2012年	2015年
新疆	-0.0002	-0.0023	-0.0035	-0.0041	-0.0032	-0.0038	-0.0026	-0.0007	-0.0134
总计	-0.0527	-0.2905	-0.3438	-0.3562	-0.3285	-0.3895	-0.4711	-0.5166	-0.6588

注：限于篇幅，表中仅列出了部分年份的归因分析结果。
资料来源：作者计算后整理。

表13-5 中国1997~2015年城镇人均房地产投资的归因分析（1997年为基期）

省份	1998年	2000年	2002年	2004年	2006年	2008年	2010年	2012年	2015年
北京	0.0024	0.0060	0.0118	0.0186	0.0223	0.0270	0.0303	0.0334	0.0393
天津	0.0015	0.0007	0.0055	0.0097	0.0155	0.0219	0.0291	0.0375	0.0490
河北	0.0050	-0.0076	-0.0097	-0.0029	0.0096	0.0211	0.0334	0.0497	0.0625
山西	0.0035	0.0032	0.0109	0.0272	0.0370	0.0509	0.0573	0.0712	0.0796
内蒙古	0.0017	0.0048	0.0107	0.0252	0.0490	0.0783	0.1078	0.1450	0.1940
辽宁	0.0045	0.0144	0.0276	0.0443	0.0453	0.0698	0.0968	0.1204	0.1458
吉林	0.0026	0.0071	0.0125	0.0196	0.0316	0.0497	0.0686	0.0895	0.1071
黑龙江	0.0030	0.0106	0.0191	0.0297	0.0414	0.0538	0.0684	0.0800	0.0953
上海	0.0031	0.0098	0.0185	0.0104	0.0148	0.0211	0.0253	0.0310	0.0419
江苏	0.0028	-0.0028	0.0043	0.0160	0.0327	0.0553	0.0705	0.0948	0.1311
浙江	0.0019	-0.0274	-0.0240	-0.0183	-0.0118	-0.0033	0.0010	0.0084	0.0197
安徽	0.0021	-0.0009	0.0016	0.0069	0.0121	0.0184	0.0287	0.0380	0.0497
福建	0.0015	-0.0118	-0.0105	-0.0077	-0.0040	0.0013	0.0043	0.0103	0.0194
江西	0.0006	0.0023	0.0026	0.0055	0.0088	0.0134	0.0192	0.0250	0.0345
山东	0.0076	-0.0085	-0.0003	0.0160	0.0430	0.0755	0.1079	0.1373	0.1747
河南	0.0009	0.0030	0.0063	0.0130	0.0274	0.0414	0.0582	0.0739	0.0937
湖北	0.0028	-0.0016	0.0054	0.0173	0.0299	0.0475	0.0635	0.0823	0.1084
湖南	0.0019	0.0029	0.0060	0.0096	0.0193	0.0305	0.0402	0.0586	0.0738
广东	0.0049	-0.0266	-0.0189	-0.0050	0.0087	0.0267	0.0390	0.0561	0.0822
广西	0.0016	-0.0016	0.0015	0.0033	0.0082	0.0128	0.0225	0.0287	0.0378
海南	0.0005	0.0000	0.0002	0.0006	0.0010	0.0016	0.0025	0.0033	0.0045
重庆	0.0007	0.0027	0.0048	0.0079	0.0112	0.0167	0.0251	0.0337	0.0463
四川	0.0028	0.0059	0.0109	0.0161	0.0249	0.0362	0.0539	0.0748	0.0463
贵州	0.0019	-0.0094	-0.0065	-0.0037	0.0024	0.0089	0.0125	0.0196	0.0945
云南	0.0011	-0.0058	-0.0055	-0.0039	-0.0019	0.0010	0.0053	0.0091	0.0274
陕西	0.0021	-0.0022	0.0001	0.0041	0.0085	0.0152	0.0224	0.0308	0.0150
甘肃	0.0016	0.0049	0.0075	0.0111	0.0152	0.0211	0.0244	0.0312	0.0433
青海	0.0004	0.0012	0.0021	0.0037	0.0056	0.0084	0.0108	0.0147	0.0391
宁夏	0.0003	0.0003	0.0018	0.0023	0.0040	0.0066	0.0096	0.0135	0.0189
新疆	0.0015	0.0045	0.0078	0.0119	0.0146	0.0191	0.0219	0.0312	0.0181
总计	0.0686	-0.0217	0.1040	0.2882	0.5267	0.8478	1.1603	1.5328	1.9930

注：限于篇幅，表中仅列出了部分年份的归因分析结果。
资料来源：作者计算后整理。

表 13-6　中国 1997~2015 年城镇化率的归因分析（1997 年为基期）

省份	1998 年	2000 年	2002 年	2004 年	2006 年	2008 年	2010 年	2012 年	2015 年
北京	0.0002	0.0004	0.0008	0.0011	0.0025	0.0026	0.0029	0.0029	0.0030
天津	0.0001	0.0050	0.0053	0.0058	0.0062	0.0067	0.0074	0.0079	0.0082
河北	0.0014	0.0276	0.0482	0.0635	0.0755	0.0882	0.0991	0.1086	0.1269
山西	0.0005	0.0076	0.0113	0.0139	0.0188	0.0216	0.0255	0.0296	0.0343
内蒙古	0.0006	0.0021	0.0033	0.0047	0.0071	0.0100	0.0135	0.0158	0.0189
辽宁	0.0005	0.0011	0.0022	0.0035	0.0154	0.0166	0.0190	0.0231	0.0250
吉林	0.0002	0.0004	0.0010	0.0014	0.0014	0.0015	0.0017	0.0024	0.0030
黑龙江	0.0001	-0.0016	-0.0012	-0.0011	-0.0007	0.0002	0.0003	0.0007	0.0014
上海	0.0004	0.0012	0.0021	0.0043	0.0064	0.0071	0.0079	0.0078	0.0073
江苏	0.0032	0.0224	0.0284	0.0351	0.0432	0.0486	0.0629	0.0684	0.0766
浙江	0.0015	0.0426	0.0496	0.0546	0.0607	0.0635	0.0732	0.0768	0.0829
安徽	0.0005	0.0093	0.0135	0.0175	0.0218	0.0257	0.0288	0.0326	0.0376
福建	0.0004	0.0183	0.0211	0.0228	0.0252	0.0277	0.0372	0.0405	0.0445
江西	0.0005	0.0017	0.0045	0.0068	0.0088	0.0106	0.0124	0.0148	0.0180
山东	-0.0008	0.0285	0.0389	0.0464	0.0532	0.0586	0.0661	0.0756	0.0911
河南	0.0031	0.0097	0.0165	0.0247	0.0352	0.0461	0.0547	0.0658	0.0784
湖北	0.0010	0.0148	0.0162	0.0179	0.0195	0.0213	0.0274	0.0327	0.0370
湖南	0.0011	0.0060	0.0088	0.0131	0.0178	0.0227	0.0294	0.0291	0.0347
广东	0.0000	0.0428	0.0486	0.0539	0.0620	0.0629	0.0697	0.0723	0.0752
广西	0.0001	0.0066	0.0068	0.0098	0.0125	0.0158	0.0177	0.0212	0.0249
海南	0.0001	0.0014	0.0016	0.0019	0.0020	0.0022	0.0024	0.0027	0.0032
重庆	0.0009	0.0029	0.0052	0.0078	0.0092	0.0111	0.0137	0.0164	0.0189
四川	0.0009	0.0034	0.0058	0.0145	0.0180	0.0215	0.0264	0.0306	0.0189
贵州	0.0000	0.0164	0.0172	0.0213	0.0235	0.0263	0.0332	0.0371	0.0373
云南	0.0004	0.0113	0.0150	0.0178	0.0213	0.0253	0.0284	0.0358	0.0458
陕西	0.0003	0.0091	0.0113	0.0130	0.0157	0.0184	0.0220	0.0267	0.0427
甘肃	0.0002	0.0006	0.0023	0.0044	0.0063	0.0070	0.0098	0.0117	0.0312
青海	0.0000	0.0000	0.0005	0.0006	0.0007	0.0010	0.0018	0.0024	0.0151
宁夏	0.0001	0.0016	0.0024	0.0052	0.0060	0.0067	0.0081	0.0092	0.0028
新疆	-0.0003	-0.0013	-0.0012	-0.0006	0.0008	0.0016	0.0034	0.0040	0.0116
总计	0.0170	0.2920	0.3858	0.4856	0.5962	0.6792	0.8061	0.9052	1.0564

注：限于篇幅，表中仅列出了部分年份的归因分析结果。
资料来源：作者计算后整理。

表 13-7　1997~2015 年中国总人口的归因分析（1997 年为基期）

省份	1998 年	2000 年	2002 年	2004 年	2006 年	2008 年	2010 年	2012 年	2015 年
北京	0.0001	0.0028	0.0040	0.0054	0.0073	0.0099	0.0127	0.0138	0.0149
天津	0.0001	0.0003	0.0004	0.0025	0.0035	0.0053	0.0075	0.0095	0.0120
河北	0.0004	0.0015	0.0022	0.0030	0.0040	0.0050	0.0074	0.0085	0.0100

续表

省份	1998年	2000年	2002年	2004年	2006年	2008年	2010年	2012年	2015年
山西	0.0005	0.0015	0.0022	0.0029	0.0035	0.0039	0.0060	0.0064	0.0071
内蒙古	0.0002	0.0005	0.0006	0.0007	0.0011	0.0015	0.0020	0.0023	0.0027
辽宁	0.0002	0.0009	0.0012	0.0020	0.0027	0.0033	0.0040	0.0042	0.0041
吉林	0.0000	0.0003	0.0005	0.0011	0.0012	0.0013	0.0015	0.0015	0.0015
黑龙江	0.0002	0.0006	0.0007	0.0007	0.0007	0.0007	0.0008	0.0008	0.0006
上海	0.0000	0.0004	0.0008	0.0119	0.0150	0.0191	0.0225	0.0240	0.0246
江苏	0.0003	0.0015	0.0019	0.0031	0.0043	0.0053	0.0063	0.0068	0.0073
浙江	0.0002	0.0021	0.0026	0.0046	0.0062	0.0078	0.0102	0.0105	0.0112
安徽	0.0002	0.0010	0.0015	0.0007	0.0002	0.0003	-0.0004	-0.0003	0.0004
福建	0.0001	0.0008	0.0011	0.0016	0.0020	0.0024	0.0028	0.0033	0.0040
江西	0.0002	0.0000	0.0003	0.0006	0.0008	0.0010	0.0013	0.0015	0.0017
山东	0.0004	0.0017	0.0024	0.0033	0.0046	0.0058	0.0076	0.0086	0.0102
河南	0.0004	0.0014	0.0021	0.0027	0.0006	0.0009	0.0007	0.0007	0.0011
湖北	0.0003	0.0007	0.0010	-0.0013	-0.0013	-0.0012	-0.0011	-0.0007	-0.0002
湖南	0.0002	0.0005	0.0009	0.0012	-0.0008	-0.0006	0.0005	0.0009	0.0016
广东	0.0017	0.0072	0.0089	0.0115	0.0147	0.0190	0.0241	0.0255	0.0277
广西	0.0002	0.0005	0.0008	0.0011	0.0004	0.0008	-0.0002	0.0002	0.0007
海南	0.0001	0.0003	0.0003	0.0004	0.0005	0.0005	0.0006	0.0007	0.0008
重庆	0.0000	-0.0002	-0.0005	-0.0006	-0.0005	-0.0004	-0.0001	0.0003	0.0007
四川	0.0003	0.0007	0.0010	-0.0010	-0.0006	-0.0008	-0.0012	-0.0011	0.0007
贵州	0.0004	0.0011	0.0018	0.0023	0.0007	0.0001	-0.0007	-0.0006	-0.0004
云南	0.0003	0.0007	0.0012	0.0016	0.0019	0.0023	0.0026	0.0030	-0.0003
陕西	0.0002	0.0004	0.0006	0.0007	0.0008	0.0009	0.0010	0.0011	0.0035
甘肃	0.0002	0.0005	0.0008	0.0004	0.0005	0.0005	0.0006	0.0007	0.0014
青海	0.0001	0.0002	0.0004	0.0005	0.0006	0.0007	0.0008	0.0009	0.0008
宁夏	0.0001	0.0004	0.0008	0.0012	0.0015	0.0017	0.0020	0.0024	0.0011
新疆	0.0003	0.0015	0.0021	0.0027	0.0036	0.0044	0.0050	0.0056	0.0030
总计	0.0078	0.0319	0.0445	0.0675	0.0793	0.1014	0.1267	0.1408	0.1545

注：限于篇幅，表中仅列出了部分年份的归因分析结果。

资料来源：作者计算后整理。

（1）房地产投资碳排放强度（CR）归因分析。对中国碳排放量的因素分解结果表明，CR变动对中国碳排放量变化起到了一定的抑制作用。表13-4是CR归因分析的结果。从总体来看，CR对碳减排的贡献值呈现出波动中上升的发展态势，CR的累计贡献值从1998年的-0.0527上升到2015年的-0.6588。2015年，这一贡献值排名前五的省份有海南、辽宁、山东、广东、湖北，这5个省份贡献值总和为-0.2545。山东、广东、辽宁、湖北是碳排放大省，其2015年碳排放量在全国的占比分别为9.13%、6.97%、4.77%、3.82%，排名分别为第一、第三、第六、第十，因此，这些省份的CR下降对抑制全国碳排放增长的影响比较大。

从各省份的表现来看，尽管大部分省份对 CR 的贡献值为负，但是也有部分省份在部分年份对 CR 产生了正向影响。例如，浙江省 2004 年和 2006 年对 CR 的贡献值分别为 0.0004 和 0.0022，其他年份则均为负向影响；福建省 2006 年和 2008 年对 CR 的正向贡献值分别为 0.0021 和 0.0003，其他年份则为负向影响；海南省仅有 1998 年为正向影响（贡献值为 0.0167），其他年份均为负向影响；重庆 1998 年和 2000 年对 CR 的贡献值分别为 0.0048 和 0.0031，其他年份均为负向影响；宁夏有 2000 年、2002 年和 2010 年 3 个年份对 CR 有正向影响，其贡献值分别为 0.0051、0.0025 和 0.0013；新疆仅有 2014 年对 CR 有正向影响，其贡献值为 0.0009。从发展趋势来看，大部分省份对 CR 的累计贡献值呈现逐年增长的发展态势。其中，海南省的表现最为突出，除了 1998 年以外，其他年份海南省对全国 CR 的贡献均为最大。尽管海南碳排放量占比最小，2015 年碳排放仅占全国的 0.45%，但其 CR 对减少碳排放的贡献值最大。这说明海南在房地产能源结构调整方面力度比较大，房地产开发技术提升较快。就绿色建筑发展的总体状况而言，海南处于全国的先进水平，房地产技术的提升减少了水泥、钢材等建筑材料以及施工设备运输能耗的消耗，同时建筑材料及施工技术的创新对碳排放的减少起到了极大的推动作用。

(2) 城镇人均房地产投资（RU）的归因分析。表 13-5 是 RU 的归因分析结果，从该表中不难看出，总体而言，除了 2000 年以外，其他年份 RU 均对全国碳排放量变化起到了促进作用，并且呈现出上升的发展态势，其总的累计贡献值从 1998 年的 0.0686 上升到 2015 年的 1.9930。从分省的表现来看，除了部分省份和部分年份以外，大部分省份对 RU 均为正向贡献。值得注意的是，2000 年大部分省份对 RU 的贡献值为负，从而导致了总体贡献值为负。具体而言，出现负值的省份包括河北、江苏、浙江、安徽、福建、山东、湖北、广东、广西、贵州、云南和陕西。其中出现负值最多的省份是浙江省，2000 年、2002 年、2004 年、2006 年和 2008 年 5 个年份的贡献值为负，取值分别为 -0.0274、-0.0240、-0.0183、-0.0118 和 -0.0033，即浙江省在这 5 个年份对 RU 产生了抑制作用，进而降低了碳排放；其次是福建和云南，分别在 2000 年、2002 年、2004 年和 2006 年 4 个年份出现负值；再次是河北、广东和贵州，分别在 2000 年、2002 年和 2004 年 3 个年份出现负值；山东省在 2000 年和 2002 年两个年份出现了负值；江苏、安徽、湖北、广西和陕西 5 个省份在 2000 年出现了负值。从发展趋势来看，各省份的累计贡献率表现出了一定的波动性，总体呈现上升的趋势。

从各省份对 RU 贡献值的大小来看，不同年份表现出了一定的差异性。以 2015 年为例，对 RU 贡献最大的 5 个省份包括内蒙古、山东、辽宁、江苏和湖北，5 个省份碳排放量总和占全国碳排放的 29.38%，RU 增加的碳排放抵消了房地产投资碳排放强度所减少的碳排放，使得其合计影响为正，对碳排放的减少起到了抑制作用。这说明这 5 个省区近年来城镇房地产开发投资力度较大，由于经济处于成长期，城镇化进程主要靠房地产投资拉动，房地产投资带动了上下游产业的发展，如建筑业、建材家装业、钢铁、水泥，而这些产业的生产活动均会产生大量的碳排放，且其房地产开发技术不高，粗放的开放模式更进一步增加了碳排放。其中，内蒙古的房地产投资热还得益于西部大开发战略的实施，优惠的经济政策以及巨大的开发潜力吸引了一大批房地产开发商，使得这些地区的房地产开发成为经济发展的主流，进而带动了这些地区的房地产投资热，对碳排放产生了明显的促增效应。

（3）城镇化率（UP）归因分析。表13-6是UP的归因分析结果，从该表中不难看出，总体而言，1998~2015年的所有年份UP均对全国碳排放量变化起到了促进作用，并且呈现出显著上升的发展态势，其总的累计贡献值从1998年的0.0170上升到2015年的1.0564，即截至2015年，UP对碳排放的累计贡献值已经达到了1.0564。从分省的情况来看，除了黑龙江、山东和新疆以外，其余省份所有年份对RU均为正向贡献。黑龙江在2000年、2002年、2004年和2006年4个年份的贡献值为负，取值分别为-0.0016、-0.0012、-0.0011和-0.0007，即黑龙江省在这4个年份对UP产生了抑制作用，进而降低了碳排放；山东省仅有1998年的贡献值为负，取值为-0.008；新疆在1998年、2000年、2002年和2004年4个年份的贡献值为负，取值分别为-0.0003、-0.0013、-0.0012和-0.0006。

从发展趋势来看，大部分省份对UP的累计贡献值呈现逐年增长的发展态势。其中值得留意的是，河北、山东、浙江和江苏4个省份的累计贡献值在研究期内始终保持较高的比重，全部处于排名前5的水平。山东、浙江、江苏、河北的城镇人均房地产投资的增加促进地区经济的增长和地方财政的增长，而经济和财政增长的资金又大多用于城镇化建设，因此，房地产投资通过提高经济发展而促进城镇化建设，加快城镇化进程，进一步增加了碳排放。另外，建筑材料的主要产地大多集中在东部地区，山东、江苏、浙江的水泥产量位于全国前列，城镇化的发展带动了该产业的发展，因而对碳排放的减少产生了一定的抑制作用。

（4）总人口（P）归因分析。表13-7是P的归因分析结果，从该表中不难看出，总体而言，1998~2015年的所有年份P均对全国碳排放量变化起到了促进作用，并且呈现出显著上升的发展态势，其总的累计贡献值从1998年的0.0078上升到2015年的0.1545，即截至2015年，UP对碳排放的累计贡献值仅为0.1545。说明了P对碳排放增加的总贡献较少。从分省的情况来看，除了部分省份以外，大部分省份在研究期内对P的累计贡献值均为正。累计贡献值出现负值的包括安徽、湖北、湖南、广西、重庆、四川、贵州和云南8个省份。其中，出现负值省份最多的是湖北，2004年、2006年、2008年、2010年、2012年和2015年均出现了负值；其次是重庆和四川，在研究期内有6个年份出现了负值；再次是贵州，在研究期内有2010年、2012年和2015年出现负值，取值分别为-0.0007、-0.0006、-0.0005和-0.0004；安徽在2010年和2012年出现负值，取值分别为-0.0004和-0.0003；广西和云南分别在2010年和2015年出现负值，取值分别为-0.0002和-0.0003。这说明了这些省份总人口变化对碳排放具有微弱的促减作用，这些地区人口流动快，且人口流出较多,自然对能源的需求也会减少,碳排放也自然减少了。

从发展趋势来看,大部分省份对 P 的累计贡献值呈现逐年增长的发展态势。其中,研究期内对 P 贡献较大的省份主要有广东、上海和北京 3 个省份。2015 年 3 个省份对 P 的贡献值分别达到了 0.0277、0.0246 和 0.0149。这 3 个城市均为一线城市,经济较为发达,具有优质的社会资源和良好的就业机会,对人口流动具有强大的吸引力,产生"磁场效应",人口的增加必然催生出大量的需求,包括生产、生活和交通等基础设施和住房方面,导致能源消费增加,进而引起碳排放的增加。

13.5 本章小结[*]

本章为探讨城镇化和房地产投资对碳排放的影响,采用乘积式对数平均迪式指数模型(M-LMDI)和归因分析方法,从分省贡献的角度对中国 1997~2015 年碳排放量的驱动因素进行分解和归因分析。首先,针对全国碳排放量进行四因子分解,将影响碳排放量的因素分解为单位房地产投资的碳排放强度、城镇人均房地产投资、城镇化率和总人口 4 类影响因素。其次,进一步对 4 类影响因素进行了归因分析,重点考察各省份对城镇化和房地产投资影响效应的贡献。进而得出以下结论。

(1)中国 30 个省份(不包括西藏)碳排放量 1997~2015 年累计增加了 126.70%,城镇人均房地产投资是碳排放量增长的主要贡献因素,导致碳排放量增加 106.87%;城镇化率和总人口分别导致碳排放增加 68.70% 和 14.07%;房地产投资碳排放强度对碳排放的增加具有抑制作用,使碳排放量减少了 62.94%。对全国碳排放量变动贡献最大的 5 个省份分别是山东、广东、河北、江苏和河南,其累计影响依次是 13.42%、10.06%、9.65%、9.13% 和 7.40%。对全国碳排放量贡献最小的 5 个省份分别是海南、宁夏、北京、吉林和天津,其累计贡献率依次是 0.6%、1.15%、1.34%、1.71% 和 1.81%。

(2)房地产投资碳排放强度变动对中国碳排放量变化起到了一定的抑制作用,其累计贡献值从 1998 年的 -0.0527 上升到 2015 年的 -0.6588。2015 年的累计贡献值计算结果表明,在抑制碳排放的房地产投资碳排放强度因素中,主要贡献省份有海南、辽宁、山东、广东、湖北。大部分省份对房地产投资碳排放强度的贡献值为负,但是也有部分省份在部分年份对房地产投资碳排放强度产生了正向影响。

(3)城镇人均房地产投资变动对中国碳排放量变化起到了一定的促增作用,其总的累计贡献值从 1998 年的 0.0686 上升到 2015 年的 1.9930。2015 年的累计贡献

---

[*] 本节内容部分来自邵帅等(共同通讯作者)发表在 *Nature Geoscience* 上的成果(Guan Dabo, Meng Jing, Reiner David, Zhang Ning, Shan Yuli, Mi Zhifu, Shao Shuai, Liu Zhu, Zhang Qiang, Davis Steven. Structural Decline in China's CO_2 Emissions through Transitions in Industry and Energy Systems [J]. Nature Geoscience, 2018, 11 (8): 551-555)。

值计算结果表明，内蒙古、山东、辽宁、江苏、湖北是城镇人均房地产投资对碳排放影响的主要贡献省份。除了部分省份和部分年份以外，大部分省份对城镇人均房地产投资均为正向贡献。2000年大部分省份对城镇人均房地产投资的贡献值为负，从而导致了总体贡献值为负。

（4）城镇化率变动对中国碳排放量变化起到了一定的促增作用，其总的累计贡献值从1998年的0.0170上升到2015年的1.0564。2015年的累计贡献值计算结果表明，河北、山东、浙江、河南和江苏是城镇化率对碳排放影响的主要贡献省份。除了黑龙江、山东和新疆以外，其余省份所有年份对城镇化率均为正向贡献。

（5）总人口变动对中国碳排放量变化起到了一定的促增作用，其总的累计贡献值从1998年的0.0078上升到2015年的0.1545。2015年的累计贡献值计算结果表明，上海、广东和北京是总人口对碳排放影响的主要贡献省份。除了部分省份以外，大部分省份在研究期内对总人口的累计贡献值均为正。累计贡献值出现负值的包括安徽、湖北、湖南、广西、重庆、四川、贵州和云南8个省份。

最后，本章针对以上研究结论提出以下节能减排的政策建议。

（1）鉴于山东、广东、河北、江苏和河南是全国碳减排最需要关注的省份，应该对这些省份的产业结构和能源结构进行调整和优化升级，大力扶持第三产业和高新技术产业的发展。各地区应积极推进产业结构优化调整，实现清洁性生产，对以煤为主要能源消费结构的高消耗、高污染、高排放产业进行转型升级，特别是东北、中西部等高度依赖能源的地区，使得产业结构从能源密集型向资本和服务密集型转变。但是这可能会在一定程度上影响经济的增速，例如，1992~1996年实现两位数增长之后，中国经济在东南亚经济危机期间放缓；1998~2001年的平均增速下降到8%，到20世纪中期再次加速；2016年中国的排放量基本持平（−0.4%），所有其他因素保持不变，经济增长略有加快（从2015年的6.7%增加到2016年的7.1%），就会导致排放总量的增加（2016年中国经济增长了6.7%）。

（2）采取一系列措施通过改善产业结构来降低碳排放。2012~2015年，中国淘汰了16个能源密集型产业的过剩产能。例如，燃煤发电能力下降21.1兆瓦，煤炭产量减少520公吨，钢铁加工减少126公吨，水泥减少500公吨。同时，为了改善空气质量和低碳发展，中国政府发布了一系列的政策措施。例如中国政府自2013年以来一直严格限制新建燃煤电厂的发展。空气质量政策还鼓励更有效地使用煤炭，例如逐步淘汰较老的小型燃煤发电厂等。包括近年来中国政府发布了《大气十条》政策，鼓励企业和居民采用"煤改电"和"煤改气"等清洁能源。2015~2017年，尽管政府对燃煤电厂的投资有所下降，但是这个过程受到一定的阻力，由于有些燃煤电厂企业因发电设备价格较高、设备较新而不愿意进行转型。

（3）城镇化率对全国碳排放起到了促增作用，说明现阶段的城镇化建设过于粗放，应该努力提高城镇化质量，着力推进以人为本的城镇化体系，引导农民工从工业部门转向经济服务部发展，遏制城市的无序蔓延，提高城市综合发展实力，努力降低城镇化对碳排放的贡献。

（4）总人口变动对全国碳排放有一定的促增作用，尤其是北京、上海和广东的一线城市，这些城市都比较富裕，更依赖进口煤炭。同时这些城市居民的收入水平较高，更希望能够改善空气质量和健康的生活环境。因此，这些城市的政府和居民更有动力通过改造和关闭旧燃煤锅炉，转向清洁能源，如天然气等。当然，私家车的增长可能导致未来十年排放量的大幅增加。因此，在人口集聚程度非常高的这类一线城市，应该大力发展公共交通和新能源汽车的使用，推行绿色和低碳出行，同时鼓励大城市居民降低高碳排放产品的使用，对低碳产品提供一定的税收优惠政策。

（5）把碳排放减少的目标分解到各个因素和各个省份，根据实际情况，系统考虑各省份碳排放份额及各因素的联动关系，在兼顾公平和效率的原则下，制定各省份节能减排目标，因地制宜开展减排工作。

第 14 章

中国城乡居民生活消费碳排放变化的比较研究

14.1 研究背景

随着科技进步和城镇化进程的加速,人们的生产和生活方式发生了改变,能源消耗结构也发生改变,消耗数量不断增加,给全球碳减排带来了巨大压力。随着家庭能源需求的不断上升,人们开始意识到居民生活消费所引起的直接和间接碳排放已经或者即将成为新的碳排放增长点。在一些城镇化水平较高的发达国家,家庭能源消费已经超过工业部门,成为重要的碳源(李艳梅、张红丽,2016)。随着中国刺激消费和拉动内需政策的进一步实施,我国未来居民消费模式变化引起的能源消耗数量和结构变化必将对碳排放产生越来越重要的影响(朱勤等,2012)。同时,城镇和农村作为承载人类生活和生产的两种不同空间载体,两者之间在诸多方面存在较大差异。而作为在城镇和农村从事生产和生活的主体,居民的消费行为和消费方式也截然不同,从而导致能源消耗结构和数量存在较大差异。随着城镇化进程的加速,不断有农村居民向城镇转移和集聚,这在导致能源消耗结构和数量发生变化的同时,也引起了碳排放的变化。中国的城镇化率已经由 1978 年的 17.92% 增加到 2015 年的 56.10%。城镇人口增加的同时农村人口在不断减少,相应的城镇居民和农村居民生活消费也发生了巨大变化,势必导致生活消费碳排放发生重要变化。同时,考虑到我国不同区域之间的经济发展水平差异较大,因此,从城乡差异的视角考察居民消费碳排放的规模和结构特征,基于历史数据测算各省份相关变量与全国城乡居民消费碳排放之间的数量关系,并对城乡差异进行比较,对于综合权衡城乡和区域间的碳减排目标具有重要的现实意义。

由于发达国家基本完成了城镇化建设,家庭部门是仅次于工业部门的第二大能源消耗主体,因此,早期对于居民消费碳排放的研究更多地集中在这些发达经济体,如美国(Bin and Dowlatahadi,2005)、英国(Michael and Isaac,2015)、丹麦(Jesper Munksgaard et al.,2000;Mette Wier et al.,2001)、西班牙(Rosa Duarte et al.,2010)和希腊(Eleni Papathanasopoulou,2010)。这些文献均认为不同的家庭消费模式和消费水平均会对其碳排放产生影响。也有学者对墨西哥、印度和马来群岛的居民生活消费碳排放进行了分析（Jorge Alberto et al.，2011；Aparna Das and Saikat Kumar Paul，2014；Kazi Sohag et al.，2015）。近年来，针对中国居民生活消费碳排放的相关研究逐渐增多，目前相关的研究主要集中在以下四个方面。

一是将城镇和农村作为整体进行研究。例如，冯蕊等（2011），查建平等（2010），顾鹏、马晓明（2013）采用碳排放系数法分别估算了天津市和全国城乡整体居民生活消费碳排放量；马晓伟等（Ma et al.，2016）采用投入产出法分别对中国和美国的居民生活消费碳排放进行了测度和比较。在对居民生活消费碳排放进行测度的基础上，有学者开始关注其驱动机制，例如，冯真华等（Feng et al.，2011）采用灰关联方法检验了中国城乡整体居民消费对碳排放的影响；李艳梅、张红丽（2016）采用面板数据模型重点考察了城镇化对家庭直接和间接碳排放的影响，并考虑了省际的区域差异。更多的学者采用因素分解方法对城乡整体居民生活消费碳排放的驱动因素进行分析，主要采用指数分解模型（张小洪等，2011；米红等，2016；Yuejun Zhang et al.，2017）和结构分解模型（朱勤等，2012；王雪松等，2016；王会娟、夏炎，2017）两类方法。

二是重点关注城镇居民生活消费碳排放。例如，张艳等（2013）测算了我国287个地级市的城市居民消费碳排放及其空间分布，并探索其影响因素；万文玉等（2016）对我国各省城市居民生活消费碳排放的时空演变特征进行分析，并利用面板数据模型分析了影响城市居民生活能源碳排放的主要因素。

三是将研究视角聚焦到农村地区。例如，田宜水等（2011）采用LEAP模型对中国2020年中国农村居民生活用能需求和碳排放情况进行了情景模拟；陈艳和祝艳丽（Chen and Zhu，2011）对中国农村居民消费的可再生能源产生的碳排放进行了测算；吴刚等（Wu et al.，2012）采用问卷调查和多元线性回归方法对丽江农村居民生活消费碳排放的驱动因素进行了研究。

四是对城乡差异进行比较。例如，黄芳、江可申（2013）研究发现，城镇碳排放总量和人均量均超过农村，且差距越来越大；李艳梅、杨涛（2013）发现城镇的户均直接能源消费和碳排放一直高于农村，但差距正在缩小，原因在于城镇直接能源消费强度下降、直接能源消费结构优化、家庭规模缩小所产生的节能减排效应逐步增大，抵消了人均消费水平提高所产生的增能增排效应；彭水军、张文城（2013）采用投入产出和结构分解方法进行研究，发现居民消费碳排放绝大部分来自城镇居民的消费活动。除了城乡之间碳排放量的差异外，进一步有学者开始关注城乡间碳排放驱动因素的差异。例如，查冬兰和周德群（Zha and Zhou，2010）通过对比研究，发现人口效应是城镇居民消费碳排放的主要促增因素，但却是农村居民消费碳排放的主要促减因素；张馨等（2011）通过比较分析发现，在不考虑其他因素的前提下，农村居民转化为城镇居民会导致碳排放量的增加，这种变化反映了城乡居民生活水平的差异，发展趋势上表现为居民的消费行为由生存型向发展型转变；

张友国（2012）发现，人口规模差异和人均消费水平差异是缩小城乡居民碳排放差异的重要因素，同时张友国（Zhang Youguo，2013）还发现城镇间接生活消费碳排放的增加源于消费支出的增长，而农村地区的增长不显著，城镇直接生活消费碳排放的下降源于能源结构的变化，而农村地区的下降不显著。

上述研究对中国城镇和乡村居民生活消费碳排放进行了系统的测算、比较和驱动因素分析，并得出了有价值的结论，但是仍然存在两点不足：一是对中国城乡差异的比较研究均是以全国层面数据为研究样本，目前还缺乏基于省域层面的城乡比较；二是对城镇、农村居民生活消费碳排放的因素分解过程中未考虑分省贡献。因此，在充分借鉴已有研究的基础上，本章先基于碳排放系数法测算了1997~2015年中国分省城镇、农村和整体居民生活消费直接碳排放量，并采用 Dagum 基尼系数和 Kernel 密度函数估计方法对中国城镇和农村的居民生活消费碳排放的空间差距及分布动态进行实证测度。之后，在此基础上分别系统识别各省份相关变量对中国城镇、农村和整体居民生活消费直接碳排放的影响机制，并对三者之间的差异进行比较分析，这是现有文献鲜有涉及的。研究视角具有一定的创新性。本章研究发现，中国居民人均生活消费碳排放的城乡差距总体上呈现下降趋势，但是农村居民人均生活消费碳排放的增长率要远高于城镇。该研究发现不仅是对现有文献的有益补充，而且能够更好地为环境政策制定和实施提供参考。

14.2　模型构建与数据选取

14.2.1　直接碳排放量测算模型

居民生活消费引起的碳排放包括直接碳排放和间接碳排放两部分。限于篇幅本章仅分析居民生活消费直接碳排放，并根据《中国能源统计年鉴》地区能源平衡表中城镇、农村和整体生活消费的 20 种能源消费量进行计算。由于 20 种能源包括了原煤、石油、天然气等 18 种化石能源①和电力、热力的二次能源消费两部分。因此，借鉴已有文献的思路，本章采用如下公式对城镇和农村居民生活消费碳排放量进行测算：

$$C^k = \sum_{j=1}^{18} C_j^k + C_e^k + C_h^k = \sum_{j=1}^{18} (E_j^k \times O_j^k \times LCV_j^k \times CF_j^k) + E_e^k \times \delta_e^k + E_h^k \times \delta_h^k$$

$$(14-1)$$

其中，C^k 表示第 k 省份的城镇、农村和整体居民生活直接消费碳排放总量；C_j^k 表示第 k 省份的城镇、农村和整体第 j 种化石能源消费碳排放量；$j=1, 2, \cdots, 18$ 指 18

---

① 18 种化石燃料包括原煤、洗精煤、其他洗煤、型煤、焦炭、焦炉煤气、其他煤气、原油、汽油、煤油、柴油、燃料油、液化石油气、炼厂干气、天然气、其他石油制品、其他焦化产品和其他能源。

类化石能源类型；C_e^k 和 C_h^k 分别表示第 k 省份的城镇、农村和整体居民生活电力和热力的二次能源消费产生的碳排放量；E_j^k 表示第 k 省份的城镇、农村和整体居民生活第 j 类化石能源终端消耗量；O_j^k 表示第 j 类化石能源的碳氧化率；CF_j^k 表示第 j 类化石能源的碳排放因子；LCV_j^k 表示第 j 类化石能源的平均低位热值；E_e^k 表示第 k 省份的城镇、农村和整体居民生活电力消费量；E_h^k 表示热力消费量；δ_e^k 表示第 k 省份电力消费的碳排放系数；δ_h^k 表示第 k 省份热力消费的碳排放系数。

14.2.2 碳排放量空间差距测度模型

（1）Dagum 基尼系数及其分解方法。在对城镇和乡村居民生活直接消费碳排放量进行有效测度的基础上，本章进一步采用 Dagum 基尼系数来分析城镇和农村之间以及地区之间的差距。不同于传统的基尼系数，Dagum 基尼系数不仅能够有效识别地区间差距的来源，而且能够描述子样本的分布情况，并有效解释子样本之间交叉项的问题（刘华军等，2014）。达古姆（Dagum，1997）基尼系数的表达式如下：

$$G = \frac{\Delta}{2\bar{Y}} = \frac{\sum_{j=1}^{k}\sum_{h=1}^{k}\sum_{i=1}^{n_j}\sum_{r=1}^{n_h}|y_{ji} - y_{hr}|}{2n^2\bar{Y}} \qquad (14-2)$$

其中，G 为基尼系数，表示总体差距；Δ 表示基尼系数总的平均差；y_{ji}（y_{hr}）表示 j（h）地区内任意一个省份的居民人均生活直接消费碳排放量；$\bar{Y}$ 表示全国城乡居民人均生活直接消费碳排放量的平均值；n 表示全部省份的数量；k 表示地区个数；n_j（n_h）表示 j（h）地区内省份的个数。在进行基尼系数分解的过程中，先要根据地区内居民人均生活直接消费碳排放量的均值进行排序，形式如下：

$$\overline{Y_1} \leq \overline{Y_2} \leq \cdots \leq \overline{Y_j} \leq \cdots \leq \overline{Y_k} \qquad (14-3)$$

按照达古姆（Dagum，1997）基尼系数的分解方法，可以将基尼系数分解为三个部分：地区内差距的贡献（G_w）、地区间差距的贡献（G_{nb}）和超变密度的贡献（G_t）。其中，超变密度是划分子样本时交叉项对总体差距（G）的影响，四者之间关系为：$G = G_w + G_{nb} + G_t$。各部分的计算公式如下：

$$G_w = \sum_{j=1}^{k} G_{jj} p_j s_j \qquad (14-4)$$

$$G_{nb} = \sum_{j=2}^{k}\sum_{h=1}^{j-1} G_{jh}(p_j s_h + p_h s_j) D_{jh} \qquad (14-5)$$

$$G_t = \sum_{j=2}^{k}\sum_{h=1}^{j-1} G_{jh}(p_j s_h + p_h s_j)(1 - D_{jh}) \qquad (14-6)$$

$$G_{jj} = \frac{\Delta_{jj}}{2\bar{Y}_j} = \frac{\frac{1}{2\bar{Y}_j}\sum_{i=1}^{n_j}\sum_{r=1}^{n_j}|y_{ji} - y_{jr}|}{n_j^2} \qquad (14-7)$$

$$G_{jh} = \frac{\Delta_{jh}}{(\overline{Y_j} + \overline{Y_h})} = \frac{\sum_{i=1}^{n_j}\sum_{r=1}^{n_h}|y_{ji} - y_{hr}|}{n_j n_h (\overline{Y_j} + \overline{Y_h})} \tag{14-8}$$

$$D_{jh} = \frac{d_{jh} - p_{jh}}{d_{jh} + p_{jh}} \tag{14-9}$$

其中，$p_j = n_j/n$ 表示地区份额；$s_j = n_j \times \overline{Y_j}/(n \times \overline{Y})$ 表示 j 地区碳排放份额；$j = 1$，$2, \cdots, k$；G_{jj} 表示 j 地区的基尼系数；Δ_{jj} 表示 j 地区的基尼系数平均差；G_{jh} 表示 j、h 地区的地区间基尼系数；Δ_{jh} 表示 j、h 地区间的基尼系数平均差；D_{jh} 表示 j 和 h 地区间居民人均生活直接消费碳排放量的相对影响，其定义如式（14-9）所示，我们根据达古姆（Dagum，1997）引理 1 和引理 2 可知 $d_{jh} - p_{jh} = \overline{Y_j} - \overline{Y_h}$，根据引理 3 可知 $\Delta_{jh} = d_{jh} + p_{jh}$，因此，$G_{nb}$、$G_t$ 也可表示为：

$$G_{nb} = \sum_{j=2}^{k}\sum_{h=1}^{j-1}(p_j s_h + p_h s_j)\frac{\overline{Y_j} - \overline{Y_h}}{\overline{Y_j} + \overline{Y_h}} \tag{14-10}$$

$$G_t = \sum_{j=2}^{k}\sum_{h=1}^{j-1}G_{jh}(p_j s_h + p_h s_j) - G_{nb} \tag{14-11}$$

根据以上方法，我们测算和分解了全国 30 个省份之间，以及城镇和农村之间 1997~2015 年居民人均生活直接消费碳排放量空间分布的基尼系数并进行了地区分解。

（2）Kernel 密度估计。本章进一步将各省份的居民人均生活直接消费碳排放量的空间特征引入时间坐标轴上进行动态评价，并采用 Kernel 密度估计来分析时间特征。Kernel 密度估计方法能够对全国居民人均生活直接消费碳排放量的整体空间差异进行分析，并且通过观测核密度函数曲线峰值和宽度的变化，能够对全国、城镇和农村居民人均生活直接消费碳排放量的总体差异的分阶段动态变化进行可视化表达。假设随机变量 X 的密度函数为 $f(x)$，在点 x 的概率密度可以由下式进行估计：

$$f(x) = \frac{1}{Nh}\sum_{i=1}^{t}K\left(\frac{X_i - x}{h}\right) \tag{14-12}$$

其中，N 表示观测值的数量；h 表示窗宽，$\lim_{n\to\infty}h(n) = 0$，$\lim_{n\to\infty}Nh(H) = H \to 0$；$K(\cdot)$ 表示核密度函数，它是一种加权函数或平滑转换函数；X_i 表示独立同分布的观测值；x 表示均值。本章采用高斯核函数进行估计，其表达式为：

$$K(x) = \frac{1}{\sqrt{2\pi}}\exp\left[-\frac{x^2}{2}\right] \tag{14-13}$$

结合核密度函数图，就可以对居民人均生活直接消费碳排放量的取值在不同观察期的变化进行有效判断，进而刻画其动态特征。

14.2.3 碳排放量变化的因素分解模型

目前对碳排放进行因素分解的指数分解方法主要有算术平均 Divisia 指数分解法

（AMDI）和对数平均 Divisia 指数分解法（LMDI）。AMDI 取两个端点值的算术平均数为权数，简单易行，但分解结果存在残差；LMDI 方法分解无残差，对零值与负值数据能进行有效的技术处理，并且对于乘法和加法的分解结果具有总和一致性的优点。同时，加法模型更适合排放数量指标，而乘法模型更适合排放效率指标（如碳排放强度、人均碳排放量等）。由于本章采用乘积式对数迪式指数分解方法（M-LMDI）进行分析，先将中国城镇、农村和整体居民人均生活消费碳排放分解为 30 个省份三个变量的乘积之和的形式：

$$CP(t) = \frac{C(t)}{P(t)} = \sum_{k=1}^{30} \frac{C_k(t)}{P_k(t)} = \sum_{k=1}^{30} \frac{C_k(t)}{E_k(t)} \cdot \frac{E_k(t)}{T_k(t)} \cdot \frac{T_k(t)}{P_k(t)} \quad (14-14)$$

其中，$CP(t)$ 表示全国城镇、农村和整体居民 t 时期的人均生活消费直接碳排放量；$C(t)$ 和 $C_k(t)$ 分别表示全国和第 k 省份城镇、农村和整体居民生活消费直接碳排放总量；$p(t)$ 和 $P_k(t)$ 分别表示全国和第 k 省份城镇、农村和整体人口数量；$k=1, 2, \cdots, 30$ 分别表示 30 个省份；$E_k(t)$ 表示第 k 省份城镇、农村和整体居民生活直接能源消费总量；$T_k(t)$ 表示第 k 省份城镇、农村和整体居民生活消费支出总额。式（14-14）可以进一步表达为：

$$CP(t) = \sum_{k=1}^{30} CE_k(t) \cdot ET_k(t) \cdot TP_k(t) \quad (14-15)$$

其中，$CE_k(t) = C_k(t)/E_k(t)$ 表示单位能源碳排放强度；$ET_k(t) = E_k(t)/T_k(t)$ 表示能源直接消费强度，即单位消费支出的直接生活能源消费量；$TP_k(t) = T_k(t)/P_k(t)$ 表示人均消费支出，表征人均消费水平。根据 M-LMDI 方法对式（14-15）进一步分解，可以得到相邻两个时段 t 期到 $t+1$ 期的居民人均生活直接消费碳排放量的变化，可以表达为：

$$\ln \frac{CP(t+1)}{CP(t)} = \sum_{k=1}^{30} W_k(t_t^*) \left[\ln \frac{CE_k(t+1)}{CE_k(t)} + \ln \frac{ET_k(t)}{ET_k(t)} + \ln \frac{TP_k(t+1)}{TP_k(t)} \right]$$

$$(14-16)$$

式（14-16）表示全国城镇、农村和整体居民人均生活消费直接碳排放量从 t 时期到 $t+1$ 时期的变动情况，并且分解为 30 个省份的四种因素变动的加权平均值之和。$W_k(t_t^*)$ 是权重函数 $W_k(t) = CP_k(t)/CP(t)$ 在时刻 $t_t^* \in (t, t+1)$ 的函数值。本章采用 Sato-Vartia 指数来测度 $W_k(t_t^*)$，具体指数形式参见第 13 章的式（13-5）和式（13-7）。

14.2.4 数据来源与处理

基于上述理论模型，本章选取中国 30 个省份（西藏地区数据缺失严重予以剔除）1997~2015 年的面板数据为研究样本。为了对城镇、农村和整体居民生活消费碳排放的驱动机制进行对比分析，主要需要四组数据：30 个省份城镇、农村和整体的居民生活直接能源消费数据、生活消费支出数据、人口数据和居民生活直接消费碳排放数据。其中，城镇、农村和整体的居民生活能源消费数据源于 1998~2016 年《中国能源统计年鉴》中各省份的地区能源平衡表。平衡表中的 20 类能源的统计单位不统一，本章按照 2016 年的《中国能源统计年鉴》中所附的各类能源的折标准煤参考系数将 20 类能源的单位统一转化成万吨标准煤；城镇、农村和整体人口数据源于 1998~2016 年《中国统计年鉴》。城镇、农村和整体居民生活消费支出总额数据源于 1998~2016 年《中国统计年鉴》，由于年鉴中仅公布了各省份城镇和农村的人均生活消费支出数据，本章结合该数据和人口数据推算出城镇和农村地区的居民生活消费支出总额数据，两者加总后得到整体的居民生活消费支出总额数据，并进一步将数据转化为以 1997 年为基期的可比价生活消费支出总额数据。平减所采用的国内生产总值价格指数来自历年《中国统计年鉴》。城镇、农村和整体居民生活直接消费碳排放数据采用碳排放系数法进行间接测算（具体测算过程参见 14.2.1 节），18 种化石能源的碳排放系数来自 IPCC，参见附录表 1。各省电力的碳排放系数来自《关于公布 2009 年中国区域电网基准线排放因子的公告》，参见附录表 2。热力的碳排放系数参考了李艳梅和张红丽（2016）的数据，参见附录附表 3。

14.3 实证结果分析

14.3.1 直接碳排放特征的比较分析

1997~2015 年中国城乡居民人均生活消费碳排放量均呈现逐年递增的趋势，且城镇居民人均生活消费碳排放量明显高于农村人均居民生活消费碳排放量。城镇和农村居民生活消费碳排放量在空间上均存在显著非均衡特征。1997 年城镇居民人均生活消费碳排放量东西差异较大，中部地区较为集聚，山东、江苏、安徽、湖南和贵州一带城镇居民人均生活消费碳排放量最低；2015 年北部地区城镇居民人均生活消费碳排放量增加较快，呈现向东北地区集聚的趋势，各碳排放水平的集聚区域明显，总体看来，东北和西部地区的城镇居民人均生活消费碳排放量大于中部地区、东部地区，这是由于东北和西北地区冬季较长且气温偏低，冬季居民取暖消费产生了大量的碳排放。1997 年中部地区农村居民人均生活消费碳排放量较高且较为集聚，东部地区人均碳排放量相对最低；2015 年农村居民生活消费碳排放逐渐呈现出较大的东西集聚差异，东部地区农村居民生活消费碳排量明显高于北部地区，并呈现向东南地区集聚的趋势。

14.3.2 直接碳排放城乡差距的测度及分解

（1）城镇和农村居民两组人群之间差距及其来源分解。根据 Dagum 基尼系数分解方法，对城镇和农村居民人均生活直接消费碳排放进行测算和分解，测算结果见表14-1。1997~2015年中国整体居民人均生活直接消费碳排放的城乡差距总体上呈现波动下降的趋势。具体而言，1998~2005年城乡差距缩小速度较快，2006~2011年城乡差距缩小速度较为缓慢，2012年以后城乡差距缩小速度又开始加快，2015年达到最小值0.235。从组内差距（指城镇或者农村居民人群内部区域之间的差距）来看，研究期间内城镇居民组内差距变动呈现波动状态，1998~2004年呈现"U"型态势，2005年之后呈现出缓慢的增长趋势。农村地区组内差距在1997~2015年呈现逐年缩小的发展态势。相比较而言，1997~2011年农村地区的组内差距总是大于城镇地区，2012年以后则出现了反转，城镇地区组内差距大于农村地区。从组间差距（指城镇居民和农村居民两组人群之间的差距）来看，1997~2015年其变动趋势与总体差距类似，均呈现波动下降趋势，居民整体人均生活直接消费碳排放差距在缩小。从两组人群差距的来源看，1997~2015年居民人均生活直接消费碳排放的组内差距和超变密度的贡献率呈现出上升趋势，而组间差距的贡献率呈现出下降趋势。具体来说，1997~1999年期间，城镇和农村居民生活直接消费碳排放的组间差距贡献率最大，是城乡差距的主要来源；2000年后，组内差距的贡献率超过了组间差距，成为城乡差距的主要来源。

表14-1　1997~2015年基尼系数及其分解结果（按城镇和农村居民人群进行分组）

年份	总体	组内差距		组间差距	贡献率（％）		
		城镇	农村	城镇VS农村	组内	组间	超变密度
1997	0.379	0.212	0.431	0.480	36.65	53.43	9.93
1998	0.460	0.369	0.416	0.539	41.46	51.64	6.89
1999	0.371	0.218	0.418	0.464	37.48	53.37	9.15
2000	0.377	0.282	0.421	0.423	43.89	39.41	16.70
2001	0.360	0.285	0.382	0.400	44.48	38.07	17.45
2002	0.346	0.257	0.363	0.398	42.52	43.00	14.48
2003	0.349	0.266	0.367	0.394	43.42	39.20	17.38
2004	0.398	0.365	0.349	0.437	45.11	40.97	13.92
2005	0.312	0.236	0.334	0.350	43.90	37.00	19.10
2006	0.311	0.234	0.335	0.349	43.96	34.96	21.08
2007	0.309	0.238	0.330	0.345	44.32	34.31	21.37
2008	0.309	0.251	0.303	0.348	43.75	39.42	16.82
2009	0.306	0.249	0.305	0.341	44.29	35.72	19.99
2010	0.315	0.269	0.321	0.341	45.92	31.61	22.47
2011	0.307	0.270	0.318	0.323	47.36	25.26	27.38
2012	0.281	0.280	0.241	0.297	47.08	34.79	18.13
2013	0.278	0.270	0.276	0.284	48.99	16.72	34.29
2014	0.251	0.259	0.215	0.261	47.90	28.10	24.00
2015	0.244	0.257	0.205	0.253	48.15	26.47	25.39

第14章 中国城乡居民生活消费碳排放变化的比较研究

从城镇和农村居民人均生活直接消费碳排放的基尼系数及其分解结果来看，演变趋势如图14-1所示，1997~2015年组内差距呈现出轻微的波动状态，总体呈现出轻微的下降趋势，从1997年的0.139下降到2015年的0.117，说明研究期内的组内差距变动不明显；组间差距呈现波动下降趋势，从1997年的0.202下降到2015年的0.064，这说明组间差距对城镇与农村居民生活直接消费碳排放差距的影响在逐渐变弱，并且以2002年为分界线，之前年份组间差距为总体差距的主导因素，而之后年份的主导因素则变为组内差距；超变密度在研究期内呈现出波动上升的发展态势，从1997年的0.038上升到2015年的0.062。除了2011年和2013年以外，其取值始终低于组内差距和组间差距，由此不难得出，组内差距和组间差距的交互作用使得总体差距呈现出波动下降的趋势，从1997年的0.379下降到2015年的0.244，即组内差距和组间差距的同时下降是导致总体差距下降的主要原因，即城镇和农村之间的总体碳排放差距呈现出缩小的发展态势，这与李艳梅等（2016）的研究结论保持一致。但是城乡差距缩小的原因并不在于城镇地区CP值的下降，而是农村CP值的增长速度远高于城镇地区导致的。

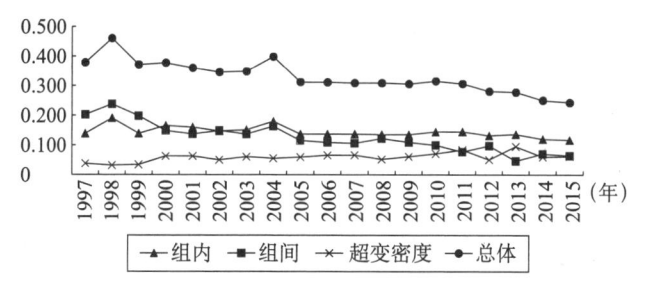

图14-1　中国城镇和农村居民人均生活直接消费碳排放差距演变趋势

（2）地区差距及其来源分解。本章进一步依次对全国整体、城镇和农村家庭碳排放的地区差异分别按东部、中部和西部地区进行测算和分解①，结果见表14-2~表14-4。

表14-2　1997~2015年中国城乡整体基尼系数及其分解结果

年份	总体	地区内差距			地区间差距			贡献率（%）		
		东部	中部	西部	东部VS中部	东部VS西部	中部VS西部	地区内	地区间	超变密度
1997	0.268	0.308	0.202	0.262	0.297	0.253	0.253	34.86	20.00	45.14
1998	0.307	0.264	0.270	0.281	0.350	0.335	0.282	30.43	37.37	32.20
1999	0.299	0.327	0.229	0.271	0.325	0.314	0.267	33.29	23.36	43.34
2000	0.317	0.329	0.218	0.314	0.332	0.329	0.308	33.28	21.82	44.90
2001	0.306	0.306	0.208	0.311	0.319	0.316	0.303	33.17	24.17	42.65

---

① 本章对中国东部、中部和西部地区的划分是依据《中国统计年鉴》，其中，东部地区包括：北京、天津、河北、辽宁、上海、江苏、浙江、福建、山东、广东和海南；中部地区包括：山西、吉林、黑龙江、安徽、江西、河南、湖北和湖南；西部地区包括：四川、重庆、贵州、云南、陕西、甘肃、宁夏、新疆、广西和内蒙古。

续表

年份	总体	地区内差距			地区间差距			贡献率（%）		
		东部	中部	西部	东部VS中部	东部VS西部	中部VS西部	地区内	地区间	超变密度
2002	0.285	0.318	0.204	0.253	0.308	0.307	0.246	32.97	21.95	45.09
2003	0.284	0.320	0.194	0.247	0.316	0.307	0.235	32.95	26.51	40.54
2004	0.327	0.314	0.211	0.357	0.310	0.342	0.339	33.58	23.67	42.75
2005	0.249	0.269	0.160	0.235	0.272	0.270	0.213	32.77	28.56	38.67
2006	0.242	0.262	0.197	0.207	0.269	0.265	0.201	32.31	28.75	38.94
2007	0.249	0.263	0.197	0.209	0.274	0.276	0.209	32.01	28.83	39.16
2008	0.244	0.245	0.228	0.206	0.262	0.263	0.225	31.89	27.04	41.07
2009	0.237	0.238	0.230	0.201	0.256	0.247	0.225	32.20	22.54	45.26
2010	0.237	0.212	0.227	0.237	0.245	0.245	0.241	32.41	19.12	48.47
2011	0.241	0.223	0.177	0.251	0.249	0.258	0.233	32.34	20.94	46.72
2012	0.223	0.175	0.224	0.251	0.209	0.225	0.247	33.01	8.44	58.55
2013	0.235	0.176	0.176	0.267	0.250	0.236	0.261	31.33	35.21	33.46
2014	0.208	0.173	0.193	0.218	0.210	0.221	0.213	31.94	21.88	46.18
2015	0.203	0.164	0.179	0.224	0.197	0.220	0.210	31.97	23.88	44.15

表14-3　　1997~2015年城镇基尼系数及其分解结果

年份	总体	地区内差距			地区间差距			贡献率（%）		
		东部	中部	西部	东部VS中部	东部VS西部	中部VS西部	地区内	地区间	超变密度
1997	0.212	0.241	0.135	0.200	0.226	0.229	0.185	33.27	21.03	45.70
1998	0.369	0.330	0.154	0.415	0.372	0.403	0.358	32.62	30.02	37.36
1999	0.218	0.243	0.157	0.202	0.232	0.233	0.194	33.25	21.26	45.48
2000	0.282	0.292	0.182	0.296	0.264	0.313	0.270	33.25	19.90	46.84
2001	0.285	0.277	0.210	0.282	0.278	0.302	0.295	32.61	30.41	36.98
2002	0.257	0.292	0.187	0.238	0.261	0.286	0.225	33.15	12.66	54.20
2003	0.266	0.294	0.178	0.255	0.265	0.291	0.246	33.15	18.46	48.39
2004	0.365	0.308	0.220	0.418	0.283	0.406	0.395	33.26	33.90	32.84
2005	0.236	0.252	0.194	0.235	0.231	0.250	0.225	33.81	12.22	53.97
2006	0.234	0.249	0.238	0.226	0.235	0.242	0.227	33.81	10.19	56.00
2007	0.238	0.258	0.238	0.207	0.254	0.239	0.228	33.46	3.16	63.38
2008	0.251	0.243	0.284	0.220	0.274	0.239	0.261	32.76	5.06	62.18
2009	0.249	0.235	0.288	0.213	0.274	0.235	0.265	32.29	8.67	59.05
2010	0.269	0.225	0.305	0.257	0.281	0.255	0.297	32.33	15.89	51.78
2011	0.270	0.243	0.230	0.292	0.243	0.287	0.283	33.40	23.96	42.64
2012	0.280	0.224	0.291	0.279	0.274	0.289	0.302	31.94	29.45	38.61
2013	0.270	0.212	0.196	0.319	0.230	0.287	0.306	32.85	27.11	40.05
2014	0.259	0.209	0.269	0.274	0.250	0.261	0.281	32.85	15.87	51.28
2015	0.257	0.208	0.260	0.279	0.244	0.260	0.281	33.02	14.93	52.05

表14-4 1997~2015年农村基尼系数及其分解结果

年份	总体	地区内差距			地区间差距			贡献率（%）		
		东部	中部	西部	东部VS中部	东部VS西部	中部VS西部	地区内	地区间	超变密度
1997	0.431	0.511	0.352	0.299	0.509	0.377	0.377	32.96	28.34	38.70
1998	0.416	0.410	0.391	0.317	0.449	0.456	0.389	31.51	39.47	29.02
1999	0.418	0.464	0.339	0.328	0.484	0.423	0.392	33.12	31.96	34.93
2000	0.421	0.423	0.366	0.361	0.496	0.407	0.436	32.69	33.37	33.94
2001	0.382	0.391	0.289	0.368	0.410	0.393	0.377	33.44	29.35	37.21
2002	0.363	0.398	0.271	0.303	0.406	0.389	0.319	32.93	32.87	34.20
2003	0.367	0.410	0.244	0.281	0.425	0.395	0.315	32.40	37.34	30.26
2004	0.349	0.385	0.237	0.266	0.419	0.354	0.287	32.04	37.34	30.62
2005	0.334	0.348	0.173	0.275	0.403	0.362	0.260	31.23	46.97	21.80
2006	0.335	0.357	0.151	0.255	0.396	0.388	0.227	30.99	49.55	19.46
2007	0.330	0.353	0.151	0.236	0.397	0.389	0.208	30.54	52.09	17.37
2008	0.303	0.308	0.169	0.193	0.377	0.364	0.185	29.09	54.48	16.43
2009	0.305	0.333	0.169	0.173	0.385	0.361	0.172	29.76	54.01	16.24
2010	0.321	0.326	0.206	0.188	0.431	0.352	0.203	29.26	58.42	12.32
2011	0.318	0.334	0.210	0.180	0.423	0.356	0.192	29.42	53.46	17.12
2012	0.241	0.184	0.164	0.216	0.287	0.293	0.191	27.32	52.20	20.47
2013	0.276	0.186	0.181	0.276	0.340	0.317	0.260	27.25	51.38	21.37
2014	0.215	0.173	0.104	0.131	0.289	0.290	0.139	23.98	62.98	13.03
2015	0.205	0.172	0.092	0.133	0.258	0.283	0.141	24.63	64.82	10.56

从表14-2可知，东部地区的地区内差距最大（均值0.257），其次是西部地区（均值0.253），中部的地区内差距最小（均值0.206）；东部和中部地区整体居民人均生活直接消费碳排放的地区间差距最大（均值0.276），其次是东部和西部地区（均值0.275），中部和西部的地区间差距最小（均值0.248）。从发展趋势来看，东部地区的地区内差距呈现出明显的下降趋势，从1997年的0.308下降到2015年的0.164，说明东部地区内部的各省份之间的差距在不断缩小；中部地区的地区内差距在研究期内表现出了波动状态，但是波动幅度不大，基本稳定在0.2左右波动，并呈现轻微的下降趋势，从1997年的0.202下降到2015年的0.179，这说明中部地区内部各省份之间的差距变化不大；西部地区的地区内差距同样呈现出波动下降的发展趋势，但是波动的幅度要明显高于中部地区，从1997年的0.262下降到2015年的0.224。从中国城乡整体东部、中部和西部地区差距的来源和贡献率来看，研究期内超变密度的贡献率取值均最高，研究期内保持在40%左右波动，说明居民人均生活直接消费碳排放的地区内差距和地区间差距的交互作用是总体差距的主要来源；贡献率次之的是地区内差距，研究期内维持在30%以上的区间内小幅波动；贡献率最低的是地区间差距，并且在研究期内呈现出较为剧烈的波动，总体上呈现出一定

的上升趋势。

表14-3展示的是城镇居民人均生活直接消费碳排放的基尼系数及其分解结果。从基尼系数可知，西部城镇居民人均生活直接消费碳排放地区内差距最大（均值0.269），其次是东部地区（均值0.254），中部的地区内差距最小（均值0.222）；东部地区和西部地区城镇居民人均生活直接消费碳排放地区间差距最大（均值0.279），其次是中部地区和西部地区（均值0.270），东部和中部的地区间差距最小（均值0.262）。从发展趋势来看，中部地区和西部地区城镇居民人均生活直接消费碳排放的地区内差距在研究期内呈现出波动上升的发展态势，分别从1997年的0.135和0.200上升到2015年的0.260和0.279；东部地区则呈现出波动下降的发展态势，从1997年的0.241下降到2015年的0.208；三组地区城镇居民人均生活直接消费碳排放的地区间差距均表现出波动中上升的发展趋势。从城镇居民人均生活直接消费碳排放地区差距的来源和贡献率来看，除了2004年以外，研究期内超变密度的贡献率取值均最高，在2007年达到最高值（63.06%），并在研究期内呈现出波动上升的发展态势，这说明超变密度是总体差距的主要来源；贡献率次之的是地区内差距，其取值在研究期内始终保持在30%以上，波动幅度较低，基本维持在32%~34%的区间内波动；贡献率最低的是地区间差距，在研究期内波动剧烈，2007年的最低值（3.16%）和2004年的最高值（33.90%）之间差距较大，并且从时间趋势上呈现出明显的波动下降态势。

表14-4展示的是农村居民人均生活直接消费碳排放的基尼系数及其分解结果。从基尼系数可知，东部地区农村居民人均生活直接消费碳排放的地区内差距最大（均值0.340），其次是西部地区（均值0.251），中部的地区内差距最小（均值0.224）；东部地区和中部地区农村居民人均生活直接消费碳排放地区间差距最大（均值0.399），其次是东部地区和西部地区（均值0.369），中部地区和西部地区的地区间差距最小（均值0.263）。从发展趋势来看，东部、中部和西部地区农村居民人均生活直接消费碳排放的地区内差距均呈现出了波动下降的发展趋势，分别从1997年的0.511、0.352和0.299下降到2015年的0.172、0.092和0.133；从地区间差距来看，东部与中部、东部与西部、中部与西部在研究期内均呈现不同程度的下降趋势，分别从1997年的0.509、0.377和0.377下降到2015年的0.258、0.283和0.141，降幅明显，说明中国农村居民生活消费碳排放的地区间差距有明显的缩小。从中国农村东部、中部和西部地区差距的来源和贡献率来看，研究期内地区间差距的贡献率最高（均值45.81%），说明是地区间差距是总体差距的主要来源；贡献率次之的依次是地区内差距（均值30.24%）和超变密度（均值23.95%）。从三者的发展趋势来看，地区内差距和超变密度的贡献率在研究期内呈现出明显的下降趋势，分别从1997年的32.96%和38.70%下降到2015年的24.63%和10.56%；地区间差距在研究期内呈现出显著的上升趋势，从1997年的28.34%上升到2015年的64.82%，增幅达到128.69%。

14.3.3 直接碳排放的动态演进

为了进一步描述居民人均生活直接消费碳排放的整体形态,并通过不同时期的形态变化来把握居民人均生活直接消费碳排放的动态演进特征,本章采用 Kernel 密度估计方法,以 1997 年、2006 年和 2015 年为测度对象,选取高斯核密度函数分别绘制出全国整体、城镇、农村居民生活直接消费碳排放 Kernel 密度估计二维图,并对不同年份居民生活直接消费碳排放的空间分布及动态演进进行对比分析,如图 14-2 所示。

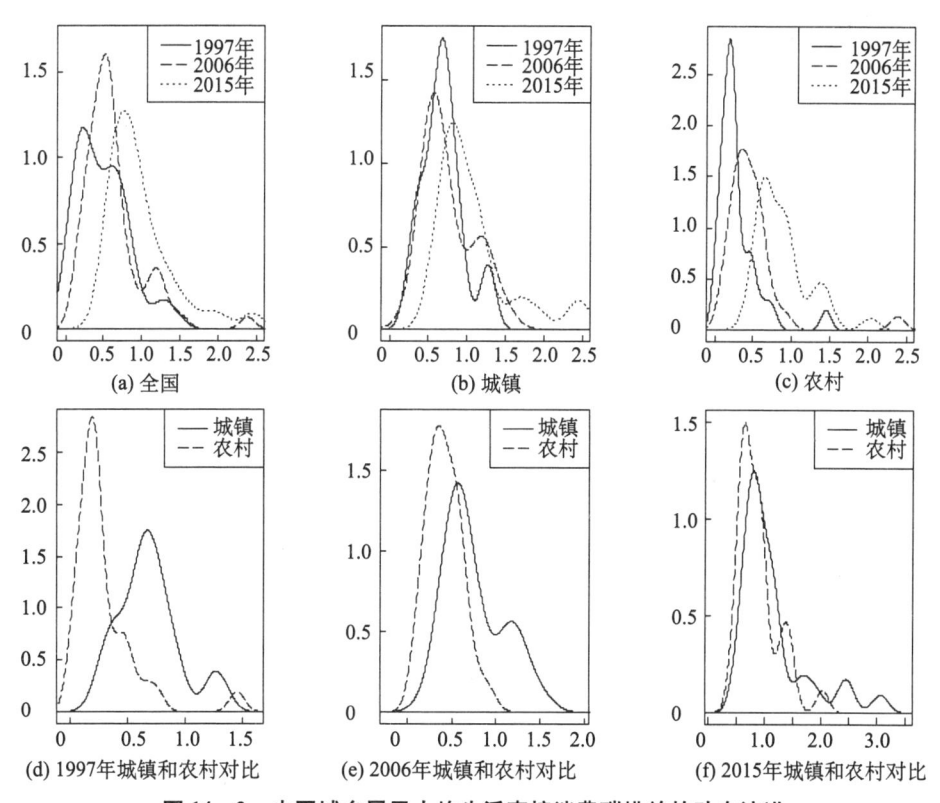

图 14-2 中国城乡居民人均生活直接消费碳排放的动态演进

(1)全国整体居民碳排放的 Kernel 密度估计。图 14-2(a)描绘了全国整体居民人均生活直接消费碳排放的情况,整体来看,全国居民生活直接消费碳排放的地区差异发生了明显的变化,地区差距先缩小后扩大。具体而言,与 1997 年相比,2006 年居民生活直接消费碳排放密度函数波峰右移,说明研究期间居民生活直接消费碳排放量增加,波峰高度变高,宽度变窄,双峰现象减弱,说明居民人均生活直接消费碳排放地区差距在缩小;与 2006 年相比,2015 年密度函数波峰变矮,曲线扁平化,说明该时期内居民人均生活直接消费碳排放地区差距有扩大趋势。

(2)城镇居民碳排放的 Kernel 密度估计。图 14-2(b)描绘了城镇居民人均生活直接消费碳排放的情况。整体来看，城镇居民人均生活直接消费碳排放地区差距逐渐扩大。具体而言，与1997年相比，2006年密度函数波峰左移，说明城镇居民人均生活直接消费碳排放在减少，波峰高度变矮，宽度变宽，说明地区差异在逐步扩大；与2006年相比，2015年密度函数波峰右移，且超过了1997年的位置，说明该时期城镇居民人均生活直接消费碳排放增加迅速，波峰变矮，宽度变宽，右拖尾抬高，变化区间变大，说明该时期城镇居民人均生活直接消费碳排放地区差异进一步扩大，且出现较为明显的两极分化现象。

(3) 农村居民碳排放的Kernel密度估计。图14-2（c）描绘了农村居民生活直接消费碳排放的情况。整体来看，农村居民人均生活直接消费碳排放地区差距也在逐渐扩大。具体而言，与1997年相比，2006年密度函数波峰右移，说明农村居民人均生活直接消费碳排放在逐年增加，波峰变矮，宽度变宽，说明地区间差距在增大；与2006年相比，2015年密度函数波峰右移，农村居民人均生活直接消费碳排放进一步增加，与城镇发展趋势类似。2015年，农村居民人均生活直接消费碳排放密度函数波峰变矮，宽度变宽，右拖尾抬高，变化区间变大，说明该时期农村地区差异进一步扩大，且出现较为明显的两极分化现象。

(4) 城镇和农村居民碳排放的对比分析。图14-2（d）、图14-2（e）和图14-2（f）是城镇和农村1997年、2006年和2015年居民人均生活直接消费碳排放的对比图。1997年城镇居民人均生活直接消费碳排放的密度函数比较平滑，而农村居民人均生活直接消费碳排放的密度函数比较陡峭，说明1997年城镇地区居民人均生活直接消费碳排放差距较大。相比于1997年，2006年和2015年城镇居民人均生活直接消费碳排放地区差异依然大于农村，且城镇与农村地区的密度函数波峰均右移，峰值在减小，波峰宽度在增加，说明该期间，城镇和农村居民人均生活直接消费碳排放均在不断增加，且地区内差异都在进一步扩大，值得注意的是，城镇和农村居民人均生活直接消费碳排放均值的差距在逐渐缩小。

14.3.4 碳排放的分省贡献及其变化

(1) 全国整体碳排放变动的因素分解。按照各省份对全国整体居民消费碳排放变动的贡献大小由低到高进行排序，见表14-5。从表14-5不难发现，对全国居民人均消费直接碳排放变动贡献最大的省份是内蒙古、黑龙江、天津、辽宁、北京，累计贡献值依次为0.100 5、0.063 4、0.059 1、0.055 5、0.044 6。由于北方地区的居民消费对能源性消费结构的依赖程度比较高，5个地区人均消费水平（TP）变动的贡献值都较高，尤其是内蒙古和天津地区由于人口基数较大，煤炭资源价格低获取便利，随着居民生活水平的提高，消费能力增强，从而加快了碳排放的增加。对全国居民人均消费直接碳排放变动贡献最小的省份是云南、陕西、青海、贵州、宁夏，累计贡献值分别依次为0.012 5、0.017 0、0.017 5、0.018 3、0.019 4，这主要得益于能源直接消费强度（ET）变动贡献对人均消费水平变动贡献的抵消效应。从3个因素分解结果来看，除了海南、重庆、四川、山东以外，各省份单位能源碳排放强度（CE）的贡献值均为正，表明大部分省份单位能源碳排放强度是居民人均消费直接碳排放变动的促减因素，但比较于人均消费水平影响较小，其变动对居民人均消费直接碳排放增加贡献最大的省份依次为内蒙古、云南、黑龙江、宁夏、福建，贡献值分别为0.0223、0.0166、0.0118、0.0113、0.0109；除海南以外，各省份能源直接消费强度的贡献值均为负值，各省份能源直接消费强度是居民人均消费直接碳排放变动的主要促减因素，其中，能源直接消费强度变动对居民人均消费直接碳排放增加抑制作用最大的省份依次是云南、宁夏、天津、吉林、新疆，其贡献值分别是0.0767、0.0563、0.0549、0.4930、0.4800；各省份的人均消费水平变动取值均为正，即各省份人均消费水平变动均是居民人均消费直接碳排放变动的主要促增因素。其中，人均消费水平变动对居民人均消费直接碳排放变动促进作用最大的5个省份依次是内蒙古、天津、辽宁、北京、黑龙江，其贡献值分别是0.1251、0.1115、0.0933、0.0825、0.0709。

表14-5　2015年中国整体居民人均生活直接消费碳排放分省贡献（1997年为基期）

省份	CE变动	ET变动	TP变动	综合贡献	省份	CE变动	ET变动	TP变动	综合贡献
全国	0.1965	-0.9241	1.6877	0.9691	—	—	—	—	—
云南	0.0166	-0.0767	0.0726	0.0125	四川	-0.0071	-0.0148	0.0485	0.0266
陕西	0.0079	-0.0203	0.0294	0.0170	吉林	0.0042	-0.0493	0.0720	0.0269
青海	0.0057	-0.0396	0.0514	0.0175	甘肃	0.0099	-0.0334	0.0505	0.0269
贵州	0.0070	-0.0303	0.0416	0.0183	山西	0.0098	-0.0449	0.0638	0.0287
宁夏	0.0113	-0.0563	0.0644	0.0194	湖北	0.0065	-0.0284	0.0511	0.0291
河南	0.0092	-0.0316	0.0431	0.0207	河北	0.0061	-0.0383	0.0623	0.0301
安徽	0.0014	-0.0143	0.0337	0.0208	浙江	0.0039	-0.0192	0.0460	0.0307
江西	0.0069	-0.0166	0.0309	0.0212	福建	0.0109	-0.0262	0.0513	0.0359
上海	0.0082	-0.0389	0.0532	0.0225	广东	0.0091	-0.0224	0.0512	0.0380
海南	-0.0001	0.0049	0.0198	0.0247	山东	-0.0009	-0.0064	0.0461	0.0389
江苏	0.0035	-0.0164	0.0385	0.0257	北京	0.0092	-0.0472	0.0825	0.0446
湖南	0.0052	-0.0179	0.0384	0.0257	辽宁	0.0064	-0.0442	0.0933	0.0555
广西	0.0075	-0.0115	0.0303	0.0263	天津	0.0025	-0.0549	0.1115	0.0591
新疆	0.0087	-0.0480	0.0658	0.0265	黑龙江	0.0118	-0.0192	0.0709	0.0634
重庆	-0.0071	-0.0148	0.0485	0.0266	内蒙古	0.0223	-0.0469	0.1251	0.1005

（2）城镇居民碳排放变动的因素分解。按照各省份对城镇居民碳排放变动贡献大小由低到高进行排序，见表14-6。从表14-6不难发现，对城镇居民碳排放变动贡献最大的5个省份是内蒙古、黑龙江、辽宁、北京和天津，累计贡献值依次为0.1017、0.0675、0.0421、0.0382和0.0342。这些地区城镇的表现与全国整体情况基本一致。对城镇居民碳排放变动贡献最小的省份是浙江、河北、福建、河南和新

疆，累计贡献率均为负值，即这5个省份对全国城镇居民碳排放增长起到了抑制作用。这主要源于 ET 变动的贡献同时抵消了 TP 变动和 CE 变动对家庭碳排放增长的贡献。从3个分解因素的结果来看，除了海南、湖南、重庆、四川和山东以外，各省份 CE 的贡献值均为正，表明大部分省份 CE 是家庭碳排放变动的促增因素，但相对于 TP 影响较小，其变动对居民碳排放增加贡献最大的5个省份依次为内蒙古、宁夏、云南、福建和甘肃，其贡献值分别为 0.0295、0.0214、0.0211、0.0114 和 0.0109；除海南以外，各省份 ET 的贡献值均为负值，各省份 ET 是居民碳排放变动的主要促减因素，其中，ET 变动对居民碳排放增加抑制作用最大的省份依次是吉林、宁夏、河北、内蒙古和辽宁，其贡献值分别是 -0.0714、-0.0622、-0.0502、-0.0432 和 -0.0397；各省份的 TP 变动取值均为正，即各省份 TP 变动均是居民碳排放变动的主要促增因素。其中，TP 变动对居民碳排放增长促进作用最大的5个省份依次是内蒙古、吉林、黑龙江、辽宁和天津，其贡献值分别是 0.1154、0.0849、0.0769、0.0738 和 0.0711。

表14-6　2015年中国城镇居民人均生活直接消费碳排放分省贡献（1997年为基期）

省份	CE 变动	ET 变动	TP 变动	综合贡献	省份	CE 变动	ET 变动	TP 变动	综合贡献
全国	0.2191	-0.8218	1.0964	0.4936	—				
浙江	0.0010	-0.0343	0.0099	-0.0234	云南	0.0211	-0.0396	0.0342	0.0158
河北	0.0083	-0.0502	0.0197	-0.0222	甘肃	0.0109	-0.0304	0.0353	0.0158
福建	0.0114	-0.0319	0.0120	-0.0086	贵州	0.0086	-0.0343	0.0418	0.0161
河南	0.0100	-0.0360	0.0243	-0.0016	湖南	-0.0009	-0.0035	0.0216	0.0172
新疆	0.0030	-0.0379	0.0347	-0.0002	重庆	-0.0016	-0.0093	0.0295	0.0186
江西	0.0099	-0.0293	0.0200	0.0005	四川	-0.0016	-0.0093	0.0295	0.0186
陕西	0.0102	-0.0168	0.0084	0.0018	上海	0.0046	-0.0158	0.0309	0.0197
安徽	0.0014	-0.0216	0.0222	0.0020	山东	-0.0016	-0.0042	0.0267	0.0209
青海	0.0059	-0.0366	0.0361	0.0053	山西	0.0071	-0.0162	0.0322	0.0231
江苏	0.0031	-0.0144	0.0190	0.0077	吉林	0.0105	-0.0714	0.0849	0.0240
广东	0.0090	-0.0215	0.0202	0.0078	天津	0.0003	-0.0371	0.0711	0.0342
宁夏	0.0214	-0.0622	0.0510	0.0102	北京	0.0054	-0.0144	0.0473	0.0382
海南	-0.0006	0.0009	0.0117	0.0120	辽宁	0.0079	-0.0397	0.0738	0.0421
广西	0.0063	-0.0143	0.0220	0.0140	黑龙江	0.0083	-0.0177	0.0769	0.0675
湖北	0.0102	-0.0297	0.0343	0.0147	内蒙古	0.0295	-0.0432	0.1154	0.1017

（3）农村居民家庭碳排放变动的因素分解。按照各省份对农村居民家庭碳排放变动贡献大小由低到高进行排序，见表14-7。从表14-7不难发现，对农村居民家庭碳排放变动贡献最大的5个省份依次是浙江、广东、福建、天津和北京，累计贡献值依次为 0.0801、0.0738、0.0703、0.0698、0.0602。对于浙江、广东和福建，由于新农村建设成效显著，农民收入和生活水平显著提高，其消费结构中用于小汽车等高排放商品的需求上升导致了其相关碳排放增加。天津和北京作为直辖市，城

乡一体化程度较好，农村居民的生活方式和消费结构与城镇较为接近，导致了对居民家庭碳排放变动的高贡献率。对农村居民家庭碳排放变动贡献最小的省份是云南、贵州、上海、陕西和甘肃，累计贡献值依次为 0.0093、0.0158、0.0178、0.0197 和 0.0211。这些省份 ET 变动部分抵消了 TP 变动的贡献。上海比较特殊，ET 变动和 CE 变动共同抵消了 TP 变动的贡献，这是导致其贡献率不高的主要原因。从 3 个因素分解结果来看，除了上海、重庆、四川、吉林、山东和安徽以外，各省份 CE 的贡献值均为正，表明大部分省份 CE 是居民家庭碳排放变动的促增因素，但相对于 TP 影响较小，其变动对居民家庭碳排放增加贡献最大的 5 个省份依次为黑龙江、北京、新疆、云南和福建，贡献值分别为 0.0267、0.0167、0.0124、0.0111 和 0.0097；除海南以外，各省份 ET 的贡献值均为负值，即 ET 是居民家庭碳排放变动的主要促减因素，其中，ET 变动对居民家庭碳排放增加抑制作用最大的省份依次是北京、上海、云南、天津和山西，其贡献值分别是 -0.1983、-0.1071、-0.1018、-0.0904 和 -0.0743；各省份的 TP 变动均为正值，即各省份 TP 变动均是居民家庭碳排放变动的主要促增因素。其中，TP 变动对居民家庭碳排放变动促进作用最大的 5 个省份依次是北京、天津、上海、云南和内蒙古，其贡献值分别是 0.2418、0.1505、0.1398、0.1000 和 0.0963。

表 14-7　2015 年中国农村居民家庭碳排放分省贡献（1997 年为基期）

省份	CE 变动	ET 变动	TP 变动	综合贡献	省份	CE 变动	ET 变动	TP 变动	综合贡献
全国	0.1363	-1.1827	2.1787	1.1323	—	—	—	—	—
云南	0.0111	-0.1018	0.1000	0.0093	湖南	0.0083	-0.0292	0.0530	0.0321
贵州	0.0063	-0.0315	0.0410	0.0158	新疆	0.0124	-0.0521	0.0718	0.0321
上海	-0.0148	-0.1071	0.1398	0.0178	江西	0.0038	-0.0047	0.0361	0.0351
陕西	0.0066	-0.0240	0.0372	0.0197	黑龙江	0.0267	-0.0248	0.0334	0.0353
甘肃	0.0079	-0.0337	0.0470	0.0211	湖北	0.0056	-0.0280	0.0605	0.0381
吉林	-0.0044	-0.0158	0.0421	0.0219	辽宁	0.0082	-0.0451	0.0807	0.0438
青海	0.0056	-0.0450	0.0614	0.0219	江苏	0.0027	-0.0164	0.0629	0.0492
重庆	-0.0136	-0.0228	0.0593	0.0229	山东	-0.0004	-0.0073	0.0598	0.0521
四川	-0.0136	-0.0228	0.0593	0.0229	内蒙古	0.0040	-0.0443	0.0963	0.0559
宁夏	0.0034	-0.0516	0.0720	0.0238	河北	0.0038	-0.0291	0.0841	0.0588
海南	0.0002	0.0092	0.0198	0.0292	北京	0.0167	-0.1983	0.2418	0.0602
山西	0.0087	-0.0743	0.0949	0.0294	天津	0.0096	-0.0904	0.1505	0.0698
安徽	-0.0002	-0.0054	0.0350	0.0294	福建	0.0097	-0.0186	0.0792	0.0703
广西	0.0037	-0.0038	0.0298	0.0297	广东	0.0051	-0.0188	0.0875	0.0738
河南	0.0092	-0.0320	0.0533	0.0305	浙江	0.0038	-0.0132	0.0894	0.0801

（4）城镇和农村居民家庭碳排放变化的因素分解结果对比分析。首先，从分省贡献的角度，对城镇居民家庭碳排放变化贡献最大的 5 个省份有内蒙古、黑龙江、辽宁、北京和天津，而同期对农村居民家庭碳排放变化贡献最大的 5 个省份有浙江、

广东、福建、天津和北京的东南沿海地区和直辖市,两者之间存在较大的差异。其次,从综合贡献大小的角度,城镇地区的全国综合贡献为 0.4936 (见表 14 - 6),而农村地区则达到了 1.1323 (见表 14 - 7)。农村的综合贡献率要远高于城镇,同时也高于全国整体 (0.9691)。这说明农村地区的生活水平大幅度提高、消费结构和模式发生了较大变化,发展趋势上表现为居民消费行为由生存型向发展型的转变 (张馨等,2011)。最后,从分解要素及其变化趋势的角度 (如图 14 - 3 所示),城镇居民家庭碳排放在 1999~2003 年期间持续下降,张友国 (Zhang Y. G., 2013) 将这种下降归因于城镇地区能源消费结构的优化,2003 年以后呈波动上升趋势;农村居民家庭碳排放在研究期间内持续平稳上升,与张友国 (Zhang Y. G., 2013) 的研究结论基本一致。

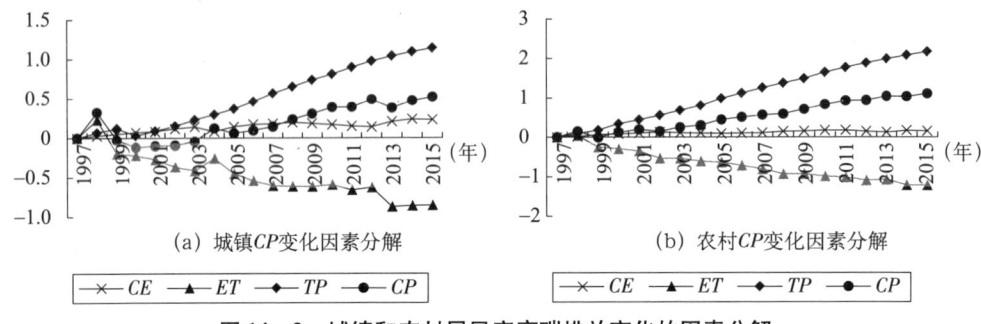

图 14 - 3 城镇和农村居民家庭碳排放变化的因素分解

从 3 个分解因素讨论分析,单位能源碳排放强度对城镇和农村居民人均生活消费直接碳排放具有正面影响,1999~2004 年单位能源碳排放强度对农村居民人均生活消费直接碳排放的贡献大于城镇,2005 年以后单位能源碳排放强度对城镇居民人均生活消费直接碳排放的贡献反超农村。究其原因,2005 年之前城镇生活能源消费多以热力和电力为主,并且居民集中居住能够集中供热和供暖,能源使用效率较高;而农村居民生活能源多以煤炭和柴火为主,加之居住分散,无法集中供热供暖,并且受到技术设备等因素限制,导致煤炭和热力等能源利用的低效率和污染的高排放。因此,2005 年之前的城镇居民的人均碳排放低于农村地区;随着城镇居民生活水平的不断提高,生活消费中各类化石能源的消费量增加尤其是私家车数量的爆炸式增长引起石油能源消费的大幅度增长,而同一时期农村居民生活水平的提高速度远低于城镇地区,从而导致碳排放呈现快速增长的趋势并在 2005 年之后超过了农村地区。

不难看出,城镇和农村居民在生活消费中对各类能源的消耗量和消耗结构的巨大差异是导致两者碳排放变化的主要原因。能源直接消费强度是减少城镇和农村居民人均生活消费直接碳排放的主要动力,且研究期间持续下降。这与米红等 (2016) 的研究结论一致。城镇能源直接消费强度对城镇居民人均生活消费直接碳排放的累计贡献值为 -0.8526,农村能源直接消费强度对农村居民人均生活消费直接碳排放的累计贡献值为-1.2171，这意味着能源直接消费强度在农村的贡献程度大于城镇。传统形式的能源在农村地区使用较为广泛，特别是农村原煤的使用远高于城镇，随着电力的发展，这些年农村能源消费结构以及用能水平有了大幅度的提升。

人均消费水平导致研究期间城镇和农村居民人均生活消费直接碳排放持续快速增加，是居民人均生活消费直接碳排放增加的主要贡献因素，与能源直接消费强度一样，人均消费水平在农村（累计贡献值为2.1697）的贡献程度大于城镇（累计贡献值为1.1426）。在整个研究期间，中国经济持续高速发展，城乡居民收入水平不断提高，对生活能源消费的需求也不断增加，家用电器越来越普及，越来越多的家庭购买了汽车。对于农村而言，为了降低农村税费，国家实施了积极的财政政策，同时大力支持农村基础设施建设、农业技术进步和扶贫开发，农村居民消费水平因此得到了质的飞跃，这些都说明，居民生活水平的提高，可能会导致农村居民消费更多的能源来适应舒适的生活。对于城镇而言，随着生活水平的提高，居民的消费能力大幅度提升，但是其生活方式和消费结构也随之发生转变，人们会更倾向于消费碳排放更少的低碳产品，因而在一定程度上有利于减少碳排放。

14.4 本章小结

本章基于碳排放系数法估算了1997~2015年中国城镇、农村和整体（包含城镇和农村）居民生活消费引起的直接碳排放量，进一步采用Dagum基尼系数和Kernel密度函数估计方法对中国城镇和农村居民生活消费碳排放的地区差距及分布动态进行实证研究。同时，采用乘积式对数平均迪式指数模型（M-LMDI）分析了直接能源消费强度、居民人均消费水平和单位能源碳排放强度三大因素对居民消费碳排放变化的影响，并重点考察了各省份相关变量对生活消费碳排放影响的城乡差异。研究结果表明：（1）1997~2015年中国城乡居民人均生活消费碳排放量呈现逐年递增的趋势，在空间上均存在显著非均衡特征。城镇居民生活消费碳排放呈现向东北地区集聚的趋势，农村居民生活消费碳排放呈现向东南地区集聚的趋势。（2）Dagum基尼系数测算与分解结果显示，中国居民人均生活直接消费碳排放的地区差异总体上呈现波动下降的趋势，1997~1999年，城镇和农村居民生活直接消费碳排放的地区间差距贡献率是城乡差距的主要来源；2000年后，地区内差距贡献率超过地区间差距贡献率，成为城乡差距的主要来源。（3）Kernel密度函数估计结果显示，中国城乡居民人均生活直接消费碳排放增加，地区差异在扩大，城镇农村地区居民生活直接消费碳排放差距大于农村地区。（4）M-LMDI因素分解结果显示，中国30个省份（不包括西藏）碳排放量1997~2015年累计增加了96.91%，人均消费水平是居民生活直接消费碳排放增长的主要贡献因素，导致碳排放量增加168.77%；单位能源碳排放强度导致居民生活直接消费碳排放增加 19.65%；能源直接消费强度对居民生活直接消费碳排放增加具有抑制作用，使碳排放量减少了 92.41%。对全国居民人均消费直接碳排放变动贡献最大的省份是内蒙古、黑龙江、天津、辽宁、北京，累计贡献值依次为 0.1005、0.0634、0.0591、0.0555、0.0446；对全国居民人均消费直接碳排放变动贡献最小的省份是云南、陕西、青海、贵州、宁夏，累计贡献值依次为 0.0125、0.0170、0.0175、0.0183、0.0194。(5) 1997~2015 年城镇和农村居民人均消费直接碳排放量及其各分解因素的变动总体趋势大致相同。单位能源碳排放强度对城镇和农村居民人均生活消费直接碳排放具有正面影响，1999~2004 年单位能源碳排放强度对农村居民人均生活消费直接碳排放的贡献大于城镇，2005 年以后单位能源碳排放强度对城镇居民人均生活消费直接碳排放的贡献反超农村；能源直接消费强度是减少城镇和农村居民人均生活消费直接碳排放的主要动力，其在农村的贡献程度大于城镇；人均消费水平是居民人均生活消费直接碳排放增加的主要贡献因素，其在农村的贡献程度也大于城镇。

  本章针对上述研究结论提出以下政策建议。(1) 鉴于内蒙古、黑龙江、天津、辽宁、北京是全国居民生活直接消费碳排放最需要关注的省份，应该对这些省份的生活能源结构进行调整和优化升级。(2) 单位能源碳排放强度对居民人均生活消费直接碳排放具有促增效应，而能源直接消费强度对居民人均生活消费直接碳排放具有促减效应，因此，应积极实施更高效的能源技术，推行使用更清洁的生活能源。加大绿色能源技术和新能源的研发力度，提高城镇地区供电供暖能源的使用效率，发展清洁能源技术或者对供暖设备进行改良，提高燃料燃烧效率和能源输送效率，进而减少供暖产生的碳排放；农村地区应转变传统生物质能的消费，减少煤、原油等化石燃料的燃烧，持续改良能源结构，如煤改气和煤改电。(3) 人均消费水平对居民人均生活消费直接碳排放具有促增效应，应改变能源消费结构，积极倡导绿色生活及消费理念。政府应完善交通系统，鼓励居民减少私家车的使用；在制度方面，发布相应的环境税收政策制约高碳排放的生产，鼓励消费者购买绿色低碳产品。(4) 城镇和农村两组人群的差距主要来自组内差距，缩小城镇和农村地区的组内差距是缩小居民生活直接消费碳排放的关键，同时也要兼顾各省份的均衡发展，根据实际情况，系统考虑各省份以及各自城镇和农村碳排放份额及各因素的联动关系，在兼顾公平和效率的原则下，制定各省份以及各自城镇和农村地区的节能减排目标，因地制宜地开展减排工作。

第 15 章

城镇化和房地产投资对碳排放的影响研究*

15.1 研究背景

发展中国家正面临着实现城镇化和减少碳排放的日益严峻的挑战。2015年6月30日,新华社北京印发了《强化应对气候变化行动——中国国家自主贡献》文件,明确提出中国政府已经将积极应对气候变化作为国家经济社会发展的重大战略,把绿色低碳发展作为生态文明建设的重要内容,并确定了2030年实现单位国内生产总值二氧化碳排放比2005年下降60%~65%的自主行动目标。改革开放以来,中国的经济一直处于快速上升的发展阶段,城镇化水平不断提高。作为世界上最大的碳排放国家和发展中国家,中国快速的城镇化进程对碳排放产生了重要影响。因此,研究城镇化对我国碳排放的影响具有重要意义。此外,还有必要进一步探讨影响城镇化与碳排放之间关系的决定因素。毫无疑问,这些可以帮助决策者协调城镇化与碳排放之间的冲突。

近年来,大量研究探讨了城镇化对碳排放的影响。从理论上讲,全国碳排放量的大小不仅受各省碳排放量的影响,而且还受各省 GDP、人口数量、城镇化水平以及省内人口规模等因素影响。考虑到中国现有的制度安排,国家碳减排目标被分解到各个省份,并在各个省份的共同努力下实现。但是,现有研究很少关注各省份碳排放量对国家碳排放的影响。同时,先前的研究忽略了大量固定资产投资对城镇化进程的影响,尤其是房地产投资的影响。

尽管一些研究关注投资对碳排放的影响,但研究对象主要集中在固定资产投资(郑蕾等,2015;邵帅等,2017)和资本存量(陈诗一等,2010),很少有针对房地

---

* 本章内容部分来自范建双等发表在《地理科学》期刊上的成果(范建双,周琳. 城镇化及房地产投资对中国碳排放的影响机制及效应研究 [J]. 地理科学,2019,39(4):644-653)。部分内容来自邵帅(通讯作者)等发表在《Environmental Impact Assessment Review》期刊上的成果(Yao Xilong, Kou Dong, Shao Shuai, Li Xiaoyu, Wang Wenxi, Zhang Chentao. Can Urbanization Process and Carbon Emission Abatement Be Harmonious? New Evidence from China [J]. Environmental Impact Assessment Review, 2018 (71): 70-83)。

产投资的研究。因此，必须进一步研究将城镇化、房地产投资和碳排放纳入一个整体框架。同时，空间经济模型和分解公式（LeSage and Pace，2009）很少被用于检验城镇化与碳排放之间的关系。

因此，本章探讨了城镇化与碳排放之间的因果关系并尝试在以下几个方面对现有研究做出贡献。第一，我们采用了3个不同的变量（碳排放规模、人均碳排放量和碳强度）以更全面的方式来研究城镇化对于碳排放的影响。第二，采用门槛面板数据模型方法来量化2001~2014年城镇化对中国省级碳排放的非线性影响。根据城镇化率和人均国内生产总值的门槛，将中国30个省份（不包括西藏）划分为几个组，来研究不同城镇化阶段对碳排放的影响。第四，除了考察现有研究普遍采用的人口城镇化率对碳排放的影响以外，还将进一步考察房地产投资及二者的交互作用对碳排放的影响。考虑到一个区域的城镇化和房地产投资除了对区域自身的碳排放产生直接影响，还由于区域之间的相互依赖和联系而对相邻地区的碳排放水平产生间接影响，本章还将进一步采用空间面板数据模型从直接影响和间接溢出效应两方面来检验城镇化及房地产投资对碳排放的影响效应。最后，通过多重中介效应模型，探讨多个中介变量对城镇化进程中碳排放的影响，确定协调城镇化与碳排放之间关系的关键要素。

15.2 文献综述

一般而言，城镇化通过影响人口集中度、家庭消费升级和产业结构转换来影响碳排放（Zha D. L. et al.，2010）。学者们在国家和地区层面使用各种数据和模型进行了大量的理论分析和实证检验。大量研究采用时间序列数据对二者关系进行研究，例如，侯赛因（Hossain，2011）采用国家层面的时间序列数据研究了新兴工业化国家碳排放与城镇化之间的动态因果关系，发现从长远来看城镇化有利于城市环境的改善。奥尼尔等（O'Neill et al.，2012）采用可计算一般均衡模型检验了印度和中国的一系列城镇化途径对碳排放的影响，发现城镇化水平的上升比重要略小于碳排放的增长比重。吴宇哲等（Wu et al.，2016）使用 Kaya 恒等式和 LMDI 分解方法对中国的研究发现，城镇化导致中国碳排放量的增加。欧阳晓玲和林伯强（Ouyang and Lin，2017）使用协整模型对中国和日本进行了比较研究，发现在两国之间的城镇化进程中二氧化碳排放量的增长具有相似的特征。徐斌和林伯强（Xu and Lin，2017）使用向量自回归模型检验了中国城镇化与二氧化碳排放之间的关系，发现由于人口流动性和机动车使用的原因，二者之间存在倒"U"型关系。帕塔（Pata，2018）通过协整检验模型对土耳其的城镇化水平和碳排放的关系进行了实证检验，发现了两者之间存在长期协整关系。

也有大量研究采用国家层面的面板数据进行检验，例如，穆拉利（Al-mulali et

al.，2012）使用完全修正的普通最小二乘法对城镇化和碳排放之间的关系进行了检验。发现84%的国家在城镇化与二氧化碳排放之间具有长期的正相关关系，只有16%的国家存在相反结果。穆拉利（Al-mulali et al.，2013）使用中东和北非国家的面板数据，发现城镇化与二氧化碳排放之间存在长期的双向正相关关系。萨多尔斯基（Sadorsky，2014）运用新的容许异质性系数和跨部门独立的分组回归技术对一个由16个新兴国家组成的不平衡面板数据进行了实证检验，发现城镇化变量的估计系数为正但不显著。有学者采用面板单位根、协整和因果关系检验进行实证研究，发现城镇化与碳排放之间存在互为因果关系（Kasman and Duman，2015；Wang Y. et al.，2016）。张宁等（Zhang et al.，2017）采用双向固定效应模型进行实证研究，发现141个国家的城镇化与碳排放之间呈倒"U"型关系。此外，一些研究将研究对象按一定标准划分为若干组，比较不同组别之间的差异。有学者根据年收入水平将国家分为不同的收入组进行分组检验，发现城镇化对碳排放的影响在所有组别中均为正向（Poumanyvong and Kaneko，2010）。

对于区域层面而言，已有研究通常使用横截面数据、时间序列数据和面板数据。采用横截面数据，有学者使用投入产出模型来确定碳排放量较大的部门间的联系，发现高排放系数弹性分别与固定资本形成总额、建筑业以及非金属矿物产品制造之间的交易相关，进一步建议决策者需要在较大的碳排放部门和快速城镇化之间进行权衡（Liu et al.，2016）。基于广东省和浙江省的时间序列数据，学者们发现城镇化与二氧化碳排放之间存在正相关关系（Wang et al.，2013；Yang et al.，2018）。任立军等（Ren et al.，2015）使用部门能源消耗方法研究了不同城镇化阶段的碳排放特征，发现城镇化对碳排放的影响在中期阶段比早期阶段更为明显。

更多研究使用了中国省级面板数据来检验城镇化与碳排放之间的关系。例如，有学者采用动态面板数据模型进行实证检验使用，发现城镇化对碳排放的影响可以忽略不计（Du et al.，2012），有学者采用面板向量自回归模型进行实证分析，发现城镇化对碳强度具有倒"U"型影响（Lin and Zhu，2017），也有学者采用通用的系统矩估计方法，发现城镇化是碳排放的最重要驱动因素（Wang S. Y. et al.，2016）。康燕青等（Kang et al.，2016）进一步采用空间面板数据模型来避免系数估计误差，发现城镇化和煤炭燃烧是二氧化碳排放量增加的最大原因。有学者使用LMDI模型进行因素分解，发现城镇化与碳排放之间的正相关关系（Ding and Li，2017）；有学者采用地理加权回归模型进行分析，发现每个省份的二氧化碳排放都有明显的空间效应，城镇化是二氧化碳排放增加的最重要因素（Wang et al.，2018）；还有学者使用门槛面板回归模型和中介效应模型进行实证检验，发现如果政策制定者发挥中介因素的积极作用，城镇化将减少碳排放（Yao et al.，2018）。

此外，一些研究将中国各省按不同的标准划分为不同的组别进行分组回归。例如，根据人均实际GDP将国内29个省份划分为3组，发现城镇化对碳排放的影响在三组中差异较大（He et al.，2017）；根据人均CO_2排放的年平均值将中国的30

个省份划分为 5 组，发现城镇化对不同组的 CO_2 排放有不同的影响（Li et al.，2012）；也有学者根据产业结构和城镇化率的指标将国内 29 个省份划分为 3 类，并采用自回归滞后模型检验不同组中城镇化与碳排放之间的关系，发现二者之间存在 3 个阶段的动态关系（Shi and Li, 2018）。

总而言之，现有文献主要集中在国家和地区层面的数据上。国家层面数据的研究主要集中在外国或将中国与其他国家进行比较。区域性研究基本上集中于中国的省份，主要使用三种方法：回归分析法、因果分析法和因子分解法。回归分析方法需要预先设置函数形式。为了避免系数估计误差，康燕青等（Kang et al., 2016）在实证研究中引入了空间面板数据模型。但到目前为止，鲜有研究试图将总效应分为直接效应和空间溢出效应。因果分析主要考察了两者之间的相互作用机制。但是，回归分析和因果分析都无法检验每个省的城镇化对中国总体碳排放的影响。因子分解法不仅可以分析城镇化及其他变量对碳排放的影响，还可以分析各省、各部门的相关变量对全国碳排放的影响。因此，本章将使用 LMDI 分解方法来检验省份的城镇化和房地产投资对碳排放的贡献，并使用空间面板数据模型来检验直接效应和溢出效应。

15.3 作用机制分析

15.3.1 城镇化对碳排放的影响

城镇化进程通过改变土地利用结构、产业结构、人口迁移、城镇地域空间拓展与基础设施建设对居民的出行方式、产业集聚方式和交通运输方式产生影响，进而影响碳排放。归纳起来，主要包括以下三方面。

首先，规模效应。城镇化进程中大规模的住宅和基础设施建设会引起人口和产业的大规模集聚，产生规模效应。产业经济规模扩大的一个直接结果就是导致碳排放总量的增加。从需求的角度，城镇化进程中人口向城镇大规模集聚将催生大量的需求，包括生产、生活、交通基础设施和住房的需求，并导致居住、交通和娱乐引起的密集的城市经济活动；而农村人口的城镇集聚也意味着生活方式的转变和消费需求的改变，导致能源消费增加，这些都会产生大量的碳排放。从供给的角度，城镇化进程中政府为了招商引资而大量兴建工业园区、产业园区，在吸引企业进驻产生集聚规模效应的同时，也产生了大量的碳排放。

其次，结构效应。城镇化的过程也是农业从业人员不断减少而二三产业从业人员不断增加的过程。同时，城镇化过程在空间上表现为大量的农用地转化为城镇建设用地。这些都将引起产业结构的变化。不同的产业结构形态意味着不同的碳排放强度。农用地的减少意味着碳汇的减少；城镇建设用地的不断扩张意味着碳源的增加，例如，城镇化建设催生的第二产业中钢铁、水泥产业比重的增加会导致碳排放增加，城镇空间的扩张和蔓延还会导致对交通出行汽车需求的增长和物流运输线路的拉长，这些都会导致碳排放增加。

最后，集聚效应。一是人口的空间集聚效应。城镇化进程中人口向城镇的大规模集聚能够让公共服务资源得到更有效的利用，通过改善公共基础设施降低了公共资源的能耗和碳排放量。例如，大型公共交通的发展大大减少了人均碳排放量。随着城镇化积极作用的发挥，城市的能源消耗和碳排放可能会下降，把这些地区推向"绿色"的方向。城镇化带来的城市交通改善可以在短期内增加空气污染物排放量，但在长期内会减少（Yang et al.，2016；Sun et al.，2018）。二是人力资本的空间集聚效应。城镇化进程也是人力资本集聚的过程，人力资本集聚通过学习效应、模仿效应和知识溢出效应来促进技术创新水平的提高。技术创新的产生意味着生产效率的提高和能源使用效率的提高，从而降低碳排放。同时，一种新技术的产生也可能带来某些能源消费的增长，从而导致碳排放的增加。因此，城镇化对碳排放的影响取决于积极作用和消极作用之间的博弈结果。因此，本书假设城镇化对碳排放的影响存在门槛效应。

15.3.2 房地产投资对碳排放的影响

现有文献还鲜有从房地产投资的角度来研究其对碳排放的影响。从更广义的固定资产投资角度看，有学者提出，投资作为经济增长的外生要素，不仅直接扩大其投资产业的产出，还会通过产业间关联效应间接推动其他产业的产出增长（邵帅等，2017）。而投资在促进经济增长的同时，也间接引起了碳排放的增加。房地产投资作为我国投资中非常重要的组成部分，2015年我国房地产投资占全部投资的比重为17.08%。房地产投资的增加不仅带动了房地产业本身的发展，而且带动了上下游产业的发展，如建筑业、建材家装业、钢铁、水泥产业等，而这些产业的生产活动均会产生大量的碳排放。

15.3.3 城镇化与房地产投资的交互影响机制

有学者提出，城镇化与房地产投资之间的相关性较强，是相互促进的因果关系（徐丽杰，2014）。一方面，城镇化进程中农村人口向城镇的集聚对住房产生了大量的需求，这势必促进住房类房地产投资的增加。同时，城镇化进程产生的资源集聚效应大大降低了交易成本，提高了企业的劳动生产率，企业的大规模集聚必然催生大量的商业类、办公类房地产开发投资的增长。另一方面，房地产投资会影响城镇化。房地产投资于城镇区域的土地，最终作用于城镇化建设（朱庄瑞、藏波，2016）。首先，房地产投资能够促进地区经济增长和地方财政的增长，而经济和财政增长的资金又大多用于城镇化建设，因此，房地产投资通过提高经济发展而促进城镇化建设,加快城镇化进程;其次,以住宅小区或者商业楼盘开发为主要形式的房地产投资会带动周边地区的学校、医院、道路等基础设施配套建设,从而促进城镇化发展,提高城镇化质量;最后,房地产投资的增长也带动了上下游产业链上相关产业的发展,如建筑业、钢铁和水泥生产行业、建材家装行业等,这些行业均为劳动密集型产业,能够吸纳大量的农村劳动力,从而推动人口的城镇化进程。但是房地产投资具有盲目性,加上市场体制的不完善,导致房价收入比失衡,房价和租金的上升增加了农民工的生活成本,在一定程度上阻碍了人口的迁移,进而阻碍了城镇化进程。

综上可知,城镇化及房地产投资均会对碳排放产生正反两方面的直接和间接影响。除此之外,由于二者之间又存在紧密的互动关系,二者的交互作用和相互影响进一步改变了能源消费结构,进而影响碳排放,即二者的共同作用会对碳排放产生直接加间接的叠加效应。城镇化及房地产投资对碳排放的影响与作用路径如图15-1所示。

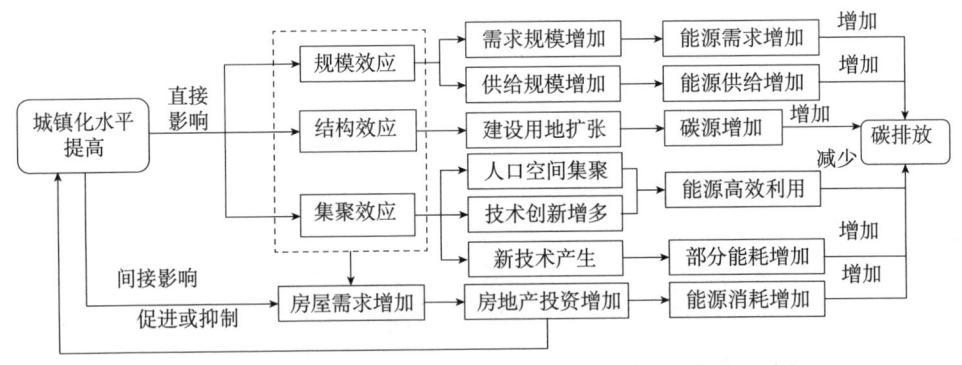

图 15-1　城镇化及房地产投资对碳排放的影响机制与作用路径

15.4　模型构建与数据选取

15.4.1　模型构建

目前大量的文献采用因素分解方法研究碳排放的驱动因素。主流的分解方法有结构分解法(SDA)和指数分解法(IDA)。SDA 是以投入产出模型为基础的一种比较静态分析法,需要利用投入产出表中的数据,难以进行连续的时间序列比较分析,只能进行加法分解。IDA 是因素分解中普遍采用的方法,其优点在于数据需求量较小、分解方法多样,存在多种加法与乘法分解模式。本章将采用对数平均 Divisia 指数分解法(LMDI)对中国整体和分省的碳排放进行因素分解,因为该方法分解无残差,且对零值与负值数据能进行有效简单的技术处理。因素分解方法可以识别碳排放增长的来源，判断相关因素对碳排放影响的贡献大小，但是不能识别引起地区碳排放量差异的内在原因，因而需要选择合适的计量经济模型来对影响碳排放的各类因素进行识别，特别是深层次的制度性因素和潜在的空间溢出效应。本章将同时采用空间面板数据模型，从直接影响和空间溢出两方面来分析城镇化及房地产投资对碳排放的影响，从而检验是否存在潜在的空间溢出效应。同时，考虑到城镇化通过与房地产投资的互动机制对碳排放产生间接影响，将二者割裂开来研究其对碳排放的影响有失偏颇。本章将在线性模型的基础上进一步引入城镇化和房地产投资的交叉项，以检验二者的关联效应对碳排放的影响。

15.4.1.1 因素分解模型

为了同时考察城镇化和房地产投资对碳排放的影响，本章构建如下的 Kaya 恒等式变形：

$$C = \frac{C}{R} \times \frac{R}{U} \times \frac{U}{P} \times P \tag{15-1}$$

其中，C、R、U 和 P 分别表示碳排放量、房地产投资、城镇人口和地区总人口数量（本章指户籍人口）；$CR = C/R$，表示房地产投资碳排放系数，即单位房地产投资产生的碳排放量；$RU = R/U$，表示城镇房地产投资强度，即城镇人均房地产投资额，反映了地区的房地产投资情况；$UP = U/P$，表示城镇化水平，即地区城镇人口占总人口的比重。

根据 LMDI 方法，对式（15-1）的碳排放分解有加法和乘法两种形式：

$$\Delta C = C_t - C_0 = \Delta C_{CR} + \Delta C_{RU} + \Delta C_{UP} + \Delta C_P \tag{15-2}$$

$$D = \frac{C_t}{C_0} = D_{CR} D_{RU} D_{UP} D_P \tag{15-3}$$

其中，ΔC 表示从基期到 t 时期的碳排放变化；ΔC_{CR}、ΔC_{RU}、ΔC_{UP} 和 ΔC_P 分别表示 CR、RU、UP 和 P 变化产生的碳排放，即贡献值；D 表示从基期到 t 时期的碳排放的变化率；D_{CR}、D_{RU}、D_{UP} 和 D_P 分别表示 CR、RU、UP 和 P 变化产生的碳排放贡献率。碳排放分解因子的权重可以表达为：

$$W_1 = \frac{C_t - C_0}{\ln(C_t/C_0)} \tag{15-4}$$

将式（15-2）和式（15-4）进行组合，则有：

$$\Delta C = W_1 \times \ln\left(\frac{C_t}{C_0}\right) = W_1 \times \left(\ln\frac{CR_t}{CR_0} + \ln\frac{RU_t}{RU_0} + \ln\frac{UP_t}{UP_0} + \ln\frac{P_t}{P_0}\right) \tag{15-5}$$

结合式（15-2）和式（15-5），可以得到 CR、RU、UP 和 P 变化对碳排放的贡献份额分别为：

$$\Delta C_{CR} = W_1 \times \ln\frac{CR_t}{CR_0}; \Delta C_{RU} = W_1 \times \ln\frac{RU_t}{RU_0};$$

$$\Delta C_{UP} = W_1 \times \ln\frac{UP_t}{UP_0}; \Delta C_P = W_1 \times \ln\frac{P_t}{P_0} \tag{15-6}$$

将式（15-3）两边分别取对数，得到：

$\ln D = \ln D_{CR} + \ln D_{RU} + \ln D_{UP} + \ln D_{P}$ (15-7)

另假设式（15-2）和式（15-3）各项对应成比例，进一步可得到碳排放贡献率的权重：

$$W_2 = \frac{\ln D}{\Delta C} = \frac{\ln D_{CR}}{\Delta C_{CR}} = \frac{\ln D_{RU}}{\Delta C_{RU}} = \frac{\ln D_{UP}}{\Delta C_{UP}} = \frac{\ln D_P}{\Delta C_P}$$ (15-8)

结合式（15-6）和式（15-8），则 CR、RU、UP 和 P 变化对碳排放的贡献率可以分别表示为：

$$r_{CR} = \exp(W_2 \Delta C_{CR}); r_{RU} = \exp(W_2 \Delta C_{RU});$$
$$r_{UP} = \exp(W_2 \Delta C_{UP}); r_P = \exp(W_2 \Delta C_P)$$ (15-9)

15.4.1.2 空间计量模型

本章在 STIRPAT 线性模型的基础上，着重分析城镇化、房地产投资及二者的交叉项对碳排放的影响，构建普通面板数据模型如下：

$$\ln C = \beta_0 + \beta_1 \ln UP + \beta_2 (\ln UP)^2 + \beta_3 \ln RU + \beta_4 \ln UP \cdot \ln RU + \beta_5 \ln y$$
$$+ \beta_6 (\ln y)^2 + \beta_7 \ln GI + \beta_8 \ln IS + \beta_9 \ln Trade + \varepsilon$$ (15-10)

其中，C 表示碳排放量，为因变量。β_0 表示常数。UP 和 RU 为自变量。其中，UP 表示城镇化水平，并引入二次项来检验城镇化对碳排放是否存在非线性影响；RU 表示城镇房地产投资强度，用来衡量地区的房地产投资情况。其余均为控制变量。其中，y 表示经济发展水平，为了验证经济发展与环境质量之间是否呈现倒"U"型关系，即环境库兹涅茨曲线（EKC），本章引入了变量 y 的二次项；GI 表示政府投资情况；IS 表示产业结构；$Trade$ 表示对外开放程度；ε 表示误差项。

本章进一步构建了如下空间计量模型来研究城镇化水平和房地产投资热度等因素对各省碳排放影响的空间关联性：

$$\ln C_{it} = \alpha + \rho \sum_{j=1, j \neq i}^{N} w_{ij} \ln C_{jt} + \beta X_{it} + \theta \sum_{j=1}^{N} w_{ij} X_{ijt} + u_i + v_i + \varepsilon_{it}$$
$$\varepsilon_{it} = \psi \sum_{j=1, j \neq i}^{N} w_{ij} \varepsilon_{jt} + u_{it}$$ (15-11)

其中，i 表示 i 地区；j 表示 j 地区；t 表示年份；C 表示碳排放量；α 表示常数；ρ 表示碳排放空间自回归系数；X 表示城镇化水平、城镇房地产投资强度等自变量和控制变量的变量向量；β 和 θ 均表示变量 X 的回归系数；w_{ij} 表示空间权重矩阵；ψ 表示相邻两个单元内生变量互相影响程度的未知参数；u_i 表示地区效应；v_i 表示时间效应；ε_{it} 表示残差项。

空间面板计量模型主要包括空间误差模型（SEM）、空间滞后模型（SAR）和空间杜宾模型（SDM），式（15-11）为包含了所有空间效应的一般嵌套模型（GNS）。若模型中只包含内生交互项，即 $\rho \neq 0$、$\theta = 0$、$\varphi = 0$，则该模型为 SAR；若只包含误差项的交互作用，即 $\rho = 0$、$\theta = 0$、$\varphi \neq 0$，则该模型为空 SEM；若只包含外生交互项，即 $\rho=0$、$\theta\neq0$、$\varphi=0$，则该模型为空间滞后解释变量模型（SLX）；若包含了内生和外生交互项，即 $\rho\neq0$、$\theta\neq0$、$\varphi=0$，则该模型为 SDM；若包含了外生交互项和误差项的交互作用，即 $\rho\neq0$、$\theta\neq0$、$\varphi=0$，则该模型为空间杜宾误差模型（SDEM）。本章将通过研究上述模型，通过一定检验方法选择最佳估计模型。

为了进一步测试空间溢出效应的值，有必要使用某种方法来去除直接效应和空间溢出效应，而不是直接使用空间面板数据模型进行简单的回归分析。原因是这种方法得出的结论值得商榷（LeSage and Pace, 2009）。此外，还有通过求解偏微分法来分解直接影响和空间溢出效应的方法。但是，此方法需要多次采样才能获得多次采样的平均值。由于每次采样都要花费大量时间来重新计算偏微分矩阵，尤其是在样本量较大时，因而计算过程过于复杂。因此，本书将使用勒萨热和佩斯（LeSage and Pace, 2009）的分解公式，如下：

$$[I-\rho w]^{-1} = I + \rho w + \rho w^2 + \rho w^3 + \cdots \quad (15-12)$$

通过预设等式右侧的 w 和 ρ 的次数，式（15-12）可以避免矩阵求解逆矩阵的复杂过程，并且可以很好地获得每个样本的直接效应和空间溢出效应的值。

15.4.1.3 门槛面板回归模型

如上所述，不同的城镇化水平可能对碳排放产生不同影响。因此，本章将利用门槛回归模型确定不同城镇化阶段的潜在拐点。本章在门槛模型中将碳排放规模（CE）作为因变量，将城镇化率（UR）作为自变量。变量 UR 同时也是门槛变量，以检验城镇化与碳排放之间的关系是否存在门槛效应。

本章采用广泛应用于碳排放问题领域的 STI RPAT 模型作为实证模型的基础。具体模型如下：

$$I_i = \alpha P_i^\beta A_i^\gamma T_i^\delta e_i \quad (15-13)$$

其中，环境影响（I）分解为人口（P）、富裕（A）和技术水平（T）的乘积。α、β、γ 和 δ 分别表示要估计的参数；e_i 表示随机扰动项。式（15-13）的对数形式如下：

$$\ln I_i = \alpha + \beta \ln P_i + \gamma \ln A_i + \delta \ln T_i + e_i \quad (15-14)$$

结合本章使用的具体变量，式（15-14）可进一步表述为：

$$\ln CE_{it} = \alpha + \beta \ln UR_{it} + \gamma \ln PG_{it} + \delta \ln TP_{it} + e_i \quad (15-15)$$

对于自变量 UR，假设一个拐点，具有以下回归函数：

$$\ln CE_{it} = \alpha_1 \ln UR_{it}(UR_{it} \leq \eta) + \alpha_2 \ln UR_{it}(UR_{it} > \eta) + \beta_1 \ln PG_{it} + \beta_2 (\ln PG_{it})^2 \\ + \beta_3 (\ln PG_{it})^3 + \gamma \ln TP_{it} + \lambda IS_{it} + \delta ECS_{it} + \xi FDI_{it} + \psi ERP_{it} + v_{it}$$

$$(15-16)$$

其中，i 和 t 分别表示省份和年份；UR 表示城镇化；PG 表示人均国内生产总值；IS 和 TP 分别表示产业结构和技术进步；ECS 表示能源消费结构；FDI 表示外商直接投资；ERP 表示环境规制；α_1、α_2、β_1、β_2、β_3、γ、λ、δ、ξ 和 ψ 是要被估计的参数；η 是估计的门槛；v_{it} 是随机扰动项。

式（15-16）是一个单一的门槛模型，可在此基础上建立一个双重门槛模型：

$$\begin{aligned}\ln CE_{it} =\ &\alpha_1 \ln UR_{it}(UR_{it} \leq \eta_1) + \alpha_2 \ln UR_{it}(\eta_1 < UR_{it} \leq \eta_2) \\ &+ \alpha_3 \ln UR_{it}(UR_{it} > \eta_1) + \beta_1 \ln PG_{it} + \beta_2 (\ln PG_{it})^2 \\ &+ \beta_3 (\ln PG_{it})^3 + \gamma \ln TP_{it} + \lambda IS_{it} + \delta ECS_{it} + \xi FDI_{it} + \psi ERP_{it} + v_{it}\end{aligned}$$

(15-17)

本章采用不动点技术来寻找拐点，从而保证随后测试结果的方便性，其中，第二点根据第一点确定。具体流程如下：(1) 搜索第一门槛 $T1$，然后修正第一门槛；(2) 寻找第二门槛 $T2$，然后确定第二门槛；(3) 重新寻找新的第一个门槛；重复上述过程 2~3 次后，可以确定最终门槛。

15.4.1.4　中介效应模型

力石等（Chikaraishi et al.，2015）总结了城镇化与碳排放之间的因果关系，包括直接因果效应、中介因果效应和适度因果效应。本书基于上述思想，采用 4 个中介变量来研究城镇化与碳排放之间的关系。这 4 个中介变量是技术进步（TP）、产业结构（IS）、能源消费结构（ECS）和外商直接投资（FDI）。中介变量有利于理解自变量对因变量的影响路径。此外，有必要加入多个中介变量，以更清楚地解释自变量在复杂条件下对因变量的影响。通过结构方程模型分析多重中介效应模型是一种合适的方法，它可以同时处理显式变量和潜在变量，以及多个自变量、多个因变量和多个中介变量之间的关系。此外，多重中介效应模型可分为单步多重中介效应模型和多步多重中介效应模型，单步多重中介模型中各中介变量之间不存在相互影响，因而也称为并行多重中介模型；多步多重中介模型中各中介变量之间存在相互影响，且表现出顺序行特征，因而也称为链式多重中介效应模型。在本章中，我们假设技术进步、产业结构、能源消费结构和外商直接投资之间没有相互作用。因此，采用单步多重中介效应模型检验相关因素对城镇化与碳排放关系的中介效应，如图 15-2 所示。具体模型形式如下：

$$M_1 = a_1 X + e_{21} \quad (15-18)$$

$$M_2 = a_2 X + e_{22} \quad (15-19)$$

$$M_3 = a_3 X + e_{23} \quad (15-20)$$

$$M_4 = a_4 X + e_{24} \quad (15-21)$$

$$Y = c'X + b_1 M_1 + b_2 M_2 + b_3 M_3 + b_4 M_4 + e_3 \quad (15-22)$$

其中，X 表示城镇化；Y 表示碳排放规模；M_1、M_2、M_3 和 M_4 分别表示技术进步、产业结构、能源消费结构和外商直接投资；c 表示城镇化对碳排放规模的总效应；a_1、a_2、a_3 和 a_4 分别表示城镇化对各中介变量技术进步、产业结构、能源消费结构和外商直接投资的影响效应；b_1、b_2、b_3 和 b_4 分别表示控制了城镇化的影响后，各中介变量技术进步、产业结构、能源消费结构和外商直接投资对碳排放规模的影响效应；c' 表示在控制了各中介变量的影响后，城镇化对碳排放规模的直接影响效应；

e_{21}、e_{22}、e_{23}、e_{24} 和 e_3 是回归残差项。单步多重中介模型如图 15-2 所示。

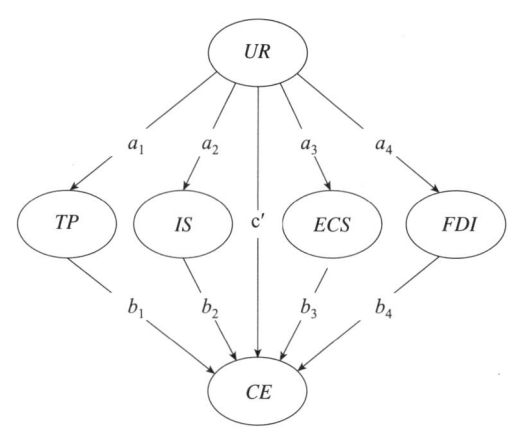

图 15-2 单步多重中介模型

基于上述模型，我们可以得到城镇化对碳排放规模影响的特定中介效应 a_1b_1、a_2b_2、a_3b_3 和 a_4b_4；总的中介效应 $ab = a_1b_1 + a_2b_2 + a_3b_3 + a_4b_4$；以及对比中介效应，如 $a_1b_1 - a_2b_2$、$a_1b_1 - a_3b_3$。在多重中介模型中，直接效应（c'）、间接效应（ab）和总效应（c）存在如下关系：

$$c = c' + a_1b_1 + a_2b_2 + a_3b_3 + a_4b_4 \tag{15-23}$$

15.4.2 数据来源与变量说明

考虑到数据的最大可得性，本章选取了 1997~2015 年中国整体数据作为研究样本，各变量数据由 30 个省份的相应数据加总得到（港澳台及西藏地区数据严重缺失予以剔除）。相关数据主要源于《中国统计年鉴》（1998~2016）、《中国能源统计年鉴》（1998~2016）和《新中国 60 年统计资料汇编》（1998~2016），个别缺失数据通过查找相应省份的统计年鉴补齐。

变量选取方面，首先是碳排放量。碳排放量需要间接测算。中国现有的统计资料中并没有对各省份碳排放量的统计数据，大多数文献采用政府间气候变化专门委员会（IPCC, 2006）的思路用各类能源的消耗量乘以相应的碳排放系数来计算，并以煤炭、焦炭、原油、汽油、煤油、柴油、燃料油和天然气 8 类化石燃料为统计对象。不同于已有研究，本章系统收集了中国 30 个省份 1997~2015 年的 17 种化石燃料[①]加上热力和电力的数据，并采用 IPCC（2006）中提供的各类化石燃料的碳排放系数来估算各类能源的碳排放量；其次是城镇化水平（UP）。用人口城镇化率来衡量，即城镇人口占总人口的比重。城镇人口和总人口均采用户籍人口的统计口径；

---

① 17 种化石燃料包括原煤、洗精煤、其他洗煤、型煤、焦炭、焦炉煤气、其他煤气、原油、汽油、煤油、柴油、燃料油、液化石油气、炼厂干气、天然气、其他石油制品和其他焦化产品。

再次是房地产投资碳排放系数（CR）。用地区碳排放量除以房地产开发投资额来衡量。房地产开发投资数据采用固定资产投资价格指数以 1997 年为基期进行了价格调整；最后是城镇房地产投资强度（RU）。用地区房地产投资额除以该地区的城镇人口来测度。

除了上述变量之外，在空间计量模型中还涉及控制变量，中介变量包括在控制变量中。具体涉及的控制变量如下。

（1）人均国内生产总值（PG）。环境质量与经济发展的关系通常用环境库兹涅茨曲线来描述（EKC）。有许多实证研究使用 EKC 理论来研究环境退化与经济增长之间的关系。有学者认为人均 GDP 与人均碳排放之间存在着倒"U"型关系。其他研究认为，除了倒"U"型曲线外，还存在一条 N 形曲线或单调递增的曲线来解释这种关系。因此，本章将人均国内生产总值作为估计城镇化对碳排放门槛效应的门槛变量。

（2）技术进步（TP）。城镇化可以为技术进步提供良好的环境。例如，城市地区的信息和知识获取更加方便，有利于技术进步。然而，技术进步对碳排放有双重影响。一方面，技术进步可以提高能源利用效率，如技术改进导致能源结构的变化，加速用清洁能源取代化石燃料，有助于减少碳排放。另一方面，由于能源的反弹效应，技术进步导致单位生产成本和价格降低，从而诱导更多产品需求，促进产品消费的增长，这反过来又会增加碳排放。

（3）产业结构（IS）。城镇化可能导致产业结构的变化，因为城镇化过程也是劳动力转移的过程。随着人口向城市地区的转移，第二产业和第三产业的比重逐渐增加，相应地产生更多的能源需求和碳排放。产业结构（IS）用二三产业产值占 GDP 的比重来表示。

（4）能源消费结构（ECS）。城镇化不仅意味着农村人口的非农业特性，还有消费需求、消费行为和生活方式的变化。农村家庭所需的产品往往部分自给自足，所消耗的能源相对较少。然而，城市家庭商业生产所消耗的能源大多来自化石燃料，不可避免地导致更多的碳排放。另外，城市居民相对较高的收入进一步刺激了消费者的需求，导致能源消费结构倾向于高碳特性的变化。随着城镇化水平的提高，中国的住宅能耗迅速增加，并将在可预见的未来保持高增长率。

（5）外商直接投资（FDI）。城镇化的促进很可能吸引更多的外国直接投资。一方面，外国资本的进入可以更新设备，促进研发，改进技术。外国直接投资往往是发展中国家通过调整产业结构和优化能源利用来提高能源利用效率的催化剂工业。另一方面，外国直接投资可能集中在高能耗行业。跨国公司往往在环境法规不完善的国家使用高污染设备，导致环境恶化。

（6）环境监管（ERP）。关于环境管制对碳排放的影响，有两个论点："绿色悖论"和"强制减排"。持"绿色悖论"观点的研究认为，加大环境监管力度不能促进碳减排。持"强制减排"观点的学者认为，环境规制可以有效遏制碳排放。此外，还包括对外开放程度（$Trade$），用地区进出口贸易总额占 GDP 的比重来表示；

政府投资情况（*GI*），用人均政府投资来测度。变量的界定和样本描述性统计分别见表 15 – 1 和表 15 – 2。

表 15 – 1　　　　　　　　　　　　变量定义

变量分类	变量	含义	变量描述和来源
因变量	CE	碳排放规模	根据 IPCC（2006）间接测算
自变量	UR	城镇化率	城镇人口占总人口比值
控制变量	PG	人均 GDP	结果价格指数平减后的人均 GDP
	TP	技术进步	专利申请数量
	IS	产业结构	第二产业增加值占 GDP 比重
	ECS	能源消费结构	煤炭消费占总能源消费的比重
	FDI	外商直接投资	实际利用外商直接投资占 GDP 比重
	ERP	环境规制	污染治理项目完成投资占 GDP 比重

表 15 – 2　　　　　　　　　　　　样本描述性统计

变量	单位	均值	标准差	最小值	最大值
CE	104 吨	11 000	8 855.8	500.16	51 000
UR	%	45.855	16.700	0.358	91.881
PG	百万元	1.685	1.009	0.454	5.004
TP	项	14 000	32 000	56	270 000
IS	%	38.814	8.046	12.659	53.036
ECS	%	74.644	14.595	25.058	99.962
FDI	%	2.854	2.772	0.001	16.462
ERP	%	0.178	0.136	0.007	0.992

15.5　模型计算结果分析

15.5.1　碳排放历史演变的因素分解结果与讨论

本章利用 LMDI 分解方法，首先将 1997~2015 年全国整体碳排放量分解为 *CR*、*RU*、*UP* 和 *P* 变化，并计算了每个驱动因素对碳排放的累积贡献率，如图 15 – 3 所示。可以看到，1997~2015 年中国整体碳排放呈现先增后减的趋势。从 4 类分解要素来看，*CR* 一直是其最主要的也是唯一的碳排放促减因素，且其促减作用逐年增强，表明房地产投资中绿色建材和绿色技术的投资逐渐增加，这与中国大力推进绿色建筑密不可分。1998 年首次定义了"四节一环保"的绿色建筑概念，2003 年、2006 年分别颁布了相关评估体系及评价标准，这一系列政策促进了房地产业节能减排投资比重的上升，并且房地产投资具有较低的减排成本特征，其绿色建筑的发展在节能减排方面具有很大的潜力。*RU* 对碳排放的贡献率最大且显著为正，在 2003

年后对碳排放的贡献率显著增加并远超其他因素,这说明 2003 年以来,城镇化进程中房地产投资比重越来越大,房地产投资热度越来越高,但是房地产投资在带动住宅和商业地产的开发建设的同时也带动了上下游产业链相关产业的发展,如建筑业、建材家装业、钢铁水泥产业,而这些产业的生产活动均会产生大量的碳排放。UP 对碳排放也有促增作用,这表明城镇化进程改变了土地利用结构、产业结构、人口迁移、城镇地域空间拓展与基础设施建设增加而影响居民的出行方式、产业集聚方式和交通运输方式,进而增加了碳排放。P 对碳排放也有促增作用,且效果逐年增大,但相对于其他因素较小,进一步观察其变动趋势,不难发现其促增效应与 UP 呈十分相似的变动趋势,说明两个因素之间具有联动作用。

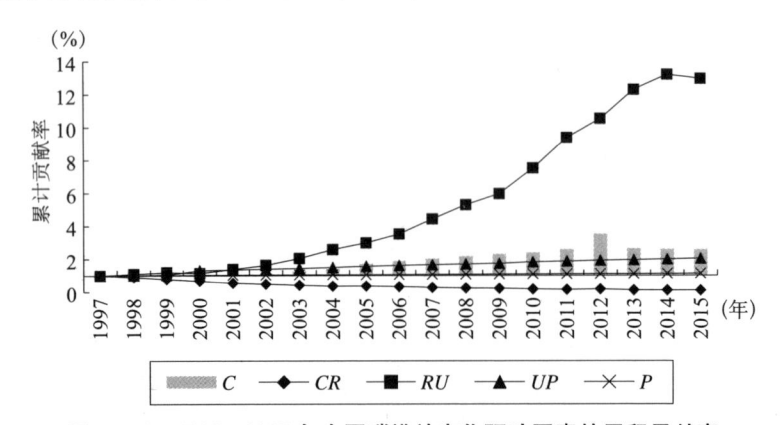

图 15-3 1997~2015 年全国碳排放变化驱动因素的累积贡献率

15.5.2 空间计量实证结果分析

15.5.2.1 Moran's I 指数

在进行相关空间计量分析之前,先要对碳排放(被解释变量)进行空间自相关分析,本章用莫兰(Moran's I)指数来计算碳排放的空间相关性。通过计算 Moran'I 指数的值和显著性水平,我们可以确定是否有必要引入空间面板数据模型。Moran'I 指数如下:

$$Moran's\ I = \frac{n}{\sum_{i=1}^{n}(C_i - \bar{C})^2} \times \frac{\sum_{i=1}^{n}\sum_{j=1}^{n}w_{ij}(C_i - \bar{C})(C_j - \bar{C})}{S^2 \sum_{i=1}^{n}\sum_{j=1}^{n}w_{ij}} \quad (15-24)$$

$$w_{ij} = (y_i \times y_j)/d_{ij}^2$$

其中,C_i 是第 i 个区域碳排放的观测值;n 是区域总数;$\bar{C}$ 是 n 个区域的平均碳排放量;w_{ij} 是行归一化的空间加权矩阵,其中 y_i 和 y_j 分别表示两个区域的人均 GDP;d_{ij} 是两个区域的空间地理距离。

图 15-4 是 1997~2015 年全国碳排放量的空间自相关的全局 *Moran's I* 指数。1997 年以来中国碳排放全局 *Moran's I* 指数均为正，且大部分都在 5% 显著性水平显著（$P > 0.05$），表明该时期内中国碳排放存在显著正向的空间关联特征，总体上，1997~2007 年正向空间集聚效应越来越大，2007 年以后呈现下降的趋势。

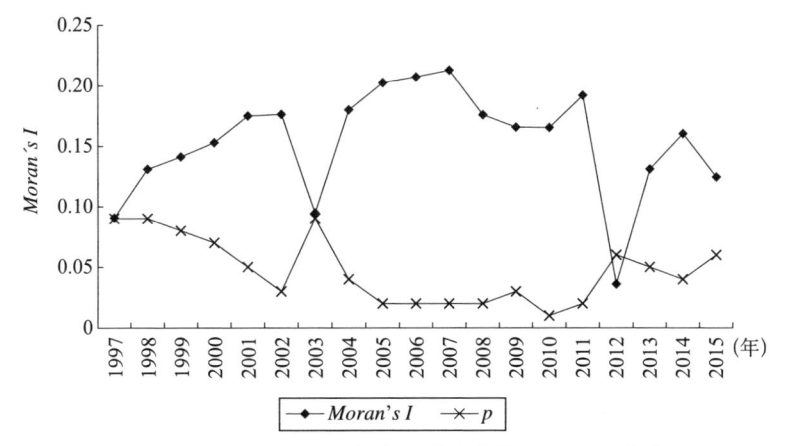

图 15-4　1997~2015 年全国碳排放量 *Moran's I* 指数

15.5.2.2　空间面板数据回归结果

本章首先采用非空间面板数据进行估计和残差检验（见表 15-3）。通过检验可知，空间固定效应和时间固定效应的 *LR* 检验结果均在 1% 显著性水平显著，说明模型中既包含时间固定效应又包含空间固定效应。因此，应该在空间和时间固定效应模型的基础上计算 *LM* 统计结果。而空间和时间固定效应模型的 *LM spatial lag* 和 *LM spatial error* 均通过检验，则需进一步比较 *R-LM spatial lag* 和 *R-LM spatial error*，结果显示也均通过检验，则说明 SAR 和 SEM 模型均成立，需要进一步估计 SDM 模型。空间固定效应 LR 检验和时间固定效应 LR 检验分别为 1 091.572 和 83.011，均在 1% 水平显著。

表 15-3　非空间面板模型的系数估计和残差检验

变量名称	混合估计模型	空间固定效应模型	时间固定效应模型	空间和时间固定效应模型
LM spatial lag	23.158*** (0.000)	20.744*** (0.000)	2.201 (0.138)	1.873*** (0.000)
LM spatial error	2.558 (0.110)	11.396*** (0.001)	0.166 (0.684)	2.646*** (0.001)
R-LM spatial lag	45.160*** (0.000)	14.844*** (0.000)	4.317** (0.038)	1.624*** (0.000)
R-LM spatial error	24.560*** (0.000)	5.497** (0.019)	2.282 (0.131)	2.398*** (0.000)

注：括号内为 *p* 值；***、** 分别表示在 1%、5% 的水平显著。

表 15-4 是时间固定效应和空间固定效应下 SDM 模型的估计结果,由于参数估计中可能会产生偏误,本章针对 SDM 模型进行了误差修正。从 Wald 检验结果可知,空间滞后项和空间误差项均通过了 1% 的显著性检验,说明 SDM 模型比 SAR 和 SEM 模型更加适用。最后 Hausman 检验的统计值为 12.855(0.846),表示不能拒绝存在随机效应的原假设,因此,采用空间随机效应和时间随机效应下的 SDM 模型更有效。根据 SDM 模型中空间随机效应和时间随机效应的系数估计结果可以发现,这些变量的空间滞后项大多数在 10% 的显著性水平是有意义的。这意味着这些变量的空间影响因子也需要包含在模型中。具体而言,除政府投资和产业结构外,空间滞后自变量的估计系数的显著性水平为 10%,这表明中国各省之间的城镇化与房地产投资之间存在相互叠加作用,经济发展水平和开放程度存在空间溢出效应。该结果与康燕青等(Kang et al.,2016)的结论保持一致。

表 15-4 空间和时间效应下的 SDM 模型估计结果

变量名称	空间和时间固定效应模型	空间和时间固定效应模型（误差修正）	空间和时间随机效应模型
ρ	-0.1679** (-2.2973)	-0.0784* (-1.9847)	-0.1179** (-2.4185)
$\ln UP$	0.0393 (0.0944)	0.0116 (0.0268)	0.2155* (1.9138)
$(\ln UP)^2$	0.0043 (0.0385)	0.0054 (0.0465)	0.0054 (0.0480)
$\ln RU$	0.0082 (1.9362)	0.0272 (0.1142)	0.2498* (1.8749)
$\ln UP \times \ln RU$	-0.1961*** (-2.7829)	-0.2008*** (-2.7242)	-0.1711** (-2.3925)
$\ln y$	0.3397** (1.9745)	0.3426* (1.9022)	0.5479*** (3.5156)
$(\ln y)^2$	0.1484*** (3.6344)	0.1534*** (3.5920)	0.1056*** (2.6713)
$\ln GI$	-0.2963*** (-2.9018)	-0.2944*** (-2.7540)	-0.3727*** (-3.7272)
$\ln IS$	0.0044 (0.0161)	0.0171 (0.0594)	0.1610** (2.5769)
$\ln Trade$	-0.0313*** (-2.9011)	-0.0325*** (-2.8797)	-0.0336*** (-3.0488)
$W \times \ln UP$	2.0442** (2.2500)	2.0197** (2.1237)	1.3985** (2.5606)
$W \times (\ln UP)^2$	0.9177*** (2.5789)	0.9073** (2.4357)	0.9445*** (2.6112)
$W \times \ln RU$	0.4582 (1.0925)	0.4649 (1.0592)	0.3687* (1.9656)
$W \times (\ln UP \times \ln RU)$	-0.4692** (-2.1277)	-0.4564** (-1.9772)	-0.3630* (-1.7296)

续表

变量名称	空间和时间固定效应模型	空间和时间固定效应模型（误差修正）	空间和时间随机效应模型
$W \times \ln y$	0.180 9 (0.385 0)	0.142 0 (0.288 7)	0.798 6 *** (1.821 2)
$W \times (\ln y)\hat{}2$	-0.226 6 ** (-2.379 8)	-0.230 3 ** (-2.310 8)	-0.351 7 *** (-4.021 5)
$W \times \ln GI$	-0.172 2 (-0.638 4)	-0.159 0 (-0.563 2)	-0.309 6 (-1.204 5)
$W \times \ln IS$	-0.989 6 (-1.240 0)	-0.968 3 (-1.159 2)	-0.950 5 (-1.207 1)
$W \times \ln Trade$	0.094 6 *** (3.092 7)	0.093 4 *** (2.917 8)	-1.207 1 *** (-1.207 1)
R^2	0.953 8	0.953 5	0.937 5
$Corr^2$	0.172 0	0.172 9	0.282 3
$LogL$	163.267 28	163.267 28	-10 627.619
Wald spatial lag	60.032 1 ***	54.029 0 ***	57.786 9 ***
Wald spatial error	56.402 6 ***	56.402 6 ***	55.130 4 ***
Hausman		12.854 8	

注：括号内为 t 值，***、** 分别表示在 1%、5% 的水平显著。

由于以上检验采用了点估计的方法，实证结果可能存在偏差，因此，本章进一步借鉴勒萨热和佩斯（LeSage and Pace, 2009）的思路，利用求偏微分方程的方法，根据解释变量对被解释变量影响的来源不同，将其系数分解为直接影响和溢出效应（见表 15-5）。

表 15-5 **各变量对碳排放量的直接影响和空间溢出效应**

变量名称	空间和时间固定效应模型		
	直接影响	空间溢出效应	总效应
$\ln UP$	-0.229 ** (-2.404)	1.312 ** (2.619)	1.083 * (1.991)
$(\ln UP)\hat{}2$	-0.011 ** (-2.616)	0.869 * (2.611)	0.858 ** (2.476)
$\ln RU$	0.240 * (1.794)	0.325 (1.189)	0.565 ** (2.128)
$\ln UP \times \ln RU$	-0.157 ** (-2.123)	-0.315 ** (-2.627)	-0.471 ** (-2.606)
$\ln y$	0.543 *** (3.409)	0.675 * (1.704)	1.218 *** (2.924)
$(\ln y)\hat{}2$	0.110 *** (2.816)	-0.333 *** (-4.076)	-0.223 * (-2.873)
$\ln GI$	-0.369 *** (-3.615)	-0.242 (-0.991)	-0.611 ** (-2.559)

续表

变量名称	空间和时间固定效应模型		
	直接影响	空间溢出效应	总效应
ln*IS*	0.181 (0.641)	-0.908 ** (-2.418)	-0.726 (-1.005)
ln*Trade*	-0.035 *** (-3.186)	0.084 *** (2.996)	0.049 (1.639)

注：括号内为 t 值，***、** 分别表示在 1%、5% 的水平显著。

从表 15-5 可知，城镇化水平对碳排放的直接影响显著为负，这说明城镇化进程对本地区的碳排放具有促减效应，城镇化进程中人口的空间集聚带动了产业的集聚，同时产生经济外部性，使得城市的产业结构和资源配置更加有效。人力资本的集聚，通过学习效应、模仿效应和知识溢出效应促进了技术创新水平的提高，生产效率和能源使用效率因此也得到了大幅度的提升，从而降低了碳排放。城镇化水平的空间溢出效应显著为正，说明城镇空间的扩张和蔓延会影响相邻地区碳排放，相邻地区因为引资激励而竞相大规模建设基础设施，导致了碳排放的增加。

房地产投资对本地区碳排放具有显著的促增效应，说明房地产投资明显增加了能源消耗，增加了碳排放，但是其空间溢出效应并不显著。值得注意的是，城镇化与房地产投资交互作用的直接效应和空间溢出效应均显著为负，这说明二者的交互作用并没有对碳排放产生叠加效应，而是对本地和相邻地区产生了促减作用。由于碳排放和城镇化可能存在"U"型或倒"U"型曲线，因此，本章在回归模型中加入 UP 的二次项后，得到城镇化水平总效应的二次项系数显著为正，城镇化水平对碳排放存在先减少后增加的"U"型变动趋势。这说明在城镇化的早期和中期，科学技术的飞速发展主要取决于经济和技术投入，产业集聚效应越来越高，有利于减少碳排放。当城镇化水平达到最佳阈值后，城镇化将导致城市扩张，建设用地扩张和交通运输等能源消耗增加，从而增加碳排放量。我们进一步根据一次项和二次项系数计算城镇化水平对碳排放影响的临界值。若 a_1、a_2 分别表示城镇化水平的一次项系数与二次项系数，则其的临界值可表示为 $\ln UP_0 = -a_1/2a_2$。因此，城镇化水平对碳排放的临界值为 $\ln UP_0 = -0.632$，均值为 -0.586，这意味着城镇化水平已达到最优阈值，提高城镇化水平不利于减少碳排放。

经济发展水平的直接效应和空间溢出效应均显著为正，且在所有直接影响因素中，经济发展水平对碳排放的影响程度最大，经济发展水平每提高 1%，本地区的碳排放增加 0.543%，同时带来相邻地区碳排放增加 0.675%。这说明地区经济的发展必然伴随着碳排放的增加，中国正处于城镇化和工业化高速发展阶段，经济发展越快其能耗越大，碳排放越多，因此，经济规模的扩大对环境产生了负面影响。同时，经济发展在空间上具有正向溢出效应，一个地区的经济发展会影响相邻地区，如长江三角洲城市群、珠江三角洲城市群、京津冀城市群等就是典型的代表，一个地区经济增长在带动相邻地区经济增长的同时也带动了碳排放的增加。政府投资对碳排放的直接影响显著为负，政府投资极大地调动了地区经济的活跃性，且具有明显的导向性，近年来地方政府逐渐意识到绿色经济和环境可持续性发展的重要性，在促进地方 GDP 的增长的同时，对企业环境的管制越来越苛刻，一些高污染、高排放企业逐渐退出市场，政府更加注重对第三产业的招商引资，有效减少了碳排放的增加，但是政府投资的空间溢出效益并不显著。产业结构对本地区的碳排放没有显著影响，但是其空间溢出效应显著为负，这说明一个地区产业结构的优化显著降低了相邻地区的碳排放量。产业结构的调整可以促进能源结构的调整，实现资源优化配置，从而对碳排放具有促减效应。对外开放程度对本地区的碳排放具有促减效应，但是对相邻地区的碳排放具有促增效应。这是因为对外贸易的技术溢出效应促使地区积极学习低碳技术，对碳排放具有促减作用；而地区对外开放使得一些环境管制严格的地区向发展较落后的地区转移污染型企业，加剧了相邻地区的碳排放量。

而经济发展水平总效应的二次项系数显著为负。经济发展水平对碳排放存在先增加后减少的倒"U"型变动趋势。这说明经济发展水平较低时，经济的发展存在盲目性，其很大程度上是以牺牲环境为代价的，当经济发展到一定程度后，人们逐渐意识到经济可持续发展的重要性，经济的发展会产生明显的正外部性，当超过某一临界点后，将有利于碳排放的减少。进一步，我们根据一次项和二次项系数计算经济发展水平对碳排放影响的临界值。若 b_1、b_2 分别表示经济发展水平的一次项系数与二次项系数，则它们的临界值表示为 $\ln y_0 = -b_1/2b_2$。经济发展对碳排放的临界值为 $\ln y_0 = 2.727$，均值为 1.219，并且落在临界点左侧，说明经济发展水平未超过临界值，中国目前经济发展水平的提高伴随着碳排放的增加。

15.5.2.3 进一步讨论

根据以上实证检验结果，本章得到以下研究结论。

（1）通过使用因子分解方法或空间面板数据方法，结果表明，城镇化对碳排放均为正向影响。我们发现，考虑省级碳排放时，在不同地区之间影响会有所不同。贡献和影响机制中区域异质性的存在与早期研究一致（Poumanyvong and Kaneko, 2010；Zhang et al., 2016；Ding and Li, 2017）。还应注意的另一个重要发现是直接效应和溢出效应之间的区别。剔除空间溢出效应后，我们发现城镇化对碳排放的直接影响变为负，而空间溢出效应为正。我们将此现象定义为"污染转移效应"。也就是说，当地城镇化带来的环境问题已经通过溢出效应转移到了邻近地区。而且，对邻近区域的积极溢出效应远远超过对局部区域的负面效应，从而产生了显著的积极总体效应。产生负面直接效应的原因主要有以下几个方面。第一，人口集中驱动产业集聚，使产业结构和资源配置更加有效合理。通常，城镇化水平越高，第三产业所占比例越高，第三产业的排放总体上较低。第二，城镇化过程中的人力资本集聚通过学习效应、模仿效应和知识溢出效应促进技术创新，进一步提高生产效率和能源利用效率，从而减少碳排放。第三，大城市的基础设施更加完善，地铁网络更加密集，这大大减少了汽车的使用并减少了碳排放量（Zheng et al., 2010）。该地区的第三产业将进一步聚集和发展。由于发展空间和环境保护的需要，以及生产和生活成本的不断增加，这些第二产业将转移到生产和生活成本相对较低的邻近地区，对当地第二产业产生"挤出效应"。随着邻近城镇化程度较低的第二产业的比例不断增加，能源消耗和碳排放量也将增加。因此，城镇化对碳排放的溢出效应是正向的。总之，城镇化进程增加了邻近地区的碳排放，同时减少了当地地区的碳排放。在未来的城镇化进程中，我们应该更加关注人口空间集聚的外部影响。

（2）房地产投资对碳排放有积极的直接影响，但其溢出效应并不显著。投资虽然支持经济增长，但也间接导致碳排放增加（Zheng et al., 2015）。房地产投资是中国国内投资的重要组成部分，2015年中国房地产投资占总投资的17.08%。作为经济增长的外生因素，房地产投资不仅带动了住宅和商业房地产的发展，也促进了上下游产业的发展，例如建筑业，建材，家装，钢铁和水泥业。这些行业将产生大量的碳排放。当某个地区的房地产投资相对强劲时，房价上涨将进一步提高土地价格。出于地方财政考虑，地方政府有更大的动机出售土地用于新区建设和旧城改造，以获得更高的土地销售收入。这些新的城市建设和大量的旧城改造将产生大量的能源消耗和碳排放，这样就很容易理解为什么房地产投资会对碳排放产生正向的直接影响。同时，由于不动产投资周期长的特点，一旦在某个地区进行房地产投资，这些投资的能源和环境影响将在该地区长期固定下来。因此，房地产投资对碳排放的空间溢出效应并不显著。

（3）城镇化与房地产投资之间的叠加作用对本地和邻近地区产生了促减效应。也就是说，当我们将房地产投资作为调节变量引入时，城镇化将对碳排放产生抑制作用。已有研究表明，城镇化与房地产投资之间的相关性很强，并且是相互促进的因果关系（徐丽杰，2014）。一方面，城镇化进程中城市人口的增长产生了对住房的大量需求，这将促进房地产投资的增长。以居住社区或商业房地产开发等形式进行的房地产投资将会为周边地区的学校、医院、道路和其他基础设施建设配套设施。房地产投资在一定程度上推动了城市基础设施的改善，进一步吸引了更多的城市人口聚集，加速了城镇化进程，形成规模效应。污染本身也具有规模效应。当人口规模在一定程度上集中时，人口规模与污染排放之间没有显著关系，在实证研究中两者之间没有因果关系（郑怡林、陆铭，2018）。城镇化的集聚效应极大地降低了交易成本并提高了企业的劳动生产率。企业的大规模积累必然导致大型商业和办公房地产开发投资的增长。随着政府更多地关注环境保护，绿色建筑在这些投资中所占的比例持续上升。例如，《绿色建筑评估标准》（GB/T50378—2006）包括陆地和室外环境、节能和能源利用、水和水的使用、物质和物质资源的利用、室内环境质量和运营管理等。建筑物在节能减排中起着重要作用。另一方面，房地产投资将影响城镇化。房地产投资可以促进区域经济增长和地方财政增长，而财政和预算增长资本主要用于城镇化，城镇地区用于房地产投资的土地最终会影响城镇化（朱庄瑞、藏波，2016）。然而，房地产投资的盲目性和市场体系的不完善导致房价和收入的不平衡。房价和租金的上涨增加了农民工的生活成本，这在一定程度上阻碍了人口的迁移，并阻碍了城镇化进程。当一个地区的城镇化水平和住房价格高企时，该地区的居民会因生活成本过高而转移到周边地区，从而通过转移效应促进周围地区城镇化和住房水平的提高。随着邻近地区城镇化水平的提高，他们将通过学习效应和模仿效应来推广绿色技术，从而减少碳排放的溢出效应。

15.5.3 门槛面板数据模型的实证结果分析

表 15-6 报告了门槛面板模型的回归结果。模型 1 的回归结果包含自变量城镇化和主控变量人均 GDP，及其平方项和立方项。模型 2 ~ 模型 6 中将 *TP*、*IS*、*ECS*、*FDI* 和 *ERP* 作为控制变量引入。当所有控制变量都被纳入时，城镇化与因变量之间只有一个拐点。在门槛估算结果中，单重门槛在 1% 水平显著，而双重门槛和三重门槛分别在 5% 和 10% 水平显著。因此，我们选择单重门槛进行分析。很明显，城镇化对碳排放有负向作用。即城镇化的提高能够抑制碳排放。

根据表 15-6 和表 15-7，当城镇化率小于 29.08%（第一阶段）的门槛时，城镇化对碳排放有较强的抑制作用；当城镇化率大于 29.08%（第二阶段）时，这种减排效果较弱。表 15-8 列出了在样本期内按城镇化率拐点分组的省级区域的数量和比例。在一些省级地区，如安徽、上海和贵州，城镇化率在第一阶段对碳排放有显著的抑制作用，而这种效应在第二阶段会在一定程度上被削弱。与第一阶段相比，第二阶段省级地区的比例呈上升趋势，表明城镇化率对碳排放的抑制作用逐渐降低。该结果与已有研究的结论基本一致（Mishra et al.，2009；Sadorsky，2013）。这可以从两个方面加以解释。首先，城镇化率和土地利用率的提高可以提升基础设施如公共交通等的利用效率，从而在很大程度上减少能源消耗和碳排放。其次，根据生态现代化理论，城镇化是社会转型的过程，是现代化的重要指标之一。有人认为环境问题可能会随着城镇化进程的加入而加剧恶化，然而，进一步的现代化可以解决这些问题。随着社会的发展，人们逐渐认识到环境可持续性的重要性，通过技术创新、城市群和向知识型和服务型产业的转变，寻求将环境污染与经济增长脱钩，例如，城镇化有助于降低技术创新的成本和效率、提高能源使用效率、减少能源消耗，最终导致碳排放总量下降。

表 15-6　　　　　　　　　门槛面板模型检验结果

变量		模型 1	模型 2	模型 3	模型 4	模型 5	模型 6
城镇化门槛（S%）	单门槛	28.905	29.079	29.079	29.079	29.079	29.079
	双重门槛	28.905	29.079	29.079	29.079	29.079	29.079
		57.168	42.309	42.309	42.309	42.309	42.309
	三重门槛	70.527	68.375	54.982	54.982	54.982	54.982

续表

变量		模型1	模型2	模型3	模型4	模型5	模型6
城镇化门槛效应的 F 检验	单门槛	73.798 ***	71.383 ***	76.994 ***	79.189 ***	75.020 ***	74.228 ***
	双重门槛	19.621 *	21.006 **	14.538 **	14.192 **	17.000 **	16.943 **
	三重门槛	35.909 **	5.482	6.795	6.638	9.434	9.768
PG 与 CE 的关系	—	—	倒 U 型	倒 U 型	倒 U 型	倒 U 型	倒 U 型	倒 U 型
	—	—	N 型	N 型	N 型	N 型	N 型	N 型
PG 与 CE 之间的拐点	百万元/人	0.561	0.556	0.536	0.533	0.548	0.548
		3.917	4.124	5.248	5.443	4.525	4.541
R^2	—	—	0.704	0.788	0.807	0.808	0.812	0.812
F 检验	—	—	239.700	312.411	300.403	263.991	240.803	216.476
P 值	—	—	0.000	0.000	0.000	0.000	0.000	0.000

注：***、**、* 分别表示在 1%、5%、10% 的水平显著。

表 15-7　门槛回归模型检验结果

项目	模型1	模型2	模型3	模型4	模型5	模型6
$\ln UR$ ($UR<5$)	-0.099 *** (-8.43)	-0.080 *** (-8.16)	-0.080 *** (-8.47)	-0.081 *** (-8.58)	0.0780 *** (-8.34)	-0.0777 *** (-8.29)
$\ln UR$ ($UR>8$)	0.023 (1-02)	-0.065 *** (-3.26)	-0.086 *** (-4.47)	-0.086 *** (-4.48)	-0.0779 *** (-4.05)	-0.0778 *** (-4.05)
$\ln PG$	1.932 *** (22.57)	1.034 *** (10.77)	0.477 *** (3.93)	0.435 *** (3.51)	0.558 *** (4.36)	0.553 *** (4.32)
$\ln(PG)^2$	0.850 *** (6.75)	0.689 *** (6.44)	0.560 *** (5.40)	0.545 *** (5.24)	0.519 *** (5.03)	0.522 *** (5.05)
$\ln(PG)^3$	-0.719 *** (-8.74)	-0.553 *** (-7.84)	-0.361 *** (-4.96)	-0.341 *** (-4.63)	-0.381 *** (-5.16)	-0.382 *** (-5.16)
$\ln TP$	—	0.206 *** (14.21)	0.237 *** (16.31)	0.245 *** (15.90)	0.226 *** (13.84)	0.228 *** (13.75)
IS	—	—	0.020 *** (7.01)	0.020 *** (7.08)	0.019 *** (7.03)	0.019 *** (6.96)
ECS	—	—	—	0.003 (1.60)	0.002 (1.35)	0.002 (1.36)
FDI	—	—	—	—	-0.020 *** (-3.38)	-0.020 *** (-3.34)
ER	—	—	—	—	—	0.049 (0.59)
常数	8.233 *** (99.04)	7.200 *** (70.85)	6.442 *** (44.36)	6.161 *** (27.09)	6.376 *** (27.27)	6.357 *** (26.94)

注：*** 表示在 1% 的水平显著。

表15-8　　　　　1997~2014年按UR拐点分组的省份的数量和比例　　　　单位:%

年份	UR≤29.079%		UR>29.079%	
1997	11	36.67	19	63.33
1998	11	36.67	19	63.33
1999	11	36.67	19	63.33
2000	9	30.00	21	70.00
2001	10	33.33	20	66.67
2002	8	26.67	22	73.33
2003	8	26.67	22	73.33
2004	6	20.00	24	80.00
2005	3	10.00	27	90.00
2006	1	3.33	29	96.67
2007	1	3.33	29	96.67
2008	0	0.00	30	100.00
2009	0	0.00	30	100.00
2010	0	0.00	30	100.00
2011	0	0.00	30	100.00
2012	0	0.00	30	100.00
2013	0	0.00	30	100.00
2014	0	0.00	30	100.00

然而，由于城市规模效应，这种减排效应在一定程度上显示出递减趋势，即城镇化是否可以发挥积极作用在很大程度上取决于最优城市规模。金和亨德森（Au and Henderson，2006）发现，净集聚效应与城市规模之间存在倒"U"型关系，即城市群效应先随着城市规模的增加而急剧上升，然后在达到峰值后缓慢下降。这是因为当城市规模因其持续的自我强化效应而超过最佳规模时，就可能出现低效率。倒"U"型关系和低效率都使城镇化对碳排放抑制作用在UR达到峰值后变弱。中国的城镇化进程同样可以说明，自1978年改革开放以来，中国经济保持了快速增长，但在2010年总体放缓。经济增长的放缓可能会影响城镇化的步伐，导致投资和消费者需求不足，反过来减缓城镇化，从而削弱城镇化的减排效果。

关于控制变量，TP、IS、ECS和ERP的系数都是正的，在1%水平IS和TP的系数显著为正，而FDI的系数显著为负。除ERP外，上述变量的实证结果均符合我们的预期（见表15-7）。控制变量对碳排放的影响如下。

（1）人均国内生产总值（PG）。根据EKC假设，控制变量包括PG的一次方、平方项和立方项。显然，PG和碳排放之间存在一种倒置的N形关系，有两个拐点。因此，PG和碳排放之间的关系可以分解为三个阶段，也就是说，当$PG \leq 5\ 480$时，PG对碳排放有负向影响；当$5\ 480 < PG \leq 45\ 410$时，PG对碳排放有积极影响；当

$PG > 45\ 410$ 时，PG 对碳排放有负面影响。样本期内由两个拐点分组的省份数量和比例见表 15-9。省份数量在第二阶段的比例远远大于第一阶段和第三阶段。省份数量在第一阶段的比例在 2006 年后降至 0，第三阶段省份比例呈波动上升趋势并在 2008 年后降至 0。因此，所有省份到目前为止都处于第二阶段，即总碳排放量随着 PG 的增加而增加。这不利于中国碳减排目标的实现。因此，所有省份为了缓解这种情况和加快第三阶段的到来，都必须促进 PG 的增长。同时，要实现经济发展和碳减排的"双赢"，就要把经济增长方式从粗放型转变为集约型。结果表明，PG 与碳排放之间存在倒 N 型关系，这与已有研究的结果是一致的。

表 15-9　　　　1997~2014 按 PG 拐点分组的省份的数量和比例　　　　单位：百万元

年份	$PG \leq 0.548$		$0.548 < PG \leq 4.541$		$PG > 4.541$	
1997	1	3.33%	28	93.33%	1	3.33%
1998	1	3.33%	28	93.33%	1	3.33%
1999	1	3.33%	28	93.33%	1	3.33%
2000	1	3.33%	28	93.33%	1	3.33%
2001	1	3.33%	28	93.33%	1	3.33%
2002	1	3.33%	28	93.33%	1	3.33%
2003	1	3.33%	28	93.33%	1	3.33%
2004	1	3.33%	28	93.33%	1	3.33%
2005	1	3.33%	27	90.00%	2	6.67%
2006	0	0	28	93.33%	2	6.67%
2007	0	0	28	93.33%	2	6.67%
2008	0	0	28	93.33%	2	6.67%
2009	0	0	30	100.00%	0	0
2010	0	0	30	100.00%	0	0
2011	0	0	30	100.00%	0	0
2012	0	0	30	100.00%	0	0
2013	0	0	30	100.00%	0	0
2014	0	0	30	100.00%	0	0

因此，在经济发展的早期阶段，由于这三个因素对碳排放的综合影响，产生了减排效应，这解释了 PG 和碳排放在第一阶段的负相关关系。如果我们把第二阶段和第三阶段作为一个整体来考虑，PG 和碳排放之间的关系是一个倒置的"U"型曲线，这与 EKC 假设是一致的。这可能是由于中国在经济发展的早期阶段遵循了"先污染后治理"的道路。换句话说，经济的发展往往牺牲了初始阶段的环境。随着经济的发展，与人民生活水平和对生态友好环境的需求有关的实质性变化很可能出现。因此，环境质量的改善通常伴随着碳排放的减少。

然而，碳排放的 EKC 不能简单地用于预测中国未来的碳排放，这是由于与传统的固体或液体污染物相比，二氧化碳表现出更强的外部性。此外，每个国家的最佳选择可能是尽可能多地排放，直到碳排放权得到明确界定。因此，碳排放与经济增长之间的 EKC 关系无疑已成为一个更加复杂的研究问题。

（2）产业结构和技术进步。产业结构与碳排放之间的关系是正的，也就是说，工业增加值在 GDP 中的比例越大，碳排放总量就越多。这符合中国重工业集中导致碳排放总量增加的一般规律。技术进步与碳排放之间的关系也是积极的，表明技术进步在增加碳排放总量方面起着重要作用。技术进步与碳排放之间的关系是复杂的。技术进步往往是被认为减少碳排放的主要方法之一。技术进步对碳排放有双重影响：一方面，具有经济属性的技术进步可以通过促进经济增长来增加碳排放；另一方面，具有环境属性的技术进步可以通过提高碳生产率来减少碳排放。如果技术进步的规模效应引起的碳排放增加大于低碳生产技术发展引起的碳排放减少，碳排放总量将增加。由于市场化不完善导致能源价格低，政府干预未能反映实际能源供求情况，从而促进能源消耗，抵消技术进步带来的节能效果，这被称为"反弹效应"。

（3）外商直接投资。外商直接投资与碳排放之间的关系是负的，即外国直接投资能够抑制碳排放，这与"污染避风港"假设不一致。这一结果可以用其他研究证实的"污染光环"假设来解释。这些研究假设外商直接投资可以通过学习、竞争和示范效应提高当地企业的清洁生产技术，以提高资源利用效率。同时，外商直接投资引起的技术溢出效应可能减轻环境恶化，从而减少碳排放总量。

（4）能源消费结构和环境监管。能源消费结构和环境监管对碳排放均无显著影响。众所周知，煤炭在一次能源中的重要作用是由中国的能源禀赋结构决定的，因此，我国煤炭主导的能源结构在不久的将来很难改变。环境监管的回归系数不显著。合理的解释是中国现有的环境监管政策通常以传统的环境污染为主而不是碳排放。因此，通过环境监管政策无法充分实现遏制碳排放量的目标。

15.5.4 中介效应模型的实证结果分析

现有的研究大多将影响因素作为回归检验的简单环境变量（即确定某一变量是否对城镇化、碳排放或其关系产生影响），未能探讨这些变量如何在城镇化与碳排放之间的关系中发挥作用。本章进一步基于多重中介效应模型检验了城镇化对碳排放的影响路径见表 15-10。其中，总效应系数 c 为 0.124 且在 5% 的水平显著，而直接效应系数 c' 是 -0.087 且在 1% 水平显著。因此，城镇化对碳排放有中介作用。其他系数包括 UR 对 TP、UR 对 IS、UR 对 ECS、UR 对 FDI、TP 对 CE、IS 对 CE、ECS 对 CE 和 FDI 对 CE 的影响均在 1% 水平显著。这表明，城镇化对碳排放的影响是通过变量 TP、IS、ECS 和 FDI 传导的。总体上城镇化对碳排放有掩蔽作用。虽然总效应 c 在 5% 水平显著，但总效应的绝对值低于预期，这是因为总效应被中介变量所反映的直接效应和间接效应的相反信号部分抵消。

表15-10　　　　UR 对 CE 影响的多重中介效应检验结果

效应	系数	取值
直接效应	—	—
UR→TP	a_1	0.780*** （4.340）
UR→IS	a_2	2.142*** （5.212）
UR→ECS	a_3	-6.375*** （-5.343）
UR→FDI	a_4	0.864*** （3.982）
TP→CE	b_1	0.395*** （29.440）
IS→CE	b_2	0.020*** （8.584）
ECS→CE	b_3	0.019*** （14.262）
FDI→CE	b_4	-0.021*** （-3.621）
UR→CE	c	-0.087*** （-5.520）
间接效应	—	—
UR→CE	ab	0.212*** （3.741）
总效应	—	—
UR→CE	c	0.124** （2.374）

注：括号内为 t 值；***、** 分别表示在1%、5%的水平显著。

此外，城镇化对碳排放的影响通过4个中间变量，即 TP、IS、ECS 和 FDI。系数 TP（$a_1 b_1$）为0.31。说明当其他条件不变时，由于 UR 对 TP 的影响，UR 每增加1%就会导致 CE 上升0.31%。系数 ECS（$a_3 b_3$）为-0.12，这意味着当其他条件不变时，由于 UR 对 ECS 的影响，UR 每增长1%都会导致 CE 间接下降0.12%。对 IS 和 FDI 对 CE（$a_2 b_2$ 和 $a_4 b_4$）间接影响的解释分别与上述两个变量相似。当 UR 增加1%时，由于这4个中介变量的联合效应，使得 CE 的总间接效应（ab）增加了0.21%。

总之，所有4个潜在的中介变量都可以中介城镇化与碳排放规模之间的关系。一方面，城镇化可以通过这4个中介变量的联合效应导致碳排放的增加，这是因为 ECS 和 FDI 传导的减排效应小于 TP 和 IS 传导的促进效应；另一方面，城镇化可以通过这4个中介变量的共同作用导致碳排放下降，这是因为 TP、ECS 和 FDI 传导的减排效应大于 IS 传导的促进效应。

15.6　本章小结

本章首先基于变形 Kaya 恒等式结构和 LMDI 分解方法对1997～2015年中国30个省份（不包括西藏）的碳排放变化进行因素分解，分析了各影响因素对碳排放的贡献率。研究结果表明：1997～2015年中国碳排放一直保持增长趋势，就所考察的4个驱动因素而言，房地产投资碳排放系数一直是其最主要也是唯一的碳排放促减因素；城镇房地产投资强度、城镇化水平和地区总人口变化对碳排放贡献率具有促增作用,且效果逐年增大。进一步采用空间面板数据模型实证检验了城镇化水平和城镇房地产投资强度对碳排放的直接影响和空间溢出效应。实证结果表明:(1)城镇化水平对碳排放的直接影响显著为负,但其空间溢出效应显著为正。我们将此现象定义为"污染转移效应"。(2)城镇房地产投资强度对碳排放的直接影响具有促增效应,其空间溢出效应并不显著。(3)城镇化与城镇房地产投资强度交互作用的直接效应和空间溢出效应均显著为负,二者的交互作用并没有对碳排放产生叠加效应,而是对本地和相邻地区产生了促减作用。(4)控制变量对碳排放的影响各异,经济发展水平对本地区的碳排放直接影响和空间溢出效应均显著为正,且直接影响程度最大,经济发展水平提升1%,本地区的碳排放量增加0.543%,同时带来相邻地区碳排放增加0.675%;政府投资对碳排放的直接影响显著为正,空间溢出效应检验参数未通过显著性检验;产业结构对本地区的碳排放没有显著的影响,但是其空间溢出效应显著为负;对外开放程度对本地区的碳排放具有显著的促减作用,但是对相邻地区的碳排放具有促增效应。(5)随着城镇化水平和经济发展水平的提高,碳排放水平分别呈现出显著的"U"型和倒"U"型曲线关系。

  本章针对上述研究结论提出以下节能减排的政策建议。(1)优化产业结构,大力扶持第三产业和高新技术产业的发展,使其充分发挥空间溢出效应。优化产业结构和能源结构,实现清洁性生产,对以煤为主要能源消费结构的高消耗、高污染、高排放产业进行转型升级,特别是东北、中西部等高度依赖能源的地区。决策者应注重改进低碳生产技术,而不应仅强调促进经济增长的技术。此外,国际技术转让名义上被认为可以减缓气候变化,但事实上是为了推动经济发展向发达国家引进先进技术,这也可能会导致碳排放量的增加。(2)大力推进住宅产业化和绿色建筑技术。进一步积极促进绿色建筑的发展,增加绿色建筑材料的使用,制定与绿色建筑有关的法律法规,支持绿色建筑技术研究和评估。按照《国家住宅产业化基地试行办法》(2006)的要求大力发展新型工业化住宅。住宅部品的大规模定制和工厂化生产能够极大提供建筑材料的使用效率,同时降低碳排放,而施工现场的装配式工艺和绿色技术同样能够降低人工、材料和机械的消耗量,从而降低碳排放。(3)中国政府应按照《国家新城镇化规划(2014~2020年)》的要求,加大努力,提高城镇化水平,推进以人为本的城镇化体系。考虑到大城市环境污染的规模效应,有必要放宽大城市的人口登记限制,引导农民工从工业向第三产业转移。(4)在人口密集的一线城市中,应大力推广公共交通和新能源汽车的使用,并倡导绿色低碳出行。应鼓励大城市居民减少高碳排放产品的使用,并为低碳产品提供某些税收优惠政策。(5)鉴于城镇化与房地产投资的叠加效应对碳排放产生抑制作用,政府在制定碳减排政策的过程中应将城镇化政策与房地产政策结合起来,形成良性的互动机制。充分发挥政府的宏观调控作用,正确引导投资方向。改变以GDP为核心的地方政府考核机制,倡导绿色经济增长方式,严格控制高污染企业的门槛。因地制宜开展减排工作,对于北京等现代服务业比较成熟的地区,其产业结构已得到优化,高能耗企业已逐渐被市场淘汰，政府应将减排的重心转向绿色消费观念，大力发展公共交通事业，推广节能建筑，促进科技减排的正向溢出效应；而对于欠发达的中西部地区，可以适当地承接部分东部地区产业，但是在承接的过程中要注意同时承接其绿色的管理模式和技术，不能将其作为污染的转移地。（6）同时采取市场化和税收手段来实现碳减排。一方面，中国在一些大城市开展了碳交易试点，包括北京、上海、天津、重庆和深圳。这些试点城市的成功经验将为中国启动全国碳交易市场提供宝贵经验。中国的碳交易市场将是世界上最大的市场，并有望减轻中国因快速城镇化和工业化而减少碳排放的压力。另一方面，征收环境税。环境税将有效纠正化石能源价格的扭曲，促进绿色科技进步，促进可再生能源的使用，以及改善产业结构。因此，征收环境税也有望减少城镇化对减少碳排放的负面影响，促进城镇化与环境的协调发展，实现经济增长与碳减排的"双赢"。

第 16 章

城镇化进程中的工业和建筑业碳排放研究

16.1 研究背景

工业和建筑业作为我国快速城镇化进程中的重要支柱产业，为国家经济发展做出重要贡献的同时，也存在高能耗和高排放等问题，减少工业和建筑业碳排放对我国实现节能减排目标具有重要意义。随着我国城镇化进程的快速推进，工业和建筑业发展迅猛，工业和建筑业增加值占 GDP 的比重不断提高。与此同时，建筑业是专门从事土木工程、房屋建筑和设备安装等的生产部门，现阶段建筑业的施工机械化水平不高，传统的建造方式和粗放的经营方式尚未改变，其粗放生产势必对环境带来负面影响。尽管建筑业的环境污染和能源消耗相对工业行业较低，但是也应引起重视。中国已经明确提出要在 2020 年达到能效水平比 2015 年提升 20% 的发展目标，且该目标已经作为约束性指标纳入《建筑业发展"十三五"规划》当中。在现有制度安排下，中国建筑业要实现上述绿色低碳发展目标，必须根据各地区的不同情况进行有效分解和落实，而目标能否顺利完成则需要各地区之间的通力配合与因地制宜。同时，中国是全世界最大的能源消费国，仅工业部门的能源消费就占世界能源消费总量的 40% 以上，更进一步，工业部门的碳排放占世界碳排放总量的 61%。中国还处于加速工业化进程中，主要特点是能源消耗迅速。在短期内，减少中国工业部门对能源的刚性和强烈需求是困难的。根据《中国统计年鉴》的数据，中国工业能源消费的比例在近 20 年来保持在全国总能源消费的 70% 左右。因此，工业部门已成为节能减排战略的主要对象，工业部门的节能减排绩效无疑将在实现整个国家经济节能减排目标方面发挥关键作用。因此，系统考察我国工业部门碳排放量和建筑业碳排放量，以及工业和建筑业碳排放的驱动因素，能够更好地为实现全国节能减排目标提供理论参考。

随着建筑业发展对碳排放的影响逐渐引起学者们的关注和重视，专门对建筑业碳排放研究的文献近年来不断涌现。现有研究主要集中在对碳排放的测度和驱动因素研究两方面。碳排放测度方面，有学者采用投入产出法分别对瑞典、爱尔兰和美国的建筑部分碳排放进行了核算（Nassen et al., 2007; Acquaye and Duffy, 2010; 张智慧、刘睿劼, 2013; Onat, 2014）；有学者采用普遍使用的 IPCC 碳排放系数法对中国建筑业碳排放量进行了测算（纪建悦、姜兴坤, 2012; Chuai et al., 2015）。驱动因素研究方面，主要采用因素分解方法，包括 LMDI 分解方法（Lu et al., 2016; Li et al., 2017; Hu and Liu, 2016; Liang et al., 2017）和结构分解方法（SDA）（Shi et al., 2017）。有学者同时采用因素分解和脱钩分析方法对碳排放驱动因素进行分析（胡颖、诸大建, 2015; 冯博、王雪青, 2015; Li and Jiang, 2017）；有学者采用回归方法对影响因素进行识别，如地理加权回归模型（Du Q. et al., 2017）；进一步地，有学者将碳排放作为非期望产出引入到 DEA 模型中，从而对建筑业的碳排放绩效进行综合测度（冯博等, 2014; Hu and Liu, 2015）。值得关注的是，现有研究大多将研究视角聚焦到某一个国家或者地区建筑业的整体碳排放研究，并且学者们普遍认为建筑业的碳排放主要来自两部分：直接碳排放和间接碳排放。直接碳排放是建筑业生产过程中直接消耗化石能源产生的碳排放；间接碳排放是建筑业拉动其他行业所产生的碳排放。

鉴于全国建筑业碳排放是区域汇总的结果，因此，从各省份的角度研究碳排放具有重要的理论与现实意义。冯博、王雪青（2015）采用 IPCC 碳排放系数法对中国各省建筑业碳排放量进行测度和因素分解；李伟等（Li et al., 2017）和杜强等（Du Q. et al., 2017）对中国 30 个省份（不包括西藏）建筑业碳排放量的空间相关性进行分析。上述文献从省份的角度测算了中国各省的建筑业碳排放量，并对区域之间的差异性进行了比较，但其因素分解仅是研究不同能源种类对碳排放的影响，并没有研究各省的建筑业碳排放及其相关变量对全国建筑业整体碳排放量的影响。

中国工业的蓬勃发展在很大程度上与能源的大量消耗，以及水泥、钢铁等基础材料的生产过程密切相关，因而带来了许多环境问题，尤其是二氧化碳的排放。同时，劳动收入随着经济增长而增加，反过来又增加了社会对能源利用的需求，从而增加了二氧化碳的排放。作为中国最大的投资部门，工业部门一直面临着巨大的产能过剩问题，导致不必要的碳排放量快速增长。另外，生产设备的更新换代在发展节能减排技术中起着重要作用。

因此，为了能够深入分析投资对中国工业部门碳排放的影响，我们在分解碳排放中考虑了 3 个投资因素：投资规模、投资份额和投资效率，分别全面反映了工业投资的数量、结构和质量。投资规模对工业企业的发展至关重要，会影响其经济效益和未来发展；投资份额在产业结构的形成和发展中起着决定性的作用；投资效率反映了企业的资本生产率，它捕获了分配效率和技术效率（Qin and Song, 2009）。同时，除了考察我国建筑业碳排放的时空分异特征外，还将进一步把各省份的碳排放量及相关变量与全国碳排放量指标纳入同一个框架下，系统考察各省份的相关变量对全国碳排放量的影响效应。

16.2 理论机制分析*

改革开放以来,大规模的固定资产投资成为中国经济快速增长的主要动力。其中,相当一部分投资被用于基础设施建设和房地产开发,引致了大量以石化能源为主的能源消费和相应的碳排放量的大幅增加,导致中国经济出现了高污染、高排放和低效率的发展模式。虽然有文献提出经济规模扩张是中国碳排放的首要促增因素(董锋等,2015),但是经济增长是投资等一系列活动综合作用的结果,而投资是其必要条件和基础。因此,从投资的角度来分析其对碳排放的影响有助于从深层次的根源为碳减排引导政策的制定提供必要参考。正如陈诗一等(2010)所述,中国生产部门的资本规模对碳排放具有最大的促增效应,这与粗放型增长方式中仍在持续的资本深化现象紧密相关。此外,资本在污染密集型行业和低碳行业间的流向无疑也会影响碳排放的变化。

以投资效率为代表的要素配置效率也对碳排放具有重要影响。由于中国资本市场起步较晚,相关配套体系还不完善,粗放式的投资拉动型发展方式使得固定资产投资长期以来持续高速增长,导致资本边际生产率逐渐降低,造成大量效率流失(Qin and Song,2009)。投资效率低下势必会引起大量相应的碳排放增加,尤其对于资本密集型行业而言,其投资效率较劳动密集型行业明显偏低,但其能源消耗和碳排放却明显更高(岳书敬,2011)。如果投资效率得以提升、资本配置效率得到改善,那么将有助于碳减排。

投资碳强度直接反映了投资的低碳程度。作为企业硬件(生产设备)投入的固定资产投资对碳排放的影响具有双重效应。一方面,如果投资更多地被用于更新改造节能减排设备,那么设备更新所带来的能源效率和碳排放效率的改善将有利于碳减排;另一方面,如果企业的投资活动是以提高生产率和扩大生产规模(如扩建厂房和生产设备再投资)为目标,那么根据回弹效应理论可知,技术进步所带来的能源效率提升将引致生产者额外使用更多的能源而增加碳排放(邵帅等,2013)。因此,投资碳强度可以在一定程度上反映投资活动的"绿色"程度,以节能减排为目标的投资增加将促进投资碳强度降低,从而促使碳排放减少,但以生产技术改善和要素生产率提升以及生产规模扩张为目的投资增加,则会使投资碳强度上升而导致碳排放增加。在经济体制、政治体制和社会保障体制等诸多因素制约下,资本存量结构具有很强的刚性,调整难度较大;相反,资本增量结构的可塑性更大(林毅夫等,1999)。因此,节能减排的投资更新在更大限度上体现在资本增量上,而不是

---

* 理论机制部分内容来自邵帅等发表在《中国工业经济》上的成果(邵帅,张曦,赵兴荣. 中国制造业碳排放的经验分解与达峰路径:广义迪氏指数分解和动态情景分析[J]. 中国工业经济,2017(3):44-63)

存量上，从而增量意义上的固定资产投资对碳排放而言具有更加直接的影响。综上，以固定资产投资为代表的增量投资活动对于制造业的碳排放具有不可忽视的重要影响，考察其相关因素对碳排放的影响方向和影响程度，有助于为有效制定工业和建筑业部门的碳减排政策提供重要的决策依据。

16.3 模型构建与数据来源

16.3.1 碳排放量核算

（1）建筑业碳排放核算。现有对于中国建筑业碳排放的研究，以省域范围为研究对象的研究区间基本以 2005 年为起点，研究区间相对较短，无法反映长期趋势性特征。本章将研究区间扩展到 1997~2015 年，由于 2005 年之前建筑材料的相关统计数据缺失，之前年份建筑材料产生的碳排放无法核算。因此，依据 IPCC（2006）中碳排放的计算方法，本章将建筑业消耗的原煤、洗精煤、其他洗煤、型煤、焦炭、焦炉煤气、其他煤气、原油、汽油、煤油、柴油、燃料油、液化石油气、炼厂干气、天然气、其他石油制品和其他焦化产品 17 种能源（直接碳排放）以及热力和电力（间接碳排放）作为建筑业碳排放的来源。具体测算公式如下：

$$C^j = \sum_{i=1}^{17} C_i^j + C_e^j + C_h^j = \sum_{i=1}^{17} (E_i^j \times O_i^j \times LCV_i^j \times CF_i^j) \times \frac{44}{12} + E_e^j \times \delta_e + E_h^j \times \delta_h$$

（16-1）

其中，C^j 表示第 j 省份的建筑业碳排放总量；C_i^j 表示第 j 省份建筑业第 i 种化石能源消费碳排放量；$i=1, 2, \cdots, 17$ 指 17 类化石能源类型；C_e^j 和 C_h^j 分别表示第 j 省份的建筑业电力和热力的二次能源消费产生的碳排放量；E_i^j 表示第 j 省份的建筑业第 i 类化石能源终端消耗量；O_i^j 表示第 i 类化石能源的碳氧化率；CF_i^j 表示第 i 类化石能源的碳排放因子；LCV_i^j 表示 j 省份建筑业第 i 类化石能源的平均低位热值；E_e^j 表示第 j 省份建筑业电力消费量；E_h^j 表示热力消费量；δ_e 表示第 j 省份建筑业电力消费的碳排放系数；δ_h 表示第 j 省份建筑业热力消费的碳排放系数。17 种能源的碳排放量计算参照 IPCC 提供的低位热值、碳排放因子和碳氧化比率来估算出建筑业的直接碳排放量，参见附表 1；各省电力的碳排放系数参见附表 2；热力的碳排放系数参见附表 3。

（2）工业二氧化碳排放核算。本章使用 IPCC 的碳排放测算方法（IPCC，2006），结合中国发布的相关参数，计算出包括燃料燃烧和工业过程在内的 CO_2 排放量。为了获得更准确的结果，我们考虑了统计年鉴中报告的所有 16 种化石燃料（原煤、精煤、其他洗煤、焦炭、其他焦化产品、原油、汽油、煤油、柴油、燃料油、其他石油产品、液化石油气、炼厂气、天然气、焦炉气和其他煤气）。16 种燃料的二氧化碳排放系数参见附表 4。工业过程产生的 CO_2 排放量通过工业产品的产量及其排放系数估算参见附表 5。

16.3.2 空间自相关分析模型

空间自相关分析方法有全局空间自相关分析和局部空间自相关分析。全局空间自相关一般采用全局 Moran's I 分析，中国区域建筑业碳排放量的全局 Moran's I 指数计算公式如下：

$$Moran's\ I = \frac{n\sum_{i=1}^{n}\sum_{j=1}^{n}\omega_{ij}(x_i - \bar{x})(x_j - \bar{x})}{\sum_{i=1}^{n}\sum_{j=1}^{n}\omega_{ij}\sum_{i=1}^{n}(x_i - \bar{x})^2} \tag{16-2}$$

其中，n 表示省份总数；x_i 和 x_j 分别是省份 i 和省份 j 建筑业碳排放量；$\bar{x}$ 表示变量 x 的均值；ω_{ij} 代表空间权重矩阵。本章选择地理单元距离二次方的倒数来形成空间权重矩阵，即用两个省会之间的距离来代表两个地区之间的距离，并将所得的矩阵进行标准化。

全局 Moran's I 指数仅能评价整体分布和趋势，不能揭示独立单元的空间关联。为此，本章采用局部空间相关性分析来进一步揭示省份范围的局部集聚特征。采用局部 Moran's I 指数来分析，其计算公式如下：

$$Moran's\ I_i = \frac{n(x_i - \bar{x})}{\sum_{i=1}^{n}(x_i - \bar{x})^2}\sum_{i \neq j}^{n}\omega_{ij}(x_j - \bar{x}) \tag{16-3}$$

其中，各系数的含义与式（16-1）相同。如果局部 Moran's I 指数取值为正，则说明该省份与相邻省份有类似的高值或者低值，空间集群表现为 HH 集群（高取值省份与高取值省份相邻）和 LL 集群（低取值省份与低取值省份相邻）；如果局部 Moran's I 指数取值为负，则说明该省份的取值与相邻省份的取值相比有显著差异，即空间离群。空间离群表现为 HL 集群（高取值省份与低取值省份相邻）和 LH 集群（低取值省份与高取值省份相邻）。

16.3.3 动态评价分析模型

本章进一步将各省建筑业碳排放量的空间特征引入时间坐标轴上进行动态评价，并采用核密度函数来分析时间特征。核密度函数方法能够分析建筑业碳排放的整体空间差异，并且能够通过函数曲线收敛度和收敛范围的变化，对建筑业碳排放量总体差异的分阶段动态评价进行可视化表达。核密度函数计算公式如下：

$$f(x) = \frac{1}{nh}\sum_{i=1}^{t}K\left(\frac{x_i - x}{h}\right) \tag{16-4}$$

其中，n 为样本总数；h 表示设定的窗宽，$\lim_{n\to\infty}h(n) = 0$，$\lim_{n\to\infty}Nh(H) = H \to 0$；$K(\cdot)$ 是核密度函数，本章采用高斯核函数进行估计，其表达式为：

$$K(x) = \frac{1}{\sqrt{2\pi}}\exp\left[-\frac{x^2}{2}\right] \tag{16-5}$$

结合分布形式和核密度函数图，就可以对建筑业碳排放量取值在不同观察期的变化进行有效判断，进而刻画其动态特征。

16.3.4 LMDI 因素分解模型

（1）建筑业碳排放的因素分解模型。本章将采用乘积式对数平均 Divisa 指数模型（M-LMDI-Ⅱ）方法对中国建筑业碳排放进行因素分解，先将建筑业碳排放分解为 30 个省份①的 4 个变量乘积之和的形式：

$$C(t) = \sum_{j=1}^{30} C_j(t) = \sum_{j=1}^{30} \frac{C_j(t)}{E_j(t)} \cdot \frac{E_j(t)}{G_j(t)} \cdot \frac{G_j(t)}{P_j(t)} \cdot P_j(t) \tag{16-6}$$

式（16-6）可以进一步表示为：

$$C(t) = \sum_{j=1}^{30} CE_j(t) \cdot EG_j(t) \cdot GP_j(t) \cdot P_j(t) \tag{16-7}$$

式（16-6）和式（16-7）中：$j = 1, 2, \cdots 30$ 分别表示 30 个省份；t 表示时间；E_j 表示第 j 省份的建筑业消费能源总量；G_j 表示第 j 省份的建筑业总产值；P_j 表示第 j 省份的建筑业从业人员数量；$CE_j(t) = C_j(t)/E_j(t)$ 表示第 t 年 j 省份建筑业碳排放强度；$EG_j(t) = E_j(t)/G_j(t)$ 表示第 t 年 j 省份建筑业能源消费强度，用来衡量建筑业的能源使用效率；$GP_j(t) = G_j(t)/P_j(t)$ 表示第 t 年 j 省份建筑业经济发展水平。通过 M-LMDI-Ⅱ 方法对式（16-6）进一步分解，则各省建筑业在相邻两个时段 $t-1$ 期到 t 期的碳排放量变化可以表达为：

$$\ln\frac{C(t)}{C(t-1)} = \sum_{j=1}^{30} W_j(t_t^*)\left[\ln\frac{CE_j(t)}{CE_j(t-1)} + \ln\frac{EG_j(t)}{EG_j(t-1)} \right.$$
$$\left. + \ln\frac{GP_j(t)}{GP_j(t-1)} + \ln\frac{P_j(t)}{P_j(t-1)}\right] \tag{16-8}$$

其中，$W_j(t_t^*)$ 是权重函数 $W_j(t) = C_j(t)/C(t)$ 在时刻 $t_t^* \in (t-1, t)$ 的函数值。$W_j(t_t^*)$ 可以通过式（13-5）计算得到，其指数形式可参见等式（13-7）。

（2）工业二氧化碳排放的因素分解。我们对 Kaya 恒等式进行了扩展。考虑 36 个工业子行业（$i = 1, 2, \cdots, 36$）（参见附表6），我们将工业二氧化碳排放（CE）分解为与能源有关和与过程有关的排放，如下所示：

$$CE = \sum_{i=1}^{36} ECE_i + \sum_{i=19,23,24} PCE_i$$
$$= \sum_{i=1}^{36} \frac{ECE_i}{F_i} \times \frac{F_i}{E_i} \times \frac{E_i}{Y_i} \times \frac{Y_i}{I_i} \times I + \sum_{i=19,23,24} \frac{PCE_i}{Y_i} \times \frac{Y_i}{I_i} \times I$$

---

① 全国 31 个省份中由于西藏数据缺失严重予以剔除。

$$= \sum_{i=1}^{36} EF_i \times EM_i \times EI_i \times IE_i \times IS_i \times I + \sum_{i=19,23,24} CI_i \times IE_i \times IS_i \times I \quad (16-9)$$

表 16-1 中定义了式（16-9）中碳排放的决定因素。现有文献通常考虑了 3 个常规因素，包括碳系数，能源结构和能源强度（Wang et al., 2011; Hammond and Norman, 2012; Lin and Moubarak, 2013; Shao et al., 2016; Lin and Long, 2016）。碳系数反映了能源使用的低碳程度以及化石燃料之间的替代，由与能源有关的二氧化碳排放量与化石燃料消耗量的比值来衡量。能源结构代表着能源消费的多样化以及从化石燃料向可再生能源转变的程度，其衡量标准是化石燃料使用量与总能源消耗之比。能源强度反映了工业增长对能源利用的依赖程度，该程度通过单位产出的能源消耗来衡量，它与许多因素有关（Song and Zheng, 2012; Lin and Moubarak, 2013），如劳动生产率、技术变革、能源价格等。

表 16-1　　　　　　　　　　KAYA 恒等式中变量的定义

变量	决定因素	说明	备注
EF_i	ECE_i/F	碳系数	ECE_i：第 i 个工业分部门与能源有关的碳排放量
EM_i	F_i/E_i	能源结构	F_i：第 i 个工业分部门的化石燃料消费
EI_i	E_i/Y_i	能源强度	E_i：第 i 个工业部门的总能耗
CI_i	PCE_i/Y_i	过程碳强度	PCE_i：第 i 个工业分部门与过程有关的碳排放
IE_i	Y_i/I_i	投资效率	Y_i：第 i 工业分部门总产值
IS_i	I_i/I	投资份额	I_i：第 i 个工业子部门的固定资产投资
I	I	投资规模	I：第 i 个工业部门固定资产投资总额

过程碳强度用于描述工业生产过程的低碳程度，其通过单位产出过程相关的碳排放量来衡量（Wang et al., 2013）。本章考虑了 7 个主要工业过程，这些过程的非能源使用产生的碳排放不可忽略，即水泥、石灰、普通玻璃、电石、纯碱和钢铁的生产过程（Chen and Zhang, 2010; NDRCCD, 2011）。相应地，与工业过程相关的碳排放量包括来自 3 个工业子部门的排放量，即化工原料和化学产品、非金属矿物产品和黑色金属的冶炼和压制。此外，为了突出投资在碳排放中的重要作用，我们在分解模型中引入了现有相关文献中几乎没有涉及的 3 个新投资因素，即投资效率，投资份额和投资规模。投资效率表示工业子部门扩大生产的效率，用每单位固定资产投资的工业产值衡量；投资份额是指工业子部门的固定资产投资占整个工业部门固定资产投资总额的份额，反映了投资的产业结构；投资规模代表整个工业部门固定资产投资总额的规模。

基于 LMDI 方法和上述扩展的 Kaya 恒等式，我们可以获得扩展的 LMDI 分解模型。在 t 时期，碳排放量（ΔCE）的变化可分解为以下加法表达式中的 7 个决定因素：

$$\Delta CE = \Delta CE_{EF} + \Delta CE_{EM} + \Delta CE_{EI} + \Delta CE_{CI} + \Delta CE_{IE} + \Delta CE_{IS} + \Delta CE_{I} \quad (16-10)$$

式（6-10）右边的行列式可以分别计算如下：

$$\Delta CE_{EF} = \sum_{i=1}^{36} \frac{ECE_{i,t} - ECE_{i,0}}{\ln ECE_{i,t} - \ln ECE_{i,0}} \ln(EF_{i,t}/EF_{i,0}) \qquad (16-11)$$

$$\Delta CE_{EM} = \sum_{i=1}^{36} \frac{ECE_{i,t} - ECE_{i,0}}{\ln ECE_{i,t} - \ln ECE_{i,0}} \ln(EM_{i,t}/EM_{i,0}) \qquad (16-12)$$

$$\Delta CE_{EI} = \sum_{i=1}^{36} \frac{ECE_{i,t} - ECE_{i,0}}{\ln ECE_{i,t} - \ln ECE_{i,0}} \ln(EI_{i,t}/EI_{i,0}) \qquad (16-13)$$

$$\Delta CE_{CI} = \sum_{i=19,23,24} \frac{PCE_{i,t} - PCE_{i,0}}{\ln PCE_{i,t} - \ln PCE_{i,0}} \ln(CI_{i,t}/CI_{i,0}) \qquad (16-14)$$

$$\Delta CE_{IE} = \sum_{i=1}^{36} \frac{ECE_{i,t} - ECE_{i,0}}{\ln ECE_{i,t} - \ln ECE_{i,0}} \ln(IE_{i,t}/IE_{i,0})$$
$$+ \sum_{i=19,23,24} \frac{PCE_{i,t} - PCE_{i,0}}{\ln PCE_{i,t} - \ln PCE_{i,0}} \ln(IE_{i,t}/IE_{i,0}) \qquad (16-15)$$

$$\Delta CE_{IS} = \sum_{i=1}^{36} \frac{ECE_{i,t} - ECE_{i,0}}{\ln ECE_{i,t} - \ln ECE_{i,0}} \ln(IS_{i,t}/IS_{i,0})$$
$$+ \sum_{i=19,23,24} \frac{PCE_{i,t} - PCE_{i,0}}{\ln PCE_{i,t} - \ln PCE_{i,0}} \ln(IS_{i,t}/IS_{i,0}) \qquad (16-16)$$

$$\Delta CE_{I} = \sum_{i=1}^{36} \frac{ECE_{i,t} - ECE_{i,0}}{\ln ECE_{i,t} - \ln ECE_{i,0}} \ln(I_{t}/I_{0})$$
$$+ \sum_{i=19,23,24} \frac{PCE_{i,t} - PCE_{i,0}}{\ln PCE_{i,t} - \ln PCE_{i,0}} \ln(I_{t}/I_{0}) \qquad (16-17)$$

投资规模效应（ΔCE_I）表示工业总投资变化的影响，当某个子部门的固定资产投资增加时，则该子部门的生产规模扩大；投资份额效应（ΔCE_{IS}）反映了工业领域投资结构变化的影响；投资效率效应（ΔCE_{IE}）反映了工业资本生产率变化的影响；过程碳强度效应（ΔCE_{CI}）表示工业过程清洁生产水平变化的影响；碳系数效应（ΔCE_{EF}）反映了化石燃料结构变化的影响；能量结构效应（ΔCE_{EM}）反映了化石燃料份额变化对总能耗的影响，由于化石燃料的碳排放系数很高，而清洁能源的 CO_2 排放系数几乎为零，因此，化石燃料的消耗量越少，对缓解碳排放的贡献就越大；能源强度效应（ΔCE_{EI}）表示经济变化对能源使用的影响。

对这 3 种投资相关效应的分析有非常重要的政策含义。通过投资规模和投资份额效应，可以了解到投资及其在各工业子部门之间的分布如何影响碳排放，以及哪些工业子部门的投资影响较大。这一结果不同于传统的单纯反映经济产出效应的分解结果，有助于探寻产出效应产生的根源。此外，投资效率可以为研究碳排放量变化背后的驱动因素带来新的发现，而已有研究中很少涉及这一点。如果利用投资扩大生产规模，投资效率将提高，并导致碳排放量增加。相反，如果投资目标是节能和减排，那么降低的投资效率将有助于减少碳排放。因此，投资效率效应可以部分揭示投资的绿色程度。总体而言，通过引入这 3 个投资因素，我们可以获得新的研究发现和政策启示。

16.3.5　数据来源

建筑业相关数据选取我国30个省份（西藏由于数据缺失严重予以剔除）1997~2015年的面板数据作为研究对象，本书中涉及的指标包括建筑业碳排放量（C）、能源消耗量（E）、建筑业总产值（G）和建筑业从业人员数量（P）。其中，碳排放量（C）采用式（16-1）进行核算；各省建筑业能源消耗量（E）源于《中国能源统计年鉴》（1998~2016年）中各省能源平衡表（实物量）中的相关数据，本章系统收集了建筑业直接消耗的17种化石能源以及热力和电力数据，将其统一折算成标准煤后求和，求得的能源消费总量作为建筑业能源消耗量；建筑业总产值（G）和建筑业从业人员数量（P）数据源于《中国建筑业统计年鉴》（1998~2016年）。考虑到数据的可比性，本章采用地区生产总值指数将总产值数据以1997年为基期进行了价格调整。

工业数据方面，基于数据的可获得性，我们收集了1993~2013年36个工业子部门的相关数据。这样的时间跨度比现有的相关文献更长。由于各统计年鉴中各工业子部门分类的统计范围和标准各不相同，并且缺少一些必要的数据，因而我们考虑了36个工业子部门，参见附表6。工业产值数据来自《中国工业经济统计年鉴》《中国经济普查年鉴》和《中国工业统计年鉴》，我们通过工业产品的生产者价格指数将其原始数据按当前价格缩减为2000年不变价格；固定资产投资数据来自《中国统计年鉴》，并采用固定资产投资价格指数以2000年为基期进行平减；所有价格指数均来自《中国统计年鉴》；能源消耗数据来自《中国能源统计年鉴》，并换算成标准煤炭消耗量；工业产品的产量数据来自《中国工业统计年鉴》。

16.4　实证结果及分析

16.4.1　全局空间自相关和局部空间自相关结果分析

本章进一步利用全局空间自相关系数研究了各省份建筑业碳排放空间上的相关性，如图16-1所示。从图16-1可知，除1999~2003年以外Moran's I均显著为正，表明我国建筑业碳排放在大多数年份存在显著的正向空间关联特征，且2004年以后正向空间集聚效应越来越大。

为了进一步研究各省份建筑业碳排放的局部空间相关性，利用GeoDa和ArcGIS软件绘制了1997年和2015年碳排放的LISA空间集聚图如图16-2所示。1997年以LL集群为主，这表明1997年我国建筑业碳排放量较低的区域空间集聚程度较高，这是由于这一阶段我国大部分省份的城镇化建设水平相对较低，还没有出现省份之

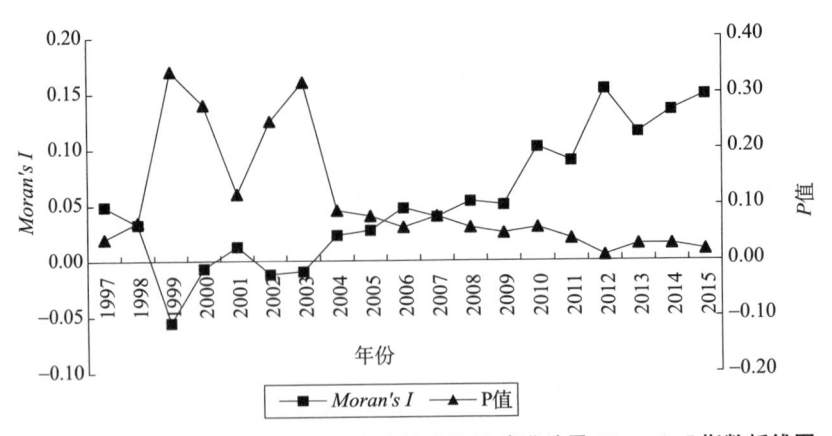

图 16-1 1997~2015 年全国 30 个省份建筑业碳排放量 *Moran's I* 指数折线图

间竞相进行大规模城市建设的模仿效应，仅有辽宁和黑龙江两个省份处于 HH 集群。这与实际相符。辽宁和黑龙江作为东北老工业基地，其经济发展模式中高能耗和高污染产业占比较高，碳排放量较高也就不难理解。2015 年以 HH 集群为主，这表明 2015 年我国区域建筑业碳排放量较高的区域空间集聚程度较高。13 个 HH 集群中，河南、陕西、云南、湖南、广东等中南部地区城镇化水平起步低，随着中国城镇化进程的加速，各省份政府在 GDP 指标考核的推动下将大量政府投资用于大规模的城市建设和基础设施建设，这提高了建筑业产值，进而提升了 GDP，同时也催生了大量与之相关的碳排放；上海、江苏、天津、河北、山东、浙江等东部沿海地区一方面因为城镇化建设推动了城市建设，增加了建筑业碳排放，另一方面因为东部地区人口虹吸效应显著，人口的增加带动了大量建筑业的需求，从而加剧了碳排放；处于 LL 集群的有 6 个省份。甘肃、青海和新疆均属于西部。这些地区经济相对落后，政府投入城市建设的资金不足，建筑业碳排放相对较低也就不难理解。值得注意的是，辽宁和黑龙江省均从 1997 年的 HH 集聚转变为 2015 年 LL 集聚，这是由于东北产业基地经济的衰弱，建筑产业发展较为缓慢，碳排放相对于城镇化和经济发展迅速的省份较少。对比分析来看，出现了建筑业高排放聚集区域向东南地区转移，而低排放区域向西部和东北地区转移的现象。从数量和空间动态分布来看，1997~2015 年 LL 集群由 19 个变为 6 个，HH 集群由 2 个变为 13 个，这说明 1997~2015 年建筑业碳排放量较低的省份空间集聚程度有所减少，而建筑业碳排放量较高的省份空间集聚程度有所增强。

16.4.2 基于核密度函数的动态评价分析

为了进一步厘清建筑业碳排放区域之间差异的动态变化特征，本章采用高斯核密度函数和增长分布图来刻画建筑业碳排放的区域差异演化趋势。选择了 1997 年、2003 年、2009 年和 2015 年为研究样本，使用 R 软件（density 函数）绘制了我国各省份建筑业碳排放量在不同集群类型下（2015年空间集群分类结果）的动态演进过程，如图16-2所示。图中横轴表示建筑业碳排放量，纵轴表示密度。由于HL集群只有四川和内蒙古两个省份，因而不单独绘制。全国30个省份总体层面上，建筑业碳排放核密度曲线的波峰逐渐变缓，1997年的波峰是最窄的，之后年份呈现逐渐扩大趋势并随时间向右移动，如图16-2（a）所示。这说明该期间内中国30个省份（不包括西藏）建筑业碳排放量逐年增加，而且区域间差距也在逐渐扩大，两极分化现象越来越严重，存在部分地区建筑业碳排放降低的同时个别地区急剧增加的情况。

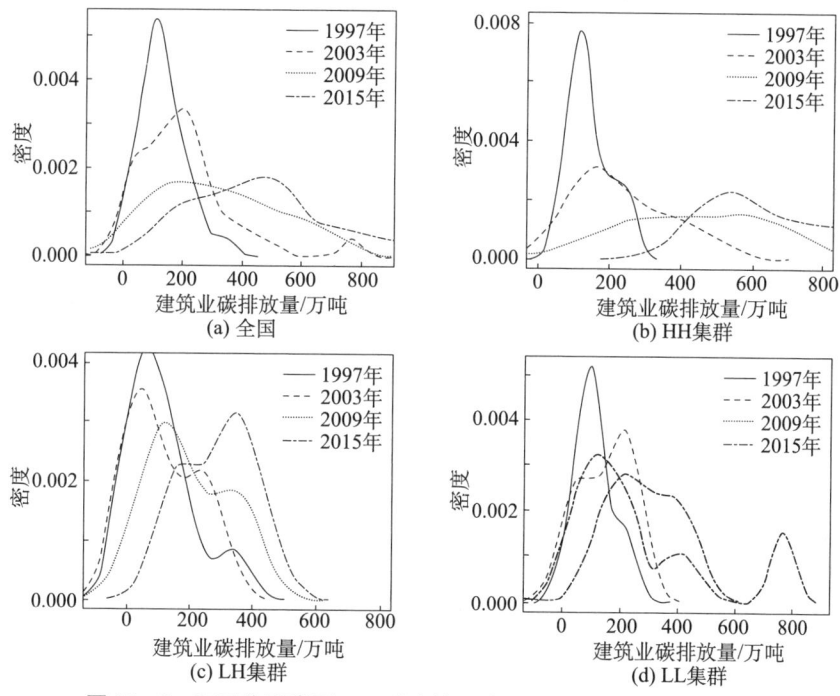

图16-2 不同集群类型下区域建筑业碳排放分布的动态演进特征

图16-2（b）描述了我国HH集群地区建筑业碳排放量在样本考察期内的分布演进状况。不难发现，相对于1997年，2003年密度函数中心向右移动，且峰值变小，表明HH集群区域间的差异扩大，随着时间的推进，2009年和2015年密度函数中心大幅度向右移动，波峰变缓，宽度明显拉大，这表明在建筑业碳排放量地区间差距呈现扩大的趋势。

图16-2（c）描述了我国LH集群地区的分布演进状况。整体来看，密度函数在样本考察期内均出现了多峰现象，表明LH集群地区出现了较大的两极分化。具体而言，相对于1997年，2003年和2009年密度函数中心略向右移，峰值阶梯式递减，且出现显著的双峰，说明1997～2009年LH集群区域间建筑业碳排放的差异呈现逐步扩大的趋势，且两极分化的现象越来越明显。2015年密度函数中心与之前年份相比仍在右移，而双峰现象则由之前的左大右小变为左小右大，表明两极分化的

阵营发生了较大变化。

图 16-2（d）描述了我国 LL 集群地区的分布演进状况。整体来看，密度函数在样本考察期内由单峰变为了双峰，峰值出现了阶梯式下降趋势，宽度不断拉大。这表明 LL 集群地区间建筑业碳排放差距扩大，并出现了两极分化。具体而言，相对于 1997 年，2003 年密度函数的中心向右移动，并且出现了双峰，但是并不明显，说明在 1997~2003 年 LL 集群区域间的差异呈现逐步扩大的趋势，且两极分化越来越明显。2009 年和 2015 年密度函数中心与之前年份相比没有出现明显右移，但是双峰现象不断凸显，两极分化现象进一步加剧。

16.4.3 建筑业碳排放的分省因素分解结果

以 1997 年为基年、2015 年为比较期，运用乘积式对数平均迪式指数模型（M-LMDI-Ⅱ）对全国建筑业碳排放量在 2015 年相对于 1997 年的变动进行分省份的因素分解，得到建筑业碳排放强度（CE）、建筑业能源消费强度（EG）、建筑业经济发展水平（GP）、建筑业从业人口规模（P）4 个因素累积效应的分省贡献度如图 16-3 所示，见表 16-2。

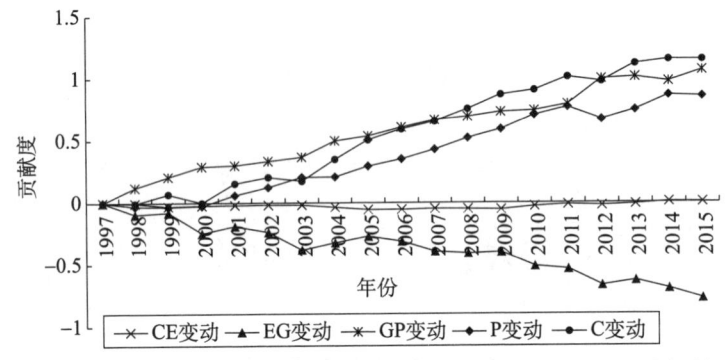

图 16-3 1997~2015 年全国建筑业碳排放量 M-LMDI-Ⅱ乘法分解结果

表 16-2 30 个省份 4 类因素对中国建筑业碳排放变动影响的 M-LMDI-Ⅱ法分解结果

省份	合计影响	CE 变动影响	EG 变动影响	GP 变动影响	P 变动影响
北　京	0.0321	-0.0003	-0.0297	0.0292	0.0329
天　津	0.0411	-0.0006	-0.0160	0.0268	0.0309
河　北	0.0549	0.0083	-0.0686	0.0921	0.0231
山　西	0.0276	0.0012	-0.0427	0.0423	0.0269
内蒙古	0.0468	0.0022	-0.0456	0.0895	0.0008
辽　宁	0.0266	0.0057	-0.0529	0.0555	0.0182
吉　林	0.0314	-0.0019	-0.0157	0.0237	0.0253
黑龙江	-0.1567	-0.0082	-0.1759	0.0329	-0.0055

续表

省份	合计影响	CE 变动影响	EG 变动影响	GP 变动影响	P 变动影响
上　海	0.0579	0.0019	-0.0279	0.0386	0.0453
江　苏	0.0603	0.0015	-0.0241	0.0193	0.0637
浙　江	0.1170	-0.0026	0.0281	0.0041	0.0874
安　徽	0.0391	-0.0009	-0.0089	0.0272	0.0217
福　建	0.0446	-0.0037	-0.0111	0.0152	0.0443
江　西	0.0253	0.0011	0.0058	-0.0020	0.0204
山　东	0.1625	0.0039	-0.0815	0.1461	0.0940
河　南	0.0488	-0.0016	0.0008	0.0234	0.0262
湖　北	0.0742	0.0005	-0.0270	0.0408	0.0600
湖　南	0.0804	-0.0032	0.0250	0.0242	0.0345
广　东	0.0889	-0.0010	-0.0240	0.0845	0.0294
广　西	0.0184	0.0007	0.0007	0.0062	0.0108
海　南	-0.0612	0.0012	-0.0718	0.0139	-0.0044
重　庆	0.0494	-0.0029	-0.0142	0.0341	0.0323
四　川	0.0494	-0.0029	-0.0142	0.0341	0.0323
贵　州	0.0495	0.0001	-0.0280	0.0444	0.0331
云　南	0.0301	-0.0017	-0.0050	0.0182	0.0187
陕　西	0.0483	-0.0005	0.0003	0.0238	0.0247
甘　肃	0.0444	0.0031	-0.0263	0.0393	0.0283
青　海	0.0190	0.0016	-0.0199	0.0300	0.0073
宁　夏	0.0101	-0.0003	-0.0021	0.0108	0.0016
新　疆	0.0162	-0.0005	0.0035	0.0083	0.0049

由图 16-4 可知，1997~2015 年中国 30 个省份（不包括西藏）整体建筑业碳排放量增加了 115%，呈现逐年上升的趋势，1997~2009 年增速较快，2010~2015 年增速有所减缓。其中，建筑业经济发展水平和建筑业从业人口规模是碳排放增加的主要贡献因素，分别导致建筑业碳排放增加 106.52% 和 85.43%，说明我国建筑业经济水平有了大幅度的提升，经济的发展带动了产业的发展，城镇化进程加快，房地产热持续升温，人民生活水平日益提高，且人民对基础设施建设、住房建设以及商业和工业用地建设的需求越来越高。随着建筑规模的不断扩大，建筑业能源消耗增加，建筑业碳排放量也自然增加，建筑业经济水平的提高是我国建筑业碳排放增加的主要因素之一。同时，随着建筑业规模的扩大，建筑业从业人员不断增加，1997~2015 年建筑业从业人员年均增长 5.27%，建筑业人口规模的提升一方面促进了建筑业的规模集聚，另一方面提高了城市住宅和基础设施建设的需求，进一步促进了建筑业碳排放的增加，而且目前建筑业从业人员的素质普遍偏低，还需进一步加强技术培训，提高节能减排意识。相反，建筑业能源消费强度分解值累计影响为

负，表明其对建筑业碳排放增加具有抑制作用，使碳排放减少了 77.33%，这说明建筑节能减排技术的应用已经开始有了成效，随着绿色建筑理念的深入以及节能减排技术发展的成熟与推广，建筑业能源消费强度对建筑业碳排放减少的贡献将会越来越大。由于建筑业碳排放强度因素的各能源系数基本保持不变，因此，其对建筑业的碳排放几乎没有影响。

从分省的角度来看，对全国建筑业碳排放下降贡献最大的两个省份是黑龙江和海南，1997~2015 年两个省份的建筑业碳排放在全国的占比分别从 17.10% 和 7.57% 下降到 1.27% 和 1.39%，说明这两个省份建筑业碳排放份额在全国下降较快，这是由于建筑业能源消费强度的大幅度下降，对建筑业碳排放的贡献值分别为 -0.176、-0.072，位居全国领先地位。这也说明提高能源使用效率是进一步降低建筑业碳排放的关键。对建筑业碳排放增加贡献最大的两个省份是山东和浙江，山东建筑业能源消费强度对全国建筑业碳排放下降的贡献也较大，贡献值为 -0.082。但是山东建筑业经济发展水平以 10.96% 的速度增长，建筑业产值份额一直处于领先地位，2015 年建筑业产值份额为 7.68%，对全国建筑业碳排放增加的贡献值为 0.146，说明山东建筑业经济发展模式较为粗放，属于能源密集型产业，对建筑业碳排放的降低起到了抑制作用，且抵消了建筑业能源消费强度的促进作用。山东建筑业从业人口规模对全国建筑业碳排放增加的贡献也较大，其 2015 年建筑业从业人口达 311 万，对建筑业碳排放增加的贡献值为 0.094，说明山东建筑业从业人员的绿色节能意识以及绿色建筑技术均有较大的提升空间，总体来看，山东对全国建筑业碳排放的贡献值正大于负。浙江的情况比较典型，建筑业能源消费强度、建筑业经济发展水平、建筑业从业人口规模 3 个因素对建筑业碳排放的增加均起到了促进作用，浙江建筑业碳排放在全国的份额从 1997 年的 1.89% 持续上升到 2015 年的 7.50%，虽然该期间内建筑业经济较为发达，但是其对全国建筑业碳排放增加的贡献值并不大，仅为 0.004，说明浙江省建筑业经济发展模式较为集约，但是浙江建筑业能源消费强度对全国建筑业碳排放的贡献为正，贡献值为 0.028，说明浙江建筑业技术的发展还不成熟，建筑业节能减排工作还未见成效，应着力提高建筑业能源使用效率。浙江省建筑业从业人口规模对全国建筑业碳排放的影响与山东类似。

从单个分解因素的情况来看，建筑业能源消费强度对全国建筑业碳排放降低的贡献最大的省份为黑龙江、山东、海南，而浙江、江西、河南、湖南、广西、陕西和新疆 7 个省份；建筑业经济发展水平对全国建筑业碳排放增加贡献较大的省份主要有山东、河北和内蒙古，而江西的贡献值为负，起到抑制作用；建筑业从业人口规模对全国建筑业碳排放增加贡献较大的省份有山东、浙江和江苏，而黑龙江、海南的贡献值为负值，起到抑制作用。从汇总影响来看，对全国建筑业碳排放变动贡献排名前三的省份依次是山东、浙江和广东；对全国建筑业碳排放变动贡献值为负的有黑龙江省和海南省。

16.4.4 工业碳排放因素分解结果分析

(1) 整体分析。工业碳排放的因素分解结果见表 16-3。中国工业部门碳排放已发生了明显变化。1993~2013 年，随着能源需求的持续增长，与工业能源有关的碳排放量从 12.21 亿吨增加到 33.54 亿吨；与过程相关的碳排放量也迅速增长，从 4.48 亿吨增加到 28.27 亿吨。研究期内中国的工业碳排放总量增长了约 3 倍，2013 年达到了 61.81 亿吨；中国工业部门的固定资产投资总额从 2 500 亿元增加到 131 340 亿元，而投资效率从 22 元人民币下降到 6 元人民币。能耗强度下降了 76%、过程碳强度下降了 58.4%、能源结构和碳系数分别下降了 12.6% 和 16.7%。通过调整这些因素可以显著增加碳减排的潜力。

在中国不同的"五年计划"期间，碳排放量的变化以及其背后的驱动力也各不相同。1995~2000 年，工业碳排放量减少了 70 万吨，下降了 0.04%。投资份额是造成这一下降的最重要因素。在此期间中国政府实施了许多节能环保政策，包括关停了一批高消耗、高排放和低效率的企业，投资主要集中在清洁生产部门。2000~2005 年，工业碳排放量显著增长了 17.35 亿吨，增长了 92.7%。这归因于重工业的出现和快速扩张。重工业投资份额的快速增加导致工业快速增长，从而产生大量碳排放。投资份额效应的贡献率超过投资规模效应。相反，投资效率对减少碳排放的积极影响最大。这主要是因为在此期间增加投资的重点是环境保护和提高能源效率，而这对生产水平没有影响，因此，在此期间投资效率的碳减排效果最明显。2005~2010 年，碳排放量增加了 18.59 亿吨，增长率为 51.5%。投资规模对碳排放的影响仍然占主导地位，并且呈扩大趋势。2005~2010 年，工业投资增长了 1.75 倍，达到 77.11 亿元。能源强度在减少碳排放方面起着重要作用。能源效率的大幅提高主要归因于中国对节能减排目标的重视程度不断增加。

1993~2013 年，工业部门的碳排放量显著增加了 294%。投资规模扩大导致大量的碳排放，而投资效率和能源强度的降低使碳排放量下降。中国工业部门固定资产投资增长过快，其间增长了 52 倍；但投资效率在 21 年中下降了 72.7%。这种过热的投资已经导致了一系列问题的出现，包括工业产能过剩、效率损失和环境污染（Qin and Song, 2009；Chen and Santos-Paulino, 2013）。

(2) 驱动因素分析。第一，投资规模效应。1993~2013 年，中国工业部门固定资产投资总额从 2 497 亿元人民币增加到 13 134 亿元人民币，年均增长率为 22%。1993~2013 年，工业投资规模的扩大导致碳排放量增加了 129.09 亿吨（见表 16-3）。所有工业子部门的投资对碳排放均起负向作用。对于碳密集型子部门，必须提高对低碳技术的投资份额。第二，投资份额效应。投资份额的影响在各个子时期都有很大差异，在整个研究期内，投资份额对减少碳排放的贡献最小。第三，投资效率效应。1993~2013 年，投资效率是减少碳排放的最重要因素。1998 年前后，投资效率开始下降，2013年投资效率最低。这与资本生产率下降导致投资持续快速增长有关，且投资通常承受较高的调整成本（Qin and Song，2009）。鉴于投资效率的下降有助于碳减排，因此，增加环境保护投资是促进碳减排的有效策略。第四，过程碳强度。过程碳强度对减少碳排放的作用日益增强。1993~2013年，工业部门的过程碳强度下降了58.4%。这归功于生产力的提高和先进的清洁生产技术。第五，碳系数效应。碳系数对碳减排的影响较小。特别是在1995~2000年和2009~2013年，碳系数急剧下降。考虑到煤型的碳排放系数高于石油型和天然气，因此，我国从1995年开始提出减少煤炭使用、工业能源消耗不再依赖于煤炭。第六，能源结构效应。能源结构是另一个有助于碳减排的因素，国内外都提倡用非化石能源代替化石燃料。为适应世界低碳经济的发展，中国工业部门努力提高非化石能源比重。第七，能源强度也是降低碳排放的重要因素。1993~2013年，工业能源强度下降了76.3%。特别是在能源密集型部门中实施节能更容易且成本更低。

表16-3　　　　　　　　　　中国工业部门碳排放变化的分解结果

单位：百万吨

时期	ΔCE_{EF}	ΔCE_{EM}	ΔCE_{EI}	ΔCE_{CI}	ΔCE_{IE}	ΔCE_{IS}	ΔCE_I	ΔCE
1993~1994年	4.73	-18.25	-31.54	26.87	-296.66	46.04	347.71	78.91
1994~1995年	19.40	16.22	274.91	122.60	-520.22	130.65	181.00	224.56
1995~1996年	0.04	4.48	-94.63	-42.79	117.55	-125.37	189.12	48.41
1996~1997年	11.38	-18.26	-141.21	-11.31	532.95	-563.85	163.16	-27.13
1997~1998年	-16.17	-11.14	-18.52	55.19	-368.08	-453.28	789.14	-22.87
1998~1999年	-9.03	-28.40	-159.18	-19.63	-30.42	-533.62	723.81	-56.48
1999~2000年	-93.38	-6.33	4.97	-14.41	315.14	-342.12	193.52	57.39
2000~2001年	12.86	-14.14	-70.08	-26.03	-192.24	365.18	94.40	169.94
2001~2002年	-34.99	-6.27	-84.13	-46.65	-497.69	461.41	345.68	137.37
2002~2003年	-34.29	11.71	-110.66	-78.32	-1 213.04	1 052.25	762.77	390.41
2003~2004年	-9.38	1.89	-218.41	-132.94	-800.34	1210.79	417.76	469.36
2004~2005年	8.36	4.17	11.14	-7.2	-289.24	-188.89	1 029.45	567.79
2005~2006年	45.31	-24.48	-288.79	-92.62	319.77	-324.86	804.47	438.81
2006~2007年	53.53	-24.47	-288.82	-200.07	20.62	29.03	914.55	504.37
2007~2008年	55.63	6.21	-332.03	-244.31	-206.18	143.42	743.58	166.33
2008~2009年	96.24	-16.91	-214.15	-28.23	-161.75	-401.72	1 283.18	556.66
2009~2010年	9.67	-109.63	-446.37	-168.23	317.47	-322.72	912.54	192.74
2010~2011年	-223.07	-27.16	-60.36	-116.91	-200.42	-188.07	1 141.05	325.06
2011~2012年	-2.94	-46.82	-357.76	-238.11	-295.21	74.51	987.49	121.58
2012~2013年	61.55	-70.50	-389.77	-181.31	420.66	-543.85	972.35	269.13
1995~2000年	-116.32	-57.92	-393.52	-34.63	577.46	-2 019.57	2043.83	-0.67
2000~2005年	-65.99	-3.32	-549.80	-308.74	-3 244.69	3 294.68	2 612.74	1 734.88
2005~2010年	268.44	-156.29	-1 527.66	-740.48	271.25	-772.58	4 516.21	1 858.90
1993~2013年	-88.07	-312.15	-2 431.36	-953.01	-4 493.16	-18.95	12 909.06	4 612.36

16.5 本章小结

本章在对中国 30 个省份（不包括西藏）建筑业碳排放量进行核算的基础上，运用空间自相关和核密度函数方法对其时空特征进行刻画和分析，进一步采用乘积式对数平均迪式指数分解（M-LMDI-II）方法对中国 30 个省份（不包括西藏）建筑业能源消耗等相关变量对全国碳排放量的贡献进行分解。同时，应用基于 LMDI 方法的分解分析来探索工业碳排放变化的决定因素，包括能源相关和过程相关的碳排放。为了突出投资在工业碳排放中的显著作用，我们不仅将碳排放变化分解为碳系数、能源结构、能源强度和过程碳强度，而且引入了投资规模、投资份额和投资效率 3 个新的投资因素。研究结果表明：（1）中国建筑业碳排放总体上呈现上升趋势，在全国范围内具有空间正相关性，且表现出空间集聚特征，建筑业碳排放集聚中心逐渐往中南部地区转移，空间集聚效应越来越显著；（2）中国 30 个省份（不包括西藏）建筑业碳排放在空间上存在显著差异，且区域间差距不断扩大，存在两极分化现象；（3）1997~2015 年，中国建筑业整体碳排放量增加了 115%，其中，建筑业经济发展水平和建筑业从业人口规模是建筑业碳排放增加的主要贡献因素，分别导致建筑业碳排放增加 106.52% 和 85.43%，相反，建筑业能源消费强度对建筑业碳排放具有抑制作用，使碳排放减少了 77.33%；（4）从单因素分解的角度来看，建筑业能源消费强度对全国建筑业碳排放降低的贡献最大的省份为黑龙江和山东；建筑业经济发展水平对全国建筑业碳排放增加贡献最大的省份是山东和河北；建筑业从业人口规模对全国建筑业碳排放增加贡献最大的省份是山东和浙江。汇总来看，对建筑业碳排放下降贡献最大的两个省份是黑龙江和海南，对建筑业碳排放增加贡献最大的两个省份是山东和浙江。（5）1993~2013 年，中国工业部门的固定资产投资总额从 2 500 亿元迅速增加到 131 340 亿元，而投资效率从 22 元/人民币下降到 6 元/人民币。能耗强度下降了 76%，其次是过程碳强度的 58.4%，能源结构和碳系数分别下降了 12.6% 和 16.7%。通过调整这些影响因素，减少碳排放具有很大的潜力。

据此，本章提出以下政策建议：（1）关注建筑业技术升级，提高能源使用效率。将劳动力、资本和技术等生产要素有机组合起来，努力提高建筑业市场化水平、信息化水平和人力资本水平，依靠科技进步与技术创新，劳动者素质的提高，管理创新等手段来推动产业结构优化升级和建筑业的健康发展。大力推进住宅产业化和绿色建筑技术，住宅产品的大规模定制和工厂化生产能够极大提高建筑材料的使用效率，同时降低碳排放。而施工现场的装配式工艺和绿色技术同样能够降低人工、材料和机械的消耗量，从而降低碳排放。（2）加快建筑业能源结构升级，提升建筑材料低碳环保性能。在建筑材料生产过程中严格控制煤炭等化石能源的使用比例，提高风、电、核能等清洁能源的使用比例。同时积极推行绿色节能建筑材料，回收利用废旧建筑材料和建筑垃圾。(3) 加快转变经济增长方式，对传统工业技术进行革新，积极探索经济发展的结构性变革路径，改变建筑业产值与碳排放之间的关系，建立绿色建筑相关的法律法规，扶持绿色技术及评价的研究，致力于发展绿色建筑经济。在新的发展阶段，建筑业要实现快速和可持续增长，根本出路是要把生产要素的技术结合和社会结合统一起来，从体制创新和科技创新入手，在提高效率的同时完善产业链条，加快产业结构调整，推进建筑业的工业化进程，打破行业和地区界限，实现产业间的融合和优势重组，同时充分发挥产业自身的比较优势，逐步实现由资本经济阶段向知识经济阶段转变。(4) 提高建筑业从业人员的教育水平，加强从业人员节能减排意识。对从业人员加强绿色环保和节能减排相关技术知识的培训，同时加强建筑业绿色低碳发展战略意义的宣传。(5) 把降低建筑业碳排放的目标分解到各个因素和各个省份，根据实际情况，系统考虑各省份碳排放份额及各因素的联动关系，在兼顾公平和效率的原则下制定各省份节能减排目标，因地制宜开展减排工作。同时，由于各省份建筑业碳排放存在空间溢出效应，在未来的发展中应鼓励各地区加强地区间合作，促进各地区建筑节能环保领域的技术交流，缩小地区间差异，实现共同发展目标。(6) 应开发更多的清洁生产技术，并将其应用于工业过程，如碳捕获和储存技术。此外，由于技术升级与能源强度呈反比关系（Lin et al.，2012)，因此，促进技术升级以降低能源强度和碳排放非常重要。中国工业部门应加大对清洁生产和节能技术的投入，以降低过程碳强度，提高能源效率和生产率。因此，技术进步也将解决中国工业部门的产能过剩问题。在能源结构方面，由于我国的能源禀赋，煤炭类消费一直占据主导地位；由于我国的能源消费结构一直以煤炭为主，因而有必要开发一些低碳能源，如天然气、水电等清洁可再生能源；由于能源密集型工业子部门在中国基础设施建设中占有重要地位，因此，还应对这些子部门实施战略政策，以改进生产流程、提高能源效率和增加燃料多样化，并以清洁能源替代化石燃料。

第 17 章

交通基础设施、城市蔓延与雾霾污染*

17.1 研究背景

改革开放以来,中国经济取得了令世人瞩目的成绩。然而多年来的粗放式生产和城镇化的蔓延式发展也产生了一系列负面效应,如资源的低效利用、环境污染等。特别是 2013 年中国遭遇了有史以来最严重的雾霾天气,"雾霾"成为年度关键词,强烈的空气污染持续席卷全国各地。这引起了学界和中国政府的极大关注。雾霾污染不仅会降低大气可见度,而且会危害人类健康和阻碍经济发展(Kan et al.,2012;Au and Henderson,2006;Chang et al.,2016;陈诗一、陈登科,2018)。准确识别雾霾污染形成的根源是治理雾霾的关键。目前蔓延式的城镇化进程使得居民交通出行对机动车和民航客机的依赖性不断提高,加剧了汽车尾气和民航客机起飞过程中大气污染物的排放。据北京统计部门测算,汽车尾气占 PM2.5 污染源的 20%(梁若冰、席鹏辉,2016),而使用高硫燃油的民航客机一次性起飞过程中所排放的 PM2.5 相当于一辆国Ⅳ标准汽油车行驶 7 294 千米(韩博等,2017)。因此,快速的城镇化进程和城市蔓延被认为是加剧雾霾污染的重要原因(秦蒙等,2016b;邵帅等,2019)。相对于蔓延式发展,精明增长的城市发展战略和单中心城市结构能够通过提高城市密度来改变居民的出行方式,增加公共交通的分担率,降低私家车的使用率,进而减少 PM2.5 排放(Holden and Ingrid,2005;Clark et al.,2011;Kashem et al.,2014)。然而,城市密度的增加又会带来交通拥堵问题,从而在一定程度上加剧空气污染(马丽梅等,2016;王卉彤等,2018;刘华军、雷名雨,2019)。为了缓解城市内部的交通拥堵,地方政府不断重视轨道交通建设,这一定程度上降低了城市内部的空气污染(梁若冰、席鹏辉,2016;孙传旺等,2019)。然而,一个容易被忽视的问题是,相对于轨道交通等城市内部交通基础设施,高铁

---

* 本节内容部分来自邵帅等发表在《经济研究》期刊上的成果(邵帅,李欣,曹建华. 中国的城市化推进与雾霾治理[J]. 经济研究,2019(2):148-165)

作为一种区域间交通基础设施同样具有降低雾霾污染的作用（Chang et al., 2019; Yang et al., 2019; 张华、冯烽, 2019）。

高铁的大规模建设成为城市间交流和运输的重要纽带。2008年以来，中国高铁的发展极其迅速，其营运里程已超过2.9万公里，占据了全球60%以上的份额[①]。与汽车和飞机相比，高铁的能耗最低，是最环保的交通运输工具。考虑到高铁具有高速度和高密度的双高优势，学者们普遍认为高铁能够加速生产要素的跨区域流动、降低运输成本和实现资源优化配置，并将高铁开通抑制环境污染的途径归纳为"规模效应""技术效应"和"结构效应"（张华、冯烽, 2019; Yang et al., 2019）。除了上述机制，高铁加强了城市之间交通出行的便利性和快捷性，改变了居民的交通出行方式，对机动车和民航交通产生了替代作用，缓解了路面交通和民航交通的拥堵，抑制了雾霾污染。然而还鲜有文献对上述机制进行探讨。为此，本章将利用中国城市高铁开通这一自然实验，系统检验城市蔓延和高铁开通对雾霾污染的影响，并进一步考察这种影响在不同蔓延程度、不同规模和南北方城市间是否存在异质性。同时，本章还从拥堵缓解效应和交通替代效应的视角检验了高铁抑制雾霾污染的作用机制。为了解决内生性问题，本章采用了倾向性匹配和双重差分方法，分别选取开通高铁和未开通高铁的城市作为实验组和控制组进行识别。

本章可能的边际贡献主要有以下方面：（1）为相关领域文献提供了新的视角。尽管学者们已经开始关注城市蔓延和高铁开通对雾霾污染的影响，但都仅限于城市蔓延或者高铁开通的单一角度，还鲜有文献将城市蔓延和高铁同时纳入雾霾污染的研究体系中，忽视了高铁开通与城市蔓延交互作用对雾霾污染的异质性影响。（2）实证研究思路创新。不同于现有文献仅采用普通面板数据模型进行实证测度，由于城市蔓延对雾霾污染的影响存在空间溢出效应和时间连续性特点，本章采用动态空间面板数据模型来实证检验城市蔓延对雾霾污染的动态变化和空间溢出效应。（3）我们为解决高铁开通研究的内生性问题提供了良好的识别策略，即采用倾向性匹配的双重差分方法来进行稳健性检验，并引入时间虚拟变量来识别高铁开通对雾霾污染影响的动态边际效应。同时，不同于现有研究仅采用是否开通高铁来检验高铁的减霾效应，还采用城市高铁站点数量和高铁线路数量来进一步进行稳健性检验。（4）本章通过理论机制分析和机制检验系统研究了高铁开通对于抑制雾霾污染的作用路径和方向。

17.2 文献综述与研究假设

17.2.1 城市蔓延与雾霾污染

目前我国城镇化进程中普遍存在城市空间无序蔓延的现象。尽管城镇化的基本

[①] 数据源于国家统计局数据和世界银行发布的《中国高铁发展报告》。

表现形式为农村人口向城市的流动迁移,但从本质上讲,城镇化并非简单的人口集聚或城市蔓延,而是一个引发社会和经济结构整体发生嬗变的复杂过程。基于这一判断,城镇化对环境质量的影响可以借助以下三种理论予以解释:生态现代化理论、城市环境转变理论及紧凑城市理论。其中,生态现代化理论的核心观点是发挥生态优势能够推进现代化进程,进而实现经济发展与环境保护的双赢(Huber,2000)。该理论认为,在城镇化不断推进的条件下,随着社会经济从低级阶段向中等阶段的逐渐发展,生态环境问题会持续恶化,但当社会经济发展到更高阶段时,城镇化对生态环境的损害会通过技术创新、结构转型等途径得到缓解(Sadorsky,2014)。城市环境转变理论是指,城镇化进程一方面会产生更多的污染密集型产品消费,但另一方面也会提升民众对更高环境质量的需求,因此,城镇化水平对环境质量的总体影响方向是不确定的,这取决于上述两方面影响的综合作用(Jacobi et al.,2010)。紧凑城市理论重点关注城镇化进程所产生的正外部性,认为更高的城市密度必然引起企业、人口及公共设施的集中,从而有利于基础设施,尤其是环境污染处理设施的共享,更能够发挥规模经济和集聚经济在改善环境质量方面的优势(Burton,2000)。

城市蔓延作为城镇化进程中的一种空间形态,是指由于市场或政策失灵导致人口和土地要素在空间上的失衡错配所形成的人口空间分布的无序化和分散化状态。城市蔓延对雾霾污染的影响主要表现为以下方面。(1)影响城市居民日常出行的交通方式。城市蔓延导致人口的空间分散化和职住分离。由于中心城区土地面积有限且房价较高,因此,很多在中心城区工作的居民会选择位置相对较偏、价格相对较低的郊区居住,造成了居住地和工作地之间的空间错配。在职住分离的生活模式下,由于通勤距离和通勤时间的增加,居民出行对机动车的依赖性愈发强烈。尽管近年来汽车发动机已经变得更加清洁,但车辆行驶里程数的增加和私家车数量不断增长引起了交通拥堵和汽车尾气排放量的增加,从而加剧雾霾污染(Brownstone and Golob,2009;Zheng et al.,2011)。(2)改变土地利用结构。城市蔓延过程中,城市边缘大量的农业用地转为建设用地。因此,城市蔓延对农用地产生了挤出效应,导致农用地比重不断降低。城市绿地面积的减少会弱化生态环境的净化能力,增强了城市热岛效应,从而加剧雾霾污染(李平星、樊杰,2014)。(3)改变产业结构。大量农用地转为建设用地意味着第一产业的土地和资本投入减少而二三产业投入增加。二三产业的污染排放会显著高于第一产业。这种产业结构的变化同样会加剧雾霾污染。(4)城市蔓延对雾霾污染的影响在空间上存在溢出效应。雾霾污染不是单纯的局部环境问题,在很大程度上能够通过大气环流等途径扩散和转移到相邻地区,因而存在空间溢出效应(邵帅等,2016;徐冬等,2019)。同时,城市蔓延过程在空间上也存在相互关系,相邻地区的城市空间形态也会影响本地区的城市发展(Fan and Zhou,2019;Gómez-Antonio et al.,2016;秦蒙等,2016)。因此,城市内部的雾霾污染会受到相邻地区城市蔓延的影响。综上所述,本章提出如下研究假设。

假设17-1 城市蔓延对雾霾污染存在显著正向直接影响和空间溢出效应。

17.2.2 高铁开通与雾霾污染

高铁开通对雾霾污染的抑制作用主要表现为以下方面：（1）交通替代效应。在高铁开通之前，中国城市居民的跨地区交通出行更多依赖机动车和飞机。高铁开通打破了居民出行对机动车和飞机的依赖，对二者产生了替代效应（Camille Kamga and M. Anil Yazici, 2014）。城市轨道交通是对城市内部的道路交通产生替代效应，而高铁是对城市间的路面交通和民航交通同时产生替代效应，并且高铁开通对民航交通的替代效应要高于其对路面交通的替代效应（Chang et al., 2019）。高铁运行速度越快，替代作用越强（王姣娥等，2019）。高铁作为一种绿色交通工具，居民高铁出行的增加不会增加污染物排放，同时高铁的交通替代效应使得机动车和民航交通出行的数量和班次相应地减少，这会显著降低机动车尾气排放和飞机飞行全过程的大气污染物排放，从而抑制雾霾污染。（2）拥堵缓解效应。机动车出行的减少会缓解路面的交通拥堵，降低由于路面交通拥堵而增加的汽车尾气排放，从而降低雾霾污染；民航交通出行班次的减少会降低航班起飞和降落过程中的拥堵，减少由于拥堵所增加的大气污染物排放，从而缓解雾霾污染（如图17-1所示）。并且城市高铁站点和线路数量越多，居民跨地区出行越便利，居民选择高铁出行的可能性越大，其交通替代效应和拥堵缓解效应越显著，对雾霾污染的抑制作用越强。据此，本章提出如下研究假设。

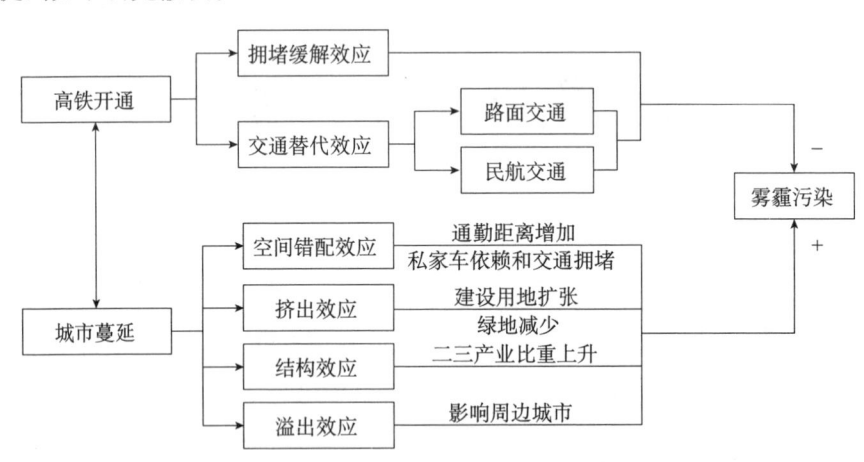

图 17-1 高铁开通和城市蔓延对雾霾污染的影响机理

假设17-2 高铁开通能够有效抑制雾霾污染，其主要途径是通过替代路面交通和民航交通出行方式所产生的交通替代效应和拥堵缓解效应，并且高铁站点和线路数量越多，其对雾霾污染的抑制作用越强。

高铁开通存在正外部性，能够有效降低雾霾污染。但是中国城市间差异较大，不同规模和经济发展水平下高铁开通的正外部性可能存在差异。高铁开通无疑改善了城市的可达性，极大降低了居民日常出行的时间和成本，可有效缓解因城市蔓延增加的出行时间和成本。蔓延水平的提高会增加通勤距离和居民出行对机动车的依赖性，从而加剧交通拥堵（Stone，2008）。因此，蔓延水平越高的城市，居民高铁出行能够节约的时间和成本越多，高铁对路面交通的替代效应和拥堵缓解效应越显著，对雾霾污染的抑制作用越强。同时，由于高铁的载客容量要远高于机动车和飞机，高铁乘坐率的提高可以增加城市高铁站点数量、高铁线路数量和高铁发车频率，从而进一步提高乘坐率（梁若冰、席鹏辉，2016），即高铁开通存在规模效应。人口规模越大的城市，居民交通出行的需求越大，高铁的乘坐率越高，高铁开通对路面交通和民航交通的替代效应越强，对雾霾的减排效应越显著。为此，我们提出如下研究假设。

假设 17-3 城市蔓延水平越高，高铁开通对雾霾污染的抑制作用越强。

假设 17-4 城市规模越大，高铁开通对雾霾污染的抑制作用越强。

17.3 实证策略与数据说明

17.3.1 实证策略

任何地理要素在空间上都有一定的关联性（杨昆等，2016；徐冬等，2019）。考虑到雾霾污染在空间上具有扩散和转移效应，且在时间上具有一定持续性（马丽梅等，2016；潘慧峰等，2015）。因此，本章引入包含空间滞后项、时间滞后项和时空滞后项的动态空间面板数据模型来分析城市蔓延对雾霾污染的影响。动态空间面板模型相比于静态空间面板模型具有以下优势：一是不仅考虑了雾霾污染在空间上的溢出效应，而且同时考虑了雾霾污染在空间上的动态效应；二是考虑动态效应后可以有效避免模型中存在的内生性问题。因此，本章设定如下动态空间面板模型[①]：

$$\ln SP_{it} = \rho \sum_{j=1}^{n} w_{ij}\ln SP_{jt} + \sigma \ln SP_{i,t-1} + \tau \sum_{i=1}^{n} w_{ij}\ln SP_{j,t-1} + \alpha US_{it} + \lambda \sum_{i=1}^{n} Z_{it}$$

$$+ \beta \sum_{i=1}^{n} w_{ij}US_{jt} + \gamma \sum_{i=1}^{n} w_{ij}Z_{jt} + v_i + u_t + \varepsilon_{it} \quad (17-1)$$

其中，i 和 j 代表地区；t 代表时间；SP 是雾霾污染程度；US 是城市蔓延水平；Z 表示其他对雾霾污染有影响的控制变量集合；v_i 表示个体固定效应；u_i 表示时间固

---

① 动态空间面板数据模型包括动态空间自相关模型（SAR）和动态空间杜宾模型（SDM）等。关于最优动态空间面板数据模型的选择，一般通过 *LM* 检验、*R-LM* 检验、*LR* 检验、*Wald* 检验等进行。本章经过上述一系列检验，表明动态空间杜宾模型（SDM）为最优。限于篇幅，本章未列出详细的模型选择过程。

定效应；ε_{it} 表示随机干扰项。w_{ij} 表示空间权重矩阵，$w_{ij}=1/d_{ij}^2$，d_{ij} 表示两个城市之间的距离，实证过程中将所得的矩阵进行标准化处理。

为了检验高铁开通能否有效降低雾霾污染，本章将是否开通高铁作为一个准自然实验进行研究。考虑到每个城市高铁开通时间有先后顺序，本章构建了连续时间双重差分（DID）模型如下：

$$\ln SP_{it} = \alpha_0 + \beta_1 Hsr_{it} \times Time_{it} + \lambda_j \sum_{j=1}^{n} Z_{jit} + v_i + u_t + \varepsilon_{it} \qquad (17-2)$$

其中，Hsr_{it} 是虚拟变量，表示城市 i 是否属于实验组。如果城市 i 在 2003~2016 年内开通了高铁则为实验组，其值取 1；否则为控制组，其值取 0。$Time$ 是时间虚拟变量，如果城市 i 在 t 年开通了高铁，则从 t 年到 2016 年取值均为 1，否则为 0。由于每个城市开通高铁的时间有先后，无法定义相同事件发生的时间，因此，在式（17-2）的模型中，不再控制 Hsr_{it} 和 $Time_{it}$ 的虚拟变量。

17.3.2 变量与数据说明

（1）被解释变量。被解释变量为雾霾污染，用 PM2.5 浓度来衡量。采用哥伦比亚大学社会经济数据和应用中心提供的 2003~2016 年全球 PM2.5 地表年均浓度栅格数据进行分析①。利用 ArcGIS10.5 软件，结合 2010 年的行政区划数据进行城市范围提取。根据提取的城市范围内的栅格数据计算该城市 PM2.5 年平均浓度。最终得到全国 281 个地级市的 PM2.5 年平均浓度数据，从而实现从市级层面对中国雾霾污染进行全面考察。

（2）核心解释变量。核心解释变量分别是高铁开通和城市蔓延。首先，高铁开通。借鉴宣烨等（2019）的度量方法，采用城市是否开通了高铁的虚拟变量来衡量，包括政策虚拟变量 Hsr_{it}②、时间虚拟变量 $Time_{it}$、政策虚拟变量与时间虚拟变量的交互项 $Hsr_{it} \times Time_{it}$（$Hsr_{it} \times Time_{it}=1$ 表示城市 i 在 t 年份开通了高铁，反之则表示未开通高铁）。此外，本章将采用高铁开通的站点数量（$Station$）和高铁开通的线路数量（$Route$）替代政策虚拟变量 Hsr_{it}，进一步研究高铁站点和线路数量对雾霾污染的边际影响，并以此检验实证结果的稳健性。相关数据源于中国研究数据服务平台③。其次，城市蔓延。借鉴秦蒙等（2016b）的研究，本章通过如下公式计算城市蔓延水平：

$$US = \sqrt{USP \times USS} = \sqrt{\frac{(LP_i\% - HP_i\%)+1}{2} \times \frac{(LS_i\% - HS_i\%)+1}{2}} \qquad (17-3)$$

其中，US 代表城市蔓延水平，其取值 0~1，US 值接近 0，表示城市蔓延水平较低，

---

① 社会经济数据和应用中心（SEDAC）：http://sedac.ciesin.columbia.edu/。
② 若该城市在 1~6 月开通高铁，则视为当年开通；若在 7~12 月开通高铁，则视为下一年开通。
③ 中国研究数据服务平台网址：https://www.cnrds.com/。

其值接近 1，则表示城市蔓延水平较高；LP% 和 HP% 分别表示城市内人口密度低于或高于全国平均值区域的人口占比；LS% 和 HS% 分别表示城市内人口密度低于或高于全国平均值区域的面积占比。该指数方法克服了简单使用平均密度的单指标方法的固有缺陷，同时避免了城市局部区域密度异常低（或异常高）对总体密度的扰动。相关数据源于 Landscan 全球人口动态分析数据①。采用固定年份 2010 年的行政区划数据，将人口密度值 2 000 人/平方千米作为提取的城市空间格局的阈值，利用 ArcGIS10.5 提取了各城市相应年份的人口数据和面积数据。关于街区高低密度的判断，采用 2002 年全国城市平均人口密度值。该方法避免了人为设定的主观性，并且采用固定年份的平均值作为标准，使得各地区各年份之间的数据更具可比性。

此外，本章还考察了高铁开通对交通拥堵的影响。其中，交通拥堵延时指数数据源于 Wind 数据库。本章进一步考察了高铁开通对路面交通和民航交通的替代效应。其中，公路公共交通客运量、民用车拥有量和私家车拥有量数据源于 CEIC 数据库②；民航的旅客吞吐量、货邮吞吐量和起降架次数据源于各年的《中国民航统计年鉴》和《从统计看民航》。

（3）控制变量。结合前述的分析和已有研究，本章选择如下变量作为控制变量，以减少以遗漏变量导致的模型估计偏差。①经济发展水平。采用实际人均 GDP（以 2003 年为基期）来衡量。孙传旺等（2019）认为，经济发展水平的高低会影响地方财政收入，从而影响到环保资金投入和雾霾污染治理。根据已有研究发现，一个城市的环境变量与自身经济发展存在非线性关系（邵帅等，2016）。因此，本章进一步在模型中引入人均 GDP 的二次项和三次项，以考察城市经济发展与雾霾污染的非线性关系。②房地产投资规模。采用固定资产投资额中房地产投资额所占的比重来衡量。房地产投资的增加会带动上下游关联产业的发展，包括上游的钢筋、水泥等高排放的重工业产业和下游的建筑业的发展，使得雾霾污染加剧（邵帅等，2016）。③政府财政支出。采用地方政府财政支出与 GDP 的比值来衡量。④城市内部交通基础设施建设。城市内部交通基础设施被认为是改善空气质量的重要手段。孙传旺等（2019）采用城市道路投资完成额和城市道路面积来反映城市内部交通基础设施情况，认为前者反映了城市对于改善交通基础设施的投入力度，后者反映了城市交通基础设施建设的产出。本章采用人均道路铺装面积来衡量。⑤工业化发展水平。工业化水平与雾霾污染密切相关，来自工业的化石能源消费是雾霾污染的重要来源之一。由于工业能耗高于其他产业，因而第二产业所占的比重越高，往往雾霾污染越严重（邵帅等，2016；孙传旺等，2019）。因此，本章采用 GDP 中第二产业产值所占比重来衡量。⑥服务业发展水平。高端服务业的发展促进了城市高新技术产业的发展，产业逐渐向高附加值、低能耗、低污染的方向转变，可以有效缓解雾霾污染问题（程中华等，2019）。因此，本章采用 GDP 中第三产业产值所占比重

---

① Landscan 数据网址：http://web.ornl.gov/sci/landscan/。
② CEIC 数据库网址：https://www.ceicdata.com/zh-hans。

来衡量。⑦居民收入水平。收入水平的变化改变了居民的生活方式和消费行为,进而对城市环境和雾霾污染产生影响(Nagashima, 2018)。本章采用职工平均工资来衡量居民收入水平,并采用城市所在省份的 CPI 指数进行平减,最终得到以 2003 年为基期的实际职工平均工资。以上数据源于 CEIC 数据库和《中国城市统计年鉴》(2004~2017)。书中人均 GDP 和职工平均工资分别采用城市所在省份的 GDP 价格指数和 CPI 指数进行平减,价格指数源于《中国统计年鉴》(2004~2017)。表 17-1 是变量的描述性统计。

表 17-1　　　　　　　　　变量的描述性统计

变量名称	变量缩写	观测值	均值	标准差	最小值	最大值
雾霾污染	lnSP	3 934	3.489	0.496	2.005	4.333
城市蔓延	US	3 934	0.478	0.053	0.314	0.558
是否开通高铁	Hsr	3 934	0.616	0.487	0	1
高铁站点数量	Station	3 934	0.532	1.512	0	18
高铁路线数量	Route	3 934	0.263	0.679	0	7
经济发展水平	lnPgdp	3 934	10.282	0.805	8.325	12.081
房地产投资规模	Real	3 934	0.143	0.089	0.019	0.461
政府财政支出	Gov	3 934	0.063	0.039	0.010	0.206
城市内部交通基础设施建设	lnProad	3 934	2.151	0.610	0.432	3.604
工业化发展水平	Inst	3 934	0.487	0.109	0.210	0.793
服务业发展水平	Serv	3 934	0.368	0.085	0.168	0.652
居民收入水平	lnAwage	3 934	10.110	0.447	9.101	11.004

17.4　实证结果与解释

17.4.1　城市蔓延与雾霾污染

在进行动态空间面板模型检验之前,本书先对雾霾污染指标和城市蔓延指标进行了空间自相关检验,以验证雾霾污染和城市蔓延的"扩散"特征。如图 17-2 所示,2003~2016 年中国地级市雾霾污染和城市蔓延的全局 Moran's I 指数均为正,且均在 1% 显著性水平显著。相比较而言,雾霾污染的空间相关性更强。这说明,各地级市雾霾污染和城市蔓延的空间分布均并非完全独立,各地级市之间雾霾污染和城市蔓延均存在显著的正向溢出效应,相邻地级市雾霾污染的增加会加剧本地的雾霾污染,同时,相邻地级市城市蔓延程度的增加会加剧本地的城市蔓延。因此,在实证中考虑城市蔓延和雾霾污染影响的空间效应是必要的。

由于雾霾污染在空间上和时间上存在溢出效应,本章将空间滞后项、时间滞后项和时空滞后项纳入城市蔓延对雾霾污染影响的模型中,以检验城市蔓延与雾霾污

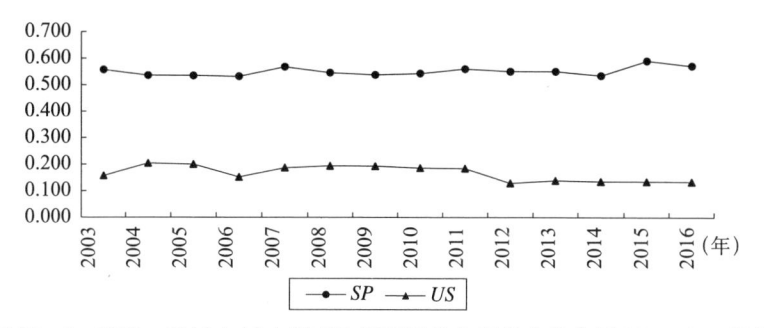

图 17 - 2　2003~2016 年城市蔓延和雾霾污染空间分布的全局 Moran's I 指数

注：2003~2016 年城市蔓延和雾霾污染的 Moran's I 指数均在 1% 显著性水平显著。

染之间的空间动态关系。为了便于比较，本章建立了三类动态空间杜宾模型（见表 17-2）。其中，模型（1）只包含了空间滞后项和时间滞后项；模型（2）只包含了空间滞后项和时空滞后项；模型（3）包含了空间滞后项、时间滞后项和时空滞后项。从表 17-2 不难看出，无论采用何种动态空间杜宾模型，其核心解释变量的回归结果均保持一致，说明结果是稳健的。比较 Log-likelihood 值和 R^2，模型（3）为最优。因此，本书后面的实证分析均基于模型（3）进行。模型（3）中雾霾污染的空间自相关系数（$W \times \ln SP$）显著为正，说明中国城市雾霾污染存在正向空间溢出效应，相邻城市雾霾污染程度的上升会加剧本地雾霾污染，表现出"一荣俱荣，一损俱损"的空间特征（邵帅等，2016）。相邻城市 PM2.5 浓度每增加 1%，本地区 PM2.5 浓度会提高约 1.38%。表明雾霾污染的"扩散"效应明显，各级地方政府必须采取联防联动措施，而不是各自为政。从时间维度看，雾霾污染的时间滞后项系数（lag_lnSP）为 0.134，且在 1% 显著性水平显著，说明城市内部上一期的雾霾污染会持续影响到本地区下一期的雾霾污染水平，雾霾污染在时间上表现出路径依赖特征和"滚雪球效应"。从时空维度看，雾霾污染的时空滞后项系数（$W \times$ lag_lnSP）为 0.485，也在 1% 显著性水平显著，可以看出 $W \times$ lag_lnSP 系数是 lag_lnSP 系数的 3 倍多，表明相邻城市的上一期雾霾污染程度对本地区雾霾污染的影响大于本地区上一期雾霾污染的影响。邵帅等（2016）的研究则得出了相反的结论。不同省份之间可能由于"警示作用"而采取积极的雾霾治理措施，原因在于省级政府需要直接面对中央政府的问责。而在一个省份内部的不同城市之间尽管也存在类似的"警示效应"逻辑，但是市级政府在晋升激励的压力下，更多地关注地方经济增长。这种为增长而竞争的格局一定程度上在相邻城市之间形成了环境污染的"模仿效应"，或者说这种"模仿效应"远超过了"警示效应"。尽管环境绩效已经列入了地方官员的政绩考核体系中，但是并未引起市级政府的足够重视，其仍然存在"天高皇帝远"的侥幸心理。综合来看，雾霾污染在时空上具有相关性和延续性。可见雾霾污染治理是一项艰巨的任务，需要各级政府进行跨区域的协同治理，且刻不容缓。

表 17-2　　城市蔓延与雾霾污染的空间关系

变量	模型（1） SDM（包含时间滞后项）	模型（2） SDM（包含时空滞后项）	模型（3） SDM（包含时间滞后项和时空滞后项）
$W \times \ln SP$	1.404 *** (143.79)	1.492 *** (156.87)	1.380 *** (146.65)
$lag\_\ln SP$	0.315 *** (31.37)	—	0.134 *** (5.80)
$W \times lag\_\ln SP$	—	0.642 *** (53.16)	0.485 *** (16.36)
US	0.390 *** (3.65)	0.558 *** (4.97)	0.496 *** (4.82)
$\ln Pgdp$	10.564 *** (16.61)	10.928 *** (16.22)	10.985 *** (18.02)
$(\ln Pgdp)^2$	-1.026 *** (-16.59)	-1.062 *** (-16.22)	-1.068 *** (-17.98)
$(\ln Pgdp)^3$	0.033 *** (16.43)	0.034 *** (16.08)	0.034 *** (17.80)
$Real$	0.007 (0.812)	-0.007 (-0.22)	-0.001 (-0.03)
Gov	-0.113 (-1.10)	-0.139 (-1.30)	-0.136 (-1.36)
$\ln Proad$	0.006 (1.35)	0.009 * (1.77)	0.008 * (1.84)
$Indu$	0.058 (0.77)	0.028 (0.35)	0.037 (0.50)
$Serv$	0.213 ** (2.28)	0.159 (1.63)	0.183 ** (2.01)
$\ln Awage$	0.065 *** (5.84)	0.064 *** (5.63)	0.064 *** (5.80)
$W \times US$	2.662 *** (16.44)	3.465 *** (20.59)	3.100 *** (19.36)
$W \times \ln Pgdp$	130.302 *** (86.65)	134.166 *** (85.36)	134.884 *** (93.52)
$W \times (\ln Pgdp)^2$	-12.703 *** (-86.90)	-13.103 *** (-85.76)	-13.161 *** (-93.90)
$W \times (\ln Pgdp)^3$	0.410 *** (86.54)	0.424 *** (85.60)	0.426 *** (93.60)
$W \times Real$	0.089 (1.35)	0.084 (1.23)	0.067 (1.04)
$W \times Gov$	1.074 *** (4.08)	1.513 *** (5.62)	1.292 *** (4.91)

续表

变量	模型（1） SDM（包含时间滞后项）	模型（2） SDM（包含时空滞后项）	模型（3） SDM（包含时间滞后项和时空滞后项）
$W \times \ln Proad$	0.093 *** (5.70)	0.100 *** (5.89)	0.108 *** (6.82)
$W \times Indu$	-1.347 *** (-7.24)	-1.419 *** (-7.34)	-1.500 *** (-8.22)
$W \times Serv$	-1.500 *** (-8.06)	-1.595 *** (-8.27)	-1.659 *** (-9.05)
$W \times \ln Awage$	0.042 * (1.65)	0.015 (0.56)	0.022 (0.85)
$Sigma2\_e$	0.002 *** (11.83)	0.002 *** (10.59)	0.002 *** (12.06)
R^2	0.003	0.006	0.006
$\log L$	—	-10 860.000	-8 625.4831
样本数	3 653	3 653	3 653

注：括号内为 z 值；***、**、* 分别表示在 1%、5%、10% 的水平显著。

城市蔓延（US）的回归系数显著为正，说明城市蔓延加剧了雾霾污染。这验证了假设 17-1，也验证了秦蒙等（2016b）的研究发现，即城市空间的蔓延式发展导致了居民机动车出行时间和距离的增加、农地非农化规模增加、土地利用结构和产业结构发生改变，从而加剧了雾霾污染。空间滞后项系数（$W \times US$）也显著为正，表明城市蔓延对雾霾污染产生显著正向空间溢出效应，相邻城市蔓延水平的提高会加剧本地区的雾霾污染，从而为假设 17-1 提供了证据。

考虑到城市经济发展与雾霾污染之间可能存在非线性关系，本章引入了人均 GDP 的二次项和三次项。基于模型（3）的回归结果，人均 GDP 的一次项、二次项和三次项的直接影响和空间影响的回归系数均显著，且三次项的回归系数显著为正，说明城市经济发展水平对雾霾污染的直接影响和空间影响均存在"N"型关系，即雾霾污染随着城市经济发展呈现先增加后减少再增加的变化趋势。进一步根据人均 GDP 的一次项、二次项和三次项回归系数计算雾霾污染随经济增长变化的拐点，得到经济增长对雾霾污染直接影响的第一拐点为 7 996 元，第二拐点为 155 507 元。就 2016 年各城市的经济数据来看，几乎所有城市的人均 GDP 均处于第一拐点右侧，第二拐点左侧。这表明现阶段一味地追求 GDP 而忽视环境可持续的经济发展模式已不符合基本国情，城市发展已愈发重视绿色经济，正努力实现经济增长和环境友好的双赢局面。1998 年中国平均经济发展水平超过第一拐点，当年第一产业、第二产业和第三产业生产总值占比约为 18.4:48.7:32.9，消费、投资和净出口的生产总值占比约为 63.3:34.3:2.4；至 2017 年，国内第一产业、第二产业和第三产业生产总值占比约为 7.9:40.5:51.6，消费、投资和净出口的生产总值占比约为 53.6:44.4:2.0。这说明中国产业结构逐渐向第三产业转移，经济增长逐渐由消费驱动转向投资驱动，产业结构的优化和生产生活方式的转变意味着经济由粗放发展方式向绿色发展方式转变，有利于缓解雾霾污染。从空间影响效应来看，经济增长对雾霾污染影响的第一拐点为14 548元，第二拐点为60 540元，2016年所有地级市的人均GDP均超过第一拐点，其中有144个地级市的人均GDP处于第一拐点和第二拐点之间，这些城市经济增长对雾霾污染存在负向溢出效应，其余137个地级市处于第二拐点右侧，这些城市经济增长对雾霾污染存在正向溢出效应，本地区的经济发展会加剧相邻城市的雾霾污染。

17.4.2 高速铁路开通与雾霾污染

（1）双重差分方法。本章通过构建双重差分法（DID）模型来检验高铁开通是否降低了雾霾污染，实证结果见表17-3中的模型（1）和模型（2）。不难看出，无论是否加入控制变量，$Hsr*Time$的回归系数均显著为负，说明高铁开通显著抑制了雾霾污染。在假定其他条件给定的情况下，开通高铁城市的雾霾污染程度比未开通高铁城市低2%。这一结果与张华和冯锋（2019）的研究结论非常接近，同时也验证了假设17-2。此外，本章将是否开通高铁变量替换成高铁站点和线路数量，以检验高铁开通对雾霾污染的边际影响，结果见表17-3中的模型（3）和模型（4）。不难看出，城市每多建设一个高铁站，将降低雾霾污染程度约0.7%；城市每新增一条高铁线路，将降低雾霾污染程度约1.3%。这一结果进一步验证了假设17-2。

表17-3　　　　　　　　高铁开通对雾霾污染的影响

变量	模型（1）	模型（2）	模型（3）	模型（4）
$Hsr \times Time$	-0.014** (-2.13)	-0.020*** (-2.95)	—	—
$Station \times Time$	—	—	-0.007*** (-4.18)	—
$Route \times Time$	—	—	—	-0.013*** (-3.44)
$\ln Pgdp$	—	-1.889** (-2.42)	-1.455* (-1.85)	-1.554** (-1.97)
$(\ln Pgdp)^2$	—	0.170** (2.25)	0.126 (1.64)	0.136* (1.78)
$(\ln Pgdp)^3$	—	-0.005** (-2.13)	-0.004 (-1.49)	-0.004 (-1.64)
$Real$	—	-0.003 (-0.06)	-0.001 (-0.01)	-0.001 (-0.01)
Gov	—	0.051 (0.47)	-0.042 (-0.38)	0.051 (0.47)
$\ln Proad$	—	0.007 (1.06)	0.008 (1.07)	0.007 (1.05)

续表

变量	模型（1）	模型（2）	模型（3）	模型（4）
$Indu$	—	-0.227*** (-2.92)	-0.226*** (-2.91)	-0.232*** (-2.98)
$Serv$	—	-0.218** (-2.34)	-0.229** (-2.46)	-0.236** (-2.54)
$\ln Awage$	—	0.001 (0.07)	0.003 (0.21)	0.001 (0.04)
Constant	3.432*** (537.49)	10.672*** (3.96)	9.256*** (3.41)	9.580*** (3.52)
城市固定	YES	YES	YES	YES
年份固定	YES	YES	YES	YES
R^2	0.280	0.288	0.289	0.288
样本数	3 934	3 934	3 934	3 934

注：括号内为 t 值；***、** 分别表示在1%、5%的水平显著。

（2）平行趋势检验。为了保证以上双重差分回归结果的无偏性，我们先对高铁开通城市和未开通城市的雾霾污染程度进行平行趋势检验。如果实验组和控制组在事件发生前存在时间趋势上的差异，则会质疑雾霾污染变化不是由高铁开通与否引起的，而是由于事前两者的系统性差异引起的。由图17-3可知，在高铁开通前，实验组和控制组的雾霾污染水平大致保持相同变动趋势，符合双重差分模型要求实验组和控制组的变化趋势上不存在系统性差异的前提（张华、冯锋，2019）。高铁开通之后实验组的雾霾污染水平存在明显的下降趋势，而控制组在2008~2010年出现了明显的递增趋势。可见，在高铁开通后，实验组和控制组的雾霾污染出现了不同的变动趋势。因此，我们可以认为2008年前后，实验组和控制组雾霾污染变化趋势的不同是由高铁引起的，即本章使用的双重差分模型符合平行趋势前提假设。

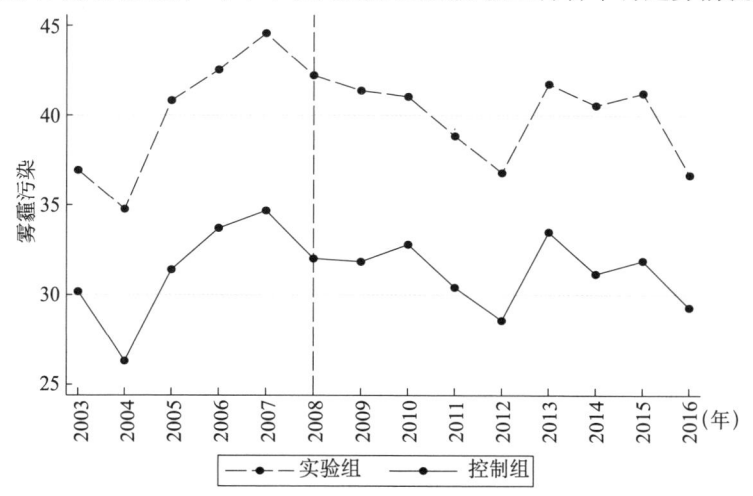

图17-3 2003~2016高铁开通城市和未开通城市的雾霾污染平行趋势检验

(3) 安慰剂检验。为了保证实证结果的稳健性，本章通过改变模型中高铁开通的时点进行安慰剂检验。除了是否开通高铁这一事件外，可能还存在其他因素对城市的雾霾污染产生影响。为了排除这些因素的影响，本章将每个城市高铁开通时间分别提前到 2008 年、2007 年、2006 年和 2005 年。若假设高铁开通时间提前，$Hsr \times Time$ 的回归系数仍显著为负，则说明雾霾污染降低很有可能是其他政策因素和随机性因素引起的；若 $Hsr \times Time$ 的回归系数不显著，则说明雾霾污染降低是得益于高铁开通。表 17-4 中的模型（1）~模型（4）分别表示将城市高铁开通时间分别提前到 2008 年、2007 年、2006 年和 2005 年，结果显示 $Hsr \times Time$ 的回归系数均不显著。这说明城市雾霾污染降低确实是来自高铁开通，前述的实证结果是稳健的。

表 17-4　安慰剂检验

变量	模型（1） Time = 2008	模型（2） Time = 2007	模型（3） Time = 2006	模型（4） Time = 2005
$Hsr \times Time$	-0.010 (-1.31)	-0.001 (-0.15)	-0.004 (-0.49)	0.008 (0.80)
$Time$	0.083 (1.64)	0.077 (1.51)	0.079 (1.55)	0.070 (1.36)
$\ln Pgdp$	-1.996** (-2.56)	-1.974** (-2.53)	-1.987** (-2.55)	-1.940** (-2.49)
$(\ln Pgdp)^2$	0.182** (2.40)	0.181** (2.38)	0.182** (2.39)	0.178** (2.34)
$(\ln Pgdp)^3$	-0.006** (-2.30)	-0.006** (-2.29)	-0.006** (-2.30)	-0.006** (-2.26)
$Real$	-0.005 (-0.11)	-0.005 (-0.13)	-0.005 (-0.12)	-0.006 (-0.15)
Gov	0.047 (0.43)	0.043 (0.40)	0.043 (0.40)	0.042 (0.39)
$\ln Proad$	0.008 (1.08)	0.007 (1.08)	0.007 (1.08)	0.007 (1.08)
$Indu$	-0.224*** (-2.88)	-0.225*** (-2.89)	-0.225*** (-2.89)	-0.225*** (-2.89)
$Serv$	-0.223** (-2.40)	-0.224** (-2.40)	-0.224** (-2.41)	-0.221** (-2.38)
$\ln Awage$	-0.001 (-0.04)	0.001 (0.03)	0.001 (0.02)	0.001 (0.08)
Constant	11.017*** (9.57)	10.910*** (4.04)	10.959*** (4.06)	10.767*** (9.57)
城市固定	YES	YES	YES	YES
年份固定	YES	YES	YES	YES
R^2	0.286	0.286	0.286	0.286
样本数	3 934	3 934	3 934	3 934

注：括号内为 t 值；***、**分别表示在1%、5%的水平显著。

17.4.3 高铁开通对雾霾污染的异质性影响

由于城市空间结构、城市规模和南北方气候条件等差异会影响各城市对高铁的使用程度,因此,本章进一步探讨了高铁开通对雾霾污染的异质性影响。实证结果见表17-5。

(1) 城市空间结构的异质性影响。表17-5中的模型(1)和模型(2)报告了不同蔓延水平下高铁开通对雾霾污染的异质性影响。本章按照蔓延水平是否超过全国平均水平将样本城市分为高蔓延组和低蔓延组。其中,高蔓延组的回归结果显著为负,而低蔓延组的回归结果不显著。这说明城市蔓延水平越高的地区,高铁开通对雾霾污染的抑制作用越显著,这验证了假设17-3。城市蔓延增加了城市的公共道路投资,通勤距离的增加扩大了私家车的需求,导致污染物排放增加。高铁开通对由于城市蔓延导致的出行距离增加及交通拥堵的缓解效应更显著,对路面交通的替代效应更显著。

(2) 城市规模的异质性影响。本章按照城市人口规模是否高于50万将研究样本分为两组:大城市组和小城市组。表17-5中的模型(3)和模型(4)报告了不同规模城市高铁开通对雾霾污染的异质性影响。可以发现,大城市组的回归结果显著为负而小城市组不显著,即高铁的减霾效应随着城市规模的增加而提高。这与假设17-4保持一致。规模较大的城市人口规模或者人口密度越高,对私家车的依赖性越强,城市交通拥堵现象越严重。大量的汽车尾气排放加之其不完全燃烧加剧了雾霾污染。规模越大的城市中居民对公共交通的需求量越大,相应高铁站点和线路数量越多,高铁开通对大城市路面交通和民航交通的替代效应越显著。高铁的准时性特点进一步强化了其对民航交通的替代效应,因此,对大城市降霾效果越明显;相反,规模较小的城市人口规模或人口密度较低,对公共交通需求低,高铁的开通对路面交通的替代效应并不显著,因而减霾效果也不明显。

(3) 南北方地区的异质性影响。本章根据城市的地理位置,将281个样本城市分为南方和北方。其中,秦岭淮河以南为南方,秦岭淮河以北为北方。回归结果见表17-5中的模型(5)和模型(6)。可以发现,南方地区高铁开通对雾霾污染具有显著的抑制作用,而北方地区高铁开通对雾霾污染的抑制作用不显著。北方地区冬季寒冷而普遍采取供暖政策,南方地区没有该福利。因此,由于北方地区冬季供暖多以燃烧煤炭为主,由此产生的大量污染物排放导致其雾霾污染程度明显高于南方地区。北方地区供暖所产生的雾霾污染远大于高铁开通所减少的雾霾污染。因此,有效快速推进北方地区清洁供暖是改善空气质量的重要举措。

表 17-5　高铁开通对雾霾污染影响的空间异质性

变量	城市蔓延水平		城市规模		地区	
	模型（1）高	模型（2）低	模型（3）大	模型（4）小	模型（5）南方	模型（6）北方
$Hsr \times Time$	-0.017** (-2.09)	-0.015 (-1.14)	-0.018** (-2.53)	-0.045 (-1.47)	-0.016** (-2.08)	-0.006 (-0.57)
$\ln Pgdp$	-2.054** (-2.09)	-1.444 (-0.42)	-2.383*** (-2.93)	0.438 (0.16)	1.121 (1.28)	-3.823*** (-3.25)
$(\ln Pgdp)^2$	0.183* (1.88)	0.132 (0.41)	0.217*** (2.75)	-0.034 (-0.13)	-0.111 (-1.32)	0.341*** (2.98)
$(\ln Pgdp)^3$	-0.006* (-1.74)	-0.004 (-0.38)	-0.007*** (-2.64)	0.001 (0.12)	0.004 (1.43)	-0.010*** (-2.72)
$Real$	0.085* (1.77)	-0.219*** (-2.85)	-0.011 (-0.25)	0.057 (0.46)	0.033 (0.73)	-0.053 (-0.85)
Gov	0.106 (0.83)	0.053 (0.25)	0.037 (0.31)	0.243 (0.77)	0.165 (1.18)	0.105 (0.73)
$\ln Proad$	0.005 (0.70)	0.011 (0.64)	0.008 (1.06)	0.007 (0.35)	0.003 (0.32)	0.012 (1.21)
$Indu$	-0.230*** (-2.74)	-0.451* (-1.87)	-0.274*** (-3.28)	0.047 (0.21)	0.154 (1.49)	-0.133 (-1.23)
$Serv$	-0.184* (-1.77)	-0.500* (-1.97)	-0.272*** (-2.77)	0.029 (0.10)	1.115 (0.97)	-0.446*** (-3.52)
$\ln Awage$	0.002 (0.09)	-0.016 (-0.40)	-0.009 (-0.46)	0.056 (1.16)	-0.024 (-1.19)	0.027 (1.11)
Constant	11.382*** (3.40)	8.978 (0.72)	12.674*** (4.51)	0.438 (0.05)	-0.482 (-0.16)	17.621*** (4.35)
城市固定	YES	YES	YES	YES	YES	YES
年份固定	YES	YES	YES	YES	YES	YES
R^2	0.301	0.289	0.306	0.230	0.448	0.409
样本数	2 968	966	3 374	560	2 128	1 806

注：括号内为 t 值；***、**、* 分别表示在1%、5%、10%的水平显著。

17.4.4 稳健性检验

由于城市之间经济发展水平等存在差异，很难具备完全一致的时间效应。本章进一步要解决的问题是：在经济发展等保持一致的情况下，若一个城市开通了高铁，那么其雾霾污染状态会发生怎样的变化？倘若能同时观测到每个城市开通高铁和未开通高铁状态下的雾霾污染情况，那么是否开通高铁的平均处理效应就是两者之间的差异。然而在现实城市发展过程中，只能观测到城市开通高铁或未开通高铁某一实际状态下的雾霾污染情况，这时就需要通过反事实结果来识别高铁开通对雾霾污染的平均处理效应。因此，本章采用倾向得分匹配—双重差分法（PSM – DID）选择城市发展特征与实验组尽可能相似的"非高铁城市"控制组，以消除样本选择偏误，通过识别平均处理效应进行稳健性检验。

（1）PSM 处理。由于 2010 年以前中国高铁建设尚处于起步阶段，仅有少数城市开通了高铁（实验组较少），2010 年及以后许多城市都相继开通了高铁，高铁建设速度明显加快。因此，本章将 2010 年作为政策执行的时间节点，选择 2009 年及以前未开通而在 2010 年开通了高铁的城市（共计 37 个）作为实验组，选择 2008~2016 年一直未开通高铁的城市（共计 108 个）作为控制组。本章采用核匹配法（Kernel Matching）确定权重，并使用 Probit 模型估计倾向得分。在进行 DID 检验之前，我们需要对 PSM 的样本进行平衡性检验，以确保满足共同支撑条件，即匹配后样本的实验组和控制组在政策实施前不存在显著差异。表 17 – 6 是平衡性检验结果。T 检验结果显示，匹配后样本中所有匹配变量的 T 检验均不显著，说明各匹配变量不存在组间均值差异，且匹配后各匹配变量的标准化差异均出现大幅度下降。从 Pseudo R^2 值来看，匹配后 R^2 值很小。这些都说明匹配变量对于城市是否开通高铁的解释力很弱，即城市是否开通高铁对匹配后样本而言是随机的。

表 17 – 6 平衡性检验结果

变量	样本	均值差异检验			标准化差异检验	
		实验组均值	控制组均值	T 检验（p 值）	标准化差异	降幅（%）
ln$Pgdp$	匹配前	10.285	9.693	4.80 (0.000)	91.6	85.5
	匹配后	10.179	10.093	0.54 (0.591)	13.2	—
$Real$	匹配前	0.184	0.103	7.02 (0.000)	113.6	93.4
	匹配后	0.155	0.150	0.30 (0.763)	7.5	—
Gov	匹配前	0.056	0.053	0.56 (0.587)	10.4	12.4
	匹配后	0.054	0.052	0.36 (0.721)	9.1	—
ln$Proad$	匹配前	2.160	1.866	3.01 (0.003)	59.9	68.6
	匹配后	2.098	2.194	-0.74 (0.462)	-18.8	—
$Inst$	匹配前	4.863	4.657	0.94 (0.350)	19.7	54.0
	匹配后	4.903	4.809	0.40 (0.693)	9.1	—
$Serv$	匹配前	4.007	3.434	4.21 (0.000)	80.0	87.2
	匹配后	3.843	3.917	-0.37 (0.713)	-10.3	—
ln$Awage$	匹配前	9.938	9.739	4.68 (0.000)	83.9	91.5
	匹配后	9.900	9.884	0.28 (0.784)	7.1	—
Pseudo R^2	匹配前	0.313	—	—	—	—
	匹配后	0.034	—	—	—	—

（2）高铁开通对雾霾污染的平均处理效应。在 PSM 处理的基础上，本章进一步对高铁开通与雾霾污染的影响进行 DID 处理。表 17 – 7 是平均处理效应的回归结果。其中，模型（3）和模型（4）分别用高铁站点数量和线路数量替换了是否开通高铁

变量。从模型（1）和模型（2）可以看出，无论是否加入控制变量，$Treated \times Time$ 的回归系数均显著为负，说明高铁开通显著抑制了雾霾污染。这与前述 DID 的回归结果一致。从模型（3）和模型（4）可知，城市每多建设一个高铁站，将降低雾霾污染 5.6%；城市每新增一条高铁线路，将降低雾霾污染 15.5%。这一结果也与前述结果一致。

表 17-7　　　　　　　　高铁开通对雾霾污染影响的平均处理效应

变量	模型（1） Hsr	模型（2） Hsr	模型（3） $Station$	模型（4） $Route$
$Treated \times Time$	-0.137*** (-3.31)	-0.147*** (-3.51)	-0.056*** (-3.17)	-0.155*** (-3.60)
$Time$	-0.104*** (-3.86)	0.466** (2.55)	0.480*** (2.62)	0.474** (2.59)
$Treated$	—	—	0.065*** (2.78)	0.173*** (3.26)
$\ln Pgdp$	—	-0.032 (-0.11)	-0.043** (-0.15)	-0.055 (-0.19)
$(\ln Pgdp)^2$	—	-0.133** (-2.59)	-0.127** (-2.45)	-0.127** (-2.46)
$(\ln Pgdp)^3$	—	0.006** (2.47)	0.005** (2.25)	0.005** (2.29)
$Real$	—	-0.130 (-0.68)	-0.147 (-0.76)	-0.151 (-0.78)
Gov	—	0.076 (0.15)	0.006 (0.01)	0.027 (0.15)
$\ln Proad$	—	0.033 (1.00)	0.028 (0.85)	0.031 (0.93)
$Inst$	—	0.578 (0.89)	0.509 (0.78)	0.565 (0.87)
$Serv$	—	-0.098 (-0.12)	-0.200 (-0.24)	-0.104 (-0.12)
$\ln Awage$	—	-0.156* (-1.82)	-0.158* (-1.84)	-0.158* (-1.84)
Constant	3.549*** (205.67)	13.046*** (4.69)	13.099*** (4.69)	13.042*** (4.69)
城市固定	YES	YES	YES	YES
年份固定	YES	YES	YES	YES
R^2	0.107	0.132	0.129	0.133
样本数	749	749	749	749

注：括号内为 t 值；***、**、* 分别表示在 1%、5%、10% 的水平显著。模型（1）和模型（2）中由于是否开通高铁这一政策虚拟变量 $Treated$ 不随时间变动，在采用固定效应时会被自动剔除，并不影响实验结果。

(3) 高铁开通对雾霾污染的动态边际影响效应。本章在平均处理效应的基础上引入时间虚拟变量，进一步检验高铁开通对雾霾污染的动态边际影响，结果见表 17-8。由模型（1）和模型（2）可知，2010 年城市开通高铁后高铁对雾霾污染的边际效应在 2011 年和 2012 年均显著为负，说明高铁开通对雾霾污染的抑制作用具有持续性，尤其在高铁开通后的两年内，高铁对雾霾污染的抑制作用在逐年增大。2013 年和 2014 年的动态边际效应并不显著，但是 2014 年以后高铁开通对雾霾污染的边际效应又开始逐渐增强。除模型（3）中 *Treated* × *t* 2013 的系数不显著以外，模型（3）和模型（4）中高铁站点和线路数量的动态边际效应均显著为负。因此，从整体上来看，两个模型的边际效应均呈逐年递增趋势，说明每新建一个高铁站点或每新增一条高铁线路对雾霾污染的抑制作用在不断增强。

表 17-8　　高铁开通对雾霾污染的动态边际影响效应

变量	模型（1） Hsr	模型（2） Hsr	模型（3） Station	模型（4） Route
Treated × t2011	-0.141*** (-2.72)	-0.150*** (-2.90)	-0.059*** (-2.75)	-0.166*** (-3.41)
Treated × t2012	-0.199*** (-3.83)	-0.210*** (-4.04)	-0.082*** (-3.81)	-0.217*** (-4.48)
Treated × t2013	-0.032 (-0.61)	-0.048 (-0.92)	-0.028 (-1.30)	-0.134*** (-2.80)
Treated × t2014	0.007 (0.13)	0.003 (0.06)	-0.037* (-1.82)	-0.132*** (-2.75)
Treated × t2015	-0.103** (-1.98)	-0.121** (-2.30)	-0.054*** (-2.66)	-0.172*** (-3.53)
Treated × t2016	-0.355*** (-6.83)	-0.372*** (-7.03)	-0.105*** (-5.01)	-0.237*** (-4.70)
t2011	-0.034 (-1.24)	0.060 (1.31)	0.067 (1.46)	0.076 (1.63)
t2012	-0.061** (-2.23)	0.122* (1.65)	0.144* (1.90)	0.154** (2.03)
t2013	0.112 (0.42)	0.271*** (2.65)	0.316*** (3.30)	0.329*** (3.14)
t2014	-0.023 (-0.84)	0.309** (2.43)	0.378*** (2.90)	0.384*** (2.93)
t2015	-0.022 (-0.81)	0.382** (2.51)	0.439** (2.82)	0.450** (2.88)
t2016	-0.043 (-1.57)	0.429** (2.45)	0.274** (2.63)	0.470** (2.60)
Treated	—	—	0.104*** (3.92)	0.238*** (3.95)
lnPgdp	—	-0.025 (-0.09)	-0.034 (-0.12)	-0.035 (-0.12)

续表

变量	模型（1）Hsr	模型（2）Hsr	模型（3）Station	模型（4）Route
$(\ln Pgdp)^2$	—	-0.138 *** (-2.80)	-0.124 ** (-2.45)	-0.128 ** (-2.50)
$(\ln Pgdp)^3$	—	0.006 *** (2.84)	0.005 ** (2.30)	0.006 ** (2.37)
Real	—	-0.103 (-0.56)	-0.133 (-0.70)	-0.098 (-0.51)
Gov	—	0.406 (0.81)	-0.161 (-0.31)	0.250 (0.48)
lnProad	—	0.046 (1.45)	0.034 (1.03)	0.040 (1.21)
Inst	—	0.607 (0.97)	0.488 (0.76)	0.606 (0.94)
Serv	—	-0.081 (-0.10)	-0.225 (-0.28)	-0.074 (-0.09)
lnAwage	—	-0.155 * (-1.89)	-0.169 ** (-2.00)	-0.168 * (-1.98)
Constant	3.549 *** (214.76)	12.174 *** (4.57)	12.764 *** (4.67)	12.741 *** (4.64)
城市固定	YES	YES	YES	YES
年份固定	YES	YES	YES	YES
R^2	0.188	0.212	0.173	0.164
样本数	749	749	749	749

注：括号内为 t 值；***、**、* 分别表示在1%、5%、10%的水平显著。模型（1）和模型（2）中由于是否开通高铁这一政策虚拟变量 Treated 不随时间变动，采用固定效应时会被自动剔除，这并不影响实验结果。

（4）门槛回归。门槛回归模型可以利用拐点分析不同阶段的回归结果。本章借鉴汉森（Hansen，1999，2000）的思路，利用面板门槛回归模型分析不同城市蔓延程度下高铁建设对雾霾污染的影响机制和作用大小，同时也是作为前述的稳健性检验。门槛回归模型表达式如下：

$$\ln SP_{it} = \alpha_0 + \alpha_1 (Hsr_{it} \times Time_{it}) I(US_{it} \leq th)$$
$$+ \alpha_2 (Hsr_{it} \times Time_{it}) I(US_{it} > th) + \lambda_j \sum Z_{jit} + v_i + u_t + \varepsilon_{it} \quad (17-4)$$

先从表17-9的 F 值检验来看，由模型（1）和模型（2）可知，无论是否加入控制变量其 F 值均显著，说明高铁建设对雾霾污染的影响确实存在门槛效应。进一步由图17-4可以看出，曲线落入参考线下，说明门槛值是显著存在的，且图中的最低点即门槛值，为0.402。①

---

① 图17-4为表17-9中模型（2）的门槛值 LR 图，th 表示城市蔓延的门槛值。

表 17-9　高速铁路建设对雾霾污染影响的门槛回归结果

变量	(1) Hsr	(2) Hsr	(3) Station	(4) Route
Hsr×Time (US≤th)	-0.081*** (-4.20)	-0.084*** (-6.16)	-0.010*** (-4.71)	-0.024*** (-5.25)
Hsr×Time (US>th)	-0.030*** (-4.85)	-0.048*** (-6.11)	-0.021*** (-7.86)	-0.052*** (-7.18)
lnPgdp	—	0.028 (1.59)	0.016 (0.94)	0.022 (1.25)
Real	—	-0.024 (-0.52)	-0.036 (-0.80)	-0.036 (-0.79)
Gov	—	-0.172 (-1.39)	-0.207* (-1.67)	-0.186 (-1.49)
lnProad	—	0.007 (0.43)	0.008 (1.04)	0.009 (1.09)
Inst	—	-0.133 (-1.58)	-0.093 (-1.11)	-0.094 (-1.11)
Serv	—	-0.110 (-1.06)	-0.089 (-0.86)	-0.088 (-0.85)
lnAwage	—	0.008 (0.43)	0.017 (0.90)	0.012 (0.63)
Constant	3.496*** (1539.53)	3.238*** (42.08)	3.241*** (43.09)	3.232*** (42.58)
th	0.353	0.402	0.453	0.482
F 值	6.765**	6.974*	12.667	13.783
R^2	0.011	0.019	0.022	0.021
样本数	3 934	3 934	3 934	3 934

注：th 表示门槛值，括号内为 t 值；***、**、*分别表示在1%、5%、10%的水平显著。

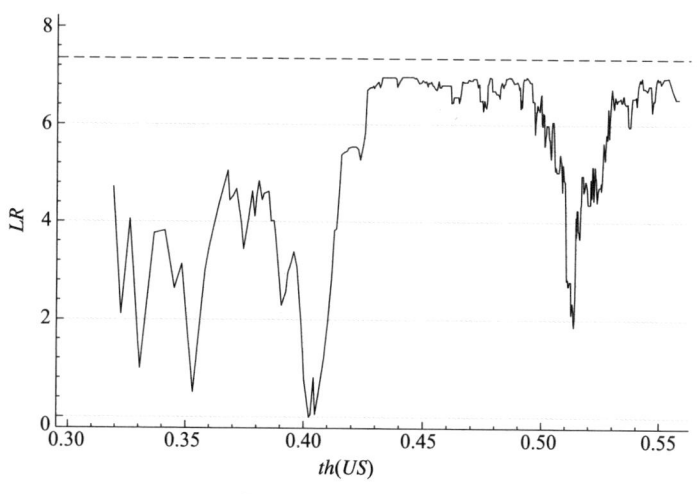

图 17-4　门槛值 LR

我们基于模型（2）的回归结果进行分析，无论城市蔓延水平小于等于0.402，还是大于0.402，高铁建设对雾霾污染的回归系数均显著为负，说明城市高铁建设确实抑制了雾霾污染。但是对拐点前后高铁建设对雾霾污染影响的大小比较，$Hsr \times Time$（$US \leq th$）的回归系数明显大于$Hsr \times Time$（$US > th$）的回归系数，这说明随着城市蔓延程度的增加，高铁建设对雾霾的抑制作用在减弱。这与前述的分析结果相一致。

模型（3）和模型（4）检验了不同城市蔓延程度下高铁建设对雾霾污染的边际效应。由于F值检验均不显著，说明不存在门槛值，即不同城市蔓延程度下高铁建设对雾霾污染的边际效应不存在显著差异。这与前述的分析结果也相一致。

17.5 机制检验

假设17-2的理论机制分析中，本章提出高铁开通能够减少路面交通和民航交通的拥堵状况，对机动车和飞机出行产生替代作用，从而对雾霾污染产生抑制作用。因此，本章将检验上述中间机制是否存在。

17.5.1 拥堵缓解效应

考虑到民航交通的拥堵数据无法获取，本章仅分析了高铁开通对路面交通的拥堵缓解效应。路面拥堵采用高德地图的交通拥堵延时指数来衡量，将交通拥堵延时指数作为因变量进行实证分析。基于交通拥堵数据的可得性，本章以2015年10月1日到2018年12月31日全国99个城市的日度数据作为研究对象。表17-10报告了高铁开通对路面交通拥堵的缓解效应。可以看出，控制不同的时间固定效应后高铁开通对交通拥堵的回归系数均显著为负，说明高铁开通确实有利于缓解城市路面交通拥堵，从而验证了假设17-2。

表17-10　　　　　　　　高铁开通与路面交通拥堵

变量	模型（1）	模型（2）	模型（3）
$Hsr \times Time$	-0.011** (-2.06)	-0.016*** (-3.27)	-0.016*** (-3.75)
Constant	1.712*** (339.2)	1.705*** (323.2)	1.546*** (323.9)
城市固定	YES	YES	YES
年份固定	YES	YES	YES
月份固定	NO	YES	YES
星期固定	NO	NO	YES
R^2	0.024	0.090	0.308
样本数	105 417	105 417	105 417

注：括号内为t值；***、**分别表示在1%、5%的水平显著。

17.5.2 交通替代效应

（1）路面交通的替代效应。受到数据的限制，本章重点分析了高铁开通对公路公共交通客运量、民用汽车拥有量以及私家车拥有量的替代效应（见表17-11）。样本范围仍然是2003~2016年全国281个地级市的面板数据。可以看出，高铁开通对公路公共交通客运量的回归系数显著为负。高铁的开通后旅客更愿意选择高铁出行，高铁对公路公共交通存在显著替代效应。高铁开通对民用汽车拥有量和私家车拥有量的回归系数均不显著，说明高铁对民用汽车和私家车的替代效应均不明显。这与梁若冰和习鹏辉（2016）的结论基本一致。高铁开通在不同交通工具之间的替代效应存在显著差异，高铁开通对路面交通的替代作用主要通过替代公共交通出行来实现雾霾减排。其原因在于公共交通的价格弹性和替代弹性较高，而私家车和民用汽车越来越成为家庭和企业生活和工作的必需品，其替代弹性较低。

表17-11 高铁开通对路面交通和民航交通的替代效应

变量	公路公共交通客运量	民用汽车拥有量	私家车拥有量	飞机旅客吞吐量	飞机起降架次
$Hsr \times Time$	-0.083*** (-2.91)	0.015 (1.06)	0.017 (1.10)	-0.146** (-2.57)	-0.220*** (-3.32)
$\ln Pgdp$	-3.735 (-1.17)	-2.153 (-1.31)	-2.335 (-0.94)	-21.769*** (-2.98)	-5.541 (-0.68)
$(\ln Pgdp)^2$	0.449 (1.43)	0.251 (1.57)	0.286 (1.20)	2.213*** (3.16)	0.528 (0.67)
$(\ln Pgdp)^3$	-0.017 (-1.64)	-0.009 (-1.63)	-0.010 (-1.33)	-0.074*** (-3.29)	-0.019 (-0.74)
$Real$	0.535*** (3.24)	-0.028 (-0.32)	-0.247** (-2.37)	-0.024 (-0.07)	-0.073 (-0.19)
Gov	-1.148** (-2.44)	0.486** (2.01)	1.446*** (5.24)	0.007 (0.01)	-1.143 (-1.04)
$\ln Proad$	0.108*** (3.81)	0.011 (0.76)	0.022 (1.17)	0.035 (0.47)	-0.016 (-0.18)
$Indu$	1.534*** (4.83)	1.495*** (8.88)	1.263*** (4.88)	3.075*** (3.78)	5.706*** (6.07)
$Serv$	2.038*** (5.52)	1.795*** (8.90)	0.816*** (2.63)	3.899*** (4.30)	4.811*** (4.56)
$\ln Awage$	0.129* (1.89)	0.039 (1.09)	0.009 (0.21)	0.755*** (4.46)	0.182 (0.93)
Constant	10.187 (0.92)	7.261 (1.28)	7.973 (0.93)	72.268*** (2.84)	23.106 (0.81)
城市固定	YES	YES	YES	YES	YES

续表

变量	公路公共交通客运量	民用汽车拥有量	私家车拥有量	飞机旅客吞吐量	飞机起降架次
年份固定	YES	YES	YES	YES	YES
R^2	0.432	0.910	0.903	0.662	0.523
样本数	3 439	3 638	2 793	1 599	1 602

注：括号内为 t 值；***、**、* 分别表示在1%、5%、10%的水平显著。

(2) 民航交通的替代效应。随着高铁技术的逐渐成熟，其大规模的投入运营对民航交通同样有较强的替代效应。从表17-11可以发现，高铁开通对飞机旅客吞吐量和飞机起降架次的回归结果均显著为负，说明高铁开通对民航交通产生了显著替代效应。这与王姣娥等（2019）的研究结论保持一致，验证了假设17-2。

17.6 本章小结

首先，本章基于 Landscan 数据测度了2003~2016年全国281个地级市的城市蔓延指数，在分析了高铁开通和城市蔓延对雾霾污染影响理论机制的基础上，利用动态空间面板模型验证了城市蔓延与雾霾污染的空间动态关系。其次，借助双重差分（DID）模型验证了高铁开通对雾霾污染的影响，并对不同城市蔓延水平、不同城市规模和南北方进行了异质性分析。最后，本章从拥堵缓解效应和交通替代效应两方面检验了高铁对雾霾污染的作用机制。主要研究结论如下：(1) 城市蔓延对雾霾污染存在显著正向影响和空间溢出效应。城市内部的蔓延将导致本地区雾霾污染程度的加剧，相邻地区的城市蔓延同样会加剧本地区雾霾污染。(2) 高铁开通对雾霾污染的抑制作用具有持续性和边际效应递增趋势。高铁开通对雾霾污染的抑制作用具有持续性，尤其在高铁开通后的两年内，高铁开通对雾霾污染的抑制作用在逐年增大。每增设一个高铁站点或一条高铁路线，将分别降低雾霾污染程度约0.7%和1.3%，且边际效应存在递增的趋势。(3) 高铁开通对雾霾污染存在异质性影响。城市蔓延水平越高、城市规模越大，高铁开通对雾霾污染的抑制作用越强；南方地区高铁开通对雾霾污染的抑制作用比北方地区更显著。(4) 高铁开通能够通过公共交通替代效应和拥堵缓解效应抑制雾霾污染。其中，高铁对公路公共交通和民航交通的替代效应较为显著，对民用汽车和私家车的替代效应不明显。经过一系列稳健性检验，上述结论依然成立。当然，在研究期内全国高铁不断兴建的同时，国家也投入大量人力物力用于雾霾治理，发布了一系列的政策措施。但是这些政策措施基本是全国层面的政策，因而会对所有城市均产生雾霾污染的降低效果。而本章的研究结果表明，与未开通高铁的城市相比，高铁开通会显著降低开通高铁城市的雾霾污染，即高铁开通的降霾效果并未涵盖所有城市。因此，本章的研究结论不会受上述政策的影响。

基于上述研究结论，本章提出以下几点建议：(1) 地方政府在城镇化进程中应合理把握城市土地的出让规模和出让结构，加强土地高效利用，实现城市空间布局的优化。同时在人口规模和密度较大的城市大力发展公共交通基础设施尤其是城市轨道交通，方便居民出行，减少居民对私家车的依赖，提高城市环境质量。(2) 地方政府应注重高铁的选址，注重高铁站点和沿线区域的空间发展，并适度增加与城市人口规模增速相匹配的高铁站点和线路的投资，尤其是人口净流入速度较快的一线和二线城市，从而在改善区域间交通出行条件的同时，也能够适当分流部分城市内部的交通压力，减少城市内交通的机动车依赖，从而降低雾霾污染，实现城市间交通与城市内交通的平衡与充分发展。(3) 应该整合城市周边资源和人口分布，合理规划高铁新城的建设和发展，优化高铁网络布局，形成以高铁为核心的城市群，疏解核心城市的部分功能，坚定不移地推进长三角一体化、粤港澳大湾区等国家重大发展战略，注重城市群（都市圈）发展与高铁等区域间交通基础设施的发展战略和规划的有机结合，实现城市群内部轨道交通和高铁的无缝对接，进而促进城市群（都市圈）内部的协同发展。(4) 推进北方地区清洁供暖，提高清洁能源的生产技术，强化监管部门的管理职责，稳步推进试点工作，积极探索清洁供暖的成功模式，尤其是近年来政府部门不断推广的"煤改电"和"煤改气"等清洁措施。同时，雾霾污染的治理工作应该加强地方政府之间的联防联动。(5) 除了城市间和城市内交通基础设施的不断完善以外，还应该采取更多的措施来应对空气污染，如大力推进共享单车、共享汽车等共享经济等。同时，地方政府在对交通基础设施和相关政策实施之前，必须充分对其成本和收益进行评估，避免盲目投资和资源浪费。

第五篇

城镇化进程中的经济可持续发展问题研究

城镇化的过程既是农村人口不断向城镇迁移的过程，也是中小城市人口向大城市和沿海发达城市转移的过程，因此，中国的城镇化进程产生了超级大城市如北京、上海，出现了更大范围内多城市联动发展的城市群和以中心城市带到周边小城市发展的都市圈，如长江三角洲城市群、珠江三角洲城市群等。城镇化对区域和城市经济的带动作用是毋庸置疑的，但是经济发展的不平衡加剧了区域之间和城乡之间的差距。因此，一个需要回答的问题是："这种经济增长的模式有效吗？""是可持续的吗？"回答上述问题的前提是对中国区域和产业的绿色经济绩效进行科学评估，从经济可持续发展和经济包容性增长的角度来重新审视中国城镇化的发展模式和发展路径。因此，本篇将从以下几个方面开展研究：（1）城镇化进程中的区域和工业绿色经济绩效测度和驱动因素研究；（2）城镇化进程中的土地利用绿色经济绩效测度研究；（3）城镇化和城乡差距对经济包容性增长的影响研究。

第18章

城镇化进程中的区域和工业绿色经济绩效研究

18.1 研究背景

近年来温室气体排放导致的全球变暖现象已经变得极度严重,出现了更频繁、更极端的天气与自然灾害。众所周知,化石燃料消费的碳排放是温室气体排放的核心来源。因此,减少碳排放已成为实现低碳可持续发展的全球任务。为应对气候变化,许多国家已就减少碳排放达成了基本协议。巴黎气候协议和京都议定书表明了世界应对气候变化问题的决心。为了实现中国经济发展的绿色转型,中国政府应尽快改善能源限制,加强环境治理。环境问题关系到国计民生、关系到区域经济的可持续发展,推进区域绿色发展是我国未来经济发展的必由之路。尤其是近年来全国诸多城市中雾霾的大量出现进一步凸显了走绿色发展道路的重要性和紧迫性。在此背景下,以城镇化为依托推动区域产业结构调整和升级、提升区域绿色经济绩效已经上升为国家战略[①]。作为最大的发展中国家和最大的碳排放国家,中国在"十一五"期间制定了能源强度目标政策和一系列有约束力的政策,并取得了节能减排的成功。2009年,中国正式提高了碳强度约束目标,单位GDP碳排放量(即碳强度)在2020年比2005年减少40%~45%。中央政府将碳强度减排任务分配给各省,并规定这一任务必须纳入地方经济和社会发展计划。因此,碳强度降低目标必须反映在地方政府的绩效评估中。为实现这一目标,中央政府和地方政府制定了一系列配套政策措施,展开了节能减排的"持久战"。

一些学者意识到传统的城市经济效率忽视了环境因素的影响,开始尝试将环境因素纳入城市经济效率的分析框架中,提出了绿色经济绩效的概念,如钱争鸣、刘晓晨(2013;2014;2015)提出,绿色经济绩效是全面衡量一个国家或地区在单位投入成本上尽可能增加期望产出而减少非期望产出的能力,是评价地区资源、环境

---

① 2016年3月17日,《中华人民共和国国民经济和社会发展第十三个五年规划纲要》中明确提出了要全面推进绿色发展。

和经济发展的综合绩效指标。卢丽文等（2016）也提出，城市绿色效率要求城市实现经济和社会效益的增加，且资源消耗最少、环境污染最小，是可持续发展的体现。学者们普遍认为，绿色经济效率指标是比经济总量更能反映区域经济发展现状的指标。也有学者对绿色经济效率的驱动因素进行了分析，如王兵等（2014）研究发现，城镇化对绿色发展效率有显著的促进作用；岳书敬等（2015）通过研究发现，产业集聚和绿色效率呈"U"型关系。从现有文献来看，尽管有学者分析了城镇化、产业集聚等要素对绿色经济效率的影响，但是还鲜有从城镇化的中介机制视角进行分析。

本章将基于上述定义的绿色经济绩效展开研究。首先利用基于 Translog 生产函数的固定效应随机前沿分析（SFA）模型，将非期望产出引入随机边界分析模型，分别对中国 31 个省份和 36 个工业子部门的绿色经济绩效进行测度。分析环境约束下城镇化对绿色经济效率的影响作用。其次，采用数据包络分析方法对工业绿色经济绩效水平进行科学测度。

18.2 绿色经济绩效的驱动机制分析

城镇化的过程是人口和经济活动在区域空间集聚的过程。城镇人口的大规模集聚会引起城市产业结构、就业结构、生活方式和物理空间的急剧变化，导致资源利用效率和方式的转变，从而对区域绿色经济效率造成影响（吴婵丹、陈昆仑，2014），即城镇化对绿色经济效率的影响存在直接影响和间接影响两个层面。区域绿色经济效率是衡量区域经济可持续发展的综合指标，本章认为，城镇化对区域绿色经济效率的间接影响机理主要包括以下几个方面（如图 18 - 1 所示）。

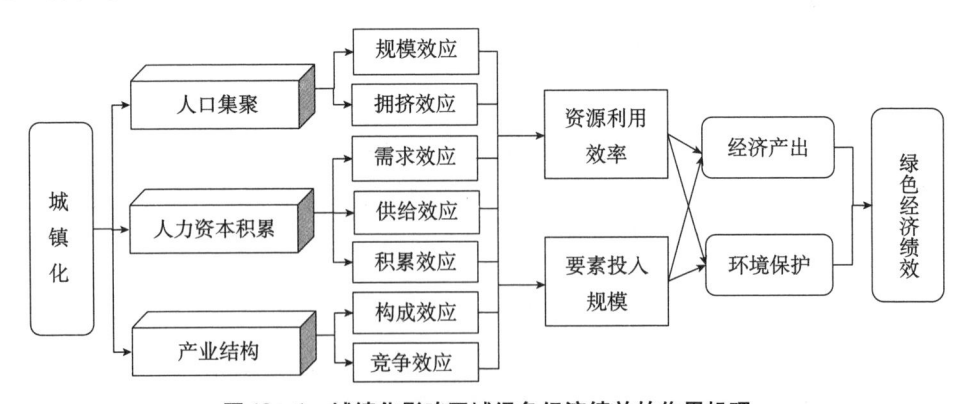

图 18 - 1 城镇化影响区域绿色经济绩效的作用机理

第一，人口集聚的影响。首先，城镇化的过程表现为城镇人口规模的不断扩张，劳动力要素的空间集聚能够带来一定的规模效应，同时能够适度提高能源利用效率和减少碳排放，从而能够有效提升区域绿色经济效率（Clark T. A.，2013；陆铭、冯皓，2014）。但是，随着城镇人口规模的不断扩张，由于负外部性的存在，人口集聚也会产生交通拥堵、住房可支付性差和环境污染等负面效应；同时，人口在城镇的空间集聚过程也伴随着生活水平的提高和生活方式的转变，进而驱动生活性能源消耗的增长和碳排放的增加。这些均会阻碍绿色经济效率（Zha D. L. et al.，2010；王业强，2012；朱勤、魏涛远，2013；王兴杰等，2015）。可以看出，人口集聚对绿色经济绩效的影响存在明显的双重作用，即正向规模效应和负向拥挤效应。

第二，人力资本积累的影响。城镇的受教育机会和教育基础设施明显好于农村，人口城镇化更有利于知识技能的提高，促进人力资本的形成和积累（程开明，2009）。首先，人口城镇化的过程通过生产和生活方式的转变，提升了人力资本在生产和生活中的作用，产生人力资本的需求效应。其次，人口城镇化也刺激人力资本投资规模的增长，衍生出人力资本供给效应。最后，以劳动力迁移为特征的人口城镇化过程提高了人力资本拥有者与需求者之间的匹配性，改善了人力资本的市场配置，而城镇开放的环境和竞争的氛围则加强了人力资本的市场供求，产生积累效应（时慧娜，2012）。人口城镇化的过程逐步实现由体力劳动力向以技能和知识为主的脑力劳动力的转变，引发人力资本的需求效应、供给效应和积累效应，这为资源利用效率提高、技术进步与创新尤其是节能减排技术的创新和推广提供了基础条件，人力资本积累在一定程度上对区域绿色经济绩效有提升作用。

第三，产业结构的影响。一方面，产业结构通过市场选择效应提高高技术含量、高知识、高服务化产业的份额，有利于提高资源利用效率、降低能源消耗，减少污染物的排放量进而提高环境质量；另一方面，各地区根据自身的比较优势进行专业化生产深化了产业内和产业间分工，带动市场的扩大进而引起更大的市场需求，在强化了规模经济效应的同时提高了经济效益，促进了资源高效利用，改善了环境。因此，人口城镇化过程中产生的产业结构调整和升级实现了资源的优化配置，使得资源从低效率产业向高效率产业转移，规模经济绩净对区域绿色经济绩效产生正向影响。

第四，人口集聚、人力资本积累与产业结构之间的互动关系。城镇化通过人口集聚、人力资本积累和产业结构调整而对区域绿色经济效率产生影响。同时，人口集聚、人力资本积累和产业结构在城镇化进程中也存在相互影响。例如，人口的大规模集聚能够为相互学习和模仿创造了机会和场所，知识溢出的外部性被凸显，从而促进了人力资本水平的提高；而人力资本水平提高到一定程度后会促进高新技术产业的产生和发展，从而促进产业结构升级；人口在城镇的大规模集聚为产业尤其是第三产业的发展提供了大量的劳动力资源；产业结构的优化升级促进了区域的经济增长和就业需求，进一步带动人口向城镇的集聚。总之，三者在城镇化进程中相互促进，三者的共同作用带动了区域绿色经济绩效的提升。

18.3 计量模型与数据选取

18.3.1 随机边界分析方法

SFA 方法作为一种参数方法，其优势在于如下方面。第一，其对生产函数的设定较为灵活，而且能够将随机扰动项剥离，剥离出反映无效技术的非负随机扰动项和系统随机扰动项两部分，使得最终测算结果更接近真实值。第二，SFA 方法在检验参数估计结构、模型设定是否合理以及检验结果是否有效等方面均有优势（曲亮等，2015）。第三，与 DEA 方法中使用的固定生产前沿相比，SFA 允许一个更接近现实的随机前沿。第四，由于基于 DEA 模型的测量效率是"相对"值，因而很容易确定有效生产单元的所有效率值均等于 1。因此，对这些单位进行任何进一步的比较分析都是困难的。相反，SFA 方法可以获得"绝对"效率值。赵国权等（2012）和雷玉桃、杨娟（2014）进一步将碳排放效率定义为每单位二氧化碳实际产出期望与生产前沿边界的产出期望的比值。王群伟等（2013）将碳排放量作为非期望产出引入 SFA 模型中，并在 SFA 模型中引入方向性距离函数，从而解决处理非期望产出的问题。本章将采 SFA 模型对 31 个省份区域和 36 个工业子部门绿色经济绩效进行测度。

（1）区域绿色经济绩效测度模型。本章采用随机边界模型对区域绿色经济绩效进行测度。该模型通过极大似然估计的方法来确定前沿边界，实际产出和生产前沿边界之间的偏离由技术无效和随机误差项两部分组成。SFA 模型的一般形式为：

$$y_{it} = f(x_{it}; \beta) \times \exp(v_{it} - u_{it}) \tag{18-1}$$

其中，y 表示产出；$f(\cdot)$ 表示生产前沿边界；x 表示投入；β 表示待估参数。误差项由 u 和 v 两部分组成，其中，v 为统计噪声的对称随机误差项，并服从 $N(0, \sigma_v^2)$ 分布，表示随机扰动的影响；u 表示与技术无效有关的非负随机变量，即技术无效率项，表示个体冲击的影响。并且有 u 服从非负截尾正态分布，即 u 服从 $N^+(u, \sigma_u^2)$，并有下式：

$$u_{it} = \exp[-\eta \times (t - T)] \times u_i \tag{18-2}$$

其中，参数 η 表示时间因素对技术无效率项 u 的影响，$\eta > 0$，$\eta = 0$ 和 $\eta < 0$ 分别表示技术效率随时间变化递增、不变和递减。并且 v 和 u 是相互独立的。因此，技术效率可以表示为实际产出期望与生产前沿面产出期望之间的比值，即有：

$$TE = E[f(x_{it}) \exp(v_{it} - u_{it})]/E[f(x_{it}) \exp(v_{it}) \mid u_{it} = 0] = \exp(-u_{it}) \tag{18-3}$$

其中，TE 测度在 0 到 1 之间取值，测度了第 i 个生产单元在时间 t 的产出和完全有效地区生产单元在相同投入情况下得到的产出之间的相对差异。很显然，当 $u = 0$

时,技术效率 $TE=1$,表示生产单元处于前沿面上,即技术效率有效;当 $u>0$ 时,技术效率 $TE<1$,表示生产单元处于生产前沿面以下,此时为技术无效,即存在技术非效率。同时,为了进一步分析人口城镇化及其中介变量对区域绿色经济效率的影响,本章在原有 SFA 模型的基础上引入 BC 模型。该模型不仅能够对区域绿色经济效率进行有效测度,而且能够对影响技术非效率的因素做进一步的分析和测度。BC 模型假定 u 服从非负截尾正态分布 $N^+(m_{it},\sigma_u^2)$,同时假设 m 为各种影响因素的函数,则可以建立技术无效率的回归方程如下:

$$m_{it} = \delta_0 + \delta \times z_{it} \tag{18-4}$$

其中,z_{it} 为影响技术非效率的因素;δ_0 为常数项;δ 是无效率方程外生影响因素变量的待估系数,如果 $\delta<0$,则说明该影响因素对技术效率存在正向影响,反之则存在负向影响。同时,巴蒂斯和科利(Battese and Coelli,1995)还设定了方差参数来检验复合扰动项中技术非效率项所占比重,r 处于 $0\sim1$。若 $r=0$ 被接受,则表明实际产出与最大产出之间的距离均来自不可控的纯随机因素的影响,此时没有必要使用 SFA 技术,直接采用 OLS 方法即可(朱承亮等,2011)。本章着重分析城镇化对区域绿色经济效率的影响机制。人口城镇化水平(PU)作为核心的影响变量,这里采用区域的城镇人口占全部人口(农村与城镇人口之和)的比重来表示。除了城镇化水平本身的影响以外,还包括人口集聚程度、人力资本积累和产业结构的中介变量的影响。

首先,人口集聚程度(PD)。在城镇化进程中,人口向城镇区域的空间集聚是其主要特征之一。本章将人口集聚程度作为衡量人口城镇化过程中区域内劳动力要素在区域空间上分布状况的指标。因此,本章采用人口密度(人口/平方千米)=常住人口/土地面积来衡量人口集聚程度。其中,常住人口为各省份的年末人口数量,摘自各年的《中国统计年鉴》;土地面积为各省份的行政区域面积。

其次,人力资本积累(HC),借鉴时慧娜(2012)的做法,采用劳动者平均受教育年限来测度人力资本水平。具体地,假定未上过学、小学、初中、高中、大专及以上教育程度的居民平均受教育年数分别为 2 年、6 年、9 年、12 年和 16 年,则劳动者平均受教育年限的计算公式为:

$$HC = illiteracy \times 2 + primary \times 6 + middle \times 9 + high \times 12 + university \times 16 \tag{18-5}$$

其中,$illiteracy$、$primary$、$middle$、$high$ 和 $university$ 分别为未上过学、小学、初中、高中和大专及以上受教育程度从业人员占全部从业人员的比重,即劳动者受教育程度构成。数据源于《中国劳动统计年鉴》和《中国人口和就业统计年鉴》各年。由于年鉴中没有披露 2000 年受教育程度的数据,本章采用平均值进行了拟合。

最后,是产业结构变量。借鉴佩罗夫(Perloff,1957)的研究思路,从构成效应和竞争效应两个层面来分析产业结构状况。其中,产业结构构成效应用 MIX 表示,用来衡量产业间比例关系的长期变化趋势,即以产业结构协调化和高度化为主要内容的产业结构优化趋势,其测算方法如下:

$$MIX = \sum_{i=1}^{n} \frac{E_{iA}^{t-1}}{E_{A}^{t-1}} \left(\frac{E_{iC}^{t}}{E_{iC}^{t-1}} - \frac{E_{C}^{t}}{E_{C}^{t-1}} \right) \tag{18-6}$$

其中，E 表示各产业生产总值；i 表示各产业；A 和 C 分别表示各省份和全国；括号中的公式表示从 $t-1$ 期到 t 期全国层面上第 i 个产业产值增长率与全国国内生产总值增长率的差额。如果某产业在全国产业结构中具有较为显著的增长趋势，并且在省域总体经济结构中占有重要地位，则可以认为该省份的经济增长中具有构成效应。产业结构竞争效应用 DIF 表示，用来衡量各省份充分利用当地资源发展自己优势产业的能力，其测算方法为：

$$DIF = \sum_{i=1}^{n} \frac{E_{iA}^{t-1}}{E_{A}^{t-1}} \left(\frac{E_{iA}^{t}}{E_{iA}^{t-1}} - \frac{E_{iC}^{t}}{E_{iC}^{t-1}} \right) \tag{18-7}$$

其中，各参数的含义与式（18-6）相同，式（18-7）括号中的公式表示从 $t-1$ 期到 t 期省域层面第 i 产业增长率与同类产业的全国平均增长率的差异。如果一省份中某产业与该产业的全国水平相比具有更高的增长率，且在区域经济结构中占有重要地位，则说明该省份的经济增长中具有产业竞争效应。

根据是否考虑环境因素的影响，本章将设定四个模型进行研究，即模型1（不考虑环境因素，不考虑中介影响因素）、模型2（考虑环境因素，不考虑中介影响因素）、模型3（不考虑环境因素，考虑中介影响因素）和模型4（同时考虑环境因素和中介影响因素）。不考虑环境影响时，产出变量 y 采用 GDP 指标表示。投入变量为资本和劳动力。则模型1和模型3可以表达为：

$$\ln y_{it} = \beta_0 + \beta_K \ln K_{it} + \beta_L \ln L_{it} + \beta_{KK}[\ln K_{it}]^2 + \beta_{LL}[\ln L_{it}]^2 + \beta_{LK}\ln L_{it} \times \ln K_{it} + v_{it} - u_{it} \tag{18-8}$$

通过式18-8求取的效率值为不考虑环境影响的区域经济效率。考虑环境影响时，产出变量 y 采用 GDP 除以环境污染物排放量指标表示。本章借鉴了赵国浩等（2012）和雷玉桃、杨娟（2014）等的做法，将环境污染物排放量作为投入变量引入模型中，进而考察产出与环境污染物排放量、资本和劳动力之间的关系。则模型2和模型4可以表达为：

$$\ln Y_{it} = \beta_0 + \beta_P \ln P_{it} + \beta_K \ln K_{it} + \beta_L \ln L_{it} + \beta_{PP}[\ln P_{it}]^2 + \beta_{KK}[\ln K_{it}]^2 + \beta_{LL}[\ln L_{it}]^2 + \beta_{PK}\ln P_{it} \times \ln K_{it} + \beta_{PL}\ln P_{it} \times \ln L_{it} + \beta_{LK}\ln L_{it} \times \ln K_{it} + v_{it} - u_{it} \tag{18-9}$$

将式18-9左右两边同时减去 $\ln P$ 可以得到：

$$\ln(Y_{it}/P_{it}) = \beta_0 + (1-\beta_P)\ln P_{it} + \beta_K \ln K_{it} + \beta_L \ln L_{it} + \beta_{PP}[\ln P_{it}]^2 + \beta_{KK}[\ln K_{it}]^2 + \beta_{LL}[\ln L_{it}]^2 + \beta_{PK}\ln P_{it} \times \ln K_{it} + \beta_{PL}\ln P_{it} \times \ln L_{it} + \beta_{LK}\ln L_{it} \times \ln K_{it} + v_{it} - u_{it} \tag{18-10}$$

记 $y_{it} = Y_{it}/P_{it}$，依据式18-10就可以求解考虑环境影响的区域绿色经济效率，即每单位工业污染排放实际产出期望与生产前沿面的产出期望的比值。考虑中介影响因素的模型3和模型4的效率影响函数形式相同，均可以进一步表述为：

$$m_{it} = \delta_0 + \delta_1 PU + \delta_2 PD + \delta_3 HC + \delta_4 MIX + \delta_5 DIF \tag{18-11}$$

(2) 工业绿色经济绩效的测度模型。考虑巴蒂斯和科利（Battese and Coelli, 1992, 1995）模型中的角点解估计问题以及不同工业分部门之间的异质性，我们采用固定效应 SFA 模型（Greene, 2005）和最大似然法（MLM）来估计工业绿色经济绩效。传统的 SFA 模型如下：

$$Y_{it} = f(X_{it}, \alpha) \exp(v_{it} - u_{it}) \tag{18-12}$$

其中，i（$i=1, 2, \cdots, N$）表示工业分部门；t（$t=1, 2, \cdots, T$）表示年份；Y 是工业产出；$f(X_{it}, \alpha)$ 表示生产前沿；X 表示投入变量，α 是要估计的参数向量；v 表示随机扰动项，并服从正态分布 $N(0, \sigma_v^2)$，且独立于 u，反映统计误差和各种随机因素对前沿产出的影响。u（$u \geq 0$）是一个服从非负截断正态分布的单边扰动项，u 是一个时变的技术低效率项，表明随着时间推移，技术效率不断降低。为了估计工业绿色经济绩效，本章基于式（18-12）构建了如下 Translog 生产函数：

$$\begin{aligned} \ln Y_{it} &= \alpha_0 + \alpha_1 t + \frac{1}{2}\alpha_2 t^2 + \alpha_3 \ln K_{it} + \alpha_4 \ln L_{it} + \alpha_5 \ln E_{it} + \alpha_6 t \times \ln K_{it} \\ &+ \alpha_7 t \times \ln L_{it} + \alpha_8 t \times \ln E_{it} + \frac{1}{2}\alpha_9 \ln K_{it} \times \ln L_{it} + \frac{1}{2}\alpha_{10} \ln K_{it} \times \ln E_{it} \\ &+ \frac{1}{2}\alpha_{11} \ln L_{it} \times \ln E_{it} + \frac{1}{2}\alpha_{12}(\ln K_{it})^2 + \frac{1}{2}\alpha_{13}(\ln L_{it})^2 + \frac{1}{2}\alpha_{13}(\ln L_{it})^2 \\ &+ \frac{1}{2}\alpha_{14}(\ln E_{it})^2 + \sigma_i + \sigma_t + v_{it} - u_{it} \end{aligned} \tag{18-13}$$

其中，Y 表示每个工业子部门的工业总产出；K 表示资本存量；L 表示劳动力；E 表示能源消耗；σ_i 和 σ_t 分别表示部门固定效应和年份固定效应。

子部门的技术效率可以确定为实际产出期望和随机生产前沿期望的比值：

$$TE_{it} = \frac{E[f(X_{it}, \alpha) \exp(v_{it} - u_{it})]}{E[f(X_{it}, \alpha) \exp(v_{it} - u_{it}) \mid u_{it} = 0]} = \exp(-u_{it}) \tag{18-14}$$

式（18-14）中 $u_{it} = u_i \exp[-\eta(t-T)]$，假设 u_i 受非负截断正态分布的影响，即 u_i 服从 $N^+(\mu, \sigma_u^2)$。参数 η 表示技术效率的变化率。$\eta > 0$、$\eta = 0$ 和 $\eta < 0$ 分别代表技术效率的提高、不变和降低。我们使用 STATA 对该固定效应 SFA 模型进行估计。

根据昆巴卡（Kumbhakar, 2000）的研究，工业绿色经济绩效可以通过以下方程计算：

$$GPP_{it} = TC_{it} + TEC_{it} + SE_{it} \tag{18-15}$$

在式（18-15）里技术进步（TC）被定义为当输入不变时，生产前沿随时间的变化率为：

$$TC_{it} = \frac{\partial \ln f(X_{it}, \alpha)}{\partial t} = \alpha_1 + \alpha_2 t + \alpha_6 \ln K + \alpha_7 \ln L + \alpha_8 \ln E \tag{18-16}$$

变量 TEC 表示技术效率的变化，可以通过下式计算：

$$TEC_{it} = \frac{\partial \ln TE_{it}}{\partial t} = \frac{\partial \ln \exp(-u_{it})}{\partial t} = -\frac{\partial u_{it}}{\partial t} \tag{18-17}$$

变量 SE 是规模效率，反映回报对生产力增长要素规模的贡献。这个变量可以计算如下：

$$SE_{it} = (RTS_{jit} - 1) \sum_j \lambda_{jit} \dot{x}_{jit} \tag{18-18}$$

式（18-18）中 $RTS_{jit} = \sum_j \varepsilon_{jit}$ 代表规模经济效应；变量 ε_{jit} 是输入要素 j 的产出弹性，并有 $\varepsilon_{jit} = \partial \ln Y_{it}/\partial \ln j$；变量 $\lambda_{jit} = \varepsilon_{jit}/RTS_{it}$ 表示输入要素 j 相对于规模总回报的输出弹性；变量 $\dot{x}_{jit}$ 表示输入要素 j 的变化率。

18.3.2 数据包络分析方法[①]

目前对绿色经济绩效的测度主要有两种方法：一种是参数方法（如随机前沿分析，SFA）；另一种是非参数方法（如数据包络分析，DEA）。有学者提出了基于全局基准技术的全局 Malmquist-Luenberger 指数，以彻底克服潜在的不可行问题（Oh, 2010）。由于跨期方向性距离函数是基于单一的技术前沿，即全局基准技术，在计算全要素生产率增长时，没有必要使用几何平均值来避免任意的基准，从而获得全局 Malmquist-Luenberger 循环指数。这种优势使得全局 Malmquist-Luenberger 指数法在实证研究中被大量应用。然而全局 Malmquist-Luenberger 指标存在径向和定向测量方法的缺点。为了弥补径向和定向测量方法的偏差，福山和韦伯（Fukuyam and Weber, 2009）以及法尔和格罗斯科普夫（Färe and Grosskopf, 2010）设计了非径向的方向性距离函数。周平等（Zhou et al., 2012）进一步提出了考虑到非期望产出的非径向、非角度方向性距离函数（NNDDF）的正式定义和数学性质。为了避免不可行问题造成的偏差，本章综合全局基准技术（Oh, 2010）和考虑到非期望产出的非径向、非角度方向性距离函数（Zhou et al., 2012）的优势组成统一的测度模型，采用全局 Malmquist-Luenberger 指数对中国工业部门的绿色经济绩效进行估算。

假设有 K 个工业分部门，每个分部门产生 M 个期望产出 $y = (y_1, \cdots, y_M) \in R_M^+$ 和非期望产出 $b = (b_1, \cdots, b_I) \in R_I^+$，通过使用 N 个输入 $x = (x_1, \cdots, x_N) \in R_N^+$，同期环境生产可能集或同期环境技术集（$k = 1, \cdots, K$）在周期 $t(t = 1, \cdots, T)$ 可以表示为：

$$P_c^t(x^t) = \left\{ \begin{array}{l} (y^t, b^t): \sum_{k=1}^K z_k^t y_{km}^t, \forall m; \sum_{k=1}^K z_k^t b_{ki}^t = b_{ki}^t, \forall i; \\ \sum_{k=1}^K z_k^t x_{kn}^t \leq x_{kn}^t, \forall n; z_k^t \geq 0, \forall k \end{array} \right\} \tag{18-19}$$

[①] 本章部分内容来自邵帅等发表在 *Energy Journal* 上的成果（Shao Shuai, Yang Zhenbing, Yang Lili, Ma Shuang. Can China's Energy Intensity Constraint Policy Promote Total Factor Energy Efficiency? Evidence from the Industrial Sector [J]. Energy Journal, 2019, 40 (4): 101-128）。

其中，Z_k^t 是强度变量，在构建环境生产可能集中分配给分部门的权重。式 18-19 的非负性约束，使得模型能够满足规模收益固定。上述生产可能集满足含有非期望产出的环境生产可能集基本公理。

库斯曼宁（Kuosmanen，2005）进一步提出了一个减排因子，以保持环境生产可能集的弱可处置性。规模收益可变情况下的同期环境生产可能集的线性模型可以描述为：

$$P_v^t(x^t) = \left\{ \begin{array}{l} (y^t, b^t) : \sum_{k=1}^{K} z_k^t y_{km}^t \geq y_{km}^t, \forall m; \sum_{k=1}^{K} z_k^t b_{ki}^t = b_{ki}^t, \forall i; \\ \sum_{k=1}^{K} (z_k^t + u_k^t) x_{kn}^t \leq x_{kn}^t, \forall n; \sum_{k=1}^{K} (z_k^t + u_k^t) = 1; z_k^t \geq 0, u_k^t \geq 0, \forall k \end{array} \right\}$$

(18-20)

根据周平等（Zhou et al., 2012）的做法，NNDDF 的定义如下：

$$D(x, y, b; g) = \sup\{w^T \beta : (x, y, b) + g \times diag(\beta) \in P(x)\} \quad (18-21)$$

其中，$w = (w_n^x, w_m^y, w_i^b)^T$ 表示与输入和输出数相关的归一化权向量；$g = (-g_x, g_y, -g_b)$ 表示方向向量；$\beta = (\beta_{nx}, \beta_{my}, \beta_{ib})^T \geq 0$ 为尺度因子的向量，表示输入和输出的个别低效率度量；符号 $diag$ 表示对角线矩阵。全局 NNDDF 试图探寻期望产出的最大可能值，并减少投入和非期望产出。NNDDF $\overrightarrow{D^t}(x^t, y^t, b^t; g^t)$，基于当期的生产可能集表示规模收益固定模型，可以通过下面的 DEA 模型获得：

$$D_c^t(x^t, y^t, b^t; g^t) = \max w_n^x \beta_{nx}^t + w_m^y \beta_{my}^t + w_i^b \beta_{ib}^t$$

$$\text{s.t.} \sum_{k=1}^{K} z_k^t x_{kn}^t \leq x_n^t - \beta_{nx}^t g_{nx}^t, \forall n; \sum_{k=1}^{K} z_k^t \geq 0, \forall k$$

(18-22)

同样，NNDDF $D_v^t(x^t, y^t, b^t; g^t)$ 可以被评估为与 $P_v^t(x^t)$ 相关。在计算跨时中 NNDDF 时克服不可行问题，我们将全局基准技术和 NNDDF 纳入 DEA 模型。

我们将基于全局基准技术的 NNDDF 定义为：

$$D^G(x, y, b; g) = \sup\{w^T \beta : (x, y, b) + g \times diag(\beta) \in P^G(x)\} \quad (18-23)$$

其中，$P^G(x) = convex(P^1 \cup P^2 \cup \cdots \cup P^T)$ 是全局生产可能集，是所有同期生产可能集的凸包络。由于考虑了所有 DMU 的输入和输出，全局生产可能集在规模收益不变的假设下是唯一的。因此，用于衡量各分部门效率的参考技术是统一的。基于时期 t 下规模收益固定假设下的全局生产可能集的 NNDDF 可通过求解以下模型得到：

$$D_c^G(x^t, y^t, b^t; g^t) = \max w_n^x \beta_{nx}^{G,t} + w_n^y \beta_{my}^{G,t} + w_i^b \beta_{ib}^{G,t}$$

$$\text{s.t.} \sum_{t=1}^{T} \sum_{k=1}^{K} z_k^t x_{kn}^t \leq x_n^t - \beta_{nx}^{G,t} g_{nx}^t, \forall n; \sum_{t=1}^{T} \sum_{k=1}^{K} z_k^t y_{km}^t \geq y_m^t + \beta_{my}^{G,t} g_{my}^t, \forall m;$$

$$\sum_{t=1}^{T} \sum_{k=1}^{K} z_k^t b_{ki}^t = b_i^t - \beta_{ib}^{G,t} g_{ib}^t, \forall i; z_k^t \geq 0, \forall k$$

(18-24)

同样地，基于规模收益可变假设下的全局生产可能集的 NNDDF 可以通过以下模型求解：

$$D_c^G(x^t, y^t, b^t; g^t) = \max w_n^x \beta_{nx}^{G,t} + w_n^y \beta_{my}^{G,t} + w_i^b \beta_{ib}^{G,t}$$

s.t. $\sum_{t=1}^{T}\sum_{k=1}^{K}z_k^t x_{kn}^t \leq x_n^t - \beta_{nx}^{G,t} g_{nx}^t, \forall n; \sum_{t=1}^{T}\sum_{k=1}^{K}z_k^t y_{km}^t \geq y_m^t + \beta_{my}^{G,t} g_{my}^t, \forall m;$

$$\sum_{t=1}^{T}\sum_{k=1}^{K}z_k^t b_{ki}^t = b_i^t - \beta_{ib}^{G,t} g_{ib}^t, \forall i; z_k^t \geq 0, \forall k \quad (18-25)$$

本章选择工业总产值（Y）和碳排放（C）分别作为期望产出和非期望产出，投入要素包括资本（K）、劳动力（L）和能源消耗（E）。参考周平等（Zhou et al., 2012）的做法，将方向向量设置为 $g = (-K, -L, -E, Y, -C)$，相应的权重向量为 $(1/3, 1/3, 1/9, 1/9, 1/9, 1/9)$。按照 Luenberger 指数的形式可以将时期 t 和 $t+1$ 之间的工业绿色经济绩效表示为：

$$GPP = D_c^G(x^t, y^t, b^t; g^t) - D_c^G(x^{t+1}, y^{t+1}, b^{t+1}; g^{t+1})] \quad (18-26)$$

变量 $GPP > 0$（$GPP < 0$）表示绿色经济绩效。格罗斯科普夫（Grosskopf, 2003）提出，GPP 可分解为纯效率变化（PEC）、规模效率变化（SEC）、纯技术变化（PTC）和规模技术变更（STC），如下所示：

$$PEC = D_v^t(x^t, y^t, b^t; g^t) - D_v^{t+1}(x^{t+1}, y^{t+1}, b^{t+1}; g^{t+1})] \quad (18-27)$$

$$\begin{aligned}SEC = &[D_c^t(x^t, y^t, b^t; g^t) - D_v^t(x^t, y^t, b^t; g^t)] \\ &- [D_c^{t+1}(x^{t+1}, y^{t+1}, b^{t+1}; g^{t+1}) - D_v^{t+1}(x^{t+1}, y^{t+1}, b^{t+1}; g^{t+1})]\end{aligned} \quad (18-28)$$

$$\begin{aligned}PTC = &[D_v^G(x^t, y^t, b^t; g^t) - D_v^t(x^t, y^t, b^t; g^t)] \\ &- [D_v^G(x^{t+1}, y^{t+1}, b^{t+1}; g^{t+1}) - D_v^{t+1}(x^{t+1}, y^{t+1}, b^{t+1}; g^{t+1})]\end{aligned} \quad (18-29)$$

$$\begin{aligned}STC = &\{[D_c^G(x^t, y^t, b^t; g^t) - D_v^G(x^t, y^t, b^t; g^t)] \\ &- [D_c^t(x^t, y^t, b^t; g^t) - D_v^t(x^t, y^t, b^t; g^t)]\} \\ &- \{[D_c^G(x^{t+1}, y^{t+1}, b^{t+1}; g^{t+1}) - D_v^G(x^{t+1}, y^{t+1}, b^{t+1}; g^{t+1})] \\ &- [D_c^{t+1}(x^{t+1}, y^{t+1}, b^{t+1}; g^{t+1}) - D_v^{t+1}(x^{t+1}, y^{t+1}, b^{t+1}; g^{t+1})]\}\end{aligned} \quad (18-30)$$

变量 PEC 衡量的是一个子部门对当期技术前沿的追赶效应。$PEC > 0$（$PEC < 0$）表示分部门在两个时期内接近（滞后）同时期边界。变量 SEC 是 $P_v(x)$ 和 $P_c(x)$ 边界之间距离的变化相对于子扇区在 t 和 $t+1$ 时期的位置，揭示子部门规模效率的变化。变量 $SEC > 0$（$SEC < 0$）表示规模效率的增加（减少）。变量 PTC 是衡量 t 期与 $t+1$ 期间技术前沿与全局技术前沿之间技术差距的变化。$TC > 0$（$TC < 0$）与技术进展相对应。变量 STC 描述了超平面中 t 期与 $t+1$ 期之间技术形状的变化，反映技术规模报酬的变化。$STC > 0$（$STC < 0$）表明该技术正朝着（偏离）规模收益不变的方向发展。得益于 Luenberger 指数和 NNDDF 的可加性，从输入和输出变量的角度认识到改进 GPP 的关键驱动因素是可能的。按照藤井秀通等（Fujii et al., 2014；2015）提出的分解方法，我们可以将 GPP 分解如下：

$$\begin{aligned}GPP &= \frac{1}{3}\beta_x^{G,t} + \frac{1}{3}\beta_y^{G,t} + \frac{1}{3}\beta_b^{G,t} - (\frac{1}{3}\beta_x^{G,t+1} + \frac{1}{3}\beta_y^{G,t+1} + \frac{1}{3}\beta_b^{G,t+1}) \\ &= \frac{1}{3}(\beta_x^{G,t} - \beta_x^{G,t+1}) + \frac{1}{3}(\beta_y^{G,t} - \beta_y^{G,t+1}) + \frac{1}{3}(\beta_b^{G,t} - \beta_b^{G,t+1}) \\ &= GPP_x + GPP_y + GPP_b\end{aligned} \quad (18-31)$$

其中，GPP_x，GPP_y 和 GPP_b 分别用来测量投入、工业产出和碳排放对 GPP 的贡献效应。$GPP_x > 0$，$GPP_y > 0$，和 $GPP_b > 0$ 意味着投入、工业产出和碳排放的变化有利于绿色经济绩效的增长，分别代表投入节约效应、产出增长效应和碳还原效应。$GPPs$（$s = x, y, b$）的增加可能是由于：（1）投入使用（或产出生产）改善了 GPP；（2）S 的低效率相对于其他 S 变得更小（Fujii et al.，2014；2015）。由于本章的投入包含资本存量、劳动力和能源消耗，投入的影响可以进一步分解如下：

$$GPP_x = \frac{1}{3}\beta_K^{G,t} + \frac{1}{3}\beta_L^{G,t} + \frac{1}{3}\beta_E^{G,t} - (\frac{1}{3}\beta_K^{G,t+1} + \frac{1}{3}\beta_L^{G,t+1} + \frac{1}{3}\beta_E^{G,t+1})$$
$$= \frac{1}{3}(\beta_K^{G,t} - \beta_K^{G,t+1}) + \frac{1}{3}(\beta_L^{G,t} - \beta_L^{G,t+1}) + \frac{1}{3}(\beta_E^{G,t} - \beta_E^{G,t+1}) \quad (18-32)$$
$$= GPP_x^K + GPP_x^L + GPP_x^E$$

其中，GPP_x^K，GPP_x^L 和 GPP_x^E 分别表示资本存量、劳动力和能源消耗对 GPP_x 的影响。同样，$GPP_x^K > 0$，$GPP_x^L > 0$ 和 $GPP_x^E > 0$，说明资本存量、劳动力和能源消耗的变化分别具有资本节约效应、劳动力节约效应和能源节约效应对于 GPP_x 的影响。这三种输入通过影响 GPP_x 来影响 GPP。

18.3.3 数据来源及处理

（1）数据来源。本章选取 2000~2014 年为研究区间，所采用的基础数据来自《中国统计年鉴》《中国环境统计年鉴》和各省的统计年鉴。这里需要说明的是，对于个别省份个别年份的缺失数据采取了取前后两年的平均数进行补齐的方式加以处理。同时，由于西藏的数据不全而没有被列入考察范围。因此，本章实际研究对象是中国的 30 个省份。另外，为了进一步分析区域之间的差异，本章按照传统的区域划分方式，将 30 个省份划分为东部地区、中部地区、东北地区和西部地区。其中，东部地区包括北京、天津、河北、上海、江苏、浙江、福建、山东、广东和海南 10 个省份；中部地区包括山西、安徽、江西、河南、湖北、湖南 6 个省份；东北老工业基地包括辽宁、吉林和黑龙江 3 个省份；西部地区包括贵州、云南、陕西、甘肃、青海、宁夏、新疆、广西、四川、重庆和内蒙古 11 个省份。另外，为了测度工业绿色经济绩效，我们使用了中国 36 个工业子部门的面板数据，数据来自《中国工业经济统计年鉴》《中国劳动统计年鉴》和《中国能源统计年鉴》。

（2）变量选取及说明。首先是投入和产出变量。本章采用各地区的经济产出来表征产出变量，这里用各地区 GDP（亿元）来表征产出变量。由于统计年鉴中的 GDP 为名义 GDP，因此，采用 GDP 价格系数以 1999 年为基期对数据进行了缩减得到实际 GDP，相关数据均摘自各年的《中国统计年鉴》。本章采用的投入变量包括劳动力、资本和环境污染物排放量。其中，劳动力投入要素采用年末全社会从业人员数量（万人）来测度，数据摘自各省统计年鉴；资本要素投入理论上来讲应该采用资本存量，但是现有统计数据没有关于资本存量的统计，本章采用全社会固定资产投资总额(亿元)来代替。同样地,为了消除价格波动的影响,采用固定资产投资价格指数对该指标进行了缩减;环境污染物排放量指标方面,应该将尽可能多的环境污染物统计进来,考虑到数据的可获取性和连续性,本章主要统计了废水排放总量、化学需氧量排放量、二氧化硫排放总量、烟尘排放总量、工业粉尘排放总量和工业固体废弃物排放量六类污染物的排放量,将这六类污染物的排放量之和(万吨)作为环境污染物排放量的代理变量。其次是影响因素变量。具体变量选取及说明见表18-1。

表18-1 变量选取及说明

变量	符号	变量选取说明
产出	Y	GDP(亿元),以1999年为基期
劳动力投入	L	年末全社会从业人员数量(万人)
资本投入	K	全社会固定资产投资总额(亿元)
环境污染物排放量	P	废水排放总量、化学需氧量排放量、二氧化硫排放总量和烟尘排放总量、工业粉尘排放总量和工业固体废弃物排放量六类污染物的排放量之和(万吨)
人口城镇化水平	PU	区域的城镇人口占总人口的比重(%)
人口集聚程度	PD	人口密度(人口/平方千米)=常住人口/土地面积
人力资本积累	HC	劳动者平均受教育年限(年)
产业结构构成效应	MIX	参见公式(18-8)
产业结构竞争效应	DIF	参见公式(18-9)

测度工业部门绿色经济绩效过程中的投入和产出指标。其中,产出指标为工业总产出(Y),采用工业总产值来衡量;投入指标包括工业资本存量(K)、工业劳动投入(L)和工业能源消耗(E)。我们采用永续盘存法估计每个分部门的资本存量 $K_t = (1-\delta_t) K_{t-1} + I_t$。其中,$K_t$ 表示在时间 t 的资本存量和最初的存货;I_t 表示每年实物资本投资的数额,采用固定资产投资总额来衡量;δ_t 表示折旧率,根据统计年鉴中的报告按流动折旧与固定资产原值之比计算;工业劳动投入(L)采用各分部门的年平均就业人数来衡量;工业能源消耗(E)采用工业能源消耗量来衡量。我们的样本由中国的36个工业子部门组成。为了方便起见,这些不同的子部门被依次标记为S1~S36(见附表6)。这些变量的描述性统计见表18-2。

表18-2 样本的描述性统计

变量	样本数量	均值	标准差	最小值	最大值
Y(亿元)	540	11 509.0	16 362.5	164.860	131 645
K(亿元)	540	4 592.35	6 727.42	87.3957	58 580.3
L(万人)	540	211.764	178.916	14.5400	977.505
E(万吨)	540	5 455.65	11 154.9	103.860	80 336.1
GPP(%)	504	12.0460	6.8216	-6.2672	49.3893
rd(%)	504	0.7359	0.5574	0.0081	2.5581
kl(万元/人)	504	30.1632	36.3032	1.2149	226.989

续表

变量	样本数量	均值	标准差	最小值	最大值
size（亿元）	504	10 543.8	12 936.8	339.811	91 197.3
fdi（%）	504	21.6776	13.5615	0	74.3682
state（%）	504	28.8940	28.4906	0.3010	99.4886

18.4 实证结果及分析

18.4.1 区域绿色经济绩效的测算结果

（1）假设检验。本章采用广义似然率统计量来进行假设检验，目的是检验模型设定的合理性，$\lambda = -2[L(H_0) - L(H_1)]$，$L(H_0)$、$L(H_1)$ 分别是零假设 H_0 和被择假设 H_1 模型的似然函数值。如果零假设成立，则检验统计量 λ 服从混合卡方分布，自由度为受约束变量的数目。假设检验主要包括以下两部分。（1）模型形式的检验，即生产函数采用简单的柯布道格拉斯生产函数还是超越对数生产函数形式。对此，模型 1 和模型 3 检验零假设为 H_0：$\beta_{LL} = \beta_{KK} = \beta_{KL} = 0$；模型 2 和模型 4 检验零假设为 H_0：$\beta_{PP} = \beta_{LL} = \beta_{KK} = \beta_{KL} = \beta_{KP} = \beta_{LP} = 0$。（2）随机前沿生产函数模型的适用性检验，即模型是否适合使用随机前沿方法进行估计，为此，对于模型 1 和模型 2 检验技术效率服从半正态分布的零假设 H_0：$\eta = \gamma = \mu = 0$；对于模型 3 和模型 4 检验零假设 H_0：$\gamma = \mu = 0$。检验的结果见表 18-3。综合上述检验结果，发现所有假设都被拒绝，说明四种模型的函数形式设定都是合理的。

表 18-3　　　　　　　　模型的假设检验结果

模型	零假设：H_0	对数似然值 $L(H_0)$	检验统计量 (λ)	临界值	检验结论
模型 1	$\beta_{LL} = \beta_{KK} = \beta_{KL} = 0$	321.56	279.32	11.34	拒绝
	$\eta = \gamma = \mu = 0$	435.79	50.86	10.50*	拒绝
模型 2	$\beta_{PP} = \beta_{LL} = \beta_{KK} = \beta_{KL} = \beta_{KP} = \beta_{LP} = 0$	463.10	24.96	16.81	拒绝
	$\eta = \gamma = \mu = 0$	458.05	35.06	10.50*	拒绝
模型 3	$\beta_{LL} = \beta_{KK} = \beta_{KL} = 0$	-63.26	338.38	11.34	拒绝
	$\gamma = \mu = 0$	-20.16	252.18	8.27*	拒绝
模型 4	$\beta_{PP} = \beta_{LL} = \beta_{KK} = \beta_{KL} = \beta_{KP} = \beta_{LP} = 0$	155.91	55.20	16.81	拒绝
	$\gamma = \mu = 0$	100.73	165.56	8.27*	拒绝

注：模型 1、模型 2、模型 3 和模型 4 的无约束的对数似然值 $L(H_1)$ 分别为 461.22、475.58、105.93 和 183.51；临界值为 1% 显著性水平的值，自由度为参数设为 0 的变量的数目（可在卡方分布临界值表中查询）。*涉及 $\gamma = 0$ 的假设，其统计量服从混合卡方分布，对应的临界值源自 Kodde，Palm（1986；1246）的推导。

（2）实证结果与区域差异分析。根据上述研究方法和面板数据，本章采用 frontier4.1 软件对模型中参数进行了估计,所运用的函数形式为上述检验所选择的超越对数随机前沿函数模型。模型 1～模型 4 的参数估计结果见表 18-4。从表 18-4 中可以看出,四个模型估计的 γ 值均在 1% 显著性水平显著不为 0,这意味着技术无效率在分析的样本中是非常显著的,传统的生产函数由于不允许无效率的存在,因而不适合对现有数据的处理,而应该选择随机前沿生产函数形式。同时,由于模型 1 和模型 2 的 γ 值均接近于 1,说明随机误差中大部分来自技术无效率的影响,少部分是来自统计误差等外部因素的影响,说明有进一步运用模型 3 和模型 4 考察技术无效率的影响因素的必要性。模型 1 和模型 2 的 μ 值均大于 0,说明我国各省份的经济增长不处于前沿面上,仍然还有较大的增长空间,需要从技术无效率状态向生产前沿面靠拢;而模型 1 和模型 2 的 η 值显著不为 0,表明我国各地区经济增长效率在总体上随着时间不断改进。

表 18-4 主函数 SFA 参数估计结果

参数	模型 1		模型 2		模型 3		模型 4	
	估计值	t 检验	估计值	t 检验	估计值	t 检验	估计值	t 检验
β_0	8.46***	5.57	4.49***	2.87	2.14	0.72	-0.74	-0.94
$1-\beta_P$	—	—	-1.63***	-6.60	—	—	-1.28***	-6.15
β_K	-0.04	-0.77	0.12	1.05	0.37	1.01	0.62***	3.89
β_L	0.11	0.32	1.26***	2.95	0.30	0.34	1.25***	4.14
β_{PP}	—	—	-0.07***	-4.86	—	—	-0.12***	-4.93
β_{KK}	0.01	0.06	-0.01	-1.50	-0.06***	-6.39	-0.08***	-5.90
β_{LL}	0.02	0.07	-0.12***	-3.17	0.01	0.18	-0.07*	-1.77
β_{PK}	—	—	0.04**	2.12	—	—	0.13***	3.49
β_{PL}	—	—	0.16***	4.14	—	—	0.10***	2.62
β_{KL}	0.01	1.1	-0.02	-1.16	0.08**	2.06	-0.01	-0.25
σ^2	0.64***	4.76	0.35***	3.51	0.08***	2.92	0.03***	14.43
γ	0.99***	522.23	0.99***	288.58	0.04***	3.03	0.99***	189.00
μ	1.60***	5.20	1.17***	3.60				
η	0.01***	10.18	0.02***	6.41				
Log 函数值	461.22		475.58		105.93		183.51	
LR 检验	1 304.37		938.25		593.80		354.12	

注:***、**、* 分别表示在 1%、5%、10% 的水平显著。

从表 18-4 还可以看出,在不考虑环境因素对区域经济增长影响的情况下,模型 1 和模型 3 中资本和劳动力的回归系数均不显著,而模型 3 中变量之间自我影响和变量之间相互影响均对产出有不同程度影响。这说明了将环境要素纳入效率评价模型中的必要性。从模型 2 和模型 4 的回归结果来看,资本和劳动力对产出的影响均为正,而环境污染物排放量对产出的影响为负,即环境污染与 GDP 之间呈反向变动关系。模型 2 和模型 4 中变量之间自我影响和变量之间相互影响均对产出有不同程度影响。其中,环境污染变量、资本变量和劳动力变量之间自我影响对产出有显著负向影响，而环境污染和资本、环境污染和劳动力变量之间相互影响对产出有显著正向影响；资本和劳动力要素之间相互影响对产出影响关系不明显。

从四个模型的效率测度结果来看，研究期内我国区域平均经济增长效率基本呈现出平稳的上升趋势，除了模型3以外，其他三类模型的上升趋势并不明显，如图18-2所示。从图18-2可以看出，模型1～模型4测算的经济效率均值分别为0.1895、0.2988、0.5680和0.4317。可以看出，在不考虑中介影响因素（模型1和模型2）冲击的情况下，我国的区域经济增长效率水平可能被低估。同时，从四个模型的回归系数来看，相对于模型1和模型2（资本回归系数不显著）而言，考虑了影响因素的模型3和模型4的设定更符合我国经济增长典型的要素投入型的现实。进一步地，我们发现不考虑环境因素（模型3）的情况下，资本和劳动力的回归系数均不显著，与考虑了环境因素（模型4）相比测算结果存在一定差异，由于忽视了经济增长中的环境代价，导致了测算的平均经济增长效率值（0.5680）高于模型4测算的平均绿色经济效率值（0.4317）。这说明模型4的测算结果更符合中国区域经济的现实。综上所述，在测算我国区域经济增长效率时，要同时考虑中介影响因素和冲击的环境因素的影响，否则就可能高估或者低估我国区域经济真实的增长效率，即应该采用区域绿色经济效率来测度区域经济增长水平。

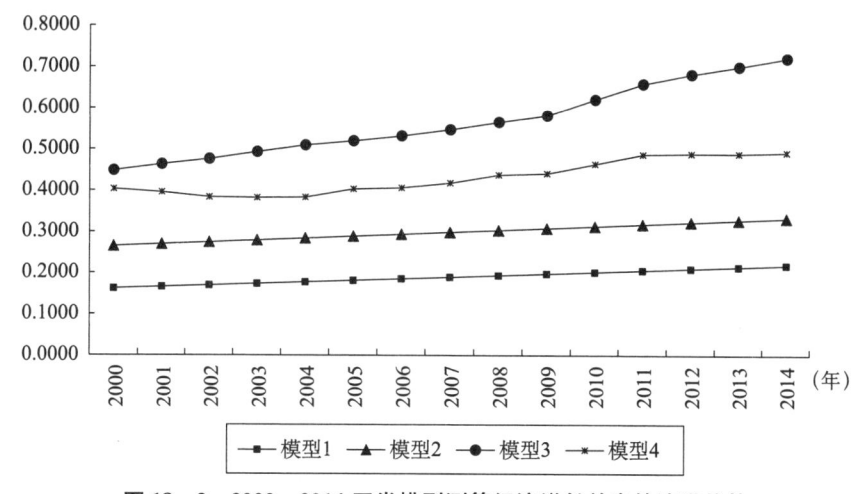

图18-2　2000～2014 四类模型测算经济增长效率的演进趋势

从模型4的估计结果来看，2000～2014年间全国绿色经济效率呈现缓慢上升趋势，中间有小幅下降，其全国均值在0.3～0.5（见表18-5）。这表明我国经济发展空间较大，在现有技术水平通过提高技术效率可使全国经济增长总量在现有基础上增长60%左右，即提高经济增长的技术效率尤其是考虑了环境因素的绿色效率是提高我国区域经济增长质量的主要动力之一。值得注意的是，我国各地区的绿色经济效率（模型4测算结果）由于受到各种不同因素的影响，区域之间存在较大的差异性，并且这种差异性随着时间的推移也在不断变化。

表18-5　　　　　我国各省份2000~2014年主要年份绿色经济效率

省份	2000年	2002年	2004年	2006年	2008年	2010年	2012年	2014年
北京	0.7658	0.7439	0.6569	0.9026	0.9107	0.9521	0.9859	0.9829
天津	0.7535	0.6965	0.7148	0.7412	0.7574	0.7918	0.7533	0.7237
河北	0.4136	0.3946	0.4149	0.4196	0.4681	0.4881	0.5079	0.5157
山西	0.3045	0.2918	0.3114	0.3624	0.4179	0.4578	0.4697	0.4379
内蒙古	0.3706	0.3479	0.3950	0.4687	0.5332	0.5507	0.5554	0.5199
辽宁	0.5145	0.4984	0.4724	0.4941	0.5735	0.6443	0.7070	0.6776
吉林	0.3772	0.3699	0.3776	0.4066	0.4543	0.4939	0.5293	0.5233
黑龙江	0.4901	0.4725	0.5021	0.4459	0.4821	0.4898	0.4721	0.4614
上海	0.9767	0.9437	0.8838	0.9478	0.9643	0.9690	0.9821	0.8572
江苏	0.4742	0.4491	0.4784	0.4980	0.5443	0.5904	0.6722	0.7253
浙江	0.5060	0.4814	0.5042	0.5132	0.5132	0.5209	0.5819	0.6145
安徽	0.2692	0.2533	0.2579	0.2471	0.2803	0.3100	0.3057	0.3176
福建	0.5513	0.5167	0.4697	0.4212	0.4347	0.4552	0.4616	0.4874
江西	0.2929	0.2589	0.2610	0.2573	0.2785	0.3133	0.3206	0.3351
山东	0.4481	0.4395	0.4719	0.4939	0.5157	0.5036	0.5464	0.5708
河南	0.2878	0.2788	0.2954	0.3075	0.3485	0.3466	0.3555	0.3693
湖北	0.3228	0.3040	0.3054	0.2808	0.3171	0.3538	0.4011	0.4363
湖南	0.2938	0.2705	0.2590	0.2682	0.3011	0.3341	0.3689	0.3952
广东	0.5366	0.5097	0.4715	0.5336	0.5510	0.5515	0.5664	0.5739
广西	0.2325	0.2162	0.2114	0.2120	0.2244	0.2293	0.2863	0.3164
海南	0.4158	0.3820	0.3423	0.3522	0.3573	0.3659	0.3982	0.3871
重庆	0.2472	0.2480	0.2633	0.2686	0.2971	0.3690	0.3979	0.4012
四川	0.2447	0.2401	0.2459	0.2495	0.2890	0.3224	0.3520	0.3518
贵州	0.1774	0.1583	0.1640	0.1870	0.2157	0.2774	0.2847	0.2998
云南	0.2743	0.2661	0.2683	0.2891	0.3221	0.3227	0.2930	0.3128
陕西	0.2683	0.2625	0.2756	0.3216	0.3509	0.4146	0.4754	0.4892
甘肃	0.2219	0.2161	0.2172	0.2640	0.2933	0.3082	0.3297	0.3496
青海	0.2953	0.2910	0.2935	0.2830	0.3219	0.3356	0.3991	0.4170
宁夏	0.2863	0.2454	0.2483	0.2718	0.3155	0.3535	0.3909	0.4051
新疆	0.4881	0.4652	0.4608	0.4751	0.4918	0.5052	0.5241	0.5094
均值	0.4034	0.3837	0.3831	0.4061	0.4375	0.4640	0.4891	0.4921

资料来源：根据已有数据采用frontier软件计算得出。

为了进一步厘清绿色经济增长效率区域之间差异的变化，本章将借鉴雷玉桃、杨娟（2014）的做法，采用Epanechikov核函数对绿色经济效率的区域差异变化进行分析，通过增长分布图来刻画绿色经济效率的区域差异化演进趋势。我国30个省份核密度估计的增长分布如图18-3所示。图中横轴表示绿色经济效率水平，纵轴表示密度。图18-3中采用Eviews8.0软件绘制了2000年、2003年、2006年、2009年、2012年和2014年6个年份的Kernel密度分布图。通过波峰的数量以及分布图的位移可以判断绿色经济效率的区域差异演进过程（雷玉桃，杨娟，2014）。首先，从核密度分布曲线位置的变化趋势来看，2000~2014年核密度分布曲线整体呈现出向右平移的趋势（除了2003年出现向左平移以外），这反映了我国各省份的绿色经济效率基本处于快速增长的发展趋势。其次，从核密度分布曲线峰度变化上可以看出，我国各省份绿色经济效率在2000~2014年出现了由相对宽峰形向尖峰形发展的变化趋势，2012年和2014年的尖峰趋势尤其明显，同时波峰的额高度呈现不断升高的趋势，这些都说明我国省域之间的绿色经济效率差异在不断缩小，意味着趋同和收敛的存在。最后，从曲线的形状来看，2000~2014年，我国各地区的绿色经济效率没有明显的双峰趋同和多峰趋同。但是从2006年、2009年和2012年的分布图来看，我国各省份的绿色经济效率出现了由单峰向双峰转变的趋势，尽管这种趋势并不明显。这种双峰分布说明在我国30个省份中绿色经济效率较高的区域内部（高峰）和绿色经济效率较低的区域内部（低峰）分别存在收敛，也说明高峰值区域和低峰值区域之间的差距在扩大，反映出我国区域绿色经济效率有区域间发展不平衡的问题存在。

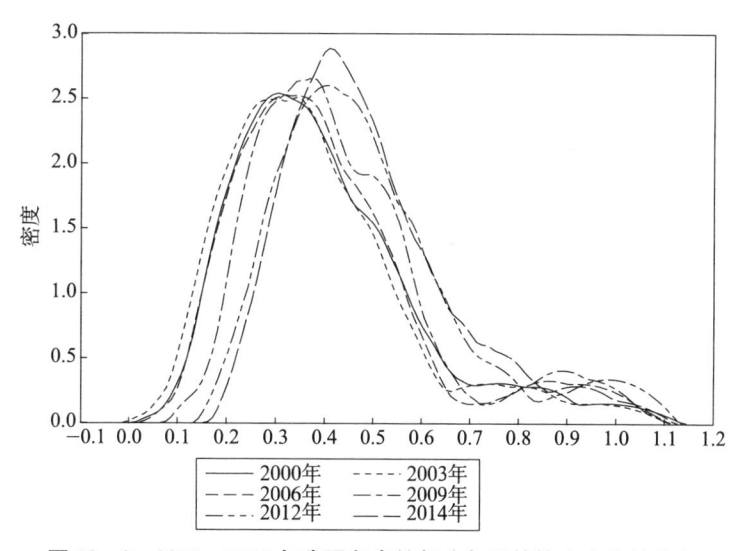

图 18 - 3　2000~2014年我国各省份部分年份的核密度估计分布

18.4.2　工业绿色经济绩效的测算结果

式（18 - 15）的估计参数见表18 - 6。大多数系数在1%水平是显著的。对数似然函数值有效，说明模型设置良好。表18 - 6中μ是式（18 - 15）中估计效率低下期限的平均值。μ值为正，表明工业生产技术效率总体下降。总体方差为8.7513，表明生产率的总体波动受随机和低效因素的影响。随机扰动项（σ_v^2）的方差远小于技术无效率项（σ_u^2）的方差。这表明实际产出与生产前沿之间的差距主要是由于技术效率低下造成的。因为充分考虑了技术效率的损失和不同分部门的生产异质性，所以和传统的生产函数相比，固定效应随机前沿生产函数可以更合理地描述工业生产过程中技术效率水平和技术效率的变化。基于式（18-15）~式（18-18），本章进一步测度了 2001~2014 年 36 个工业子部门的绿色经济绩效。在研究期间，三类工业分部门和整个工业部门的绿色经济绩效均呈总体下降趋势。除 2014 年以外，生产、供应电力、天然气和水二级行业部门的绿色经济绩效高于其他分部门。制造业绿色经济绩效的变化趋势最接近整个工业部门。因此，可以认为整个工业部门的绿色经济绩效在很大程度上是由制造业决定的。

表 18-6　　　　　　　　　　工业绿色经济绩效的测算结果

变量	系数值	T 值	变量	系数值	T 值
a_0	4.0614*** （0.9339）	4.35	a_8	-0.0205*** （0.0053）	-3.84
a_1	-0.0116 （0.0442）	-0.26	a_9	-0.2205*** （0.0605）	-3.65
a_2	-0.0122*** （0.0024）	-5.03	a_{10}	0.4023*** （0.0669）	6.02
a_3	0.6732*** （0.2292）	2.94	a_{11}	-0.2930*** （0.0631）	-4.64
a_4	1.1839*** （0.1989）	5.95	a_{12}	-0.2693*** （0.0503）	-5.35
a_5	-0.6789*** （0.1687）	-4.02	a_{13}	0.2855*** （0.0467）	6.12
a_6	0.0679*** （0.0070）	9.66	a_{14}	0.0195*** （0.0306）	0.64
a_7	-0.0156** （0.0067）	-2.32	μ	0.1971 （2.5684）	0.08
σ_v^2	0.0046		σ_μ^2	8.7467	
部门固定效应		Yes	年度固定效应		Yes
最大可能函数			575.0486		

注：括号内为 t 值；***、** 分别表示在 1%、5% 的水平显著。

18.4.3　城镇化对区域绿色经济绩效影响的实证结果分析

表 18-7 中给出了根据模型 4 得到的效率影响因素函数 SFA 估计结果。从表 18-7 中可以看出，$\gamma = \sigma_u^2/(\sigma_u^2 + \sigma_v^2) = 0.99$，而且 σ^2 和 γ 值均通过了 1% 显著性水平的检验，这说明我国大部分省份经济增长实际产出偏离生产前沿面的重要原因是技术无效率的存在。

表 18-7　　　　　　模型 4 绿色经济效率影响因素函数的 SFA 估计结果

系数	变量	估计值	t 检验
δ_0	常数项	2.50***	14.50
δ_1	城镇化水平（PU）	-1.76***	-10.37
δ_2	人口集聚程度（PD）	-0.01**	-2.01
δ_3	人力资本积累（HC）	-0.08***	-4.34
δ_4	产业结构构成效应（MIX）	-4.60***	-2.75
δ_5	产业结构竞争效应（DIF）	0.25	1.40

续表

系数	变量	估计值	t 检验
σ^2	组合方差	0.03***	14.43
γ	变差率	0.99***	189.00

注：***、**分别表示在1%、5%的水平显著。

首先，城镇化水平（PU）的回归系数显著为负，表明城镇化对区域绿色经济效率有促进作用，城镇化水平每增长1%，绿色经济效率将会增长176%。这说明在考虑了环境因素的情况下，城镇化在经济增长中起到了正向的环境效应。当然，城镇化对绿色经济效率的综合影响还要考虑其他中介变量的共同作用。

其次，人口集聚程度变量（PD）的系数为负且在5%水平显著，表明人口集聚程度对绿色经济效率产生了促进作用。人口集聚相对规模每增加1%，区域绿色经济效率水平会增加1%。说明人口集聚所形成规模正外部性不仅抵消了拥挤负外部性效应，而且随着经济发展和技术进步，人口集聚所产生的规模正外部性效应会通过共享、匹配和学习机制进一步推动绿色经济增长效率的提高。但是，由于我国各地区之间发展不平衡，人口集聚的规模效应在短时间内还很难在经济欠发达地区显现，尤其是中西部地区人口集聚能力较弱，这可能是导致人口集聚程度对我国区域绿色经济效率促进作用相对较低（回归系数值仅为-0.01）的主要原因之一。

再次，人力资本积累（HC）的回归系数为负且在1%水平显著，表明我国的区域人力资本积累对绿色经济效率产生了积极的推动作用。这与理论分析相吻合。人力资本积累相对规模每增加1%，区域绿色经济效率水平会增加8%。这说明人口城镇化过程中形成的人力资本的需求效应、供给效应和积累效应，能够为促进资源的优化配置、节能减排措施的制定提供条件和基础，进而提高绿色经济效率。当前，如何制定有效的住房政策、户籍政策等来吸引人才、留住人才是人口城镇化进程中各地区需要着力解决的关键问题。

最后，产业结构的影响，包括产业结构构成效应（MIX）和竞争效应（DIF）。其中，构成效应（MIX）的回归系数为负且在1%水平显著，表明产业结构过程中产生的构成效应对我国绿色经济效率产生了正向的促进作用。这与理论分析相吻合。产业结构构成效应相对规模每增加1%，区域绿色经济效率水平会增加460%。这说明了区域产业结构中各产业构成关系的改善（产业结构优化升级）对区域绿色经济效率产生了显著的推动作用，而且远远超出了人口城镇化本身对绿色经济效率的作用效果。而竞争效应（DIF）的回归系数为正但不显著，表明产业结构的竞争效应对我国区域绿色经济效率的影响并不明显。这一结果并不让人意外。一方面，产业结构调整短期内可能有一定的盲目性，一个地区的比较优势短时间内难以凸显；另一方面，比较地区找到优势并利用比较优势进行专业化生产尽管能够在短时间内提高资源利用效率进而提高绿色经济效率，但是当某一地区的产业专业化集聚程度达到某一最优阈值后，更高的专业化水平和集聚程度将造成更多的能源低效利用和环境污染，从而降低区域绿色经济效率水平。而不同的地区之间由于经济发展水平和产业结构竞争效应阶段差异性的存在，决定了其对绿色经济效率的影响也存在差异性，有些地区为正，有些地区为负，这是导致最终回归结果不显著的主要原因之一。

18.5　本章小结

本章将环境污染物排放纳入经济效率测算框架，在构建了人口城镇化及其中介变量对区域绿色经济效率影响理论模型的基础上，采用超越对数面板随机边界模型对我国 30 个省份 2000～2014 年的绿色经济效率进行了测度，并进一步检验了人口城镇化及其中介变量对绿色经济效率的影响程度和方向，得到如下结论。第一，总体而言我国绿色经济效率呈现缓慢上升的趋势，中间有小幅下降。大多数省份的效率值普遍偏低，仍有较大的提升空间，并且省份间绿色经济效率存在明显的差异，而这种差异有随时间趋同的态势。第二，忽略人口城镇化及其中介变量等影响因素会低估我国的绿色经济效率，并且不考虑环境因素下测度的效率值明显偏高，说明在测度经济效率时既要考虑环境因素又要考虑人口城镇化及其中介变量的影响，这样才能反映我国真实的经济增长水平。第三，人口城镇化本身对绿色经济效率有显著的正向直接影响，同时人口城镇化对绿色经济效率的推进作用离不开其他中介变量的影响。第四，人口集聚程度对绿色经济效率有显著正向影响，说明人口集聚产生的规模正外部性效应要强于其拥挤负外部性效应。第五，人力资本积累对绿色经济效率有显著正向影响，这说明人力资本的积累为城镇的经济增长和节能减排等技术创新提供了智力支持。第六，产业结构构成效应对绿色经济效率的推动作用最为显著，表明第三产业比重的稳步提升是区域绿色经济发展的重要动力之一。产业结构竞争效应对绿色经济效率影响不显著，说明区域产业比较优势的形成需要一个过程，短期盲目地结构调整不但不利于找到自身的比较优势产业，长期来看还会带来一定的负面效应。

本章的研究结论具有重要的政策启示。首先，除了城镇化对区域绿色经济绩效的直接影响以外，还存在间接影响机制，而这种间接影响机制恰恰是理解我国城镇化进程对区域经济带动作用的关键。要充分发挥城镇化对区域绿色经济效率的推动作用，一方面，要将环境因素与地方经济增长目标统一起来，重视经济增长中的资源环境代价问题；另一方面，要因地制宜制定地区的城镇化发展战略，实现地区人口集聚程度不断提高、人力资本不断积累，发挥产业竞争优势，优化产业结构和劳动力的配置，以及在提高经济增长水平的同时降低对环境的污染，才能实现城镇化与环境的良性互动，进而实现经济增长与生态环境的和谐统一。

其次，通过一系列实证分析，我们发现，中国节能政策的效果不如以往研究所表明的那么令人满意。虽然能源强度约束政策可以降低能源强度，甚至降低能源消耗，但是工业企业不可避免地需要一些时间来进行必要的调整，以实现其预期目标。因此，为了缩短所需的时间，切实达到节能政策的预期效果，政府应在协调各有关部门方面发挥关键作用。政府必须采取行动，避免政策分割，降低各机构之间和不同级别政府之间的摩擦成本。

再次，本章的研究结果表明，非市场的调控政策在一定程度上会导致资源配置效率的损失。因此，通过政府调控政策进行节能减排通常会导致效率低下和不可持续，同时又忽视了市场机制的重要作用。与政府调控政策相比，基于市场的方法通常更有效率，因为市场可以为企业的节能过程提供更大的灵活性和更多的激励措施。因此，有必要采取基于市场的政策和措施，鼓励工业企业节约能源，提高资源配置效率，采用更节能的技术。中国政府应深入改革现行的能源定价机制，即建立能准确反映供给和需求的能源价格形成机制。

最后，在经济增长的激励下，中国要实现碳减排和生产力提高的"双赢"是非常艰巨的。中国政府应鼓励工业企业优化要素配置效率，并通过市场政策和措施改进节能减排技术，如实施财政和税收政策，推进碳交易市场，并为节能减排项目提供必要的市场指导，真正实现碳减排和经济增长的"双红利"。

第 19 章

城镇化进程中土地利用绿色经济绩效研究*

19.1 研究背景

碳排放量的增加对极端天气灾害和全球变暖有直接影响,因此,控制和减少碳排放是促进生态平衡和区域可持续发展的重要途径之一。城市土地利用方式的不同,城市经济的发展速度和水平不同等所引起的碳排放量也存在差异。土地利用的碳排放量大小及其效率的高低将直接影响城市经济的可持续发展,因而引起了学术界的重视。目前对土地利用碳排放效率的相关研究主要集中在以下几个方面。一是对某一区域的整体土地利用或者一类土地的碳排放效率进行测度,并将碳排放作为投入指标进行处理(游和远、吴次芳,2010;余光英、员开奇,2015;董捷、员开奇,2016)。也有学者将碳排放作为非期望产出(崔玮等,2013)。二是从土地集约利用的角度来测度土地利用碳排放效率,如有学者分析了农业用地、建设用地和土地总量集约利用度与相应集约用地碳排放效率之间的关系,发现二者间并不保持普遍一致,存在一定的区域差异(游和远、吴次芳,2014;朱志远等,2016;张苗等,2016a;张苗等,2016b)。三是从土地利用结构的角度分析区域土地碳排放效率(王佳丽等,2010;朱巧娴等,2015)。

从现有文献来看,学者们从不同的视角对土地的碳排放效率进行了测度,并取得了丰硕的成果。尽管有学者试图将碳排放作为非期望产出引入效率测度模型来测度土地利用结构碳排放效率,并普遍采用基于 SBM 的 DEA 模型进行测度,但是测度的结果仅反映了土地利用结构的碳排放技术效率和规模效率,很少有学者关注范围效率、混合效率和残余规模效率的影响,因此,也就无法反映土地利用结构碳排放全要素生产率的变化。碳排放是经济发展中的一种非期望产出,本章尝试采用基于 Hicks-Moorsteen TFP 指数的 DEA 方法来估算和分析南京市各区碳排放约束下的土

---

* 本章内容来自范建双等发表在《地理研究》上的成果(范建双,虞晓芬,周琳. 南京市土地利用结构碳排放效率增长及其空间相关性 [J]. 地理研究,2018, 37 (11): 2177-2192)。

地利用结构的全要素生产率增长,本章称之为绿色经济绩效增长,是指一个地区内部在碳排放约束下各类用途土地的比例关系和构成变化所引起的全要素生产率变化,即不同时期的碳排放约束下的实际全要素生产率的比值,包括技术进步和综合效率变动。绿色经济绩效增长与传统的全要素生产率增长(不考虑碳排放约束)有何不同?南京市各区的土地利用结构的绿色经济绩效增长水平如何?本章试图通过研究来回答上述问题,并为城市经济的可持续发展与土地的集约、低碳化利用提供政策参考。

19.2 数据来源与相关基础数据测算

19.2.1 指标选取与数据来源

(1)研究单元选择。本章以南京市的市辖区为研究对象,由于 2005~2014 年南京市的行政区划有所调整,2012 年之前南京市包括玄武区、白下区、秦淮区、建邺区、鼓楼区、下关区、栖霞区、雨花台区、江宁区、浦口区、六合区、溧水县和高淳县 11 个区 2 个县;南京市 2013 年进行区划调整,合并了原秦淮、白下两区,设立了新的秦淮区;合并了原鼓楼、下关两区,设立了新的鼓楼区;将溧水县和高淳县分别在原区划范围内撤县建区,变为 11 个区。为了保持数据的一致性,本章按照新的区划调整对 2005~2012 年的数据进行了合并处理,即研究对象为玄武区、秦淮区、建邺区、鼓楼区、栖霞区、雨花台区、江宁区、浦口区、六合区、溧水区和高淳区 11 个区。

(2)数据来源和处理。本书涉及投入和产出两类指标,投入指标选取农用地、建设用地和未利用地面积,产出指标选取一二三产业增加值之和来表征经济产出,选取净碳排放量作为非期望产出。土地利用数据来自南京市 2005~2014 年的土地利用变更调查数据,并依据《土地利用现状分类》(GB/T21010-2007)统一口径,归并土地利用现状分类,得到了三大类土地的利用面积数据;社会经济数据来自《南京市统计年鉴》;净碳排放量数据通过相关理论和方法进行间接测算。由于用 Hicks-Moorsteen 指数进行效率估算时仅考虑期望产出,因此,本章对非期望产出净碳排放量取倒数处理,即用 1 除以净碳排放量的百分比来表示该变量,百分比越高说明碳排放量越小,对环境的负面影响越小,经济发展的环境绩效越好,反之则意味着经济发展的环境绩效越差。

19.2.2 碳排放量的测算

土地利用是造成温室气体排放的重要来源之一。土地利用的碳排放效应受到自然过程和社会经济活动的共同作用,其内在的影响机制和作用途径非常复杂,因而受到了诸多学者的关注（韩骥等，2016）。土地利用的碳排放效应一般涉及直接碳排放和间接碳排放。直接碳排放包括土地利用类型转换和土地利用类型保持所产生的碳排放；间接碳排放主要包括人类活动在土地利用类型上所产生的碳排放。碳源和碳汇的差值决定了碳排放量的大小，碳的排放强度体现了碳源值，碳库储量和吸收累计速率体现了碳汇值（孙赫等，2015）。根据相关文献分析，耕地兼有碳源和碳汇的功能，园地、林地、草地和水域主要具有碳汇功能，建设用地主要具有碳源功能。

（1）直接碳排放量测算。对于耕地、园地、林地、草地、水域用地和未利用地均属于非建设用地，它们的碳排放主要来自农业机械耗能、化肥施用、生物呼吸和土壤有机质分解等（王慧敏、曾永年，2015）。借鉴已有研究成果，本章采用直接估算方法对上述用地的碳排放量进行测算：

$$E_k = \sum e_i = \sum T_i \times \delta_i \tag{19-1}$$

其中：E_k表示直接碳排放量；i表示土地类型，$i=1，2，3，4，5，6$，分别对应耕地、园地、林地、草地、水域用地和未利用地。e_i表示第i种类型土地产生的碳排放量；T_i表示第i种类型土地的面积；δ_i表示第i种类型土地的碳排放（吸收）系数，其中，排放为正，吸收为负。本章根据用地类型的碳排放特征对土地调查分类体系进行了微调，结合南京的实际情况来综合确定土地利用分类及其碳排放系数（见表19-1）。第一，耕地的碳排放系数。由于耕地兼有碳源和碳汇的功能，碳源主要是农业生产、灌溉过程中机械、农药、化肥等使用过程中二氧化碳排放；碳汇则主要来自农作物生长发育过程中光合作用所吸收的二氧化碳。二者的差值即为耕地的净碳排放量。参考相关的研究成果，并结合南京市的地理位置和气候条件，本章取耕地的碳排放系数为$0.0422 kgC/(m^2 \cdot a)$。第二，园地的碳排放系数。园地的碳排放系数主要参照已有文献，取$-0.0730 kgC/(m^2 \cdot a)$。第三，林地的碳排放系数。中国林地范围广阔且生长条件不同，因而固碳能力也不同，有学者取值$-0.0644 kgC/(m^2 \cdot a)$，也有学者取值$-0.0581 kgC/(m^2 \cdot a)$。综合上述研究成果，并考虑到南京地处北亚热带，林地资源种类丰富，本章取两个系数的均值，即$-0.0613 kgC/(m^2 \cdot a)$。第四，草地的碳排放系数。南京市的草地以牧草地居多，本章采用大多数学者对牧草地的碳排放系数估值，即$-0.0021 kgC/(m^2 \cdot a)$。第五，水域用地的碳排放系数。通常情况下水域用地被认为是碳汇。由于南京的水域用地中既包括河流、湖泊等用地，也包括苇地、滩涂和水利设施用地，有研究表明，在积水条件下，苇地、滩涂是碳汇，当这些区域被排干围垦后，土壤中有机物分解速率大于积累速率，则变为碳源（石洪昕等，2010），而水利设施用地的开发建设和施工也会影响碳排放和吸收速度。因此，综合考虑，本章取水域用地的碳排放系数为$-0.0253 kgC/(m^2 \cdot a)$。第六，未利用地的碳排放系数确定。学者们普遍认为未利用地是有微弱碳吸收能力的碳源，南京市未利用地主要包括荒草地、盐碱地、沼泽地、沙地、裸土地、裸岩石砾地等难以利用的土地类型，这类土地的碳源和碳汇交错，但均较弱，本章取碳排放系数为$-0.0005 kg/(m^2 \cdot a)$。

表19-1 土地利用分类与碳排放系数

土地利用分类	碳排放系数	单位	数据来源
耕地（包括灌溉水田、望天田、水浇地、旱地、菜地）	0.0422	Kg C/(m²·a)	孙贤斌；孙赫
园地（包括果园、桑园、茶园、橡胶园及其他园地）	-0.0730	Kg C/(m²·a)	赵荣钦；孙赫
林地（包括有林地、灌木林、疏林地、未成林造林地、迹地以及苗圃）	-0.0613	Kg C/(m²·a)	方精云；王刚；石洪昕
草地（即牧草地，包括天然牧草地、改良牧草地和人工牧草地）	-0.0021	Kg C/(m²·a)	石洪昕；孙赫
建设用地（包括居民点及工矿用地和交通运输用地）	—	—	间接测算
水域用地（包括未利用地类型中的其他用地，如河流水面、湖泊水面、苇地和滩涂以及建设用地中的水利设施用地①）	-0.0253	Kg C/(m²·a)	石洪昕；孙赫
未利用地（包括荒草地、盐碱地、沼泽地、沙地、裸土地、裸岩石砾地）	-0.0005	Kg C/(m²·a)	石洪昕；孙赫

（2）间接碳排放量估算。这里主要指建设用地的碳排放量，主要通过煤、石油、天然气等能源消耗产生的碳排放来间接估算。选取的能源有原煤、洗精煤、其他洗煤、焦炭、焦炉煤气、高炉煤气、其他煤气、天然气、原油、汽油、煤油、柴油、燃料油、液化石油气、炼厂干气、其他石油制品、热力和电力，能源数据来自2006~2015年的《南京统计年鉴》。由于《南京统计年鉴》中仅公布了南京市全市的能源消费总量，南京市分区县的能源消费量数据结合该区县的GDP数据处理和获取：根据南京市的GDP和能源消费总量（吨标准煤）计算全市的单位GDP能耗系数（吨标准煤/万元），然后根据各区县的GDP和能耗系数来间接测算各区县的能源消费总量。由于本章中涉及的能源种类众多，包括原煤、石油、天然气等化石能源终端消费的碳排放量和电力、热力等二次能源消费碳排放量两部分，因此，借鉴赵荣钦和黄贤金（2010）、张兰等（2012）的思路，本章采用如下的公式对建设用地的碳排放量进行测算：

$$E_t = \sum (E_t^1 + E_t^2) \tag{19-2}$$

其中：E_t 表示建设用地的间接碳排放总量，E_t^1 和 E_t^2 分别表示化石能源终端消费和二次能源消费产生的碳排放量。化石能源终端消费量 E_t^1 可以根据IPCC国家温室气体清单指南中提供的相关碳排放指数，并结合南京市能源统计数据的特点，采用如下公式进行计算：

$$E_t^1 = \sum_{i=1}^{16} E_{ti}^1 = \sum_{i=1}^{16} (E_{ni}^1 \times \theta_i \times f_i) \tag{19-3}$$

---

① 建设用地中的水利设施用地很大比例为水库，考虑水库作为水域的碳排放，将其从建设用地中划出。

其中：E_t^1 表示化石能源终端消费产生的碳排放总量；E_{ti}^1 表示第 i 类化石能源终端消费的碳排放量；$i=1, 2, \cdots, 16$ 指 16 类能源类型（见表 19-2）；E_{ni}^1 表示各类化石能源终端消耗量；θ_i 表示各类化石能源的折算标准煤系数；f_i 表示各类能源的碳排放系数。本章中各类化石能源终端消费的碳排放系数主要考虑到南京市能源利用方式与效率的实际情况，结合《IPCC 国家温室气体清单指南》中的能源分类，确定符合南京实际的碳排放系数见表 19-2。

表 19-2 不同能源的碳排放系数

能源名称	折标准煤系数	碳排放系数	能源名称	折标准煤系数	碳排放系数
原煤	0.7143（kgce/kg）	0.7559（t C/t）	原油	1.4286（kgce/kg）	0.5857（t C/t）
洗精煤	0.9000（kgce/kg）	0.7559（t C/t）	汽油	1.4714（kgce/kg）	0.5538（t C/t）
其他洗煤	0.2857（kgce/kg）	0.7559（t C/t）	煤油	1.4714（kgce/kg）	0.5714（t C/t）
焦炭	0.9714（kgce/kg）	0.8550（t C/t）	柴油	1.4571（kgce/kg）	0.5921（t C/t）
焦炉煤气	0.5714（kgce/m³）	0.3548（t C/t）	燃料油	1.4286（kgce/kg）	0.6185（t C/t）
高炉煤气	0.1286（kgce/m³）	0.4602（t C/t）	液化石油气	1.7143（kgce/kg）	0.5042（t C/t）
其他煤气	0.1786（kgce/m³）	0.3548（t C/t）	炼厂干气	1.5714（kgce/kg）	0.4602（t C/t）
天然气	1.2143（kgce/m³）	0.4483（t C/t）	其他石油制品	1.4286（kgce/kg）	0.5860（t C/t）

注：表中能源折标准煤系数来自《中国能源统计年鉴》（2015）；能源碳排放系数来自 IPCC 国家温室气体清单指南。

电力、热力等二次能源消费本身并不直接产生碳排放，产生的碳排放主要来自二次能源本身生产过程中对化石能源的消耗（张兰等，2012）。考虑到南京市的电力和供热主要以火力发电和原煤燃烧为主，因此，二次能源消费的碳排放可以按照煤炭的排放系数进行折算，具体公式如下：

$$E_t^2 = \sum_{j=1}^{2} E_{tj}^2 \times f_c \qquad (19-4)$$

其中：E_t^2 表示二次能源消费产生的碳排放总量；E_{tj}^2 表示第 j 种二次能源消费量（按照标准煤计，其中，热力的折标准煤系数为 0.0341 千克标准煤/百万焦耳，电力的折标准煤系数为 0.1229 千克标准煤/千瓦小时）；$j=1, 2$ 表示热力和电力两种二次能源类型；f_c 表示煤炭的碳排放系数。借鉴孙贤斌（2012）的做法，取值 0.7330 t C/t。化石能源终端消费和二次能源消费产生的碳排放量汇总求和即得到建设用地的间接碳排放总量。

19.2.3 碳排放量估计结果分析

（1）时间变化分析。先测算出 2005~2014 年南京市不同类型土地的碳排放量见表 19-3。可以看出，南京市土地利用的碳排放量在研究期内呈现出持续增长的发展态势，其发展过程经历了两个阶段：2005~2008 年为缓慢增长阶段，中间有小幅波动，碳排放量稳定在 $4000×10^4t$ ~ $4600×10^4t$；2008~2014 年为持续稳定增长阶段，从 2008 年的 $4510.727×10^4t$ 增长到 2014 年的 $6485.497×10^4t$。对净排放量贡献最大的是建设用地，即间接碳排放。建设用地作为主要的碳源，其碳排放量所占比重最大，年均超过 95%，并呈逐年增长态势；耕地作为碳源之一，其碳排放量所占比例很小（研究期内基本维持在 $10×10^4t$ 左右），并且呈现逐年减少的态势，这是南京市耕地面积逐年减少所致；从碳汇来看，林地、水域用地和未利用地碳吸收量呈现轻微的下降趋势；而园地的碳吸收量则在波动中略有上升。牧草地由于面积较小，其碳吸收效应不明显。五类碳汇用地中，林地是主要的碳汇，其次依次是水域用地、园地、未利用地和牧草地。

表 19-3　2005~2014 年南京市不同类型土地的碳排放量测算结果

年份	碳排放量（10^4t）							
	耕地	园地	林地	牧草地	建设用地	水域用地	未利用地	净排放量
2005	10.364	-0.687	-4.532	0.000	4075.080	-1.738	-0.006	4078.481
2006	10.284	-0.693	-4.533	0.000	4339.438	-1.735	-0.006	4342.754
2007	10.247	-0.714	-4.522	0.000	4605.341	-1.731	-0.006	4608.6152
2008	10.216	-0.711	-4.505	0.000	4507.460	-1.729	-0.006	4510.727
2009	10.175	-1.012	-4.561	0.000	4841.679	-1.650	-0.005	4844.626
2010	10.124	-0.909	-4.493	0.000	5284.343	-1.649	-0.005	5287.412
2011	10.090	-0.872	-4.470	0.000	5825.130	-1.645	-0.005	5828.228
2012	10.051	-0.849	-4.432	0.000	5931.802	-1.640	-0.005	5934.927
2013	10.024	-0.829	-4.421	0.000	6323.498	-1.636	-0.005	6326.632
2014	10.010	-0.810	-4.404	0.000	6482.341	-1.635	-0.005	6485.497

（2）空间变化分析。为了能够更好地对各区之间的差异进行比较分析，本章对其进行标准化处理，分为三级：轻度排放、中度排放和重度排放，如图 19-1 所示。

从不同时期碳排放量的空间分布来看，其差异十分明显。重度排放区主要集中在中部地区，并且具有向北转移的趋势，平均碳排放量从 $454.21×10^4t$ 上升到 $868.02×10^4t$。拥有便利交通、雄厚经济实力的江宁区和作为南京市行政中心的鼓楼区一直处于重度排放区，2005~2014 年碳排放量一直持续增长，年均增长率分别为 12.66% 和 5.18%。中度排放区主要集中在西北地区，并且具有向东南转移的趋势，平均碳排放量从 $240.43×10^4t$ 上升到 $523.82×10^4t$，分别占当年碳排放总量的 22.69% 和 24.23%。浦口区一直处于中度碳排放区，六合区和栖霞区从 2005 年的中

轻度排放
中度排放
重度排放

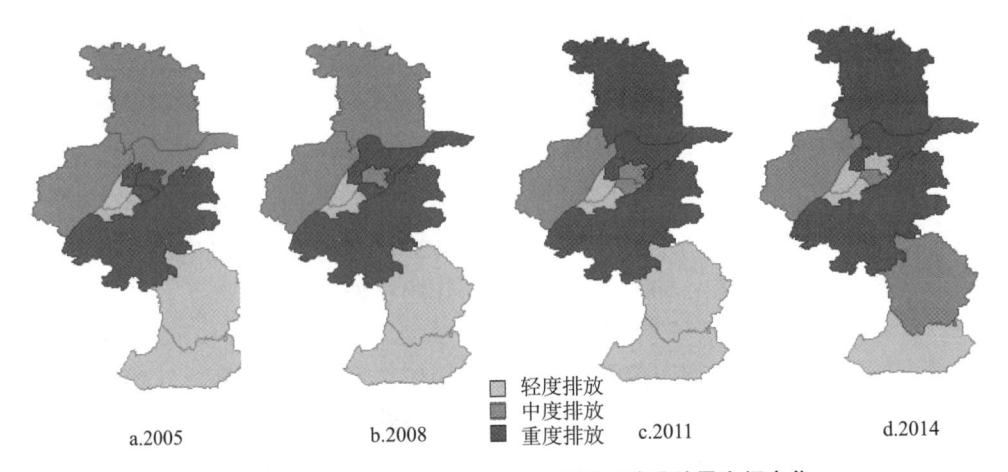

a.2005　　　　b.2008　　　　c.2011　　　　d.2014

图 19-1　2005~2014 年南京市土地利用碳排放量空间变化

资料来源：作者利用 ArcGIS 软件基于 2015 年中国地级市以上地图绘制。

度排放区变为重度排放区，这主要是因为这两个地区近年来城市建设用地扩张，工业化发展迅速。轻度排放区主要集中在东南地区和中部部分地区，平均碳排放量从 152.50×10^{4}t 上升到 360.48×10^{4}t，分别占当年碳排放总量的 19.43% 和 22.23%。建邺区、雨花台区和高淳区一直处于轻度排放区，值得注意的是，玄武区从 2005 年的重度排放区变为 2014 年的轻度排放区，这主要得益于该地区环境的改善和高新技术产业、服务业的快速发展。

19.3　实证测度与空间相关性分析

19.3.1　测度模型的构建

测度效率的方法主要有参数方法（揭懋汕等，2016），如随机前沿分析（SFA），和非参数方法，如数据包络分析（DEA）。由于 DEA 方法可以解决多投入、多产出、多决策单元等问题，且不受输入输出数据量纲的影响，并避免了预先设定函数形式所带来的主观性问题。因此，本章将采用 DEA 方法进行测算。考虑到需要将净碳排放量作为非期望产出引入模型中，有学者采用基于 Malmquist-Luenberger 指数方法进行测度（李博等，2016）。本章采用基于 Hicks-Moorsteen *TFP* 指数的 DEA 方法对土地利用绿色经济绩效进行测度（O'Donnell C J.，2008）。具体测算模型参见第 2 章的内容。同时，本章还估算了传统全要素生产率增长。

19.3.2　实证结果及分析

（1）绿色经济绩效的时间演进趋势。本章用基于 Hicks-Moorsteen *TFP* 指数的

DEA 方法对南京市土地利用结构的传统全要素生产率增长（见模型 1）和绿色经济绩效增长（见模型 2）进行了估算。同时得到两个模型 TFP 指数的分解要素 ΔTFP 和 ΔE，结果见表 19-4。模型 1 估算的传统全要素生产率年均增长 18.06%，平均 TFP 指数为 1.1806，而模型 2 估算的绿色经济绩效增长发生了年均 3.98% 的增幅，平均 TFP 指数为 1.0398。两个模型中对 TFP 指数贡献最大的均是 ΔTFP 的大幅提升，ΔTFP 均值分别达到了 1.1656 和 1.0312；ΔE 在模型 1 和模型 2 中均对 TFP 指数有正影响，贡献率分别为 1.28% 和 0.83%，但其贡献度远低于 ΔTFP。可以看出，绿色经济绩效增长及其分解要素均小于传统全要素生产率增长及其分解要素。因为考虑了碳排放约束后，投入要素除了用于促进城市经济增长以外，还要用于治理环境污染和碳排放，在投入相同的情况下，不考虑碳排放的产出比考虑碳排放的产出更多，所以前者效率更高，技术进步和效率变动也会受影响，换言之，不考虑碳排放高估了土地利用的实际生产率。绿色经济绩效增长水平偏低，说明南京市目前的经济发展对碳排放依赖度较高，尽管经济总量增长较迅速，但却是建立在碳排放量逐年增加基础上的，要实现经济可持续发展和土地集约高效利用还有很长的路要走。从两个模型的对比分析来看，除了个别年份以外，模型 1 的 ΔTFP 和 ΔE 均高于模型 2，这说明碳排放对技术进步和效率变动有显著影响，特别是近年来随着碳排放的不断增加，使得土地要素的投入不能全部转化为有效产出，从而降低了生产效率，碳排放的持续增加还影响了产业转型升级，企业的有限资源不能全部用于代表创新的技术进步投入，降低了土地利用的整体效率水平。

表 19-4　两类模型估算的历年 Hicks-Moorsteen TFP 指数及其分解均值

年度	模型 1			模型 2		
	TFP 指数	ΔTFP	ΔE	TFP 指数	ΔTFP	ΔE
2005~2006	1.2094	1.2407	0.9747	1.0609	1.0835	0.9791
2006~2007	1.1858	1.1615	1.0209	1.0355	1.0983	0.9428
2007~2008	1.2204	0.9872	1.2363	0.9365	0.8139	1.1507
2008~2009	1.1068	1.2897	0.8582	0.9948	1.0511	0.9464
2009~2010	1.2040	1.1777	1.0223	1.0764	1.0291	1.0459
2010~2011	1.1850	1.1926	0.9937	1.0717	1.0745	0.9973
2011~2012	1.2161	1.1943	1.0183	1.1039	1.0988	1.0046
2012~2013	1.1504	1.1435	1.0060	1.0397	1.0204	1.0189
2013~2014	1.1524	1.1287	1.0210	1.0488	1.0444	1.0041
均值	1.1806	1.1656	1.0128	1.0398	1.0312	1.0083

注：由于 Hicks-Moorsteen TFP 指数是乘数型指数，故各行历年平均值为几何平均。
资料来源：作者计算后整理。

进一步，我们得到了绿色经济绩效增长及其分解要素在研究期内的变动情况，如图 19-2 所示。

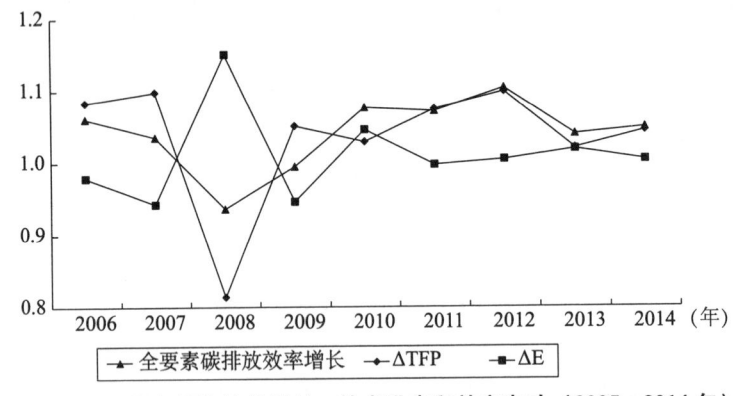

图 19-2　绿色经济绩效增长、技术进步和效率变动（2005~2014 年）

从图 19-2 可以总结以下几点：一是绿色经济绩效增长在研究期内呈现出了"一降、二升、三降"的波动态势，其波动性表现出了收敛态势和区域之间均衡性的发展特征。2005~2008 年，南京市的绿色经济绩效增长呈显著下降趋势，并且由正变负，在 2008 年达到了最低值（0.9365）。其主要原因在于，ΔTFP 在此期间出现了显著的下滑，尽管 ΔE 在研究期内呈现出了一定的增长，但是其增长速度远不及 ΔTFP 的下降速度。其深层次原因在于，尽管南京市经济增长逐年提高，但同时碳排放量也逐年上升。南京市碳排放量的增加不仅抵消了经济增长水平的提高而且在一定程度上阻碍了经济发展。2008~2010 年出现了上升趋势，原因在于 ΔTFP 的显著提升，而 ΔE 的波动性下滑则起到了相反作用。这一时期主要受金融危机的影响，整体经济效率低下，导致 2008~2009 年的绿色经济绩效出现了负增长。之后由负转正，对于这一现象的解释，有学者提出，这与为了应对全球金融危机我国采取的刺激经济政策所带来的建设用地提前和集中供应有关（朱巧娴等，2015）。2010~2011 年绿色经济绩效增长略有下降，主要原因在于 ΔE 的下降（取值小于 1）。2011~2014 年绿色经济绩效转为正增长并趋于稳定，其主要原因在于 ΔTFP 和 ΔE 在该时期内的取值均大于 1。ΔTFP 和 ΔE 的正向增长，是由于经过多轮经济刺激政策的运用，宏观经济环境不断好转，金融危机的负面影响逐渐消散，同时，"低碳和高效"发展理念不断深入人心，单位 GDP 能耗逐年下降。另外，ΔTFP 和 ΔE 在研究期内呈现出明显的负向关系。如 2006 年、2007 年、2009 年和 2011 年，ΔTFP 均正增长，而同时期的 ΔE 均为负增长；2008 年 ΔTFP 出现负增长，而同时期的 ΔE 为正增长。2012 年之后 ΔTFP 和 ΔE 取值均大于 1，这导致了绿色经济绩效增长始终为正。

（2）绿色经济绩效增长的区域特征分析。按照土地利用结构的传统 TFP 指数值由高至低的顺序排列得到研究期内南京市各区的 TFP 指数及其分解均值见表 19-5。在模型 1 中，所有 11 个区的 TFP 指数值均大于 1。玄武区的指数值最高，年均增长 24.75%。玄武区作为南京市的中心城区，2014 年的地区生产总值为 482.51 亿元，第三产业增加值占比 94.62%。第三产业多以高端金融服务业为主，经济附加值高，土地利用效率较高，绿色经济绩效增长迅速；排名第二和第三的依次是栖霞区和江宁区。栖霞区作为南京的重要航运中心和物流基地，其经济发展迅速，土地利用强度和集约度较高，第二产业所占比重为64.78%，仍占主导。江宁区作为南京市对外交通的重要枢纽，土地投入多，综合产出也较高。2014年，江宁区国内生产总值1 405.58亿元，保持了经济的高增长，地区生产总值稳居全市第一。排名最低的是鼓楼区。尽管鼓楼区目前正在形成以现代服务业为主导的现代产业体系，但是作为南京市的老城区之一，其土地利用规模和结构等方面还有诸多不合理之处。各区之间 TFP 指数变动的驱动因素也不同。其中，玄武区、江宁区和秦淮区的 TFP 增长主要来自 ΔTFP，而 ΔE 则起到了抑制作用；其余8个区的 TFP 增长同时源自 ΔTFP 和 ΔE。11个区中 ΔTFP 取值均大于1，说明南京市的土地利用技术日益成熟，技术进步水平稳步提升。其中，ΔTFP 取值最大的是玄武区，年均增长率达到31.41%。尽管玄武区的 ΔE 出现了负增长，但是在技术进步的强有力推动下，第三产业为主导的高效土地利用模式仍然推动了其全要素生产率的高增长。ΔTFP 取值最低的是鼓楼区（1.0050），尽管鼓楼区的 ΔE 也为正增长，但是由于增长速度缓慢（年均增长率6.36%），二者的叠加效应导致了土地利用效率总体不高。而 ΔTFP 和 ΔE 的低增长源于作为老城区的鼓楼区土地利用模式固化，旧城改造难度大，产业升级困难。除了玄武区、江宁区和秦淮区以外，其余8个区的 ΔE 取值均大于1。其中，ΔE 取值最大的是栖霞区（1.0843），最低的是秦淮区（0.8716）。尽管秦淮区作为国家东部地区重要的金融商务中心，其土地利用结构不断优化，第三产业用地比重的上升势必会带来技术进步的提升，但作为老城区有诸多历史遗留问题如旧城改造难度大、容积率低等原因导致土地利用效率不高。ΔE 取值小于1的玄武区面临同样的问题。

表 19-5 两类模型估算的南京市各区 Hicks-Moorsteen TFP 指数及其分解均值

区域	模型1				模型2			
	排序	TFP 指数	ΔTFP	ΔE	排序	TFP 指数	ΔTFP	ΔE
玄武区	1	1.2475	1.3141	0.9493	2	1.1396	1.2302	0.9263
栖霞区	2	1.2326	1.1368	1.0843	4	1.0701	1.0786	0.9921
江宁区	3	1.2148	1.2832	0.9467	1	1.1739	1.2416	0.9455
溧水区	4	1.2074	1.1368	1.0622	8	1.0129	1.0387	0.9751
建邺区	5	1.2047	1.1365	1.0601	10	0.9353	0.9228	1.0136
高淳区	6	1.1852	1.1368	1.0425	7	1.0239	1.0669	0.9597
六合区	7	1.1765	1.1368	1.0349	3	1.0870	1.0135	1.0725
浦口区	8	1.1666	1.1368	1.0262	6	1.0429	1.0619	0.9822
雨花台区	9	1.1617	1.1368	1.0219	11	0.9339	1.0395	0.8985
秦淮区	10	1.1315	1.2982	0.8716	5	1.0696	1.0184	1.0503
鼓楼区	11	1.0689	1.0050	1.0636	9	0.9768	0.7303	1.3375
均值	—	1.1806	1.1656	1.0129	—	1.0398	1.0312	1.0084

注：由于 Hicks-Moorsteen TFP 指数是乘数型指数，故各行历年平均值为几何平均。
资料来源：作者计算后整理。

模型 2 中，建邺区、雨花台区和鼓楼区的 TFP 指数值由大于 1 变为小于 1（由增长变为下降），即除了建邺区、雨花台区和鼓楼区以外 8 个区的 TFP 指数值均大于 1。考虑碳排放约束后，TFP 指数取值最高的是江宁区，年均增长率为 17.39%。尽管江宁区的产业结构仍然以第二产业为主（2014 年第二产业占比 55.41%），但同时江宁区也是南京市最为重要的旅游度假区之一，优越的自然条件和生态环境为低碳经济发展提供了保障；TFP 指数最低的是雨花台区（0.9339）；TFP 指数次低的是建邺区（0.9353）。建邺区和雨花台区的产业结构尽管均以第三产业为主，但是经济发展速度相对缓慢，2014 年两个区的产值在全市 11 个区中分别排在第 11 位和第 10 位。除了建邺区和鼓楼区以外，其余 9 个区的 ΔTFP 取值均大于 1。其中，ΔTFP 取值最高的是江宁区（1.2416），最低的是鼓楼区（0.7303）。ΔE 方面，除了建邺区、六合区、秦淮区和鼓楼区以外，其余 7 个区的 ΔE 取值均小于 1。ΔE 取值最高的是鼓楼区（33.75%），最低的是雨花台区（-10.15%）。从各区 TFP 指数的驱动因素来看，建邺区和鼓楼区的 TFP 增长动力主要来自 ΔE，而 ΔTFP 起到了相反作用；六合区和秦淮区则是 ΔE 和 ΔTFP 共同促进了 TFP 增长；其余 7 个区的 TFP 增长动力均来自 ΔTFP，而 ΔE 起到了抑制作用。

对比分析来看，模型 2 各区的 TFP 指数的排序与模型 1 均发生了一定变化。其中，排名上升明显的有秦淮区和六合区。模型 1 中排名第 10 的秦淮区变成模型 2 中排名第 5，上升五个位次。模型 1 中排名第 7 的六合区在模型 2 中排名第 3，上升四个位次。排名下降明显的有溧水区和建邺区。模型 1 中排名第 4 的溧水区在模型 2 中排名第 8，下降四个位次。建邺区排名发生变化最大，由模型 1 中排名第 5 变成模型 2 中排名第 10，下降了五个位次。排名下降的主要原因在于这些区的经济快速发展是以高污染、高排放和高消耗为代价的，尽管短期内促进了经济增长，但是也对环境产生了负面影响，从而导致绿色经济绩效下降；排名上升的区域则重视产业结构优化升级和环保项目的投入，通过科技进步来提高治理碳排放，兼顾了经济发展与环境保护，从而促使绿色经济绩效的提升。从 ΔTFP 来看，两个模型估算的结果表现出了较高的一致性，除了建邺区和鼓楼区以外，其余 9 个区的 ΔTFP 取值均大于 1；建邺区和鼓楼区则为模型 1 大于 1 而模型 2 小于 1，即考虑了碳排放的非期望产出后，这两个区域的技术进步水平由增长变为下降。从 ΔE 取值来看，模型 1 和模型 2 估算的结果表现出了一定的差异性。ΔE 取值均小于 1 的有玄武区和江宁区；取值均大于 1 的有建邺区、六合区和鼓楼区；栖霞区、溧水区、浦口区、高淳区和雨花台区均为模型 1 大于 1 而模型 2 小于 1；秦淮区为模型 1 小于 1 而模型 2 大于 1。上述对比分析表明了使用单一的经济产出来衡量土地利用绿色经济绩效容易造成效率值的高估或者低估。部分区经济高速发展的代价是土地资源的高消耗和污染物的高排放，高投入、高增长的发展模式有待进一步优化。对比分析土地利用的投入和产出，在考虑经济产出的同时，更应该将环境产出纳入评价体系，这才能够反映真实的土地利用结构效率。

（3）绿色经济绩效增长的分解。为了进一步分析绿色经济绩效增长的驱动因素，本章对模型 2 估算的 TFP 指数进行了完全分解。表 19-6 中的 TFP 指数、ΔTFP、ΔOTE、ΔOSE、ΔOME、$\Delta ROSE$ 和 ΔOSC 均为 2005~2014 年的均值，反映了近 10 年来南京市各区的技术效率、规模效率、范围效率、混合效率和残余规模效率的变动情况。从 ΔOTE 取值来看，玄武区、秦淮区、建邺区和鼓楼区的技术效率保持不变，说明"追赶效应"不明显，即各区并没有表现出向生产前沿面靠近的趋势；其他 7 个区的取值均大于 1，说明这些区的技术效率出现了正增长，"追赶效应"最明显的是栖霞区（年均增长率为 2.69%）。从 ΔOSE 的取值来看，经过多年的发展，南京市的部分区已经摆脱了土地利用规模不经济的发展模式，江宁区和六合区已经开始出现了土地利用的规模经济。这主要是由于两个区不失时机地进行了深入的结构调整和资源整合，产业集聚能力进一步增强。但是浦口区、栖霞区、雨花台区、溧水区和高淳区仍然存在规模不经济现象。而玄武区、秦淮区、建邺区、鼓楼区和溧水区的规模效率保持不变，说明规模经济效应尚未凸显。从 ΔOME 取值来看，取值大于 1 的有浦口区、栖霞区、江宁区和六合区，说明这 4 个区经过多年的发展和建设，通过对优势产业进行低成本扩张和资源优化配置，淘汰高能耗、高排放和低效益的产业，土地利用结构和产业结构不断优化，土地资源的配置效率不断提高。而建邺区、雨花台区、溧水区和高淳区则出现了土地资源配置无效。从 $\Delta ROSE$ 取值结果来看，有 8 个区的取值小于 1，说明目前南京市大部分区域仍然存在一定的残余规模不经济。仅有秦淮区、建邺区和鼓楼区 3 个区的取值大于 1，说明这 3 个区的残余规模经济效应已经凸显。取值最高的是鼓楼区（1.3375），取值最低的是江宁区（0.8340）。从 ΔOSC 取值来看，仅有秦淮区、建邺区、鼓楼区和六合区的指数值大于 1，说明这 4 个区的土地利用结构不断优化，形成了多元化的产业发展格局，并且产业之间优势互补，上下游产业链条分工明确，范围经济效应凸显。其余 7 个区的取值小于 1，说明仍然存在范围不经济。取值最高的是鼓楼区（1.3375），取值最低的是雨花台区（0.9104）。

表 19-6　　　　　　　绿色经济绩效指数效率变动的分解

区域	TFP 指数	ΔTFP	ΔOTE	ΔOSE	ΔOME	$\Delta ROSE$	ΔOSC
玄武区	1.1396	1.2302	1.0000	1.0000	1.0000	0.9263	0.9263
秦淮区	1.0696	1.0184	1.0000	1.0000	1.0000	1.0503	1.0503
建邺区	0.9353	0.9228	1.0000	1.0000	0.8619	1.1759	1.0136
鼓楼区	0.9768	0.7303	1.0000	1.0000	1.0000	1.3375	1.3375
浦口区	1.0429	1.0619	1.0081	0.9912	1.0127	0.9621	0.9830
栖霞区	1.0701	1.0786	1.0269	0.9755	1.0435	0.9258	0.9904
雨花台区	0.9339	1.0395	1.0167	0.9707	0.9814	0.9005	0.9104
江宁区	1.1739	1.2416	1.0189	1.0187	1.1127	0.8340	0.9110
六合区	1.0870	1.0135	1.0054	1.0073	1.0690	0.9980	1.0591
溧水区	1.0129	1.0387	1.0031	0.9982	0.9907	0.9812	0.9738

续表

区域	TFP 指数	ΔTFP	ΔOTE	ΔOSE	ΔOME	$\Delta ROSE$	ΔOSC
高淳区	1.0239	1.0669	1.0126	0.9960	0.9928	0.9546	0.9516
均值	1.0398	1.0312	1.0083	0.9961	1.0041	0.9960	1.0040

注：由于 Hicks-Moorsteen TFP 指数是乘数型指数，故各行历年平均值为几何平均。
资料来源：作者计算后整理。

从 TFP 指数的驱动因素来看，11 个区表现出了较大的差异性。玄武区的 ΔTFP 是促进 TFP 指数提高的主要动力，$\Delta ROSE$ 和 ΔOSC 则起到了相反的作用；秦淮区的 TFP 指数提高是 ΔTFP、$\Delta ROSE$ 和 ΔOSC 三者共同作用的结果；建邺区的 TFP 指数出现下降是受到 ΔTFP 和 ΔOME 的拖累，尽管 $\Delta ROSE$ 和 ΔOSC 起到了一定促进作用；鼓楼区 TFP 指数的下降是 ΔTFP 大幅下降导致的，尽管同时 $\Delta ROSE$ 和 ΔOSC 起的促进作用同样显著；浦口区和栖霞区比较类似，二者的 TFP 指数增长均是 ΔTFP、ΔOTE 和 ΔOME 共同推动的结果，而 ΔOSE、$\Delta ROSE$ 和 ΔOSC 起到了相反的作用；雨花台区的 TFP 指数下降主要受到 ΔOSE、ΔOME、$\Delta ROSE$ 和 ΔOSC 的拖累，尽管 ΔTFP 和 ΔOTE 有正向促进作用；江宁区的 TFP 指数增长是 ΔTFP、ΔOTE、ΔOSE 和 ΔOME 共同作用的结果，而 $\Delta ROSE$ 和 ΔOSC 起到了抑制作用；除了 $\Delta ROSE$ 以外，其他分解要素均是推动六合区 TFP 指数增长的动力；溧水区和高淳区的 TFP 指数增长均主要受到 ΔTFP 和 ΔOTE 的推动，而 ΔOSE、ΔOME、$\Delta ROSE$ 和 ΔOSC 起到了一定抑制作用；从 TFP 指数增长的均值来看，整体上南京市的绿色经济绩效增长的驱动因素包括 ΔTFP、ΔOTE、ΔOME 和 ΔOSC，而 ΔOSE 和 $\Delta ROSE$ 起到了一定的抑制作用。

19.3.3 空间自相关分析

常用的空间自相关分析方法主要是指探索性空间数据分析（ESDA），包括全局空间自相关分析和局部空间自相关两种方法。其中，全局空间自相关分析通常采用 Moran's I，其计算公式如下：

$$Moran's\ I = \frac{\sum_{i=1}^{n}\sum_{j=1}^{n}w_{ij}(Y_i - \bar{Y})(Y_j - \bar{Y})}{S^2 \sum_{i=1}^{n}\sum_{j=1}^{n}w_{ij}} \quad (19-5)$$

其中，Y_i 和 Y_j 分别表示地区 i 和地区 j 的观测值；n 表示样本总数；w_{ij} 代表空间权重矩阵；$\bar{Y}$ 表示观测变量的均值；S^2 表示观测变量的方差。Moran's I 的取值范围为 [-1, 1]，如果 Moran's I > 0，说明各区域的观测值存在空间正相关性（即取值高的区域之间邻接，取值低的区域之间邻接）；如果 Moran's I < 0，说明各区域的观测值存在空间负相关性（即高取值区域与低取值区域邻接，低取值区域与高取值区域邻接）；如果 Moran's I = 0，则说明各区域的观测值不存在空间相关性。

根据 2006 ~ 2014 年南京市绿色经济绩效增长全局空间自相关分析可知（见表

19-7），Moran's I 大部分年份为正，且在 10% 的显著性水平显著，表明各市辖区绿色经济绩效增长在南京市范围内具有空间正相关性。

表 19-7　2006~2014 年南京市绿色经济绩效增长全局自相关 Moran's I 值

年份	2006	2007	2008	2009	2010	2011	2012	2013	2014
Moran's I	0.2352	-1.1175	0.1978	0.2343	-0.3621	-0.0516	0.1876	0.1030	0.0487
P	0.06	0.37	0.08	0.04	0.03	0.36	0.05	0.07	0.23

资料来源：作者计算后整理。

为了进一步探索南京市不同区域绿色经济绩效增长的空间关联情况，本章对数据进行了局部空间自相关分析。LISA 图直观地反映了各年份南京市 11 个区的绿色经济绩效增长局部空间差异及其演变趋势，如图 19-3 所示。从图 19-3 可以看出，HH 关联类型数量有所增加，主要分布在中北部地区，集聚趋势先由北往南，最后又往中部集中，玄武区和栖霞区为高值集聚中心；LL 关联类型逐渐减少，2014 年建邺区成为唯一的低值集聚中心，浦口区、高淳区从 2006 年的低值集聚中心变为 2014 年的低值孤立点，雨花台区、溧水区从 2006 年低值集聚中心变为 2014 年的高值孤立点；HL 高值孤立点主要分布在溧水区、雨花台区、六合区；LH 低值孤立点主要分布在江宁区、浦口区。

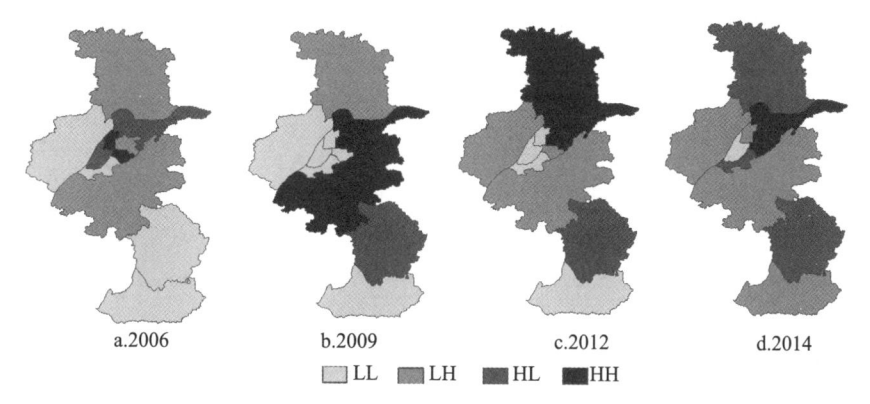

图 19-3　2006~2014 年南京市绿色经济绩效增长 LISA 图

资料来源：作者利用 ArcGIS 软件基于 2015 年中国地级市以上地图绘制。

19.4　本章小结

本章在对土地利用碳排放量进行测度的基础上，将其作为非期望产出，进而采用基于 Hicks-Moorsteen TFP 指数的 DEA 方法对南京市 11 个区的土地利用结构碳排放效率进行测度和分解，并与传统不考虑碳排放约束的全要素生产率进行对比分析，得出以下几点结论：一是南京市土地利用结构碳排放量的主要来源是建设用地产生的间接碳排放，并且在研究期内呈现出持续上升的发展趋势。各区的土地利用结构碳排放量空间差异明显，重度排放区主要集中在中部地区，并且具有向北转移的趋势。二是考虑碳排放约束的绿色经济绩效增长、技术进步和效率变动均小于传统全要素生产率增长的估算结果，这表明了使用单一的经济产出来衡量土地利用结构效率容易造成效率值的高估或者低估。绿色经济绩效增长在研究期内呈现出了"一降、二升、三降"的波动态势，其波动性表现出了收敛态势和区域之间均衡性的发展特征，ΔTFP 和 ΔE 在研究期内呈现出明显的负向关系。三是两类模型测算的结果均表明玄武区、江宁区效率较高，雨花台区、鼓楼区效率较低。部分区经济高速发展的代价是土地资源的高消耗和污染物的高排放，高投入、高增长的发展模式有待进一步优化。四是绿色经济绩效的分解结果表明，南京市各区的技术效率值较低，"技术追赶"效应并不明显，开始出现了土地利用的规模经济效应，但是范围经济效应不显著。五是绿色经济绩效在南京市范围内具有空间正相关性，且具有空间集聚特征。研究期内南京市 HH 关联类型数量有所增加，LL 关联类型数量有所减少，说明南京市绿色经济绩效的正向空间集聚性增强；玄武区和栖霞区为高值集聚中心，建邺区为低值集聚中心。

从以上研究结果可以看出，近年来南京市的经济发展迅速，土地利用结构不断优化，土地集约利用水平不断提高。但是，南京市的经济发展是以土地资源的高投入和高排放为代价的，即忽视了碳排放约束下的经济增长是某种程度的"虚高"。因此，加快转变经济发展方式，推进南京市土地资源的低碳和可持续利用势在必行。从研究的实证结果来看，本章提出如下几点建议。一是应该进一步控制建设用地规模。鉴于碳排放的主要来源是建设用地，因此，各区应该根据自身的功能定位和比较优势来确定未来的土地利用结构和格局，对现有存量用地进行充分挖潜，避免盲目扩张，如在产业园区内集中建设标准厂房出租给企业，而不再是直接出售工业用地的使用权，避免了工业用地的闲置和浪费。二是从全市范围统筹产业布局，避免各区之间的同业化竞争。各区之间应该注重协调与分工，充分利用自身的比较优势来发展优势产业和引导产业布局，淘汰过剩和落后产能，尤其是高污染、高排放的落后产业，如将关停的旧厂房进行改造，发展 2.5 产业。三是创新供地方式。鉴于现有工业用地出让 50 年产权存在的种种弊端，建议推行产业用地的弹性出让制度，如两阶段出让等。四是强化产业用地出让的批前、批中和批后的全过程监管。切实加强产业用地政策调控和履约管理，严格土地使用事前、事中、事后的监管，加大批少占多、批而不用、擅自改变用途、改变开发利用强度、闲置不用现象的处置力度，确保建设用地按规定或约定开发建设与生产经营。同时通过对高碳排放产业用地用途的转化和整治，将其发展为低碳型第三产业。五是探索产业园区的市场化运作。推进园区建设模式市场化改革创新，拓宽资金投入渠道，积极引入社会资本参与园区建设。

第 20 章

城镇化、城乡差距与经济包容性增长*

20.1 研究背景

改革开放以来,以城镇人口占总人口比重衡量的城镇化水平从 1978 年的 17.92% 增长到 2015 年的 56.10%,同时,伴随着城镇化和非农化,农民总收入显著提高,工资性收入已成为农民增加收入的重要来源,工资性收入占总收入的比重从 1990 年的 20% 上升到 2015 年的 40%,直接拉动了农村居民消费支出的大幅增长,2015 年农村居民家庭人均消费支出达到 1990 年的 15.78 倍。① 显而易见,城镇化的快速发展极大地拉动了消费需求、扩大了中等收入人群比重,从而对区域经济的带动作用不断增强。囿于历史和体制原因,城镇化运行仍存在诸多非包容、非均衡等问题和矛盾(如进一步加大了城乡收入差距,城乡收入比从 1978 年的 2.57∶1 扩大到 2015 年的 2.95∶1),对经济增长产生负面影响。经济包容性增长理念的提出,赋予了城镇化新的内涵,也使得如何通过包容性增长促进城镇化健康有序发展成为政策要点。蒋涤非等(2012)指出,包容性增长是推进健康城镇化的新机制。陈秋玲等(2012),张明斗、王雅莉(2012)、陶希东(2013)将我国的传统城镇化模式界定为"排斥性城镇化",提出新型城镇化道路的包容性发展应该成为中国城镇化道路的战略选择。实现包容性增长的策略方面,目前主要有以下三种观点。(1)保持有效、可持续的经济增长。阿里和宋(Ali and Son, 2007)、阿里和庄(Ali and Zhuang, 2007)宣称,促进有效的可持续发展在实现包容性增长中起了重要作用。费尔南多(Fernando, 2008)强调,政府需要平衡干预力度来确保它的行为不会排挤私营部门。政府的干预应该激活而不是限制私人投资。黄秋菊、景维民(2011)提出,包容性增长理念的实现有赖于包容性市场经济的建立,包容性制度体系的创

---

* 本章内容部分来自范建双等发表在《数量经济技术经济研究》期刊上的成果(范建双,虞晓芬,周琳. 城镇化、城乡差距与中国经济的包容性增长 [J]. 数量经济技术经济研究,2018,35 (4):41-60)。

① 数据来自《中国统计年鉴》(1991、2016)。

新,以及包容性文化的支撑。李刚(2011)提出,要通过转变经济增长方式来实现经济的可持续增长。范世涛(2013)、李增刚(2013)提出,只有包容性政治经济制度的相互支持才能使经济长期持续增长。(2)制定确保公平的政策。阿里和庄(Ali and Zhuang, 2007)建议,政府解决制度缺失,维护法律秩序。中央政府需要投资于物质基础设施及人力资本,维持宏观稳定以及采取以市场为导向的政策。费尔南多(Fernando, 2008)认为,政府治理要采取措施提高低收入家庭的能力,应加强制度建设如维持法律秩序,提供财政服务及基础设施服务如水、公共卫生、教育、健康服务。为了促进区域包容性增长,杜志雄等(2010)提出,应聚焦于累积型、创新型、分配型、稳定型和就业型五类政策的实施。叶航、王国梁(2011)排他性机制的重构和准公共产品受益的均等化是一种实现包容性增长的新路径。何丰等(2012)、钟培武(2013)提出,我国需要从政府绩效评价制度、财政税收制度、城镇化制度、社会保障制度、公共服务均等化制度、城乡发展一体化制度、收入分配制度和地方行政管理体制等关键环节探索制度重构的路径和配套政策。通过完善制度设计,优化公共管理来保障包容性增长的实现。(3)提高能力与社会保障水平。阿里和宋(Ali and Son, 2007)提出开发人力资本支持包容性增长,认为包容性需要对教育、健康以及其他社会服务(如水、公共卫生)三个领域进行干预。阿里(Ali, 2007)建议提供有效的社会保障措施防止弱势群体被极度剥夺。坦登和庄(Tandon and Zhuang, 2007)认为,解决与健康相关的不平等是政府部门的当务之急。杨玉珍(2012)提出,实现区域包容性增长的路径是面向全社会成员和各区域提供公平、全覆盖、均等化、可持续、可获得的普遍服务。高传胜(2012)认为,应该从公共服务体系建立健全、公共政策改革完善和公共管理规范提升三个方面着力。

经济包容性增长备受国内外学者关注,现有研究主要关注其理论内涵和对策建议。目前探究其影响机制的文献还很少。仅有陈义国、陈甬军(2014)对比城乡割裂下和城镇化进程下的城乡经济发展情况,发现城镇化有助于缩小城乡之间的收入差距,政府在公共品方面的平衡有助于缩小城乡的公共品差距,两方面差距的缩小才能促进城乡包容性增长。同时,公共品方面的差距会导致城镇化偏离社会的最优水平。该文献从理论上论证了城镇化通过缩小城乡差距而有利于促进经济的包容性增长,但并没有给出经验证据,因此,其理论的科学性有待进一步检验。同时需要注意到,中国的区域发展极为不均衡,中西部地区与东部沿海地区的经济发展水平和模式存在显著差异,而且相邻省份之间在空间上存在密切的关联,即某一地区的城镇化发展和城乡差距不仅对该地区经济的包容性增长产生影响,也势必对其相邻地区的经济包容性增长产生一定程度的溢出效应。城镇化、城乡差距与经济包容性增长之间究竟存在怎样的关系?相互作用机制和效应如何?是否存在空间溢出效应?鉴于深刻认识和理解三者之间的内在关系对于我国缩小城乡差距、实现区域经济的包容性增长意义重大。因此,本章将尝试从空间相关的视角,除了分析城镇化、城乡差距对区域经济包容性增长的直接影响之外,还将进一步分析是否存在溢出效应,以期有新的研究发现。首先,对我国的城镇化水平和城乡差距状况进行了历史考察,并采用基于 Hicks-Moorsteen 指数的 DEA 方法对包含城乡差距的非期望产出的经济包容性增长进行测度和分解;其次,揭示了城镇化、城乡差距对经济包容性增长的可能路径;再次,构建城镇化、城乡差距影响经济包容性增长的空间计量模型,并进一步运用 1979~2015 年全国 29 个省份的空间面板数据进行了实证检验;最后,提出结论和政策建议。

20.2 我国城镇化和城乡差距的历史考察

1978 年以来,中国的城镇化进程发展迅速,取得了令人瞩目的成就,农村向城镇的转移人口不断增加,城镇化水平不断提高。按照经济发展程度将区域划分成东部、中部和西部三大区域,如图 20-1 所示。①

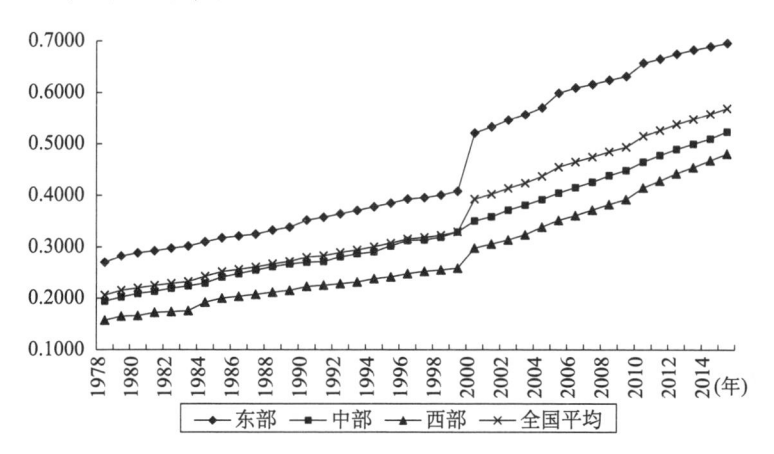

图 20-1 1978~2014 年中国东、中、西部和全国平均的城镇化水平变化趋势

资料来源:原始数据来自《中国统计年鉴》(2015),作者根据统计年鉴中的城镇人口数和总人口数间接测算城镇化率。

尽管三大区域的城镇化水平均呈现出了不断上升的发展趋势,但是 2000 年之后三大区域之间城镇化水平差异有明显的扩大趋势。这说明我国城镇化的区域具有非均衡发展特征。三大区域中,东部地区的城镇化水平最高,且明显高于全国平均水平,从 1978 年的 26.97% 上升到 2015 年的 69.61%,平均每年的增幅达到 1.12%;中部地区次之,城镇化率从 1978 年的 19.42% 增长到 2015 年的 52.37%,平均每年的增幅为 0.87%。并且 2000 年之前中部地区的城镇化水平与全国水平相当,之后

---

① 需要说明的是,本章研究的是中国 29 个省份(考虑到数据的连续性,将重庆并入四川省,不含西藏),因此,东部包括北京、天津、河北、辽宁、上海、江苏、浙江、福建、山东、广东和海南 11 个省份;中部包括山西、吉林、黑龙江、安徽、江西、河南、湖北、湖南共 8 个省份;西部包括内蒙古、广西、四川、贵州、云南、陕西、甘肃、宁夏、青海和新疆 10 个省份。

年份则低于全国平均水平；城镇化水平最低的是西部地区，从1978年的15.72%增长到2015年的48.07%，平均每年的增幅为0.85%。可以发现，中、西部地区的城镇化起步和发展速度都明显落后于东部地区，当然这也是跟三大区域的经济发展水平有一定的相关性。

在城镇化进程中，除了区域之间的非均衡发展问题，城乡之间的差距问题也不断凸显。伴随着城镇化进程中政府经济工作重心由农村向城市、由农业向工业的转变，城乡之间的经济发展和资源配置不断失衡，使得农村和农业经济发展缓慢，农民增收困难。尽管国家发布了一系列城市反哺农村、工业反哺农业等支持"三农"发展的政策，但是财政支出、固定资产投资等方面的城镇倾斜仍日益突出。城镇投资占固定资产投资的绝大比重，并且呈现出了不断上升的发展态势，从1981年的74.75%上升到2015年的98.29%，增幅明显，如图20-2所示。从固定资产投入的城乡分配可知政府和市场对城镇发展的倾斜程度何等严重。城镇化进程中资源和资金向城镇的严重倾斜使得农业发展缺乏必要的资金，无法实现农业产业化和现代化，农村经济也无法实现与城镇的同步发展，城乡差距进一步扩大。

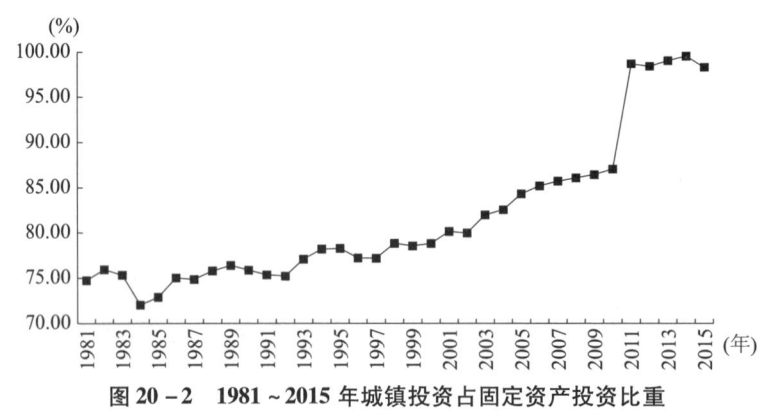

图20-2　1981~2015年城镇投资占固定资产投资比重

注：这里从2011年开始，城镇投资比重出现了跳跃式的增长，原因在于数据统计口径发生的变化。城镇固定资产投资数据发布口径改为固定资产投资（不含农户）。固定资产投资（不含农户）等于原口径的城镇固定资产投资加上农村企事业组织的项目投资。

资料来源：《中国统计年鉴》。

伴随着城乡资源配置的失衡和城乡分割的制度安排，农业发展受限，农村经济落后，农民增收困难，使得城乡居民之间的收入差距也呈进一步扩大趋势，如图20-3所示。可以看出，我国城乡居民的人均收入比在研究期内呈现出波动上升的发展态势，尽管改革开放以来农村居民的收入水平也在逐年上升，但是远低于城镇居民收入的增长幅度，从而使得二者之间差距不断扩大。分区域来看，西部地区的城乡收入差距最大，并远高于全国平均水平，城乡居民人均收入比重从1978年的2.6470上升到2007年的3.7743，中间有小幅回落，之后出现回落，下降到2015年的2.9825；其次是中部地区，从1978年的2.4707上升到2003年的2.9315，中间有小幅回落，之后年份出现回落，下降到2015年的2.4055；城乡收入差距最低的是东部地区，从 1978 年的 2.2099 上升到 2009 年的 2.6516，之后出现回落，下降到 2015 年的 2.4815。中部和东部地区的城乡收入差距低于全国平均水平。总体来看，改革开放以来，伴随着城镇化进程的推进，我国的城乡差距和区域差距有进一步扩大的趋势，如果同时考虑城乡教育、医疗等公共服务方面因素，实际的城乡差距会更大。

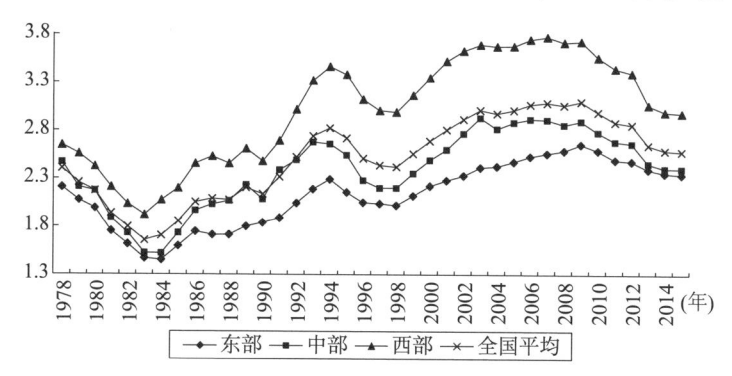

图 20-3　1978~2014 年中国东、中、西部和全国平均的城乡居民人均收入比的变化趋势
资料来源：《中国统计年鉴》。

20.3　城镇化、城乡差距对经济包容性增长的影响机理[*]

20.3.1　城镇化对城乡差距的影响

城镇化发展对城乡差距的影响是一把"双刃剑"。一方面，城镇化有利于缩小城乡差距。首先，在存在城乡收入差距的背景下，劳动力就会从收入低的农村向城镇转移和流动，当劳动力转移的速度超过资本流入的速度，就会使农村的人均资源占有量提升，因此，劳动力转移会通过要素报酬的均等化即增加农民收入来缩小城乡收入差距。从边际产出的角度，城镇化的发展吸引了大量农村劳动力，使得农村劳动力供给减少而城镇劳动力供给增加，从而引起城镇劳动力边际产出减少而农村增加，这有利于缩小城乡差距。其次，城镇化发展中后期，城镇土地资源日益匮乏，由于农村居民向城镇的转移，农村土地资源相对富裕，一些城镇产业为了降低用地成本便会向农村转移，使得部分资本"回流"农村，而城镇化水平提高导致的城镇资本和劳动力边际产出的降低也会促使一部分资金和劳动力向农村回流，有利于加快农村基础建设，促进农业现代化生产，提高农村劳动生产率，进而缩小城乡差距；同时，城镇化过程中向城镇流动的农村劳动力一部分会成为城镇居民，另一部分会

---

[*] 本节内容部分来自邵帅（通讯作者）等发表在《China Economic Review》上的成果（Wang Xiang, Shao Shuai, Li Ling. Agricultural Inputs, Urbanization, and Urban-Rural Income Disparity: Evidence from China [J]. China Economic Review, 2019 (55): 67-84）。

将在城镇积累的资金带回农村用于农业投资和农村基础设施建设，从而缩小城乡公共服务差距（程开明、李金昌，2007）。再次，城镇化的进程推动了现代农业的发展，导致农业的生产方式和组织结构都发生了变化，为农村土地流转提供了机会，促进了规模化的农业生产，增加了农民收入；现代农业不仅局限于农业的发展，随着人民生活水平的提高，农村生态项目、旅游项目等逐步展开，这极大地提高了农村经济活力，有利于缩小城乡差距。最后，城镇化带来了城镇数量的增加和城镇规模的扩大，使得城镇能够更好地发挥集聚功能和辐射功能，并为周边农村地区的发展提供了更大的市场需求，促进了产业发展和农民增收，缩小城乡差距。

另一方面，城镇化也会对城乡差距产生负面影响。首先，在我国现有户籍制度下，农村居民转为城市居民主要通过户籍买卖、农地征用、子女考上大学及城乡联姻等渠道。中国统计城乡收入是以户籍为口径的，而城镇化发展往往会吸引生活水平较高的农户较早成为城镇居民，使得统计上的城乡收入差距扩大（陆铭、陈钊，2004）。而城镇化进程中随着农村人口向城镇的大量转移，导致农村劳动力的减少，一定程度上抑制了农村发展，而且城镇化进程对农村土地利用产生了负面影响，如大量耕地流失、土地质量退化、土地利用效率下降，这扩大了实际城乡收入差距。其次，城镇化进程中农村人口不断向城镇集聚，对城镇基础设施提出了更高的要求，为了缓解城镇基础设施的供需矛盾和城镇偏向政策的引导下，我国的固定资产投资更多以城镇为主，农村投资相应减少，导致城乡非收入差距扩大。再次，城镇化进程中也伴随着城镇土地的不断升值，城镇居民由于房产的快速升值而获得更多财产性收入，而农村地区住宅通常升值较慢，城镇周边的农用地通常以较低的价格被征用，农民很难从土地升值中获利，因此，导致城乡收入差距扩大（王建康等，2015）。最后，由于目前的教育资源主要集中在城镇，城镇居民更容易获得接受良好教育的机会。城镇化过程中向城镇集聚的农村人口并没有机会接受良好的教育，而是以从事知识含量较低的体力劳动和技术工种为主，即使有机会在城镇接受良好教育，这些人群一般会被城镇资源所吸引而留在城镇，进一步扩大了城乡人力资本水平，从而扩大城乡收入差距。

农民收入特别是工资性收入的增加，还取决于农民的非农就业机会和劳动力市场的完善程度。在我国城镇化进程中，农村剩余劳动力向城市转移已是不可逆转的趋势。与农村非农劳动力市场相比，城市劳动力市场的完善程度对扩大非农就业、增加农民工资性收入起着越来越重要的作用。由于城镇化与城市劳动力市场的发展密不可分，且预期较高的城镇工资收入是吸引农村剩余劳动力的动力，因此，城镇化进程是增加农民收入、缩小城乡收入差距的充分条件。

20.3.2 城乡差距对经济包容性增长的影响

由包容性增长的内涵可知，城乡差距的缩小是包容性增长的内在要求，即只有当经济增长的成果被绝大多数人享有时，经济增长才是包容性的。从需求的角度看，根据凯恩斯的消费理论,就边际消费倾向而言,低收入人群往往要高于高收入人群,这是因为高收入者虽然有消费能力,但是消费倾向较低,而低收入者虽然有消费倾向,但是消费能力不足。因此,城乡差距扩大,整个社会的消费能力就会被弱化,导致市场需求规模减小,不利于包容性增长(高帆、汪亚楠,2016)。从人力资本的角度看,城乡收入差距扩大制约了农村劳动力水平,生活条件较低的农村居民很难进行人力资本投资。随着生产技术的发展,现代化产业的生产效率远远高于传统产业,而这些农村居民由于劳动力质量较低无法在现代部门从事生产,这不仅使得现代产业劳动力缺乏,而且因为传统产业劳动力质量得不到提升,也限制了自身生产效率的提高,因此,不利于经济的可持续增长(钞小静、沈坤荣,2014)。也有研究表明,在城镇化过程中,农村剩余劳动力在城镇高收入的诱导下大量涌向城镇,从而使得城镇部门的人口规模超过其适度规模,引起城市蔓延,这会导致城镇经济效率的迅速下降,进而降低整体经济效率(田新民等,2009)。而城乡非收入差距通常会导致起点不公和机会不公,如基础设施、教育、医疗、就业机会、住房等差距的扩大会进一步恶化城乡收入差距并减少农民获得工资性收入的机会(骆永民,2010)。尤其在教育领域,教育的城乡差距在一定程度上会影响几代人的受教育权利和机会,最终影响几代人的收入水平和就业机会。当经济增长的成果在城乡之间的分配状况是失衡的,这样的经济增长就是非包容性的,即城乡差距的扩大不利于包容性增长。

20.3.3 城镇化、城乡差距与包容性增长的内在作用机制

城镇化会通过辐射效应和规模效应来影响城乡居民的机会均等化程度和利益共享机制,进而对经济包容性增长产生直接影响,同时,考虑到城镇化通过对城乡差距的正负效应也会对包容性增长产生间接影响,因此,本章提出城镇化、城乡差距以及二者的交互效应对经济包容性增长的作用机制可能存在三种不同的作用路径,如图20-4所示。

(1)路径Ⅰ:城镇化本身会对经济包容性增长产生直接影响。首先,城镇化水平的提高以大量的基础设施建设为基础,城镇基础设施的完善和城镇规模的扩大会对周围农村地区产生辐射效应,带动周围农村基础设施建设。农村基础设施的不断完善能够提高农村居民的收入水平和获取人力资本回报,并通过基本公共服务城乡均等化来保障居民尤其是低收入群体从中获益,这种福利获取机会的均等能够改善经济增长的包容性(张勋、万广华,2016)。其次,城镇化进程的推进会导致城镇规模的不断扩张,城镇规模的扩张产生的规模经济效应能够提高城镇居民的就业率,尤其是农村转移到城镇的低技能劳动力从城镇规模扩张中获益更多,实现农民脱贫和城乡居民的利益共享,从而有利于经济包容性增长(陆铭等,2012)。

(2)路径Ⅱ:城镇化进程中农村居民在城镇高收入的吸引下向城镇的集聚过程会通过要素报酬的均等化来缩小城乡收入差距;同时,人口的城镇大规模集聚促进

了规模经济的形成，城镇的集聚和辐射功能被增强，带动周边农村的发展，缩小城乡非收入差距，即城镇化水平的提高有利于缩小城乡差距。而城乡差距的缩小会促进城镇和农村居民在人力资本投资上的均衡性，并一定程度抑制农村人口向城镇的过度集聚而产生城市蔓延，有利于劳动力质量的提升、收入分配的均衡和城镇经济效率的提高，从而对经济包容性增长产生间接正向影响。

（3）路径Ⅲ：城镇化进程中，在现有户籍人口的统计口径下会扩大统计上的城乡收入差距。城乡收入差距的扩大会诱发农村人口向城镇的过度集聚，进而导致城市蔓延，降低城镇经济效率。同时城乡收入差距过大会抑制农村居民在人力资本方面的投资，降低劳动力质量而抑制生产率的提高。同时，城镇化过程中农村人口向城镇的集聚过程会加剧固定资产投资向城镇倾斜，扩大了城乡非收入差距，进一步又加剧了城乡收入差距，形成恶性循环，从而对经济包容性增长产生间接负向影响。

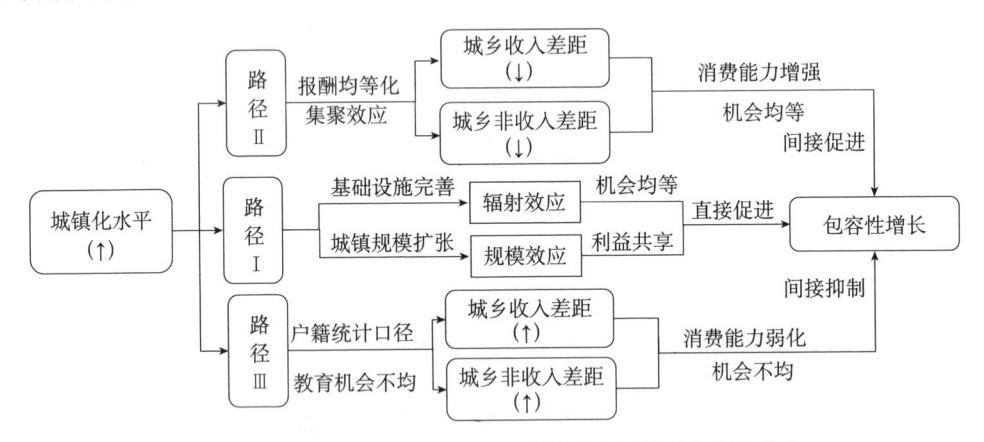

图 20-4　城镇化、城乡差距对包容性增长的影响机制和方向

注："↑"表示提高，"↓"表示下降。
资料来源：作者绘制。

20.4　经济包容性增长的测度

20.4.1　包容性 TFP 指数的构建

采用 Hicks-Moorsteen 指数来构建包容性 *TFP* 指数。借助 Shephard 距离函数，将产出和投入函数分别表示为：

$$Y(y) = [D_O(x_{hs}, y, s) D_O(x_{it}, y, t)]^{1/2} ;$$
$$X(x) = [D_I(x, y_{hs}, s) D_I(x, y_{it}, t)]^{1/2}$$
(20-1)

其中，x，y 表示投入和产出数据的向量；s，t 表示时间；$D_I(x,y)$ 为投入 Shephard 距离函数，有 $D_I(x,y) = \max\{\rho > 0 : (x/\rho, y) \in P\}$；$D_O(x,y)$ 为产出 Shephard 距离

函数，并有：$D_O(x,y) = \min\{\delta > 0 : (x, y/\delta) \in P\}$；$P$ 表示时间 s，t 的生产可能性集合。则有：

$$TFP_{hs,it} = \left\{\frac{D_O(x_{hs}, y_{it}, s)}{D_O(x_{hs}, y_{hs}, s)} \frac{D_I(x_{hs}, y_{hs}, s)}{D_I(x_{it}, y_{hs}, s)} \frac{D_O(x_{it}, y_{it}, t)}{D_O(x_{it}, y_{hs}, t)} \frac{D_I(x_{hs}, y_{it}, t)}{D_I(x_{it}, y_{it}, t)}\right\}^{1/2} \quad (20-2)$$

式（20-2）即为 Hicks-Moorsteen 指数。该指数可以进一步分解为几个多项式的乘积，是一种不需要价格信息的具有完全乘积特征的理性化 TFP 指数。本章采用投入导向的 DEA 模型，即在产出不变的情况下达到投入最小化的效率评估（范建双等，2015）。奥德内尔（O'Donnell C. J.，2008）定义了综合效率（E）的概念，即该区域的实际 TFP 与同一时期最大化 TFP 的比值，并有：

$$E_{it} = \frac{TFP_{it}}{TFP_t^*} = \frac{Y_{it}/X_{it}}{Y_t^*/X_t^*} \leq 1 \quad (20-3)$$

其中，TFP_{it} 表示 i 区域在 t 时期的 TFP，TFP_t^* 表示在 t 时期 TFP 可能取得的最大值，有 $TFP_t^* = \max_i Y_{it}/X_{it}$。$X_t^*$ 和 Y_t^* 分别表示使得 TFP 取得最大值的投入和产出总量。$X_{it} = (X_{1it}, \cdots, X_{Kit})'$ 和 $Y_{it} = (Y_{1it}, \cdots, Y_{Jit})'$ 分别表示区域 i 在 t 时期的投入和产出向量。其中，投入向量包括劳动力和资本，产出向量包括衡量期望产出的经济增长和衡量非期望产出的城乡差距。在投入导向下，综合效率有两种分解方式：一种是分解为投入技术效率（ITE）、投入规模效率（ISE）和投入范围效率（ISC），即 $E_{it} = ITE_{it} \times ISE_{it} \times ISC_{it}$；第二种方式是分解为投入技术效率（$ITE$）、投入残余规模效率（$RISE$）、投入混合效率（$IME$），即 $E_{it} = ITE_{it} \times RISE_{it} \times IME_{it}$。其中，$ISE$ 和 $RISE$ 用来衡量规模经济情况；ISC 用来衡量范围经济情况；IME 用来衡量资源配置效率，并有：

$$\begin{aligned} ITE_{it} &= \frac{Y_{it}/X_{it}}{Y_{it}/\overline{X}_{it}} = \frac{\overline{X}_{it}}{X_{it}} = D_I(x_{it}, y_{it}, t)^{-1} \leq 1; ISE_{it} = \frac{Y_{it}/\overline{X}_{it}}{\widetilde{Y}_{it}/\widetilde{X}_{it}} \leq 1 \\ ISC_{it} &= \frac{\widetilde{Y}_{it}/\widetilde{X}_{it}}{TFP_t^*} \leq 1; RISE_{it} = \frac{Y_{it}/\hat{X}_{it}}{TFP_t^*} \leq 1; IME_{it} = \frac{Y_{it}/\overline{X}_{it}}{Y_{it}/\hat{X}_{it}} = \frac{\hat{X}_{it}}{\overline{X}_{it}} \leq 1 \end{aligned} \quad (20-4)$$

其中，$\overline{X}_{it} = X_{it} D_I(x_{it}, y_{it}, t)^{-1}$ 表示采用一定数量的投入向量 x_{it} 生产 y_{it} 时的最小可能总投入；$\widetilde{Y}_{it}$ 和 $\widetilde{X}_{it}$ 分别表示当 TFP 在产出和投入向量分别是 y_{it} 和 x_{it} 时被最大化所取得的总产出和总投入；$\hat{X}_{it}$ 表示采用任意投入变量生产 y_{it} 时的最小可能投入。将式（20-3）变形为 $TFP_{it} = E_{it} \times TFP_t^*$，同时进一步对 TFP 进行跨期比较，即用省份 i 在 t 时期的 TFP 除以省份 h 在 s 时期的 TFP，可求取 $TFP_{hs,it}$：

$$TFP_{hs,it} = \frac{TFP_{it}}{TFP_{hs}} = \left(\frac{TFP_t^*}{TFP_s^*}\right) \times \left(\frac{E_{it}}{E_{hs}}\right) = \Delta TFP \times \Delta E \quad (20-5)$$

其中 ΔTFP 表示所有时期 TFP 最大值的变化，用来测度技术进步；ΔE 表示综合效率变化。则包容性 TFP 可以进一步分解为：

$$TFP_{hs,it} = \left(\frac{TFP_t^*}{TFP_s^*}\right) \times \left(\frac{ITE_{it}}{ITE_{hs}} \times \frac{ISE_{it}}{ISE_{hs}} \times \frac{ISC_{it}}{ISC_{hs}}\right) = \Delta TFP \times (\Delta ITE \times \Delta ISE \times \Delta ISC)$$

$$(20-6)$$

$$TFP_{hs,it} = \left(\frac{TFP_t^*}{TFP_s^*}\right) \times \left(\frac{ITE_{it}}{ITE_{hs}} \times \frac{IME_{it}}{IME_{hs}} \times \frac{RISE_{it}}{RISE_{hs}}\right) = \Delta TFP \times (\Delta ITE \times \Delta IME \times \Delta RISE)$$

(20-7)

由式 (20-6) 和式 (20-7) 可知,包容性 TFP 被分解为技术进步 (ΔTFP) 和综合效率变动 (ΔE) 的两种分解方式:一种是技术效率增长率 (ΔITE)、规模效率增长率 (ΔISE) 和范围效率增长率 (ΔISC);另一种是 ΔITE、混合效率增长率 (ΔIME) 和残余规模效率增长率 ($\Delta RISE$)。为了得到更加准确合理的结果,本章还估算了传统不考虑城乡差距的 TFP 指数。通过对比分析包容性 TFP 与传统 TFP 的估算值,明确在城乡差距约束下 TFP 是否被高估或者低估。

20.4.2 变量选择与数据说明

本章选取全国 29 个省份 1978~2015 年的面板数据作为研究对象,相关数据来自《中国国内生产总值核算历史资料 (1952~1995)》《中国国内生产总值核算历史资料 (1952~2004)》《新中国 60 年统计资料汇编》、历年《中国统计年鉴》和各省的历年统计年鉴[①]。

指标选取主要考虑投入和产出两方面。投入指标选取劳动力和资本。劳动力投入采用年度从业人员数量来衡量,资本投入采用资本存量来衡量。资本存量数据在统计年鉴中没有披露,本章采用永续盘存法进行计算,即 $K_t = I_t + (1-\delta)K_{t-1}$,其中,$K_t$ 表示第 t 年的资本存量,I_t 表示第 t 年的投资额,δ 表示折旧率。本章采用张军等 (2004) 的研究思路来估算各省份的资本存量。基期资本存量用 1978 年的固定资本形成总额除以 10% 作为该省份的初始资本存量,每年的折旧率统一取 9.6%。产出指标包括期望产出和非期望产出,期望产出指标用 1978 年基准价格计算的各省份的实际 GDP 来衡量。非期望产出包括城乡收入差距和非收入差距。Hicks-Moorsteen 指数仅对期望产出进行效率估算,本章对两个非期望产出指标取倒数,即用农村居民人均纯收入与城镇居民人均可支配收入之比来衡量城乡收入差距指标,用农村固定资产投入与城镇固定资产投入之比来衡量城乡非收入差距 (限于数据收集困难,本章仅考虑基础设施差距,基础设施主要来自固定资产投入)。两类指标取值越高说明城乡差距越小,经济发展的包容性越好,反之则意味着经济发展的包容性越差。

20.4.3 包容性 TFP 的时间变化趋势

以下采用 Hicks-Moorsteen TFP 指数的 DEA 方法分别估算传统 TFP 指数 (模型 1) 和包容性 TFP 指数 (模型 2)。并进一步将两类 TFP 指数进行分解,结果见表 20-1。

[①] 需要说明的是,本章选取国内 29 个省份。由于重庆 1997 年之后才有统计数据,为了保证数据的连续性,本章将重庆 1997 年之后的数据并入四川,西藏数据缺失严重予以剔除。

从表 20 - 1 可知，模型 1 估算的传统 TFP 年均增长率为 1.49%，与陈红蕾、覃伟芳（2014）估算的 1.72% 接近。ΔTFP 年均增长率达到了 1.42%，ΔE 的年均增长率为 0.7%。TFP 增长的主要动力为技术进步，ΔE 对 TFP 的贡献较小。模型 2 估算的包容性 TFP 年均增长率为 -4.86%，ΔTFP 的年均变化率为 -10.04%，ΔE 的年均增长率为 5.76%，导致包容性 TFP 下降的主要原因在于 ΔTFP 的急速下降。可以看出，包容性 TFP 远低于传统 TFP，并且远低于陈红蕾和覃伟芳（2014）估算的包容性 TFP 值（-2.29%）。由于本章测算的包容性 TFP 同时考虑了城乡收入差距和非收入差距的非期望产出，促进经济增长的一部分投入要素被用于维护公共服务和收入的公平分配，从而导致包容性 TFP 值偏低，即不考虑城乡收入差距和非收入差距高估了实际的经济增长效率。从发展阶段看，模型 1 测算的传统 TFP 指数在四个阶段呈现出依次递减的趋势。造成这种趋势的根源在于 ΔE 的持续下降，并由 1978 ~ 1988 年的正值（1.0335）变为负值，降到 2009 ~ 2015 年的 0.9757。尽管 ΔTFP 在研究期内有上升的趋势，但是其提高速度低于 ΔE 的下降速度。四个阶段中，ΔE 在 1978 ~ 1988 年取值最高，年均增长率达到 3.35%，而 ΔTFP 的年均增长率为 1.08%，表明这一阶段的传统 TFP 增长主要来自 ΔE，这说明在改革开放的初期，市场经济地位的确立极大激发了劳动者和创业者的积极性和创造力，私营经济得到了蓬勃发展，资源配置效率和劳动生产率极大提高，并初步形成规模经济。ΔE 从 1989 ~ 1998 年开始均为负增长，并进一步呈下降趋势。ΔTFP 在四个阶段较为稳定，第二阶段的增长率最高（2.33%），之后阶段出现了轻微的下降。从模型 2 的测算结果看，包容性 TFP 在四个阶段呈现出先降后升的趋势，取值均小于 1，并在 1999 ~ 2008 年的第三阶段达到最低（-7.5%）。这说明在考虑了城乡收入和非收入差距后，TFP 出现了负增长。这是由于城乡差距作为非期望产出，城乡差距的不断扩大直接导致了包容性 TFP 的下降和负增长。城乡差距的扩大对 ΔTFP 和 ΔE 均有一定阻碍，过大的城乡差距会吸引大量农村富余劳动力向城镇转移，人口在城镇的过度集聚会造成城镇蔓延式增长、城市经济效率下降，而且收入差距的扩大影响了劳动力质量，制约了生产技术和效率，抑制了包容性 TFP 的增长。

表 20 - 1　两类模型估算分年 Hicks-Moorsteen TFP 指数及其分解均值

阶段	模型 1			模型 2		
	TFP 指数	ΔTFP	ΔE	TFP 指数	ΔTFP	ΔE
1978 ~ 1988 年	1.0447	1.0108	1.0335	0.9940	0.9143	1.0872
1989 ~ 1998 年	1.0189	1.0233	0.9957	0.9528	0.9239	1.0313
1999 ~ 2008 年	1.0044	1.0134	0.9911	0.9250	0.8777	1.0539
2009 ~ 2015 年	0.9829	1.0074	0.9757	0.9283	0.8763	1.0593
1978 ~ 2015 年	1.0149	1.0142	1.0007	0.9514	0.8996	1.0576

注：由于 Hicks-Moorsteen TFP 指数是乘数型指数，故各行历年平均值为几何平均。

资料来源：运用 DPIN3.0 软件运算后作者整理。

图 20-5 是包容性 TFP 及其分解要素在研究期内的变动情况。从中可以总结出以下几点：首先，包容性 TFP 指数在研究期内呈现出了"一升、二降、三平稳"的发展态势，即 TFP 增长率由正转负并逐渐趋于稳定，其波动性呈现出了收敛态势，表明了区域之间发展的均衡性与可持续性。包容性 TFP 仅在 1978~1983 年和 1990 年出现了正增长，其他年份均为负增长，这是由于尽管经济增长水平逐渐提高，同时城乡差距也逐年上升，城乡差距的扩大不仅抵消了经济增长水平的提高，而且在一定程度上阻碍了经济增长。

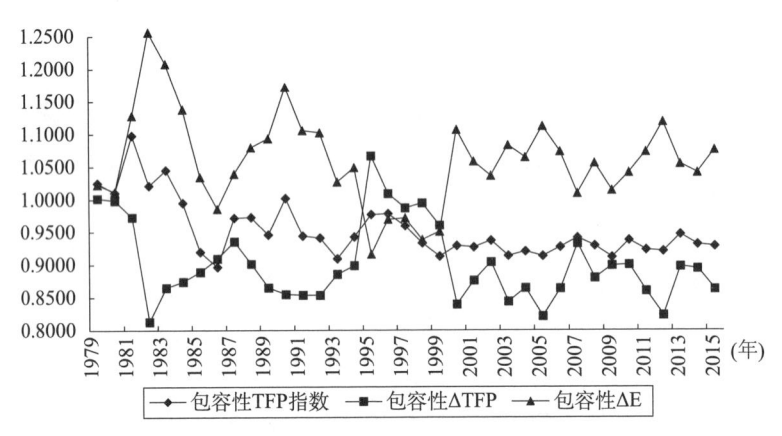

图 20-5 包容性 TFP、技术进步与综合效率变化（1978~2015）

资料来源：运用 DPIN3.0 软件运算后由作者汇总绘制。

其次，包容性 TFP 指数出现剧烈波动的节点与改革进程和重大事件密切相关。1978~1981 年出现了快速上升，这主要归因于经济体制的改革使得生产力得到释放，有力推动了经济快速增长，而这一阶段城乡差距并不明显。1981~1986 年呈现出波动中下降的趋势，并在 1986 年达到最低点（0.8965）。随着改革重心转到城市后，一些制度性矛盾和问题逐渐凸显，制约了 TFP 增长。1987~1995 年出现了波动性上升趋势。1996~1999 年由于亚洲金融危机的影响出现了小幅的下降。从 2000 年开始，包容性 TFP 增长开始趋于稳定，并处于负增长，其原因在于中国加入 WTO 参与全球贸易使得经济快速增长，但是同时由于重工轻农、重城市而轻农村的制度安排使得城乡差距进一步扩大，从而使得包容性 TFP 增长率为负。2000~2015 年，在 2009 年出现了最低值（0.9116），是由于受到全球金融危机的影响。之后年份的包容性 TFP 增长率又有所提高，一方面是由于国家应对危机处理得当，进一步刺激了经济的复苏，另一方面也由于国家开始重视"三农"问题，"城市反哺农村""工业反哺农业"政策的实施，改善了农村的基础设施建设、增加了农民收入，使得城乡差距一定程度上减小，改善了包容性 TFP。

最后，ΔTFP 和 ΔE 之间存在明显负向关系。ΔTFP 在研究期内除了 1978 年，1995 年和 1996 年 3 个年份大于 1 以外，其余年份均为负增长。而 ΔE 则除了 1986 年和 1995~1999 年小于 1 以外，其余年份均为正增长。1978~1983 年包容性 TFP

的正增长主要源于 ΔE 的高增长，而 ΔTFP 起到抑制作用。1984~1989 年包容性 TFP 出现了负增长，这是由于尽管 1983~1987 年 ΔTFP 有所提升，但同一时期 ΔE 出现了大幅下跌。1990 年包容性 TFP 的正增长是由于 ΔE 的大幅提升，之后 ΔE 的快速下跌进一步加速了包容性 TFP 的走低。1993 年之后包容性 TFP 开始反弹是由于 ΔTFP 的大幅提升，并且在 1995~1999 年出现了 ΔTFP 高于 ΔE 的情况。2000 年之后 ΔTFP 一路在震荡中走低且始终为负，而 ΔE 则开始一路在波动中上升且始终为正，并且由于 ΔTFP 的负增长远高于 ΔE 的正增长，使得包容性 TFP 始终为负增长。

20.4.4 包容性 TFP 的区域差异分析

按照各省份传统 TFP 指数值由高至低排序，得到各省份的 TFP 指数及其分解见表 20-2。

表 20-2 两类模型估算的各省份 Hicks-Moorsteen TFP 指数及其分解均值

省份	模型1				模型2			
	排序	TFP 指数	ΔTFP	ΔE	排序	TFP 指数	ΔTFP	ΔE
北 京	1	1.0679	1.0765	0.9920	11	0.9553	0.9281	1.0293
天 津	2	1.0520	1.0569	0.9954	7	0.9667	0.8888	1.0877
江 苏	3	1.0434	1.0717	0.9736	4	0.9898	0.8718	1.1354
青 海	4	1.0414	1.0612	0.9813	6	0.9723	0.9794	0.9928
宁 夏	5	1.0381	1.0709	0.9694	2	0.9910	1.0132	0.9780
上 海	6	1.0365	1.0254	1.0108	5	0.9860	0.8874	1.1111
内蒙古	7	1.0349	1.0168	1.0178	24	0.9303	0.9070	1.0257
广 东	8	1.0342	1.0478	0.9870	1	1.0052	0.8900	1.1295
新 疆	9	1.0283	1.0201	1.0080	22	0.9416	0.9003	1.0459
海 南	10	1.0191	1.0223	0.9969	19	0.9441	1.0106	0.9342
福 建	11	1.0116	0.9983	1.0133	10	0.9585	0.8863	1.0815
江 西	12	1.0107	0.9973	1.0135	28	0.9135	0.8980	1.0172
吉 林	13	1.0089	1.0056	1.0033	23	0.9325	0.8772	1.0630
四 川	14	1.0088	0.9949	1.0140	3	0.9907	0.9030	1.0972
山 西	15	1.0080	0.9944	1.0136	14	0.9523	0.8992	1.0590
贵 州	16	1.0074	0.9947	1.0128	21	0.9429	0.8924	1.0566
陕 西	17	1.0067	0.9948	1.0120	17	0.9483	0.8867	1.0694
山 东	18	1.0039	0.9960	1.0079	13	0.9545	0.8905	1.0719
浙 江	19	1.0017	1.0009	1.0007	9	0.9605	0.8663	1.1087
河 北	20	1.0014	0.9965	1.0049	26	0.9269	0.8977	1.0325
甘 肃	21	1.0009	0.9922	1.0088	27	0.9205	0.8822	1.0434
黑龙江	22	1.0007	0.9984	1.0023	15	0.9516	0.8800	1.0813

续表

省份	模型1				模型2			
	排序	TFP指数	ΔTFP	ΔE	排序	TFP指数	ΔTFP	ΔE
湖南	23	1.0006	0.9948	1.0059	8	0.9640	0.9069	1.0630
安徽	24	0.9967	0.9948	1.0020	16	0.9499	0.9038	1.0510
湖北	25	0.9950	0.9970	0.9980	12	0.9549	0.8833	1.0810
云南	26	0.9938	0.9954	0.9983	20	0.9435	0.8816	1.0702
广西	27	0.9936	0.9962	0.9973	29	0.9122	0.8881	1.0272
辽宁	28	0.9927	1.0058	0.9869	18	0.9471	0.8871	1.0676
河南	29	0.9885	0.9950	0.9935	25	0.9278	0.8924	1.0397

注：由于 Hicks-Moorsteen TFP 指数是乘数型指数，故各行历年平均值为几何平均。

资料来源：运用 DPIN3.0 软件运算后作者整理。

从传统 TFP 的结果看，除了安徽、湖北、云南、广西、辽宁和河南以外，其余省份的 TFP 值均大于1。北京市的年均增长率最高（6.79%）。北京作为首都是全国的政治中心和科技创新中心，有着极强的资源和人才集聚能力，生产率水平较高也就不难理解。排名第二位和第三位的依次是天津（5.2%）和江苏（4.34%）。排名最低的是河南省，且为负增长（-1.15%）。河南省的产业结构仍然以第二产业为主导，产业转型升级缓慢，产能过剩问题突出。各省份的 TFP 驱动因素也不同。其中，上海、内蒙古、新疆、吉林和浙江的 TFP 增长的动力同时源于 ΔTFP 和 ΔE；北京、天津、江苏、青海、宁夏、广东、海南和辽宁的 TFP 增长源泉是 ΔTFP，ΔE 起到相反作用；福建、江西、四川、山西、贵州、陕西、山东、河北、甘肃、黑龙江、湖南和安徽 TFP 增长的动力源于 ΔE，ΔTFP 起到相反的作用；湖北、云南、广西和河南的 ΔTFP 和 ΔE 均对 TFP 增长起到了抑制作用。从模型2结果看，包容性 TFP 取值有所下降，除了广东以外，其他省份的取值均小于1，并且各省份之间的排名也发生了较大变化。北京由排名第1位降到第11位，广东由第8位上升到第1位，河南由第29位上升到第25位，广西由第27位降到第29位。包容性 TFP 取值排名前三位的分别是广东（0.52%）、宁夏（-0.9%）和四川（-0.93%）。排名后三位的分别是甘肃（-7.95%）、江西（-8.65%）和广西（-8.78%）。从包容性 TFP 的源泉来看，其取值小于1的主要原因在于 ΔTFP 的下降，尽管 ΔE 在大部分省份表现为正，但低于 ΔTFP 的负向作用。其中，青海省的 ΔTFP 和 ΔE 对包容性 TFP 均起到了抑制作用；宁夏和海南省的包容性 TFP 的源泉是 ΔTFP，ΔE 起到了相反的作用；其余26个省份的包容性 TFP 的源泉是 ΔE，ΔTFP 起到了相反的作用。

20.4.5 包容性 TFP 的进一步分解

根据式（20-6）和式（20-7）进一步将 ΔE 进行分解，分解结果见表20-3。

第20章 城镇化、城乡差距与经济包容性增长

表20-3　　　　　包容性TFP指数综合效率变动的分解

省份	ΔITE	ΔISE	ΔIME	ΔRISE	ΔISC
北　京	0.9931	1.0000	1.0091	1.0271	1.0365
天　津	1.0065	1.0028	1.0128	1.0670	1.0777
河　北	0.9839	1.0200	0.9920	1.0578	1.0288
山　西	1.0108	1.0003	0.9971	1.0507	1.0474
内蒙古	1.0037	1.0003	0.9996	1.0224	1.0217
辽　宁	0.9937	0.9997	0.9994	1.0751	1.0747
吉　林	1.0099	0.9889	0.9803	1.0736	1.0644
黑龙江	1.0073	0.9955	0.9794	1.0962	1.0784
上　海	1.0000	1.0000	1.0000	1.1111	1.1111
江　苏	1.0088	0.9884	1.0000	1.1255	1.1387
浙　江	1.0000	1.0052	0.9987	1.1101	1.1030
安　徽	0.9982	1.0038	0.9902	1.0633	1.0488
福　建	0.9997	1.0088	0.9896	1.0932	1.0724
江　西	0.9975	1.0086	0.9883	1.0319	1.0111
山　东	1.0101	0.9959	0.9936	1.0680	1.0654
河　南	0.9805	1.0161	0.9938	1.0670	1.0436
湖　北	0.9994	0.9999	0.9996	1.0821	1.0817
湖　南	1.0080	1.0001	0.9880	1.0674	1.0544
广　东	1.0136	0.9928	0.9917	1.1236	1.1224
广　西	0.9805	1.0214	0.9829	1.0659	1.0257
海　南	1.0000	1.0000	0.9936	0.9402	0.9342
四　川	1.0214	0.9952	1.0000	1.0742	1.0794
贵　州	1.0279	1.0003	0.9856	1.0429	1.0276
云　南	1.0036	1.0001	0.9987	1.0678	1.0663
陕　西	1.0042	0.9995	0.9989	1.0662	1.0656
甘　肃	0.9973	1.0060	1.0025	1.0436	1.0400
青　海	1.0000	1.0000	1.0017	0.9911	0.9928
宁　夏	1.0000	1.0057	1.0005	0.9775	0.9725
新　疆	0.9999	1.0083	0.9978	1.0483	1.0374

注：由于Hicks-Moorsteen TFP指数是乘数型指数，故各行历年平均值为几何平均。
资料来源：运用DPIN3.0软件运算后作者整理。

从表20-3可以看出，ΔITE取值小于1的包括北京、河北、辽宁、安徽、福建、江西、河南、湖北、广西、甘肃和新疆11个省份，说明技术效率在研究期内出现了负增长；上海、浙江、海南、青海和宁夏5个省份的取值等于1，说明技术效率在研究期内保持不变；其余省份的取值大于1，说明技术效率在研究期内出现了正增长。ΔISE取值小于1的有辽宁、吉林、黑龙江、江苏、山东、湖北、广东、四川和陕西9个省份，说明规模效率无效；ΔISE取值等于1的包括北京、上海、海南

和青海 4 个省份，说明规模效率有效；其他省份的 ΔISE 取值大于 1，说明规模效率完全有效。ΔIME 取值大于 1 的有北京、天津、青海、宁夏和甘肃 5 个省份，说明资源配置效率完全有效；ΔIME 取值等于 1 的有上海、江苏和四川 3 个省份，说明资源配置效率有效；其余省份的取值小于 1，说明资源配置效率无效。除了海南、青海和宁夏以外，其他省份的 $\Delta RISE$ 取值均大于 1，说明中国大部分省份的残余规模效率都是有效的。ΔISC 的取值规律与 $\Delta RISE$ 保持一致，说明中国大部分省份的范围效率是有效的。

20.5 城镇化、城乡差距对包容性增长的影响效应检验

20.5.1 数据来源与指标选取

在测度了中国区域经济包容性增长的基础上，本章进一步揭示了城镇化和城乡差距对经济包容性增长的内在作用机制。为了对理论机制加以验证，本章将以测度的包容性 TFP 指数为因变量，以城镇化水平、城乡收入差距、城乡非收入差距为自变量，并引入其他控制变量进行实证检验。各变量说明如下。（1）因变量。本章采用前述测算的包容性 TFP 指数作为因变量。（2）自变量。本章核心自变量主要包括城镇化水平、城乡收入差距和城乡非收入差距三类。其中，城镇化水平采用各省份的城镇人口占全部人口（农村与城镇人口之和）的比重来表示（Ubr）；城乡收入差距采用农村居民人均纯收入与城镇居民人均可支配收入之比来表示（Income）；城乡非收入差距采用农村固定资产投入与城镇固定资产投入之比来衡量（Nonincome）。（3）控制变量。控制变量方面，考虑到数据的可获得性，本章选取了地区的经济发展水平、产业结构、资源禀赋和对外开放程度四类指标作为控制变量。其中，经济发展水平（Lngdp）用 1978 年不变价格的各省份人均 GDP 的对数来表征；产业结构（IS）用二三产业的产值之和占 GDP 的比重来衡量；资源禀赋（Capital）采用各省份的资本存量与从业人员数量的比值来衡量；对外开放程度（Dopen）采用各省的进出口贸易总额占本省当年的 GDP 比重来表征。数据来自《中国国内生产总值核算历史资料 1952~1995》《中国国内生产总值历史资料 1952~2004》《中国统计年鉴（2004~2016）》《新中国 60 年统计资料汇编》和各年的《中国统计年鉴》。缺失的数据通过查找各省的统计年鉴补齐。

利用以上数据，本章将构建 1979~2015 年的空间面板数据模型，从直接影响和空间溢出两方面分析城镇化和城乡差距对经济包容性增长的影响。从而检验区域间空间依赖性的存在使得城镇化和城乡差距对经济包容性增长的作用机制是否存在潜在的空间溢出效应。同时，考虑到城镇化通过对城乡差距的两种可能作用路径对经济包容性增长产生影响，将二者割裂开来研究其对经济包容性增长的影响有失偏颇。

本章将在线性模型基础上进一步引入城镇化与城乡收入差距、城镇化与城乡非收入差距变量，以及城乡差距与城乡非收入差距的交互项，以检验二者的交互关联效应对经济包容性增长的影响。

20.5.2 空间面板数据模型的选取与设定

（1）空间面板数据模型的选取。鉴于区域间经济包容性增长可能存在空间的相互影响，传统的时间序列回归分析方法不再适用解释空间异质性问题。因此，考虑到空间及时间维度的异质性，本章将运用空间面板数据模型分析我国城镇化和城乡差距对经济包容性增长的直接影响和空间溢出效应。空间面板数据模型一般分为含有空间滞后项和含有空间自相关误差项的面板数据。其中，空间滞后解释变量就是内生交互项，该模型被称为空间滞后模型（SAR）；空间自相关误差项就是误差项之间交互作用，该模型被称为空间误差模型（SEM）。之后又有学者对空间误差模型进行了拓展，提出了空间杜宾模型（SDM），该模型既包括解释变量的空间滞后项，也包括被解释变量的空间滞后项。三类模型的基本形式如下。

$$y_{it} = \rho \sum_{j=1}^{N} w_{ij} y_{jt} + \beta x_{it}' + \mu_i + \lambda_i + \varepsilon_{it} \quad (20-8)$$

$$\begin{aligned} y_{it} &= \beta x_{it}' + \mu_i + \lambda_i + \phi_{it} \\ \phi_{it} &= \rho \sum_{j=1}^{N} w_{ij} \phi_{jt} + \varepsilon_{it} \end{aligned} \quad (20-9)$$

$$y_{it} = \rho \sum_{j=1}^{N} w_{ij} y_{jt} + \beta x_{it}' + \theta \sum_{j=1}^{N} w_{ij} x_{jt}' + \mu_i + \lambda_i + \varepsilon_{it} \quad (20-10)$$

式（20-8）、式（20-9）和式（20-10）分别为SAR模型、SEM模型和SDM模型的基础形式。其中，y_{it} 表示横截单元 i 在 t 时期的内生被解释变量（$i=1$，2，$\cdots$，N；$t=1$，2，$\cdots$，T）；x_{it} 表示 $1 \times k$ 维的外生解释变量；β 和 θ 均为变量 x_{it} 的 $k \times 1$ 维系数向量；$\Sigma w_{ij} y_{jt}$ 表示与 i 单元相邻的区域单位的内生变量 y_{jt} 对 y_{it} 的交互影响；w_{ij} 是预先设定的 $N \times N$ 维非负空间权重矩阵；ρ 是用来衡量相邻两个单元内生变量互相影响程度的未知参数；ε_{it} 和 ϕ_{it} 表示随机误差项，并服从独立分布；μ_i 和 λ_i 分别表示空间和时间上的特定效应。在进行空间面板数据的实证检验之前，需要判断三类模型的适用性，即先要判断是否需要引入空间变量。通常采用拉格朗日乘数（Lagrange Multiplier，LM）检验，如果LM的检验结果拒绝原假设，则说明了空间面板模型建立的必要性。进一步的采用Wald统计检验量检验从三类模型中选择最佳模型。

（2）直接影响与空间溢出效应。为了进一步检验空间溢出效应的大小，需要采用一定的方法将直接影响与空间溢出效应剥离，而不是直接运用空间面板数据模型进行简单的回归分析，有学者指出这种方法得出的结论有待商榷（Jame and Pace，2009），进而提出了采用求解偏微分方法来分解直接影响和溢出效应。但是该方法需要进行多次抽样，进而求取多次抽样的均值。由于每次抽样需要重新计算偏微分矩阵消耗大量时间，尤其是样本量较大时会使得运算过程过于复杂（丁志国等，2011），本章中采用詹姆斯和佩斯（James and Pace，2009）的分解公式，具体公式形式参见第八章的式（8-6）。

20.5.3 实证结果分析

在进行相关空间计量分析之前，先要对经济包容性增长（被解释变量）进行空间自相关分析，本章用 Moran's I 来计算经济包容性增长的空间相关性，其公式为：

$$Moran's\ I = \frac{\sum_{i=1}^{n}\sum_{j=1}^{n}w_{ij}(Y_i - \bar{Y})(Y_j - \bar{Y})}{S^2\sum_{i=1}^{n}\sum_{j=1}^{n}w_{ij}} \qquad (20-11)$$

其中，$S^2 = \frac{1}{n}\sum_{i=1}^{n}(Y_i - \bar{Y})^2$；$\bar{Y} = \frac{1}{n}\sum_{i=1}^{n}Y_i$；$Y_i$ 表示第 i 地区的观测值；n 表示地区总数；w_{ij} 表示空间权重矩阵。本章的研究中，我们选择地理单元距离二次方的倒数来形成空间权重矩阵，其公式为：

$$w_{ij} = 1/d_{ij}^2 \qquad (20-12)$$

其中，d_{ij} 表示地区 i 与地区 j 之间的距离，一般而言，每个省份的政治、经济、文化中心都在省会，因此，我们用两个省会之间的距离来代表两个地区之间的距离，并将所得的矩阵进行标准化后作为空间权重矩阵。根据式（20-11）计算各年全局空间自相关指数，见表20-4。

表20-4　1979~2015年经济包容性增长 Moran's I 指数

年份	Moran's I	p 值	年份	Moran's I	p 值
1979	-0.0210	0.4465	2000	0.0485	0.0394
1982	-0.0274	0.4624	2003	0.0181	0.0065
1985	0.0099	0.3401	2006	-0.0534	0.0444
1988	-0.0491	0.4491	2009	0.1773	0.0818
1991	-0.0228	0.4546	2012	0.2117	0.0144
1994	0.0528	0.2130	2015	0.1839	0.0228
1997	-0.0464	0.4624	—	—	—

从表20-4可以看出，2000~2015年 Moran's I 均显著，说明2000年以来我国经济包容性增长存在显著的空间关联特征，因此，可以将空间影响因子引入模型中，在考察城镇化、城乡差距对经济包容性增长的影响时，还应采用空间计量模型来刻画包容性 TFP 的空间关联性。为了能够科学地估计城镇化和城乡差距对经济包容性增长的影响关系，必须选择一种最合适的空间面板计量模型进行参数估计，本章先基于我国1979~2015年29个省份的面板数据，构建不包含空间交互作用的面板数据模型：

$$TFP_{it} = \alpha + \beta_1 \times Ubr_{it} + \beta_2 Income_{it} + \beta_3 Nonincome_{it} + \beta_4 Ubr_{it} \times Income_{it}$$
$$+ \beta_5 Ubr_{it} \times Nonincome_{it} + \beta_6 Income_{it} \times Nonincome_{it} + \gamma X_{it} + \mu_t + \lambda_i + \varepsilon_{it}$$

(20-13)

其中，TFP_{it} 表示第 i 个省份的经济包容性增长指数；Ubr 表示城镇化水平；$Income$ 表示城乡收入差距变量；$Nonincome$ 表示城乡非收入差距变量；X_{it} 表示控制变量；μ_t 和 λ_i 分别表示空间效应和时间效应；ε_{it} 表示随机扰动项。

先对上述非空间效应面板模型进行估计，并且计算 LM 统计量检验结果，以及在空间和时间双固定效应模型下，空间固定效应和时间固定效应的联合显著性检验结果，见表 20-5。空间固定效应的 LR 检验结果为 0.6875（0.0000），不能拒绝原假设，而时间固定效应的 LR 检验结果为 60.0674***（2.7882），在 1% 显著性水平拒绝了原假设，即说明模型中不包含空间固定效应模型，只包含了时间固定效应模型，因此，LM 统计结果也应该在时间固定效应模型的基础上计算得到。

表 20-5　非空间面板模型的系数估计和 LM 检验

变量名称	混合估计模型	空间固定效应模型	时间固定效应模型	空间和时间固定效应模型
$Intercept$	-0.0005 (-0.1094)	—	—	—
Ubr	0.3996 (1.25257)	0.3998 (1.2540)	0.2637 (0.7678)	0.2643 (0.7695)
$Income$	1.6270*** (6.0535)	1.6275*** (6.0577)	1.7094*** (6.0494)	1.7107*** (6.0532)
$Nonincome$	2.3361*** (11.8104)	2.3354*** (11.8122)	2.3673*** (11.9718)	2.3666*** (11.9677)
$Ubr \times Income$	-0.2106 (-0.3755)	-0.2114 (-0.3770)	-0.3215 (-0.5594)	-0.3237 (-0.5631)
$Ubr \times Nonincome$	-0.8282** (-2.1774)	-0.8292** (-2.1813)	-0.8108** (-2.1527)	-0.8119** (-2.1559)
$Income \times Nonincome$	-2.0139*** (-5.7034)	-2.0119*** (-5.7006)	-2.0500*** (-5.7749)	-2.0478*** (-5.7686)
$Lngdp$	-0.2470* (-1.9513)	-0.2483* (-1.9613)	-0.4214*** (-2.6329)	-0.4240*** (-2.6475)
IS	-0.3613** (-2.3293)	-0.3612** (-2.3296)	-0.3295** (-1.9734)	-0.3295** (-1.9734)
$Capital$	0.0929** (2.2479)	0.0940** (2.2651)	0.1026** (2.4516)	0.1038** (2.4698)
$Dopen$	0.0537* (1.7498)	0.0537* (1.7501)	0.0462 (1.4900)	0.0462 (1.4898)
R^2	0.4658	0.4660	0.4506	0.4507
$LogL$	498.9566	499.2561	528.9460	529.2898
LM spatial lag	0.2091 (0.4579)	0.2082 (0.4565)	9.4536*** (3.0902)	9.4438*** (3.3201)

续表

变量名称	混合估计模型	空间固定效应模型	时间固定效应模型	空间和时间固定效应模型
$LM\ spatial\ error$	0.0579 (0.2404)	0.0598 (0.2443)	10.3024*** (3.2905)	10.3027*** (3.3818)
$R\text{-}LM\ spatial\ lag$	1.2934 (1.1383)	1.3009 (1.1409)	0.2849 (0.5330)	0.2817 (0.5302)
$R\text{-}LM\ spatial\ error$	1.1422 (1.0692)	1.1525 (1.0736)	1.1337 (1.0645)	1.1405 (1.0670)
空间固定效应 LR 检验			0.6875（0.0000）	
时间固定效应 LR 检验			60.0674***（2.7882）	

注：括号内为 t 值；***、**、*分别表示在1%、5%、10%的水平显著。

表20-5中时间固定效应的 LM 统计量检验均在1%显著性水平显著，说明SAR和SEM模型都成立，那么就需要进一步估计空间面板杜宾模型（SDM），根据式（20-10），本章采用的模型为：

$$TFP_{it} = \alpha + \gamma X_{it} + \mu_t + \lambda_i + \rho \sum_{j=1}^{N} w_{ij} TFP_{jt} + \beta_1 Ubr_{it} + \beta_2 Income_{it}$$
$$+ \beta_3 Nonincome_{it} + \beta_4 Ubr_{it} \times Income_{it} + \beta_5 Ubr_{it} \times Nonincome_{it}$$
$$+ \beta_6 Income_{it} \times Nonincome_{it} + \theta_1 \sum_{j=1}^{N} w_{ij} Ubr_{it} + \theta_2 \sum_{j=1}^{N} w_{ij} Income_{it}$$
$$+ \theta_3 \sum_{j=1}^{N} w_{ij} Nonincome_{it} + \theta_4 \sum_{j=1}^{N} w_{ij} Ubr_{it} \times Income_{it} + \theta_5 \sum_{j=1}^{N} w_{ij} Ubr_{it} \times Nonincome_{it}$$
$$+ \theta_6 \sum_{j=1}^{N} w_{ij} Income_{it} \times Nonincome_{it} + \theta_7 \sum_{j=1}^{N} w_{ij} X_{it} + \varepsilon_{it} \qquad (20-14)$$

式（20-14）中的参数含义与式（20-13）相同，w_{ij} 代表空间权重矩阵。表20-6是时间固定效应下的SDM模型的估计结果，由于在参数估计中可能会产生偏误，文本针对SDM模型进行了误差纠正。

表20-6　时间效应存在下的SDM模型估计结果

变量名称	时间固定效应模型	时间固定效应模型（误差修正）	时间随机效应模型
Ubr	0.1711 (0.5073)	0.1711 (0.4985)	0.1706 (0.5057)
$Income$	1.7530*** (6.2487)	1.7530*** (6.1400)	1.7521*** (6.2422)
$Nonincome$	2.4370*** (12.4172)	2.4370*** (12.2024)	2.4345*** (12.3979)
$Ubr \times Income$	-0.0942 (-0.1655)	-0.0942 (-0.1626)	-0.0945 (-0.1658)
$Ubr \times Nonincome$	-0.7697** (-2.0763)	-0.7697** (-2.0402)	-0.7684** (-2.0716)

续表

变量名称	时间固定效应模型	时间固定效应模型（误差修正）	时间随机效应模型
$Income \times Nonincome$	-2.2070 *** (-6.2775)	-2.2070 *** (-6.1690)	-2.2024 *** (-6.2610)
$Lngdp$	-0.3491 ** (-2.2067)	-0.3491 ** (-2.1684)	-0.3481 ** (-2.1992)
IS	-0.2987 * (-1.8261)	-0.2987 (-1.7944)	-0.2998 * (-1.8321)
$Capital$	0.1107 *** (2.6870)	0.1107 *** (2.6403)	0.1106 *** (2.6824)
$Dopen$	0.0471 (1.5367)	0.0471 (1.5100)	0.0469 (1.5313)
$W \times Ubr$	0.1895 (0.2207)	0.1895 (0.2169)	0.1864 (0.2169)
$W \times Income$	0.7335 (1.0268)	0.7335 (1.0092)	0.7152 (1.0006)
$W \times Nonincome$	1.7917 *** (3.9439)	1.7917 *** (3.8816)	1.7614 *** (3.8753)
$W \times (Ubr \times Income)$	0.2838 (0.2098)	0.2838 (0.2062)	0.2839 (0.2098)
$W \times (Ubr \times Nonincome)$	-0.3281 (-0.3533)	-0.3281 (-0.3472)	-0.3184 (-0.3427)
$W \times (Income \times Nonincome)$	-2.9592 *** (-4.0306)	-2.9592 *** (-3.9626)	-2.9277 *** (-3.9855)
$W \times Lngdp$	-0.5730 (-1.5291)	-0.5730 (-1.5026)	-0.5687 (-1.5168)
$W \times IS$	1.0377 ** (2.2715)	1.0377 ** (2.2321)	1.0389 ** (2.2729)
$W \times Capital$	0.0976 (0.9680)	0.0976 (0.9512)	0.0959 (0.9510)
$W \times Dopen$	0.1109 ** (1.9725)	0.1109 * (1.9383)	0.1100 * (1.9546)
R^2	0.5212	0.5212	0.4769
相关系数平方① $Corr^2$	0.4622	0.4622	0.4623
$LogL$	549.31376	549.01122	629.83116
Wald spatial lag	32.4258 *** (3.5828)	31.3467 *** (3.4733)	31.8621 *** (3.5258)
Wald spatial error	28.2818 *** (3.1560)	27.3068 *** (3.0485)	28.1438 *** (3.1382)
Hausman		24.3774 (1.0191)	

注：括号内为 t 值，***、**、* 分别表示在1%、5%、10%的水平显著。

---

① 测度模型拟合度的另外一种指标，真实值和拟合值之间的相关系数的平方。当模型中含有被解释变量的空间滞后值作为解释变量时，采用 R^2 更为合理；如果不存在则采用相关系数平方作为测量指标。

从 Wald 检验结果可知，空间滞后项和空间误差项均通过了 1% 的显著性水平检验，说明 SDM 模型可以简化成 SAR 和 SEM 模型，因此，其比 SAR 和 SEM 模型更加适用。最后通过 Hausman 检验可知，其统计值为 24.3774（1.0191），表示不能拒绝存在随机效应的原假设，因此，本章采用随机效应下的 SDM 模型更有效，这是由于随机效应模型可以有效避免自由度的损失。根据空间滞后变量（包括解释变量和控制变量）的系数估计以及显著性水平检验结果，可以发现，如果在模型估计中忽略了这些变量的空间滞后项，将会因遗漏变量而造成估计结果偏误，这也意味着在对经济包容性增长进行研究时，同时也要纳入这些变量的空间影响因子。随机效应 SDM 模型的实证检验结果表明，大部分变量回归系数的估计值均通过显著性检验。从各变量的估计系数中可以看出，经济包容性增长不仅受到城乡收入差距、城乡非收入差距、城镇化与城乡非收入差距交互效应、城乡差距交互效应、地区经济发展水平、产业结构以及资源禀赋的直接影响，还受到相邻地区城乡非收入差距、城乡差距交互效应、产业结构和对外开放程度的影响。在其他条件不变的情况下，本地区城乡收入和非收入差距的缩小，以及资源禀赋条件的改善都能够显著提升区域经济包容性增长水平，而且相邻地区的城乡非收入差距、产业结构调整和对外开放程度的提高也能够促进本地区经济包容性增长水平的提高；但是城镇化与城乡收入差距的交互作用、城乡收入差距和非收入差距的交互作用、地区经济发展水平的提高和产业结构的优化升级均对经济包容性增长有显著的负向影响，而相邻地区的城乡收入差距和非收入差距的交互作用也不利于本地区经济包容性水平的提高。

由于以上空间变量检验采用了点估计的方法，实证结果可能存在偏差，因此，需要进一步利用式（20-11）的方法，将各因素对经济包容性增长的影响按来源不同分为直接影响和空间溢出效应。本章根据随机效应下的 SDM 模型的参数估计结果，对各因素的影响效应进行了分解，见表 20-7。

表 20-7　各变量对经济包容性增长的直接影响和空间溢出效应

变量名称	时间随机效应模型		
	直接影响	空间溢出效应	总效应
Ubr	0.1617 (0.4782)	0.1494 (0.1995)	0.3111 (0.3970)
$Income$	1.7353 *** (6.3211)	0.2642 (0.4394)	1.9994 *** (3.2789)
$Nonincome$	2.3940 *** (11.9900)	0.9777 ** (2.6646)	3.3716 *** (9.0658)
$Ubr \times Income$	-0.1022 (-0.8574)	0.2316 (0.2040)	0.1294 (0.1043)
$Ubr \times Nonincome$	-0.7808 ** (-0.1813)	-0.0829 (-0.1029)	-0.8637 (-1.0720)

续表

变量名称	时间随机效应模型		
	直接影响	空间溢出效应	总效应
Income × Nonincome	-2.1140 *** (-2.1612)	-2.0151 *** (-3.2580)	-4.1291 *** (-6.5030)
Lngdp	-0.3326 ** (-6.0628)	-0.4129 (-1.1979)	-0.7455 ** (-2.2161)
IS	-0.3395 ** (-2.0811)	0.9362 ** (2.4689)	0.5967 (1.5411)
Capital	0.1071 (2.7713)	0.0585 (0.6802)	0.1656 * (1.7387)
Dopen	0.0446 (1.4510)	0.0821 ** (1.6078)	0.1267 ** (2.2830)

注：括号内为 t 值；***、**、* 分别表示在1%、5%、10%的水平显著。

由表20-7可知，城镇化水平对经济包容性增长没有显著影响，但是城镇化水平与城乡非收入差距的交互效应对经济包容性增长具有显著直接影响，且影响为负，这说明目前中国城镇化进程扩大了城乡非收入差距，这与上述理论分析中城镇化、城乡差距以及二者的交互效应对区域经济的包容性增长的作用机制的第二条路径相对应。城乡非收入差距的扩大导致了城市的无序蔓延，降低了城镇化质量，同时恶化了城乡收入差距，使得经济增长的成果在城乡之间分配失衡，不利于经济的包容性增长。然而城镇化以及城镇化与城乡差距的交互效应的空间溢出效应均不显著，一方面，这可能是因为城镇化质量的增长速度远远不及城镇化水平的增长速度，城镇化进程中城镇基础设施以及社会文化建设无法满足日益增长的人口的需求，其溢出效应不显著；另一方面，城镇化水平的溢出效应是一个区域的现象，随着地理空间范围的扩大，其溢出效应不再显著。城乡收入差距对经济包容性增长的直接影响为1.7353，且在1%显著性水平显著，这说明各省份城乡收入差距的减小对经济包容性增长具有显著的促进作用，这与理论分析保持一致。但是其空间溢出效应并不显著，这可能受到全球化趋势的影响，自中国加入WTO以来，各相邻省份之间的联系因经济全球化而变得越来越紧密，各省经济发展受到国际经济局势变化的影响日益增大，而受其相邻省份的影响则日益减小。城乡非收入差距对经济包容性增长的直接影响显著为正，即城乡非收入差距的减小会促进经济包容性增长的提高，这与上述理论分析也是一致的。值得注意的是，其空间溢出效应也显著为正，这说明我国各省份城乡非收入差距具有溢出效应，其差距的减小不仅能够促进本省的经济包容性增长，还能促进其他相邻省份的经济包容性增长，从而有利于我国整体经济包容性增长的提高，是一个互利共赢的博弈。地区经济发展水平对经济包容性增长的直接影响显著为负，即地区经济发展水平的提高会抑制经济的包容性增长，这是由于地区经济发展水平的提高尽管加速了区域全民整体财富的积累效应，但是这种财富积累效应取得的成果更多产生在城镇的二三产业，因而更多被城镇居民获得，农村居民由于劳动力素质较低，更多在农村从事第一产业，即使有在城镇从事二三产业，也多从事体力劳动，因而难以参与财富分配和成果分享，从而导致了城乡收入差距的进一步扩大，因而不利于经济包容性增长。然而其空间溢出效应为负且并不显著，这可能与上述分析的城镇化水平一样，地区经济发展对经济包容性增长的影响也是一个地区现象，随着空间地理距离的增加，其影响效果不再显著。产业结构对经济包容性增长的直接影响显著为负，一方面，这与中国改革开放以来重工业和制造业为主的发展现状有关，重工业和制造业占比较大，造成部分地区产能过剩，技术进步提升缓慢，生产效率低下，不利于经济包容性增长；另一方面，由于农村劳动力质量不高，多从事低端产业，与从事高新技术产业的城镇居民相比，其收入差距越来越大，也不利于经济包容性增长。值得注意的是，其空间溢出效应显著为正，且溢出效应要比直接影响强度更大，这说明产业结构具有溢出效应，产业结构的发展虽然对本省的经济包容性增长具有抑制作用，但是能促进相邻省份的经济包容性增长，这是因为各省份第三产业的发展，尤其是高新技术产业的发展具有正向知识溢出效应，带动了相邻省份第三产业的发展，从而促进了相邻省份的经济包容性增长。各省在产业结构演进的过程中更要注重产业结构的合理化，积极推进服务业和高新技术产业的发展。资源禀赋对经济包容性增长的直接影响和溢出效应均为正且均不显著。理论上来讲，改革开放以来，工业化的发展也是劳动力资本积累的过程，应该对经济包容性增长具有促进作用。但是我国资源禀赋存在地区差异，东部沿海地区经济相对发达，相应的资源禀赋较高，而中西部地区经济落后，资本积累较少，地区间资源分布的不均衡，使得资源禀赋对经济包容性增长的作用不显著。对外开放程度对经济包容性增长的直接影响不显著，然而，其空间溢出效应表现出显著的正向影响，这说明各省份在引进外资、技术，提高对外开放程度的同时，仅靠自身的对外开放是远远不够的，更应加强与相邻地区的交流与合作，利用自身的比较优势在发展优势产业的同时，注重与相邻省份之间进行优势互补，取长补短，才能够更好地发挥对外开放程度对经济包容性增长的促进作用。

20.6 本章小结

本章以城镇化、城乡差距对经济包容性增长的影响机制为理论基础，先运用 Hicks-Moorsteen 指数对 1978~2015 年国内 29 个省份的包容性 TFP 进行了测度、比较和分析。研究结果表明：一是我国经济的包容性 TFP 增长率呈现出波动中递减的发展趋势，并由正变负。同时，包容性 TFP 指数要远低于传统 TFP 指数的取值，说明不考虑城乡差距情况下的经济增长效率被高估。二是包容性 TFP 指数出现剧烈波动的节点与改革进程和重大事件密切相关。三是地区之间的差异明显，除了广东省以外，其他省份的包容性 TFP 指数均值小于 1，与东部地区相比，中、西部地区的包容性 TFP 要偏低，这些地区不仅面临经济增长的压力，而且也同时面临城乡差距扩大的挑战。四是包容性 TFP 增长分解的结果表明，中国大部分省份的规模效率和范围效率是有效的，而资源配置效率是无效的。进一步采用空间面板数据模型实证检验了本地城镇化、城乡差距及其交互效应对经济包容性增长的直接影响，以及相邻地区城镇化、城乡差距及其交互效应对本地经济包容性增长的空间溢出效应。实证检验的结果表明：一是城镇化本身对经济包容性增长的影响并不显著，但是通过与城乡非收入差距的交互作用则对经济包容性增长产生了显著的负面影响，说明城镇化进程中的大量固定资产投资和基础设施建设让城镇居民获得更多的收益，进一步加剧了城乡收入差距，从而不利于经济的包容性增长；二是我国城乡收入差距与城乡非收入差距均对经济包容性增长产生了显著的正向影响，并且城乡收入差距和非收入差距存在明显的空间溢出效应，对相邻地区的经济包容性增长也会产生显著影响；三是控制变量对经济包容性增长的影响各异。地区经济发展水平、产业结构对经济包容性增长的直接影响显著为负，而产业结构、对外开放程度对经济包容性增长的空间溢出效应存在显著的积极影响，资源禀赋对经济包容性增长的影响并不显著。

本章提出促进我国经济包容性增长的政策建议如下。（1）应努力推进城乡公共服务的均等化，缩小城乡非收入差距。在城镇化进程中，应加强城镇基础设施建设的同时加强对农村的资金投放，积极推进农村基础设施建设和非农化产业的发展，继续落实"三农"政策，增加农业的资金和技术投资，努力提高农业的规模化生产，增加农民收入。同时，应该改革现有的户籍制度、医疗保险制度和社会保障制度，让农村居民可以与城镇居民享有同样的教育、医疗、住房等服务，并能够共享经济发展取得成果的红利，从而实现经济包容性增长。（2）提升农村人力资本，缩小城乡收入差距。应该加大农村教育投入，积极引导农民工进城，为其提供岗位培训，提高农村劳动力质量，增加其收入，进而缩小城乡收入差距。（3）优化产业结构，大力扶持第三产业的发展，使其充分发挥空间溢出效应。鉴于产业结构调整对包容性增长具有显著的空间溢出效应，政府应该大力扶持城镇劳动密集型服务行业的发展，增加城镇就业岗位，尤其是随着我国人口老龄化的趋势日益凸显，养老产业的发展亟须大量的从业人员。政府应该积极扶持养老服务产业的发展，大力培训相关的从业人员让这些低技能岗位的就业者各尽所能、各得其所，不断融入城市生活之中（陶希东，2013）。（4）提高资源配置效率，促进区域间的协调发展。鉴于我国存在的普遍的配置效率无效，同时考虑到不同地区之间的城镇化进程不是完全独立的，为此相邻省份之间应该加强联系，提高区域开放程度，并制定区域间的城镇化协调发展策略，各省份能够充分利用自身的资源禀赋和比较优势来发展优势产业，形成区域间的优势互补，加强资源在区域内部和区域之间的流动性，从而实现资源的有效配置和自由流动，实现相邻区域的共同发展。（5）我国城镇化水平相对较低，大部分城市仍能吸纳大量农村移民。城镇化本身是缩小我国城乡差距的关键力量。此外，城镇化通过收入增长效应间接影响农业生产投入的组合。因此，可以预见，随着城镇化进程的推进，农民追求收入增长的机会将增加，对化肥和其他农用化学品的依赖程度将逐步下降。因此，城镇化对提高农业生产投入的配置效率、降低环境污染风险、消除城乡矛盾具有重要作用，特别是要实现居民对健康生活的追求，必须加强我国的环境保护和治理，重视城镇化对改善环境质量的作用。

附 录

附表1　　　　　　　　　不同能源的碳排放转换因子

能源名称	碳排放因子（TC/TJ）	低位热值（GJ/T）	碳氧化比率
原煤	25.8	20.908	0.899
洗精煤	25.8	26.344	0.899
其他洗煤	25.8	9.409	0.899
型煤	25.8	16.800	0.899
焦炭	29.2	28.435	0.970
焦炉煤气	12.1	17.981（GJ/10^3m^3）	0.990
其他煤气	12.1	8.429（GJ/10^3m^3）	0.990
原油	20.0	41.816	0.980
汽油	18.9	43.070	0.980
煤油	19.5	43.070	0.980
柴油	20.2	42.652	0.980
燃料油	21.1	41.816	0.980
液化石油气	17.2	50.179	0.990
炼厂干气	15.7	45.998	0.990
天然气	15.3	38.931（GJ/10^3m^3）	0.990
其他石油制品	20.0	40.190	0.980
其他焦化产品	29.2	28.435	0.970

资料来源：表中低位热值来源于《中国能源统计年鉴》（2016）；碳排放因子和碳氧化比率来源于IPCC国家温室气体清单指南。

附表2　　　　　　　　中国各省区市电力的CO_2排放系数

省区市	所属区域	CO_2排放系数（tCO_2/MWh）
北京、天津、河北、山西、山东、内蒙古	华北区域电网	1.0069
辽宁、吉林、黑龙江	东北区域电网	1.1293
上海、江苏、浙江、安徽、福建	华东区域电网	0.8825
河南、湖北、湖南、江西、四川、重庆	华中区域电网	1.1255
陕西、甘肃、青海、宁夏、新疆	西北区域电网	1.0246
广东、广西、云南、贵州	南方电网	0.9987
海南	海南电网	0.8154

资料来源：《关于公布2009年中国区域电网基准线排放因子的公告》。

附表3　　　　　　　　中国各省区市热力的 CO_2 排放系数

省区市	CO_2排放系数	省区市	CO_2排放系数	省区市	CO_2排放系数	省区市	CO_2排放系数	省区市	CO_2排放系数
安徽	116	贵州	292	湖南	110	宁夏	120	四川	105
北京	88	海南	57	吉林	132	青海	245	天津	108
福建	112	河北	122	江苏	109	山东	114	新疆	109
甘肃	110	河南	124	江西	134	山西	116	云南	149
广东	93	黑龙江	155	辽宁	130	陕西	149	浙江	104
广西	153	湖北	122	内蒙古	160	上海	102	重庆	98

资料来源：表格数据来源于李艳梅，张红丽．城镇化对家庭 CO_2 排放影响的区域差异［J］．资源科学，2016，38（3）：0545-0556．

附表4　　　　　　　　16 种化石燃料的二氧化碳排放系数

化石燃料	平均净热值	碳含量	碳氧化因子	二氧化碳排放系数
原煤	20 908（TJ/Mt）	26.42（t-C/TJ）	0.93	1.8836（10^4t-CO_2/10^4t）
洗精煤	26 344（TJ/Mt）	25.41（t-C/TJ）	0.98	2.4054（10^4t-CO_2/10^4t）
其他洗煤	8 363（TJ/Mt）	25.41（t-C/TJ）	0.98	0.7636（10^4t-CO_2/10^4t）
焦炭	28 435（TJ/Mt）	29.50（t-C/TJ）	0.93	2.8604（10^4t-CO_2/10^4t）
其他焦化产品	28 435（TJ/Mt）	29.50（t-C/TJ）	0.93	2.8604（10^4t-CO_2/10^4t）
原油	41 816（TJ/Mt）	20.10（t-C/TJ）	0.98	3.0202（10^4t-CO_2/10^4t）
汽油	43 070（TJ/Mt）	18.90（t-C/TJ）	0.98	2.9251（10^4t-CO_2/10^4t）
煤油	43 070（TJ/Mt）	19.60（t-C/TJ）	0.98	3.0334（10^4t-CO_2/10^4t）
柴油	42 652（TJ/Mt）	20.20（t-C/TJ）	0.98	3.0959（10^4t-CO_2/10^4t）
燃料油	41 816（TJ/Mt）	21.10（t-C/TJ）	0.98	3.1705（10^4t-CO_2/10^4t）
其他石油产品	40 200（TJ/Mt）	20.00（t-C/TJ）	0.98	2.8890（10^4t-CO_2/10^4t）
液化石油气	50 179（TJ/Mt）	17.20（t-C/TJ）	0.98	3.1013（10^4t-CO_2/10^4t）
精炼煤气	45 998（TJ/Mt）	18.20（t-C/TJ）	0.98	3.0082（10^4t-CO_2/10^4t）
天然气	38 931（TJ/Gcu.m）	15.30（t-C/TJ）	0.99	21.6219（10^4t-CO_2/10^8cu.m）
焦炉煤气	16 726（TJ/Gcu.m）	13.58（t-C/TJ）	0.99	8.2451（10^4t-CO_2/10^8cu.m）
其他煤气	16 726（TJ/Gcu.m）	13.58（t-C/TJ）	0.99	8.2451（10^4t-CO_2/10^8cu.m）

附表5　　　　　　　　7 种产品的二氧化碳排放系数

产品	二氧化碳排放系数
水泥	0.538（t-CO_2/t）
石灰	0.683（t-CO_2/t）
普通玻璃	0.200（t-CO_2/t）
电石	1.154（t-CO_2/t）
苏打灰	0.138（t-CO_2/t）
铁	1.600（t-CO_2/t）
钢铁	0.248（t-CO_2/t）

附表 6　　工业分部门的分类和编码

编码	分部门
S1	煤炭开采和洗涤
S2	石油和天然气的提取
S3	亚铁矿石的开采与加工
S4	非黑色金属矿石的开采和加工
S5	非金属矿石的开采和加工
S6	农产品加工食品
S7	食品制造
S8	白酒、饮料和精制茶的制造
S9	烟草制造
S10	纺织品制造
S11	纺织、服装及配件制造
S12	皮革、毛皮、羽毛及相关产品和鞋类的制造
S13	木材加工，木材制造，竹，藤，棕榈和稻草产品
S14	家具制造
S15	纸及纸制品制造
S16	录音媒体的印刷和复制
S17	制作文化、教育、工艺美术、体育和娱乐活动用品
S18	石油、焦化和核燃料加工
S19	原材料和化工产品的制造
S20	药品制造
S21	化学纤维的制造
S22	橡胶制造
S23	塑料制造
S24	非金属矿物制品的制造
S25	铁金属的冶炼和压制
S26	有色金属冶炼及压制
S27	金属制品制造
S28	通用机械制造
S29	专用机械制造
S30	运输设备制造
S31	机电设备制造
S32	计算机、通信和其他电子设备的制造
S33	测量仪器和机械的制造
S34	电力和热电的生产和供应
S35	天然气的生产和供应
S36	水的生产和供应

参考文献

[1] 白彦锋,刘畅.中央政府土地政策及其对地方政府土地出让行为的影响:对"土地财政"现象成因的一个假说 [J].财贸经济,2013,34 (7):29-37.

[2] 白忠菊,藏波,杨庆媛.基于脱钩理论的城市扩张速度与经济发展的时空耦合研究——以重庆市为例 [J].经济地理,2013,33 (8):52-60.

[3] 蔡荣鑫."包容性增长"理念的形成及其政策内涵 [J].经济学家,2009 (1):102-104.

[4] 曹珂,屈小娥.中国区域碳排放绩效评估及减碳潜力研究 [J].中国人口·资源与环境,2014,24 (8):24-32.

[5] 曹文莉,张小林,潘义勇,等.发达地区人口、土地与经济城镇化协调发展度研究 [J].中国人口·资源与环境,2012 (2):141-146.

[6] 钞小静,沈坤荣.城乡收入差距、劳动力质量与中国经济增长 [J].经济研究,2014,49 (6):30-43.

[7] 陈斌开,徐帆,谭力.人口结构转变与中国住房需求:1999—2025——基于人口普查数据的微观实证研究 [J].金融研究,2012 (1):129-140.

[8] 陈斌开,杨汝岱.土地供给、住房价格与中国城镇居民储蓄 [J].经济研究,2013 (1):110-122.

[9] 陈斌开,张川川.人力资本和中国城市住房价格 [J].中国社会科学,2016 (5):43-64,205.

[10] 陈创练,戴明晓.货币政策、杠杆周期与房地产市场价格波动 [J].经济研究,2018 (9):52-67.

[11] 陈浩,汪敏.中国地方政府土地出让行为的竞争效应研究 [J].中央财经大学学报,2016 (10):19-30.

[12] 陈红蕾,覃伟芳.中国经济的包容性增长:基于包容性全要素生产率视角的解释 [J].中国工业经济,2014 (1):18-30.

[13] 陈建华.蔓延与极化:中国国际化城市空间发展趋向批判 [J].学术月刊,2009,41 (4):11-18.

[14] 陈建军,周维正.空间视角下的地方政府土地经营策略、竞争机制和中

国的城市层级体系：来自中国186个地级市的经验证据［J］．中国土地科学，2016，30（3）：4－11．

［15］陈利根，成程．基于农民福利的宅基地流转模式比较与路径选择［J］．中国土地科学，2012，26（10）：67－74．

［16］陈明星，陆大道，张华．中国城市化水平的综合测度及其动力因子分析［J］．地理学报，2009，64（4）：387－398．

［17］陈沁，宋铮．城市化将如何应对老龄化？从中国城乡人口流动到养老基金平衡的视角［J］．金融研究，2013（6）：1－15．

［18］陈秋玲，祝影，叶明确，等．城市包容性发展与中国新型城市化［J］．南京理工大学学报（社会科学版），2012，25（5）：17－24．

［19］陈诗一，陈登科．雾霾污染、政府治理与经济高质量发展［J］．经济研究，2018，53（2）：20－34．

［20］陈诗一，严法善，吴若沉．资本深化、生产率提高与中国二氧化碳排放变化——产业、区域、能源三维结构调整视角的因素分解分析［J］．财贸经济，2010（12）：111－119．

［21］陈诗一．中国各地区低碳经济转型进程评估［J］．经济研究，2012（8）：32－44．

［22］陈卫民，施美程．人口老龄化促进服务业发展的需求效应［J］．人口研究，2014，38（5）：3－16．

［23］陈锡文，陈昱阳，张建军．中国农村人口老龄化对农业产出影响的量化研究［J］．中国人口科学，2011（2）：39－46，111．

［24］陈小赟．"十三五"农村土地制度改革对推进城镇化的影响：以江苏省为例［J］．城市规划，2015，39（3）：29－33，41．

［25］陈晓红，张文忠，张海峰．中国城市空间拓展与经济增长关系研究：以261个地级市为例［J］．地理科学，2016，36（8）：1141－1147．

［26］陈彦斌，郭豫媚，姚一旻．人口老龄化对中国高储蓄的影响［J］．金融研究，2014（1）：71－84．

［27］陈义国，陈甬军．中国的城市化与城乡包容性增长［J］．暨南学报（哲学社会科学版），2014，36（10）：87－94，162．

［28］谌莹，张捷．碳排放、绿色全要素生产率和经济增长［J］．数量经济技术经济研究，2016（8）：47－63．

［29］程开明，李金昌．城市偏向、城市化与城乡收入差距的作用机制及动态分析［J］．数量经济技术经济研究，2007（7）：116－125．

［30］程开明．城市化、技术创新与经济增长：基于创新中介效应的实证研究［J］．统计研究，2009，26（5）：40－46．

［31］程玉鸿，卢婧．城市蔓延研究述评［J］．城市发展研究，2016，23（4）：

45-50.

[32] 崔玮, 苗建军, 杨晶. 基于碳排放约束的城市非农用地生态效率及影响因素分析 [J]. 中国人口资源与环境, 2013, 23 (7): 63-69.

[33] 戴永安. 中国城市化效率及其影响因素: 基于随机前沿生产函数的分析 [J]. 数量经济技术经济研究, 2010 (12): 103-117, 132.

[34] 邓吉祥, 刘晓, 王铮. 中国碳排放的区域差异及演变特征分析与因素分解 [J]. 自然资源学报, 2014, 29 (2): 189-200.

[35] 邓涛涛, 王丹丹, 程少勇. 高速铁路对城市服务业集聚的影响 [J]. 财经研究, 2017, 43 (7): 119-132.

[36] 邓涛涛, 王丹丹. 中国高速铁路建设加剧了"城市蔓延"吗?——来自地级城市的经验证据 [J]. 财经研究, 2018, 44 (10): 125-137.

[37] 邓卫. 探索适合国情的城市化道路——城市规模问题的再认识 [J]. 城市规划, 2000, (3): 51-53, 64.

[38] 邓羽, 司月芳. 北京市城区扩展的空间格局与影响因素 [J]. 地理研究, 2015, 34 (12): 2247-2256.

[39] 丁志国, 赵宣凯, 赵晶. 直接影响与空间溢出效应: 我国城市化进程对城乡收入差距的影响路径识别 [J]. 数量经济技术经济研究, 2011, 28 (9): 118-130.

[40] 董锋, 刘晓燕, 龙如银, 等. 基于三阶段DEA模型的我国碳排放效率分析 [J]. 运筹与管理, 2014, (4): 196-205.

[41] 董捷, 员开奇. 湖北省土地利用碳排放总量及其效率 [J]. 水土保持通报, 2016, 36 (2): 337-342.

[42] 董维, 蔡之兵. 城镇化类型与城市发展战略: 来自城市蔓延指数的证据 [J]. 东北大学学报 (社会科学版), 2016, 18 (2): 137-142.

[43] 董艳梅, 朱英明. 高铁建设能否重塑中国的经济空间布局——基于就业、工资和经济增长的区域异质性视角 [J]. 中国工业经济, 2016 (10): 92-108.

[44] 杜慧滨, 王洋洋. 中国区域全要素二氧化碳排放绩效及收敛性分析 [J]. 系统工程学报, 2013, 28 (2): 256-264.

[45] 杜坤, 田莉. 土地财政驱动下的城乡建设用地扩张——以长三角为例的研究 [J]. 城市发展研究, 2017, 24 (8): 91-99.

[46] 杜鹏, 王武林. 论人口老龄化程度城乡差异的转变 [J]. 人口研究, 2010, 34 (2): 3-10.

[47] 杜志雄, 肖卫东, 詹琳. 包容性增长理论的脉络、要义与政策内涵 [J]. 中国农村经济, 2010 (11): 4-14, 25.

[48] 范丹. 经济转型视角下中国工业行业环境全要素生产率及增长动力分析 [J]. 中国环境科学, 2015, 35 (10): 3177-3186.

[49] 范建红, 蔡克光. 美国城市蔓延治理及其对中国的启示：基于土地制度的视角 [J]. 城市问题, 2014, (10): 78-83.

[50] 范建双, 任逸蓉. 违法用地对土地可持续集约利用的影响机制及效应研究 [J]. 中国土地科学, 2018, 32 (3): 52-58.

[51] 范建双, 虞晓芬, 赵磊. 中国国有、私营和外资工业企业地区间效率差异研究 [J]. 数量经济技术经济研究, 2015, 32 (6): 21-38.

[52] 范建双, 虞晓芬. 土地利用效率的区域差异与产业差异的收敛性检验 [J]. 统计与决策, 2015 (10): 99-103.

[53] 范剑勇, 莫家伟, 张吉鹏. 居住模式与中国城镇化——基于土地供给视角的经验研究 [J]. 中国社会科学, 2015 (4): 44-63.

[54] 范小敏, 徐盈之. 财政压力、土地出让方式与空间竞争 [J]. 山西财经大学学报, 2018, 40 (11): 13-26.

[55] 范子英, 刘甲炎. 为买房而储蓄——兼论房产税改革的收入分配效应 [J]. 管理世界, 2015 (5): 18-27.

[56] 方创琳, 王德利. 中国城市化发展质量的综合测度与提升路径 [J]. 地理研究, 2011 (11): 1931-1946.

[57] 方精云, 郭兆迪, 朴世龙, 等. 1981—2000 年中国陆地植被碳汇的估算 [J]. 中国科学 (D 辑: 地球科学), 2007 (6): 804-812.

[58] 方晓萍, 丁四保. 中国城市住房价格的地理扩散及其区域外部性问题 [J]. 地理科学, 2012, 32 (2): 143-148.

[59] 冯博, 王雪青, 刘炳胜. 考虑碳排放的中国建筑业能源效率省际差异分析 [J]. 资源科学, 2014, 36 (6): 1256-1266.

[60] 冯博, 王雪青. 中国各省建筑业碳排放脱钩及影响因素研究 [J]. 中国人口·资源与环境, 2015, 25 (4): 28-34.

[61] 冯蕊, 朱坦, 陈胜男, 等. 天津市居民生活消费 CO_2 排放估算分析 [J]. 中国环境科学, 2011, 31 (1): 163-169.

[62] 傅利平, 李永辉. 地方政府官员晋升竞争、个人特征对城市扩张的影响——基于全国地级市面板数据的实证分析 [J]. 城市问题, 2015 (1): 27-32, 40.

[63] 盖凯程, 李俊丽. 中国城市土地市场化进程中的地方政府行为研究 [J]. 财贸经济, 2009 (6): 121-126.

[64] 高帆, 汪亚楠. 城乡收入差距是如何影响全要素生产率的? [J]. 数量经济技术经济研究, 2016, 33 (1): 92-109.

[65] 高鸣, 宋洪远. 中国农业碳排放绩效的空间收敛与分异：基于 Malmquist-luenberger 指数与空间计量的实证分析 [J]. 经济地理, 2015, 35 (4): 142-148, 185.

[66] 官大鹏, 赵涛, 慈兆程, 等. 基于超效率 SBM 的中国省际工业化石能源

效率评价及影响因素分析 [J]. 环境科学学报, 2015, 35 (2): 585-595.

[67] 官汝凯. 财政不平衡和房价上涨: 中国的证据 [J]. 金融研究, 2015 (4): 66-81.

[68] 官汝凯. 分税制改革、财政分权和房价水平 [J]. 经济理论与经济管理, 2012 (4): 45-56.

[69] 官汝凯. 分税制改革与中国城镇房价水平: 基于省级面板的经验证据 [J]. 金融研究, 2012a (8): 70-83.

[70] 顾鹏, 马晓明. 基于居民合理生活消费的人均碳排放计算 [J]. 中国环境科学, 2013, 33 (8): 1509-1517.

[71] 关海玲, 陈建成, 曹文. 碳排放与城市化关系的实证 [J]. 中国人口·资源与环境, 2013, 23 (4): 111-116.

[72] 关江华, 黄朝禧, 胡银根. 不同生计资产配置的农户宅基地流转家庭福利变化研究 [J]. 中国人口·资源与环境, 2014, 24 (10): 135-142.

[73] 关江华, 黄朝禧, 胡银根. 基于 Logistic 回归模型的农户宅基地流转意愿研究: 以微观福利为视角 [J]. 经济地理, 2013, 33 (8): 128-133.

[74] 关江华, 黄朝禧. 农村宅基地流转利益主体博弈研究 [J]. 华中农业大学学报, 2013 (3): 30-35.

[75] 郭炳南, 魏润卿, 程贵孙. 外商直接投资、城市化与中国 CO_2 排放: 来自时间序列和省际面板数据的经验证据 [J]. 山西财经大学学报, 2013, 35 (8): 12-20.

[76] 郭峰, 胡军. 官员任期、政绩压力和城市房价——基于中国 35 个大中城市的经验研究 [J]. 经济管理, 2014, 36 (4): 9-18.

[77] 郭继强, 陆利丽, 姜俪. 老龄化对城镇居民收入不平等的影响 [J]. 世界经济, 2014 (3): 129-144.

[78] 郭珂. 土地财政依赖、财政缺口与房价: 基于省际面板数据的研究 [J]. 经济评论, 2013 (2): 69-75.

[79] 郭萍, 余康, 黄玉. 中国农业全要素生产率地区差异的变动与分解: 基于 Färe-Primont 生产率指数的研究 [J]. 经济地理, 2013, 33 (2): 141-145.

[80] 郭文, 孙涛. 城镇化对中国区域能源消费及居民生活能源消费的影响 [J]. 中国环境科学, 2015, 35 (10): 3166-3176.

[81] 郭熙保, 李通屏, 袁蓓. 人口老龄化对中国经济的持久性影响及其对策建议 [J]. 经济理论与经济管理, 2013 (2): 43-50.

[82] 郭瑜. 人口老龄化对中国劳动力供给的影响 [J]. 经济理论与经济管理, 2013 (11): 49-58.

[83] 郭震威, 齐险峰. 人口老龄化另一种测量指标 [J]. 人口研究, 2013, 37 (3): 51-55.

[84] 郭志刚. 我国人口城镇化现状的剖析——基于 2010 年人口普查数据 [J]. 社会学研究, 2014 (1): 10-24.

[85] 韩博, 刘雅婷, 陈鑫, 等. 民航飞机起飞过程细粒子排放特征 [J]. 中国环境科学, 2017, 37 (5): 1620-1627.

[86] 韩峰, 谢锐. 生产性服务业集聚降低碳排放了吗? 对我国地级及以上城市面板数据的空间计量分析 [J]. 数量经济技术经济研究, 2017 (3): 40-58.

[87] 韩骥, 周翔, 象伟宁. 土地利用碳排放效应及其低碳管理研究进展 [J]. 生态学报, 2016, 36 (4): 1152-1161.

[88] 韩晶, 王赟, 陈超凡. 中国工业碳排放绩效的区域差异及影响因素研究: 基于省域数据的空间计量分析 [J]. 经济社会体制比较, 2015 (1): 113-124.

[89] 韩娟, 金晓斌, 张志宏, 等. 中国住宅出让地价发育特征及其影响因素分析 [J]. 地理科学, 2017, 37 (4): 573-584.

[90] 韩立彬, 陆铭. 供需错配: 解开中国房价分化之谜 [J]. 世界经济, 2018, 41 (10): 126-149.

[91] 韩增林, 刘天宝. 中国地级以上城市城市化质量特征及空间差异 [J]. 地理研究, 2009 (6): 1508-1515.

[92] 何靖. 延付高管薪酬对银行风险承担的政策效应——基于银行盈余管理动机视角的 PSM-DID 分析 [J]. 中国工业经济, 2016 (11): 126-143.

[93] 何文举. 基于解释结构模型的湖南省城市化质量影响因素分析 [J]. 地域研究与开发, 2013 (4): 49-53.

[94] 洪世键, 张京祥. 城市蔓延的界定及其测度问题探讨: 以长江三角洲为例 [J]. 城市规划, 2013, 37 (7): 42-45, 80.

[95] 洪世键, 张京祥. 城市蔓延机理与治理: 基于经济与制度的分析 [M]. 南京: 东南大学出版社, 2012.

[96] 洪兴建, 李金昌. 两极分化测度方法述评与中国居民收入两极分化 [J]. 经济研究, 2007 (11): 139-153.

[97] 胡鞍钢, 刘生龙, 马振国. 人口老龄化、人口增长与经济增长: 来自中国省际面板数据的实证证据 [J]. 人口研究, 2012, 36 (3): 14-26.

[98] 胡翠, 许召元. 人口老龄化对储蓄率影响的实证研究: 来自中国家庭的数据 [J]. 经济学 (季刊), 2014, 13 (4): 1345-1364.

[99] 胡小芳, 刘凌览, 张越, 等. 新型城镇化中农村宅基地置换满意度研究: 基于湖北省彭墩村的调查 [J]. 中国土地科学, 2014, 28 (12): 63-70.

[100] 胡颖, 诸大建. 中国建筑业 CO_2 排放与产值、能耗的脱钩分析 [J]. 中国人口·资源与环境, 2015, 25 (8): 50-57.

[101] 胡宗义, 唐李伟, 苏静. 省域碳排放强度的收敛性与动态演进 [J]. 资源科学, 2015, 37 (1): 142-151.

[102] 华坚, 任俊, 徐敏, 等. 基于三阶段DEA的中国区域二氧化碳排放绩效评价研究 [J]. 资源科学, 2013, 35 (7): 1447-1454.

[103] 黄静, 王洪卫. 土地供给方式对房价的影响研究——基于面板误差修正模型的实证分析 [J]. 上海财经大学学报, 2012, 14 (4): 90-97.

[104] 黄秋菊, 景维民. 经济转型与包容性增长的关联度 [J]. 改革, 2011 (9): 28-32.

[105] 黄贤金. 城乡土地市场一体化对土地利用/覆被变化的影响研究综述 [J]. 地理科学, 2017, 37 (2): 200-208.

[106] 纪建悦, 姜兴坤. 我国建筑业碳排放预测研究 [J]. 中国海洋大学学报 (社会科学版), 2012 (1): 53-57.

[107] 贾雁岭, 童锦治, 黄克珑. 房地产税、土地出让金对城市扩张的影响——以中国35个大中型城市为例 [J]. 城市问题, 2016 (2): 41-48.

[108] 姜永宏, 蒋伟杰. 中国上市商业银行效率和全要素生产率研究: 基于Hicks-Moorsteen TFP指数的一个分析框架 [J]. 中国工业经济, 2014 (9): 109-121.

[109] 蒋涤非, 宋杰, 刘蓉. 健康城市化的响应机制及指标体系: 基于包容性增长的视角 [J]. 城市问题, 2012 (5): 15-20.

[110] 蒋芳, 刘盛和, 袁弘. 北京城市蔓延的测度与分析 [J]. 地理学报, 2007 (6): 649-658.

[111] 揭懋汕, 郭洁, 陈罗烨, 等. 碳约束下中国县域尺度农业全要素生产率比较研究 [J]. 地理研究, 2016, 35 (5): 898-908.

[112] 康传坤. 人口老龄化会阻碍城市化进程吗?——基于中国省级面板数据的实证研究 [J]. 世界经济文汇, 2012 (1): 91-105.

[113] 匡兵, 卢新海, 周敏, 等. 中国地级以上城市土地经济密度差异的时空演化分析 [J]. 地理科学, 2017, 37 (12): 1850-1858.

[114] 况伟大, 李涛. 土地出让方式、地价与房价 [J]. 金融研究, 2012 (8): 56-69.

[115] 况伟大. 空间竞争、房价收入比与房价 [J]. 财贸经济, 2004 (7): 79-86, 96.

[116] 况伟大. 预期、投机与中国城市房价波动 [J]. 经济研究, 2010, 45 (9): 67-78.

[117] 赖德胜, 夏小溪. 中国城市化质量及其提升: 一个劳动力市场的视角 [J]. 经济学动态, 2012 (9): 57-62.

[118] 蓝嘉俊, 魏下海, 吴超林. 人口老龄化对收入不平等的影响: 拉大还是缩小? 来自跨国数据 (1970~2011年) 的经验发现 [J]. 人口研究, 2014, 38 (5): 87-106.

[119] 雷根强, 钱日帆. 土地财政对房地产开发投资与商品房销售价格的影响

分析：来自中国地级市面板数据的经验证据 [J]. 财贸经济, 2014, 35 (10): 5-16.

[120] 雷明, 虞晓雯, 赵欣娜, 等. 动态视角下我国3E全要素生产率的区域差异研究 [J]. 运筹与管理, 2014, 23 (2): 1-14.

[121] 雷潇雨, 龚六堂. 基于土地出让的工业化与城镇化 [J]. 管理世界, 2014 (9): 29-41.

[122] 雷玉桃, 杨娟. 基于SFA方法的碳排放效率区域差异化与协调机制研究 [J]. 经济理论与经济管理, 2014 (7): 13-22.

[123] 李博, 张文忠, 余建辉. 服务业发展、信息化水平与全要素碳生产率增长：基于门限效应的实证研究 [J]. 地理研究, 2016, 35 (5): 953-965.

[124] 李刚. "包容性增长"的学源基础、理论框架及其政策指向 [J]. 经济学家, 2011 (7): 12-20.

[125] 李明秋, 郎学彬. 城市化质量的内涵及其评价指标体系的构建 [J]. 中国软科学, 2010 (12): 182-186.

[126] 李平星, 樊杰. 城市扩张情景模拟及对城市形态与体系的影响：以广西西江经济带为例 [J]. 地理研究, 2014, 33 (3): 509-519.

[127] 李强, 戴俭. 西方城市蔓延治理路径演变分析 [J]. 城市发展研究, 2006, 13 (4): 74-77.

[128] 李强, 高楠. 城市蔓延的生态环境效应研究——基于34个大中城市面板数据的分析 [J]. 中国人口科学, 2016 (6): 58-67, 127.

[129] 李强, 杨开忠. 城市蔓延 [M]. 北京: 机械工业出版社, 2007: 136-162.

[130] 李涛, 陈碧琴, 何雪峰. 技术存量效应、真实效率追赶与中国低碳TFP核算：基于RAM与序列Malmquist-Luenberger指数 [J]. 管理工程学报, 2013, 27 (3): 116-123.

[131] 李涛, 傅强. 中国省际碳排放效率研究 [J]. 统计研究, 2011, 28 (7): 62-71.

[132] 李涛. 资源约束下中国碳减排与经济增长的双赢绩效研究：基于非径向DEA方法RAM模型的测度 [J]. 经济学季刊, 2013, 12 (2): 667-692.

[133] 李卫东, 余晶晶. 基于面板数据的中国城镇化对碳排放影响的实证分析 [J]. 北京交通大学学报（社会科学版）, 2017, 16 (2): 50-56.

[134] 李祥妹, 刘亚洲, 曹丽萍. 高速铁路建设对人口流动空间的影响研究 [J]. 中国人口·资源与环境, 2014, 24 (6): 140-147.

[135] 李小平, 卢现祥. 国际贸易、污染产业转移和中国工业CO_2排放 [J]. 经济研究, 2010 (1): 15-26.

[136] 李小胜, 张焕明. 中国碳排放效率与全要素生产率研究 [J]. 数量经济技术经济研究, 2016 (8): 64-79, 161.

[137] 李效顺, 曲福田, 陈友偲, 等. 经济发展与城市蔓延的Logistic曲线假

说及其验证：基于华东地区典型城市的考察[J]. 自然资源学报, 2012, 27 (5): 713-722.

[138] 李效顺等. 基于国际比较与策略选择的中国城市蔓延治理[J]. 农业工程学报, 2011, 27 (10): 1-10.

[139] 李昕, 文婧, 林坚. 土地城镇化及相关问题研究综述[J]. 地理科学进展, 2012, 31 (8): 1042-1049.

[140] 李郇, 徐现祥, 陈浩辉. 20世纪90年代中国城市效率的时空变化[J]. 地理学报, 2005, 60 (4): 615-625.

[141] 李艳梅, 杨涛. 城乡家庭直接能源消费和CO_2排放变化的分析与比较[J]. 资源科学, 2013, 35 (1): 115-124.

[142] 李艳梅, 张红丽. 城市化对家庭CO_2排放影响的区域差异[J]. 资源科学, 2016, 38 (3): 0545-0556.

[143] 李一花, 化兵. 财政赤字、土地财政与房价的关系研究[J]. 中央财经大学学报, 2018 (11): 3-14.

[144] 李一曼, 修春亮, 魏冶, 等. 长春城市蔓延时空特征及其机理分析[J]. 经济地理, 2012, 32 (5): 59-64.

[145] 李永乐, 胡晓波, 魏后凯. "三维"政府竞争：以地方政府土地出让为例[J]. 政治学研究, 2018 (1): 47-58, 127.

[146] 李永立, 吴冲. 考虑非期望产出弱可处置性的随机DEA模型[J]. 管理科学学报, 2014, 17 (9): 17-28.

[147] 梁辉, 王春凯, 陈果. 我国大城市扩张过程的异质性与影响因素——来自35个城市的面板数据分析[J]. 城市发展研究, 2017, 24 (11): 118-124.

[148] 梁若冰, 席鹏辉. 轨道交通对空气污染的异质性影响：基于RDID方法的经验研究[J]. 中国工业经济, 2016 (3): 83-98.

[149] 梁振民, 陈才, 刘继生, 等. 东北地区城市化发展质量的综合测度与层级特征研究[J]. 地理科学, 2013 (8): 926-934.

[150] 林宝. 人口老龄化城乡倒置：普遍性与阶段性[J]. 人口研究, 2018, 42 (3): 39-50.

[151] 林伯强, 杜克锐. 理解中国能源强度的变化：一个综合的分解框架[J]. 世界经济, 2014 (4): 69-87.

[152] 林伯强, 刘希颖. 中国城市化阶段的碳排放：影响因素和减排策略[J]. 经济研究, 2010 (8): 66-78.

[153] 林坚. 2000年以来人口城镇化水平变动省际差异分析：基于统计数据的校正和修补[J]. 城市规划, 2010, 34 (3): 48-56.

[154] 林美顺. 中国城市化阶段的碳减排：经济成本与减排策略[J]. 数量经济技术经济研究, 2016 (3): 59-77.

[155] 林拓. 城市社会空间形态的转变与农民市民化 [J]. 华东师范大学学报（哲学社会科学版），2004，36（3）：48－54.

[156] 刘和涛，田玲玲，田野，等. 武汉市城市蔓延的空间特征与管治 [J]. 经济地理，2015，35（4）：47－53.

[157] 刘洪银，王向. 城市蔓延与服务业发展：基于城市面板数据的实证研究 [J]. 财贸研究，2015（3）：1－11.

[158] 刘华. 农村人口老龄化对收入不平等影响的实证研究 [J]. 数量经济技术经济研究，2014（4）：99－112，144.

[159] 刘华军，何礼伟，杨骞. 中国人口老龄化的空间非均衡及分布动态演进：1989－2011 [J]. 人口研究，2014，38（2）：71－82.

[160] 刘华军，雷名雨. 交通拥堵与雾霾污染的因果关系：基于收敛交叉映射技术的经验研究 [J]. 统计研究，2019，36（10）：43－57.

[161] 刘华军，刘传明. 城镇化与农村人口老龄化的双向反馈效应：基于中国省际面板数据联立方程组的经验估计 [J]. 农业经济问题，2016，（1）：45－52，110－111.

[162] 刘甲炎，范子英. 中国房产税试点的效果评估：基于合成控制法的研究 [J]. 世界经济，2013（11）：117－135.

[163] 刘婕，魏玮. 城镇化率、要素禀赋对全要素碳减排效率的影响 [J]. 中国人口·资源与环境，2014，24（8）：42－48.

[164] 刘明磊，朱磊，范英. 我国省级碳排放绩效评价及边际减排成本估计：基于非参数距离函数方法 [J]. 中国软科学，2011（3）：106－114.

[165] 刘瑞超，陈东景，路兰. 土地财政对城市蔓延的影响 [J]. 城市问题，2018（5）：85－91.

[166] 刘亭，庞亚君，赖华东，等. 农村宅基地置换问题探讨：以义乌、松阳为例 [J]. 浙江社会科学，2009（10）：119－122，129.

[167] 刘卫柏，贺海波. 农村宅基地流转的模式与路径研究 [J]. 经济地理，2012，32（2）：127－132.

[168] 刘卫东，谭韧骠. 杭州城市蔓延评估体系及其治理对策 [J]. 地理学报，2009，64（4）：417－425.

[169] 刘贤赵，高长春，张勇，等. 中国省域碳强度空间依赖格局及其影响因素的空间异质性研究 [J]. 地理科学，2018，38（5）：681－690.

[170] 刘小玲. 我国土地市场化过程中的三方博弈分析 [J]. 财贸经济，2005（11）：66－70，107.

[171] 刘修岩，杜聪，李松林. 自然地理约束、土地利用规制与中国住房供给弹性 [J]. 经济研究，2019（4）：99－115.

[172] 刘修岩，李松林，秦蒙. 开发时滞、市场不确定性与城市蔓延 [J]. 经

济研究, 2016, 51 (8): 159-171, 186.

[173] 刘修岩, 王利敏, 朱淑文. 城市蔓延提高了家庭的居住碳排放水平吗? 来自中国南方城市面板数据的证据 [J]. 东南大学学报 (社会科学版), 2016, 18 (5): 101-108.

[174] 刘英群. 论经济城市化 [J]. 大连海事大学学报 (社会科学版), 2012, 11 (6): 20-24.

[175] 龙朝阳. 经济增长、民生建设与包容性发展 [J]. 经济学家, 2012 (3): 103-104.

[176] 龙奋杰, 王萧濛, 邹迪. 基于标尺竞争的地方政府土地出让行为互动 [J]. 清华大学学报 (自然科学版), 2015, 55 (9): 971-976, 983.

[177] 卢洪友, 袁光平, 陈思霞, 等. 土地财政根源: "竞争冲动" 还是 "无奈之举"? ——来自中国地市的经验证据 [J]. 经济社会体制比较, 2011 (1): 88-98.

[178] 卢丽文, 宋德勇, 李小帆. 长江经济带城市发展绿色效率研究 [J]. 中国人口·资源与环境, 2016, 26 (6): 35-42.

[179] 陆大道. 地理学关于城镇化领域的研究内容框架 [J]. 地理科学, 2013, 33 (8): 897-901.

[180] 陆铭, 陈钊. 城市化、城市倾向的经济政策与城乡收入差距 [J]. 经济研究, 2004 (6): 50-58.

[181] 陆铭, 冯皓. 集聚与减排: 城市规模差距影响工业污染强度的经验研究 [J]. 世界经济, 2014, 37 (7): 86-114.

[182] 陆铭, 高虹, 佐藤宏. 城市规模与包容性就业 [J]. 中国社会科学, 2012, (10): 47-66.

[183] 骆永民. 中国城乡基础设施差距的经济效应分析: 基于空间面板计量模型 [J]. 中国农村经济, 2010 (3): 60-72, 86.

[184] 吕志强, 代富强, 周启刚, 等. 近30年来典型山地城市建设用地蔓延的时空特征分析 [J]. 水土保持研究, 2014, 21 (1): 193-197.

[185] 马大来, 陈仲常, 王玲. 中国省际碳排放效率的空间计量 [J]. 中国人口·资源与环境, 2015, 25 (1): 67-77.

[186] 马丽梅, 刘生龙, 张晓. 能源结构、交通模式与雾霾污染: 基于空间计量模型的研究 [J]. 财贸经济, 2016, 37 (1): 147-160.

[187] 马强文, 任保平. 包容性增长测度及影响因素分析: 基于经济可持续的视角 [J]. 中国人口·资源与环境, 2012, (7): 101-108.

[188] 马伟, 王亚华, 刘生龙. 交通基础设施与中国人口迁移: 基于引力模型分析 [J]. 中国软科学, 2012 (3): 69-77.

[189] 孟向京, 姜凯迪. 城镇化和乡城转移对未来中国城乡人口年龄结构的影响 [J]. 人口研究, 2018, 42 (2): 39-53.

[190] 米红,张田田,任正委,等.城镇化进程中家庭CO_2排放的驱动因素分析 [J].中国环境科学,2016,36(10):3183-3192.

[191] 牟燕,钱忠好.地方政府土地财政依赖一定会推高城市一级土地市场化水平吗?基于2003—2015年中国省级面板数据的检验 [J].中国土地科学,2018,32(10):60-68.

[192] 牛煜虹,张衔春,董晓莉.城市蔓延对我国地方公共财政支出影响的实证分析 [J].城市发展研究,2013,20(3):67-72.

[193] 欧向军,甄峰,秦永东,等.区域城市化水平综合测度及其理想动力分析:以江苏省为例 [J].地理研究,2008,27(5):993-1002.

[194] 欧阳安蛟,蔡锋铭,陈立定.农村宅基地退出机制建立探讨 [J].中国土地科学,2009,23(10):26-30.

[195] 彭水军,张文城.中国居民消费的碳排放趋势及其影响因素的经验分析 [J].世界经济,2013(3):124-142.

[196] 彭昱.地方投资行为、经济发展水平与碳排放——基于中国省级面板数据分析 [J].经济社会体制比较,2013(3):92-99.

[197] 钱丽,肖仁桥,陈忠卫.碳排放约束下中国省际农业生产效率及其影响因素研究 [J].经济理论与经济管理,2013(9):100-112.

[198] 钱争鸣,刘晓晨.环境管制与绿色经济效率 [J].统计研究,2015,32(7):12-18.

[199] 钱争鸣,刘晓晨.我国绿色经济效率的区域差异及收敛性研究 [J].厦门大学学报(哲学社会科学版),2014(1):110-118.

[200] 钱争鸣,刘晓晨.中国绿色经济效率的区域差异与影响因素分析 [J].中国人口·资源与环境,2013,23(7):104-109.

[201] 钱忠好,牟燕.中国土地市场化水平:测度及分析 [J].管理世界,2012,28(7):67-75,95.

[202] 秦蒙,刘修岩,李松林.中国的"城市扩张之谜":来自政府行为视角的空间面板数据分析 [J].经济学动态,2016(7):21-33.

[203] 秦蒙,刘修岩,仝怡婷.蔓延的城市空间是否加重了雾霾污染:来自中国PM2.5数据的经验分析 [J].财贸经济,2016,37(11):146-160.

[204] 秦蒙,刘修岩.城市蔓延是否带来了我国城市生产效率的损失?基于夜间灯光数据的实证研究 [J].财经研究,2015,41(7):28-40.

[205] 曲亮,蔡宏波,任国良,等.财政分权与中国区域碳减排效率实证研究 [J].经济地理,2015,35(5):160-165.

[206] 曲兆鹏,赵忠.老龄化对我国农村消费和收入不平等的影响 [J].经济研究,2008(12):85-98.

[207] 单良,丁莉.中日人口老龄化的空间分布特征比较研究 [J].中国人口

科学, 2013, (4): 89-96, 128.

[208] 邵帅, 李欣, 曹建华, 等. 中国雾霾污染治理的经济政策选择: 基于空间溢出效应的视角 [J]. 经济研究, 2016 (9): 73-88.

[209] 邵帅, 李欣, 曹建华. 中国的城市化推进与雾霾治理 [J]. 经济研究, 2019, 54 (2): 148-165.

[210] 邵帅, 张曦, 赵兴荣. 中国制造业碳排放的经验分解与达峰路径: 广义迪氏指数分级和动态情景分析 [J]. 中国工业经济, 2017 (3): 44-63.

[211] 邵新建, 巫和懋, 江萍, 等. 中国城市房价的"坚硬泡沫": 基于垄断性土地市场的研究 [J]. 金融研究, 2012 (12): 67-81.

[212] 邵宜航, 刘雅南. 从经济学再到政治经济学: 理解包容性增长 [J]. 经济学家, 2011 (10): 5-13.

[213] 沈坤荣, 余红艳. 地方公共政策的结构效应: 基于人口老龄化视角的分析 [J]. 经济理论与经济管理, 2013 (12): 5-13.

[214] 沈悦, 刘洪玉. 住宅价格与经济基本面: 1995-2002 年中国 14 城市的实证研究 [J]. 经济研究, 2004 (6): 78-86.

[215] 石洪昕, 穆兴民, 张应龙, 等. 四川省广元市不同土地利用类型的碳排放效应研究 [J]. 水土保持通报, 2010, 32 (3): 101-106.

[216] 时慧娜. 中国城市化的人力资本积累效应 [J]. 中国软科学, 2012 (3): 117-127.

[217] 宋马林, 王舒鸿, 邱兴业. 一种考虑整数约束的环境效率评价 MOISBMSE 模型 [J]. 管理科学学报, 2014 (11): 69-78.

[218] 宋彦, 钟绍鹏, 章征涛, 等. 城市空间结构对PM2.5的影响: 美国夏洛特汽车排放评估项目的借鉴和启示 [J]. 城市规划, 2014, 38 (5): 9-14.

[219] 宋宇宁, 韩增林. 东北老工业地区城镇化质量与规模关系的空间格局: 以辽宁省为例 [J]. 经济地理, 2013, 33 (11): 40-45.

[220] 孙爱军, 房静涛, 王群伟. 2000—2012 年中国出口贸易的碳排放效率时空演变 [J]. 资源科学, 2015, 37 (6): 1230-1238.

[221] 孙爱军. 省际出口贸易、空间溢出与碳排放效率: 基于空间面板回归偏微分效应分解方法的实证 [J]. 山西财经大学学报, 2015, 37 (4): 1-10.

[222] 孙昌龙, 靳诺, 张小雷, 等. 城市化不同演化阶段对碳排放的影响差异 [J]. 地理科学, 2013, 33 (3): 266-272.

[223] 孙传旺, 罗源, 姚昕. 交通基础设施与城市空气污染: 来自中国的经验证据 [J]. 经济研究, 2019 (8): 136-151.

[224] 孙赫, 梁红梅, 常学礼, 等. 中国土地利用碳排放及其空间关联 [J]. 经济地理, 2015, 35 (3): 154-162.

[225] 孙平军, 修春亮, 王颖. "流"视角的长春市蔓延特征与作用机理分析

[J]. 城市发展研究, 2012, 19 (3): 67-72.

[226] 孙萍, 唐莹, Robert J. Mason, 张景奇. 国外城市蔓延控制及对我国的启示 [J]. 经济地理, 2011, 31 (5): 748-753.

[227] 孙威, 董冠鹏. 基于 DEA 模型的中国资源型城市效率及其变化 [J]. 地理研究, 2010, 29 (12): 2155-2165.

[228] 孙贤斌. 安徽省会经济圈土地利用变化的碳排放效益 [J]. 自然资源学报, 2012, 27 (3): 394-401.

[229] 谭丹, 黄贤金, 陈志刚, 等. 中国土地市场化程度及其影响因素分析 [J]. 城市问题, 2008 (1): 14-18.

[230] 谭少华, 黄缘罡, 刘剑锋. 我国政策过程与城市用地增长的周期关系研究 [J]. 城市发展研究, 2014, 21 (4): 24-27, 32.

[231] 谭术魁, 李雅楠. 基于 Panel Data 模型的中国土地市场发育区域差异及其对房价的影响 [J]. 中国土地科学, 2013, 27 (2): 9-15.

[232] 唐鹏, 石晓平, 曲福田. 地方政府竞争与土地财政策略选择 [J]. 资源科学, 2014, 36 (4): 702-711.

[233] 唐云锋, 马春华. 财政压力、土地财政与"房价棘轮效应" [J]. 财贸经济, 2017, 38 (11): 39-54, 161.

[234] 唐云锋, 吴琦琦. 土地财政制度对房地产价格的影响因素研究 [J]. 经济理论与经济管理, 2018, 37 (3): 43-56.

[235] 陶然, 陆曦, 苏福兵, 等. 地区竞争格局演变下的中国转轨: 财政激励和发展模式反思 [J]. 经济研究, 2009, 44 (7): 21-33.

[236] 陶然, 袁飞, 曹广忠. 区域竞争、土地出让与地方财政效应: 基于1999~2003年中国地级城市面板数据的分析 [J]. 世界经济, 2007, 30 (10): 15-27.

[237] 陶希东. 包容性城市化: 中国新型城市化发展新策略 [J]. 城市规划, 2013, 37 (7): 9-16.

[238] 陶长琪, 齐亚伟. 资源环境约束下我国省际全要素生产率测度分析: 基于 Global Malmquist-Luenberger 指数 [J]. 数量经济技术经济研究, 2012, 3 (1): 58-75.

[239] 田新民, 王少国, 杨永恒. 城乡收入差距变动及其对经济效率的影响 [J]. 经济研究, 2009, 44 (7): 107-118.

[240] 田宜水, 赵立欣, 孙丽英, 等. 中国农村居民生活用能及 CO_2 排放情景分析 [J]. 农业工程学报, 2011, 27 (10): 206-211.

[241] 田银华, 贺胜兵, 胡石其. 环境约束下地区全要素生产率增长的再估算: 1998—2008 [J]. 中国工业经济, 2011 (1): 47-57.

[242] 童玉芬, 李玉梅, 刘传奇. 我国城镇化进程中的城乡人口老龄化趋势及政策启示 [J]. 人口与经济, 2014 (6): 12-21.

[243] 童玉芬. 人口老龄化过程中我国劳动力供给变化特点及面临的挑战 [J]. 人口研究, 2014, 38 (2): 52-60.

[244] 涂正革, 谌仁俊. 工业化、城镇化的动态边际碳排放量研究: 基于 LMDI "两层完全分解法"的分析框架 [J]. 中国工业经济, 2013 (9): 31-43.

[245] 万克德, 宋廷山, 郭思亮. 山东省人口老龄化对城镇居民消费需求的影响: 基于六普数据的分析 [J]. 中国人口科学, 2013 (4): 82-88, 127.

[246] 万文玉, 赵雪雁, 王伟军. 中国城市居民生活能源碳排放的时空格局及影响因素分析 [J]. 环境科学学报, 2016, 36 (9): 3445-3455.

[247] 汪伟, 艾春荣. 人口老龄化与中国储蓄率的动态演化 [J]. 管理世界, 2015, (6): 47-62.

[248] 汪伟, 刘玉飞, 彭冬冬. 人口老龄化的产业结构升级效应研究 [J]. 中国工业经济, 2015 (11): 47-61.

[249] 汪伟. 人口老龄化、养老保险制度变革与中国经济增长: 理论分析与数值模拟 [J]. 金融研究, 2012 (10): 29-45.

[250] 王兵, 罗佑军. 中国区域工业生产效率、环境治理效率与综合效率实证研究: 基于 RAM 网络 DEA 模型的分析 [J]. 世界经济文汇, 2015, (1): 99-118.

[251] 王兵, 唐文狮, 吴延瑞, 等. 城镇化提高中国绿色发展效率了吗？ [J]. 经济评论, 2014 (4): 38-49, 107.

[252] 王德利, 方创琳, 杨青山, 等. 基于城市化质量的中国城市化发展速度判定分析 [J]. 地理科学, 2010 (5): 643-650.

[253] 王弟海, 管文杰, 赵占波. 土地和住房供给对房价变动和经济增长的影响: 兼论我国房价居高不下持续上涨的原因 [J]. 金融研究, 2012 (8): 56-69.

[254] 王芳, 周兴. 人口结构、城镇化与碳排放——基于跨国面板数据的实证研究 [J]. 中国人口科学, 2012 (2): 47-56, 111.

[255] 王锋, 冯根福, 吴丽华. 中国经济增长中碳强度下降的省区贡献分解 [J]. 经济研究, 2013 (8): 143-155.

[256] 王富喜, 毛爱华, 李赫龙, 等. 基于熵值法的山东省城镇化质量测度及空间差异分析 [J]. 地理科学, 2013 (11): 1323-1329.

[257] 王刚, 张华兵, 薛菲, 等. 成都市县域土地利用碳收支与经济发展关系研究 [J]. 自然资源学报, 2017, 32 (7): 1170-1182.

[258] 王卉彤, 刘传明, 赵浚竹. 交通拥堵与雾霾污染: 基于职住平衡的新视角 [J]. 财贸经济, 2018, 39 (1): 147-160.

[259] 王会娟, 夏炎. 中国居民消费碳排放的影响因素及发展路径分析 [J]. 中国管理科学, 2017, 25 (8): 1-10.

[260] 王慧敏, 曾永年. 青海高原东部土地利用的低碳优化模拟: 以海东市为例 [J]. 地理研究, 2015, 34 (7): 1270-1284.

[261] 王佳丽，黄贤金，郑泽庆．区域规划土地利用结构的相对碳效率评价 [J]．农业工程学报，2010，26（7）：302－306．

[262] 王家庭，蔡思远．人口规模和财政压力对城市蔓延的影响——以中国 69 个大中城市为例 [J]．城市问题，2018（3）：4－11．

[263] 王家庭，臧家新，卢星辰，等．城市私人交通和公共交通对城市蔓延的不同影响——基于我国 65 个大中城市面板数据的实证检验 [J]．经济地理，2018，38（2）：74－81．

[264] 王家庭，张邓斓，孙哲．私人汽车消费加剧了城市蔓延吗？来自地级市层面的经验证据 [J]．经济评论，2015（6）：108－117，143．

[265] 王家庭，张俊韬．我国城市蔓延测度：基于 35 个大中城市面板数据的实证研究 [J]．经济学家，2010（10）：56－63．

[266] 王家庭，赵丽，冯树，等．城市蔓延的表现及其对生态环境的影响 [J]．城市问题，2014（5）：22－27．

[267] 王家庭，赵亮．中国分省区城市化效率的实证研究 [J]．同济大学学报（社会科学版），2009，20（4）：44－50，58．

[268] 王建康，谷国锋，姚丽．城市化进程、空间溢出效应与城乡收入差距：基于 2002～2012 年省级面板数据 [J]．财经研究，2015，41（5）：55－66．

[269] 王姣娥，景悦，杨浩然．高速铁路对国内民航旅客运输的替代效应测度 [J]．自然资源学报，2019，34（9）：1933－1944．

[270] 王金营，付秀彬．考虑人口年龄结构变动的中国消费函数计量分析：兼论中国人口老龄化对消费的影响 [J]．人口研究，2006，30（1）：29－36．

[271] 王婧，方创琳，罗奎，等．中国城市市政公用设施投资与建设的区域差异及效率评价 [J]．地理科学，2014，34（7）：788－793．

[272] 王立军，马文秀．人口老龄化与中国劳动力供给变迁 [J]．中国人口科学，2012（6）：23－33，111．

[273] 王良健，黄露赟，弓文．中国土地市场化程度及其影响因素分析 [J]．中国土地科学，2011，25（8）：35－41．

[274] 王梅婷，张清勇．财政分权、晋升激励与差异化土地出让——基于地级市面板数据的实证研究 [J]．中央财经大学学报，2017（1）：70－80．

[275] 王乔，王丽娟．全国 70 个大中城市土地出让收入与价格的实证分析——基于土地财政的空间互动效应研究 [J]．财贸经济，2014（8）：13－23．

[276] 王钦池．城市规模、城市化率与碳排放关系研究：基于近半世纪 161 个国家的数据 [J]．西北人口，2015，36（3）：1－5，12．

[277] 王青，陈志刚，叶依广，等．土地市场发展的经济驱动机制：理论与实证分析 [J]．中国人口·资源与环境，2007，17（3）：75－80．

[278] 王群伟，周德群，周鹏．区域二氧化碳排放绩效及减排潜力研究：以我

国主要工业省区为例 [J]. 科学学研究, 2011, 29 (6): 868-875.

[279] 王群伟, 周德群, 周鹏. 中国全要素二氧化碳排放绩效的区域差异: 考虑非期望产出共同前沿函数的研究 [J]. 财贸经济, 2010 (9): 112-117.

[280] 王群伟, 周鹏, 周德群. 生产技术异质性、二氧化碳排放与绩效损失: 基于共同前沿的国际比较 [J]. 科研管理, 2014, 35 (10): 41-48.

[281] 王群伟, 周鹏, 周德群. 我国二氧化碳排放绩效的动态变化、区域差异及影响因素 [J]. 中国工业经济, 2010 (1): 45-54.

[282] 王伟, 吴志强. 基于制度分析的我国人口城镇化演变与城乡关系转型 [J]. 城市规划学刊, 2007, (4): 39-46.

[283] 王星. 中国城镇化对碳排放的影响——基于省级面板数据的分析 [J]. 城市问题, 2016 (7): 23-29.

[284] 王兴杰, 谢高地, 岳书平. 经济增长和人口集聚对城市环境空气质量的影响及区域分异: 以第一阶段实施新空气质量标准的74个城市为例 [J]. 经济地理, 2015, 35 (2): 71-76, 91.

[285] 王学龙, 杨文. 中国的土地财政与房地产价格波动: 基于国际比较的实证分析 [J]. 经济评论, 2012 (4): 88-96.

[286] 王雪松, 任胜钢, 袁宝龙, 等. 城镇化、城乡消费比例和结构对居民消费间接CO_2排放的影响 [J]. 经济理论与经济管理, 2016 (8): 79-88.

[287] 王亚力, 彭保发, 熊建新, 等. 2001年以来环洞庭湖区经济城镇化与人口城镇化进程的对比研究 [J]. 地理科学, 2014, 34 (1): 67-75.

[288] 王业强. 倒"U"型城市规模效率曲线及其政策含义: 基于中国地级以上城市经济、社会和环境效率的比较研究 [J]. 财贸经济, 2012 (11): 127-136.

[289] 王泳璇, 王宪恩. 基于城镇化的居民生活能源消费碳排放门限效应分析 [J]. 中国人口·资源与环境, 2016, 26 (12): 94-102.

[290] 王宇鹏. 人口老龄化对中国城镇居民消费行为的影响研究 [J]. 中国人口科学, 2011 (1): 64-73, 112.

[291] 王雨飞, 倪鹏飞. 高速铁路影响下的经济增长溢出与区域空间优化 [J]. 中国工业经济, 2016 (2): 21-36.

[292] 王岳龙, 邹秀清. 土地出让: 以地生财还是招商引资——基于居住-工业用地价格剪刀差的视角 [J]. 经济评论, 2016 (5): 68-82.

[293] 王赟赟, 陈宪. 市场可达性、人口流动与空间分化 [J]. 经济评论, 2019 (1): 3-18, 90.

[294] 王钊, 杨山. 多中心城市区域城市蔓延冷热点格局及演化——以苏锡常地区为例 [J]. 经济地理, 2015, 35 (7): 59-65.

[295] 王兆华, 丰超. 中国区域全要素能源效率及其影响因素分析: 基于2003—2010年的省际面板数据 [J]. 系统工程理论与实践, 2015, 35 (6): 1361-1372.

[296] 王志宝, 孙铁山, 李国平. 近20年来中国人口老龄化的区域差异及其演化 [J]. 人口研究, 2013, 31 (1): 66-77.

[297] 魏峰群, 席岳婷. 基于文化基因传承视角下的城市空间蔓延初探: 以西安市为例 [J]. 城市发展研究, 2012, 19 (7): 47-52.

[298] 魏凤, 于丽卫. 天津市农户宅基地换房意愿影响因素的实证分析: 基于3个区县521户的调查数据 [J]. 中国土地科学, 2013, 27 (7): 34-40.

[299] 魏婕, 任保平. 中国经济增长包容性的测度: 1978-2009 [J]. 中国工业经济, 2011 (12): 5-14.

[300] 魏梅, 曹明福, 江金荣. 生产中碳排放效率长期决定及其收敛性分析 [J]. 数量经济技术经济研究, 2010 (9): 43-52, 81.

[301] 魏守华, 陈扬科, 陆思桦. 城市蔓延、多中心集聚与生产率 [J]. 中国工业经济, 2016 (8): 58-75.

[302] 文乐, 彭代彦, 覃一冬. 土地供给、房价与中国人口半城镇化 [J]. 中国人口·资源与环境, 2017, 27 (4): 23-31.

[303] 文乐, 彭代彦. 土地供给错配、房价上涨与半城镇化研究 [J]. 中国土地科学, 2018, 32 (8): 30-36.

[304] 文先明, 钱秋兰, 熊鹰. 人口年龄结构变化对我国城镇化发展的影响 [J]. 经济地理, 2015, 35 (8): 83-88.

[305] 文雁兵. 制度性贫困催生的包容性增长: 找寻一种减贫新思路 [J]. 改革, 2014 (9): 52-60.

[306] 吴婵丹, 陈昆仑. 国外关于城市化与碳排放关系研究进展 [J]. 城市问题, 2014 (6): 22-27.

[307] 吴敬琏. 城市化的效率与政策选择 [J]. 中国农村金融, 2013a (10): 38-42.

[308] 吴敬琏. 城镇化效率问题探因 [J]. 金融经济, 2013b (11): 10-12.

[309] 吴敬琏. 中国城市化面临的效率问题和政策选择 [J]. 新金融, 2012 (11): 4-7.

[310] 吴群, 李永乐. 财政分权、地方政府竞争与土地财政 [J]. 财贸经济, 2010 (7): 51-59.

[311] 吴贤荣, 张俊飚, 田云, 等. 中国省域农业碳排放: 测算、效率变动及影响因素研究: 基于DEA-Malmquist指数分解方法与Tobit模型运用 [J]. 资源科学, 2014, 36 (1): 129-138.

[312] 吴英姿, 闻岳春. 中国工业绿色生产率、减排绩效与减排成本 [J]. 科研管理, 2013, 34 (2): 105-111.

[313] 吴远来, 梅雨. 宅基地置换实践中政府行为偏差分析 [J]. 农业经济问题, 2014 (11): 104-108, 112.

[314] 肖文,王平.中国城市经济增长效率与城市化效率比较分析[J].城市问题,2011 (2): 12-16.

[315] 肖周燕.中国城市化发展阶段与CO_2排放的关系研究[J].中国人口·资源与环境,2011, 21 (12): 139-145.

[316] 徐冬,黄震方,黄睿.基于空间面板计量模型的雾霾对中国城市旅游流影响的空间效应[J].地理学报,2019, 74 (4): 814-830.

[317] 徐汉明.农村宅基地使用权流转问题研究:基于武汉市江夏区实地调研的思考[J].经济社会体制比较,2012 (6): 177-185.

[318] 徐建炜,徐奇渊,何帆.房价上涨背后的人口结构因素:国际经验与中国证据[J].世界经济,2012 (1): 24-42.

[319] 徐丽杰.城市化、房地产投资与经济增长关系的研究:以河南省为例[J].地域研究与开发,2014, 33 (3): 64-68.

[320] 徐升艳,陈杰,赵刚.土地出让市场化如何促进经济增长[J].中国工业经济,2018 (3): 44-61.

[321] 徐现祥,王贤彬.晋升激励与经济增长:来自中国省级官员的证据[J].世界经济,2010, 33 (2): 15-36.

[322] 许恒周,吴冠岑,郭玉燕,等.宅基地确权对不同代际农民工宅基地退出意愿影响分析:基于天津248份调查问卷的实证研究[J].资源科学,2013, 35 (7): 1423-1429.

[323] 许建伟,许新宇,陈兴鹏,等.基于DEA交叉模型的甘肃省城市效率评价[J].自然资源学报,2013, 28 (4): 618-624.

[324] 宣烨,陆静,余泳泽.高铁开通对高端服务业空间集聚的影响[J].财贸经济,2019, 40 (9): 117-131.

[325] 严金海,丰雷.土地供应管制、住房供给弹性与房价周期波动[J].中国土地科学,2019, 33 (3): 16-24.

[326] 严金海.土地供给管制与城市住房用地供给错配:基于2009-2015年中国城市面板数据的分析[J].中国土地科学,2018, 32 (6): 15-22.

[327] 严金海.中国的房价与地价:理论、实证和政策分析[J].数量经济技术经济研究,2006 (1): 17-26.

[328] 颜燕,刘涛,满燕云.基于土地出让行为的地方政府竞争与经济增长[J].城市发展研究,2013, 20 (3): 73-79.

[329] 杨广亮.政企关系影响土地出让价格吗?[J].经济学(季刊),2019 (1): 193-212.

[330] 杨继东,杨其静.保增长压力、刺激计划与工业用地出让[J].经济研究,2016, 51 (1): 99-113.

[331] 杨骞,刘华军.中国二氧化碳排放的区域差异分解及影响因素:基于

1995—2009 年省际面板数据的研究 [J]. 数量经济技术经济研究, 2012 (5): 69 - 87.

[332] 杨昆, 杨玉莲, 朱彦辉, 等. 中国 PM2.5 污染与社会经济的空间关系及成因 [J]. 地理研究, 2016, 35 (6): 1051 - 1060.

[333] 杨其静, 卓品, 杨继东. 工业用地出让与引资质量底线竞争——基于 2007~2011 年中国地级市面板数据的经验研究 [J]. 管理世界, 2014 (11): 24 - 34.

[334] 叶林, 吴木銮, 高颖玲. 土地财政与城市扩张: 实证证据及对策研究 [J]. 经济社会体制比较, 2016 (2): 39 - 47.

[335] 叶裕民. 中国城市化质量研究 [J]. 中国软科学, 2001 (7): 28 - 32.

[336] 殷冠文. 地方政府主导下的资本循环与城市化: 以鄂尔多斯康巴什新区为例 [J]. 地理科学, 2019, 39 (7): 1082 - 1092.

[337] 尤建新, 陈震, 张玲红, 等. 我国连续性全要素 CO_2 排放绩效空间差异及成因研究: 基于 Sequential Malmquist-Luenberger 指数分析 [J]. 预测, 2012, 31 (2): 57 - 61.

[338] 游和远, 吴次芳. 农地集约利用的碳排放效率分析与低碳优化 [J]. 农业工程学报, 2014, 30 (2): 224 - 234.

[339] 游和远, 吴次芳. 土地利用的碳排放效率及其低碳优化: 基于能源消耗的视角 [J]. 自然资源学报, 2010, 25 (11): 1875 - 1886.

[340] 游士兵, 任静儒, 赵雨. 我国人口老龄化加速发展对城市化发展速度的影响 [J]. 中国人口资源与环境, 2016, 26 (6): 169 - 176.

[341] 于敏, 王小林. 中国经济的包容性增长: 测量与评价 [J]. 经济评论, 2012 (3): 30 - 38.

[342] 于涛方. 中国城市老龄化空间特征及相关因素分析——基于"五普"和"六普"人口数据的分析 [J]. 城市规划学刊, 2013 (6): 58 - 66.

[343] 余光英, 员开奇. 湖南省土地利用碳排放动态效率研究: 基于 Malmquist 指数模型 [J]. 环境科学与技术, 2015, 38 (2): 189 - 194.

[344] 余华义, 黄燕芬. 货币政策效果区域异质性、房价溢出效应与房价对通胀的跨区影响 [J]. 金融研究, 2015 (2): 95 - 113.

[345] 余吉祥, 沈坤荣. 城市建设用地指标的配置逻辑及其对住房市场的影响 [J]. 经济研究, 2019 (4): 99 - 115.

[346] 余亮亮, 蔡银莺. 土地供给结构、财政压力与房价——来自广东省的经验分析 [J]. 中国土地科学, 2018, 32 (8): 30 - 36.

[347] 余泳泽, 张少辉. 城市房价、限购政策与技术创新 [J]. 中国工业经济, 2017 (6): 98 - 116.

[348] 俞万源. 基于劳动力转移的梅州市人口城市化发展研究 [J]. 经济地理, 2011, (7): 1113 - 1118.

[349] 袁铖. 城乡一体化进程中农村宅基地使用权流转研究 [J]. 农业经济问题, 2010 (11): 57-61.

[350] 袁丰, 陈江龙, 黄天送, 等. 基于SCM的经济发达地区农村宅基地置换研究: 以海门市为例 [J]. 资源科学, 2009, 31 (8): 1378-1385.

[351] 袁鹏. 基于物质平衡原则的中国工业碳排放绩效分析 [J]. 中国人口·资源与环境, 2015, 25 (4): 9-20.

[352] 袁晓玲, 张宝山, 张小妮. 基于超效率DEA的城市效率演变特征 [J]. 城市发展研究, 2008, 15 (6): 102-107.

[353] 岳书敬, 邹玉琳, 胡姚雨. 产业集聚对中国城市绿色发展效率的影响 [J]. 城市问题, 2015 (10): 49-54.

[354] 岳树民, 卢艺. 土地财政影响中国经济增长的传导机制——数理模型推导及基于省际面板数据的分析 [J]. 财贸经济, 2016 (5): 37-47, 105.

[355] 翟振武. 中国城市化与城市人口老龄化的趋势与对策 [J]. 中国人口科学, 1996 (5): 11-17.

[356] 张春梅, 张小林, 吴启焰, 等. 城镇化质量与城镇化规模的协调性研究: 以江苏省为例 [J]. 地理科学, 2013, 33 (1): 16-22.

[357] 张春梅, 张小林, 吴启焰, 等. 发达地区城镇化质量的测度及其提升对策: 以江苏省为例 [J]. 经济地理, 2012 (7): 50-55.

[358] 张红星, 桑铁柱. 农民利益保护与交易机制的改进: 来自天津"宅基地换房"模式的经验 [J]. 农业经济问题, 2010 (5): 10-16, 110.

[359] 张华, 冯烽. 绿色高铁: 高铁开通能降低雾霾污染吗? [J]. 经济学报, 2019, 6 (3): 114-147.

[360] 张讳娴. 上海郊区宅基地置换试点模式及案例研究 [J]. 城市规划, 2010, (5): 59-65, 96.

[361] 张军, 高远, 傅勇, 等. 中国为什么拥有了良好的基础设施? [J]. 经济研究, 2007, 42 (3): 4-19.

[362] 张军, 高远. 官员任期、异地交流与经济增长——来自省级经验的证据 [J]. 经济研究, 2007, 42 (11): 91-103.

[363] 张军, 吴桂英, 张吉鹏. 中国省际物质资本存量估算: 1952-2000 [J]. 经济研究, 2004 (10): 35-44.

[364] 张军涛, 刘建国. 城市效率及其溢出效应: 以东北三省34个地级市为例 [J]. 经济地理, 2011, 31 (4): 578-583, 590.

[365] 张兰, 刘友兆, 郑华伟. 江苏省土地承载碳排放及其脱钩效应分析 [J]. 资源科学, 2012, 34 (6): 1108-1118.

[366] 张乐勤. 基于组合模型的安徽省城镇化演进对碳排放影响极限研究 [J]. 自然资源学报, 2015, 30 (1): 152-163.

[367] 张丽君，秦耀辰，张金萍，等．郑汴都市区一次能源消费的碳排放变化及机理［J］．地理科学，2012，32（3）：314-321．

[368] 张莉，高元骅，徐现祥．政企合谋下的土地出让［J］．管理世界，2013（12）：43-51，62．

[369] 张莉，年永威，刘京军．土地市场波动与地方债：以城投债为例［J］．经济学（季刊），2018，17（3）：1103-1126．

[370] 张莉，年永威，皮嘉勇，等．土地政策、供地结构与房价［J］．经济学报，2017，4（1）：91-118．

[371] 张莉，王贤彬，徐现祥．财政激励、晋升激励与地方官员的土地出让行为［J］．中国工业经济，2011（4）：35-43．

[372] 张辽，杨成林．土地市场化改革平抑了房价波动吗？来自中国的经验证据［J］．经济学家，2015，（12）：34-41．

[373] 张苗，甘臣林，陈银蓉，等．中国城市建设用地开发强度的碳排放效率分析与低碳优化［J］．资源科学，2016a，38（2）：265-275．

[374] 张苗，甘臣林，陈银蓉．基于SBM模型的土地集约利用碳排放效率分析与低碳优化［J］．中国土地科学，2016b，30（3）：37-45．

[375] 张明斗，周亮，杨霞．城市化效率的时空测度与省际差异研究［J］．经济地理，2012（10）：42-48．

[376] 张清源，苏国灿，梁若冰．增加土地供给能否有效抑制房价上涨：利用"撤县设区"的准实验研究［J］．财贸经济，2018，39（4）：20-34．

[377] 张绍阳，刘琼，欧名豪．地方政府土地违法：财政激励还是引资激励？［J］．中国人口·资源与环境，2017，27（8）：115-121．

[378] 张庭伟．控制城市用地蔓延：一个全球的问题［J］．城市规划，1999，23（8）：43-47，62．

[379] 张伟，朱启贵，李汉文．能源使用、碳排放与我国全要素碳减排效率［J］．经济研究，2013（10）：138-150．

[380] 张小洪，彭小龙，全庞羽，等．家庭生活用能对二氧化碳排放的影响分析［J］．资源科学，2011，33（9）：1668-1673．

[381] 张晓梅，庄贵阳．中国省际区域碳减排差异问题的研究进展［J］．中国人口·资源与环境，2015，25（2）：135-143．

[382] 张馨，牛叔文，赵春升，等．中国城市化进程中的居民家庭能源消费及碳排放研究［J］．中国软科学，2011（9）：65-75．

[383] 张艳，陈太政，秦耀辰．中国城市居民直接能耗碳排放的空间格局及影响因素［J］．河南大学学报（自然科学版），2013，43（2）：161-167．

[384] 张友国．农民消费的碳排放影响：基于与城市居民的差异比较分析［M］．北京：中国社会科学出版社，2012：143-163．

[385] 张智慧, 刘睿劼. 基于投入产出分析的建筑业碳排放核算 [J]. 清华大学学报 (自然科学版), 2013, 53 (1): 53-57.

[386] 章合运, 王明成, 张松. 宅基地使用权流转模式创新研究: 以都江堰市"味江模式"为视野 [J]. 城市发展研究, 2010, 17 (1): 134-137, 142.

[387] 赵冬琳, 李天宏. 中国各省区 (市) 城市化进程中碳排放变化特征及影响因素分析 [J]. 北京大学学报 (自然科学版), 2016, 52 (5): 947-958.

[388] 赵国浩, 李玮, 张荣霞, 等. 基于随机前沿模型的山西省碳排放效率评价 [J]. 资源科学, 2012, 34 (10): 1965-1971.

[389] 赵可, 徐唐奇, 李平, 张安录. 不同经济发展阶段下城市用地扩张与土地财政收入关系研究——基于264个城市的实证 [J]. 华中农业大学学报 (社会科学版), 2015 (4): 95-100.

[390] 赵荣钦, 黄贤金, 钟太洋, 等. 区域土地利用结构的碳效应评估及低碳优化 [J]. 农业工程学报, 2013, 29 (17): 220-229.

[391] 赵荣钦, 黄贤金. 基于能源消费的江苏省土地利用碳排放与碳足迹 [J]. 地理研究, 2010, 29 (9): 1639-1649.

[392] 赵儒煜, 刘畅, 张锋. 中国人口老龄化区域溢出与分布差异的空间计量经济学研究 [J]. 人口研究, 2012, 36 (2): 71-81.

[393] 赵文哲, 杨继东. 地方政府财政缺口与土地出让方式——基于地方政府与国有企业互利行为的解释 [J]. 管理世界, 2015, 31 (4): 11-24.

[394] 赵哲, 陈建成, 白羽萍, 等. 二氧化碳排放与经济增长关系的实证分析 [J]. 中国环境科学, 2018, 38 (7): 2785-2793.

[395] 郑磊. 财政分权、政府竞争与公共支出结构——政府教育支出比重的影响因素分析 [J]. 经济科学, 2008 (1): 28-40.

[396] 郑蕾, 唐志鹏, 刘毅. 中国投资引致碳排放与经济增长的空间特征及脱钩测度 [J]. 资源科学, 2015, 37 (12): 2330-2340.

[397] 郑丽琳, 朱启贵. 纳入能源环境因素的中国全要素生产率再估算 [J]. 统计研究, 2013, 30 (7): 9-17.

[398] 郑思齐, 孙伟增, 吴璟, 等. "以地生财, 以财养地"——中国特色城市建设投融资模式研究 [J]. 经济研究, 2014, 49 (8): 14-27.

[399] 郑伟, 林山君, 陈凯. 中国人口老龄化的特征趋势及对经济增长的潜在影响 [J]. 数量经济技术经济研究, 2014 (8): 3-20, 38.

[400] 仲云云, 仲伟周. 中国区域全要素碳排放绩效及影响因素研究 [J]. 商业经济与管理, 2012, 243 (1): 85-96.

[401] 周彬, 杜两省. "土地财政"与房地产价格上涨: 理论分析和实证研究 [J]. 财贸经济, 2010 (8): 109-116.

[402] 周飞舟. 分税制十年: 制度及其影响 [J]. 中国社会科学, 2006 (6):

109-116.

[403] 周葵,戴小文. 中国城市化进程与碳排放量关系的实证研究 [J]. 中国人口·资源与环境,2013,23 (4):41-48.

[404] 周黎安. 中国地方官员的晋升锦标赛模式研究 [J]. 经济研究,2007 (7):36-50.

[405] 周五七,聂鸣. 中国工业碳排放效率的区域差异研究:基于非参数前沿的实证分析 [J]. 数量经济技术经济研究,2012 (9):58-70,161.

[406] 周五七. 行业特征对低碳约束下工业绿色 TFP 增长的影响 [J]. 中国人口·资源与环境,2014,24 (5):66-71.

[407] 周玉龙,杨继东,黄阳华,等. 高铁对城市地价的影响及其机制研究——来自微观土地交易的证据 [J]. 中国工业经济,2018 (5):118-136.

[408] 朱承亮,岳宏志,师萍. 环境约束下的中国经济增长效率研究 [J]. 数量经济技术经济研究,2011,28 (5):3-20,93.

[409] 朱传耿,孙姗姗,李志江. 中国人口城市化的影响要素与空间格局 [J]. 地理研究,2008,(1):13-22,241.

[410] 朱洪祥,雷刚,吴先华,等. 基于预警指标体系的城镇化质量评价:对山东省城镇化质量评价体系的深化 [J]. 城市发展研究,2011 (12):7-12.

[411] 朱健,徐雷,王辉. 人口城镇化发展与城乡人口老龄化的互动关系 [J]. 经济地理,2018,38 (10):89-98.

[412] 朱巧娴,梅昀,陈银蓉,等. 基于碳排放测算的湖北省土地利用结构效率的 DEA 模型分析与空间分异研究 [J]. 经济地理,2015,35 (12):176-184.

[413] 朱勤,彭希哲,吴开亚. 基于结构分解的居民消费品载能碳排放变动分析 [J]. 数量经济技术经济研究,2012,29 (1):65-77.

[414] 朱勤,魏涛远. 居民消费视角下人口城镇化对碳排放的影响 [J]. 中国人口·资源与环境,2013,23 (11):21-29.

[415] 朱勤. 城镇化对中国城乡人口老龄化影响的量化分析 [J]. 中国人口科学,2014 (5):24-35,126.

[416] 朱新华. 户籍制度对农户宅基地退出意愿的影响 [J]. 中国人口·资源与环境,2014 (10):129-134.

[417] 朱志远,苗建军,崔玮. 城市建设用地集约利用的碳排放效率分析 [J]. 地域研究与开发,2016,35 (3):98-103.

[418] 朱庄瑞,藏波. 房地产市场促进城镇化建设的作用机理与协调发展研究 [J]. 中国人口·资源与环境,2016,26 (9):116-122.

[419] 曾道智. 空间经济学 [M]. 北京:北京大学出版社,2018.

[420] 曾德珩,王霞. 不同国家城市化中期阶段与碳排放关系研究 [J]. 重庆大学学报(社会科学版),2015,21 (1):46-50.

[421] 查建平, 唐方方, 别念民. 结构性调整能否改善碳排放绩效?: 来自中国省级面板数据的证据 [J]. 数量经济技术经济研究, 2012, 29 (11): 18-33.

[422] 查建平, 唐方方, 傅浩. 中国直接生活能源碳排放因素分解模型与实证 [J]. 山西财经大学学报, 2010, 32 (9): 9-15.

[423] 查建平, 唐方方, 郑浩生. 什么因素多大程度上影响到工业碳排放绩效: 来自中国 (2003—2010) 省级工业面板数据的证据 [J]. 经济理论与经济管理, 2013 (1): 79-95.

[424] 查建平, 唐方方. 中国工业碳排放绩效: 静态水平及动态变化: 基于中国省级面板数据的实证分析 [J]. 山西财经大学学报, 2012 (3): 71-80.

[425] Acquaye A. A., Duffy A. P. Input-output Analysis of Irish Construction Sector Greenhouse Gas Emissions [J]. Building and Environment, 2010, 45 (3): 784-791.

[426] Albouy D., Ehrlich G. Housing Productivity and the Social Cost of Land-use Restrictions [J]. Journal of Urban Economics, 2018, (107): 101-120.

[427] Ali I., Zhuang J. Inclusive Growth toward a Prosperous Asia: Policy Implications [R]. ERD Working Paper, No. 97, 2007.

[428] Ali, I., Son, H. H. Measuring Inclusive Growth [J]. Asian Development Review, 2007, 24 (1): 121-130.

[429] Al-mulali U., Fereidouni H. G., Lee J. Y. M. et al. Exploring the Relationship between Urbanization, Energy Consumption, and CO_2 Emission in MENA Countries [J]. Renewable and Sustainable Energy Reviews, 2013, (23): 107-112.

[430] Al-mulali U., Sab C. N. B., Fereidouni H. G. Exploring the Bi-directional Long Run Relationship between Urbanization, Energy Consumption, and Carbon Dioxide Emission [J]. Energy, 2012, 46 (1): 156-167.

[431] Ang B. W. LMDI Decomposition Approach: A Guide for Implementation [J]. Energy Policy, 2015, (86): 233-238.

[432] Anglin P. M., Dale-Johnson D., Gao Y. et al. Patterns of Growth in Chinese Cities: Implications of the Land Lease [J]. Journal of Urban Economics, 2014, 83: 87-107.

[433] Angrist J., Pischke J. Mostly Harmless Economics: An Empiricist's Companion [M]. Princeton University Press, 2009.

[434] Anselin L., Florax R., Rey S. J. Advances in Spatial Econometrics: Methodology, Tools and Applications [M]. Springer Science & Business Media, 2004.

[435] Au C. C., Henderson J. V. Are Chinese Cities too Small? [J]. Review of Economic Studies, 2006, 73 (3): 549-576.

[436] Baer L., Kauw M. Behavior of Land Markets and Restrictions on Housing Access in Buenos Aires between 2003 and 2013 [J]. International Journal of Housing Mar-

kets and Analysis, 2016, 9 (4): 538 – 553.

[437] Baron R. M., Kenny D. A. The Moderator-mediator Variable Distinction in Social Psychological Research: Conceptual, Strategic, and Statistical Considerations [J]. Journal of Personality and Social Psychology, 1986, 51 (6): 1173 – 1198.

[438] Barry M., Roux L. Land Ownership and Land Registration Suitability Theory in State-subsidised Housing in Two South African Towns [J]. Habitat International, 2016, 53: 48 – 54.

[439] Besley T., Montalvo J. G., Reynal-Querol M. Do Educated Leaders Matter? [J]. Economic Journal, 2011, 121 (554): 205 – 227.

[440] Bin S., Dowlatahadi H. Consumer Lifestyle Approach to U. S. Energy Use and the Related CO_2 Emission [J]. Energy Policy, 2005, 33 (2): 197 – 208.

[441] Birdsall N. Reflections on the Macro Foundations of the Middle Class in the Developing World [R]. Working Paper, No. 130, 2007.

[442] Bostic R. W., Longhofer S. D., Redfearn C. L. Land Leverage: Decomposing Home Price Dynamics [J]. Real Estate Economics, 2007, 35 (2): 183 – 208.

[443] Bourassa S. C., Hoesli M., Scognamiglio D. et al. Land Leverage and House Prices [J]. Regional Science and Urban Economics, 2011 (41): 134 – 144.

[444] Brownstone D., Golob T. F. The Impact of Residential Density on Vehicle Usage and Energy Consumption [J]. Journal of Urban Economics, 2009, 65 (1): 91 – 98.

[445] Brueckner J. K., Kim H. A. Urban Sprawl and the Property Tax [J]. International Tax and Public Finance, 2003, 10 (1): 5 – 23.

[446] Burchfield M., Overman H., Puga D. et al. Causes of Sprawl: A portrait from Space [J]. The Quarterly Journal of Economics, 2006, 121 (2): 587 – 633.

[447] Burholt V., Dobbs C. Research on rural ageing: Where Have We Got to and Where Are We Going in Europe? [J]. Journal of Rural Studies, 2012 (4): 432 – 446.

[448] Calafati A. Urban Sprawl Italian Style [J]. Italian Journal of Regional Science, 2008 (3): 10 – 18.

[449] Cao S. X., Lv Y., Zheng H. R. et al. Challenges Facing China's Unbalanced Urbanization Strategy [J]. Land Use Policy, 2014 (39): 412 – 415.

[450] Chalkias C., Petrakis M., Psiloglou B. et al. Modelling of Light Pollution in Suburban Areas Using Remotely Sensed Imagery and GIS [J]. Journal of Environmental Management, 2006, 79 (1): 57 – 63.

[451] Chan R. C. K., Shimou Y. Urbanization and Sustainable Metropolitan Development in China: Patterns, Problems and Prospects [J]. GeoJournal, 1999 (49): 269 – 277.

[452] Chang G. H., Brada J. C. The Paradox of China's Growing Under-urbanization [J]. Economic Systems, 2006, 30 (1): 24 – 40.

［453］Chang T. , Zivin J. G, Gross T. et al. Particulate Pollution and the Productivity of Pear Packers ［J］. American Economic Journal: Economic Policy, 2016, 8 (3): 141 – 169.

［454］Chang Y. , Lei S. H. , Teng J. J. et al. The Energy Use and Environmental Emissions of High-speed Rail Transportation in China: A bottom-up Modeling ［J］. Energy, 2019 (182): 1193 – 1201.

［455］Charnes A. , Abraham Cooper. , William W. et al. Using Data Envelopment Analysis to Evaluate Efficiency in the Economic Performance of Chinese Cities ［J］. Socio-Economic Planning Sciences, 1989, 23 (6): 325 – 344.

［456］Chen J. F. , Chang K. , Karacsonyi D. et al. Comparing Urban Land Expansion and Its Driving Factors in Shenzhen and Dongguan, China ［J］. Habitat International, 2014, 43: 61 – 71.

［457］Chen M. X. , Liu W. D. , Tao X. L. Evolution and Assessment on China's Urbanization 1960 – 2010: Under-urbanization or Over-urbanization? ［J］. Habitat International, 2013, 38 (1): 25 – 33.

［458］Chen Y. , Zhu Y. L. Analysis on the Environmental Effect of Renewable Energy Consumption by Rural Residents in Daily Life in China: From the Perspectives of Carbon Emissions ［J］. Energy Procedia, 2011 (5): 1642 – 1646.

［459］Chen Z. , Tang J. , Wan J. et al. Promotion Incentives for Local Officials and the Expansion of Urban Construction Land in China: Using the Yangtze River Delta as A Case Study ［J］. Land Use Policy, 2017 (63): 214 – 225.

［460］Chen Z. H. , Haynes K. E. Impact of High-speed Rail on Regional Economic Disparity in China ［J］. Journal of Transport Geography, 2017 (65): 80 – 91.

［461］Chikaraishi M. , Fujiwara A. , Kaneko S. et al. The Moderating Effects of Urbanization on Carbon Dioxide Emissions: A Latent Class Modeling Approach ［J］. Technological Forecasting and Social Change, 2015 (90): 302 – 317.

［462］Choi K. H. , Ang B. W. Attribution of Changes in Divisia Real Energy Intensity Index: An Extension to Index Decomposition Analysis ［J］. Energy Economics, 2012 (34): 171 – 176.

［463］Choi Y. , Zhang N. , Zhou P. Efficiency and Abatement Costs of Energy-related CO_2 Emissions in China: A Slacks-based Efficiency Measure ［J］. Applied Energy, 2012 (98): 198 – 208.

［464］Chuai X. W. , Huang X. J. , Lu Q. L. et al. Spatiotemporal Changes of Built-Up Land Expansion and Carbon Emissions Caused by the Chinese Construction Industry ［J］. Environmental Science and Technology, 2015, 49: 13021 – 13030.

［465］Ciccone A. , Hall R. Productivity and the Density of Economic Activity

[J]. American Economic Review, 1996, 86 (1): 54 –70.

[466] Cinyabuguma M., McConnell V. Urban Growth Externalities and Neighborhood Incentives: Another Cause of Urban Sprawl? [J]. Journal of Regional Science, 2013, 53 (2): 332 –348.

[467] Clark L. P., Millet D. B., Marshall J. D. Air Quality and Urban form in U. S. Urban Areas: Evidence from Regulatory Monitors [J]. Environmental Science & Technology, 2011, 45 (16): 7028 –7035.

[468] Clark T. A. Metropolitan Density, Energy Efficiency and Carbon Emissions: Multi-Attribute Tradeoffs and Their Policy Implications [J]. Energy Policy, 2013, 53: 413 –428.

[469] Clawson M. Urban Sprawl and Speculation in Suburban Land [J]. Land Economics, 1962, 38 (2): 99 –111.

[470] Coelli T., Lauwers L., Van Huylenbroeck G. Environmental Efficiency Measurement and the Materials Balance Condition [J]. Journal of Productivity Analysis, 2007, 28 (1-2): 3 –12.

[471] Costello G. Land Price Dynamics in A Large Australian Urban Housing Market [J]. International journal of housing markets and analysis, 2014, 7 (1): 42 –60.

[472] Couch C. and J. Karecha. Controlling urban sprawl: Some experiences from Liverpool [J]. Cities, 2006, 23 (5): 353 –363.

[473] Cunningham C. R. House Price Uncertainty, Timing of Development, and Vacant Land Prices: Evidence for Real Options in Seattle [J]. Journal of Urban Economics, 2006, 59: 1 –31.

[474] Dadi D., Azadi H., Senbeta F. et al. Urban Sprawl and Its Impacts on Land Use Change in Central Ethiopia [J]. Urban Forestry & Urban Greening, 2016 (16): 132 –141.

[475] Dagum C. A New Approach to the Decomposition of the Gini Income Inequality Ratio [J]. Empirical Economics, 1997, 22 (4): 515 –531.

[476] De La Vega L. M. C., Urrutia A. M. An Alternative Formulation of the Esteban-Gradín-Ray Extended Measure of Polarization [J]. Journal of Income Distribution, 2006 (15): 42 –54.

[477] Demeny P. Geopolitical Aspects of Population in the Twenty First Century [J]. Population and Development Review, 2012 (4): 685 –705.

[478] Diao M. Does Growth Follow the Rail? The Potential Impact of High-speed Rail on the Economic Geography of China [J]. Transportation Research Part A: Policy and Practice, 2018 (113): 279 –290.

[479] Diewert W. E., Haan J., Hendriks R. Hedonic Regressions and the Decom-

position of A House Price Index into Land and Structure Components [J]. Econometric Reviews, 2015, 34 (1-2): 106-126.

[480] Ding C., Niu Y., Lichtenberg E. Spending Preferences of Local Officials with Off-budget Land Revenues of Chinese Cities [J]. China Economic Review, 2014 (31): 265-276.

[481] Ding C. R., Niu Y. Which is Driver? Land Price or Housing Price: Examining the Urban Spatial Structure of Beijing [J]. Chinese Journal of Urban and Environmental Studies, 2016, 4 (3): 1650026.

[482] Ding C. R. Policy and Praxis of Land Acquisition in China [J]. Land Use Policy, 2007, 24 (1): 1-13.

[483] Dong, F., Li X. H., Long R. Y. et al. Regional Carbon Emission Performance in China According to A Stochastic Frontier Model [J]. Renewable and Sustainable Energy Reviews, 2013 (28): 525-530.

[484] Downs A. Some Realities about Sprawl and Urban Decline [J]. Housing Policy Debate, 1999, 10 (4): 955-974.

[485] Du H. Y., Ma Y. K., An Y. B. The Impact of Land Policy on the Relation between Housing and Land Prices: Evidence from China [J]. The Quarterly Review of Economics and Finance, 2011 (51): 19-27.

[486] Du K., Lu H., Yu K. Sources of the Potential CO_2 Emission Reduction in China: A Nonparametric Metafrontier Approach [J]. Applied Energy, 2014, 115: 491-501.

[487] Du Q., Wu M., Wang N. et al. Spatiotemporal Characteristics and Influencing Factors of China's Construction Industry Carbon Intensity [J]. Polish Journal of Environmental Studies, 2017, 26 (6): 2507-2521.

[488] Duarte R., Mainar A., Sánchez-Chóliz J. The Impact of Household Consumption Patterns on Emissions in Spain [J]. Energy Economics, 2010, 32 (1): 176-185.

[489] Dupras J., Marull J., Parcerisas L. et al. The Impacts of Urban Sprawl on Ecological Connectivity in the Montreal Metropolitan Region [J]. Environmental Science & Policy, 2016 (58): 61-73.

[490] Edward E. G., Cheng C. China: A unique Urbanization Model [J]. Asia-Pacific Population Journal, 1990 (5): 29-50.

[491] Ehrlich M. V., Hilber C. A. L., Schöni, O. Institutional settings and urban sprawl: Evidence from Europe [J]. Journal of Housing Economics, 2018, 42: 4-18.

[492] Elhorst J. P. Matlab Software for Spatial Panels [J]. International Regional Science Review, 2014, 37 (3): 389-405.

[493] Elvidge C. D., Imhoff M. L., Baugh K. E. et al. Nighttime Lights of the World: 1994-1995 [J]. ISPRS Journal of Photogrammetry and Remote Sensing, 2001,

56 (2): 81-99.

[494] Elvidge C. D., Ziskin D., Baugh K. E. et al. A Fifteen Year Record of Global Natural Gas Flaring Derived from Satellite Data [J]. Energies, 2009, 2 (3): 595-622.

[495] Esteban J., Gradín C., Ray D. An Extension of A Measure of Polarization, with An Application to the Income Distribution of Five OECD Countries [J]. Journal of Economic Inequality, 2007, 5 (1): 1-19.

[496] Esteban J., Ray D. On the Measurement of Polarization [J]. Econometrica, 1994, 62 (4): 819-851.

[497] Ewing R. H. Characteristics, Causes, and Effects of Sprawl: A Literature Review [J]. Environmental and Urban Issues, 1994, 21 (2): 519-535.

[498] Faber B. Trade integration, market size, and industrialization: evidence from China's national trunk highway system. Rev. Econ. Stud. 2014, 81 (3): 1046-1070.

[499] Fallah B. N., Partridge M. D., Olfert M. R. Urban Sprawl and Productivity: Evidence from US Metropolitan Areas [J]. Papers in Regional Science, 2011, 90 (3): 451-472.

[500] Fan J. S., Zhou L. Three-dimensional Intergovernmental Competition and Urban Sprawl: Evidence from Chinese Prefectural-level Cities [J]. Land Use Policy, 2019 (87): 104035.

[501] Fan M., Shao S., Yang L. Combining Global Malmquist-Luenberger Index and Generalized Method of Moments to Investigate Industrial Total Factor CO_2 Emission Performance: A Case of Shanghai (China) [J]. Energy Policy, 2015 (79): 189-201.

[502] Felipe J. Macroeconomic Implications of Inclusive Growth, mimeo [R]. Asian Development Bank, Manila, 2007.

[503] Feng W. L., Liu Y. S., Qua L. L. Effect of Land-centered Urbanization on Rural Development: A Regional Analysis in China [J]. Land Use Policy, 2019 (87): 104072.

[504] Feng Z. H., Zou L. L., Wei Y. M. The Impact of Household Consumption on Energy Use and CO_2 Emissions in China [J]. Energy, 2011, 36 (1): 656-670.

[505] Fernandez Milan, B. and F. Creutzig. Municipal policies accelerated urban sprawl and public debts in Spain [J]. Land Use Policy, 2016 (54): 103-115.

[506] Forslid R., Ottaviano G. I. P. An Analytically Solvable Core-periphery Model [J]. Journal of Economic Geography, 2003 (3): 229-240.

[507] Frederic D. F., Huang Y. Uneven Land Reform and Urban Sprawl in China: The Case of Beijing [J]. Progress in Planning, 2004, 61 (3): 211-236.

[508] Friedmann J. Four Theses in the Study of China's Urbanization [J]. Interna-

[509] Fujii, H., Cao, J., Managi, S. Decomposition of productivity considering multienvironmental pollutants in Chinese industrial sector [J]. Review of Development Economics. , 2015, 19 (1): 75 - 84.

[510] Fujii, H., Managi, S., Matousek, R. Indian bank efficiency and productivity changes with undesirable outputs: a disaggregated approach [J]. Journal of Banking and Finance. , 2014 (38): 41 - 50.

[511] Fukuyama H. , Weber W. L. A Directional Slack- based Measure of Technical Inefficiency [J]. Socio-Economic Planning Sciences, 2009, 43 (4): 274 - 287.

[512] Fulton W. , Pendall R. , Nguyen M. et al. Who sprawls most? How growth trerns differa cross the US [M]. Washington, DC: Brookings Instituton, 2001: 5 - 11.

[513] Färe R. , Grosskopf S. Directional Distance Functions and Slacks-based Measures of Efficiency [J]. European Journal of Operational Research, 2010, 200 (1): 320 - 332.

[514] Galster G. , Hanson R. , Ratcliffe M. R. et al. Wrestling Sprawl to the Ground: Defining and Measuring An Elusive Concept [J]. Housing Policy Debate, 2001, 12 (4): 681 - 717.

[515] Gao B. , Huang Q. X. , He C. Y. et al. How Does Sprawl Differ Across Cities in China? A Multi-scale Investigation Using Nighttime Light and Census Data [J]. Landscape and Urban Planning, 2016 (148): 89 - 98.

[516] Garmendia M. , Ureña J. M. , Ribalaygua C. et al. Urban residential development in isolated small cities that are partially integrated in metropolitan areas by high speed train [J]. Eur. Urban Reg. Stud. 2008, 15 (3): 249 - 264.

[517] Gautier P. A. , Vuuren A. The Effect of Land Lease on House Prices [J]. Journal of Housing Economics , 2019 (46): 101646.

[518] Geng B. , Bao H. J. , Liang Y. A Study of the Effect of A High-speed Rail Station on Spatial Variations in Housing Price based on the Hedonic Model [J]. Habitat International, 2015 (49): 333 - 339.

[519] Gennaio, M. - P. et al. Containing urban sprawl: Evaluating effectiveness of urban growth boundaries set by the Swiss Land Use Plan [J]. Land Use Policy, 2009, 26 (2): 224 - 232.

[520] Givoni M. Development and impact of the modern high-speed train: a review. Transp. Rev. 2006, 26 (5): 593 - 611.

[521] Glaeser E. , Huang W. , Ma Y. R. et al. A Real Estate Boom with Chinese Characteristics [J]. Journal of Economic Perspectives, 2017, 31 (1): 93 - 116.

[522] Glaeser E. L. , Gyourko J. , Saks R. E. Urban Growth and Housing Supply

[J]. Journal of Economic Geography, 2006, 6 (1): 71 – 89.

[523] Glaeser E. L., Ward B. A. The Causes and Consequences of Land Use Regulation: Evidence from Greater Boston [J]. Journal of urban Economics, 2006, 65 (3): 265 – 278.

[524] Goldberg D. Rethinking the American Dream: Covering Urban Sprawl [M]. Fredericksburg, RTNDF, 1999.

[525] Gómez-Antonio M., Hortas-Rico M., Li L. The Causes of Urban Sprawl in Spanish Urban Areas: A Spatial Approach [J]. Spatial Economic Analysis, 2016, 11 (2): 219 – 247.

[526] Grimes A., Aitken A. Housing Supply, Land Costs and Price Adjustment [J]. Real Estate Economics, 2010, 38 (2): 325 – 353.

[527] Grosskopf S., 2003. Some remarks on productivity and its decompositions [J]. J. Prod. Anal. 20 (3): 459 – 474.

[528] Gu G. W., Michael L., Cheng Y. P. Housing Supply and Its Relationships with Land Supply [J]. International Journal of Housing Markets and Analysis, 2015, 8 (3): 375 – 395.

[529] Guastella G., Pareglio S., Sckokai P. A Spatial Econometric Analysis of Land Use Efficiency in Large and Small Municipalities [J]. Land Use Policy, 2017 (63): 288 – 297.

[530] Halleux J. M. et al. The adaptive efficiency of land use planning measured by the control of urban sprawl. The cases of the Netherlands, Belgium and Poland [J]. Land Use Policy, 2012, 29 (4): 887 – 898.

[531] Hamidi S., Ewing R. A Longitudinal Study of Changes in Urban Sprawl between 2000 and 2010 in the United States [J]. Landscape and urban planning, 2014, 128: 72 – 82.

[532] Hampf B., Rødseth K. L. Carbon Dioxide Emission Standards for U. S. Power Plants: An Efficiency Analysis Perspective [J]. Energy Economics, 2015 (50): 140 – 153.

[533] Han L. B., Lu M. Housing Prices and Investment: An Assessment of China's Inland-favoring Land Supply Policies [J]. Journal of the Asia Pacific Economy, 2017, 22 (1): 106 – 121.

[534] Han S. S. Urban Expansion in Contemporary China: What Can We Learn from A Small Town? [J]. Land Use Policy, 2010, 27 (3): 780 – 787.

[535] Hare D. "Push" Versus "Pull" Factors in Migration Outflows and Returns: Determinants of Migration Status and Spell Duration among China's Rural Population [J]. The Journal of Development Studies, 1999, 35 (3): 45 – 72.

[536] Hasse J. E. and R. G. Lathrop. Land resource impact indicators of urban sprawl

[J]. Applied Geography, 2003, 23 (2-3): 159-175.

[537] Henderson J. V., Storeygard A., Weil D. N. Measuring Economic Growth from Outer Space [J]. American Economic Review, 2012, 102 (2): 994-1028.

[538] Hiroshi S. Housing Inequality and Housing Poverty in Urban China in the Late 1990s [J]. China Economic Review, 2006 (17): 37-50.

[539] Holden E, Ingrid T. Three Challenges for the Compact City as A Sustainable Urban form: Household Consumption of Energy and Transport in Eight Residential Areas in the Greater Oslo region [J]. Urban Studies, 2005, 42 (12): 2145-2166.

[540] Hossain M. S. Panel estimation for CO_2 emissions, energy consumption, economic growth, trade openness and urbanization of newly industrialized countries. Energ Policy, 2011, 39 (11): 6991-6999.

[541] Hu X. C., Liu C. L. Carbon Productivity: A Case Study in the Australian Construction Industry [J]. Journal of Cleaner Production, 2016 (112): 2354-2362.

[542] Hu X. C., Liu C. L. Managing Undesirable Outputs in the Australian Construction Industry Using Data Envelopment Analysis models [J]. Journal of Cleaner Production, 2015 (101): 148-157.

[543] Huang H. F., Tang Y. Residential Land Use Regulation and the US Housing Price Cycle between 2000 and 2009 [J]. Journal of Urban Economics, 2012 (71): 93-99.

[544] Hui E. C., Leung B. Y., Yu K. The Impact of Different Land-supplying Channels on the Supply of Housing [J]. Land Use Policy, 2014 (39): 244-253.

[545] Hui E. C. An Empirical Study of the Effects of Land Supply and Lease Conditions on the Housing Market: A Case of Hong Kong [J]. Property Management, 2004, 22 (2): 127-154.

[546] Ihlanfeldt K. R. The Effect of Land Use Regulation on Housing and Land Prices [J]. Journal of Urban Economics, 2007 (61): 420-435.

[547] Inostroza L., Baur R., Csaplovics E. Urban Sprawl and Fragmentation in Latin America: A Dynamic Quantification and Characterization of Spatial Patterns [J]. Journal of Environmental Management, 2013 (115): 87-97.

[548] IPCC. 2006 IPCC Guidelines for National Greenhouse Gas Inventories [M]. Hayama: Institute for Global Environmental Strategies (IGES), 2006.

[549] Irumba R. An Empirical Examination of the Effects of Land Tenure on Housing Values in Kampala, Uganda [J]. International Journal of Housing Markets and Analysis, 2015, 8 (3): 359-374.

[550] Jaeger J. A. G. and C. Schwick. Improving the measurement of urban sprawl: Weighted Urban Proliferation (WUP) and its application to Switzerland [J]. Ecological Indicators, 2014 (38): 294-308.

[551] Jeffery S. McMullen. Delineating the Domain of Development Entrepreneurship: A Market-Based Approach to Facilitating Inclusive Economic Growth [J]. Entrepreneurship Theory and Practice, 2011 (1): 185-215.

[552] Jia S. M., Zhou C. Y., Qin C. L. No Difference in Effect of High-speed Rail on Regional Economic Growth based on Match Effect Perspective? [J]. Transportation Research Part A: Policy and Practice, 2017 (106): 144-157.

[553] Jiang G., Ma W. Qu Y. et al. How Does Sprawl Differ Across Urban Built-up Land Types in China? A Spatial-temporal Analysis of the Beijing Metropolitan Area Using Granted Land Parcel Data [J]. Cities, 2016 (58): 1-9.

[554] Kahn M. E., Vaughn R., Zasloff J. The Housing Market Effects of Discrete Land Use Regulations: Evidence from the California Coastal Boundary Zone [J]. Journal of Housing Economics, 2010 (19): 269-279.

[555] Kamga C., Yazici M. A. Achieving Environmental Sustainability beyond Technological Tmprovements: Potential Role of High-speed Rail in the United States of America [J]. Transportation Research Part D, 2014 (31): 148-164.

[556] Kan H. D., Chen R. J., Tong S. L. Ambient Air Pollution, Climate Change, and Population Health in China [J]. Environment International, 2012 (42): 10-19.

[557] Kang Y. Q., Zhao T., Yang Y. Y. Environmental Kuznets curve for CO_2 emissions in China: a spatial panel data approach [J]. Ecol. Indic., 2016 (63): 231-239.

[558] Kashem S. B., Irawan A., Wilson B. Evaluating the Dynamic Impacts of Urban form on Transportation and Environmental Outcomes in US Cities [J]. International Journal of Environmental Science and Technology, 2014, 11 (8): 2233-2244.

[559] Kasman A. and Duman Y. S., 2015. CO_2 emissions, economic growth, energy consumption, trade and urbanization in new EU member and candidate countries: a panel data analysis. Econ. Model. 44, 97-103.

[560] Kim J. Vehicle fuel-efficiency Choices, Emission Externalities, and Urban Sprawl [J]. Economics of Transportation, 2016 (5): 24-36.

[561] Kim K. S. High-speed Rail Developments and Spatial Restructuring: A Case Study of the Capital Region in South Korea [J]. Cities, 2000, 17 (4): 251-262.

[562] Klasen S. Economic Growth and Poverty Reduction: Measurement Issues in Income and Non-Income Dimensions [J]. World Development, 2008, 36 (3): 420-445.

[563] Kok N., Monkkonen P., Quigley J. M. Land Use Regulations and the Value of Land and Housing: An Intra-metropolitan Analysis [J]. Journal of Urban Economics, 2014 (81): 136-148.

[564] Krugman P. R. Increasing Returns and Economic Geography [J]. Journal of

Political Economy, 1991 (99): 483 - 499.

[565] Kumbhakar S. C., Parmeter C. F. The Effects of Match Uncertainty and Bargaining on Labor Market Outcomes: Evidence from Firm and Worker Specific Estimates [J]. Journal of Productivity Analysis, 2009, 31 (1): 1 - 14.

[566] Kuminoff N. V., Pope J. C. The Value of Residential Land and Structures During the Great Housing Boom and Bust [J]. Land Economics, 2013, 89 (1): 1 - 29.

[567] Lauridsen J., Nannerup N., Skak M. House Prices and Land Regulation in the Copenhagen Area [J]. Journal of Property Research, 2013, 30 (3): 205 - 220.

[568] Lauwers L. Justifying the Incorporation of the Materials Balance Principle into Frontier - based Eco-efficiency Models [J]. Ecological Economics, 2009, 68 (6): 1605 - 1614.

[569] LeSage J., Pace R. K. Introduction to Spatial Econometrics [M]. Boca Raton, US Florida: CRC Press Taylor & Francis Group, 2009.

[570] Li H., Zhou L. A. Political Turnover and Economic Performance: The Incentive Role of Personnel Control in China [J]. Journal of public economics, 2005, 89 (9-10), 1743 - 1762.

[571] Li K., B Lin. Metafroniter Energy Efficiency with CO_2 Emissions and Its Convergence Analysis for China [J]. Energy Economics, 2015, 48: 230 - 241.

[572] Li R. R., Jiang R. Moving Low-Carbon Construction Industry in Jiangsu Province: Evidence from Decomposition and Decoupling Models [J]. Sustainability, 2017 (9): 1 - 13.

[573] Li W., Sun W., Li G. M. et al. Temporal and Spatial Heterogeneity of Carbon Intensity in China's Construction Industry [J]. Resources, Conservation & Recycling, 2017 (126): 162 - 173.

[574] Liang L. F., Hu X. C., Tivendale L. et al. The Log Mean Divisia Index based Carbon Productivity in the Australian Construction Industry [J]. Construction Economics and Building, 2017, 17 (3): 68 - 84.

[575] Liang W. Q., Lu M., Zhang H. Housing Prices Raise Wages: Estimating the Unexpected Effects of Land Supply Regulation in China [J]. Journal of Housing Economics, 2016 (33): 70 - 81.

[576] Liang Z. The Age of Migration in China [J]. Population and Development Review, 2001, 27 (3): 499 - 524.

[577] Lichtenberg E., Ding C. Assessing Farmland Protection Policy in China [J]. Land Use Policy, 2008 (25): 59 - 68.

[578] Lichtenberg E., Ding C. Local Officials as Land Developers: Urban Spatial Expansion in China [J]. Journal of Urban Economics, 2009, 66 (1): 57 - 64.

[579] Lin B., Du K. Energy and CO_2 Emissions Performance in China's Regional Economies: Do Market-oriented Reforms Matter? [J]. Energy Policy, 2015 (78): 113-124.

[580] Lin C. C., Mai C. C., Wang P. Urban Land Policy and Housing in An Endogenously Growing Monocentric city [J]. Regional Science and Urban Economics, 2004 (34): 241-261.

[581] Lin G. C. S. Reproducing Spaces of Chinese Urbanisation: New City-based and Land-centred Urban Transformation [J]. Urban Studies, 2007, 44 (9): 1827-1855.

[582] Lin J. Y., Liu Z. Fiscal Decentralization and Economic Growth in China [J]. Economic Development and Cultural Change, 2000, 49 (1): 1-21.

[583] Lindh T., Bo M. Age Structure Effects and Growth in the OECD, 1950-1990 [J]. Journal of Population Economics, 1999, 12 (3): 431-449.

[584] Liu H. X., Lin B. Q. Energy Substitution, Efficiency, and the Effects of Carbon Taxation: Evidence from China's Building Construction Industry [J]. Journal of Cleaner Production, 2017 (141): 1134-1144.

[585] Liu T, Cao G Z, Yan Y et al. Urban Land Marketization in China: Central Policy, Local Initiative, and Market Mechanism [J]. Land Use Policy, 2016 (57): 265-276.

[586] Liu Y., Fan P., Yue W. et al. Impacts of Land Finance on Urban Sprawl in China: The Case of Chongqing [J]. Land Use Policy, 2018 (72): 420-432.

[587] Liu Y. Government Extraction and Firm Size: Local Officials' Responses to Fiscal Distress in China [J]. Journal of Comparative Economics, 2018, 46 (4): 1310-1331.

[588] Liu Y. S., Zhang Z. W., Zhou Y. Efficiency of Construction Land Allocation in China: An Econometric Analysis of Panel Data [J]. Land Use Policy, 2018 (74): 261-272.

[589] Liu Z., He C., Zhang Q. et al. Extracting the Dynamics of Urban Expansion in China Using DMSP-OLS Nighttime Light Data from 1992 to 2008 [J]. Landscape & Urban Planning, 2012, 106 (1): 62-72.

[590] Liu Z., Liu S., Qi W. et al. Urban Sprawl among Chinese Cities of Different Population Sizes [J]. Habitat International, 2018 (79): 89-98.

[591] Liu Z. Y., Geng S., Lindner D. B. et al. Uncovering China's Greenhouse Gas Emission from Regional and Sectoral Perspectives [J]. Energy, 2012, 45 (1): 1059-1068.

[592] Long F. J., Zheng L. F., Song, Z. D. High-speed Rail and Urban Expansion: An Empirical Study Using A Time Series of Nighttime Light Satellite Data in China [J]. Journal of Transport Geography, 2018 (72): 106-118.

[593] Lopez R., Hynes H. P. Sprawl in the 1990s: measurement, distribution and trends [J]. Urban Afairs Review, 2003 (38): 325-355.

[594] Lu D., Tian H., Zhou G. et al. Regional Mapping of Human Settlements in Southeastern China with Multi-sensor Remotely Sensed Date [J]. Remote Sensing of Environment, 2008, 112 (9): 3668 - 3679.

[595] Lu Y. J., Cui P., Li D. Z. Carbon Emissions and Policies in China's Building and Construction Industry: Evidence from 1994 to 2012 [J]. Building and Environment, 2016 (95): 94 - 103.

[596] Martínez, C. I. P. An Analysis of Eco-efficiency in Energy Use and CO_2 Emissions in the Swedish Service Industries [J]. Socio-Economic Planning Sciences, 2013, 47 (2): 120 - 130.

[597] McKinley T. Inclusive Growth Criteria and Indicators: An Inclusive Growth Index for Diagnosis of Country Progress [R]. Asian Development Bank Sustainable Development Working Paper Series, No. 14, 2010.

[598] Meikle J. A Review of Recent Trends in House Construction and Land Prices in Great Britain [J]. Construction Management & Economics, 2001 (19): 259 - 265.

[599] Monkkonen P. Urban Land-use Regulations and Housing Markets in Developing Countries: Evidence from Indonesia on the Importance of Enforcement [J]. Land Use Policy, 2013 (34): 255 - 264.

[600] Morote Á. F, Hernández M. Urban Sprawl and Its Effects on Water Demand: A Case Study of Alicante, Spain [J]. Land Use Policy, 2016 (50): 352 - 362.

[601] Munksgaard J., Pedersena K. A., Wier M. Impact of Household Consumption on CO_2 Emissions [J]. Energy Economics, 2000, 22 (4): 423 - 440.

[602] Murakami J., Cervero R. High - speed rail and economic development: business agglomerations and policy implications. In: Transportation Center Working Paper No. UCTC - FR - 2012 - 10. University of California, 2012.

[603] Nassen J., Holmberg J., Wadeskog A. et al. Direct and Indirect Energy Use and Carbon Emissions in the Production Phase of Buildings: An Input-output Analysis [J]. Energy, 2007, 32 (9): 1593 - 1602.

[604] Nazarnia N. et al. Accelerated urban sprawl in Montreal, Quebec City, and Zurich: Investigating the differences using time series 1951 - 2011 [J]. Ecological Indicators, 2016 (60): 1229 - 1251.

[605] Ngoran S. D. and X. Xue. Addressing urban sprawl in Douala, Cameroon: Lessons from Xiamen integrated coastal management [J]. Journal of Urban Management, 2015, 4 (1): 53 - 72.

[606] O'Donnell C. J. An Aggregate Quantity-price Framework for Measuring and Decomposing Productivity and Profitability Change [R]. Centre for Efficiency and Productivity Analysis Working Papers, University of Queensland, No. WP07/2008, 2008.

[607] O'Donnell C. J. The Sources of Productivity Change in the Manufacturing Sectors of the U. S. Economy [R]. Queensland: University of Queensland, 2011.

[608] Oh D. H. A Global Malmquist - Luenberger Productivity Index [J]. Journal of Productivity Analysis, 2010, 34 (3): 183 - 197.

[609] Oladokun M. G., Odesola I. A. Household Energy Consumption and Carbon Emissions for Sustainable Cities: A Critical Review of Modelling Approaches [J]. International Journal of Sustainable Built Environment, 2015, 4 (2): 231 - 247.

[610] Onat N. C., Kucukvar M., Tatari O. Scope-based Carbon Footprint Analysis of US Residential and Commercial Buildings: An Input-output Hybrid Life Cycle Assessment Approach [J]. Building and Environment, 2014 (72): 53 - 62.

[611] O'Neill B. C., Ren X. L., Jiang L. W. et al. The effect of urbanization on energy use in India and China in the iPETS model [J]. Energy Economics, 2012 (34), S339 - S345.

[612] Ortuño - Padilla A. and P. Fernández - Aracil. Impact of fuel price on the development of the urban sprawl in Spain [J]. Journal of Transport Geography, 2013 (33): 180 - 187.

[613] Osman T. et al. Driving factors of urban sprawl in Giza Governorate of Greater Cairo Metropolitan Region using AHP method [J]. Land Use Policy, 2016 (58): 21 - 31.

[614] Ottaviano G. I. P., Tabuchi T., Thisse J. F. Agglomeration and Trade Revisited [J]. International Economic Review, 2002 (43): 409 - 436.

[615] Ottensmann J. R. Urban Sprawl, Land Values and Density of Development [J]. Land economics, 1977 (11): 389 - 400.

[616] Ouyang X. L. and Lin B. Q. Carbon dioxide (CO_2) emissions during urbanization: a comparative study between China and Japan. J. Clean. Prod. 2017 (143): 356 - 368.

[617] Paciorek A. Supply Constraints and Housing Market Dynamics [J]. Journal of Urban Economics, 2013 (77): 11 - 26.

[618] Papathanasopoulou E. Household Consumption Associated Fossil Fuel Demand and Carbon Dioxide Emissions: The Case of Greece between1990 and 2006 [J]. Energy Policy, 2010, 38 (8): 4152 - 4162.

[619] Parker P., Rowlands I. H. City Partners Maintain Climate Change Action Despite National Cuts: Residential Energy Efficiency Program Valued at Local Level [J]. Local Environment, 2007 (5): 505 - 518.

[620] Pata U. K., 2018. Renewable energy consumption, urbanization, financial development, income and CO_2 emissions in Turkey: Testing EKC hypothesis with structural breaks. J. Clean. Prod. 187, 770 - 779.

[621] Peiser R. Decomposing Urban Sprawl [J]. Town Planning Review, 2001 (3): 275-298.

[622] Perloff H. Interrelations of State Income and Industrial Structure [J]. The Review of Economics and Statistics, 1957, 39 (2): 162-171.

[623] Poumanyvong, P., Kaneko S. Does urbanization lead to less energy use and lower CO_2 emissions? a cross-country analysis [J]. Ecol. Econ. 2010 (70): 434-444.

[624] Qian Y., Gerard R. Federalism and the Soft Budget Constrain [J]. American Economic Review, 1998 (88): 1143-1162.

[625] Ramanathan R. Combining Indicators of Energy Consumption and CO_2 Emissions: A Cross-country Comparison [J]. International Journal of Global Energy Issues, 2002, 17 (3): 214-227.

[626] Rauniyar G., Ravi K. Inclusive Development: Two Papers on Conceptualization, Application, and the ADB Perspective [R]. Working Paper, No. 2010-01, 2010.

[627] Ren L. J., Wang W. J., Wang J. C. et al. Analysis of energy consumption and carbon emission during the urbanization of Shandong Province, China. J. Clean. Prod. 2015 (103): 534-541.

[628] Roche Phillips L. A comparative study of growth management effectiveness and urban sprawl in two thoroughbred landscapes in the U.S [J]. Applied Geography, 2015 (65): 58-69.

[629] Rubin Z., Felsenstein D. Supply Side Constraints in the Israeli Housing Market: The Impact of State-owned Land [J]. Land Use Policy, 2017 (65): 266-276.

[630] Sadorsky P. The Effect of Urbanization on CO_2 Emissions in Emerging Economies [J]. Energy Economics, 2014 (41): 147-153.

[631] Saiz A. On Local Housing Supply Elasticity [R]. SSRN working paper, No. 1193422, 2008.

[632] Saks R. E. Job Creation and Housing Construction: Constraints on Metropolitan Area Employment Growth [J]. Journal of Urban Economics, 2008 (64): 178-195.

[633] Salvati L., Zitti M., Sateriano A. Changes in City Vertical Profile as An Indicator of Sprawl: Evidence from a Mediterranean Urban Region [J]. Habitat International, 2013 (38): 119-125.

[634] Schuetz J. No Renters in My Suburban Backyard: Land Use Regulation and Rental Housing [J]. Journal of Policy Analysis and Management, 2009, 28 (2): 296-320.

[635] Shahraki S. Z., Sauri D., Serra P. et al. Urban Sprawl Pattern and Land-use Change Detection in Yazd, Iran [J]. Habitat International, 2011, 35 (4): 521-528.

[636] Shen X. Y., Huang X. J., Li H. et al. Exploring the Relationship between Urban Land Supply and Housing Stock: Evidence from 35 Cities in China [J]. Habitat International, 2018 (77): 80 – 89.

[637] Shi J., Wang Y., Wu W. et al. The Crowding-out Effect of Real Estate Markets on Corporate Innovation: Evidence from China [R]. SSRN working paper, 2016.

[638] Shi Q., Chen J. D., Shen L. Y. Driving Factors of the Changes in the Carbon Emissions in the Chinese Construction Industry [J]. Journal of Cleaner Production, 2017 (166): 615 – 627.

[639] Silber J., Son H. H. On the Link between the Bonferroni Index and the Measurement of Inclusive Growth [J]. Economics Bulletin, 2010, 30 (1): 421 – 428.

[640] Simo-Kengne B. D. Population Aging, Unemployment and House Prices in South Africa [J]. Journal of Housing and the Built Environment, 2019 (34): 153 – 174.

[641] Song Y. and Y. Zenou. Property tax and urban sprawl: Theory and implications for US cities [J]. Journal of Urban Economics, 2006, 60 (3): 519 – 534.

[642] Sorensen A. Land readjustment and metropolitan growth: an examination of suburban land development and urban sprawl in the Tokyo metropolitan area [J]. Progress in Planning, 2000, 53 (4): 217 – 330.

[643] Squires G. D. Urban sprawl: causes, consequences and policy responses [M]. The Urban Institute Press, 2002: 98 – 99.

[644] Stone Jr B. Urban Sprawl and Air Quality in Large US Cities [J]. Journal of Environmental Management, 2008, 86 (4): 688 – 698.

[645] Sueyoshi T., Goto M. DEA Approach for Unified Efficiency Measurement: Assessment of Japanese Fossil Fuel Power Generation [J]. Energy Economics, 2011 (33): 292 – 303.

[646] Sueyoshi T., Goto M. Should the US Clean Air Act Include CO_2 Emission Control?: Examination by Data Envelopment Analysis [J]. Energy Policy, 2010, 38 (10): 5902 – 5911.

[647] Sum V. Dynamic Effects of Financial Stress on the U. S. Real Estate Market Performance [J]. Journal of Economics and Business, 2014 (75): 80 – 92.

[648] Sun C., Wu Z. F., Lv Z. Q. et al. Quantifying Different Types of Urban Growth and the Change Dynamic in Guangzhou Using Multi-temporal Remote Sensing Data [J]. International Journal of Applied Earth Observation and Geoinformation, 2013 (21): 409 – 417.

[649] Tan Y., Wang Z., Zhang Q. H. Land-use Regulation and the Intensive Margin of Housing Supply [J]. Journal of Urban Economics, 2020 (115): 103199.

[650] Tan Z. F., Li L., Wang J. J. et al. Examining the Driving Forces for Improving China's CO_2 Emission Intensity Using the Decomposing Method [J]. Applied Energy, 2011, 88 (12): 4496 – 4504.

[651] Thorsnes P. Consistent Estimates of the Elasticity of Substitution between Land and Non-land Inputs in the Production of Housing [J]. Journal of Urban Economics, 1997 (42): 98 – 108.

[652] Tian L., Ge B., Li Y. Impacts of State-led and Bottom-up Urbanization on Land Use Change in the Peri-urban Areas of Shanghai: Planned Growth or Uncontrolled Sprawl? [J]. Cities, 2017 (60): 476 – 486.

[653] Tone K. Slacks-based Measure of Efficiency in Data Envelopment Analysis [J]. European Journal of Operational Research, 2001, 130 (3): 498 – 509.

[654] Tsoukis C., Alyousha A. Implications of Intertemporal Optimization for House and Land Prices [J]. Applied Economics, 1999 (31): 1565 – 1571.

[655] Tuttle B. Active Forest Fire Monitoring in Uttaranchal State, India Using Multi-temporal DMSP-OLS and MODIS Data [J]. International Journal of Remote Sensing, 2007, 28 (10): 2123 – 2132.

[656] Wan X., Ma Y. Y., Zhang K. Z. Political Determinants of Intergovernmental Transfers in A Regionally Decentralized Authoritarian Regime: Evidence from China [J]. Applied Economics, 2015, 47 (27): 2803 – 2820.

[657] Wang F., Wei X. J., Liu, J. et al. Impact of High-speed Rail on Population Mobility and Urbanisation: A Case Study on Yangtze River Delta Urban Agglomeration, China [J]. Transportation Research Part A: Policy and Practice, 2019 (127): 99 – 114.

[658] Wang Q. W., Zhang H., Zhang W. A Malmquist CO_2 Emission Performance Index based on A Metafrontier Approach [J]. Mathematical and Computer Modelling, 2013, 58 (5 – 6): 1068 – 1073.

[659] Wang Q. W., Zhou P., Shen N. et al. Measuring Carbon Dioxide Emission Performance in Chinese Provinces: A Parametric Approach [J]. Renewable and Sustainable Energy Reviews, 2013 (21): 324 – 330.

[660] Wang S. Y., Fang C. L., Wang Y. Spatiotemporal Variations of Energy-related CO_2 Emissions in China and Its Influencing Factors: An Empirical Analysis based on Provincial Panel Data [J]. Renewable and Sustainable Energy Reviews, 2016 (55): 505 – 515.

[661] Wang Y., Chen L. L., Kubotab J. The Relationship between Urbanization, Energy Use and Carbon Emissions: Evidence from A Panel of Association of Southeast Asian Nations Countries [J]. Journal of Cleaner Production, 2016 (112): 1368 – 1374.

[662] Wei Yaping and Zhao Min. Urban spill over vs. local urban sprawl: Entangling land-use regulations in the urban growth of China's megacities [J]. Land Use Policy,

2009, 26 (4): 1031 – 1045.

[663] Wei Y., Zhao M. Urban Spill Over Vs. Local Urban Sprawl: Entangling Land-use Regulations in the Urban Growth of China's Megacities [J]. Land Use Policy, 2009, 26 (4): 1031 – 1045.

[664] Wei Y. D. Zone Fever, Project Fever: Development Policy, Economic Transition, and Urban Expansion in China [J]. Geographical Review, 2015, 5 (2): 156 – 177.

[665] Weingast B. R. The Economy Role of Political Institutions: Market-preserving Federalism and Economic Development [J]. Journal of Law and Economic Organization, 1995 (11): 1 – 31.

[666] Wier M., Lenzen M., Munksgaard J. et al. Effects of Household Consumption Patterns on CO_2 Requirements [J]. Economic Systems Research, 2001, 13 (3): 259 – 274.

[667] Wolfson M. C. When Inequalities Diverge [J]. The American Economic Review, 1994, 84 (2): 353 – 358.

[668] Wu F., Fan L. W., Zhou P., et al. Industrial Energy Efficiency with CO_2 Emissions in China: A Nonparametric Analysis [J]. Energy Policy, 2012 (49): 164 – 172.

[669] Wu G., Liu T., Tang M. F. Analysis of Household Energy Consumption and Related CO_2 Emissions in the Disregarded Villages of Lijiang City, China [J]. International Journal of Sustainable Development & World Ecology, 2012, 19 (6): 500 – 505.

[670] Wu J., Gyourko J., Deng Y. Evaluating Conditions in Major Chinese Housing Markets [J]. Regional Science and Urban Economics, 2012 (42): 531 – 543.

[671] Wu J. J. Environmental Amenities, Urban Sprawl, and Community Characteristics [J]. Journal of Environmental Economics and Management, 2006, 52 (2): 527 – 547.

[672] Wu Q., Li Y. L., Yan S. Q. The Incentives of China's Urban Land Finance [J]. Land Use Policy, 2015 (42): 432 – 442.

[673] Wu Y. Z., Shen J. H., Zhang X. L. et al. The impact of urbanization on carbon emissions in developing countries: a Chinese study based on the U – Kaya method. J. Clean. Prod. 2016 (135): 589 – 603.

[674] Xu B. and Lin B. Q. What cause a surge in China's CO_2 emissions? A dynamic vector autoregression analysis [J]. J. Clean. Prod. 2017 (143): 17 – 26.

[675] Xu C. G. The Fundamental Institutions of China's Reforms and Development [J]. Journal of economic literature, 2011, 49 (4): 1076 – 1151.

[676] Yan S. Q., Ge X. J., Wu Q. Government Intervention in Land Market and Its

Impacts on Land Supply and New Housing Supply: Evidence from Major Chinese Markets [J]. Habitat International, 2014 (44): 517 -527.

[677] Yang X. H., Lin S. L., Li Y. et al. Can High-speed Rail Reduce Environmental Pollution? Evidence from China [J]. Journal of Cleaner Production, 2019 (239): 118 -135.

[678] Yao X., Zhou H., Zhang A. et al. Regional Energy Efficiency, Carbon Emission Performance and Technology Gaps in China: A Meta-frontier Non-radial Directional Distance Function Analysis [J]. Energy Policy, 2015 (84): 142 -154.

[679] Yi K. P., Tani H., Li Q. et al. Mapping and Evaluating the Urbanization Process in Northeastern China Using DMSP/OLS Nighttime Light Data [J]. Sensors, 2014, 14 (3): 3207 -3226.

[680] Yu J., Zhou L. A., Zhu G. Strategic Interaction in Political Competition: Evidence from Spatial Effects Across Chinese Cities [J]. Regional Science and Urban Economics, 2016 (57): 23 -37.

[681] Zha D. L., Zhou D. Q., Zhou P. Driving Forces of Residential CO_2 Emissions in Urban and Rural China: An Index Decomposition Analysis [J]. Energy Policy, 2010, 38 (7): 3377 -3383.

[682] Zha Y., Zhao L. L., Bian Y. W. Measuring Regional Efficiency of Energy and Carbon Dioxide Emissions in China: A Chance Constrained DEA Approach [J]. Computers & Operations Research, 2015 (66): 351 -361.

[683] Zhang C., Y Lin. Panel Estimation for Urbanization, Energy Consumption and CO_2 Emissions: A Regional Analysis in China [J]. Energy Policy, 2012 (49): 488 -498.

[684] Zhang J. P., Fan J. Y., Mo J. W. Government Intervention, Land Market, and Urban Development: Evidence from Chinese Cities [J]. Economic Inquiry, 2017, 55 (1): 115 -136.

[685] Zhang K. H. What Explains China's Rising Urbanization in the Reform Era? [J]. Urban Studies, 2002, 39 (12): 2301 -2315.

[686] Zhang N., Yu K. R., Chen Z. F. How does urbanization affect carbon dioxide emissions? A cross-country panel data analysis [J]. Energy Policy, 2017 (107): 678 -687.

[687] Zhang T. Community Features and Urban Sprawl: The Case of the Chicago Metropolitan Region [J]. Land Use Policy, 2001, 18 (3): 221 -232.

[688] Zhang T. Land Market Forces and Government's Role in Sprawl: The Case of China. Cities [J], 2000, 17 (2): 123 -135.

[689] Zhang X. Fiscal Decentralization and Political Centralization in China: Impli-

cations for Growth and Inequality [J]. Journal of comparative economics, 2006 (34): 713 -726.

[690] Zhang X. P., Tan Y. K., Tan Q. L. et al. Decomposition of Aggregate CO_2 Emissions within A Joint Production Framework [J]. Energy Economics, 2012, 34 (4): 1088 -1097.

[691] Zhang X. P., Zhang J., Tan Q. L. Decomposing the Change of CO_2 Emissions: A Joint Production Theoretical Approach [J]. Energy Policy, 2013 (58): 329 -336.

[692] Zhang Y., Zhang J. Y., Yang Z. F. et al. Regional Differences in the Factors That Influence China's Energy related Carbon Emissions, and Potential Mitigation Strategies [J]. Energy Policy, 2011, 39 (12): 7712 -7718.

[693] Zhang Y. B., Hua X. P., Zhao L. Exploring Determinants of Housing Prices: A Case Study of Chinese Experience in 1999—2010 [J]. Economic modelling, 2012 (29): 2349 -2361.

[694] Zhang Y. G. Impact of Urban and Rural Household Consumption on Carbon Emissions in China [J]. Economic Systems Research, 2013, 25 (3): 287 -299.

[695] Zhang Y. J., Bian X. J., Tan W. P. et al. The Indirect Energy Consumption and CO_2 Emission Caused by Household Consumption in China: An Analysis based on the Input- output Method [J]. Journal of Cleaner Production, 2017, 163 (1): 69 -83.

[696] Zheng S., Kahn M. E. China's Bullet trains facilitate market integration and mitigate the cost of megacity growth [J]. P. Natl. Acad. Sci. USA, 2013, 110 (14): E1248 -E1253.

[697] Zheng S. Q., Sun W. Z., Wu J. F. et al. The Birth of Edge Cities in China: Measuring the Effects of Industrial Parks Policy [J]. Journal of Urban Economics, 2017 (100): 80 -103.

[698] Zheng S. Q., Wang R., Glaeser E. L. et al. The Greenness of China: Household Carbon Dioxide Emissions and Urban Development [J]. Journal of Economic Geography, 2011, 11 (5): 761 -792.

[699] Zhou P., Ang B. W., Wang H. Energy and carbon emission performance in electricity generation: a non – radial directional distance function approach [J]. Eur. J. Oper. Res. 2012 (221): 625 -635.

[700] Zhou Y., Li X. H., Liu Y. S. Rural Land System Reforms in China: History, Issues, Measures and Prospects [J]. Land Use Policy, 2020 (91): 104330.

[701] Zhou, P., Ang B. W., Han J. Y. Total Factor Carbon Emission Performance: A Malmquist Index Analysis [J]. Energy Economics, 2010, 32 (1): 194 -201.

[702] Zhuang J., I. Ali. Inequality and Inclusive Growth in Developing Asia: Introduction to a Book Publication [R]. Working Paper, Asian Development Bank, 2009.

[703] Zofio J. L., Prieto A. M. Environmental Efficiency and Regulatory Standards: The Case of CO_2 Emissions from OECD Industries [J]. Resource and Energy Economics, 2001, 23 (1): 63 -83.

[704] Zoppi C., Lai S. Urban Development and Expenditure Efficiency in the 2000—2006 Regional Operational Program of Sardinia [J]. Land Use Policy, 2011, 28 (3): 472 -485.